교양

BILDUNG
ALLES, WAS MAN
WISSEN MUSS
Dietrich Schwanitz

교양

사람이 알아야 할 모든 것

BILDUNG
ALLES, WAS MAN
WISSEN MUSS
Dietrich Schwanitz

디트리히 슈바니츠 지음
인성기 외 옮김

BILDUNG
by Dietrich Schwanitz
Copyright ⓒ 1999 by Eichborn AG, Frankfurt am Main,
All rights reserved

Korean Translation Copyright ⓒ 2001 by Dulnyouk Publishing Co.
Korean Translation rights arranged with EICHBORN AG. Frankfurt/Main
through Eric Yang Agency, Seoul.

이 책의 한국어판 저작권은 에릭양 에이전시를 통한 EICHBORN AG사와의 독점계약으로 '도서출판 들녘'이 소유합니다. 저작권법에 의하여 한국 내에서 보호를 받는 저작물이므로 무단전재와 무단복제를 금합니다.

사람이 알아야 할 모든 것 교양
ⓒ 들녘 2001

초판 1쇄	2001년 11월 5일
초판 64쇄	2012년 5월 12일
중판 1쇄	2014년 10월 7일
중판 3쇄	2024년 4월 15일

지은이	디트리히 슈바니츠
옮긴이	인성기 외

출판책임	박성규	펴낸이	이정원
편집주간	선우미정	펴낸곳	도서출판 들녘
기획이사	이지윤	등록일자	1987년 12월 12일
편집	이동하·이수연·김혜민	등록번호	10-156
디자인	하민우·고유단	주소	경기도 파주시 회동길 198
마케팅	전병우	전화	031-955-7374 (대표)
경영지원	김은주·나수정		031-955-7381 (편집)
제작관리	구법모	팩스	031-955-7393
물류관리	엄철용	이메일	dulnyouk@dulnyouk.co.kr

ISBN 978-89-7527-270-7 (03850)

값은 뒤표지에 있습니다. 파본은 구입하신 곳에서 바꿔드립니다.

로빈슨 여행기는 유토피아의 전사(前史)다. 유토피아의 해안에서 멀지 않은 곳에 난파된 선박의 잔해가 있다. 그러나 로빈슨은 육지에 올라와 목숨을 건졌으며, 학습할 수 있는 그의 능력은 살아남아 있다. 가라앉은 것은 지식의 화물이다. 그의 능력은 재생될 수 있다.

— 구스타프 뷔르템베르거

■추천의 글

잃어버린 교양의 세계를 그리워하는 사람들을 위한 책

　인류 역사상 가장 많이 읽힌 책은 기독교 성경이라고 한다. 그런데 18세기 중엽 유럽 사회의 새로운 주역으로 이미 자리를 굳혔던 부르주아지(시민계급)는 성경을 밀어내고 그 자리에 다른 책을 놓았다. 디드로와 달랑베르, 볼테르 등 당대의 철학자들이 협력해 만든 백과전서Encyclopédie 시리즈였다. 이미 확실한 자의식을 획득한 부르주아지의 지식과 계몽주의 사상은 이 책의 힘을 빌려 좁디좁은 귀부인들의 살롱을 박차고 드넓은 세상으로 뛰쳐나갈 수 있었다. 당시 유럽을 정치적으로 지배하고 있던 낡은 절대왕정과 로마 교황청은 출판을 금지하고 저주를 퍼부었지만, 혁명가 로베스피에르는 백과전서에 '대혁명의 서장(序章)'이라는 명예로운 이름을 바쳤다. 중세 이래 유럽 사회를 지배했던 모든 지배적인 관념과 이데올로기를 이성의 시험대에 올림으로써 낡은 질서를 사상적으로 무너뜨린 역사적 공헌을 상찬(賞讚)한 것이다.
　그로부터 약 250년 세월이 흐른 지금 우리는 바야흐로 정보통신 혁명의 시대를 만났다. 모든 지식과 정보가 인터넷을 타고 홍수처럼 흐르는 세상을 살고 있는 것이다. 팔을 뻗으면 바로 닿을 만한 서가(書架)에 백과사전을 꽂아두는 사람은 거의 없다. 하루가 다르게 성능이 향상되는 인터넷 검색엔진 덕분에 두터운 백과사전의 책갈피를 뒤적이는 수고도 할 필요가 없어졌다. 마우스를 클릭하는 가벼운 손동작만으로 알고 싶은 주제와 관련된 정보를 순식간에 수천 건씩 불러낼 수 있다. 이런 시대에 백과사전을 종이 책으로 편찬한다면 어떨까? 아마도 '시대착오'라는 비아냥을 듣기 십상일 것이다.

'사람이 알아야 할 모든 것'이라는 부제를 달고 나온 디트리히 슈바니츠의 『교양*Bildung*』은 바로 이러한 '시대착오'의 전형이라 할 만하다. 2000년 5월에 나온 독일어판 원본(제12판)의 분량은 인명색인과 저자후기까지 다 합치면 544쪽에 이른다. 슈바니츠는 여기에 역사와 문학, 언어, 미술, 건축, 음악, 철학과 성(性) 담론에 이르기까지, 고대 그리스에서 현대에 이르기까지 무려 3천 년에 걸쳐 발전한 유럽 문명 핵심을 압축했다. 하나의 단어, 사건, 개념, 사람에 대한 설명이 길어야 두세 쪽을 넘지 않는다. 이 책을 '종이 책 백과사전'의 범주에 넣어 마땅한 이유다.

그런데 시장은 이 무모한 '시대착오'에 밀리언셀러의 영광을 안겨주었다. 그 이유가 도대체 무엇일까? 아마도 두 가지를 들 수 있을 것이다. 첫째, 지식과 정보의 바다에서 교양으로 가는 길을 잃어버린 사람들이 믿을 만한 해도(海圖)를 원하기 때문이다. 둘째, 전문적 지식의 골짜기에 갇혀버린 지식인들이 풍요로운 교양의 전원을 그리워하기 때문이다.

우선 첫 번째 성공 요인. 슈바니츠는 교양인이 되는 데 중요한 지식을 요약하고, 그것을 중요하지 않거나 교양에 방해가 되는 유해한 지식과 구분했다. 그가 1부 「지식」에서 다룬 신화와 역사적 사건, 작가와 예술가의 작품, 철학자와 이데올로기는 교양의 대륙으로 가는 항로에서 반드시 알아두어야 할 별자리와 해협, 기상(氣象)과 조류(潮流), 등대 따위와 같은 역할을 한다. 이걸 모르면 항해를 할 수 없다. 이어서 2부 「능력」에서는 이런 지식을 활용하여 교양인이 되는 전략을 제시한다. 슈바니츠에게 교양이란 남에게서 배우는 것이 아니라 스스로 획득해야 하는 그 무엇이다. 물론 알지 말아야 할 것을 알지 않는 것도 교양에 속한다. 유럽황실, 텔레비전 프로그램, 잡지, 축구 따위가 그런 것들이다.

슈바니츠는 고등학생과 대학생을 위해 이 책을 썼노라고 밝혔다. 하지만 어디 그들뿐이겠는가. "학교에서 배우는 내용이 죽은 지식처럼, 자기의 삶과는 아무 상관없는 무미건조한 사실의 나열처럼 여겨져 절망감을 느껴본 사람, 학창시절의 부정적 경험이 뇌리에 깊이 남아 있어 우리 문화의 풍요로움을 뒤늦게 발견하고 눈을 비비게 되는 사람, 자기의 생생한 감각기관으로 유물처럼 진열된 모든 교육 쓰레기를 받아들이기를 거부하는 사람, 우리 문화에 대한 지식에 입문함으로써 자신의 삶을 풍요롭게 하고 문명의 대화에 참여할 필요성을 느끼는 사람들"에게 이 책은 친절한 교양 길잡이가 될 수 있고, 그런 사람은 무수히 많다.

두 번째의 성공 요인은 많이 배운 사람들, '대학을 나온 교양인'들이 스스로를 얽어매고 있는 허위의식을 가차없이 깨뜨린 데서 찾을 수 있다. 슈바니츠는 교양인을 자처하는 '배운 사람들'의 행태를 무척 냉소적으로 관찰하면서 진정한 교양이 무엇인지를 설파한다. 이것은 『교양』을 다른 모든 종류의 평범한 백과사전과는 다른 책으로 만든 뚜렷한 특징인데, 아마도 그의 독특한 성장배경과 관계가 있을 것이다. 슈바니츠는 1940년 독일 중서부 산업중심지인 루르 지역에서 태어났지만 11세까지 유년기를 스위스 산골마을의 좀 별난 기독교 공동체에서 보냈다. 학교는 다닌 적이 없었다. 그런데도 그는 물불 가리지 않는 어떤 교장선생 덕분에 곧바로 김나지움에 들어갔고, 이어 뮌스터, 런던, 필라델피아 대학에서 영문학과 역사, 철학을 공부했다. 영문학 박사 학위와 교수 자격을 취득한 곳은 프라이부르크 대학이었다. 대학에서 여러 분야를 공부하는 것이 특별한 일은 아니다. 독일 대학은 보통 두 개의 부전공을 요구하며, 부전공을 이수하기 위해서는 학생들은 전공과 맞먹는 정도의 노력을 기울여야 한다. 슈바니츠는 1997년까지 20여 년 동안 함부르크 대학에서 영문학을 가르쳤다.

『교양』은 1부보다 2부가 더 재미있다. 1부가 시원치 않다는 말은 물론 아니다. 인문학의 여러 분야를 아우르는 영문학자답게 그는 문학과 예술작품만이 아니라 역사적 사건을 기술한 곳에까지 짙은 문학적·철학적 향취를 담아놓았다. 하지만 그는 2부 곳곳에서 드러나는바, 자칭 교양인들의 허위의식에 대한 점잖은 풍자와 야유는 감칠맛이 날뿐더러 한국 사회에 그대로 적용해도 되겠다는 공감을 불러일으킨다. 좀 길지만 맛 뵈기로 한 대목만 요약해보자.

대학을 나온 교양인들의 칵테일 파티에서는 누군가가 다음과 같은 말로 참석자들을 즐겁게 하는 일이 드물지 않다.
"여러분도 잘 알고 있다시피, 구조주의는 신칸트주의가 옷만 갈아입고 나타난 것과 다름없습니다. 물론 당신들은 선험적 주체가 어디에 있느냐고 질문하실 겁니다. 물론 저도 그 주체가 주체가 아니라는 것은 인정합니다만, 그 주체가 선험적이라는 것은 맞습니다. 그래서 여러분께 질문하겠습니다. 문화사는 궁극적으로는 구조주의의 헤겔주의화가 아닙니까? 비록 그것이 반(反)인문주의적으로 전도(顚倒)되었고, 또 이 전도가 때늦게 왔지만 말입니다."
몇몇은 고개를 끄덕일 것이고 몇몇은 울려다 만 암소처럼 뭔가 소리를 낼 것이다. 이런 동작은 이 말을 심사숙고한다는 것, 그것이 아주 의미심장한 문제라고 생각한다는 걸 의미한다. 사람들은 자기가 그 말의 뜻을 아노라고 서로 신호를 보내는 것이다. 하지만 이건 사실 그 말을 대충이라도 이해한 사람이 하나도 없다는 것을 감추는 수단일 뿐이다. "그게 대체 무슨 말입니까?" 누군가 이 말이 목구멍까지 올라오겠지만 참는다. 그리고는 대신 이런 코멘트를 한다. "칸트주의에서 헤겔주의를 넘어가는 것은 한 발자국 거리밖에 안 되지요." 또는 "헤겔 자신이 모습만 다를 뿐 칸트주의자가 아니었던가요?" 이로써 그는 최초 발언자에게는 전율을 느끼게 하고 다른 참석자들의 경탄을 끌어낼 것이다.

교양은 어려운 말을 구사하는 능력과 아무 관계도 없다. 슈바니츠에게 교양이란 사회를 복잡한 개인의 내면에 비추어보고, 또 그렇게 하여 사회를 결속시키는 도덕적 구속력을 내면에서 생성해내는 개인적인 능력을 가리킨다. 교양은 문화사의 기본적인 특징을 파악하고 미술, 음악, 문학의 대표작을 이해하는 것이다. 교양은 유연하게 훈련된 정신의 상태이며, 모든 것을 한 번 알았다가 다시 잊었을 때부터 생겨나는 것이다. 교양은 문화적인 소양이 있는 사람들과의 대화에서 어색하게 남의 눈에 튀지 않을 수 있는 능력이다. 교양은 직업적인 생활을 할 수 있는 전문가의 양성과는 반대로 보편적인 인격 형성을 핵심이념으로 한다. 따라서 교양은 지식과 능력의 총합이며 정신적인 상태다.

오늘날의 '배운 사람들' 가운데 특정한 분야에 대해 많이 아는 전문가는 매우 흔하다. 하지만 이런 의미의 교양인을 찾아보기는 도무지 쉽지가 않다. 모든 연구분야가 끝없이 세분화 전문화된 나머지 자타가 공인하는 전문가도 자기 분야를 한 발짝만 벗어나면 보통사람과 별로 다를 것이 없을 정도가 되었다. 심지어는 비슷한 분야에 종사하는 사람들끼리도 원만하게 대화하기가 어렵다. 예컨대 경제학 박사들끼리 만났다고 해서 아무 경제문제에 대해서나 토론할 수 있는 건 아니다. 노동경제학 전공자와 국제금융론 전공자 사이의 커뮤니케이션이 때로는 수학자와 문학평론가의 커뮤니케이션보다 더 어렵다.

교양 있는 전문가에게 전문적 지식은 큰산의 정상(頂上)과 같다. 평지에 해발 2천 미터짜리 봉우리가 솟는 게 아니다. 낮은 구릉과 작은 산들이 이어지면서 표고를 점차 높인 연후에야 가장 높은 봉우리가 들어설 수 있다. 전문지식은 교양인의 지식과 능력의 가장 도드라진 표면에 불과하다. 그 어느 것을 전문분야로 삼든 교양인을 만드는 기본요소는 슈바니츠가 강조하는 바 역사와 철학, 문학과 미술에 대한 이해이며, 사회를 자기의 내면에 비추어봄으로써 사회를 결속시키는 도덕적 구속력을 생성해내는 유연하고 자성적인 정신인 것이다.

이러한 교양의 기초가 없는 전문가는 한 뼘도 안 되는 전문영역에 갇혀 평생을 살아야 한다. 그 울타리를 벗어나는 순간 그는 길을 잃고 만다. 평지에 높이 솟은 돌기둥 위에 서 있는 사람처럼 불안하다. 이런 사람들은 『교양』의 마지막 구절을 작업실 컴퓨터 모니터에 붙여두면 좋겠다. 잃어버린 교양의 세계를 그리워하는 '배운 사람들'이 언제나 가슴에 담아두어야 할 잠언이기 때문이다.

교양이 억압적 표준, 불쾌한 과제, 경쟁의 형식 또는 자신을 거룩하게 만들려는 교만이 되어서는 안 된다. 교양은 이른바 '교양'으로 분리되어 나타나서는 안 되며 특별한 화제가 될 필요조차 없다. 교양은 인간의 상호이해를 즐겁게 해주는 의사소통 양식이다. 요컨대 교양은 정신과 몸 그리고 문화가 함께 하나의 인격이 되어 다른 사람들의 거울에 자기를 비추어 보는 형식이다.

끝으로 뱀다리 하나. 독일 학교와 교육제도에 대한 설명은 건너뛰어도 된다. 저자 스스로 그렇게 해도 문제가 없다고 했으니, 특별한 직업적 관심이 있는 독자가 아니라면 그렇게 하는 것이 좋다. 너무 따분한 내용이라 자칫하면 이 책 자체에 정 떨어질 가능성이 크기 때문이다.

뱀다리 둘. 독자들 스스로 깨닫게 되겠지만 『교양』은 독일 인문학자가 쓴 책이다. 독일 교육과 독일 사회에 대한 독일 지식인의 문제의식을 반영한 책이라는 이야기다. 미국식 표준이 전일적 세계 지배를 획책하는 시대에 그 뿌리가 된 유럽적 교양을 더 깊이 이해하면, 받아들일 것과 배척할 것을 구별하는 능력을 기르는 데 도움이 된다. 하지만 교양에도 어디까지나 국적이 있음을 잊지는 말 것. 또 말미에 저자가 소개한 도서목록을 보고 기죽지 말 것. 거기에는 『춘향전』이나 『목민심서』 같은 우리의 고전이 없다. 그리고 그걸 다 읽어야 교양인이 되는 것도 절대 아니다.

2001년 가을
유 시 민

■ 독자에게

  학교에서 배우는 내용들이 죽은 지식과도 같이 여겨지고, 자신의 고동치는 삶과는 아무런 상관이 없는 흥미 없는 사실들의 나열처럼 여겨져 절망감을 느껴보지 않은 사람이 과연 있을까?
  학창시절의 그런 부정적 경험이 뇌리에 깊이 남아 있는 사람은 우리 문화의 풍요로움을 뒤늦게 발견하고 눈을 비비게 되는 수가 많다. 특히 역사를 연구하면, 우리 자신의 사회를 비로소 이해할 수 있게 되고 이 사회가 얼마나 거짓스런 모습을 하고 있는지를 마치 박하향처럼 새삼 깨닫는 순간이 있다. 우리는 왜 일찌감치 역사의 이런 측면을 알지 못했을까? 위대한 문학은 무미건조한 교육의 소재가 아니라 우리가 그 세계의 경험을 공유하는 동시에 이 경험을 객관적으로 관찰할 수 있는 마술 같은 형식이라는 것을 왜 몰랐을까? 우리를 차갑게 내버려두었던 생각들이 마치 폭발하는 별처럼 갑자기 빛을 발하기 시작하는 것을 경험해보지 못한 사람이 있을까?
  이런 경험을 하는 사람들이 점점 많아지고 있다. 그 이유는 우리의 지식이 전환기를 맞고 있으며, 현 교육 시스템이 위기에 처해 있는 까닭이다.

기존의 교육 재료는 낯선 것이 되었고 딱딱한 공식이 되었다. 교육 전문가들도 더이상 신념을 가지고 그것을 대변하지 못한다. 우리(여기서는 특히 독일)의 역사적 상황이 변모했기 때문에, 우리는 새로운 자리에서 문화적 지식을 다시금 논의해보아야 한다. 현재의 교육 시스템 때문에 곤란을 느끼는 많은 사람들은 우리가 그 일을 대신 해주길 원한다.

그들은 지식이 정말 필요할 때 지식을 집어들 수 있는 사람들, 바로 중·고등학생과 대학생들이다. 이들은 자신들의 생생한 감각기관으로 박물관처럼 진열된 모든 교육 쓰레기를 받아들이기를 거부한다. 즉 그들은 허락만 된다면 우리 문화에 대한 지식에 입문함으로써 자신의 삶을 풍요롭게 하고 문명의 대화에 참여할 필요성을 느끼는 사람들이다.

바로 이들을 위해서 이 책이 쓰여졌다. 이 과정에서 필자는 우리의 문화적 지식을 다음의 시각에서 여과시켰다. 무엇이 우리의 자아 인식에 기여하는가? 현대사회, 국가, 학문, 민주주의 그리고 합리적 행정체제가 왜 유럽에서 먼저 성립했고 다른 곳에서는 그렇지 못했는가? 돈 키호테, 햄릿, 파우스트, 로빈슨, 지킬 박사와 하이드 씨를 우리가 잘 알고 있다고 말하는 것이 왜 그다지도 중요한가? 하이데거는 우리가 알지 못하는 그 무엇을 말했는가? 프로이트 이전에는 무의식이 어디에 있었는가?

필자는 유럽의 역사를 이런 관점에서 걸러낸 후에 방대한 서사시로 엮어 제시함으로써 그 연관관계를 조망할 수 있게 했다. 이 과정에서 필자는 문학·미술·음악·철학 그리고 학문을 기술할 때에도 그랬듯이, 그 구성의 대담성을 독자가 이해하고 그것이 세계에 대한 우리의 시각을 끊임없이 변화시켜주고 우리를 새 사람으로 태어나게 할 것임을 감지할 때 느끼는 흥분감을 약간이나마 체험하게 하려고 노력했다.

우리는 교양지식에 대한 이런 생동감 넘치는 관계를 획득하기 위해서 우선적으로 해야 할 일이 하나 있다. 즉 우리는 교양지식을 에워싸고 있는 거룩한 붉은 광택, 위압감을 주는 효과, 개념의 안개를 모두 걷어내야 한다. 문화적 업적을 남긴 저술가, 예술가들에 대한 우리의 존경은 이해할 수 없는 우상을 숭배하는 사람들을 단순히 흉내내는 것이 아니라 그들의 작품·예술품에 대한 진정한 이해와 친숙함이어야 한다. 우상 숭배자들이 행하는 숭배의식 절차는 이 책에서 가차없이 파괴되었다. 교양지식의 공식적인 철갑은 모두 뜯겨 내동댕이쳐졌으며, 그 속에서 구출된 교양지식은 쉬운 언어로 마사지되어 있어 누구든지 원하기만 하면 쉽게 이해할 수 있는 것이 되었다. 이해하기 어려운 불필요한 장애물들을 제거했기 때문에, 대상을 서술할 때 어중간한 타협이 불필요했으며, 가장 어려운 연관관계도 쉽게 설명했다. 필자는 그 일을 해볼 만한 가치가 있다고 느꼈고, 그래서 노력했다.

필자는 이런 책이 한번 나올 때가 되었다고 생각하고 있다. 또 독자들도 이런 책을 읽을 권리가 있다고 생각한다. 알기를 바라지만 공식화된 표현들만 잔뜩 받아먹어야 하는 사람들의 심정을 필자는 이해한다. 과거에 필자도 그와 똑같은 경험을 했기 때문이다. 따라서 그때에 필자가 필요로 했던 책을 지금 쓰게 되었다. 사람들이 교양이라고 부르는 행군 물품이 가득 담긴 책을 말이다.

디트리히 슈바니츠

| 차   례 |

추천의 글 • 7
독자에게 • 13
이 책을 읽기 전에 • 21

제1부 지식 • 29

읽지 않고 건너뛰어도 무방한 학교·교육제도 보고서 • 30

1. 유럽의 역사 • 45

■ 두 문화, 두 민족, 두 텍스트 • 45

그리스인, 올림포스 그리고 문학의 영웅들 • 47
그리스의 도시국가(기원전 800~500) / 올림픽 경기(기원전 776~서기 393) / 델포이의 신탁(信託) / 신들의 기원 / 제우스의 반역 / 아테나 / 제우스의 간통 : 테미스, 레다, 세멜레 / 헤르메스 / 아프로디테 / 아르테미스 / 디오니소스 / 프로메테우스-판도라의 상자 / 에우로파 / 오이디푸스 / 암피트리온 / 헤라클레스 / 미로(迷路) / 테세우스 / 『일리아스』와 『오디세이아』 · 58 / 파리스와 미녀 헬레네 / 트로이로 출발하는 그리스 원정대 / 아킬레우스의 분노 / 트로이의 목마와 라오콘 / 비극적 막간극(幕間劇)-오레스테스와 엘렉트라 / 『오디세이아』-오디세우스의 모험 / 오디세우스의 귀환

성서 • 62
신 / 창조와 원죄 / 신의 법 / 아브라함 / 이스라엘이 된 야곱 / 이집트의 요셉 / 모세 / 이집트 탈출 / 모세의 율법 / 신과 그의 백성 / 욥 / 유대인과 기독교인

■ 고전적 고대-문화와 여가 • 70

그리스(기원전 500~200) • 70
아테네 / 그리스적 사고 / 예술 / 비극(기원전 534~) / 문학 / 철학 / 소크라테스 / 플라톤 / 아리스토텔레스 / 그밖의 철학 학파

로마의 역사 • 85
전사(前史, 기원전 753~200) / 헌법 / 포에니 전쟁(기원전 264~241, 기원전 218~201) / 심각한 정치적 위기와 카이사르 제국의 도래 / 폼페이우스와 카이사르 / 안토니우스와 클레오파트라 / 아우구스투스 / 제정시대 : 네로와 그밖의 황제들 / 하강(下降) / 로마가 기독교화되다 / 교황

기독교 • 95
예수 / 기적 / 제자와 메시아 / 바리사이인들 / 만찬의 새로운 의의 / 배신 / 재판 / 십자가의 죽음 / 부활 / 바울로가 기독교를 비유대인들에게 개방하다

■ **중 세 • 103**

400년간의 혼란(400~800), 지중해 분지가 분할되다 • 103
프랑크족과 아랍인들 / 민족 이동 / 독일 민족은 아직도 게르만의 후예다 / 고트족과 반달족 / 니벨룽겐의 노래 / 프랑크족과 앵글로색슨족 / 프랑스 / 봉건주의의 시초 / 봉건주의의 원칙

유럽의 건설 • 110
카를 대제 / 카를이 독일인들에게 물려준 유산 : 황제의 관(冠) / 카를이 유럽에 물려준 유산 : 봉건주의 / 독일 그리고 독일 민족주의에 대한 중간고찰 / 독일 종족 / 독일어의 발전 / 로망스어의 발전 / 중세의 사회와 생활형식 / 공동체를 위해 은행 역할을 하는 교회 / 십자군운동 / 수도원 / 기사도 / 도시 / 성당과 대학 / 우주론 / 귀신과 악마 / 마녀 사냥과 유대인 사냥

■ **근 세 • 131**
르네상스 · 131 / 피렌체의 보티첼리 / 레오나르도 다 빈치 / 미켈란젤로 / 티치아노 / 라파엘로 / 도시 / 르네상스의 종말

종교개혁과 유럽 국가들의 성립 • 145
현대국가의 성립 · 145 / 스페인 / 프랑스 / 영국 / 궁정문화와 국가 / 독일 / 종교개혁의 동기 / 마르틴 루터 / 로마와의 단절 / "여기에 제가 서 있습니다. 저는 달리 어쩔 도리가 없습니다." / 종교개혁의 확산 / 독일어 성서 / 새 교회 / 재세례파 / 스위스 / 제네바의 칼뱅 신국(神國) 그리고 자본주의 정신 / 국가와 종교 : 종교전쟁 / 가톨릭의 반종교개혁 / 터키인들 / 네덜란드의 봉기 / 홀란드, 상업과 관용 / 땅, 하늘 그리고 사회의 형상 / 하늘—프톨레마이오스의 세계상에서 코페르니쿠스의 세계상으로 / 사회 / 글 / 문학

17세기 • 180
독일—추락 · 180 / 프랑스—짐이 국가다 · 182 / 문화, 연극 그리고 문학 / 영국, 퓨리턴 혁명 그리고 의회민주주의의 발명 · 185 / 영국 : 1588년부터 1688년의 명예혁명까지 / 영국 혁명의 문화적 결과 / 명예혁명과 양당제도의 발전 / 새로운 세계상

18세기 : 계몽주의, 근대화와 혁명 • 196
프랑스 계몽주의와 지식인 계층의 등장 · 198 / 강한 남자들과 계몽된 독재자들 · 200 / 폴란

드-얀 소비에스키와 실력자 아우구스트 / 러시아와 표트르 1세 / 카를 12세와 스웨덴 / 표트르의 개혁 / 여차르 : 안나, 옐리자베타 그리고 예카테리나 여제 / 프로이센, 병사왕 그리고 프리드리히 대제 / 영국과 프랑스의 세계전쟁 · 210 / 전주곡 : 아메리카의 독립 · 216 / 미국의 헌법 / 혁명이 프랑스에서 발생한 이유 : 영국과의 구조적 비교 · 218 / 프랑스 혁명 · 219 / 국민의회 / 바스티유 / 체포된 왕 / 1790년 헌법 / 입법의회 / 과격화 / 9월의 학살 / 국민의회 / 반격 / 공포정치 / 집정내각과 나폴레옹의 쿠데타 / 나폴레옹의 천재성 / 나폴레옹과 신성 로마 제국의 종말 / 말[馬]을 탄 세계정신, 그리고 프로이센의 붕괴 / 프로이센의 재탄생 / 나폴레옹의 하강

19세기 · 236
빈 회의(1814~1815) · 236 / 독일에 미친 빈 회의의 결과 / 3월 전기(前期) / 1848년 · 239 / 마르크스 / 1850~1870년의 프랑스, 이탈리아 그리고 미국 · 241 / 독일 통일의 길 · 243 / 독일 제국의 건설 / 지각한 민족 / 빌헬름과 빌헬름주의 / 편가르기

20세기 · 251
제1차 세계대전의 고삐풀림 · 252 / 전쟁 / 페트로그라드의 혁명 / 레닌 / 독일의 붕괴 / 베르사유 / 바이마르 / 히틀러 · 260 / 소련 / 무솔리니 / 휴식 / 문 앞에 선 히틀러 : 1929년의 검은 금요일~1933년 1월 30일 / 히틀러와 제국 의회의 자발적 자기 거세 / 나치 정권 / 결과 / 인종 정책 / 스탈린 / 스페인 내전 / 제2차 세계대전 · 279 / 범죄 / 유대인 말살 / 세계의 종말 / 나누어진 세계 : 1945~1989 · 284 / 피날레 : 1989~2000 · 290

2. 유럽의 문학 · 291

■ **형식언어 · 291**
스토리 / 문학과 문학 정전의 역사 / 문학적 교양 / 괴테와 모범적 전기(傳記) / 교양소설 또는 뒤늦게 작성된 서문(序文)

위대한 작품들 · 305
『신곡』 / 프란체스코 페트라르카 / 조반니 보카치오 / 『돈 키호테』 / 『세비야의 농락자와 돌[石]』 / 윌리엄 셰익스피어 / 장-바티스트 몰리에르 / 『모험가 짐플리시무스』 / 『로빈슨 크루소』 / 『걸리버 여행기』 / 『파멜라』와 『클라리사』 / 『젊은 베르테르의 슬픔』 / 고트홀트 에프라임 레싱 / 프리드리히 실러 / 하인리히 폰 클라이스트 / 『파우스트』 1부와 2부 / 중요한 소설작품 / 『적과 흑』 / 『올리버 트위스트』 / 브론테 자매와 플로베르 / 『전쟁과 평화』 / 『카라마조프의 형제』 / 『부덴브로크 가의 사람들』 / 『잃어버린 시간을 찾아서』 / 『율리시스』 / 『특성 없는 남자』 / 작품 선정의 관점

■ **연극 · 363**
고도 박사 또는 여섯 인물이 18번째 낙타를 찾는다 ―메타드라마 소극(笑劇)

3. 미술의 역사 • 397

로마네스크 예술과 고딕 예술 / 르네상스 / 바로크 / 로코코 / 고전주의와 낭만주의 / 인상주의 / 박물관과 모나리자 / 예술에 관한 예술 / 현대예술에 대한 세 가지 태도 / 벨라스케스

4. 음악의 역사 • 438

중세의 음악 / 바로크 / 고전주의 시대 / 낭만주의 / 모더니즘 / 미국

5. 위대한 철학자, 사상, 이론 그리고 과학적 세계상 • 472

■ 철학자들 • 472

데카르트 / 홉스 / 로크 / 라이프니츠 / 루소 / 칸트 / 헤겔 / 마르크스 / 쇼펜하우어 / 두 개의 반(反)헤겔학파 / 니체 / 하이데거

■ 이론현장과 여론시장 • 498

이데올로기 의심의 시대 / 마르크스주의 / 자유주의 / 공동체주의 / 정신분석학 / 파시즘과 파시즘 혐의-지뢰 매설지대 / 프랑크푸르트 학파-비판이론 / 담론이론-문화주의 / 해체주의 / 페미니즘과 다문화주의 / 정치적 정도(正道)

■ 과학과 세계상 • 518

대학과 학문 분야 / 과학의 진보 / 진화 / 아인슈타인과 상대성이론 / 프로이트와 심리 / 사회

6. 성(性) 논쟁의 역사 • 546

성 담론 / 다양한 사회 유형 / 전통사회에서 현대사회로의 이행 / 소가족제도의 고안 / 여성운동의 요람, 영국 / 독일 / 페미니즘

제2부 능력 • 565

교양인들이 의사소통할 때 사용하는 규칙들 ; 절대로 건너뛰어서는 안 되는 장 • 566

1. 언어의 집 • 588

외래어 / 문장구조와 어휘 / 단어들을 사전에서 선정해 변화시키는 남성적 원칙 / 에밀 / 패러독스 / 문학과 자기 지시성

2. 책과 글의 세계 • 615
책-글-독서 / 책 / 책의 내부생활 / 문예란과 신문 / 신간 통속물에 대한 비평 / 연극평론 / 신문의 정치노선과 정치서적 관련 논평

3. 세계의 여성과 남성을 위한 지역학 • 632
외국인의 눈으로 본 독일 / 미국 / 영국 / 프랑스 / 스페인과 이탈리아 / 오스트리아 / 스위스 / 네덜란드

4. 지능, 재능 그리고 창조성 • 666
지능과 지능지수 / 다재다능과 창조성 / 창조성

5. 사람이 알아서는 안 되는 것 • 678

6. 성찰적 지식 • 688

연 대 표 • 694
세계를 변화시킨 책 • 703
더 읽으면 좋은 책 • 724
문화사 연표 • 741

옮기고 나서 • 748
찾아보기 • 753

■ 이 책을 읽기 전에

제1부 지식

읽지 않고 건너뛰어도 무방한 학교·교육제도 보고서

여기에서는 우리를 맥빠지게 하는 독일의 학교 현실에 대한 보고를 다룬다. 이를 통하여 우리는 역사의 의미가 불구자처럼 잘려나간 이유, 언어적·문학적 표준의 방향이 상실된 배경을 알게 될 것이다. 그 다음에는 현재 실시되고 있는 성적 관리 시스템의 문제점을 다루고, 학생들에게 모든 것을 다른 모든 것으로 대체할 수 있게 만들어준 선택과목 제도가 결국은 중요한 것과 그렇지 못한 것을 뒤섞는 결과를 초래하고 만 것에 대해 설명하며, 마지막으로 일선 교사들이 교육부 관료(독일은 연방차원에는 교육부가 존재하지 않는다. 따라서 각 주(州)마다 교육부가 존재하며 교육 목표가 서로 다를 수도 있다—옮긴이)들로부터 부여받은 어려운 과제에 직면해서 속수무책의 곤경에 처해 있는 상황을 보고한다.

유럽의 역사

이 장은 유럽 문화의 가장 중요한 두 원류, 즉 그리스 신들이 하늘에서 벌인 일들, 트로이의 포위, 오디세우스의 표류, 그리고 히브리인들의 성서에 기록된 사건들에 대한 보고로 시작한다. 그 다음으로 아테네의 놀라운 발명품인 철학, 민주주의, 예술 그리고 연극에 대한 서술이 있고, 로마의 역사로 넘어가서는 공화국에서 로마 황제들의 제국으로 체제가 바뀌는 과정이 추적되며, 제국의 위기와 기독교화, 그리고 게르만족과 아랍족들의 대이동으로 인해 제국이 몰락하고, 프랑크 왕국에서 봉건제도가 성립하는 과정이 기술된다. 중세에 대한 서술은 본보기적 구조들을 중심으로 다루어지며 수도원, 도시, 기사도 따위의 생활형식들에 집중된다. 여기에서 독자는 종교적 체험, 위계질서적 사회, 그리고 중세적 세계상에 대한 선명한 인상을 얻을 수 있을 것이다.

르네상스의 서술 부분에 이르면 독자는 위대한 예술가와 작품들에 대해서 탄복하게 될 것이며, 종교개혁과 종교전쟁으로부터 근대 유럽이 생겨나는 과정을 추적할 수 있을 것이다. 이때부터 서술의 중심에 놓이는 것은 여러 가지 경로로 이루어지는 유럽 각국의 근대화 과정이다. 다시 말해서, 영국·미국·네덜란드 그리고 스위스의 자유-의회주의의 형성, 프랑스의 절대주의에서 발생하는 혁명, 그리고 프로이센과 러시아에서 상부의 권위적인 명령에 의해 이루어지는 근대화가 소개된다. 이런 각양각색의 경로로 유럽에 근대국가들이 형성되었다. 특히 영국의 발전과정은 더 자세히 살필 것이다. 왜냐하면 영국에서 현대적 의미의 정치기관들이 생겨났으며, 독일도 그 시스템을 수용했기 때문이다. 마지막으로 유럽이 파국에 이르는 과정이 묘사된다. 이 파국은 암흑의 폭압정치로 정점을 이루어 전세계를 경악케 하고, 마침내 세계의 문화를 새로운 출발점에 서게 만든다.

유럽의 문학

이 단원에서는 문학의 전형적인 형식들을 우선적으로 소개한다. 이들은 차별화된 문체와 작품 스토리의 다양한 진행 방식이 상호 협력하는 과정에서 생겨났다. 그 다음에 괴테의 자서전을 통하여 독일 특유의 교양소설 형식에 관해, 그리고 자서전과 교양의 관련성에 관해 논의한다. 이리하여 이 부분은 이 교양서의 뒤에 붙은 서론의 지위를 차지하게 되는 셈이다. 그 다음에 유럽의 가장 중요한 문학작품들에 대해 설명함으로써 유럽 소설의 작은 역사가 부수적으로 생겨난다.

천재와 광기의 연관성에 대한 안내서 역할을 하는 소논문 다음에 독자는 정신병원을 무대로 하는 연극작품 하나를 대하게 된다. 이 작품에 등장하는 다섯 명의 입원환자들은 각자가 쇼, 피란델로, 브레히트, 이오네스코, 그리고 베케트(모두 극작가—옮긴이)라고 믿으며 현대극에 관해 토론한다. 이때 이들의 언어는 이 극작가들이 실제로 각각 창안한 대표적 연극 형식인 토론극(사회의 모순을 발견케 하는 대화극 형식. 급격한 사태 전환이 관객에게 충격을 줌—옮긴이), 메타드라마(연극의 제작과정 자체를 연극의 소재로 삼음으로써 관객에게 무엇이 연극이고 무엇이 현실인지를 혼란스럽게 함—옮긴이), 교훈극(배우들이 자신의 역할에 대해 비판적 거리를 두고 연극함으로써, 관객들로 하여금 세상을 개혁하도록 유도하는 극—옮긴이), 부조리극(시민사회의 허위를 드러내기 위해 의미 있는 줄거리, 심리적인 대화를 포기하는 난센스극—옮긴이), 그리고 형이상학적 소극(笑劇. 죽음·신·허무·고독 따위의 실존주의 소재를 테마로 하는 연극—옮긴이)의 형태를 구현한다.

미술의 역사

미술관을 방문하는 형식으로 우리는 로마네스크와 고딕 양식, 르네상스,

바로크, 로코코, 고전주의 그리고 낭만주의에서부터 인상주의에 이르는 유럽의 예술 양식을 접하게 되며, 그때마다 가장 중요한 화가들의 작품을 소개받고 이들과 친숙해지게 된다. 그 다음에는 엘리베이터를 타고 현대예술 코너로 간다. 이곳은 박물관 속의 박물관 같은 곳으로 현대예술품들이 진열되어 있다. 여기서는 예술품 앞에서 경건히 생각에 잠기는 대신에 새로운 관람 방법을 배우게 된다. 패러독스, 수수께끼, 영화 상영, 슬라이드와 도해 설명 따위가 그 새로운 학습을 위한 보조수단으로 동원된다. 이로써 현대예술에서는 작품이 관찰의 과정으로 변화되어 있음을 감지하게 될 것이다.

음악의 역사

이 장은 음악이론의 기초를 안내하며 약간의 기술적 개념들을 소개한다. 피타고라스의 세계음악 개념과 중세음악을 설명하고, 그 다음에는 헨델에서부터 쉰베르크에 이르기까지의 위대한 작곡가들의 업적을 평가하고, 그들의 생애를 부분적으로 소개한다.

위대한 철학자, 사상, 이론 그리고 학문적 세계상

여기에서는 우선 유럽 역사에서 가장 중요한 철학과 그 구상들을 소개한다. 여기에 소개되는 것들은 오늘날에도 우리의 관심을 끄는 중요한 문제들로, 데카르트·홉스·로크·라이프니츠·칸트·헤겔·쇼펜하우어·마르크스·니체·하이데거의 철학을 중심으로 논의가 이루어진다. 그 다음에는 현대의 사상계를 지배하고 있는 이념들, 즉 마르크스주의·자유주의·비판이론·담화이론·해체주의·심리 분석에 대해 토론하고, 마지막으로 과학의 진보를 개관하는 시간을 가지며, 우리의 세계상을 유독 강하게 각인한 학문 개념들에 입문한다.

성(性) 논쟁의 역사

문명인이 되기 위한 기본소양 중의 하나는 성 논쟁의 기본입장들에 대해 능통하는 것이다. 따라서 이 장에서는 생물학적 성(性)과 사회적 역할 간의 관계가 역사 속에서 어떻게 변천해왔는지를 소개하며, 이 변화가 어떻게 가족의 기능 변화에 종속되었는지, 그리고 더 나아가 여기에서 어떻게 정치적·법적 동등권을 얻기 위한 여성운동이 성립되었으며, 문화적 상징 시스템의 변화를 강령으로 내세우는 페미니즘이 어떻게 성립되었는지를 소개한다. 여기서 한 가지 확인되는 것은 역사 속에서 여성의 영향력이 증대함에 따라 문명의 전반적 수준이 향상되어왔다는 것이다.

제2부 능력

교양인들이 의사소통할 때 사용하는 규칙들 ; 절대로 건너뛰어서는 안 되는 장

교양에는 지식의 단순한 소유뿐만 아니라 교육받은 것을 사회적 유희로서 능숙하게 사용하는 능력도 속한다. 이 유희의 규칙은 극도로 이율배반적이며 투시하기 어렵다. 그런 연유로 그 규칙들은 아직까지 다른 책에서는 전혀 다루어진 적이 없다.

언어의 집

언어만큼 사람의 교양을 잘 드러내는 것은 없기 때문에, 이 장에서는 언어를 자유자재로 구사하는 방법을 소개한다. 외래어 이해 능력, 구어와 문어 간의 경계를 자유로이 넘나들 수 있는 능력, 사물들을 달리 표현하는 방법, 그리고 언어의 구조에 대한 통찰력을 얻는 방법이 소개된다. 그 다음으로 소개되는 것은 언어에서는 두 가지 원칙이 마치 성관계를 맺듯이 서로 결합함으로써 언어가 더욱 풍부해진다는 사실이다. 다시 말해서 문장의 통사 구조, 그리고 어휘들이 서로 만나는 것이 얼마나 중요한지를 알 수 있다. 이 만남을 통해 언어의 모든 계통수(系統樹)가 생겨나고, 메타포들끼리 결혼하며, 시적(詩的)인 친척들의 수효가 불어나 언어의 집에 함께 모여 산다.

책과 글의 세계

이 장의 첫 부분에서는 말이 글로 바뀌는 매체적 '변형'이 우리의 교양에 얼마나 중요한지를 볼 수 있다. 유감스럽게도 텔레비전이 그 변화로 획득되는 인간의 의미 구성능력과 독서 습관을 파괴해버렸다. 그리하여 각급 학교의 시험평가에서는 필기가 차지하던 지위를 구두(口頭) 시험에 일정 부분 양보해야 했다. 그 다음에는 책들의 세계에 대한 안내가 있고, 서점 주인이나 도서관 사서들과 사귀는 방법에 대해 조언하며, 우리가 수천 권의 책을 눈앞에 대할 때 느끼는 심리적 충격으로부터 자신을 보호하는 방법, 그리고 가능한 한 적은 노력으로 가능한 한 많은 정보를 책에서 캐내는 방법이 소개된다. 마지막으로, 문예잡지의 몇 가지 유형이 설명된다.

세계의 여성과 남성을 위한 지역학

교양에는 국제적인 사교도 포함되기 때문에, 이 장은 서양 각국의 고유한 행동양식과 사교 방법들을 소개하고 있다. 역사적으로 볼 때 독일에서는 궁정과 대도시에서 여성들의 참여를 통한 문명화 과정이 결여되어 있어 독일인들의 행동방식은 남성적 역할이 기준이 되었고, 그 결과 독일인들은 다른 서양인들보다 좀 무뚝뚝하게 행동하는 편이다. 이런 배경에서 서양 각국의 행동양식이 각각의 역사적 특수성과 관련되어 설명된다. 여기에서 다루는 나라는 미국, 영국, 프랑스, 스페인, 이탈리아, 오스트리아, 스위스 그리고 네덜란드다.

지능, 재능 그리고 창조성

이 장에서는 많은 사람들의 자신감에 중요한 역할을 하는 다양한 요소들인 지능, 재능 그리고 창조성에 대한 최신의 학설들을 일별한다. 여기서 창조성과 지능 간의 차이와 우리의 뇌가 기능하는 방식을 살피고, 다섯 가지의 지능이 있음을 보여준다.

우리가 알아서는 안 되는 것

여기서는 사람들이 아예 모르는 채로 내버려두면 더 좋을 지식 분야를 다룬다. 예컨대 배우, 귀족과 유명인사들의 사생활에 대한 백과사전적인 지식은 모르는 편이 낫다. 그리고 지엽적이거나 교양과는 거리가 먼 지식, 통속적이거나 아주 심각한 문제를 낳을 수 있는 지식들을 대화에서 세련되게 회피하는 방법들이 소개된다.

성찰적 지식

이 장에서는 교양은 스스로의 가치를 정확히 평가할 줄 아는 지식이라는 것을 보여준다. 이런 배경에서 총결산이 이루어지며, 그 모든 것에서 하나의 결론이 내려진다. 과연 보편적 교양에 속하는 것은 무엇인가?

제1부
WISSEN
지식

읽지 않고 건너뛰어도 무방한
학교 · 교육제도 보고서

    로빈슨 크루소가 조난을 당한 뒤에 간신히 육지에 도달해서 한숨 돌리고 곰곰이 생각한 것은 유능한 시민의 능력에 관해서였다. 그는 난파선을 전부 살펴보았고 재고목록표를 작성했으며 자기가 할 수 있는 가능성들을 총정리해 자신의 현상황을 분석했다.
    현재 교양에 관해 생각해보려는 우리도 로빈슨 크루소와 같은 상황에 있다. 우리는 조난당했다. 그것은 좋지 않은 일이지만 그렇다고 해서 아직 파국은 아니다. 우리에게는 아직 도덕이 있고, 심리적 공황상태에 빠져 갈피를 잡지 못하고 있지도 않으며, 배울 능력이 있고, 모든 것을 다시 건설하기 위한 인내심도 충분하다. 이제 우리도 한번 재고목록표를 작성해보자. 즉 우리가 아는 지식을 사정(査定)하고, 본질적인 것을 비본질적인 것으로부터 구분해보자. 우리의 가치기준도 검토해보자. 그래서 우리의 오류를 교정하자. 그리하여 판단능력을 회복하자. 우리가 상황을 미화하지 않고 직시한다면 그것은 과연 어떤 모습일까?

괴물 같은 세 자매 : 고르곤
    인간의 교양은 실체 없는 그림자의 나라처럼 되어버렸다. 게다가 우리가 도대체 무엇을 배워야 하는지에 대한 개념이 증발되었다. 진지하게 이루어진 인간의 교육 목표에 대한 전문적이고 견고한 성찰은 그 어느 곳에도 존재하지 않는다. 그 대신 지배하는 것이라고는 두 자매, 즉 커다란 불확실성과 커다란 예측 불가능성뿐이다.

　이것을 극복하기 위해 늘 새로운 모델들이 만들어지지만, 이들은 단지 유희의 대상으로 소모될 뿐이다. 독일의 경우, 학교는 시장(市場)처럼 교환 논리로 복귀했다. 독일어는 스포츠로, 수학은 종교로 상쇄할 수 있게 되었다. 그러면서도 경쟁과목들의 점수는 그렇지 않은 과목들의 점수보다 몇 배나 더 높은 가치를 지닌다. 이제 학교는 점수를 파는 시장이 되었고, 학생들은 등급을 올리기 위해 교사들과 홍정을 벌이게 되었다. 모든 것과 모든 것의 결합이 가능하고, 모든 것이 상호 치환될 수 있으며 서로 보완될 수 있게 됨으로써 이제 고르곤(Gorgon. 그리스 신화에 나오는 세 자매 마녀로 이들을 본 사람은 겁에 질려 돌로 변함－옮긴이)의 셋째자매, 즉 거대한 자의성(恣意性)이 새로이 등극했다.

　고유한 연구 대상에 바탕을 둔 전문 교과목들의 독자적인 교육가치 개념은 그로써 소멸되어버렸다. 지식들마다 가지고 있던 고유의 질서 원칙이 붕괴됨으로써, 본질적인 것과 교환 가능한 것, 중심적인 것과 주변적인 것, 의무와 선택, 핵심과목과 선택과목 간의 구분도 아울러 사라졌다.

　신화와 천문학이 우리에게 가르쳐주는 것이 있다. 즉 어떤 변화가 결절점에 다다르면 곧 반전이 이루어진다는 것이다. 일년 중 밤이 가장 긴 동지는 태양의 진로가 바뀌는 시점을 뜻한다. 지옥에 내려간 다음에는 부활이 뒤따른다. 그러므로 세 자매, 즉 불확실성, 예측 불가능성 그리고 자의성의 지배를 우리가 종식시킬 때가 왔다. 이 세 자매 중의 하나는, 신화에 비유하자면 메두사Medusa다. 머리가 수많은 뱀으로 이루어진 이 괴물은 하도 무서워서 사람들이 그 눈빛을 보기만 해도 즉사한다. 그러나 그놈 앞에다 거울을 세워 놓으면 그놈은 스스로를 죽일 것이다. 이제 이 일을 우리가 시작하자.

학 교

　독일의 학교는 지금 고통스런 모순에 시달린다. 졸업시험 결과가 연방 전체로 보면 대체적으로 일정한 수준에 올라와 있어야 하므로, 각 주(州)의 학생들은 모두가 똑같은 내용을 배워야 한다. 그러나 각 주는 고유의 독립적인 교육부를 가지고 있어 서로 다른 교육정책을 펴며, 또 어느 정당이 집권하느냐에 따라 그 내용이 달라진다. 교육제도는 경쟁사회에서 장차 유능한 사회인을 키워내는 데 매우 중요한 역할을 하므로 정당간에 학교제도를 둘러싼 논쟁이 격렬히 진행되고 있다.

그 결과 대체적으로 사회민주당(SPD. 이하 사민당)의 집권 주와 기독교민주연합(CDU. 이하 기민련)의 집권 주로 양대 진영이 형성되어 있다. 사민당의 주요 관심사는 통합학교(인문계 고등학교와 실업계 고등학교의 교과과정을 통합한 새로운 개념의 학교—옮긴이)이다. 이 학교는 김나지움(Gymnasium. 독일의 중등 교육기관—옮긴이)을 축소하는 희생을 감수하면서 건립이 추진되었다. 사민당은 이 통합학교 제도가 계층간의 대립을 해소하고, 교육을 통해 사회적 계층 상승과 풍요롭고 만족스런 삶을 누릴 수 있는 기회를 확대시킬 수 있다고 믿었다. 여기서 사민당이 아울러 바란 것은 이른바 '의사소통 능력'의 함양이었는데 그것은 상호 이해의 촉진이었다.

이에 비해 기민련은 김나지움, 레알슐레(Realschule. 실용교육을 강조하는 독일의 중등 교육기관—옮긴이), 그리고 하우프트슐레(Hauptschule. 직업학교나 업종별 도제, 하급 공무원을 준비하는 학생들을 대상으로 하는 학교 형태—옮긴이)의 전통적 분리를 고수했다. 그동안의 성과를 중간결산 해보면, 기민련이 승리했다고 할 수 있다. 통합학교는 사민당이 약속한 것을 이루어내지 못했다. 학생들의 성적을 비교해보면, 통합학교 학생들은 김나지움의 학생들, 심지어 동급의 레알슐레 학생들보다 낮았다. 그리고 성적의 부진을 사회생활 능력의 우위로 상쇄할 수 있으리라는 희망도 통계자료들로 검토해보았을 때 성취되지 못했다. 결과는 논란의 여지없이 선명히 드러났다. 통합학교들은 폭력과 범죄율이 다른 학교보다 높고, 마약 복용률도 높으며, 그야말로 막가는 학생들도 더 많았다. 국어와 수학 점수도 더 낮다.

일반적으로 사민당이 집권한 주들에서는 대학입학 자격시험이 기민련이 장기 집권한 주들보다 쉽게 출제된다. 따라서 대학들은 함부르크, 노르트라인베스트팔렌, 또는 헤센(이상은 모두 사민당 우세지역-옮긴이)의 대학입학 자격시험 합격생보다 바이에른이나 바덴뷔르템베르크(이상은 기민련 우세지역-옮긴이)의 합격생을 선호한다. 그럼에도 그 시험 결과는 시험 지역과 상관없이 연방차원에서 다같이 대학입학 자격을 부여한다. 그것은 이중으로 불공정하다. 예컨대 바이에른의 학생은 함부르크의 학생과 같은 성적을 받기 위해 공부를 더 많이 해야 한다. 다른 한편 함부르크의 머리좋은 학생은 바이에른의 학생만큼 많은 것을 배울 기회가 없다. 왜냐하면 공부를 열심히 하는 것을 그다지 장려하지 않기 때문이다. 인플레이션된(이로써 가치가 떨어진) 점수 때문에 그 학생은 자신의 특출함을 드러낼 기회가 없다. 수많은 평균적인 학생들과 같은 보트를 타고 앉아 느리게 항해할 뿐이다.

　교육부 관료들은 이런 결과에 낙담해 그동안 검증되었던, 절망스러울 때마다 사용해온 수단에 다시금 의지하지 않을 수 없었다. 그 수단이란 다름 아니라 허구를 꾸며 현실을 호도하는 것이다. 이런 방법이 사용된 예는 역사적으로 얼마든지 있다. 예컨대 러시아의 영주 포톰킨은 여제(女帝) 예카테리나가 자신의 마을을 시찰하러 오자 마을의 빈곤함을 감추기 위해 화려한 농가의 모습을 한 이동식 신기루 무대를 꾸며 그녀의 눈앞에 펼쳐놓아 그녀를 속였다. 그는 현실사회주의의 위조된 통계를 임금님의 새옷처럼 그녀의 눈앞에 펼쳐놓았다. 현재 각급 학교의 실력 평준화를 목표로 하는 각 주의 교육부 장관들도 마찬가지다. 그들은 과학적인 조사결과들을 철저히 비밀에 부치고 있다. 모순되게도 교육 및 학교 정책 분야에서만큼 거짓말이 횡행하는 곳은 그 어디에도 없다.

　교육의 기본이 이처럼 흔들리고 있는 것은 단 한 개의 단추를 잘못 낀 때문이다. 즉 어린이들도 다 아는 기본적인 사실을 교육 정책가들이 벌거벗은 임금님처럼 외면하고 있다는 데서 교육의 위기가 생겨나고 있다. 다시 말해, 학교에서 성적 경쟁을 할 때 출발 지점에서 모든 학생에게 주어져야 하는 기회의 평등을, 이들이 골인 지점에서 받고 싶은 성적의 평등과 혼동한다는 데 문제의 본질이 있다.

그들은 교육제도를 모든 학생들에게 (출신과 상관없이) 완전히 개방했는데, 그 다음에 다시 새로운 차별화를 발생시키는 주체가 바로 학교라는 사실을 절대로 인정할 수 없는 것이다. 새로 생겨난 차별화는 이제 더이상 학생들의 출신에 대한 차별화가 아니라, 재능·학업의지·도전정신·취미 그리고 명예심 등에 대한 차별화다. 그들이 무슨 일을 했기에 그렇게 되었는가? 그들이 한 것이라고는 모든 수업이 기초적으로 뿌리를 박고 있어야 하는 기본적인 사회적 테크닉인 평가제도를 없앴을 뿐이었다. 즉 학생들이 자신의 학업 성취도를 측정하고 비교하며 자극받을 수 있는 평가를 없앴던 것이다.

점수란 원래 절대적 척도가 아니라 상대적 척도를 의미한다. 그 기능은 돈이 비교 불가능한 것을 비교 가능하게 만드는 것과 같다. 아주 우수한 학생이 있으면 그보다 좀 못하는 학생이 있어서 구분이 생긴다. 열등생이 없다면 우등생도 있을 수 없다. 그런데 바로 이 점을 정책가들은 인정하지 않았다. 그로써 성적이 인플레이션되었다. 그래서 돈이 인플레이션된 경우와 비슷한 상황이 생겨났다. 사람들의 지갑에는 이제 십만 원짜리 수표들이 두둑하지만 이것들을 가지고 살 수 있는 것은 아무것도 없다. 머리가 완전히 나쁘지 않은 학생들이 지금은 꽤 높은 점수를 받고 있다. 그러나 이 점수는 이제 아무런 값어치가 없으며 구매력을 상실했다. 학교의 점수는 상투어처럼 공허한 말이 되었다. 이제 점수는 아무것도 의미하지 못한다.

이로써 학교마다 기준들이 무너졌다. 어릴 때부터 가정에서 과업을 완수하는 훈련을 받은 다음에 학교에 입학한 청소년들은 불공평한 학교를 무시했다. 그들의 마음은 학교와 진심으로 하나가 될 수 없었다. 바로 이 경악스런 새로운 상황에 속수무책이 된 교사들마저도 학교를 무시했다.

교 사

교사들은 어차피 곤경에 처해 있다. 우선 그들은 일반인들의 눈에 수준이하의 사람들로 비치고 있다. 그 이유는 그들이 학교의 교육 시스템을 떠나 학교 울타리 밖에서 자신들의 능력을 입증해 보인 적이 한 번도 없기 때문이다. 그들은 학교를 졸업하고 다시금 학교로 되돌아와서 교육공무원이 된 사람들이다. 이는 곧 그들이 삶에 대해 두려움을 가지고 있으며 무능한 존재로 비치는 원인이 된다. 또한 사람들은 학창시절의 기억에 남아 있는 소심한 교사들에 대한 이미지를 가지고 있다. 게다가 교사들은 실제로 일상의 직업에 대해 일종의 공포를 가지고 있다. 매일같이 어린이와 청소년들과 아옹다옹하다 보면 자신들마저도 유아적이고 청소년적으로 된다. 늘 어린이와 청소년들만 대하다 보니 말투마저도 그들의 스타일을 닮게 된다. 동일한 상대방과의 반복된 의사소통은 상대방을 닮게 만든다. 이것은 사회법칙이다. 따라서 교사들은 하찮은 일에 금방 흥분하며 과장하기 쉽다.

그러나 배짱이 두둑한 경영인이나 신경이 질긴 기업인조차도 반나절을 건디기 힘들이하고 당징 도밍치고 싶은 생각이 나게 만들 학교 현실을 고려해본다면, 교사들에 대한 일반인들의 그런 경멸조의 태도는 부당하다. 즉 배우고 싶어하지 않고 예의라고는 털끝만치도 없으며 텔레비전 오락프로에나 익숙해져 있는 학생들, 들짐승처럼 교사의 권위를 공격하기 위한 조직적인 행동만을 늘 궁리하는 학생들의 무리를 앞에 두고 괴테나 실러 따위의 고상한 이상주의에 대한 관심을 일깨워 줘야 하는 일은 전쟁터에서 총을 들고 싸우는 것보다 더 힘들다. 파렴치함, 남을 괴롭히는 새디스트의 악랄함, 삭막한 야만성을 가진 학생들과 싸우며 매일같이 치르는 전쟁이 어떤 것인지는 학교 울타리 밖의 사람들은 상상조차 못한다. 그리고 가장 고통스러운 것은 학생들의 버릇없고 못된 것에 대한 책임을 교사들이 떠맡아야 한다는 사실이다. 교사들은 교실을 장악하고 있지 못하다. 수업이 학생들을 바보로 만드는 것이 아니라, 그 반대로 학생들이 교사를 바보로 만든다. 교사는 공허해진다. 어떻게 해야 이 학생들에게 독일문학의 고전『이피게니에 Iphigenie』(괴테의 고전주의 희곡-옮긴이)를 읽히고 열광할 수 있게 한다는 말인가? 학생들이 최소한의 교양을 가정에서 미리 준비물로 가져오리라는 것은 점점 더 기대할 수 없게 된 상황에서 말이다. 실제로 학생들은 이미 가정에서부터 집중력 약화와 교육 결손의 피해자다. 다만 이런 사실이 학교에서 표면화되어 드러나고 있을 뿐이다.

독일 각 주의 교육부 장관과 관련 기관들은 이런 상황을 스스로 보고 깨닫지 못하는지 교사들의 손에서 학생들에 대한 제재의 수단을 모두 빼앗아가버렸다. 그래서 지금 교사들에게는 완전한 무장해제 시대가 계속되고 있다. 훈계, 경고, 가정 통지 그리고 (중대한 잘못의 경우에는) 퇴학 따위의 처벌이 가능하지만, 이것들은 해당 규정에 따라 신청, 투표, 그리고 교무위원회의 회의를 거쳐야 하기 때문에 교사들은 숫제 그 절차를 포기한다. 그 번거로움은 대부분 교사 자신이 처벌받는 결과를 가져오기 때문이다. 이 점을 너무나도 잘 알고 있는 학생들은 교사를 조롱한다.

이처럼 공식적으로 자신들의 문제에 대해 책임을 져야 하는 교사들은 거짓말쟁이가 되는 길로 내몰리지 않을 수 없다. 그들은 자신들이 안고 있는 문제를 남들이 알지 못하도록 쉬쉬한다. 그들이 문제를 개진하며 의견을 교환할 수 있는 공개적인 토론회는 한번도 열리지 않고 있다. 이로써 교사들은 사회와의 유대와 공조관계에서 배제되어 있으며 자기들끼리만 각자의 이미지 관리를 위해 위장술로 경쟁한다. 성공한 척하며 아무런 문제가 없다는 듯이 행동하지만 실제로는 수많은 교사가 좌절감을 느끼고 있다. 한때 좌파의 교육이념을 가졌던 교사들은 더욱더 그러하다. 그들은 명백히 이중으로 실패했지만(1968년 민주화운동에서 교육을 민주주의적으로 개혁해야 하며 모든 국민에게 교육 기회를 확대해야 한다고 주장했고, 이제 그 결과를 책임져야 하므로-옮긴이), 영혼의 평정을 유지하기 위해 그 실패를 부인해야 하는 처지에 있다.

독일에서 학교는 현재 거의 정당정치의 노획물이 되었다. 정당의 고운 눈길이 조금이라도 미치지 않은 사람이 교장 자리에 앉아 있는 경우는 거의 없다. 현재 집권 중인 각 주의 정당은 다음 선거전에서 무엇인가를 내세우기 위해서 현재의 학교정책을 보정하고 있다. 새로운 조치, 고무적인 새로운 개념, 흥미롭고 새로운 상표를 준비하고 있다. 따라서 백년지대계여야 할 교육이 확실성을 상실하고, 실체가 없는 끊임없는 고안품들로 인해 동요하고 있다. 학제적 수업, 프로젝트, 신개념의 학교, 협의체제, 학부모 참여 따위가 끝없이 서로 교대하며 번잡스런 바람을 일으켜, 그렇지 않아도 희박한 공기 같은 희망을 흩날려버리고 있다.

요컨대 학교는 매우 가련한 상황에 처해 있지만, 이 상황이 너무나도 심각해서 완전히 베일에 가려져 있다.

물론 간혹 제대로 기능하는 학교, 열성적인 교장과 성공적인 학교, 그리고 반쯤은 만족스러워하는 학생들이 없다는 말은 아니다. 그러나 이런 학교는 예외이고 경악스런 학교들이 오히려 정상처럼 되었다.

이 모든 문제의 주된 원인은 학교에서 교육의 기준이 사라졌다는 데 있다. 교사들은 무엇이 교육 목표가 되어야 하며 어떻게 가르쳐야 하는지를 모른다. 과거의 고전적 교육이 좁아 보이고 시대에 뒤떨어진 것처럼 여겨지자 사람들은 표준들을 모조리 내다버렸다. 바로 여기에 잘못이 있다. 이렇게 불확실할 때는 뭐든지 새로 시작해야 한다. 독일은 새로운 기준들을 중부 독일의 서구화에서 새로이 찾아볼 수 있을 것이다. 이 서구화는 정치적으로 볼 때 제2차 세계대전이 끝난 때부터 시작되었으며, 문화적으로 볼 때는 1968년의 민주화운동 이후부터 시작되었다. 구동독 지역은 1989년의 독일 통일 이후에야 정치와 문화가 함께 서구화되었다. 물론 새로운 기준의 모색은 교육의 각 분야에서 독자적으로 진행되어야 할 것이다.

역 사

여기에서 독일인들에게 가장 문제가 되는 것은 나치시대가 독일인들의 마음속에 깊이 남긴 심리적 상처이다. 그 시대는 마치 별이 대폭발을 일으켜 오늘날 모든 빛을 어둠 속으로 흡수하는 블랙홀을 남긴 것처럼 생각된다.

마치 그것 이외에는 더이상 아무것도 없는 듯이 보인다. 모든 역사는 그것의 주위를 맴돈다. 그러나 그런 역사는 또 다른 역사에 대한 눈을 가린다. 즉 문명이 성장해서 전제군주정치를 무너뜨린 유럽의 역사가 다른 한쪽에 있다. 이것은 한 편의 '서사시'다. 그러나 이 서사시에 대해서 학교는 아무것도 가르쳐주지 않는다.

모든 정치문화에는 자신이 뿌리를 내리고 정당화할 수 있는 전사(前史)가 필요하다. 이 전사가 없다면 사람들은 자신들의 사회를 이해할 수 없으며 사회와 일체감을 가질 수 없다. 악(惡)을 회피하는 것만이 능사가 아니다. 독일인들이 독일의 파국적인 역사에만 집착하는 것으로는 충분하지 않다. 그런 태도는 독일인들을 노이로제에 걸리게 하고, 다른 국가들로부터 독일인들을 고립시키며, '독일의 특수한 역사'를 연장시킨다.

따라서 독일인들이 우선적으로 해야 할 일은 독일 사회사의 '서사시'를 새로 파악하고 '연관성의 역사'를 학생들에게 가르치는 것이다. 이리하여 젊은 학생들은 한때 잘못 걸어갔던 길을 이해하는 법을 배워야 한다. 그 길과 다른 길과의 차이는 어디에 있는지를 파악해야 한다. 그래서 과거의 잘못들로부터 벗어나야 하며 독일인들이 배신한 가치들을 되찾아야 한다. 그래야만이 자신이 누구인지를 역사적으로 재정립할 수 있다. 하지만 유럽의 다른 나라들의 건국신화는 역사가 오래된 반면에, 독일인들은 독일인으로서의 정체성을 한창 새로 정립하는 과정에 있다. 따라서 독일인들은 근대 독일의 파국의 역사를 유럽의 커다란 역사 속에 새로이 끼워넣을 줄 알아야 한다. 바로 이 능력이 교양의 특별한 지식에 속한다.

역사는 우리의 모든 지식을 편성하는 틀이다. 우리의 교양지식은 역사적으로 정리되어 있을 뿐, 체계적인 형태를 띠고 있지 않다. 그리고 역사의 틀은 연대기를 통해 이루어진다. 따라서 우리는 역사를 공부할 때 연대기의 윤곽을 알고 있어야 한다.

독일인들은 역사를 공부할 때 일부 교육 개혁가가 역사수업의 실마리인 연대기적 질서를 산산조각내어 '중세의 성' 또는 '여행지로서의 베트남의 가능성' 따위의 수업단위로 대체한 것을 가장 먼저 극복해야 한다. 이 개혁가들은 연대기적 숫자를 암기시키는 수업방식을 문제삼으면서 새로운 방식을 도입했지만 이 개혁은 사실상 미친 짓이었음을 알아야 한다. 연대기적 숫자들은 단순한 숫자가 아니라 서로 동떨어진 것들의 비교점이다. 그 숫자들은 토막들의 구분을 위한 표지, 사건의 바다의 부표, 한밤중에 빛나는 교통안내판이며, 역사의 길을 비로소 정리할 수 있게 하는 것이다. 연대기에 반대하는 사람은 책꽂이의 나무판들을 떼어내어 책들을 흩뜨리는 일을 평생의 과업으로 삼는다. 이리하여 학생들은 시대의 연속으로서의 역사에 대한 감각을 상실했다. 학생들은 역사의 '시간적 형상'에 대한 감각을 결코 획득하지 못했다.

필자의 영어영문학과에서 자체적으로 신입생들에게 10년간에 걸쳐 행한 앙케트의 결과를 보면, 100명 중 여섯 명만이 크롬웰이 누구이며 어느 시대 사람인지 알고 있었다. 셰익스피어가 언제 살았느냐는 질문에 대한 답은 당연히 12세기부터 19세기에 걸쳐 골고루 분포되어 있었다.

역사적 감각이 이처럼 잘려나간 다음에 독일인들은 자신이 누구인지를 더이상 유럽의 다른 나라들과 비교하며 구분할 수 없다. 따라서 필자는 이 책에서 유럽 역사를 소개할 때 그 연관성을 가시화시켜 전체적인 조망이 가능하도록 서술했다.

문학 정전(正典) 및 교사 양성의 문제점

교사는 학생들을 가르치기 위해 전문지식을 가지고 있어야 할 뿐 아니라 교육기술도 터득하고 있어야 한다. 전문지식은 대학에서 배울 수 있지만 교육기술은 교생실습을 통해 습득한다. 이 전문지식 중에서 실제 교육현장에서 사용할 수 있는 것은 교육기술적으로 적용 가능한 것뿐이어서 대부분의 경우 그 양은 매우 적다.

독일의 모든 대학교에서 가르치는 영어를 예로 들어보자. 영어영문학과의 커리큘럼은 셰익스피어에서부터 현대에 이르는 모든 영문학 작품들의 독해와 해석으로 이루어진다. 체계적으로 접근하는 부분은 산문, 희곡, 서정시의 3대 장르, 그리고 이에 속하는 장편소설, 노벨라(novella. 희곡처럼 기승전결의 스토리를 가지는 19세기의 산문형식―옮긴이), 단편소설, 서사시 따위의 하위 장르들, 그밖에 이에 수반되는 관례적인 것과 문체 종류다. 역사적으로 접근하는 부분은 시대별 양식, 시대의 전형적 주제들, 정신사 및 개념사적 상황 그리고 사회사적 배경들이다. 이 모든 것들은 흥미진진한 연구 대상이다. 이것들을 제대로 이해한 사람은 무한하게 풍요로운 자산을 획득한 사람이다.

다만 중·고등학교에서는 이 모든 것을 가지고도 아무것도 시작할 수 없다는 데 문제가 있다.

문학 시간에는 기껏해야 단편소설 몇 편을 분석하고 셰익스피어의 『맥베스Macbeth』(왜냐하면 이 작품이 가장 짧으므로)를 읽는 게 고작이다. 나머지는 '어린이 영어Kids English'를 배울 뿐이다.

대학에서도 교사 자격시험 희망자들을 위해 개설되어 있는 교직과목에서는 배울 것이 거의 없다. 교직과목을 배우는 것은 시간 낭비일 뿐이며 이는 학생들을 낙담시키는 관료주의적 발상에서 나온 것뿐이다. 물론 누구나 이 점을 잘 알고 있다. 그런데도 교직과목 분야에 종사하는 교수와 학과들은 속수무책이다.

물론 독어독문학과에서는 이런 폐해가 심각하게 드러나지 않는다. 독일어는 독일인들에게는 모국어다. 그러나 모국어도 배워야 하는 것이다. 독어수업의 대부분이 이 주장으로 정당화된다.

독일의 독어독문학과가 가장 먼저 힘써야 하는 것은 말하기를 글쓰기로 전환하는 훈련이다. 모두가 알다시피 글쓰기는 말하기보다 논리 정연해야 하며, 생각을 더 잘 정리하고, 더 정확한 문장 통사 구조, 텍스트의 구성, 문장들의 연결로 보편적인 설득력을 지녀야 한다. 이런 글쓰기 기술은 노력을 통해 습득하는 수밖에 없다. 물론 그 방법론과 기술을 가르쳐주는 대학은 독일에 없다. 무엇이 좋은 독일어인지에 대해서도 마찬가지다.

이와 정반대로 독일의 독어독문학계에서 사용되는 전문용어들은 세상에서 사용되는 말 중에 가장 끔찍스럽고 이해할 수 없는 방언일 뿐이다. 그 용어들은 문학비평과 최신 유행이론들의 중간에 위치한 일종의 잡종언어로 중국 상인들의 언어(현지에서 통용되는 수개국 언어의 단어들이 모자이크된 엉터리 통용어-옮긴이)처럼 뒤범벅되어 들린다(예컨대 "하이데거 및 존재론적", "아도르노식의 절망적인 비난조의", "해체주의적이며 전복적이며 카니발적인"). 이런 용어가 유행하는 이유는 수많은 학생들이 독문학을 자신의 인생관과 세계관을 총체적으로 표현하는 수단으로 여기기 때문이다. 이로써 독어독문학은 일종의 대체종교가 되며 예배의식적 테크닉에 빠져들게 된다. 마술적 방법과 비의적(比擬的) 언어들이 그 주요수단으로 등장하며, 언젠가 이들의 뜻을 터득하게 된다면 즉각적으로 세계의 수수께끼의 구름을 벗겨내고 모든 문제를 풀 수 있는 열쇠를 쥐게 되리라는 암시를 받는다.

독어독문학의 이런 방언들은 독어독문학자들을 그 학계 내에서 각종 종파의 교도들이 되게 한다. 그리고 이 종파들이 과거에 사람들이 교양이라 불렀던 자리를 차지하고 있다.

그러나 '교양Bildung' 개념은 원래 1968년 이전까지는 대학 전공으로서의 독어독문학과 중·고등학교의 실제 수업간의 괴리를 이른바 '정전(正典, Kanon : 그리스어로 척도[尺]라는 뜻. 성서의 외경[外經]에 대비되는 정전은 트리엔트 공의회[公議會]에서 확정됨. 독일 문학에서는 괴테, 실러의 고전적 작품들이 여기에 속했음-옮긴이)'들로 메운다는 계획으로 독일에서 생긴 것이었다. 대학에서의 독어독문학 연구와 중·고등학교에서의 언어영역 수업간의 괴리를 메우기 위한 필독서로 목록화된 이 고전적인 정전들이 중·고등학교와 대학을 연결시켰다. 그러나 이 책들이 더이상 설득력을 갖지 못한다고 생각하는 순간(1968년의 학생운동으로 표출됨-옮긴이)에 이르자, 사람들은 이 책들의 그런 연결기능을 망각하게 되었고, 오로지 대졸 시민계급의 전유물에 불과하며, 하층계급들에게는 고깃국 냄비에 이르는 길을 막는 장애물일 뿐인 교육제도라고 여기게 되었다. 그 결과 사람들은 이 새로운 대중을 대학교육을 통해 사회의 일원이 되게 하는 일을 포기하고 오히려 대학들을 우민(愚民) 대학으로 전락시키는 결과를 초래했다.

정전들은 연결기능을 박탈당함으로써 존립의 위기에 빠졌다. 게다가 사람들은 이 책들이 나치의 이념에 이용되었다고 비판했다(예컨대 휠덜린, 실러의 애국주의적 작품들이 나치 이데올로기 선전에 이용되었다 — 옮긴이). 따라서 독일인들은 이 책들로 복귀할 수 없다.

이 책들 대신에 필자는 유럽의 이웃 국가들도 독일인들의 문화적 자산으로 인정하고 따라올 수 있는 새로운 독서목록을 제공하려 한다.

귀결 및 새로운 관점

과거의 문학 정전 대부분은 독일 고전주의 시대의 작품들로 구성되어 있으며 여기에 몇몇 낭만주의 시대의 작품들이 추가되어 있었다. 사람들은 명백히 바이마르 고전주의의 위대한 작품들을 지향했다. 낭만주의 이전의 규칙시학(아리스토텔레스의 『시학』 이후, 문학은 독창성보다는 수사학, 장르론 따위의 규범적 규칙에 따라 창작되었다 — 옮긴이), 그리고 독일의 이웃 국가들이 문학적 전통으로 인정하고 있는 후대의 사실주의적 세계관에서 나온 문학은 그 목록에 속하지 않았다. 따라서 우리는 지금까지 소외되었던 이 양쪽 방향으로 정전의 목록을 확장해가고 있다.

여기에 추가되는 또 하나의 관점이 있다. 이것은 문화학 관련 학과들의 교과과정 개편을 둘러싼 토론회가 열리면서 드러난 관점이다. 즉 대학생들이 시사적인 것, 현대적인 것에 대한 강좌를 강화해달라고 요구하고 나섰다. 그러나 대학 강의의 실제경험이 우리에게 가르쳐주는 바는 이 현대적인 것이 과연 무엇을 뜻하는지 명확한 실체가 없다는 것이다. 막연히 비현대적인 전통사회에 대한 대립 개념으로 이해되고 있을 뿐이다. 따라서 필자는 이 책에서 미술, 음악 그리고 철학에 대해 기술할 때 현대와 비현대 간의 차이를 분명히 하는 데 주안점을 두었다.

시각예술을 기술하는 장에서는 역사주의와 박물관 제도에 초점을 맞추었으며, 음악을 기술하는 장에서는 음악형식의 혁신과정을 중시했다. 사상(思想)에 관해 기술하는 장에서는 '철학'이라는 제목으로 기술되던 종래의 관례에서 벗어나 정치적 관점을 중시하는 철학 전통을 부각시켜 기술했다. 그럼으로써 독일의 '교양인문주의(괴테의 바이마르 고전주의를 정점으로 하는 독일 특유의 귀족적 정신주의-옮긴이)'를 앵글로색슨적인 '시민인문주의(프랑스 대혁명, 영국 의회주의를 핵심으로 하는 민주주의 전통-옮긴이)'로 보완하고자 했다. 현대사상 부분에서는 '철학', '이데올로기', '이론' 그리고 '과학'을 구분했다.

한 사회의 문명화 척도는 언제나 여자들이 행사하는 영향력의 크기에 따라 좌우될 수 있으므로, 필자는 교양 개념에는 남녀문제를 바라보는 기본입장들에 대한 지식도 이에 속한다는 것을 천명한다. 따라서 여성과 여성운동이 문명화에 미친 영향을 기술하는 데 마지막 장을 할애했다.

독법 안내

알고 있는 지식을 광범위하게 기술할 때는 중복되는 부분도 생기게 마련이다. 필자는 이런 경우에 본문에 수시로 화살표로 표시를 해두었다. 필요한 경우에는 그 해당 부분을 찾아가 더 자세한 정보를 얻을 수 있을 것이다.

그런 부분들은 특히 역사와 다른 분야들이 겹치는 경우에 가장 많이 생겨났다. 한 시대가 유달리 특징적인 문화를 갖는 경우가 있기 때문이다. 이를테면 기원전 5~4세기의 아테네에서는 철학이, 15~16세기의 이탈리아 르네상스 시대에서는 회화가 주류를 이룬다. 이런 경우에 철학과 회화에 관한 것을 '역사' 장(章)에서 기술했다. 그리고 중복을 피하기 위해 '철학'과 '회화' 장에서는 그 기술을 생략했다. 이는 고대의 문학과 미술에도 해당된다. 따라서 플라톤, 아리스토텔레스, 에우리피데스, 페이디아스, 타키투스, 키케로에 관한 것을 알고자 한다면, 보티첼리, 미켈란젤로, 그리고 다 빈치에 관해서와 마찬가지로, '역사' 장으로 찾아가 읽어야 한다.

게다가 독자가 시대별로 사건들을 조망할 수 있는 연대표, 그리고 세계를 변화시킨 책들의 목록과 이들에 대한 간략한 해설을 부록 부분에 금방 찾아볼 수 있도록 정리해놓았다.

이 책은 이처럼 특정한 문제들에 대해 심층분석적 정보를 얻을 수 있을 뿐 아니라 사전처럼 간편히 활용할 수 있도록 편찬되었다.

그럼 이제부터 즐거운 교양여행을 함께 떠나도록 하자.

1. 유럽의 역사

두 문화, 두 민족, 두 텍스트

　아일랜드의 작가 조이스Joyce는 1922년에 세기적 소설 『율리시스*Ulysses*』를 발표했다. 이 소설은 아일랜드의 소시민 블룸Bloom이 1904년 6월 16일 더블린에서 길을 잃고 헤매는 내용이다. 그후 이날은 조이스 팬들이 '블룸의 날Bloomsday'로 기념하게 된다(Bloomsday는 Doomsday, 즉 최후의 심판의 날을 암시한다). 이 소설의 주인공은 유대인이다. 그러나 그가 그날 체험한 에피소드적 내용들은 신화적 서사시 『오디세이아』를 본떠서 구성되어 있다. 이로써 조이스는 서양의 문화가 두 줄기의 커다란 강(江)이 흐르는 나라의 모습을 하고 있다는 사실을 암시하고 있다. 서양 문화의 젖줄인 이 두 강 중에서 하나는 이스라엘에서 발원하며, 다른 하나는 그리스에서 발원한다. 이 두 강줄기는 모든 축복 문화에 영양가 높은 이야기들을 공급하는 두 가지의 중심적 텍스트다.

문화라는 것은 무엇보다도 사회를 하나로 결합해주는 공동의 이야기 보물창고다. 특히 창조와 관련된 이야기는 사회 구성원에게 그 근원을 이야기해줌으로써 정체성을 알게 해주기 때문에, 역시 문화의 중요한 부분에 속한다.

유럽 문화의 중심적인 텍스트는 두 가지다.
- 그 하나는 유대인의 『성서』이며,
- 또 다른 하나는 그리스가 트로이를 포위한 사건에 관한 『일리아스 Ilias』 (트로이는 그리스어로 일리온Ilion이다), 그리고 지략이 뛰어난 오디세우스가 파괴된 트로이에서 자신의 아내 페넬로페가 있는 고국으로 귀환하는 도중에 길을 잃고 헤매게 되는 과정을 묘사한 『오디세이아 Odyssey』라는 양대 서사시다.

이 그리스 서사시들의 저자는 호메로스Homeros이고, 성서의 저자는 신이다. 둘은 모두 신화적 작가라는 특징을 가진다. 호메로스는 장님이었으며, 신은 사람들이 보아서는 안 되는 존재였다. 그에 대한 형상을 만드는 것은 금지되어 있었다.

그렇다면 그 텍스트들이 왜 그렇게 중요해졌을까? 이 질문에 답하기 위해 인문주의, 르네상스 그리고 종교개혁의 시대인 1500년경으로 뛰어가보자(1517년에 루터가 99개 조항의 격문을 발표함으로써 교회의 분열이 시작되었다).
- 1444년에 구텐베르크Gutenberg는 마인츠에서 인쇄술을 발명했다. 이는 매체혁명을 의미했다. 인문주의자들이 재발견한 고대의 고전적 저술들이 이로써 사방으로 유포될 수 있다. 이 시기에 영주들은 국가권력을 자신들의 궁정으로 집중시키는 데 성공했다. 이들과 함께 기득권을 유지하기 위해 귀족계급은 궁정세력화되었고 궁정의 과시적 문화를 따랐다. 그들은 궁정의 회화 장식과 왕립극장을 고대 영웅들과 신(神)들이 사는 하늘의 모델에 따라 꾸몄다. 그리고 제우스와 아폴론, 아르테미스와 아프로디테 행세를 했으며 이에 상응하는 문학을 후원했다.

● 이와 같은 시기에 종교개혁가들인 루터Luther, 칼뱅Calvin, 틴들Tyndale (영국의 종교개혁가. 신약성서, 모세오경 등의 영역자. 순교자-옮긴이)은 사제들의 손에서 성서를 빼앗아 라틴어 성서를 민중의 언어로 번역했다. 이로써 모든 국민이 각자 자신의 사제(司祭)가 되어 자신의 영혼을 구원할 수 있는 길이 활짝 열렸다. 프로테스탄티즘은 종교의 민주화를 의미했지만, 다른 한편으로는 성서 텍스트의 숭배도 아울러 의미했다.

여기서 (종교와 국가 간의 긴장이 가중된) 귀족문화와 시민문화가 혼합된 유럽 문화가 생겨났으며, 이것이 그후 유럽의 역동성과 불안정성의 원인이 되었다. 이 문화를 이해하기 위해 우리는 그리스인들과 유대인들이 살던 시대를 소급해서 살펴보아야 한다.

그리스인, 올림포스 그리고 문학의 영웅들

그리스의 도시국가(기원전 800~500)

그리스 민족이 오늘날의 거주지역인 그리스 반도와 에게 해의 섬들로 이주를 완료한 것은 기원전 800년이었다. 기원전 800년부터 500년 사이에 귀족계급이 왕들을 축출했다. 아테네, 스파르타, 코린트, 테베, 아르고스 따위의 여러 도시국가들이 형성되어 정치적인 중심지로 발전했다. 그러나 이들은 하나의 민족이라는 공적인 소속감을 범(汎)헬레네적인 축제, 경기 그리고 예배의식들을 통해 유지했다(그리스어로 그리스는 엘라스Eellás로 불린다).

올림픽 경기(기원전 776~서기 393)

귀족주의적으로 채색된 모든 문화들이 그러했듯이, 그리스인들은 스포츠를 좋아했으며, 올림피아에서 정기적으로 대회를 개최했다. 이에 대한 기록은 기원전 776년부터 확인되며 대회는 4년마다 열렸다(서기 393년까지). 경기 종목은 경주(단거리 및 장거리), 권투, 경마, 마차 경주, 트럼펫 경연이었다. 승자에게 돌아가는 상은 헤라클레스가 심은 올리브 나무의 가지로 만든 월계관이었다. 재정이 풍부한 아테네에서는 승자가 500드라크마의 상금을 추가로 받았으며, 공개적인 축하행사에서 귀빈석을 차지하는 권리 그리고 평생 동안의 연금 수령증을 받았다.

델포이의 신탁(信託)

델포이에 사는 아폴론 신의 신탁은 모든 그리스인들의 종교적 구심점이 되었다. 신탁이 필요하면 여사제가 마약을 먹고 몽환상태에 빠져들어 앞뒤가 맞지 않는 말을 중얼거렸다. 그러면 또 다른 사제가 그 말을 여러 가지 뜻을 갖는 금언으로 재구성했다. 조언을 구하러 온 사람은 이제 이 말을 나름대로 예언이라고 해석했다. 이는 현대의 전문가 위원회들의 평가서와 마찬가지로 모순에 가득 찬 것이었다.

신들의 기원

그리스 신들이 사는 하늘(판테온)에는 여러 갈래의 부족집단이 있으며 상호간의 결혼관계가 하도 복잡해 전체적인 조망이 불가능할 정도다. 그러니까 수많은 개별적인 신화들은 하나의 가족 전설의 일부분인 셈이다.

우라노스Uranos가 '어머니 대지(大地)'라는 별명을 가진 모친 가이아Gaea와 근친상간을 함으로써 그 전설은 시작된다. 여기에서 최초로 세 명의 외눈박이 거인족 키클롭스Cyclops가 태어났으며, 그 다음에 열두 명의 티탄Titan이 태어났다. 이 외눈박이 거인족들이 반역하자 우라노스는 이 거인족들을 타르타로스(Tartaros. 지하세계. 일종의 편안한 연옥-옮긴이)로 내던졌다. 가이아는 막내아들 크로노스(Kronos. '시간'이라는 뜻)에게 낫을 주어 우라노스의 생식기를 자르게 했다. 크로노스가 생식기를 잘라 바다에 던지자, 핏물 거품 속에서 아프로디테(Aphrodite. '거품에서 태어난 사랑의 여신'이라는 뜻)가 솟아올랐다. 크로노스는 자신의 누이 레아Rhea와 결혼했고 부친의 왕위를 계승했다. 하지만 크로노스는 자녀들에 의해 권좌에서 축출되리라는 예언을 들었다. 그는 스스로 자녀들에게 모범을 보인 셈이었다. 그는 이 예언의 실현을 막기 위해 자식들, 즉 헤스티아Hestia, 데메테르Demeter, 헤라Hera, 하데스Hades와 포세이돈Poseidon을 모두 잡아먹었다. 그의 아내 레아는 점점 그 행동이 부질없는 짓이라고 여겨 셋째아들 제우스Zeus를 크레타 섬에 숨겨두었다. 제우스는 여기에서 염소 치는 요정의 보살핌을 받으며 양형제 판Pan과 함께 염소 젖과 꿀을 먹으며 자랐다(제우스는 나중에 감사를 표시하기 위해 염소뿔로 풍요의 상징인 보각[寶角]을 만들었다).

제우스의 반역

어른이 된 제우스는 하인으로 가장하여 부친 크로노스의 집에 몰래 숨어들어간 후에 지중해 과일 아니스로 만든 브랜디(우초)에 구토제를 섞었다. 이것을 모르고 마신 크로노스는 예전에 삼켰던 자녀들을 원래 모습 그대로 아무런 손상 없이 다시 토해냈다. 이로써 크로노스와 자녀들 간에 전쟁이 벌어졌다. 전쟁은 제우스가 우선 타르타로스의 외눈박이 거인들을 풀어주는 것으로부터 시작됐다. 이 거인들은 크로노스의 세 아들을 무장시켰다. 그들로부터 제우스는 벼락을, 하데스는 사람을 보이지 않게 하는 위장모자를, 그리고 포세이돈은 삼지창(三枝槍)을 받았다. 이리하여 하데스는 위장모자를 쓰고 부친 크로노스의 무기를 훔쳤고, 포세이돈이 속수무책인 그를 삼지창으로 옴싹달싹 못하게 하고 있는 동안, 제우스가 벼락으로 쳐죽였다. 그 다음에는 거인족과 전쟁이 시작되었다. 그러나 전쟁이 본격적인 궤도에 미처 오르기도 전에 판이 갑자기 큰 소리를 지르는 바람에 이 소리를 들은 거인들이 겁에 질려 혼비백산해 도망쳤다(여기에서 '공황Panic'이란 개념이 생겨났다). 겁많은 거인들은 자신들의 행동에 대해 벌을 받아야 했다. 하늘에서 청천벽력처럼 내려온 판결에 의해서 우두머리 아틀라스는 이제부터 하늘을 어깨에 메고 있어야 했다(다른 거인들은 독일에서 건축 붐이 일 때 지은 저택들의 발코니를 메고 있어야 했다). 여자 거인들은 벌을 면제받았다. 그 다음에 크로노스의 삼형제는 세상을 분할했다. 이때부터 하데스는 지하세계를, 포세이돈은 바다를, 그리고 제우스는 육지를 다스리게 되었다.

아테나

이제 신들의 아버지인 제우스의 세상이 시작되었다. 제우스가 최초로 수행한 공적(公的) 업무는 여자 거인 메티스Metis를 성희롱한 일이었다. 메티스는 이 때문에 임신을 했다. 하지만 그녀가 낳을 아들이 제우스를 권좌에서 몰아낼 것이라는 신탁이 다시금 전해졌다. 그래서 제우스는 임신한 메티스를 대번에 꿀떡 삼켰다. 자식들은 부친의 못된 행동을 미워하지만 자신들도 결국 그 행동을 모방하게 된다는 규칙을 제우스는 스스로 입증한 셈이었다. 제우스는 아홉 달 후에 극심한 두통이 생겨 고통스러워하다가 프로메테우스Prometheus의 도움을 받아 머리에서 한 아이를 출산했는데, 이 아이가 바로 완전무장을 하고 태어난 아테나Athena였다. 그녀는 어머니 없이 제우스의 뇌에서 직접 태어나 지혜의 여신이 되었다. 사랑놀음에 빠져든 제우스의 행동은 점점 거칠어지고 물불을 가리지 않게 되었다. 예를 들면 그는 강(江)의 신의 딸을 납치했다. 딸이 실종된 강의 신이 절망에 빠지자, 코린트의 왕 시시포스Sisypos가 그 사실을 일러주었다. 화가 난 제우스는 시시포스에게 저주를 내려 평생 동안 바위를 산 위로 밀어올리게 했다. 이 바위는 산꼭대기에 거의 다다르면 그때마다 번번이 땅 아래로 굴러떨어졌다.

제우스의 간통 : 테미스, 레다, 세멜레

제우스는 헤라와의 사이에서 전쟁의 신 아레스Ares, 대장장이의 신 헤파이스토스Hephaistos를 낳았다. 헤라는 남편의 애정이 부족하다며 늘 바가지를 긁었고, 제우스는 그럴수록 더욱더 다른 여자들에게 마음이 끌렸다. 그래서 그는 테미스Themis와의 사이에서 운명의 여신들인 세 자매를, 므네모시네(Mnemosyne. '기억'이라는 뜻)와의 사이에서 아홉 명의 뮤즈Muse를, 그리고 아틀라스의 딸과의 사이에서 신들의 전령인 헤르메스Hermes를 낳았다. 질투심에 불타는 헤라에게 쫓기는 처지여서 제우스는 바람을 피울 때 자신의 모습을 숨기기 위해 변신을 해야 했다. 그는 레다Leda와 동침하기 위해 백조로 변신했는데, 레다는 그후 알을 하나 낳았다. 이 알에서 쌍둥이 카스토르Castor와 폴리데우케스Polydeukes, 그리고 미녀 헬레네Helene가 태어났다. 포도주와 도취의 신 디오니소스Dionysos의 모친 세멜레Semele와의 정사는 더욱더 볼 만했다. 헤라는 임신한 세멜레에게 제우스를 더이상 침대로 들여놓지 말라고 설득했다. 그러자 화가 난 제우스는 절망한 나머지 세멜레를 벼락으로 내리쳐 산산조각을 냈다. 그러나 헤르메스가 세멜레의 뱃속에 있는 아기를 구출해서 제우스의 허벅지에 넣고 꿰맸다. 제우스는 이 아이를 석 달 후에 출산했다.

헤르메스

헤르메스는 신들 중에서도 특히 재능이 많았다. 그는 성년이 되기 전에 벌써 청소년 범죄들, 특히 가축 절도를 잘하고 교묘한 거짓말을 잘 꾸며대 뭇신들의 주목을 받았다. 그는 악기 리라, 알파벳, 음계, 권투 기술, 숫자, 중량 그리고 올리브 나무 재배법을 고안해냈다. 그의 두 아들은 각기 그의 재능을 나누어서 물려받았다. 즉 아우톨리코스Autolycos는 도둑이 되었고, 다프니스Daphnis는 목가(牧歌)를 창안했다. 그 다음에 헤르메스는 과거 어느 때보다 자신의 능력을 십분 발휘해서 아프로디테와의 사이에서 긴 머리와 여성의 젖가슴을 가진 남녀추니(남자와 여자의 생식기를 동시에 가지고 있는 사람—옮긴이) 헤르마프로디토스Hermaphroditos를 낳았다.

아프로디테

아프로디테는 헤파이스토스Hephaistos와 결혼했지만 제우스처럼 자유분방한 연애에 몰두했다. 그녀는 심지어 항상 불만스러워하는 전쟁의 신 아레스Ares를 유혹하는 데도 성공했다. 디오니소스와의 사이에서는 프리아포스Priapos를 낳았는데, 이 아이는 지독히 못생겼지만 생식기는 더욱더 못생겨 얼굴이 상대적으로 잘생겨 보일 법도 한데 그렇지 못할 정도로 추남이었다. 아프로디테는 인간인 안키세스Anchises와도 관계를 맺어 아이네아스Aeneias의 모친이 되었다. 아이네아스는 트로이인으로 그 도시의 지옥불에서 탈출해서 트로이 대신에 도시 로마를 세운 인물이었다.

아프로디테는 연애 대장이었음에도 불구하고 질투심이 많았다. 이 불편한 감정 때문에 그녀는 스미르나Smyrna로 하여금 부친을 흠모하게 만들었다. 그래서 스미르나는 부친이 술에 취했을 때 그와 동침했다. 부친이 술에서 깨어난 후에 그 사실을 알고 격분해서 딸을 추격할 때, 아프로디테는 그녀를 몰약나무로 변신시켜주었다. 이 나무 기둥에서 나중에 미소년 아도니스Adonis가 태어났다. 이 아이가 어른이 되었을 때, 아프로디테는 아도니스와도 관계를 맺었다. 불평꾼 아레스는 이에 질투를 느껴 아도니스가 멧돼지 사냥을 나갔을 때 멧돼지로 변신해서 송곳니로 그를 갈가리 찢어죽였다.

아르테미스

제우스의 딸 아르테미스Artemis는 아프로디테와 정반대의 성격이었다. 그녀는 부친에게 간청해서 영원한 처녀성을 부여받았다. 그녀는 활과 화살로 무장한 다음에 사냥의 처녀 여신이 되었으며, 사람들은 나중에 그녀를 디아나Diana 또는 티타니아Titania라 불렀다. 그녀는 이 이름으로 셰익스피어의 『한여름밤의 꿈A Midsummer Night's Dream』에서 요정들의 여왕으로 등장하며 처녀 여왕 엘리자베스 역(役)의 모델이 되었다.

디오니소스

제우스의 아들 중에서 디오니소스가 가장 제멋대로 행동했다. 디오니소스는 인간에게 포도즙을 짜는 기술과 흥청망청한 잔치를 여는 법을 가르쳐주었다. 그 자신도 습관적으로 난폭한 사티로스(Satyros. 반인반수의 괴물들—옮긴이)와 고삐풀린 술의 여신 바코스Bacchus 및 바코스의 무녀 마이나스Mainas들을 수없이 이끌고 여기저기를 돌아다니면서 광기 섞인(병적이고 유쾌한) 분위기를 퍼뜨렸다. 이리하여 아테네에서 디오니소스 축제 기간 중에 공연할 목적으로 비극 장르가 최초로 창안되었다(→ 그리스, 비극).

프로메테우스 – 판도라의 상자

인류의 창조자는 프로메테우스였다. 그는 거인이었으며 아틀라스의 형제였다. 아틀라스보다 똑똑했던 그는 제우스가 승리할 것을 예견하고 제우스의 측근이 되었다. 그러나 그는 제우스의 통치 원칙을 무시하고 인간에게 불을 가져다주었다. 화가 난 제우스는 그에게 벌을 주려고 여자들 중에 가장 아름다운 판도라Pandora를 창조해 그녀에게 상자를 하나 주어 보관하게 했다. 이 상자에는 인간의 모든 고통인 노화, 질병, 광기, 악덕, 슬픔이 담겨 있었다. 제우스는 판도라를 상자와 함께 프로메테우스의 형제 에피메테우스Epimetheus에게 보냈다. 프로메테우스는 불길한 예감이 들어 에피메테우스에게 상자를 열지 말라고 경고했다(그가 그럼에도 불구하고 상자를 열자, 모든 고통이 쏟아져나왔다. 상자 속에는 아직 '희망'이라는 것이 남아 있었다—옮긴이). 제우스는 인간의 편을 드는 프로메테우스를 벌하기 위해 그를 카프카스 산의 높은 절벽에 박아넣고서 두 마리의 독수리에게 매일같이 그의 간을 파먹도록 했다. 그러나 프로메테우스는 인간에게 빛을 가져다준 자, 즉 계몽주의자로 간주되어 혁명가의 원형이 되었다.

에우로파

신들은 인간과도 육체적인 관계를 맺었다. 그 결과 반신(半神)들과 영웅들이 태어났다. 포이니키아의 아게노르Agenor는 에우로파Europa의 부친이었다. 헤르메스가 에우로파의 가축떼를 바닷가로 몰고 갔을 때 제우스는 멋진 황소로 변신해 에우로파를 유혹해 데려갔다. 그러자 아게노르는 아들들을 풀어 그녀를 찾아오게 했다. 그래서 아게노르의 아들 포이닉스Phoenix는 페니키아로 갔으며 거기에서 카르타고인들의 조상이 되었다. 칠릭스Zilix는 킬리키아로 갔고, 타르수스Tarsus는 타르수스 섬으로 갔다. 카드모스Kadmos는 그리스로 가서 도시 테베Thebes를 일으켰으며 하르모니아Harmonia에게 목걸이를 선사하고 그녀와 결혼했다. 이 목걸이는 소유하고 있는 사람을 못 견디게 할 만큼 아름답게 만들지만 다른 한편으로는 재앙을 불러올 수도 있었다. 이 재앙은 이 부부의 후손 중의 한 사람인 라이오스Laios 왕에게 닥쳤다.

오이디푸스

라이오스 왕은 아들이 자신을 죽이고 아내와 결혼할 것이라는 델포이의 신탁을 전해들었다. 이 재앙을 피하기 위해 그는 아들 오이디푸스Oedipus를 왕궁 밖으로 내버리게 했다. 오이디푸스는 다행히 목동의 손에서 자라 어른이 되었으며, 어느 날 길거리에서 우연히 한 노인을 만나 자기에게 먼저 갈 권리가 있다며 말다툼을 벌이다가 이 노인이 자신의 친아버지라는 것을 모르고 돌로 쳐죽였다.

그 다음에 그는 사람을 잡아먹는 괴물 스핑크스의 수수께끼를 풀어서 도시 테베를 괴물로부터 구해내고(처음에는 네 발로, 다음에는 두 발로, 다음에는 세 발로 걷는 것이 무엇이냐? 그다지 어려운 수수께끼도 아닌데도 문제가 풀리자 스핑크스는 자살을 한다), 상으로 미망인 여왕, 즉 그의 모친 이오카스테Iokaste와 결혼해 테베의 왕이 되었다. 이로써 신탁이 실현되었다. 그리고 그는 이제 테베의 행복을 위해 힘써야 할 처지여서, 도시에 페스트가 발생하자 신탁을 청하러 델포이에 신하를 파견했다. 신하는 아폴론으로부터 "라이오스의 살인자를 추방하라"는 신탁을 받아왔다. 그러자 눈먼 남녀추니 예언자 테이레시아스Teiresias가 왕에게 살인자는 왕이며 왕비는 당신의 모친이라고 밝혔다. 오이디푸스는 너무나도 놀라서 모친의 옷에서 바늘을 뽑아 자신의 두 눈을 찔러 장님이 되었다. 이 신화는 그리스 비극에서 항상 사용되는 소재가 되었으며, 소포클레스(Sophocles. 기원전 496~406)는 이 소재를 가지고 두 편의 비극을 썼다. 프로이트Freud는 여기에서 훨씬 더 나아가 유럽과 미국의 모든 남자들을 오이디푸스의 후예라고 선언했다.

테베는 오이디푸스의 삼촌이자 처남인 크레온Kreon이 정권을 인수받았으며, 크레온은 아들 하이몬을 오이디푸스의 딸 안티고네Antigone와 혼인시켰다. 크레온은 테베에 반역하여 싸우다가 숨진 그녀의 오빠 폴리네이케스Polineikes의 장례를 치러서는 안 된다는 엄명을 도시 전체에 내렸다(→ 언어, 자기 관련성). 이로써 크레온은 안티고네가 국가 이성(국법을 어긴 자를 형벌로 다스림으로써 국가의 기강을 세워야 하는 당위성-옮긴이)과 가족의 도리라는 상반된 의무 사이에서 갈등하게 만들었다. 이 갈등은 소포클레스가 비극 『안티고네Antigone』를 창작하도록 했고, 헤겔이 비극이론을 집필하도록 영감을 주었다.

암피트리온

이에 비해 암피트리온Amphitryon의 이야기는 정말 웃기는 희극이다. 미케네의 왕이 암피트리온에게 딸 알크메네Alkmene를 아내로 주자, 암피트리온은 그 보답으로 왕을 쳐죽였다. 왕의 아들이 보복할 것이 두려워진 암피트리온은 테베로 도주해 삼촌 크레온 곁에 머물면서 크레온을 도와 수차례의 전쟁을 승리로 이끌었다. 그런데 제우스가 알크메네를 보고 사랑에 빠져 암피트리온의 모습으로 변신해 그녀에게 나타났다. 전쟁에서 돌아온 진짜 암피트리온은 "내가 여기에 벌써 와 있었구나"라고 탄식하지 않을 수 없었다. 이 이야기를 소재로 플라우투스Plautus, 몰리에르Molière, 클라이스트Kleist, 지로두Giraudoux 등이 기막히게 재미있는 혼동희극(주인과 종, 재판관과 피고 등의 역할이 뒤바뀌는 희극형식-옮긴이)들을 창조했다.

헤라클레스

제우스와 알크메네의 결합으로 태어난 영웅이 헤라클레스Heracles다. 그는 열두 가지의 힘든 과업을 해결한 것으로 유명하다. 무엇보다 그는 30년 동안 청소하지 않은 아우게이아스Augeias의 마구간을 단 하룻만에 청소했으며, 지하세계의 입구를 지키는 무서운 개[犬] 케르베로스를 사로잡았으며, 수많은 머리를 가진 히드라를 처치했고, 네메아 숲의 사자를 목졸라 죽였으며, 헤스페리데스의 딸들이 지키는 정원에서 황금사과를 가져왔다. 이 마지막 과업에서 그는 땅에 몸이 닿을 때마다 항상 새 힘을 얻는 안타이오스Antaios와 힘든 격투를 벌여 이겼다.

미로(迷路)

그 사이에 제우스는 에우로파를 크레타로 납치했다. 거기에서 에우로파는 미노스Minos를 낳았는데, 미노스는 아름다운 황소를 좋아하는 감성을 어머니에게서 물려받았다. 그래서 그는 포세이돈이 바다에서 보내온 눈부시게 희고 화려한 황소를 희생제물로 바치지 않고 자신의 외양간에 숨겨두어 포세이돈의 분노를 샀다. 포세이돈은 복수하기 위해 미노스의 아내 파시파에Pasiphae로 하여금 그 백색 황소를 열렬히 사랑하게 만들었다.

파시파에는 유명한 건축가 다이달로스Daidalos를 찾아가 다리가 쭉 뻗어 늘씬한 암소를 제작해서 자신이 그 속으로 들어갈 수 있게 해달라고 부탁했다. 백색 황소는 이 모조품을 보는 순간 맹목적 충동에 사로잡혔고, 파시파에는 괴물을 임신하게 되었다. 이 괴물은 반은 황소이고 반은 인간이며 인간을 닥치는 대로 죽이는 포악한 미노타우로스Minotauros로 성장했다. 미노스는 이런 불상사를 숨기기 위해 다이달로스로 하여금 미노타우로스 주변에 미로를 만들어 거기에서 나오지 못하게 했다. 하지만 미노스는 괴물의 비밀을 아는 다이달로스도 거기에서 빠져나오지 못하도록 했다. 그러나 다이달로스는 손재주가 뛰어났으므로 깃털과 밀랍을 모아서 자신과 자신의 아들 이카로스Icaros를 위해 날개를 만들었다. 이들은 이 날개를 달고 탈출하기 위해 공중으로 날아올랐다. 그러나 방종한 이카로스는 아버지의 경고를 무시하고 태양 쪽으로 너무 가까이 날아갔다가 태양의 뜨거운 열 때문에 밀랍이 녹아 바다로 추락했다.

테세우스

포세이돈은 그동안에 테세우스Theseus를 낳아 아테네의 군주 아이게우스Aigeus에게 양아들로 주었다. 어른이 된 테세우스는 크레타를 미노타우로스로부터 구출하려고 시도했다. 이때 미노스의 딸 아리아드네Ariadne가 그를 도왔다. 그녀는 그에게 빨간 실을 주었으며, 테세우스는 미노타우로스를 죽인 다음에 그 실을 따라서 미로 밖으로 나올 수 있었다. 귀향길에 오른 그는 그녀의 간청에 못 이겨 그녀를 데리고 오다가 어떤 이유에서인지 그녀를 낙소스Naxos 섬에 혼자 남겨두었고, 아리아드네는 비탄에 빠졌다. 그러나 그녀는 본의 아니게 곧 복수를 하게 되었다. 즉 테세우스가 성공의 표시로 배에 달기로 약속한 흰 돛을 달지 않아, 부친 아이게우스는 바닷가에 서서 배의 검은 돛을 발견하고서 절망한 나머지 에게 해의 바닷물에 몸을 던졌기 때문이다.

테세우스는 그후에 아마존의 여인족들과의 수많은 전쟁에 휩쓸려 들어 갔다(아마존Amazon은 '가슴이 없다'는 뜻이다. 아마존의 여전사들은 활을 더 잘 쏘기 위해 한쪽 젖가슴을 도려냈기 때문이다).

오이디푸스 가문과 마찬가지로 아트레우스Atreus 가문에서도 살인사건이 끊이질 않았다. 형제인 아트레우스Atreus와 티에스테스Thyestes는 미케네의 패권을 두고 쟁탈전을 벌였으며 한 여자를 두고 경쟁했다. 결국 아에로페Aerope는 아트레우스의 아내가 되었지만, 티에스테스의 연인이기도 했다. 아트레우스는 아가멤논Agamemnon과 메넬라오스Menelaos를 낳았고, 티에스테스는 아이기스토스Aegiptos를 낳았다. 아이기스토스는 나중에 큰 아버지 아트레우스를 살해한다.

이 모든 범죄가 벌어진 뒤에 아가멤논이 왕이 되었으며 탄탈로스Tantalos의 딸 클리템네스트라Clytaimnestra와 결혼했다(탄탈로스는 지하세계Hades에서 그의 이름이 붙여져 유명해진 형벌을 받아야 했다. 즉 그는 물 속에 서 있으면서 목이 말라 물을 마시려고 하면 물이 그의 눈앞에서 뒤로 물러났다). 그의 동생 메넬라오스는 레다의 딸인 미녀 헬레네와 결혼했다. 아프로디테는 그 두 여인의 정숙하지 못한 결혼생활이 인간들에게 재앙을 불러오도록 그 운명을 미리 정해놓았다.

이로써 마침내 트로이의 전쟁과 여기에 얽힌 『일리아스』와 『오디세이아』의 이야기가 시작된다.

『일리아스』와 『오디세이아』

파리스와 미녀 헬레네

다르다넬스 해협의 입구에 있는 도시 트로이의 왕 프리아모스Priamos는 수많은 자녀를 낳았는데, 그 중에는 아들 헥토르Hector와 파리스Paris도 있었다. 파리스가 태어나기 직전에 모친 헤카베Hekabe는 이 아기가 장차 트로이를 폐허로 만드는 꿈을 꾸었다. 그래서 프리아모스는 총사령관에게 그 의심스런 아기를 죽이라고 명령했다. 그러나 총사령관은 아기를 살려주었고 잘 키워 목동이 되게 했다.

이 목동은 인물도 수려하고 가축을 감정할 때는 뇌물에 흔들리지 않고 단호한 판정을 내렸으므로 사람들의 눈에 띄었다. 그래서 제우스는 그를 세 여신, 즉 아테나와 헤라, 그리고 아프로디테가 출연하는 미인 선발대회의 심사위원으로 임명하기에 이르렀고, 가장 아름다운 여신에게 사과 하나를 상으로 건네주라고 시켰다. 아프로디테가 그를 만나서 만일 자기에게 사과를 주면 미녀 헬레네와 결혼할 수 있게 해주겠다고 매수하자, 파리스는 아프로디테에게 사과를 주었다. 여기에 실망한 아테나와 헤라는 트로이를 파괴하기로 결심했다.

트로이로 출발하는 그리스 원정대

파리스는 프리아모스의 아들로 인정받았고 헬레네를 스파르타에서 납치해갔다. 이 일이 있고 나서 아가멤논 왕은 그리스 도시국가들의 군주들을 아울리스Aulis의 총회로 소집해 이들의 동의를 얻어 트로이를 징벌하기 위한 원정대를 파견하기로 결의했다. 그러나 몇몇 군주들은 거기서 몸을 빼려고 했다. 오디세우스는 미친 사람 행세를 했고, 아킬레우스Achileus는 모친 테티스Thetis가 여자 옷을 입혀 숨겼다. 그러나 나이많은 네스토르Nestor와 곰처럼 힘이 센 아이아스Aias에게 발각되어 참전할 의무를 지게 되었다. 어쨌든 아킬레우스는 그의 애동(愛童) 파트로클로스Patroklos를 데리고 가도 된다는 허락을 받아냈다. 하지만 연합함대는 바람이 불지 않아서 출항이 지연되었다. 트로이에서 전향해온 사제 칼카스Calchas의 말에 따르면, 아가멤논이 공주 이피게네이아Iphigeneia를 아르테미스에게 제물로 바쳐 위로해주어야 한다고 했다. 그러나 도끼가 이피게네이아를 내리치는 순간에 신들은 그녀를 타브리즈Tabriz로 데려갔다. 그런데도 함대는 출항할 수 있었다.

아킬레우스의 분노

그리스인들은 트로이를 10년이나 포위하고 있었다. 『일리아스』의 이야기는 바로 이 10년째 되는 해부터 시작한다. 아킬레우스는 장군들 중에서도 가장 핵심적인 전사가 되어 자신의 부대를 이끈다. 그러나 아가멤논이 그의 트로이 여자 포로를 가로채자 화가 나 전투 대열에서 뒤로 빠진다. 이 일은 트로이의 장군 헥토르에게 용기를 주어 성문을 열고 나와 그리스 군을 급습하게 한다. 하지만 이 전투에서 헥토르는 큰 손실만 입게 되어 화가 나서 아킬레우스의 애동 파트로클로스를 창으로 찔러 죽인다. 그러자 아킬레우스는 대노하여 군사를 일으켜 트로이 군을 다시 성안으로 몰아넣고 헥토르를 죽여 그 시체를 말의 꼬리에 매어 도시 주위를 세 바퀴 돌게 한다.

아킬레우스의 모친 테티스는 낳은 지 얼마 안 된 아킬레우스를 지하세계의 강 스틱스Styx에 담가 상처를 입지 않는 몸이 되게 만들었다. 다만 그녀가 아킬레우스를 붙들고 있던 발뒤꿈치에는 스틱스 강물이 닿을 수 없었다. 그런데 파리스의 화살이 바로 그 부분에 적중해 아킬레우스를 죽이지만 트로이의 성벽은 여전히 무너질 줄 모른다.

트로이의 목마와 라오콘

그러자 오디세우스는 최후의 계략을 짜낸다. 이에 따라 그리스인들은 거대한 목마를 제작하고 첩자를 트로이로 들여보내 거짓으로 전향시켜 그 목마를 소유한 자는 천하무적이 된다는 헛소문을 퍼뜨리게 한다. 그 다음에 그들은 거짓으로 포위를 풀고 최고의 전사들을 말 속에 들어가 숨어 있게 한다. 트로이의 사제 라오콘Laocoön이 그 목마의 위험성에 대해 경고하자 아폴론은 독사 두 마리를 보내 라오콘과 그 두 아들을 목졸라 죽인다. 트로이의 왕 프리아모스는 이제 라오콘이 신성한 형상을 모독한 죄로 천벌을 받았다고 믿으며 목마를 성안으로 끌어들인다. 목마 안의 전사들은 밤이 되기를 기다려 몰래 목마 아래로 내려와 성문을 연다. 이리하여 약탈, 대학살과 파괴가 시작된다. 마침내 트로이의 성벽은 붕괴되어 지면의 높이와 같아진다.

비극적 막간극(幕間劇) – 오레스테스와 엘렉트라

그러나 아가멤논은 자신의 승리를 기뻐할 수 없었다. 그는 고국으로 돌아오자마자 부인 클리템네스트라와 정부(情夫) 아이기스토스Aegistos의 칼에 맞아 죽는다. 아가멤논의 아들 오레스테스Orestes와 딸 엘렉트라Electra는 이 피비린내 나는 살인현장에서 벗어난다. 오레스테스는 8년 후에 귀향하여 누이 엘렉트라의 도움으로 모친과 정부를 죽인다. 이때부터 그는 모친 살해자로서 모계사회의 복수의 여신들, 즉 에리니에스Erinyes의 추격을 받는다. 마침내 이 사건에 대해 아테네에서 열린 공개재판에서 부권과 모권의 우선순위에 대한 심리가 진행된다. 아테나는 모친 없이 제우스의 머리에서 태어나 부권에 찬성하는 쪽으로 기울어 오레스테스는 무죄로 석방된다. 부친의 복수를 갚기 위해 모친을 죽여도 된다는 것이었다. 햄릿의 경우는 더이상 그렇게 행동해서는 안 되었다. 그 모든 이야기는 놀랄 만한 비극의 소재를 제공했으며 오닐O'Neill의 희곡『상복이 어울리는 엘렉트라 Mourning Becomes Electra』의 창작에도 영감을 불어넣었다.

『오디세이아』 – 오디세우스의 모험

『오디세이아』는 오디세우스가 트로이 전쟁이 끝나고 이타카Ithaca의 고향집으로 돌아오는 험난한 여정을 묘사하고 있다. 그는 수많은 모험을 하는데 그때마다 기지를 발휘해서 위기에서 벗어난다. 사람을 잡아먹는 외눈박이 거인 폴리페모스Polyphemos에게 잡혔을 때는 부하와 함께 그에게 술을 먹여 취하게 해서 그의 외눈을 불로 지진 다음에 양(羊)들의 배[腹] 밑에 숨어 있다가 탈출하여 그 추격을 뿌리친다.

오디세우스는 사람을 돼지로 변신시키는 마녀 키르케Circe도 성공적으로 물리친다. 그 다음에 그는 로렐라이 언덕의 전설처럼 노래를 불러 선원을 죽음으로 몰아넣는 세이렌Seiren을 만났을 때도 키르케의 조언에 따라 자신과 동료들의 귀에 밀랍을 박아넣고 자신의 몸을 배의 돛대에 밧줄로 단단히 묶어두어 치명적인 음악소리에 빨려들지 않게 된다. 이로써 그는 아도르노Adorno의 표현에 의하면 최초의 음악회 관객이 된다. 그 다음에 왼쪽에는 카리브디스의 소용돌이가 입을 쩍 벌리고 있고, 오른쪽에는 스킬라의 괴물이 버티고 있는 좁은 협곡을 범선을 타고 통과해야 한다. 오디세우스는 마침내 혼자서 발가벗은 채로 파이아키아의 해안에 표착한다. 거기에서 그는 공주 나우시카Nausica의 도움으로 건강을 회복해 그녀의 부친이 마련한 배를 타고 마침내 이타카에 도착한다.

오디세우스의 귀환

그가 고향에 돌아온 것은 20년 만의 일로, 고향에서는 그동안 112명의 구혼자들이 오디세우스의 아내 페넬로페Penelope를 쉴새없이 들볶고 있었다. 그녀는 자신의 시아버지 라이르테스Laertes의 수의를 다 짜면 그들 중의 한 명과 결혼하겠다고 선언했으나, 낮에 하루 종일 짜놓은 수의를 밤이 되면 다시 풀었다. 오디세우스는 거지로 변장하고 고향집에 나타난다. 그의 개 아르고스Argos는 눈이 멀었으면서도 즉시 그의 정체를 알아채지만 그의 아내는 그를 알아보지 못한다.

페넬로페가 일렬로 세워놓은 12개의 도끼자루 구멍을 오디세우스의 화살로 단번에 꿸 수 있는 자와 결혼하겠다고 발표하자, 오디세우스는 그 활로 12개의 도끼자루 고리에 화살을 관통시킨다. 그리고 자신의 정체를 밝히고 나서 하인들과 아들 텔레마코스Telemachus의 도움을 받아 구혼자들을 모두 죽여 피바다를 이룬다. 마침내 그는 페넬로페와 다시 결합하는데, 3,000년 후 조이스의 『율리시스』에서 레오폴드 블룸과 아내 매리온 사이에서도 역시 그런 상황이 벌어진다.

성서

신

지금까지 호메로스가 이야기한 역사와 전혀 다른 지역의 역사가 이제부터 펼쳐지는데, 이 역사는 신에 의해 쓰여졌다. 이 신은 유럽인들이 유일신으로 인정한 신이다. 따라서 이 역사는 글자 그대로 믿어졌다. 이 역사를 위해서 바닷물만큼이나 많은 피를 흘려야 했다. 이 역사의 해석을 둘러싼 사소한 차이들 때문에 수많은 나라와 도시들이 폐허가 되어 돌로 쌓이고 잿더미로 변했다. 서양 문화의 핵심을 이루는 형상이 바로 이 역사에 나오는 신이다. 이 신을 믿지 않는 사람도 있지만, 그가 신을 부정할 때도 바로 이 신의 형상을 전제로 하고 있다. 서양인이 신을 믿지 않는다고 말할 때는 제우스를 믿지 않는다는 뜻이 아니라 바로 이 신을 믿지 않는다는 뜻이다.

창조와 원죄

우리 모두는 그 시초를 안다. 신이 원하시는 것이 있어 말씀하시니 빛이 생겨났다. 이는 세계가 시작된 첫째 월요일이었다. 신은 그런 식으로 토요일까지 창조를 계속하셨다. 마지막날 신은 거울을 들여다보시고 자신의 형상에 따라 하나의 존재, 즉 아담을 창조하신다. 그리고 아담이 심심하지 않도록 아담의 갈빗대를 뽑아서 이브를 만드신다. 그는 아담과 이브에게 집

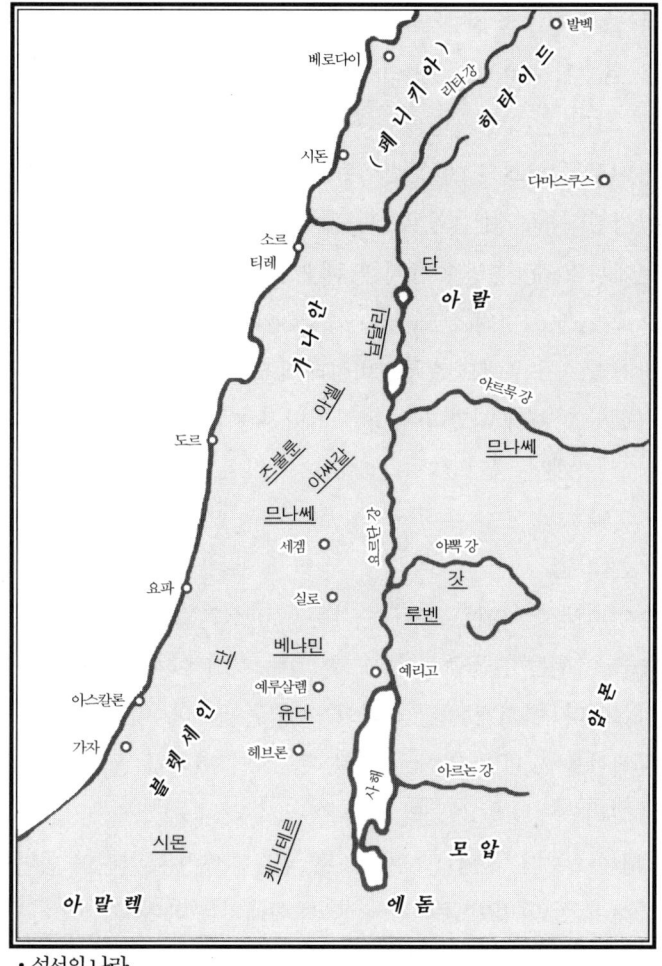

• 성서의 나라

안의 규약과 에덴 동산의 이용규칙을 설명하신다. 너희는 모든 과일을 먹어도 되지만 '선악을 인식하게 하는 나무'라는 팻말이 붙은 나무의 과일은 먹어서는 안 된다고 말씀하신다. 왜냐하면 그것은 악하며 치명적인 결말을 낳기 때문이다. 그러나 이브는 이 말에서 모순을 감지한다. 즉 선과 악을 구분할 수 있다는 것 자체가 악하다면, 이 말은 논리적으로 모순이 있다. 그래서 이브는 그 문제를 해결하기 위해 패러독스에 대해 일가견이 있는 뱀을 만나 조언을 구한다. 뱀은 그 말을 이데올로기 비판적으로 설명한다. 즉 금지 명령은 반민주주의적이다. 그리고 죽음의 협박은 지배자의 지식만을 보호할 뿐이다. 그러니까 이브는 아무 부담 없이 선악과를 먹을 수 있고, 그러면 그녀는 신처럼 될 것이며 선악을 구분할 수 있을 것이다.

　이로써 원죄의 개념으로 우리에게 잘 알려진 그 사건과 모든 결과들이 발생했다. 즉 성(性)과 부끄러움의 발견, 무화과 나뭇잎과 도덕의 발명, 낙원에서의 추방, 생계 유지를 위해 불가피한 노동의 저주, 그리고 직립보행으로 인한 여성의 산도(産道) 협착화와 그에 따른 조산 및 난산, 어린아이는 장기간 속수무책으로 무방비상태에 있어야 하며, 그리고 특히 원죄의 주모자로서 여자가 떠맡아야 하는 기나긴 자녀 양육기간과 보편적인 이중부담이 거기에서 생겨났다.

신의 법

　여기에서 이미 드러나는 것은 그리스인들의 하늘에 사는, 복잡한 일가족을 이루는 신들에게서 볼 수 있던 것이 이제 하나도 남아 있지 않다는 사실이다. 여기에는 단 하나의 신만 존재하며, 이 신은 유대인들이 그후로 일체감을 느끼고 믿어온 원칙, 즉 신의 법이나 율법을 대표한다.

　그리스인들은 신들의 분노를 막기 위해 제물을 바쳤다. 이제 모세 5경(「창세기」부터 「신명기」까지의 다섯 편―옮긴이)은 일련의 단편적인 사건들을 통해서 신의 법이 제물을 차츰 대체해가는 과정을 서술하고 있다. 카인이 바친 곡물 제물보다 아벨이 바친 동물 제물을 번제(燔祭)로 드릴 때 나오는 번향(燔香)을 신이 선호하자, 카인은 질투가 나서 동생을 쳐죽인다. 신은 분노하여 모든 것을 멸망시키기 위해 대홍수를 일으키지만 홍수가 가라앉자 노아가 몇 주일 만에 다시 방주에서 나와 신에게 번제를 드린다. 그 향기에 만족한 신은 이제부터 더이상 세계를 물로 멸망시키지 않겠다는 결심을 굳힌다. 그는 이제 더이상 희생물을 원하지 않는다. 그리고 새로 맺은 계약의 증표로 하늘에 무지개를 둔다.

아브라함

뒤이어 신이 소돔을 호모섹스 따위의 죄악 때문에 멸망시키는 이야기가 나오며, 인간 제물의 폐지에 관한 이야기가 그 뒤를 잇는다. 신은 아브라함이 이미 나이가 많아 늙었지만 자손이 크게 번성할 것이라고 예언한다. 아브라함은 자신의 남성 능력을 신에게 봉헌한다는 징표로 할례를 도입한다. 그리고 자연의 모든 법칙에 모순되게도 이미 백 살인 사라는 아들 이삭을 낳는다. 이제 신은 아브라함의 신앙과 순종을 시험해보기 위해 자신에게 외아들을 바치라고 명령한다. 아브라함이 그렇게 하기로 마음먹고 행동에 옮기는 순간 신은 소년을 숫양과 교환한다. 제물이 폐지되고 모세의 법으로 대체되는, 또 하나의 정류장인 셈이다.

이스라엘이 된 야곱

이삭의 아들 야곱의 이야기는 그리스인들의 신화에 가장 가깝다. 야곱은 오디세우스와 닮은 데가 있다. 그는 눈먼 아버지가 형 에사오를 축복하려 한다는 정보를 입수하고서 몸에 양털가죽을 뒤집어쓰고 털보 형 행세를 하여 그 축복을 가로챈다(오디세우스가 폴리페모를 속인 것처럼). 야곱은 외삼촌 라반의 집에서 일종의 유전자 조작 속임수를 통해서 새로 태어난 양들을 가로채고 라반의 두 딸 레아와 라헬을 아내로 맞아들인다. 그 다음에 그는 광야에서 밤이 새도록 주의 천사와 씨름을 해서 골반뼈가 탈골되지만 마침내 축복을 받아내고 '이스라엘'이란 새 이름을 얻는다.

이집트의 요셉

야곱은 레아로부터 열 명의 아들을 얻으며(이중에는 유대인의 조상인 유다도 있다), 라헬로부터 두 명의 아들, 즉 요셉과 막내 베냐민을 얻는다. 레아의 아들들은 야곱이 요셉을 사랑하는 것과, 요셉이 장차 훌륭하게 되리라고 꿈자랑을 하는 것을 시기하여 이집트로 가는 노예상인들에게 요셉을 팔아버린다. 이집트에서 집주인의 아내 보디발은 그를 성적(性的)으로 유혹하지만 넘어오지 않자 오히려 그가 강간을 하려 했다며 고발한다. 그는 잠시 구금된 지하감옥에서 왕실의 술담당 관헌이 꾼 꿈을 정확히 해몽해줌으로써 그의 눈에 띈다. 그 관헌은 다시 공직에 근무하던 중에 요셉을 왕실로 불러들여 파라오의 꿈을 즉석에서 성공적으로 해몽할 수 있는 기회를 마련하고, 파라오는 그 꿈의 해몽에 따라 미리 적절한 조치를 취해 나라의 기근을 예방한다. 이로써 요셉은 경력을 쌓게 되며, 기근이 그의 고향 가족까지도 위기로 몰아넣을 때, 이들에게 초청장을 발부하여 동반가족의 자격으로 이집트에 와서 비자 연장 없이 무한히 살 수 있게 해준다.

모 세

그들은 여기에서 풍족하게 살지만 점차 노예화되며, 외국인들에 대한 이집트인들의 적개심으로 테러와 박해 속에서 살아간다. 예컨대 외국인이 너무 많아지는 것을 두려워한 파라오는 유대인의 갓난아기들을 모조리 죽이라는 명령을 내린다. 이 학살에서 오직 어린 아기 모세만이 구원을 받는다. 즉 그의 모친이 어린 모세를 갈대바구니에 담아 나일 강에 띄워 흘려보내는데 파라오의 딸 중 하나가 우연히 그 바구니를 발견하고 건져내어 훌륭한 이집트인으로 키운다. 도처에서 불순한 모티프를 찾아내는 프로이트는 이 이야기를 꾸며낸 것이라고 여긴다. 공주의 친아들을 추후에 사람들이 순수 혈통의 유대인으로 날조했다는 것이다. 어쨌든 모세는 유대인 박해를 보면 참지 못하는 사람이었는데, 어느 날 유대인을 유난히 못살게 굴던 이집트인 쇼비니스트 한 명을 때려 죽인다. 이리하여 그는 미디안이라는 곳으로 망명을 떠나지 않을 수 없었고 그곳에서 결혼하여 장인의 양들을 치는 목동이 된다. 이때 훨훨 타오르는 가시덤불 속에서 신이 나타나 그에게 이스라엘의 후손들을 이집트에서부터 약속의 땅 가나안, 젖과 꿀이 흐르는 땅으로 인솔하라는 지시를 내린다.

이집트 탈출

모세는 처음에는 마음이 오락가락했지만 마침내 그렇게 하겠다고 대답한다. 그러나 파라오가 유대인들이 출국하는 것을 막상 원하지 않자 신은 이집트에 수많은 재앙을 내리고 마침내 이집트의 모든 첫아들들을 죽이는 데까지 이른다. 그제야 파라오는 포기한다. 신은 모든 유대인들에게 복잡한 식사 규정을 제정해서 지키라고 명령하여 유대인들은 효모를 넣지 않은 빵을 먹어야 한다. 또 신은 대대손손 이집트 탈출을 기념하는 과월절(過越節)을 제정해 지키도록 한다. 그러나 화가 난 파라오는 군대를 이끌고 유대인들을 홍해까지 추격해온다. 그 순간 신은 바닷물을 갈라 이스라엘인들을 통과시키고 이집트 군대의 머리 위로 바닷물을 다시 합친다. 이런 식으로 신은 자신의 위대한 힘을 이집트 군대뿐만 아니라 유대인들에게도 과시했다. 이 엑소더스는 노예들의 탈출뿐만 아니라 인간의 해방에서도 원형이 되었다. 내 백성을 가게 하라!

모세의 율법

지금까지의 이야기들은 다만 산발적인 전초전(前哨戰)에 불과하다. 이집트 탈출 이후에 이스라엘 민족의 본격적인 출생 시간이 온다. 이스라엘인들이 시나이 산에 다다르자 신은 화산활동을 통해서 자신이 산의 모습으로 현현(顯現)할 것이라는 신호를 보낸다. 모여선 백성들이 보는 앞에서 모세는 산 속으로 올라가 연기와 불길 속으로 사라진다. 그는 되돌아와 이스라엘 백성이 지켜야 하는 십계명과 수많은 법령들을 공표한다. 그는 다시 산으로 올라가 40일 동안 머물면서 신이 이제부터 그의 백성 중에 머물기를 원한다는 말씀을 듣는다. 이때 신은 인간이 증거 궤(櫃)와 성막(聖幕)을 제작해야 하며 또 어떤 모습으로 제작해야 하는지를 지시한다. 그러나 백성들은 모세가 오랫동안 자리를 비운 채 돌아오지 않아 그가 실종되었다고 여기고 금을 모아 황금 송아지를 만들어 광적으로 춤을 추며 거기에 예배를 드린다. 그러나 모세가 청천벽력같이 그들한테 나타난다. 모세는 분에 못 이겨 십계명이 새겨진 증거판을 그들에게 내던져 산산조각이 나게 하고 레위인들로 하여금 우상숭배자들을 가려내 인정사정없이 도륙하게 한다. 그 다음에 그는 다시 산으로 올라간다. 신은 이스라엘 백성과 두 번째로 언약을 맺는다. 다시 산에서 내려온 모세는 신을 보았기에 얼굴에서 광채를 내뿜는다. 모세의 양손에는 신이 직접 쓴 새 언약의 돌판이 하나씩 들려 있다.

신과 그의 백성

이로써 신과 그의 백성의 관계가 정립되었다. 그 관계는 법으로 정해지게 된다. 신은 이제 언약궤에 들어 있는 법이다. 그리고 이스라엘 백성은 그 법을 지키는 한 신의 백성이다. 비록 다른 민족들은 수많은 이방신들을 믿으며, 이들 중에는 부분적으로 동정심 있는 신들도 있지만 이스라엘 백성은 비록 그들과 변별화되는 일이 힘들더라도, 그 유일신 이외의 다른 신들을 섬겨서는 안 된다. 따라서 이후의 이스라엘 역사는 이 특수한 길을 다시금 벗어나고 싶은 충동과 끝없는 갈등을 일으킨다. 그들은 주의 법에서 벗어나 베엘제불Beelzebul 따위의 매력적인 토착신들로 향하고 싶어한다. 역사는 이에 대한 신의 분노와 제재를 묘사한다. 유대인들이 약속의 땅 가나안을 인수한 다음에도 이 문제는 사울, 다윗 그리고 솔로몬 왕의 역사 시기를 지나는 동안 계속되는데, 솔로몬 왕은 드디어 예루살렘에 언약궤를 모실 성전을 짓기에 이른다.

그후 예언자들의 시대와 바빌론에 포로로 잡혀가 있던 시대에도 그 문제는 지속된다. 바빌론 유수(幽囚)는 기원전 609년 느부갓네살(Nebuchadnezzar,

신[新] 바빌로니아의 왕. 네부카드네자르 2세라고도 함-옮긴이)이 이스라엘을 점령해서 유대인 엘리트들을 바빌론으로 끌고 간 때부터 페르시아 왕 키루스Cyrus 2세 치하의 기원전 539년에 해방되어 망명생활을 마칠 때까지 계속된다.

욥

끝으로 욥기에서는 준법 문제가 도덕적으로 첨예화된다. 게다가 그후에 유럽의 기독교 역사에서 커다란 역할을 하게 될 사탄이 새로운 모습으로 등장한다. 그는 갑자기 등장한다. 사탄은 에덴 동산의 뱀이었을지도 모른다. 하지만 그가 본 모습을 드러낸 것은 처음이다. 그는 『파우스트Faust』의 메피스토펠레스처럼 말한다. "욥이 정직하며 하느님을 경외하지만, 그것은 가진 것이 많아서 그런 겁니다!" 그러자 신은 『파우스트』에서처럼 시험을 하기로 결심한다. 그는 욥의 경건함이 얼마나 진실한 것인지 사탄이 시험하도록 허락한다. 그래서 사탄은 욥의 자녀들 모두를 살해하고 소유물을 폐물로 만들며 질병으로 그를 괴롭힌다. 욥은 우연의 장난을 한탄하며 신에게 자신이 고통받는 이유를 해명해달라고 요구하지만, 친구들이 신을 비난하는 것은 종교적으로 옳지 못한 행동이라고 주장한다. 욥은 마침내 주님으로부터 이중적 의미의 칭찬(즉 악의 시험을 이긴 것, 악은 선을 이루기 위해 필요불가결한 것임을 입증한 것-옮긴이)을 받는다. 욥이 공의(公義)로운 신 관념을 고수하는지를 확인하기 위해 그런 시험이 행해진 것인가? 신이 공의로운 존재로 머물기 위해서, 그런 시험을 위해 사탄을 개입시켜야 하는가? 어찌 되었든 간에 욥에 대한 시험은 이 세상의 모든 해악도 신의 공의를 정당화한다는 결론을 도출시킨다.

그 시험이 보여주는 것은 우리가 이 신 관념과 더불어 유산으로 물려받은 것이다. 즉 역사는 법에 의한 지속적인 '재판 과정'을 의미하며, 정당화되어야 하는 보편적인 위기사태를 대상으로 하는 절차고, 구원의 필요성이 내재하는 일탈의식(메시아의 도래에 대한 기대)이 늘 거기에 있으며, 또한 그 절차의 확실성이 보장되어야 한다는 의식도 거기에 함께 한다.

유대인과 기독교인

메시아로 등장한 예수와 더불어 쓰여진 나머지 역사는 이미 로마 시대를 배경으로 한다. 여기에서 기독교인들은 보편적 사면을 위해 기존의 법적 정당성을 포기했다. 그러나 유대인들은 욥의 역할을 택했고 율법을 준수하며 공의를 주장하고 있다. 유대인들은 기독교인들이 도덕적으로 파산한 자들이라는 혐의를 머릿속에서 떨쳐내지 못한다. 기독교인들은 다시 인간을 제물로 바치는 일에 (예수의 십자가 처형을 통해서) 복귀했다. 인간 제물은 유대인들이 율법을 통해서, 그리고 그리스인들이 비극의 미학적 형식을 통해서 폐지한 야만적인 것이었다. 세계사가 변증법적으로 발전하는 '과정'이라고 주장함으로써 법정의 권능을 다시 도입한 철학자 헤겔과 더불어 기독교인들은 그 야만성으로 인해 벌을 받았다. 즉 이때부터 기독교도인들은 서로가 역사의 법을 위반한다고 죄를 뒤집어씌우고 있으며 이리하여 그들은 인간 제물의 숫자를 세계대전을 통해 수백만 단위로 늘린다. 세계사가 세계 법정이 된다.

고전적 고대 – 문화와 여가

그리스(기원전 500~200)

우선 시대의 범위부터 확정하기로 하자. 여기에서 다루는 시대는 대략 기원전 500년부터 300년까지의 200년간이다. 세계정치사적으로 볼 때 이 시대는 그리스인들이 페르시아 대제국과 전쟁하던 시기다. 기원전 500년부터 450년까지는 방어의 기간이 계속되며 이때 아테네가 부강해진다. 왜냐하면 아테네가 이오니아의 섬들을 단일한 무역제국으로 통합하고 페르시아의 공격으로부터 보호하는 역할을 담당하기 때문이다. 페리클레스(Pericles. 기원전 495~429)의 지도하에 아테네는 국력이 크게 신장한다. 그후 아테네는 군국주의적인 스파르타와 30년에 걸쳐 '펠로폰네소스' 전쟁(기원전 431~404)을 치르는데 이 전쟁은 아테네의 패배로 끝난다. 기원전 400년부터 340년까지 스파르타가 테베에게 패하면서 다시 아테네가 부흥한다. 그 다음에(기원전 340~300) 그리스 북부의 군사왕국 마케도니아가 필리포스Philippos 2세의 지휘 아래 그리스 반도 전체를 점령하며, 알렉산드로스 Aléxandros 대왕(기원전 336~323재위)은 페르시아 제국을 점령한다. 이로써 헬레니즘 시대가 시작된다. 그리스 문화가 소아시아 메소포타미아(오늘의 이

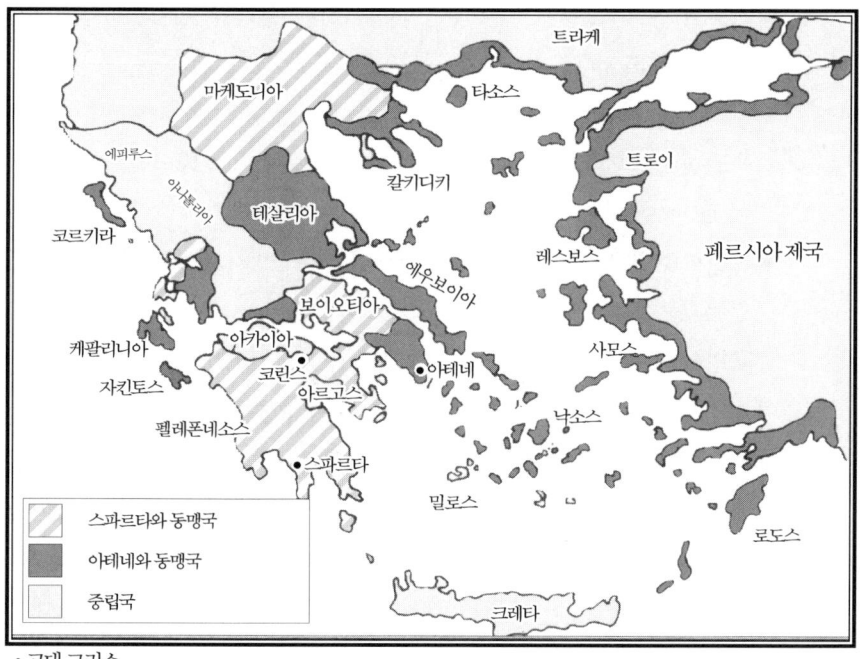

• 고대 그리스

라크)와 페르시아를 포함한 지중해 동부 지역 전체로 확산된다. 기원전 200년경부터는 이 지역이 새로 등장한 로마 제국에 의해 차츰 잠식되어 이로써 로마인들은 그리스 문화의 상속자가 된다.

아테네

우리는 그리스 문화에 관해 말할 때 우선 아테네를 떠올린다. 왜냐하면 아테네인들은 영국이 18세기와 19세기 들어서야 이룩한 그 무엇을 창조했기 때문이다. 그것은 다름 아니라 귀족들을 정치에서 배제시키지 않으면서도 귀족정치를 민주정치로 변화시킨 것이었다. 이 변화는 아주 현명한 독재자의 헌법 개혁을 통해 이루어졌다.

그 결과는 우리가 1968년의 독일 대학들에서 목격했던 급진적 민주주의와 아주 비슷했다(이때의 대학생 수도 그리스 도시국가의 국민 숫자와 같았다).

- 최고의 심급(審級)은 모든 국민이 참여하는 총회였다(노예, 여자 그리고 시민권이 없는 거주민은 제외).
- 정기적으로 새로 선출되는 위원회가 통치를 했다. 위원이 되기 위해 특별한 전문지식(예컨대 법에 의한 판결)은 요구되지 않았다. 모든 국민이 모든 관직을 맡을 수 있었다.
- 유일한 예외는 군대를 이끄는 전략가였다. 그는 경험이 있어야 했다. 전략가들은 페리클레스처럼 특히 영향력이 큰 사람이었다. 국민 모두 국방의 의무를 지녔다.

이 헌법이 아테네를 1년 365일 동안 열리는 토론 클럽으로 만들었다. 아테네인들은 대중들 앞에 나서야만 자신의 모든 재능을 펼치고 "자아를 실현할 수 있다"고 믿었다. 사람들은 이 전면적인 공동체를 폴리스Polis라고 불렀다. 이 말은 단순한 도시 또는 국가 이상의 것을 의미했다. 그것은 '라이프 스타일'이었으며 사람들은 거기에서 사는 것에 대한 자부심이 대단했다. 이 폴리스에서만 인생이 살 만한 가치가 있는 것처럼 느껴졌다.

초자연적인 존재 대신에 인간 자체를 사회의 척도로 삼는 문화가 바로 여기에서부터 몇 세대 내려가지 않아 생겨났다.

그리스적 사고

오늘날 우리는 이렇게 말하고 싶어진다. "추상화된 것은 비현실적이다. 현실적인 것은 구체적인 개별 사물들뿐이다"라고. 그러나 암소의 송아지로 다시 암소를 만드는 유전자 계획 역시 현실이 아닌가? 그리스인들은 이 질문에 대해 이렇게 대답했을 것이다. "그것은 유일하게 현실적인 것이다. 왜냐하면 그 계획이 이 동물들을 우리가 암소라고 부르는 것이 되게 하기 때문이다"라고. 그리고 그리스인들은 이 계획을 관념Idea이라고 명명했을 것이다.

그리스인들의 사고방식에서는 지속적인 것만이 현실적이었다. 암소들은 태어나고 죽지만, 항상 똑같이 머물러 있는 것은 암소의 형식이었다. 수많은 구체적인 것들의 혼란의 배후에는 불변, 영원한 형식들이 있었다. 그래서 소크라테스 이전의 그리스인들(철학자들)은 눈에 보이는 모든 현상들의 배후에 있는 것이 무엇인지 탐구했다. 그래서 탈레스Thales는 물, 아낙시만드로스Anaximandros는 대립항들(이로써 아낙시만드로스는 대칭성 개념을 주장하는 현대 물리학에 아주 근접해 있다), 데모크리토스Demokritos는 원자를 탐구했다.

그렇다면 그리스 문화를 이해하기 위한 열쇠, 그리스인들의 경험과 사고를 조직하는 개념, 현상들에 의미를 부여할 때 우선시되며 그밖의 모든 것들이 종속되는 핵심 범주, 저절로 해명되는 표상은 무엇일까? 그것은 현실 속에 모범적인 것이 숨겨져 있으리라는 사상이다. 그리스인들은 현실 속에는 이 현실을 조직하는 계획과 기본형식들이 내재해 있으며 이들은 간단하고 인식 가능하며 합리적일 것이라고 믿었다.

예 술

따라서 조각에서 그리스인들은 인물의 얼굴보다는 인간 신체의 기본형태를 보여주었다. 그 형태는 정적(靜的)이거나 동적(動的)인 모습, 이를테면 온몸의 긴장을 풀고 쉬고 있거나 죽음과 사투를 벌이고 있는 모습이다. 그 어떤 경우에도 우리는 거기에서 인간 태도의 이상적인 기본 버전을 발견할 수 있다. 따라서 그리스의 조각품은 후대의 모든 예술의 모델이 되었다. 대표적인 작가는 페이디아스Pheidias와 프락시텔레스Praxiteles를 들 수 있다.

우거진 나무처럼 무성하게 자라나는 듯한 느낌을 주는 중세 고딕식 성당과 그리스 신전들을 비교해보면 우리는 그리스인들이 벌써 현대 독일의 바우하우스Bauhaus풍의 기능주의를 선취하고 있다는 것을 금세 알 수 있다. 그리스 신전의 삼각지붕 아래에 일렬로 늘어선 둥근 기둥들은 그리스인들의 군더더기가 전혀 없는 건물의 원칙과 정력학(靜力學)을 보여준다. 사람들은 본체와 머리 부분의 생김새에 따라 이 기둥들을 도리아, 이오니아 그리고 코린트 양식으로 구분했다(→ 미술).

비극(기원전 534~)

형식주의로 기우는 이런 경향에 비춰볼 때 그리스인들의 광적인 축제문화(이 문화는 특히 아테네가 주도했다)는 왠지 어울리지 않는 이율배반적인 것처럼 보인다. 이 축제의 후원자인 귀족들은 유권자들의 호감을 얻고자 했으며, 축제는 문화적 지식을 늘 새롭게 만들어주었고, 폴리스의 공동체에 대한 체험을 연결해주었다. 아테네에서는 도취의 신인 디오니소스의 축제에서 비극 공연이 자생적으로 생겨났다. 그 최초의 고안자는 테스피스Thespis(기원전 534년경)였다. 그는 합창대의 합창이 있고 나서 이에 대한 답가가 불리기 전에 한 명의 배우에게 신화적 소재의 사건들을 운율에 맞추어 이야기하게 했다(중세에는 이런 식으로 기독교식 예배에서 유럽의 근대 연극이 생겨난다). 따라서 니체는 비극에서 디오니소스적인 것(한계 돌파적인 것)을 아폴론적인 것(절도)의 원칙에 대립시켰다.

그러나 실제로 그리스 비극은 셰익스피어 비극이나 할리우드 영화와 비교해볼 때 줄거리를 가장 본질적인 것만 남기고 단순화시키며 한 가지 문제에만 집중한다. 비극을 통해서 예배의식이 정치로 한 걸음 더 나아가며, 연극무대는 실제로 폴리스의 행사를 위한 민주주의적 국립극장이 된다. 여기서 인간 제물(하나의 특출한 인물의 파멸)은 문제들을 제기하는 발단이 된다. 인간의 계획대로 될 수 있는 한계의 최대치는 어디까지인가? 신화는 목적을 정당화하는 수단들과 어떤 관계에 있을까?

공연은 하루 종일 반원형 노천극장에서 있었다. 이 극장은 원칙적으로 모든 국민, 곧 성인남자를 14,000명까지 수용할 수 있었다. 공연은 작가들의 경연대회 형식으로 이루어졌고, 선출된 심사위원들이 점수를 매겼다. 기원전 5세기가 경과하는 100년 동안 약 1,000편의 비극이 공연되었으며, 이 중 300편이 위대한 세 작가, 즉 아이스킬로스Aeschylos, 소포클레스Sophocles 그리고 에우리피데스Euripides의 작품이었다. 이들 중에 33편, 즉 아이스킬로스 7편, 소포클레스 7편과 에우리피데스 19편이 전해 내려오고 있다.

486년경부터 희극 경연도 열렸다. 가장 유명한 작가는 아리스토파네스Aristophanes였다. 비극과 달리 희극은 실존인물들을 대상으로 했으며 현실의 실제 상황을 풍자했다. 따라서 그것은 오늘날 독일의 카바레Kabaret 문학형식(성대묘사 따위로 정치인을 풍자하고 노래나 춤이 곁들여지는 모노드라마 또는 2인 콤비극-옮긴이)과 비슷했다.

비극이 어떻게 구성되어 있으며 어떻게 작용해야 하는지에 대해서는 아리스토텔레스Aristoteles가 『시학Poetica』에서 기술하고 있다. 비극은 공포와 연민을 불러일으켜야 하며 카타르시스, 즉 청소를 통해서 좋지 않은 감정들을 정화시켜야 한다. 그의 희극론은 아직 발견되지 않았는데 에코Eco의 소설 『장미의 이름Noma della Rosa』의 인물도 헛되이 그것을 찾는다. 그리스 비극의 소재들은 늘 되풀이되어 가공되고 개작되어왔다. 에우리피데스의 『아울리스 섬의 이피게네이아Iphigeneia en Aulidi』에서부터 괴테의 『이피게니에Iphigenie』에 이르기까지, 그리고 아이스킬로스의 『묶인 프로메테우스Prometheus desmotes』에서 셸리Shelley의 『프랑켄슈타인Frankenstein』에 이르기까지 개작은 계속된다. 아리스토텔레스의 『시학』은 문학비평에서 가장 중요한 문헌의 지위를 차지했다.

문학

서양 현대문학의 수많은 형식들은 그리스 문학에서 생겨났다. 호메로스와 같은 서사시인은 음유시인(Rhapsode. 송시[頌詩]의 편찬자라는 뜻)으로 불린다. 서사시(Epos. 영웅가)의 과도기적 형식에서 비가(Elegie. 피리 반주에 맞춰 부르는 노래)가 생겨났으며, 비가의 끝부분에 가서는 애수가 고조되어 상실감을 비탄조로 노래하므로 엘레지elegy적이라는 문학용어가 생겨났다. 아나크레온Anacreon은 사랑과 삶의 즐거움을 노래하는 대표적인 서정시 형식이 되었다. 내용이 가장 풍부한 것으로는 찬가(신과 영웅을 칭송하는 노래), 아폴론 찬가(승리의 노래), 주신(酒神) 송가(반인반수[半人半獸]인 사티로스들이 피리 반주에 맞추어 황홀경에 빠져 디오니소스 신을 축송하는 노래), 그리고 송시(숭고한 대상들에 대한 격정적인 노래)로 이루어진 합창 서정시였다.

핀다로스Pindaros와 이비코스Ibykos(「이비코스의 두루미떼」)는 대표적인 작가였다. 또한 연극의 요소에 대한 용어들도 그리스에서 기원했다. 주연 potagonist과 맞수antagonist(아곤agon=투쟁)는 비극tragedy의 주인공과 상대방이다(트라고스tragos=숫염소, Ode=송시이므로 비극은 숫염소의 노래다). 주인공은 오만 때문에 고통을 겪으며, 이로 인해 격정에 빠져드는 벌을 받고, 비극적 반어irony(외견상의 행운의 도래)를 토대로 해서 파국(운명의 전환)을 맞는다. 그 다음에는 반인반수의 유희(유쾌한 익살극)가 이어진다. 여기서는 결실의 악마들이 말[馬] 귀와 남근을 달고 등장해 비극의 내용을 풍자한다. 비극의 반대형식은 희극comedy이다(komus=축제행렬 + 송시). 여기서는 무엇보다도 풍자가 이루어진다(풍자Satire=불의에 대한 조소. 이 용어는 사티로스[satyros. 반인반수]가 아니라 라틴어 사투라satura, 즉 희생제물의 피를 받는 접시에서 유래했다).

또한 그리스어의 숫자들에서 시행(詩行) 형식들, 이를테면 4보격(四步格)tetrameter(tetra=4), 5보격pentameter, 6보격hexameter, 7보격heptameter이 생

겨났으며, 그밖의 수많은 용어들, 이를테면 펜타곤Pentagon(5각형), 모세5경 Pentateuch(구약성서의 첫 5권), 오순절Pentecoste(부활절로부터 50일째 되는 날), 5각별Pentagram, 5종경기pentathlon, 펜타메론Pentameron(5일간 이야기해주는 동화집) 따위가 거기에서 생겨났다.

철학

그리스인들은 철학을 발명함으로써 인류의 새로운 시대를 열었다. 그들은 철학에서 사고 자체를 발견해 사고의 대상이 되게 했으며, 종교의 질곡에서 해방되었고 스스로 법을 제정했다. 이 법은 논리의 법이다. 이때 사고는 사교와 공개적 연설에 여전히 종속되었다. 사고는 대화이지 독백이 아니다. 사고는 민주주의에 상응한다. 철학은 연설과 답변연설로 발전하며, 토론의 기술로, 그리고 사태를 전체적·객관적으로 조망하는 방법으로 발전했다. 그리스인들은 이것을 변증법이라 불렀으며, 철학은 특히 소피스트Sophist들에 의해 발전했다. 이들은 유랑하면서 정치가들에게 연설에 필요한 수사학을 가르치면서 생계를 유지했는데, 기회주의적 행동들을 많이 해서 평판이 좋지 않았다.

위대한 철학자 3인, 즉 소크라테스와 플라톤 그리고 아리스토텔레스는 그들과 구분되며 오늘날까지 서양 사상사에 큰 영향을 미치고 있다. 그들은 한 부류에 속한다. 왜냐하면 플라톤은 소크라테스의 제자이고, 아리스토텔레스는 플라톤의 제자이기 때문이다. 소크라테스(기원전 470~399)는 페리클레스의 통치시대와 펠로폰네소스 전쟁시대를 체험했고, 플라톤(기원전 427~347)은 아테네의 중흥기에 활동했으며, 아리스토텔레스(기원전 384~322)는 마케도니아의 상승기를 체험했고 알렉산드로스 대왕의 스승이 되었다.

소크라테스

소크라테스(Socrates, 기원전 470~399)는 글로 된 기록은 아무것도 남기지 않았다. 오늘날 우리가 알고 있는 그에 관한 거의 모든 것은 제자 플라톤의 철학적 대화들의 기록에 따른 것이다. 이 대화들에서 우리는 소크라테스의 말을 들을 수 있다. 그 대화들은 매우 생생한 모습을 보여주고 있어 오늘날 유럽인들의 기억 속에 깊이 남아 있다.

소크라테스는 조각가인 부친과 조산원인 모친 사이에서 태어났다. 처음에는 자신도 조각가로 일했고 그 다음에는 소피스트가 되었으나 이들의 동업조합 규율을 위반하는 데 이르렀다. 즉 그는 능숙한 말재간을 전달하고 돈을 받는 것보다는 정치의 도덕적 근거를 밝히는 데 열중했다. 그는 종교가 그것을 밝히는 데 충분하지 않음을 깨달았기 때문에 아테네의 엘리트들이 교육을 통해서 독자적인 사고를 할 수 있도록 함으로써 그들이 정치가의 자질을 갖추도록 노력했다. 그가 그렇게 한 것은 아마도 아마추어 민주주의가 군중독재로 타락하는 것을 직접 목격했기 때문이었으리라고 추정된다.

자신은 평범한 시민 출신이며 소박하게 생활했지만, 주로 귀족들을 제자로 삼았다. 그는 교양교육을 통한 민주주의적 엘리트 교육을 지향했다. 소크라테스는 믿는 바를 실천에 옮기는 사람이었으므로 보수는 받지 않았다. 그의 아내 크산티페는 식탁 위에 오를 음식보다도 도덕이 무엇인지 규명하는 일을 더 중시하는 남편을 이해할 수 없어 자주 큰 소리로 부부싸움을 했다. 소크라테스는 이 부부싸움을 통해서 자신의 변증법을 더 훈련시킬 수 있었을 것이다. 그는 모친과 강한 일체감을 가지고 있었던 듯한데, 자신의 변증법 기술을 산파술(産婆術)이라고 명명했다.

소크라테스는 철학의 연구 대상을 자연에서 인간과 사회로 바꾸어놓았다. 여기에서 그는 소피스트들의 속임수를 진리 발견의 수단으로 활용했고 소크라테스식 방법을 개발했다. 그는 상대방과 대화할 때 자신은 아무것도 모르는 체하고, 확신에 차 있는 상대방에게 그 확신이 과연 얼마나 확실한지에 대해서 물었다. "크리타스 씨, 조각가가 여기 조각품 앞에 서 있지요?" "물론이지요." 그는 이런 자명한 질문에서 시작해서 그 다음에 계속되는 질문으로 상대방을 걷잡을 수 없는 모순에 빠져들어 비틀거리게 하여,

완전히 혼란스러워지고 풀이 죽은 상대방에게 마침내 자신의 확신이 일종의 무지였음을 깨닫도록 만들었다. 이렇게 유도된 자기 파괴는 소크라테스의 반어irony로 잘 알려져 있다. 이 방법은 무척 스펙터클한 것으로 당사자의 마음속에 깊은 흔적을 남긴다. 또한 이 방법은 철학이 무엇인지를 선명하게 보여준다. 자명한 것을 낯설게 만들고 인지의 자동성을 깨 세계를 해체할 수 있으며, 이로써 세계를 (나중에 데카르트가 세계를 파멸시키는 회의에 바탕해서 다시 한 번 그러듯이) 논리의 통제하에 다시 건설할 수 있게 한다. 이것은 독자적인 사고가 탄생하도록 돕는 일이다.

이 대화들에 등장하는 인물들은 오늘날의 우리에게 아주 선명하게 다가선다. 이들을 사귀고 싶은 사람은 플라톤의 『향연Symposion』을 읽으면 된다. 이 저술은 비극 경연에서 아가톤Agathon이 승리한 것을 계기로 베풀어진 주당(酒黨)들의 주연에 관한 보고서다. 이 주연의 참석자들 중에는 아가톤, 아리스토파네스, 파이드로스Phaidros, 파우사니아스Pausanias 그리고 소크라테스도 끼어 있다. 분위기는 호모섹스적으로 무르익는다(호모섹스는 소년에 대한 동성애였는데, 그리스의 지식인들 사이에서 사제지간의 정신적 교류의 일부로 유행했다). 또한 공동의 화제도 사랑이다. 사람들은 신과 인간 사이의 중개자로서의 에로스에 관해 말한다.

아리스토파네스는 본래부터 남녀추니였던 상상 속의 구형(球形)인간에 대해 말한다. 신들이 이들의 오만함을 징계하기 위해 몸을 둘로 갈라놓았고 에로스만이 이들을 예나 지금이나 다시 합칠 수 있다는 것이다. 그 다음에 소크라테스는 사랑에도 단계가 있다는 철학적 주장을 펼친다. 사랑은 관능에서 시작해서 아름다운 영혼과 지식에 이르며 신적인 불멸의 신비까지도 동참할 수 있다는 것이다. 이 플라토닉 러브는 후에 기독교의 사랑과 결부되어 유럽사에서 큰 역할을 하며 르네상스 시대에 이탈리아 피렌체에서 다시금 일깨워진다.

그렇게 향연이 계속되던 중에 갑자기 만취한 알키비아데스Alcibiades가 시끌벅적한 패거리를 이끌고 들이닥친다. 사람들은 그에게도 자신의 사랑관을 한번 피력해보라고 종용한다. 그러나 그는 소크라테스를 향하여 일장 연설을 늘어놓으면서 에로스가 바로 소크라테스의 모습으로 환생했다고 주장한다. 사람의 마음을 홀리는 소크라테스의 연설은 모든 사람들을 불가항력적으로 그를 사랑하게 매료시킨다는 것이다. 그 다음에 소크라테스는 사람들의 관심을 아주 다른 것들로 돌려놓으며 사랑을 철학으로 고양시킨다는 것이다.

소크라테스의 모습을 이처럼 생생하게 묘사한 것은 이 대화말고는 찾아보기 힘들지만, 이에 버금가는 모습이 그의 죽음에 관한 장면에서 다시 한 번 확인된다. 그는 후대의 많은 위인들 역시 그와 비슷한 운명을 겪듯이 청소년을 타락시키고 옛 풍습을 거역하도록 사주한다는 죄목으로 고소된다. 그는 법정에서 자신을 변론하지만, 합의부 판사들이 과반수가 약간 넘게 찬성투표를 함으로써 유죄 판결을 받게 되고, 그 다음 절차로 그리스의 관례에 따라 자신의 형량을 스스로 제안할 수 있는 단계를 맞는다. 그러나 그는 형량을 제안하는 대신 재판부가 자신에게 오히려 보상을 해야 한다고 요구함으로써 판사들을 자극한다. 판사들은 자신들이 조롱받았다고 느끼며 이번에는 대다수가 그의 사형 판결에 찬성한다. 소크라테스는 죽기 직전에 슬퍼하는 제자들과 죽음에 관해 담소하며 탈주를 도와주겠다는 그들의 제안을 거절한다. 그는 고국인 폴리스의 밖에서는 살기를 원하지 않는다고 말하며 독초 즙을 마신다.

소크라테스의 죽음은 후대에 그리스도의 죽음과 비교되었다. 두 경우 모두 속물적인 군중들이 정통적 가르침에 따른다는 명분으로 벌인 희생양 제사에 당사자들이 자발적으로 죽음의 희생제물이 되었다.

플라톤

플라톤(Platon, 기원전 427~347)은 소크라테스가 사망한 다음에 여행을 떠나 시라쿠사(시칠리아 섬의 도시)에 가서 정부의 자문위원이 된다. 그 다음에 그는 한동안 노예 신세가 되는 불운을 겪으며, 그후 아테네로 귀환해서 아카데모스Academos에게 하사된 농장 근처에서 대학을 건립한다. 이것은 나중에 아카데미이아라는 이름을 부여받으며 그후 거의 1,000년 동안 존속한다.

플라톤은 그의 후계자들과는 달리 아주 매력적으로 글을 쓰는 재주가 있었다. 그는 가능한 한 많은 사람들에게 자신의 학설을 전달하고 싶어했다. 이 점은 소크라테스의 교육이념을 계승한 셈이었다. 그의 관심사도 공동체의 올바른 질서였다. 그러나 그가 후대에 결정적으로 영향을 미칠 수 있었던 것은 그가 몇몇 개념들을 사용해서 후대의 철학을 위한 강령을 완성했기 때문이다. 즉 그는 세계를 영원한 존재의 세계와 유위전변(有爲轉變)하는 현상들의 세계로 구분했다.

그는 현상들의 세계를 동굴에 비유한다. 거기에서 우리는 모닥불을 피워놓고 그 아른거리는 불을 등지고 앉아서 벽의 그림자를 바라보고 있으며, 우리와 불 사이에는 실제적인 형상들이 지나가고 있다. 우리가 보는 것은 팔락거리는 그림자뿐이다. 그것이 우리의 현실이다. 참된 현실은 기본유형들이며, 개별 사물들은 단지 그것들의 모사본에 불과하다. 이 기본유형들을 플라톤은 이데아라고 부른다. 세계를 현세와 내세로 구분함으로써 플라톤은 형이상학(물리학의 피안에 있는) 또는 관념론의 기초를 놓는다. 이로써 그는 후대의 철학이 어떤 문제에 천착해야 하는지 확정짓는다. 그리고 그는 (비록 중간에 플로티노스Plotinos[205~270]가 신플라톤주의를 부활시키는 단계를 거치지만) 나중에 기독교와 철학이 르네상스 시대에 결혼하는 것을 가능하게 한다.

비록 감각적 인지는 인간으로 하여금 현상들의 그림자 세계에 포로가 되어 살게 운명짓지만, 그럼에도 이데아의 세계와의 접점들이 존재한다. 예컨대 기하학에서는 구(球)라든가 사각형이 이데아의 완전성을 예감하게 해줌으로써 직관과 이데아가 서로 만난다(아리스토파네스가 『향연』에서 구형 인간에 관한 신화를 말했던 것을 참조). 또한 우리는 환상에 빠짐으로써 제한된 감각들을 극복하고 떨쳐버리며 영혼에 날개를 달아줄 수 있다. 그러면 우리는 출생 이전의 영혼상태로 접어들게 되며 이데아의 제국을 기억해내게 된다. 우리의 영혼이 살았던 그 제국을 사유를 통해 다시 유산으로 물려받게 된다.

이데아 자체는 이를테면 태양계의 중력 시스템을 형성한다. 작은 이데아 행성들이 이데아 태양 둘레를 공전한다. 중심 태양은 진·선·미의 삼일치 이데아다.

따라서 플라톤의 철학은 도덕론(윤리학), 인식론 그리고 예술론(미학)을 구분하지 않는다. 철학을 연구하는 것은 벌써 도덕적 행동이며, 과학은 성적인 것의 매력(인력)으로 살아간다(『향연』에 나오는 사랑의 단계를 참조). 철학이 그렇게 매력적으로 규정된 적은 거의 없었다.

이에 비해 플라톤의 국가론은 별로 호감을 불러일으키지 못한다(그의 국가론은 최초의 유토피아다). 거기에서는 가족과 소유제도가 폐지된다. 그 대신에 국가가 교육을 전담하여 우생학에 따라서 엘리트들만을 출산하게 하며 모두가 확정된 교육 프로그램에 따라 교육을 받게 한다. 유년기에는 신화 이야기를, 그 다음에는 읽기와 쓰기를, 14~16세에는 문학을, 16~18세에는 수학을 가르치며, 18~20세에는 군사훈련을 받게 한다. 이 과정을 마치고 난 다음에는, 재산이 부족한 자들은 군대에 남아 있게 하며 재능이 우수한 자들은 대학교육을 받게 한다. 그 다음에 이 우수한 자들 중에서 다시금 기능직에나 적절한 자들을 가려내어 하급공무원으로 임명하고, 엘리트들만 대학에 계속 남아서 5년 동안 순수 이데아론을 연구하며, 고급공무원이 되어 15년 동안 근무하여 실력을 인정받은 다음에, 50세가 되면 국가의 운영을 떠맡는다. 여기에서 알 수 있는 것은 처음부터 유토피아는 전체주의 성격을 띤다는 것, 그리고 종종 최선의 의도가 가장 커다란 엄격주의(원칙의 고수)를 낳는 기초가 되는 변증법을 열어놓는다는 것이다.

플라톤이 유럽의 철학에 미친 영향은 너무나 커서 유럽의 모든 철학은 마치 그의 철학의 각주(脚註)에 불과한 것처럼 보일 정도다.

아리스토텔레스

아리스토텔레스(Aristoteles, 기원전 384~322)는 의사의 아들로 칼키디케 섬의 스타기로스에서 태어나 '스타기리인Stagirit'이라고도 불렸다. 그는 17세부터 플라톤의 아카데메이아에서 20년 동안 공부했다. 그 다음에 레스보스(소아시아의 섬)에 잠시 체류하다가 기원전 342년에 마케도니아의 필리포스 궁정에서 14세 된 알렉산드로스의 스승이 되었다. 알렉산드로스의 해외원정이 시작되고 난 다음에 그는 아테네로 귀국해서 기원전 334년 리체움에 자신의 학교 리케이온Lykeion을 세웠다. 그는 이 학교의 아치형의 지붕이 있는 산책길을 학생들과 산보하면서 철학 이야기를 나누었는데 이 때문에 이들은 '페리파틱스(Peripatetics. 소요자)'라는 별명을 얻었다. 알렉산드로스가 사망한 후에 그는 소크라테스처럼 신성모독죄로 고소당했고 얼마 지나지 않아 망명 중에 사망했다.

아리스토텔레스는 이상주의자 플라톤의 현실주의적 쌍둥이 형제라고 할 수 있다. 그는 이데아의 세계와 현상의 세계 간에 차이를 두지 않았다. 그 대신 그는 그 차이를 일반화했다. 이 새로운 주장을 펼치기 위해서 그는 플라톤의 사상을 약간 수정함으로써 아주 커다란 변화를 가져왔다. 즉 그는 이데아와 현상이라는 단어 대신에 형상과 질료(質料)라는 단어를 사용했다. 이 차이는 두 세계를 구분하는 것이 아니라 하나의 세계 내에 함께 존재한다. 예컨대 진흙은 질료이지만, 벽돌은 형상이다. 그러나 이 벽돌은 또 다른 형상을 위한 질료가 될 수 있다. 즉 벽돌은 진흙의 형상이지만 집의 질료다. 오늘날의 이론(예컨대 시스템 이론)은 형식과 매체에 관해 말한다. 음성은 언어의 형태를 위한 매체이고, 언어는 텍스트의 형태를 위한 매체이며, 텍스트는 시행(詩行) 따위의 형태를 위한 매체다. 이와 같은 원칙을 바탕으로 아리스토텔레스는 세상을 질료-형상 관계의 연속 단계들로 정리했다. 이 단계들은 아직 정해지지 않은 것들을 계속적으로 규정해나가는 과정을 일컬으며, 가능한 것을 현실적인 것으로 계속적으로 넘겨주는 과정이거나, 또는―현대식으로 표현하면―비개연적인 것을 개연적인 것으로 변화시키는 과정이다. 수다스런 잡담에서 시(詩)가 생겨날 수 있는데, 이는 미켈란젤로의 「다비드David」상이 대리석 덩어리에서 생겨나는 것과 똑같은 원리다. 형상은 질료를 잠에서 깨워 긴장된 존재가 되게 한다(오늘날 사람들은 요소들의 느슨한 결합 그리고 긴밀한 결합에 관해 말한다. 소음은 느슨하게 결합된 소리들이며, 언어는 이것들이 엄밀하게 결합된 것이다).

순수한 형식, 전혀 가능해 보이지 않는 것, 그리고 가장 현실적인 것은 신의 정신이다. 이 정신은 질료가 형상이 되게 하는 최초의 원인이다. 다른 모든 사물들에는 형상과 질료가 뒤섞여 있다. 이로써 신체-영혼 문제도 해결된다. 영혼은 형상이며, 신체는 질료다. 우리는 영혼의 내면에 식물적 영혼, 동물적 영혼 그리고 합리적 영혼이 단계화되어 나란히 공존함을 볼 수 있다. 사물이 변화하고 운동하는 한 아직 완전하다고 볼 수 없다. 불변성과 안정은 완성에 대한 최고의 표지다. 신은 안정적이다. 안정과 불안정의 이 대립쌍은 나중에 중력이론을 완성하는 데에 방해가 되는 장애물로 밝혀질 운명에 처했다.

이렇게 질서 잡힌 존재들의 세계상과 아리스토텔레스의 논리학의 토대 위에서 토마스 아퀴나스Thomas Aquinas를 위시한 스콜라 학자들은 중세의 세계상을 건축했다. 이들은 아리스토텔레스의 저술들을 아랍인들의 전수로 재발견했는데, 이리하여 아리스토텔레스는 중세 최고의 철학자로 등극했고, 그의 통치는 플라톤 르네상스가 시작될 때까지 이어졌다. 즉 르네상스 이전까지 아리스토텔레스의 권위는 거의 무제한적이었다. 따라서 오늘날 중세 연구는 아리스토텔레스 연구 없이는 불가능하다.

그밖의 철학 학파

또 하나의 철학 학파로 자리잡는 것은 견유학파(犬儒學派 Cynic)이다. 이들의 최고 목표는 무욕(無慾)이다. 쓰레기통이나 술통 속에서 잠을 자는 디오게네스Diogenes와 같은 '잠보Penner' 철학자들이 거기에서 배출되었다. 알렉산드로스 대왕이 디오게네스를 찾아가서 원하는 것이 없느냐고 묻자 그는 주저없이 이렇게 대답했다. "내 햇볕을 가리지 말고 저리 비켜주시오." 알렉산드로스는 "내가 알렉산드로스가 아니라면 디오게네스가 되고 싶소"라고 대답했다. 견유학파라는 명칭은 그들의 삶이 '개cynos'의 삶 같다는 데서 생겨났다. 오늘날 독일의 문예학자 슬로터다이크(Sloterdijk. 독일은 유전자 공학에 대해 나치 이후 알레르기 반응을 일으키는데, 이러한 사회의 터부, 통념들을 신랄하게 비판함—옮긴이)는 이 의미를 다시 포착해 옹호했다(그의 저서 『냉소적인 이성의 비판Kritik der zynischen Vernunft』 참조). 스토아 학파는 스토아Stoa, 즉 주랑(柱廊) 그리스의 공공건물에서 일렬로 늘어선 둥근 기둥으로 이루어진 복도—옮긴이)에 따라 생겨났다. 이 학파에 소속된 철학자들은 무관심을 슬로건으로 내걸어 대중의 인기를 끌었다. 그 가르침은 특히 로마의 폭군 네로Nero의 학정시대에 더욱 확산되었다. 사랑스런 에피쿠로스Epicouros의 추종자들은 감각적 인지를 인식의 유일한 원천으로 삼았고 인간의 최고 목표를 쾌락으로 정했다.

세련된 도시풍과 민주적 태도와 판단 유보적 자세를 실천한 회의론자들도 있었다. 이들은 철학의 시발점인 회의(懷疑)를 삶 전체의 기본으로 삼았는데, 이 때문에 확실한 이념을 중시하는 사람들로부터 무골호인이라는 비난을 들어야 했다.

로마의 역사

프랑스 남부 론 강 어귀의 도시, 아를에는 로마 시대의 야외 모래경기장Arena이 오늘날까지도 온존되어 있으며 영업을 하고 있다. 중세에는 도시 전체가 이런 거대한 경기장이었다. 도시가 오히려 이 경기장 안에 조립식으로 건설되었는데 이 경기장의 담장은 아를 시 전체의 성곽과 일치했다.

이것은 상징적 의미를 지니고 있다. 근대 유럽은 로마 제국의 폐허 위에서 성장했다. 이 폐허는 지속성의 감정을 매개한다. 이 말은 특히 정치제도들에 해당한다. 프랑크족의 영웅 카를Karl(샤를마뉴) 대제가 서기 800년 크리스마스 축제 때 교황 레오Leo로부터 황제의 관을 받을 때도 그들은 자신들이 로마 제국을 재건한다고 굳게 믿고 있었다. 카를 대제의 관료들은 법률을 라틴어로 작성했다. 지식인들은 글을 쓰거나 말을 할 때 라틴어를 사용했다. 오늘날까지도 라틴어는 로마 교회의 언어다. 특히 로마의 역사는 오늘날에도 유럽인이 역사를 배울 때 교과서로 통하며, 역사의 실험 규정처럼 인정받고 있다. 따라서 우리는 후대의 유럽을 매료시킨 로마 역사상의 드라마와 인물들을 알아야 한다.

전사(前史. 기원전 753~200)

로마의 역사를 간단히 기술하기 위해서 필자는 기원전 200년부터 살펴보고자 하며, 그 이전의 역사는 서곡(序曲)으로 간주해 간략하게 넘어가고자 한다. 왜 하필이면 기원전 200년인가? 이때 로마가 이탈리아 전체를 통일했기 때문이다. 헌법을 확립했고, 두 차례의 국제전쟁에서 카르타고인들을 정복했으며, 그후 70년간은 마케도니아 그리고 지중해 동부의 그리스화된 지역을 꿀꺽 삼킬 채비를 하기 시작했다.

전설에 따르면, 기원전 753년에 쌍둥이 형제 로물루스Romulus와 레무스Remus가 로마를 세웠다. 이들은 갓난아기 때 들판에 버려졌으며 늑대의 젖을 먹고 자랐다고 한다. 그래서 늑대젖을 빨아먹고 있는 쌍둥이는 로마의 상징이 되었다.

기원전 510년경까지 로마는 북쪽에 사는 에트루리아Etruscan족의 왕들이 통치했다. 이들은 해적질을 일삼는 쾌락주의자로 수많은 요리냄비, 원뿔형 석조건물 그리고 인조 치아(齒牙) 이외에는 이렇다 할 문화 유산을 남기지 못했다. 그 다음에 로마는 공화국(res publica=공적公的인 일)이 되었다.

기원전 510년에서 기원전 270년 사이에 로마는 이탈리아 반도의 나머지 지역을 모두 정복했으며 귀족들과 평민들 간의 내전에 휩싸였다. 그 결과 헌법이 생겨났는데, 이 헌법은 거기에 명시된 모든 관직 명칭과 더불어 후대의 모든 헌법의 모태가 되었다.

헌 법

로마의 통치자는 동등한 권한을 갖는 두 명의 집정관으로, 이들은 해마다 새로 선출되었고 군(軍)의 최고 통수권자를 겸했다. 최고의 국가기관은 원로원이었다(처음에는 정원이 300명이었고, 후에는 그 수가 늘었다). 의원들은 선출되는 것이 아니라 집정관이 퇴직한 국가공무원들 중에서 골라서 종신직으로 임명했다. 공화국 시대에는 이 원로원에 국가권력이 집중되었다(예산권, 대외정책, 전쟁 및 평화 결정권, 지방 감독권 따위).

그밖에도 현대의 정부 각료와 비슷한 직책이 있었다. 검열관들은 도덕 및 납세를 감독했고 공공건물들의 운영을 맡았다. 감찰관은 경찰청장에 해당하며 국가의 경기대회들을 관장했다. 재무관은 국고를 관리했고 사법부는 대법관이 맡았다. 이런 직책을 맡은 사람은 보라색 띠를 덧두른 토가 toga를 입었고, 이들의 뒤에는 '띠를 칭칭 감은 도끼인 파스케스fasces'를 권력의 상징으로 어깨에 메고 다니는 시종이 따라다녔다. 로마 제국의 이 상징을 무솔리니가 수용해서 당의 표장(標章)으로 삼아, 그의 추종자들은 나중에 파시스트로 불리게 되었다.

호민관들은 특별한 역할을 담당했다. 그들은 오늘날의 경영참모와 비슷한데 국민을 관료주의에서 보호했다. 그들은 국가의 정책 결정에 거부권을 행사할 수 있었고 평민 집회에 자신의 결의안을 제출할 수 있었다. 공화국 말기에 그들은 오늘날의 노조 대표들과 마찬가지로 정치를 방해하는 봉쇄 전략에 치우쳤다.

포에니 전쟁(기원전 264~241, 기원전 218~201)

로마 최초의 국난 극복 드라마와 강대국으로의 상승은 1차 및 2차 포에니 전쟁을 통해 완성되었다. 상대국은 페니키아의 상업민족(이들은 나중에 카르타고인이라고 불렸다)으로 수도는 카르타고(오늘날의 튀니스 근방)였다.

로마는 이들로부터 1차 전쟁(기원전 264~241) 때에 시칠리아를 빼앗았다.

2차 카르타고 전쟁(기원전 218~201)은 극적으로 진행되어 후세 사람들의 상상력을 사로잡았다. 그것은 카르타고의 한니발Hannibal 장군이 한때 대담하게 로마를 점령하고 거의 무력화시켰다가 패망했기 때문이다. 전쟁터를 이탈리아로 옮겨놓기 위해서 그는 10만 병력과 37마리의 코끼리를 이끌고 남프랑스를 횡단했고, 2주일 만에 알프스 산맥을 넘어 자신의 군대도 많은 손실을 입었지만 이탈리아의 트라시메노 호수에서 로마 원로원의 군대를 전멸시켰으며, 또 칸나이에서도 로마 군대를 대패시켰다. 이후 로마인들은 그가 로마를 공격할까 봐 두려워했다("한니발이 문에 서 있다"—문 앞으로 오고 있는 중이 아님. 위기가 바로 코앞에 있다는 뜻. 키케로Cicero의 1차 전쟁 연설에서 인용).

그러나 로마인들은 그때부터 파비우스(Fabius. 일명 '지연시키는 자')의 지휘하에 공식적인 전쟁을 피하고 적군을 지리멸렬하게 만드는 빨치산 전술이나 게릴라 전술을 펼쳤다. 이것은 외국군들이 보급물자를 공급받기 어렵게 함으로써 전세를 로마에 유리하게 만들었다(파비우스의 이름을 따라 페이비언 협회Fabian Society가 생겨났다. 여기에 속한 사람들은 지적인 게릴라 전술을 통해 영국의 지식인들을 사회주의자로 전향시키는 것을 모토로 삼았다). 그 다음에 스키피오Scipio가 전쟁터를 아프리카로 옮겨가자, 한니발은 본국으로 소환되었고 자마Zama 전투에서 패배했다. 하지만 한니발은 그후에도 반(反)로마 동맹을 결성하고자 했고, 로마는 그의 신병을 넘겨달라고 요구했다. 그러자 그는 망명을 떠나 자살했다. 그는 아주 독창적이었으나 결국 실패하고 만 낭만주의자였다. 그는 본의 아니게 로마가 세계의 강대국으로 부상하는 것을 도와준 꼴이 되었으며 알렉산드로스의 그리스 유산을 물려받는 후계자가 되게 해주었다. 이제 우리는 기원전 200년에 도달했다.

그 뒤를 잇는 70년간(기원전 120년까지)에, 로마는 점령한 나라들(카르타고, 스페인, 마케도니아, 그리스와 소아시아 지역[시리아와 이집트는 서로 싸우다 함께 망했다])을 로마 제국의 직할 식민지로 만들었다. 이로써 헬레니즘 문화가 로마에 정복되었다.

심각한 정치적 위기와 카이사르 제국의 도래

식민지로부터 거둬들인 조세는 관료들의 주머니로 흘러들어갔으며, 이들은 이 돈을 자신의 관직을 사들이는 데 들었던 엄청난 비용의 충당에 사용했다. 그래서 현대의 미국처럼 자신이 부유하거나 아니면 부자 스폰서를 가지고 있는 사람만이 정계 진출을 시도할 수 있었다. 이리하여 정계의 요직을 독점하는 초고소득층이 생겨났으며, 이와 동시에 국민은 가난해졌다. 그 결과 원로원 정당과 국민 정당 간에 계급투쟁이 생겨났다. 국민 정당의 편에서는 티베리우스 그라쿠스Tiberius Gracchus와 가이우스 그라쿠스Gaius Gracchus가 성공적인 국민원로로서 원로원 정당과 투쟁했는데, 이로써 그들은 후대 사회주의자들의 모델이 되었다.

그들의 뒤를 이어 마리우스Marius가 국민당의 대표가 되어, 원로원 정당의 대표인 술라Sulla와 대결했다. 술라는 식민지 전쟁에서 돌아온 자신의 원정부대를 이끌고 원로원을 점령한 자로, 훗날 스페인의 프랑코Franco 역시 이와 비슷한 방식으로 모로코의 원정부대를 이끌고 쿠데타에 성공해 집권한다. 그리고 파시스트들과 마찬가지로 술라의 승리는 이른바 추방명부(적들의 살생부)로 끝났다. 이때부터 군대가 정계의 모든 인사들의 정치적 운명을 좌우했다.

폼페이우스와 카이사르

이제부터 로마 역사의 진행은 가속도가 붙고 고비를 맞게 되었다. 스파르타쿠스Spartacus의 지도하에 노예들이 봉기하는데(커크 더글러스Kirk Douglas가 영화로 제작), 이 봉기는 폼페이우스Pompeius와 크라수스Crassus에 의해 진압되었다(기원전 73~71). 그후 폼페이우스는 국민의 사회적 여망들을 충족시켰고 막강한 전권을 위임받아 직할 식민지들과의 전쟁을 승리로 이끌었다. 다른 한편 원로원은 카틸리나Catilina의 반역음모를 저지해 키케로에게 멋진 승리의 연설을 남길 수 있는 기회를 주었다(기원전 63).

여기에서 힘이 강화된 원로원은 폼페이우스가 해외원정에서 귀국할 때 그의 베테랑 병사들에게 주기로 약속했던 포상을 거부했다. 그 약속을 관철시키기 위해 폼페이우스는 크라수스와 갈리아의 정복자인 카이사르 Caesar와 3자동맹을 맺었다. 이들은 공동으로 원로원을 다스렸다. 이 공동 통치는 한동안 잘 진행되다가, 크라수스가 페르시아와의 전쟁에서 전사하자 카이사르와 폼페이우스 간에 경쟁이 다시 불붙었고 이는 2차 내전으로 폭발했다. 이 내전은 갈리아에서 베르킨게토릭스Vercingetorix, 아스테릭스 Asterix(이 점은 불확실하다)와의 전투 경험이 있는 병사들을 거느린 카이사르의 승리로 끝났다. 카이사르는 독재자가 되었다. 이로써 로마 공화국이 끝나고 새로운 정치체제인 카이사르의 제정시대가 시작되었다.

안토니우스와 클레오파트라

우리는 그 뒷이야기를 셰익스피어의 『줄리어스 시저*Julius Caesar*』를 통해 잘 알고 있다. 카시우스 롱기누스Cassius Longinus와 브루투스Brutus가 반역을 일으켜 카이사르를 살해했다(기원전 44년 3월 15일). 카이사르의 정당 친구이자 동료 집정관인 안토니우스Antonius는 그 두 사람을 일단 보호했지만 오늘날까지 극(劇) 문학사의 명연설로 평가받는 연설(셰익스피어 작품의 연설 대목-옮긴이)을 통해서 국민을 선동해 그들을 축출하고자 했고, 카이사르의 양아들 옥타비아누스Octavianus와 레피두스Lepidus와 반(反)원로원 라인을 결성하여 제2차 3두(三頭) 정치체제를 열었다. 이들은 합심하여 카시우스와 브루투스를 필리피 근처에서 카이사르의 정신으로 제압했다("필리피에서 다시 만나자." 재기를 다짐할 때 쓰는 속담-옮긴이).

그 다음의 상황들은 셰익스피어의 극 「안토니와 클레오파트라*Antonius and Cleopatra*」에 잘 나타나 있다. 안토니우스는 동쪽으로 가서 용병을 모집했다. 이때 그는 이집트의 클레오파트라와 빈둥빈둥 놀고 먹는 연애 삼매경에 빠졌다. 안토니우스는 경쟁자 옥타비아누스와 경쟁의식이 싹트는 것을 느꼈지만 그 갈등을 옥타비아누스의 누이동생 옥타비아Octavia와의 정략결혼으로 해소했다. 하지만 이것이 비극적 종말의 시작이었다. 안토니우스는 클레오파트라로부터 자유롭지 못했고 클레오파트라가 원하는 대로 아무렇게나 정치를 하기 시작했다. 그 다음에 발생한 군사적 충돌에서 그는 제정신이 아니었다. 그는 (클레오파트라가 퍼뜨린) 클레오파트라의 자살 소문을 접하자 스스로 목숨을 끊었다(기원전 30).

아우구스투스

이로써 고비는 지나갔다. 이제 옥타비아누스가 단독 지배자가 되었다. 그러나 그는 카이사르에 대한 반역 사건에서 배운 것이 있었다. 그는 공화국의 겉모습을 유지함으로써 공화주의자들의 감정을 보살펴주었다. 원로원은 존속했지만 그에게 여러 직책들과 함께 군 통수권을 평생동안 위임했으며 특별한 신분의 표시로 그에게 아우구스투스(Augustus. 숭고한 자)라는 칭호를 부여했다.

아우구스투스는 이때부터 제국에 평화를 선사했으며 국경을 견고히 했고 '아우구스투스 시대의 문화'가 꽃필 수 있는 여건을 마련했다(기원전 31~14). 그의 재위 기간에 그리스도가 탄생했다. 거의 반세기 동안 집권한 그는 제국의 제도들을 거의 자신의 것으로 만들어놓은 상태여서 양아들 티베리우스Tiberius가 권력을 고스란히 이양받는 데 아무런 문제도 없었다. 이후로 옥타비아누스의 양아버지의 성(姓) 카이사르는 왕들에 대한 칭호가 되었다. 예를 들면 독일어의 카이저Kaiser, 러시아어의 차르Zar가 거기에서 유래했다. 그 이후 모든 제왕들은 카이사르의 후계자임을 자처했다.

제정시대 : 네로와 그밖의 황제들

로마 제국은 제국의 제도와 흥망성쇠를 함께 했다. 로마 제국은 약 500년간(기원전 31~서기 475) 계속되었다. 황제들 중에는 별의별 인물이 다 있었다. 티베리우스의 바로 다음 황제부터 일찌감치 기괴한 짓을 해서 후세 사람들의 기억에 깊이 남는 황제들이 있었다. '작은 장화(長靴)'라는 별명의 칼리굴라Caligula는 자신의 말[馬]을 원로원 의원으로 임명할 정도로 미친 황제였다. 황제 클라우디우스Claudius에게서 특기할 만한 것은 우둔함뿐이었다. 그는 한없이 방종한 부인 메살리나를 처형하고 나서 훨씬 더 고약한 아그리피나Agrippina, 즉 네로의 모친과 결혼했으나 이 여자는 그를 독살했다. 그가 황제로서 남긴 업적은 아주 보잘것없었다. 그는 알파벳에 세 글자를 새로 첨가했으나, 그가 죽은 다음에 이내 사라졌다.

네로는 철학자 세네카Seneca로부터 가정교육을 받았으며 처음에는 폭군이 아니었으나 자신이 모친을 살해한 다음부터는 성격이 비뚤어지기 시작했다. 매력적인 포파이아 사비나와 결혼하고 싶어진 네로는 부인을 살해했다. 그리고 그는 광기에 사로잡혔다. 그것은 신들린 바그너(그의 오페라들은

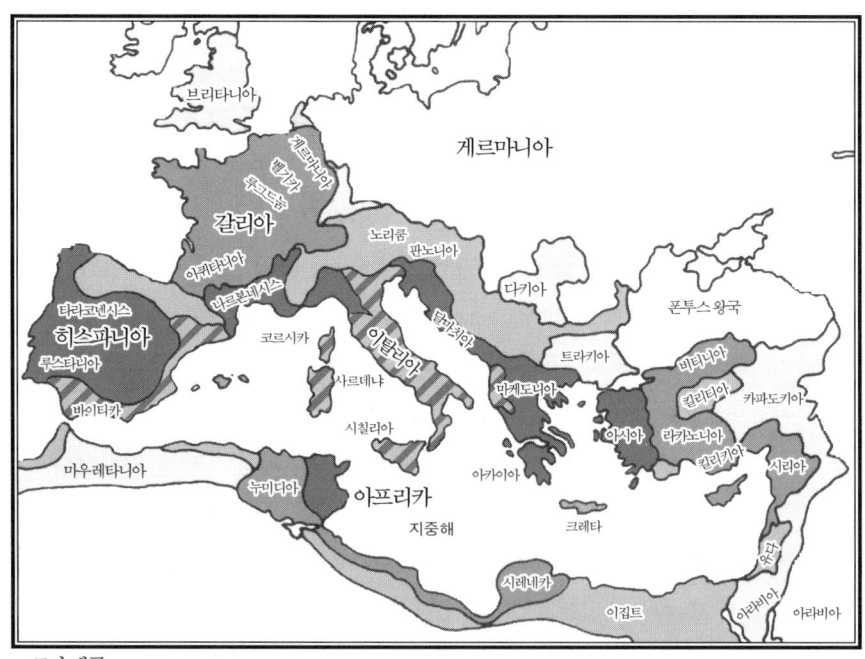

• 로마 제국

연극, 음악, 춤이 합쳐진 종합극으로, 대규모의 낭만주의 예술형식을 대표함. 히틀러가 애호했다—옮긴이)식의 혼미함, 음악적 딜레탕티즘과 자제하기 힘든 건축열이 뒤섞인 것이었다. 광기어린 자신의 건축 계획을 실천할 부지를 마련하기 위해 로마에 불을 질렀으며, 호메로스가 불타는 트로이에 대해 노래를 불렀듯이, 화재 광경을 보고 랩소디를 읊조렸으며(영화 「쿠오바디스」에서 유스티노프Ustinov가 그 배역을 맡아 훌륭하게 연기했다), 그 다음에는 기독교인들과 유대인들을 그 화재의 방화범으로 몰아 박해했다. 이것은 훗날 히틀러가 제국 의회 방화 사건(1933년 제국 의회 건물에서 화재가 나자, 히틀러는 이것을 공산주의자들의 소행이라고 선전해 이들을 축출하는 데 이용했다—옮긴이)을 정치적으로 이용할 때 기막힌 모델이 되어주었다. 그러나 네로의 그런 행동은 히틀러의 경우와 달리, 그의 근위병들조차 참을 수 없는 짓이었으므로 이들의 버림을 받아 이들에게 살해당했다.

그 다음의 플라비우스 베스파시아누스Flavius Vespasianus 황제 이후 훌륭한 황제들이 다스렸다(서기 69~180년경). 이 중에서 베스파시아누스와 그의 아들 티투스 베스파시아누스Titus Vespasianus는 유대인의 독립운동을 진압하고 예루살렘 성전을 파괴해(서기 70) 역사에 오명을 남겼다. 전체적으로 보아 가장 이성적이고 훌륭한 업적을 낳은 황제로는 트라야누스Trajanus, 하드리아누스Hadrianus, 마르쿠스 아우렐리우스Marcus Aurelius가 있다.

하강(下降)

서기 180년부터 100년 동안 로마 제국은 군대와 근위병들의 노리갯감이 되었다. 3세기에 들어와서도 시민의 자유의 박탈, 도시주민의 빈곤, 도시 자치권의 종식, 소작농의 농노화, 그리고 직장조합의 국가예속 따위의 사회적 변화가 있었다. 황제 디오클레티아누스Diocletianus(재위 기간 285~305)는 이 문제들을 해결하기 위해 수도를 로마에서 멀리 떨어진 곳으로 천도함으로써 원로원의 정치적 영향력을 배제하려 했고, 역사적으로 개성 있게 성장한 각 도시와 지방들의 등급화된 특권과 자유들을 중앙정부의 일원화된 통제하에 두고자 했으며, 중동 지방의 전제군주들의 모델에 따라서 종교적 카리스마에 기초한 복잡한 궁정의식으로 제국을 새로 건설하고자 했다. 이때 그는 기독교인들을 경쟁상대로 여겨 박해했다.

로마가 기독교화되다

그의 후계자 콘스탄티누스Constantinus대제(재위 기간 325~337) 역시 그런 개혁의 길을 걸었다. 다만 그는 방향을 선회해서 기독교를 정치에 봉사하게 만들며 제국을 중동 문화화함으로써 구제한다는 착상에 푹 빠져 있었다. 그것은 세계사적인 결정이었으며 이때 기독교가 국교가 되었다. 니케아 공의회(Nicaea 公議會. 325)에서 아타나시오스Athanasios의 교리를 채택하고 그 경쟁자인 아리우스Arius의 모든 후계자들(예컨대 그동안 기독교화한 고트족)을 이단으로 규정했다(아리우스는 그리스도의 신성을 부정하는 가현설[假現說]을 주장하여, 니케아 공의회에서 이단자로 규정되어 추방됨 - 옮긴이). 기독교를 통해 제국을 중동 문화화한다는 상징으로 황제는 수도를 비잔티움으로 천도했으며, 이 도시의 이름을 콘스탄티노플Constantinople로 바꾸었다(330).

교 황

로마에서 황제가 철수함으로 해서 로마의 주교는 정신적 황제 역할을 하면서 기독교인들의 우두머리로 부상(浮上)하는 계기를 마련했다. 이때 주교는 사도 베드로가 로마에 머물렀던 것과, 그리스도의 말 한마디로 그 명분을 삼았다. 즉 그리스도가 "내가 이 '베드로Peter' 위에 나의 교회를 세우겠다"고 말했는데, '베드로'가 그리스어의 페트로스(petros. 반석)를 의미한다는 것이었다. 교황제도는 이처럼 하나의 익살에 근거한 것이었는데, 이 제도 자체가 나쁜 것은 아니었다. 하지만 교황들은 이 제도를 만고불변의 법으로 생각했다. 그래서 그들은 '콘스탄티누스의 선물'이라는 문건을 작성했다. 이에 따르면 콘스탄티누스 황제가 임종하면서 교황 실베스테르

Sylvester 1세에게 전세계, 특히 기독교 국가에 대한 지배권을 유산으로 물려주었다는 것이다. 인문주의자 발라Valla는 처음으로 그 문건이 가짜임을 밝혔다. 그러나 교황의 지배권은 이미 확고한 상태여서, 루터는 이것을 다시금 뒤흔들기 위해 전혀 다른 주장을 내세워야 했다.

기독교

예수

325년, 바로 이때 유럽 문화를 풍족하게 하는 두 줄기의 강물, 즉 고대 그리스 문화와 유대 문화가 만나 하나가 되었다. 그러나 그들은 그동안 좀 변해 있었다. 다시 말해서 고대 그리스 문화는 그리스-로마 문화가 되어 있었으며 유대 문화는 유대-기독교 문화가 되어 있었다.

예언자 나자렛 예수Jesus의 등장(대략 기원전 7년에 출생하고 서기 30년경에 사망)은 이스라엘의 신(神)과 국민의 관계에 아주 새로운 전환점을 이루었다. 그것은 신과의 관계를 사육제 축제처럼 만들었다. 축제는 항상 전도(顚倒)를 의미한다. 거기에서는 바보가 왕이 되고, 왕이 격하된다. 그리스도의 경우도 마찬가지였다. 신은 지극히 가난한 가정의 아이의 모습으로 태어난다(Incarnation. 육화[肉化]). 크리스마스 이야기는 그 점을 분명히 보여준다. 여관에 들어갈 돈조차 없어 사실상 노숙자로서 마구간의 소와 당나귀 사이에서 신은 태어난다.

이 이야기는 유럽 후대의 문학사에서 그 끝을 헤아릴 수 없을 만큼의 엄청난 결실들을 낳았다. 그것은 힘없고 약한 사람들의 삶과 일상세계도 아주 중요할 수 있다는 것을 눈앞에 예시했다.

물론 예수가 선택받은 자임을 보여주는 표지도 있다. 그의 모친은 처녀이며 부친은 마리아의 남편 요셉이 아니라 신이다(요셉은 그것을 믿은 대가로 후세 사람들에 의해 거룩하다는 인정을 받았다. 그의 운명은 그리스 신화에 나오는 암피트리온과 비슷하다. 암피트리온은 자신의 아내 알크메네가 제우스와 간통해서 낳은 헤라클레스의 양아버지가 되었다. 그러니까 헤라클레스는 그리스도에 해당하며 그리스도처럼 기적을 통해서 비범한 일들을 많이 행해야 했다). 게다가 예수의 탄생 때는 별들이 아주 희귀한 자리에 배열되어 있었다. 즉 목성과 토성이 겹쳐졌다. 이래야만 최소한 세 명의 동방박사인 가스파르, 멜키오르 그리고 발타사르만이라도 아기의 탄생을 예비할 수 있기 때문이다.

또한 이 아기가 장차 유대인의 왕으로 헤로데 왕의 지위를 위태롭게 할 수도 있다는 예언(이 예언 때문에 헤로데는 아기들을 모조리 죽였으며 예수의 작은 성(聖)가족은 이집트로 피신했다)도 영웅들한테 전형적인 것이다(헤로데는 중세의 연극에서 악당으로 그려진다. 덧붙여 말한다면, 헤로데는 기원전 4년에 사망했다. 그러므로 우리가 알고 있는 예수의 탄생 시기는 잘못 계산된 것이며 대략 기원전 7년으로 추산된다).

기 적

영웅들의 전형적인 특징은 기적을 행하는 능력이다. 헤라클레스는 아우게이아스의 마구간을 청소하지만 그리스도는 성전의 환전상들을 몰아낸다. 그는 앉은뱅이를 고치며 죽은 라자로를 다시 살려내고 가나의 혼인잔치에서 술이 떨어지자 즉시 술을 공급한다. 그는 폭풍을 잠재우며 미친 사람의 몸 속에 맴돌던 한 무리의 귀신들을 쫓아내 돼지들의 몸 속으로 들어가게 하여 일제히 자살하게 만들며 물 위를 유유히 걷는다. 이로써 그가 선포한 것은 후세의 히피들의 삶의 모토인 "전쟁 대신에 사랑을 하라"이다. 그는 용서의 힘을 믿으며 작은 것에도 만족하는 삶을 실천했다.

제자와 메시아

물론 그가 유일한 히피 예언자는 아니다. 이미 예수 이전에도 요한이 있었는데 요한의 주특기는 요르단 강의 물로 세례를 주는 것이었다. 그는 예수에게도 세례를 주었는데, 그가 예수를 요르단 강물에 담글 때 하늘이 열리며 "너는 내 사랑하는 아들이며 기뻐하는 자라" 하는 음성이 들렸다. 예수는 열두 명의 제자를 모았고 이들에게 자신의 사명을 전했다. 이들은 베드로Peter와 안드레아Andrew 형제, 야고보James와 요한John 형제(이들은 모두 어부였다), 세리(稅吏) 마태오Matthew, 필립보Philip, 바르톨로메오Bartholomew, 타대오Thaddaeus, 시몬Simon, 동명이인인 야고보, 토마Thomas(나중에 '불신자'로 불리게 됨), 그리고 가리옷 출신의 유다Judas였다. 한동안 공동생활을 하고 난 뒤에 예수는 이들에게 물었다.

"사람들이 나를 무엇이라고 말하더냐? 그들이 나를 누구라고 생각하더냐?"

제자들이 대답했다.

"그야 물론 여러 가지로 말합니다. 어떤 사람들은 선생님을 선지자 예레미야 또는 엘리야라고 하고, 심지어 어떤 사람들은 선생님을 요한과 혼동하기도 합니다."

"세례자?" 예수가 물었다.

"맞습니다." 제자들이 대답했다.

"그러면 너희들은 내가 누구라고 생각하느냐?"

그들은 한동안 우물쭈물했다. 마침내 베드로가 말했다.

"선생님은 메시아이시며 살아 계신 하느님의 아들이십니다."

이 자리에서 예수는, 교황청에서 근거를 두는 유명한 말을 했다.

"너는 베드로(그리스어로 반석을 뜻한다)라. 이 반석 위에 내가 내 교회를 세울 것이다."

이 말을 듣고 제자들은 소리내어 웃었다.

그러나 예수는 진심에서 한 말이었다(쇼Shaw는 베드로의 말이 예수가 처음으로 메시아라는 생각을 품게 했을 것이라고 믿는다). 어쨌든 그때부터 예수는 자신을 메시아로 표현했다.

이로써 일이 심각해졌다.

바리사이인들

메시아의 형상은 말하자면 유대인들 사이에 정신적으로 확고히 자리잡은 구세주였으며 그가 어떤 모습으로 나타날지도 그들은 정확히 알고 있었다. 그들은 메시아를 통한 시온의 재탄생을 기대했다. 어쨌든 이 희망은 바리사이파(과격한 근본주의자들)의 중심 프로그램이었으며 이에 따라서 성서의 율법을 엄격히 지켰으며 보수적 귀족계급인 대제사장들과 정치적으로 연정(聯政)을 구성한 상태였다.

따라서 어디선가 굴러들어온 청년이 스스로를 메시아라고 부르며, 공의(公義)를 통한 민족의 재탄생 대신에 '즉석 구원' 또는 '현재 순간에 이루어지는 재탄생'을 전파하는 것을 용납할 수 없었다.

따라서 그들은 대제사장 가야파Caiaphas의 사주를 받아 정치적 음모를 꾸미게 되었고, 이 음모로 유대인들은 그후 2000년 동안 피를 흘려야 했다. 대제사장들은 곤란한 질문으로 예수를 함정에 빠뜨리려는 무리들 틈에 첩자들을 파견했다. "우리가 더러운 로마인들에게 세금을 바치는 것이 옳습니까?" 이 질문에 예수는 카이사르의 얼굴이 새겨진 주화를 지갑에서 꺼내들어 이리저리 돌려 보았다. "카이사르의 것은 카이사르에게 주고, 하느님의 것은 하느님에게 바쳐라." 그는 이 말로 유대인이나 로마인들 중 어느 한편을 동요시킬 수 있는 위험한 딜레마에서 벗어났다. 그리고 교회와 국가의 관계에 관한 후대의 기독교 교리는 바로 이 답변에 기초를 두고 있다.

만찬의 새로운 의의

덧붙여 말하자면 예수는 자신의 생명이 가장 위험할 수 있는 예루살렘의 유월절(逾越節) 행사에 참석하러 갔다가 그곳에서 정통주의자들의 손에 붙잡혔다. 특히 그의 예루살렘 입성은 대중들의 환호를 받았으므로 그가 왕이 되리라는 우려는 모든 사람들의 눈에 띄는 현실로 다가섰다.

게다가 그는 상징적인 행동을 시연해 보임으로써 유월절에 새로운 의미를 부여했다. 그는 원래 이집트 탈출을 기념하던 유월절 식사를 그 자신의 희생을 기념하는 예배의식으로 만들었다. 그때부터 포도주는 그의 피며 빵은 그의 몸이 되었다. 예수는 이집트 탈출에 대한 기억을 자신의 희생에 대한 기억으로 바꾼 것이다.

이 만찬은 기독교의 중심적인 의식이 되었다. 만찬 때 포도주와 빵이 정말로 몸과 피로 변하는지, 아니면 단지 상징일 뿐인지에 대해서 교파가 갈라졌고 많은 종파가 생겨났다. 반유대주의의 중심적 광기들 중의 하나가 바로 이 만찬의 희생의식과 연관지어 도식적으로 정착된다. 그것은 유대인이 성체를 더럽힌다는 생각이다. 따라서 후대의 대부분의 유대인 학살 사건은 유월절에 기획되고 벌어졌다.

배 신

그 만찬은 배신이란 주제에 대해서도 한 편의 드라마 같은 장면을 보여주었다. 예수는 "너희들 중의 하나가 나를 팔 것이다"라고 말했다. 제자들은 "아니, 그럴 리가 없습니다. 도대체 누가 그러겠습니까?" 하며 웅성거렸다. 예수는 "내가 지금 빵을 주는 자가 그자이다"라고 말하고 빵 한 조각을 가리옷 유다에게 주었다. 그의 이름 '유다'는 나중에 기독교도인들에게 언제나 유대인과 비슷하게 발음되면서 배신자 유대인들의 핵심인물이 되었다.

만찬 후에 예수는 겟세마니 동산으로 가서 밤새도록 뜬눈으로 예감되는 자신의 죽음과 씨름했다. 그의 제자들은 거기에 아랑곳하지 않고 드러누웠다. 그동안에 유다는 유대인들의 국가 정보기관에서 파견한 관헌들을 이끌고 이곳으로 와, 예수에게 입을 맞춤으로써 그들이 누구를 체포해야 하는지 알려주었다. 그는 포상금으로 은화 30냥을 받았다. 한 관헌의 귀를 베어 떨어뜨린 베드로를 제외한 나머지 제자들은 걸음아 날 살려라 하고 줄행랑을 쳤다. 나중에는 베드로조차도 예수를 전혀 모르는 사람이라고 딱 잡아떼었다.

재 판

대제사장들은 예수를 약간 고문하면서 심문했으며 신속히 진행시킨 재판을 통해 그가 신성모독죄의 구성요건을 갖추고 있음을 확인했다. 그 다음에 그들은 (빌라도Pilate가 현지에서 대표하는) 로마의 사법부로 그를 이송했다. 그 죄목은 반로마적 선동, 정당 침해적 행동 그리고 미풍양속 오염이었다. 왜냐하면 예수가 유대인의 왕이라고 주장했기 때문이다.

빌라도가 질문했다. "그 말이 맞느냐?"

예수가 대답했다. "그렇소. 그러나 내 나라는 저 세상에 있소."

빌라도가 말했다. "대수롭지 않은 정신병자로구먼." 그리고 이때 마침 그의 손톱관리사가 손을 시원하게 식히라고 물을 한 대야 담아오자 빌라도는 이렇게 말했다.

"나는 내 손을 씻어, 이 일에 나는 아무 상관이 없음을 보이고자 하노라."

마침내 빌라도는 다시 한 번 최후의 구명을 시도했다. 즉 옛 관례대로 군중은 죄인들 중의 한 명을 특별사면하도록 청원할 수 있으므로 그는 죄가 없어 대수롭지 않은 예수와 악명높은 죄수 바라빠, 두 사람 중 한 사람을 선택하라고 제안했다. 그러나 군중은 "바라빠를 사면하라"고 외쳤다.

이 에피소드는 구원을 아주 현실적인 차원에서 보여주고 있다. 즉 예수가 죄인들을 대신해서 죽은 것이다. 우리는 모두 그런 생각을 가지고 있다. 그래서 예수는 죄인처럼 치욕스런 십자가형을 언도받았다. 모든 역사서들은 빌라도가 아니라 유대인들이 신의 죽음에 대한 책임이 있다고 기술하고 있다.

십자가의 죽음

십자가에 매달려 죽은 예수의 모습은 유럽의 중심적 상징이 되었다. 신의 고문당한 몸이 회화의 중심에 자리를 잡았다. 양팔을 벌린 예수, 상처투성이의 몸, 아랫도리만 겨우 가린 천조각, 머리에는 가시왕관 그리고 그 위에 로마어로 'INRI(Iesus Nazarenus Rex Iudaeorum, 나자렛 예수 유대인의 왕)'라고 쓰여진 팻말, 이 모든 것은 마지막까지 자신을 낮춘 행동을 시각적으로 보여주는 것이며, 죽음과 신성에 대한 요구 간에 벌어진 갈등의 표현이다.

부 활

그 다음에 벌어지는 사건들은 부활에 대한 보고를 위해 아주 중요하다. 예수의 사망 후에, 창녀였던 막달라 마리아Magdalena Maria와 두 명의 여인이 시신을 십자가에서 내려서 깨끗이 씻고 기름을 발라 염(殮)을 했고 예수를 믿고 따르던 부유한 아리마태아 사람 요셉이 가족 동굴묘에 안치했다. 그 다음에는 커다란 돌문을 굴려 동굴 입구를 막았다. 이 장례식 과정은 죄인의 배역이 다시금 명예로운 남자의 배역으로 교체된 모습을 보여준다.

그러나 대제사장들은 예수를 따르는 무리들이 시신을 훔치고 나서 예수가 부활했다고 주장할까 봐 염려되었다. 그래서 그들은 몇 명의 보초를 무덤 앞에 세웠고 돌문에 봉인을 했다. 그러나 새벽 무렵에 막달라 마리아가 무덤에 왔을 때는 돌이 굴러가 무덤 문이 열려 있었고 그 안은 비어 있었다. 그녀는 시신이 어디로 갔느냐고 동산 관리인에게 물었다. 그러나 그는 그녀에게 "마리아야"라고만 말했다. 그녀는 그를 자세히 살펴보았고 바로 그가 부활한 예수임을 알아챘다. 며칠 후에 그는 제자들에게도 나타났다. 제자들 중에서 의심 많은 토마는 예수의 몸을 손으로 만져보고 나서야 부활을 믿었다. 하지만 대제사장들은 이미 제자들이 자신들의 스승이 부활했다는 소문을 퍼뜨리기 위해서 예수의 시신을 훔치라는 것을 이미 자기들도 알고 있었다고 주장했다. 14일 후에 예수는 제자들을 어떤 산으로 데리고 갔고, 자신의 가르침을 널리 전하라는 과제를 남기고 빛나는 구름 속으로 사라졌다. 이 사건은 승천 그림에 자리를 잡았다.

곧이어 얼마 되지 않아, 정확히 말하자면 오순절(五旬節)에, 하늘에서 작은 불꽃들이 제자들의 머리 위로 내려왔다. 성령이 놀랍게도 그들에게 외국어 능력을 주어서 이제는 제자들이 예수의 가르침을 외국인들에게도 전할 수 있게 되었다. 이것은 성령의 작은 발걸음이었지만 인류 전체를 위해서는 거대한 일보였다. 즉 기독교는 유대인들의 구역Ghetto을 극복했으며 기독교적 국제주의로 확장되기 시작했다. 이제 '한 나라의 기독교' 대신에 새로 나온 모토는 "모든 나라의 기독교인들이여, 단결하라!"였다.

바울로가 기독교를 비유대인들에게 개방하다

아마도 이 이야기는 기독교 세계의 트로츠키Trotsky에 해당하는 사도 바울로Paul의 업적에 대한 상징적인 재현에 불과할지도 모르겠다. 그는 처음에는 기독교인들을 박해하는 열성당원으로 출발했으나 다마스쿠스로 가는 도중에, 아마도 간질병의 발작으로 말에서 떨어져 그리스도의 환상을 보았고 그후 사흘 동안 눈이 멀어 앞을 볼 수 없었다. 바울로가 다시 시력을 회복했을 때 이미 그는 개종해 있었다. 그는 기독교인의 세례를 받았고 그때부터 자신을 바울로라 했다. 예수의 1세대 제자들과 달리 그는 훌륭한 가문 출신이었으며 교육을 많이 받은 사람이었다.

기독교에 사상적으로 확고한 체계를 부여한 사람은 바로 바울로였다. 이런 식으로 예수의 가르침은 그의 현존으로부터 독립해서 가르쳐지고 전수될 수 있었다(신약성서의 「바울로의 편지」들을 참조). 그는 수많은 전도여행을 통해 외국에 교회들을 세웠으며 이로써 유대인과 이방인의 경계를 넘었다. 이리하여 그는 기독교로 로마 제국을 유대화했으며 그 자신도 예수처럼 세계사의 결정적인 인물이 되었다. 따라서 로마 가톨릭을 세운 공로는 사실상 베드로가 아니라 바울로에게 있다. 바울로는 네로의 기독교 박해 시기에 목숨을 잃은 것으로 보인다.

그러나 예루살렘은 서기 70년, 유대인들의 반로마 봉기를 계기로 로마인들에 의해 완전히 파괴되었다. 그리고 기독교인들은 유대인들과 함께 로마 제국 전역으로 흩어졌다. 아마도 기독교는 바리사이인들의 엘리트적인 율법주의에 대한 민중의 반항이었을 것이다. 가난한 자, 노예가 된 자 그리고 짓밟힌 자들을 위한 기독교의 참여정신은 도시들이 가난에 허덕이고 사람들이 노예로 전락하던 3세기 무렵의 위기상황에서 커다란 매력으로 작용했을 것이다. 얼마 후에 기독교는 국교가 되었다. 이 결정은 시기 적절했다. 왜냐하면 곧 뒤이어서, 게르만족의 대이동이 시작되고 고고(古高) 독일어를 사용하는 독일인의 조상과 이들의 사촌격인 고트족과 반달족이 로마 제국으로 물밀듯 쏟아져 들어오기 시작했기 때문이다. 이로써 좁은 의미의 '독일'의 역사가 시작되었다.

중 세

400년간의 혼란(400~800), 지중해 분지가 분할되다

프랑크족과 아랍인들

이제 우리는 서기 400년부터 800년 사이의 시대로 향한다. 이 시대의 말엽에 로마 제국은 서로 다른 문화를 갖는 세 개의 정치권으로 분열되었다.
1. 콘스탄티노플을 수도로 하는 동로마 제국(비잔틴 제국). 이 지역에서는 그리스어가 사용되었다. 여기서부터 세르비아, 불가리아 그리고 러시아 등의 슬라브 민족들이 기독교화되었는데, 이들은 그리스 문자(그리스인 선교사 키릴루스Cyrilus가 만든 키릴Cyrillic 문자[선교사 키릴루스와 그의 형 메토디우스Methodius가 만든 글라골Glagolitic 문자를 바탕으로 9세기에 동방 정교회를 믿는 슬라브어 사용자들을 위해 개발된 표기체계—옮긴이])와 그리스 정교회의 교회헌법을 수용했다.
2. 무슬림Muslim('이슬람교도'를 이르는 말—옮긴이) 아랍인들의 회교 제국들. 서기 620년에 메카에서 갑자기 예언자 마호메트Muḥammad가 등장해서 극단적인 이슬람의 유일신 종교를 창시했다. 마호메트는 자신의 가르침을 포교하는 사람들에게 천국을 약속했고, 이 약속을 믿은

이슬람의 유목민들은 단 100년 만에 시리아, 팔레스타인, 페르시아, 메소포타미아, 이집트, 북아프리카, 스페인(에스파냐)의 대부분 지역을 점령했으며(711), 이곳에 아라비아인들의 코르도바 왕국을 건설했다.

아랍의 이런 팽창은 지중해의 단일 문화권을 파괴했고 아시아와 아프리카로부터 유럽을 분리시켰다.

3. 카를 대제의 프랑크 왕국. 이것은 민족 대이동 시기에 이동해왔던 게르만족들 중에서 살아남은 단 하나의 왕국이었다. 이 왕국의 영토는 제2차 세계대전 후의 유럽 경제공동체 지역(프랑스·독일·이탈리아 그리고 베네룩스 3국)과 대체로 일치한다. 따라서 1950년대에 여기에 속하는 나라들은 기꺼이 카를 대제의 기독교화된 서구를 거론했으며 카를의 수도 아헨(Aachen)에 카를 상(賞)을 제정했다.

민족 이동

이 혼란한 시기는 제2차 세계대전 후의 시기와 상당히 비슷했다. 갑자기 모든 것이 과도기에 놓이게 되었다. 왜냐하면 375년에 훈족의 군대가 등장해서 독일 동부의 게르만족들을 내몰았기 때문이다. 동고트족, 서고트족, 알레마니족, 반달족, 부르군트족, 수에비족으로 불리는 모든 게르만족들이 사실상 피난민이 되었다. 훈족은 게르만족이 아니라(비록 영국인은 오늘날까지도 독일인들을 훈족이라고 부르지만) 몽골족이었다. 로마로 향하는 모든 길을 가득 메운 게르만족의 수레 행렬은 끝이 없었다.

독일 민족은 아직도 게르만의 후예다

이 게르만족은 누구인가? 로마인들은 이미 오래 전부터 게르만족에 대해 알고 있었으며 그들을 라인 강과 도나우 강 경계 밖에 묶어두기 위해 많은 노력을 했다. 로마인들은 나라의 평안을 위해서 한때 모든 게르만족을 점령해 귀화시키려고 시도한 적도 있었다. 그러나 게르만족은 이에 대해 분노했으며(라틴어 furor teutonicus=독일인의 분노) 헤르스커 출신의 영주

헤르만Hermann에게 바루스의 점령군을 토이토부거 숲으로 유인해 전멸시키도록 했다(9세기). 이리하여 로마인들은 게르만족을 가망없다고 여겨 포기했고 이들이 독일인이 되도록 방임했다(독일인Deutsche이라는 말은 고대독일어 tiodisc에서 유래했으며 '평민의', '민중의'라는 뜻이다).

로마인들은 게르만족의 끊임없는 공격을 예방하기 위해 지그재그 모양의 방어장벽을 쌓았으며 이 장벽의 꼭지점들의 위치에 코블렌츠, 기센, 슈바벤-그뮌트, 레겐스부르크가 자리잡도록 했다(이 장벽은 리메스limes[국경]로 불렸다). 독일은 이로써 최초로 분단되었다. 로마인들은 자기편 지역의 사람들을 위해 여러 도시들, 즉 쾰른, 마인츠, 레겐스부르크, 아우크스부르크, 파사우, 트리어를 건설했다. 이 중 트리어는 한때 로마 제국의 수도였는데 이때는 마르크스 시대의 그곳 인구보다 더 많은 인구가 살았다. 이런 식으로 해서 로마 점령지역의 주민들은 자유로운 민주주의적 게르만 지역의 주민들보다 더 잘 살았다.

이 게르만족들에 대해서는 역사가 타키투스Tacitus(55~125)의 『게르마니아Germania』를 통해서 가장 잘 알 수 있다. 타키투스는 로마 제정시대의 도덕적 타락에 대비되는 구로마의 덕목들을 희구했던 사람이다. 따라서 그는 게르만인들을 묘사할 때 마치 나중에 루소가 '고귀한 야만인들'로 묘사하듯이 게르만족의 덕목을 높이 평가했다. 그가 볼 때 게르만인들은 순결한 풍속을 지녔으며 전투를 잘했다. 여자들은 금발이었으며 자녀를 많이 낳았고 역시 전투를 잘했다.

고트족과 반달족

타키투스는 독일에 정착한 소위 서게르만족의 소수 종족들, 아마도 오늘날의 헤센인과 네덜란드인들을 묘사하고 있는 것으로 보인다. 그 다음 민족 대이동기(375년 이후)에는 고트족과 반달족 등의 동게르만족이 등장했다(동게르만족과 서게르만족은 서로 다른 언어로 구분되며, 스칸디나비아의 북게르만족도 있다). 그들은 서로마의 직속령에 게르만 식민지를 건설하고 마침내 통치권을 이양받았던 장본인들이다.

스페인에는 서고트족과 알레마니족이 정착했는데, 그들은 카탈로니아Katalonien(Got-Alanien)라는 명칭을 붙였다. 그들은 스페인 남부를 '땅 없는 자들Landlose'을 통해 분할했다(이 단어는 아랍어화되어서 알란달루스al[l]andalus가 되었다). 이탈리아에서는 베른Bern(베로나Verona의 옛 독일 명칭)의 테오도리쿠스Theodoricus 대왕이 동고트 왕국을 건설했는데, 이는 펠릭스 단Felix Dahn의 민족주의적 베스트셀러 『로마를 위한 투쟁 Ein Kampf um Rom』의 소재가 되었다(이 책은 열린 역사적 해석을 담고 있으며 독일 민족의 역사 연구를 위해 필자가 적극적으로 추천하는 매우 유용한 도서임).

반달족은 심지어 북아프리카까지 건너가 거기에서 이들의 제후 가이세리크Gaiseric가 왕국을 건설했고 훗날 거기에서부터 로마를 침범해 점령했다(455). 이 사실을 바탕으로 볼테르Voltaire는 반달족이 유달리 약탈에 전념했다는 결론을 이끌어냈다(거기에서 '반달리즘vandalism'이 유래).

이 모든 것의 역사는 비교적 짧게 끝났다. 동고트 왕국과 반달 왕국은 동로마에 의해 멸망됐으며 서고트는 아랍인들에게 짓밟혔다. 그 다음에 이탈리아의 롬바르도족은 와해되어 롬바르디아에서만 살아남았다. 그밖에 남아 있는 것은 금발의 머리칼 유전자, 이탈리아와 스페인 귀족들의 게르만 성(姓)인 리날도Rinaldo, 에르메네질도Hermenegildo 따위뿐이다.

니벨룽겐의 노래

영웅전설들 중의 몇 편은 중세 고지(高地) 독일어 문학에 그 자취를 남겼다. 이중 『니벨룽겐의 노래 Nibelungenlied』는 부르군트족의 역사를 전한다. 크산텐 출신의 건장한 지크프리트Siegfried가 마법 모자를 쓰고 몸을 숨겨서 유약한 부르군트 왕 군터를 도와준다. 그의 도움으로 군터는 곰처럼 강한 여왕 브룬힐트를 힘겨루기 시합에서 격파하고 그 꽃을 따는 데 성공한다. 지크프리트는 그 대가로 군터의 여동생 크림힐트를 아내로 맞는다. 그러나 지크프리트가 그 비밀을 지키지 못하고 크림힐트에게 자기 자랑을 늘어놓아 왕이 허약하다는 사실이 모두에게 알려진다. 그래서 음흉한 하겐 Hagen은 국가를 위해 지크프리트를 등뒤에서 살해한다.

이리하여 미망인이 된 크림힐트는 남편의 복수를 결심하고 훈족의 왕 에첼Etzel 또는 아틸라Attila(고트어로 '조그마한 아버지'라는 뜻)를 찾아가 결혼한 다음에, 자신의 가족을 에첼의 궁정잔치에 초대해 모두 살해한다. 니벨룽겐족이 패망할 것을 잘 알면서도 최후의 한 명이 남을 때까지 결연히 싸우는 모습은 나중에 독일인들이 세계대전 중에 히틀러에 충성을 다짐하게 하는 모델이 되었다. 하지만 나머지 부르군트인들은 민족 이동을 계속해 부르고뉴의 디종 근처에 정착해서 프랑스인이 되었고 탁월한 포도주를 생산했다.

프랑크족과 앵글로색슨족

게르만족들 중에 한 지역에 성공적으로 정착한 종족은 둘뿐이었다.
1. 원래 라인 강과 마인 강 유역에 거주하다가 프랑스 갈리아 지방에 정착한 프랑크족이 그 중 하나다. 이들은 지리적으로 가까운 고향과 계속 접촉하면서 힘을 키울 수 있었다.
2. 그 다음은 영국의 브리타니아를 점령한 앵글로색슨족이다. 450년경에 앵글로족과 색슨족이 두 명의 말[馬] 애호가, 헹기스트Hengist와 호사Horsa의 지도하에 해협을 건너 영국 땅에 들어가서 오늘날 앵글로족의 나라인 잉글랜드를 세웠다. 1066년까지만 해도 그들은 거기에서 고대 영어로 말을 했고 오늘날 모든 영문과 학생들을 질겁하게 만드는 서사시 『베오울프Beowulf』를 남겼다. 그들은 처음에는 스코틀랜드와 아일랜드는 건드리지 않았는데, 그 결과 아일랜드의 수도사들이 로마인들을 도와 앵글로색슨족을 기독교화시키는 데 기여했다. 이에 대한 보답으로 앵글로색슨족은 아일랜드인들이 대륙에서 아직 이교도로 머물러 있는 헤센과 니더작센의 동족들을 선교할 때 도왔다. 가장 중요한 선교사는 게르만 사도로 불리는 영국인 보니파키우스

Bonifacius(675~754)였다. 그는 프리지아인들에게 살해되었다.

프랑스

메로빙거 가(家)의 클로비스(Clovis. 루트비히Ludwig 또는 루이Louis에 해당하는 프랑크어)가 모든 친척을 살해하고 제국을 통일시킨 후 프랑스는 힘찬 전진을 했다. 그는 부르군트족과 알레마니족을 복속시켰고 가톨릭으로 개종했다(496). 이로써 그는 로마 민족과 게르만족을 융합시켰으며 기독교화된 서구와 유럽의 통일의 기초를 놓았다. 바로 다음에 이어지는 100년(600~700) 동안에는 또 하나의 민족들의 평행이동이 있었다. 이슬람의 날개를 단 아랍인들이 로마 제국의 남부를 점령했다. 600년경에는 마호메트가 메카에서 영향력을 발휘하기 시작했고, 622년에 메디나로 성천(聖遷)해서 최초의 회당을 세웠다. 법률들이 공포되었고 『코란Koran』이 집필되었다. 644년에 이라크와 이집트의 정복이 완료되었고, 700년에는 북아프리카, 711년에는 스페인이 정복되었다. 이로써 정치체제로서 남아 있는 것은 비잔티움 이외에는 게르만-로마 프랑크 제국뿐이었다.

로마의 환경으로부터 고립된 이 지역에서 이제 새로운 사회 조직원칙, 즉 봉건주의가 발전하기 시작했다.

봉건주의의 시초

클로비스 이후 메로빙거 가의 왕들은 서로 무능함을 경쟁한 듯하다. 장관이 무능하면 비서실 직원들이 통치를 하는 것처럼, 메로빙거 가에서는 궁재(宮宰, major palatii. 'major domus가정 감독관'에서 유래한 단어)라고도 불린 궁정 관리장이 통치했다. 이들 중에서 가장 유능했던 인물 가운데 하나는 쇠망치Hammer로 불렸던 카를 마르텔Karl Martell이었다. 그는 아랍인들을 상대해야 했으며 이들을 물리치기 위해 군대를 새로 조직해야 했다. 이때 그는 이정표가 될 만한 착상을 했다. 그는 게르만족의 충성심 원칙을 교회 소속의 영지를 봉토로 수여하는 것과 연결시켰다. 자신이 이끄는 종자(從

者)들을 데리고 전쟁에 참여하는 자는 토지 점유권을 분양받았고, 이 권리는 분양받은 자가 자신의 종자들에게 부분적으로 재분양하는 것이 가능했다. 이 방법을 통해 마르텔은 국방을 강화했고 아랍인들을 732년에 투르와 푸아티에에서 막아냈다.

그후에도 군사조직의 이 원칙은 유효했고 더욱 확대되어 마침내 사회 전체의 조직을 결성하기에 이르렀다. 즉 가신(家臣)의 충성과 봉토하사(封土下賜) 간의 연계성이 확립되었다. 이로써 사회의 피라미드가 완성되었다. 즉 고위직의 봉신, 이를테면 공작(公爵)이 봉토를 분배했고 이 봉토를 분배받은 하위직의 봉신들은 다시금 자신의 봉민들에게 봉토를 분배했다. 이런 식으로 로마의 영토 중심국가는 인적(人的) 연합국가 형태가 되었다.

봉건주의의 원칙

이 제도가 정치적으로 어떻게 기능했는지 알고자 하는 사람은 오늘날의 독일 정당들을 관찰하면 된다. 정당의 당수 최고의 당직 자리, (전국구) 선거 리스트의 최고 후보자 자리, 지방자치단체장의 직위, 장관직 따위를 당원들에게 분배한다. 이들은 공작에 해당한다. 이들의 직위는 모든 관직망과 결부되어 있다. 이런 관직을 소유하고 있는 백작, 변방백작, 제국백작, 지방백작도 공작과 마찬가지로 직책을 하사할 수 있었다.

가장 먼저 높은 관직에 오를 기미가 보이는 자가 역시 가장 많은 종자들을 확보할 수 있었다. 이 종자들은 그를 뒷받침했다. 그래야만 그가 많은 직책을 전리품으로 가져와 자신들에게 나눠줄 수 있기 때문이었다. 유능하고 전투에서 용맹하여 최고의 군주에게 총애를 받거나 또는 그 군주의 부인의 친척 등등, 많은 직책을 하사할 수 있는 가능성이 가장 큰 자만이 가신들과 하급가신들을 많이 거느릴 수 있었다. 사람들은 그에게 충성했다.

이 관계는 원칙적으로 순환고리를 이루었다. 봉토를 수여해야 하는 자는 봉신(封臣)들을 거느릴 수 있었고, 졸개들이 있는 자는 그로부터 가장 먼저 봉직을 수중에 넣었다. 이 순환고리는 최고 수장이 불행해질 때는 역방향으로도 작용했다. 수장이 너무 많은 잘못을 저지르면 전염병이라도 난 것처럼 행운이 그를 떠났고 종자들도 그를 떠났다. 바로 그 때문에 중세에는 충성심이 그토록 열렬히 강조되었다.

기득권을 소유한 자와 유능한 자 사이에 항상 경쟁이 이루어졌다. 그래서 중세는 당파들간의 분쟁의 시대였다. 당파의 강령은 언제나 수장(首長), 줄다리기에서 같은 편에 있는 지도자가 누구냐에 의해 정해질 뿐이었다. 따라서 그들은 항상 수장의 이름을 따라서 교황당, 황제당, 랭커스터당, 요크당, 캐풀렛당, 몬터그당으로 불렸다.

나중에 봉건주의는 고유의 문화를 가지는 고유의 사회 형태를 창조했다. 기사문화가 그것이다. 그러나 이 문화는 새로운 변화 뒤에 나타났다. 즉 과거에는 봉주에게 충성을 맹세하던 기사들이 충성의 방향을 바꾸어 자신의 부인을 섬기기 시작한 다음에 생긴 것이었다. 이 시점은 서양적 형태의 사랑의 탄생시간이었다. 그러나 일이 이만큼 진전되기 위해서는, 카를 대제가 우선 봉건주의를 유럽의 나머지 국가들에 수출해야 했다.

유럽의 건설

카를 대제

카를(샤를마뉴) 대제(재위 기간 768~814)는 아랍인들을 제압한 카를 마르텔(일명 '쇠망치')의 손자다. 부친 피핀Pippin 3세는 무능한 여느 메로빙거 가의 사람들처럼 아주 무능했지만 스스로 황제의 자리에 올랐다. 이로 인한 합법성의 결여를 교황이 채워주었다. 피핀이 교황에게 교황령을 선물하자 교황은 그의 신앙심에 감복해서 그에게 기름을 부어 프랑크족의 왕으로 인정했다. 나중에 가신들이 시기심이 생겨서 레오 교황으로부터 교황령을 회수하려고 애를 쓰자, 그는 크게 당황해 허둥거렸고 마침내 아들 카를 대제를 800년 크리스마스날에 황제로 대관시켜 자신을 보호하도록 했다.

카를이 독일인들에게 물려준 유산 : 황제의 관(冠)

이로써 로마 제국이 다시 존재하게 되었다. 이 제국은 그후 1806년에 나폴레옹이 쳐들어올 때까지 거의 천 년 동안 지속되었다.

카를이 814년에 사망한 뒤 프랑크 왕국은 왕권을 둘러싸고 끊임없는 분쟁에 휩싸였다. 그 결과 왕국은 독일과 프랑스로 분열되었다. 두 나라는 이제 나머지 지역, 즉 이탈리아를 서로 차지하려고 경쟁했다. 거기에서 독일이 승리했다. 하지만 이 일은 저주가 되었다. 왜냐하면 독일은 이탈리아와 더불어 교황, 그리고 황제의 지휘를 함께 받아야만 했고, 평범한 나라 대신에 '독일 민족의 신성 로마 제국'이 되어야 했기 때문이다. 대왕으로 불렸던 독일 왕 오토 1세는 그래서 962년에 황제의 관을 썼다.

이때부터 독일인들은 더이상 제국에서 풀려나 자유로울 수 없었다. 그 결과, 독일 제후들은 너도나도 황제가 되기 위해 끝없이 싸웠다. 이 싸움은 대대손손 왕위가 승계되는 세습군주국이 제때에 성립해서 국토를 하나로 통일하는 것을 방해했다. 독일의 왕은 선출되었고, 황제의 관은 주인이 끊임없이 바뀌었다.

중세 황제들의 순번은 다음과 같다.

- 10세기에는 작센의 백작들이 황제로서 통치했다(이들의 특징적인 이름은 하인리히와 오토였다).
- 11세기에는 프랑크족(그 일파인 잘리어Salier족)의 백작들이 황제가 되었다(특징적인 이름은 하인리히와 콘라트였다).
- 12세기에는 슈바벤 백작들의 순서였다(호엔슈타우펜 가. 특징적인 이름은 하인리히와 프리드리히였다).
- 13세기에는 모든 것이 뒤죽박죽이었다. 총체적인 경쟁시대였으며 대공위시대(大空位時代. 독일 역사상 1254~73년에 국왕이 제대로 추대되지 않아 제위[帝位]가 사실상 공백 상태에 있었던 시대 – 옮긴이)가 끼어

있었다.

- 1347년에서 1437년까지의 90년 동안 룩셈부르크 가문의 카를 4세와 그의 아들들이 수도 프라하에 거주하면서 제국 전체를 통치했다.
- 1438년부터 황제의 관은 합스부르크 가에서 계속 승계하기로 결정되었다. 이것은 합스부르크 가의 프리드리히 3세가 장기집권한 덕택이었다. 그는 독일 군주들의 명예욕을 잠재우고 마침내 자신들이 황제가 되겠다는 생각을 아예 잊게 할 정도로 오랫동안 황제의 자리에 있었다. 그러나 그의 나라 대신에 영국과 프랑스가 유럽 현대국가들의 모델이 되었다. 이 나라들에서 민주주의가 고안되었던 것이다. 이에 비해 독일은 '특수한 길을 걸었고'('막다른 골목길로 이어진 길'이라는 의미를 가지는, 역사가들의 전문적 속어), '지각한 국가'('너무 늦게 오는 자는 목숨으로 값을 치른다'는 의미의 전문적 속어)가 되었다.

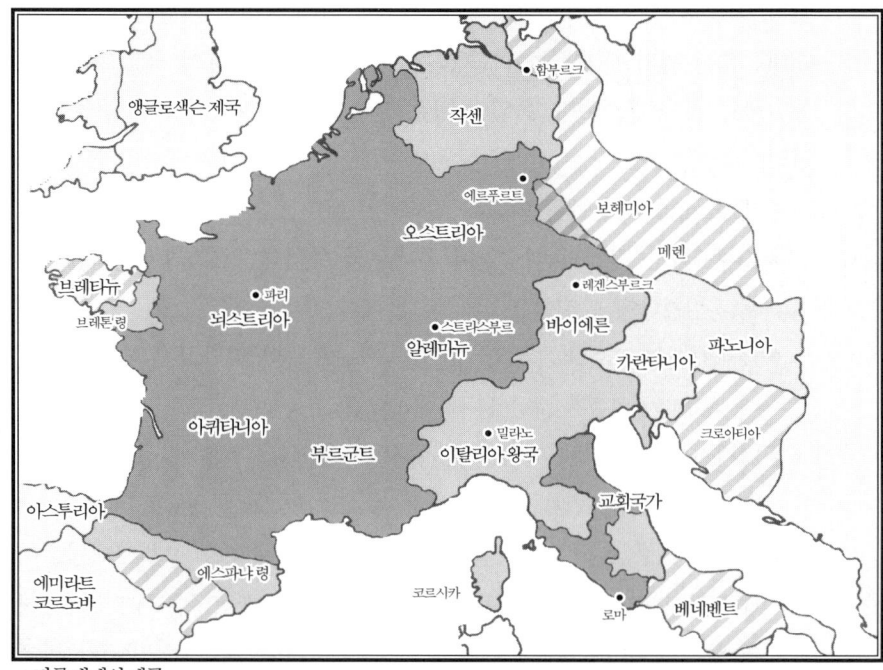

• 카를 대제의 제국

카를이 유럽에 물려준 유산 : 봉건주의

카를 대제는 프랑크 왕국의 변경지역을 하나씩 정복해나감으로써 국토를 넓혔다. 그는 이 새로운 점령지역을 봉건주의로 포장했으며 이로써 새로운 유럽 국가들을 세울 수 있는 토대를 마련했다.

- 그는 이탈리아의 롬바르드 왕국을 점령해 꿀꺽 삼켰고 그 결과 교황과 지속적으로 관계를 유지하게 되었다.
- 그는 스페인의 북부지방들을 점령했다. 이곳에서부터 그는 아랍인들이 점령한 스페인을 역으로 점령해 내려갔다(이 재점령은 1492년에 완료되었다). 그리고 그는 봉건주의와 함께 기사도를 스페인으로 수출했으며 이로써 이달고hidalgo(스페인의 세습 귀족을 뜻함)의 인물 유형을 유포시켰다.
- 노르망디를 거점으로 해서 1066년에 프랑스화된 노르만족을 통한 영국 점령이 이루어졌다. 노르만족은 자신들의 카를식 봉건주의(군주는 봉토를 신하들에게 분배하고 신하는 군주에게 충성 의무를 지는 정치 형태 —옮긴이)를 영국으로 함께 가져갔으며 봉건적 중앙집권국가를 건설했다.
- 그들은 시칠리아에 대해서도 이와 똑같이 했다.
- 카를은 북독일의 고집센 이교도인 작센족을 점령해 굴복시켰으며(그에게는 가장 지루하고 힘든 싸움이었다), 베르덴 근처에서는 알레마니족들을 그 수장(首長)들의 피로 시뻘겋게 물들여 북독일인들이 남독일의 문명인들과 합심해서 하나의 조국을 형성해야만 하겠다고 확신하도록 만들었다. 그래야만 이들도 독일의 새로운 동부 식민지 지역에서 야만적인 동부인들에게 봉건주의의 성과를 전할 수 있을 것이기 때문이다.

이리하여 카를 대제는 유럽의 가장 중요한 나라들의 성립을 위한 기초를 놓았다(프랑스와 베네룩스 국가들은 사실상 이미 프랑크 제국에 속해 있었다). 그는 또한 훗날 독일이라고 불리게 된 기틀을 마련해놓았다.

독일 그리고 독일 민족주의에 대한 중간고찰

독일, 이것은 무엇인가?

1871년 독일 제국이 성립할 때까지 그것은 아무도 말할 수 없는 미지의 것이었다.

독일은 없었으며 신성 로마 제국만이 있었다. 그러나 거기에는 이탈리아, 보헤미아, 동프랑크 제국, 베네룩스 국가들, 스위스 그리고 오스트리아도 속해 있었다. 확실히 독일 왕은 있었으나 그는 체코족과 로트링겐족 그리고 네덜란드인들을 함께 다스렸다. 나중에 존재하게 될 영국이나 프랑스 같은 유형의 독자적인 독일은 없었다. 따라서 독일인들은 국가를 소유한 민족이 아니었다(그들의 국가는 나중에 오스트리아, 뤼벡, 프로이센, 바이에른 또는 리페-데트몰트 따위의 독일어권 부분 국가들로 나뉘어 있었다).

그들은 1800년경에 스스로를 돌아보기 시작했을 때 서로에게 물어보았다. "우리는 누구인가?" 그들에게 공통적으로 존재하는 것이라고는 언어, 문화 그리고 문학작품뿐이었다. 따라서 그들은 "우리는 문화국민이다" 또는 "우리는 시인과 사상가의 민족이다"라고 말했다. 그들이 이런 말을 한 것은 자기들이 다른 나라 사람들보다 정말로 문화가 풍부해서가 아니라 서로 공통점이 별로 없었기 때문이었다.

또한 그들은 "우리는 독일어로 말하는 민족이다"라고 말했다. 이 말은 치명적인 확인이었다. 왜냐하면 그 말은 나중에 히틀러에게 독일어를 사용하는 민족을 독일 제국으로 편입시켜야 한다는 생각을 가지게 했기 때문이다(물론 그 자신은 오스트리아인이었으며 고급 독일어를 하지 못했으므로 당연히 그런 생각이 들었을 것이다). 아니면 독일 제국이 독일어권까지, 예컨대 프라하나 레발(에스토니아의 수도인 탈린의 옛 이름-옮긴이), 또는 체르노프치의 유대인 회당까지 확장되어야 한다고 믿었다.

혹자는 이렇게 반문할지도 모르겠다. "그거야 다른 나라 사람들도 마찬가지 아니겠는가? 프랑스 사람은 프랑스어를 말하고, 영어를 사용하는 사람은 영국인 아니겠는가?"(물론 그가 미국인, 뉴질랜드인, 캐나다인, 조종사 또는 외환 딜러가 아니라면 말이다) 이런 생각은 커다란 착각이다. 프랑스인들에게 민족은 언어적으로가 아니라 정치적으로 정의되어 있다. 영국인의 정의는 '영국식 생활English way of life'을 하며 브리튼의 민주주의를 신봉하는 사람이다. 그가 영어, 갈리아어, 일본어 등 어떤 언어를 사용하든지 상관없다. 그에게 정치적 국민은 태어나면서부터 언어처럼 부여되는 숙명적인 공동체 개념이 아니다. 그것은 오히려 클럽처럼 자발적인 모임의 결과다. 누구든지 그 클럽의 규칙인 헌법을 신봉하면 거기에 가입할 수 있다.

이로써 독일의 '민족' 개념과 서구의 민주주의 개념이 서로 달라졌다(이것도 독일이 걸어온 특수한 길이다).

독일인은 이제 인종적·언어적 민족 개념을 포기하고 다른 나라들의 개념을 수용해야 한다. 즉 독일인은 부모가 독일어를 사용하는 사람이 아니라 독일 땅에서 살기를 원하고 독일 헌법을 신봉하는 사람이어야 한다. 과거에 촐리코펜에서 외국인 노동자로 일한 적이 있는 까닭에 독일어를 스위스 악센트로 발음하는 것은 아무래도 괜찮다.

독일 종족

이상의 당위성을 전제로 하고, 차츰 허물을 벗으며 현재의 독일로 모습을 드러낸 인종적·언어적 형태를 살펴보기로 하자.

독일은 아직도 눈에 띄게 두드러지는 고유의 방언을 사용하는 여러 게르만족들, 정확히 말하면 여섯 종족으로 구성되어 있다.

- 바이에른족 … 이들은 오스트리아에도 정착했다.
- 알레마니족 … 이들이 정착한 곳은 스위스, 오스트리아의 포어아를베르크, 알자스 그리고 대략 바덴-뷔르템베르크다.
- 튀링겐족 … 이들은 자유국가인 작센과 슐레지엔에도 정착했다(작센이라는 명칭은 왕조가 발전하면서 동쪽으로 퍼졌다).
- 작센족 … 대략 오늘날의 니더작센과 베스트팔렌 사람들이며 나중에 메클렌부르크와 브란덴부르크 방향으로 이주했다.

- 프리지아족(북·동·서 프리지아족) … 이들은 북해 연안에 살고 있으며 오랫동안 라인 강의 해운을 독점했다(수많은 프리지아 호텔들 참조).
- 가장 복잡한 종족인 프랑크족 … 이들은 라인·마인·모젤·니더 프랑크족으로 세분되며, 바이에른의 프랑켄족, 헤센인, 팰처인, 로트링겐(로렌)인, 잘레랜더, 라인랜더, 프라만, 룩셈부르크인 그리고 네덜란드인들의 선조이다(네덜란드계 프리지아인은 제외).

독일어의 발전

독일 지역은 언어적으로 볼 때 중세 초기 이후 이른바 2차 자음 변화를 통해서 고지(高地) 독일어 지역과 저지(低地) 독일어 지역으로 분할되었다. 양 지역 간의 경계선은 뒤셀도르프에서 시작해서 동쪽으로 향하며, 뒤셀도르프 근교 마을의 이름을 따서 베른라트 라인이라고도 불린다.

베른라트 라인 이남지역에서 자음이 변하기 시작했고 이북지역에서는 그대로 보존되었다. 이 차이는 오늘날에도 표준 독일어를 영어, 네덜란드어 그리고 저지 독일어와 비교해보면 뚜렷이 드러난다(모두 저지 독일어 계열의 방언이다). 즉 t가 고지 독일어 또는 표준 독일어에서는 ss 또는 z로 변했다. 이를테면 water는 Wasser로, town은 Zaun으로, token은 Zeichen으로, two는 zwei로, toe는 Zehen으로, cat는 Katze로 변했고, p는 f로, 예컨대 ape는 Affe로, gape는 gaffen으로, pound는 Pfund로, weapon은 Waffe로, leap는 laufen으로, plum은 Pflaume로 변했다. 또 d는 t로 변했다. 예컨대 day는 Tag으로, drag는 tragen으로, devil은 Teufel로, dead는 Tod로, deep는 tief로, daughter는 Tochter로 변했다. 그리고 옛 th(영어에는 보존되어 있다)는 표준 독일어에서는 t 또는 d로, 이를테면 three는 drei로, thou는 du로, thrash는 dreschen으로, think는 denken으로, thing은 Ding으로, thanks는 Danke로, 그리고 thick는 dick로 변했다.

이런 현상은 크게 볼 때 두 언어, 즉 고지 독일어(여기에는 중부 독일어도 포함됨)와 저지 독일어를 창조했다. 저지 독일어에 속하는 것은 니더작센어

(일명 플라트어Platt), 니더프랑크어, 그리고 경우에 따라서는 네덜란드어다. 중세 동안에는 한자(Hanse. '무리, 떼'라는 뜻-옮긴이)의 모든 지역, 즉 브뤼헤에서 뤼벡을 지나 단치히까지, 그리고 도르파트에서 고틀란트에 이르는 모든 지역에서 저지 독일어를 사용했다.

남부독일에서는 고(古) 고지(高地) 독일어에서부터 중세 고지 독일어가 발전해 나왔다(12~15세기). 이 새로운 언어로 발터 폰 데어 포겔바이데 Walther von der Vogelweide의 사랑 서정시와 『니벨룽겐의 노래』 그리고 볼프람 폰 에셴바흐Wolfram von Eschenbach의 『파르치발Parzival』이 저술되었다(성립 시기는 모두 1200년경).

독일인들이 오늘날 사용하는 표준 독일어는 남부독일어가 약간 부드럽게 변화된 형태다. 이 언어는 모순되게도 루터의 성서 번역과 더불어 북독일에서 먼저 사용되었다. 왜 하필 그곳인가? 북독일이 프로테스탄트화되었고 성서를 읽었기 때문이다. 성서를 읽기 위해서 사람들은 사실상 새로운 언어를 배워야 했으며(그들은 평소에는 저지 독일어로 말을 했기 때문이다), 이 덕택에 표준 독일어는 남부독일어가 원래 가지고 있던 방언 발음의 영향을 덜 받았다. 따라서 표준 독일어의 저지 독일어적 발음은 모든 독일의 표준이 되었다.

이에 비해 남부독일에서는 토착적 고지 독일어의 방언과 악센트가 살아남았다. 반면에 북부독일에서는 저지 독일어가 사실상 완전히 사라졌다(언어적으로 고립된 몇몇 지역은 예외). 그러나 이 저지 독일어의 아버지인 영어는 세계어가 되었다. 물론 그를 위해서 영어는 우선 프랑스어와 교배되었고, 이로써 저지 독일어와 프랑스어의 잡종이 되어야 했다.

로망스어의 발전

프랑스, 이탈리아 그리고 이베리아 반도에서는 라틴어로부터 라틴계 언어들이 발전해나왔다.

- 프랑스는 북부의 오일어Langue d'oil와 남부의 오크어Langue d'oc 지역

으로 분할되었다. 북부에서는 프로방스어가 미네징거Minnesinger(즉흥적으로 연애시를 지어 부르던, 중세 독일의 시인 겸 작곡가—옮긴이)들의 언어가 되었다. 그리고 마침내 파리 근교 일드프랑스 지방의 언어가 승리했다.

- 이탈리아에는 수많은 지역언어, 이를테면 나폴리탄어, 로마어, 베네치아어, 롬바르드어 그리고 토스카나어 등이 있었다. 마침내 피렌체의 토스카나어가 승리했다.
- 이베리아 반도에는 바르셀로나 지역의 카탈루냐어, 중앙부의 카스티야어 그리고 갈리시아의 갈리시아어가 있었다. 마침내 카스티야어가 스페인에서 승리했고 갈리시아어는 포르투갈어가 되었다.
- 동부지역에서는 남슬라브족이 정복한 뒤로 (불가리아인, 그리스인 그리고 헝가리인들의 틈에 끼어) 로망스어로는 루마니아어만 살아남았다.

중세의 사회와 생활형식

중세사회는 피라미드 꼴의 위계질서 체제를 이루고 있었다. 최정상에는 귀족들이 있었으며, 이들 내에도 위계질서가 존재했다. 즉 최정상에 군림하는 황제의 밑으로 왕, 공작, 변경백작, 백작 그리고 기사들이 피라미드 꼴을 이루었다. 그 다음에는 도시의 자유시민들이 있었는데 이들 내에도 고유한 위계질서가 있었다. 즉 시의원 자격이 있는 도시귀족, 부유한 상인, 수공업자, 장인(匠人), 직공 및 수련공들이 그 질서의 각 층을 이루고 있었다. 수공업자들은 해당 조합들 내에 조직되어 있었다. 농촌 지역에는 농민, 소농민, 하인 그리고 농노가 있었다.

교회는 교황으로부터 시작해서 추기경, 주교, 수도원장, 수석신부, 수도사, 신부, 수도승 그리고 평수사까지 연속적인 위계질서를 형성했다.

이 사회는 매우 안정적이었다. 모든 사람은 태어날 때 속한 계층에 평생 동안 머물렀다. 그의 신분이 그의 삶을 포괄적으로, 즉 법적으로, 정치적으로, 경제적으로, 종교적으로, 그리고 인격적으로 결정했다. 개인은 모든 사회관계에서 그가 속한 단 하나의 계층, 이를테면 상인, 농부, 수공업자 또는 기사였다. 혼합된 신분은 괴물이었다. 개인의 신분과 사회적 역할 간의 차이는 존재하지 않았다. 따라서 독창성은 아무런 가치가 없었다. 예술에서는 개인적인 것보다 전형적인 것이 강조되었다.

사회 위계질서의 불평등은 종교를 통해 보상되었으며 현세의 불이익은 내세의 이익으로 균형이 맞추어졌다. 그렇지만 내세의 질서도 위계질서가 있는 것으로 생각되었다. 전혀 새로운 질서는 상상조차 할 수 없었다. 따라서 내세에도 맨 위에는 하느님이 그리스도, 마리아, 사도들 그리고 천사장들과 함께 있었다. 그 다음에는 하늘의 군대, 예언자들, 성서의 영웅들, 그 아래에는 순교자, 성인 그리고 죽은 사람들이 있었다. 이들의 대열은 현세에서의 교황들과 고위성직자들과 모든 교회조직의 직위에 있는 사람들에 의해 계속 이어졌다. 가장 밑바닥에는, 즉 대칭적 대응 부분에는 사탄이 악마들, 귀신들 그리고 졸병악마들을 거느리고 있었다. 졸병악마들은 저주받은 자의 영혼을 지옥에서 고문하는 일을 한다고 생각되었다.

중세 때 하늘과 지옥 사이에는 연옥이란 것이 하나 더 추가되어 있었다. 여기에서는, 죄를 지었거나 일생 동안 착하지도 않았던 사람들이 뜨거운 기름솥에서 바싹바싹 튀겨지고 있었다. 그들은 거기에서 오랫동안 죄를 뉘우쳐야 했는데, 이때 친구와 가족들의 추도미사와 면죄부를 통해서 도움을 받을 수 있었다. 물론 그들을 위해서 사람들은 돈을 내야 했다. 이런 식으로 가족은 죽은 사람들과 계속해서 접촉할 수 있었다.

공동체를 위해 은행 역할을 하는 교회

여기에서 우리는 교회를 치료제와 은총의 수단들을 관리하는 은행으로 생각해야 한다. 그리스도와 성인들이 막대한 치료비를 은행에 예납했고 사제들은 이것을 투자와 치료비 대부를 위해 이용했다. 사람들은 보수를 지불하거나 부과된 세금을 납부한 다음에(헌납, 순례여행, 기부금), 또는 고해성사, 간구의 기도 또는 공개적인 고행 따위의 '상징적 자본금'을 지불한 다음에 교회로부터 치료대부를 받았다. 이 대부로 사람들은 자신의 죄를 씻을 수 있었다. 아니면 특히 경건한 생활로의 변화를 통해 스스로 그 은행에 헌신함으로써 교회의 치료재산의 여분을 사용할 수 있었다. 이 모든 것에 대해서 교회는 독점적이었으며 사제들은 이 치료재산에 대한 접근권이 있는 유일한 자로서 시험을 보고 맹세를 해야 했다. 치료재산의 분배를 위해서는 확정된 요금 조견표(早見表)가 있었다. 이에 따라서 추도미사는 2굴덴(옛날 금과 은 화폐의 명칭. 현재는 네덜란드 화폐 단위-옮긴이), 속죄의 기도는 1굴덴, 면죄는 5굴덴, 총사면은 농가의 총재산 중에서 절반을 바쳐야 했다.

대부기관으로서의 교회들의 재정능력은 천차만별이었다. 가장 치유재산이 많은 은행은 순례자의 뼈 한 조각을 확보한 교회였다. 그런 유물은 좋은 선전 재료였는데, 이는 은행의 확보재산을 매우 튼실하게 했으며 여느 은총 수단들 이외에도 신유(神癒) 따위의 합법적인 기적을 판매할 수 있게 만들었다. 그런 은행지점들은 자신의 입지장소를 유명한 순례성지로 만들었고 지역주민 전체에게 기쁨과 이익을 전파해주었다.

유명한 순례지역은 성 베드로의 무덤이 있는 로마나 성 야고보의 뼈가 있는 산티아고나 성(聖) 삼왕(아기 예수를 경배한 동방박사 세 사람을 일컬음-옮긴이)의 유골이 있는 쾰른이었으며, 또한 캔터베리 대성당의 토머스 베케트 주교의 유골함도 순례 행렬을 불러일으켰다. 이 행렬은 작가 초서 Chaucer의 유명한 『캔터베리 이야기The Canterbury Tales』에 묘사되어 있다. 이 순례행렬로 먹고 사는 관련 산업 분야가 매우 많았다.

십자군운동

십자군들의 행렬은 좀 색다른 종류의 여행 행렬이었다. 과거에는 누구나 방문할 수 있던 성지의 순례장소들을 예루살렘을 통치하던 무슬림의 지배자들이 1096년에 갑자기 폐쇄하면서부터 그 행렬이 시작되었다. 로트링겐 출신의 보에몽Bohemond의 지도하에 군대가 조직되어, 이들이 예루살렘을 탈환했다. 그 뒤에 이어지는 200년 동안에 십자군이 여섯 차례 더 조직되어 원정을 떠났고, 또 한 차례는 순수하게 소년들로만 조직된 적도 있었다. 이때 특수한 전투기사단들이 생겨났는데, 그들은 신전(神殿) 기사단, 요한 기사단 그리고 독일 기사단이었다.

이 십자군들 중의 하나는 실수로 콘스탄티노플을 점령하기도 했다. 그리고 아주 드물게 현지의 무슬림들과의 폭넓은 대화를 통해 철학·건축·농업 그리고 인접 분야들에 관한 정보를 교환했는데, 이런 사실은 훗날 레싱Lessing이 성전기사Templer가 등장하는 희곡 「현자 나탄Nathan der Weise」을 창작하는 계기가 되었다.

그뒤 독일 기사단이 실직했을 때 프리드리히 황제는 동프러시아와 러시아의 발트해 연안 지역을 그 기사단에게 내어주면서 포교할 수 있도록 했다. 그 기사단은 이 기회에 거기에서 자신의 국가, 이른바 기사단 국가를 한 토막 베어내 가졌다. 그들은 그다지 얌전하지 않았으므로 폴란드의 역사 발전에, 다른 십자군들이 아랍인들에게 했듯이 뭔가 음흉한 짓을 저질렀을 것이다.

수도원

수도원은 종교적 공동체 생활이 고도로 발달한 형태였다. 그곳은 하늘나라로 가기 위한 일종의 훈련소였다. 사람들은 거기에서 기록경기의 선수들처럼 엄격하고 고된 훈련과 금욕생활을 해야 했다. 철칙처럼 지켜야 하는 일과표, 정확히 단계화된 다이어트 식사, 규칙적인 기도와 예배시간, 그 나머지 시간은 노동을 통한 정신훈련인 농삿일로 조직된 생활이었으며 '기도하고 일하라'가 슬로건이었다. 요컨대 엄격한 규율에 따른 삶이었다.

이 규율의 종류에 따라 수도원은 엄격하거나 온건한, 또는 개화되거나 금욕적인 수도원으로 구별되었다. 최초의 수도원은 베네딕투스 수도회로, 529년에 베네딕투스Benedictus가 몬테카시노에 세웠다. 이 수도원 소속의 영향력 있는 수도원 하나가 프랑스의 클뤼니에 있었다. 끊임없는 개혁 의지에 따라서 수많은 수도원들, 즉 카타리나, 시토, 아우구스티누스, 카르멜,

프레몽트레 수도원 그리고 프란체스코와 도미니쿠스의 탁발 수도회가 새로 설립되었다. 이중에서 탁발승 수도회들은 나중에 이단 및 마녀 사냥 전문가가 되었으며, 이따금씩 인종차별적 대학살을 선동하는 일도 서슴지 않았다. 한때 수도승이었던 루터Luther도 동족들을 향해 '제국 크리스털의 밤'(1938년 11월 9~10일 사이에 유대인에 대한 전국적 테러가 이루어진 밤을 뜻하며, 부서진 유리창 조각에서 유래. 필자는 이것을 일반적인 인종학살의 의미로 사용하고 있다-옮긴이)에 동참하자고 선동했다.

그러나 원래 중세 초기(550~850)의 수도원은 개화된 해방구였다. 수도원에서는 종교적 영향력, 교육 그리고 기독교만 생산된 것이 아니라 숲의 개간, 잘 양조된 맥주 따위의 좋은 발명품들, 또는 기적 같은 생약 치료제도 생산되었다. 고대로부터 유산으로 물려받은 필사본들도 거기에서 구조되어 사본이 만들어지고 보관되었다. 아일랜드의 수도원은 영국을 기독교화시켰고 이 두 나라의 수도원은 독일을 기독교화시켰다.

그밖에도 수도원에서는 현대 산업사회의 규칙적인 일과를 일찍이 실험한 셈이었다. 시간 기록계에 따른 노동 시간표라는 관점에서 볼 때 현대인은 모두 수도사와 같다. 기록경기에 해당하는 스포츠의 선수들의 훈련은 그 점을 잘 보여준다.

중세의 평범한 사람들은 시계에 따라 일하는 대신 태양에 따라 일했다. 여름에는 길게, 겨울에는 짧게, 그리고 부수적으로 생기는 일감에 따라서, 이를테면 추수 때에는 좀더 오래 일했고, 만약 할 일이 없으면 쉬는 게 가장 좋았다. 어차피 일년 중 삼분의 일은 교회의 축제일이나 그밖의 공휴일이었으니까.

기사도

수도원은 경제적인 관점에서 보았을 때 양조장, 방앗간, 포도주 저장 지하창고, 약초 생약 취급 약국 그리고 병원 따위의 연계 사업 분야를 갖춘 독립된 장원(莊園)이었다. 농촌지역에는 수도원말고도 마을 주변의 높은 산 위에 성들이 있었다. 성은 지역 귀족의 거처였는데, 이들은 대가족처럼 중대병력 이상의 사병들을 거느렸으며 세력이 클 때는 그 규모가 대단했다. 중세의 전성기 때에는 고유한 기사문화의 중심지가 되어 무술시합, 궁정 축제 그리고 각종 기사대회의 장이 되었다. '성주의 부인'은 기사들의 충성을 한 몸에 받았다. 가신들의 충성은 사랑으로 승화되었고(성주는 이것을 반대할 수 없었다), 성주 부인의 아름다움은 사랑의 노래로 예찬되었다. 궁정에서 귀족문화의 일부가 된 여성숭배는 여기에서 생겨났다.

기사도 문화 전체에서 가장 중요한 관심사로 부각되었던 것은 결국 중세의 문화인 전투를 시민문화화하는 일이었는데, 이는 두 가지 방법, 즉 여성숭배(여성의 명예를 위한 투쟁)와 윤리를 통해서(약자, 과부 그리고 고아의 보호) 이루어졌다. 이로써 기사는 에로틱한 장면들에서 남성적 매력을 갖춘 낭만적 인물로 발전했다. 자신의 여주인을 위해 죽음을 무릅쓰고, 가난한 자와 약자를 위해 희생하며, 행동과 사고가 대범하여 목숨을 아끼지 않고 항상 투쟁하며, 끝까지 충성하는 태도도 매력이 넘쳐 호감을 산다. 이것은 유럽 문화에서 남성적 매력의 이미지를 지속적으로 채색했다. 시민적인 문학작품들에서도 남자친구는 대부분 기사적인 귀족이다. 따라서 여자들은 오늘날까지도 동화 속의 왕자라는 말을 즐겨 사용한다.

방랑기사의 행적은 전래동화를 통해 전해지고 있다. 가장 유명한 이야기는 웨일스 출신의 켈트족 아서Arthur 왕에 관한 것이다. 그의 원탁모임은 전설적인 것이 되었다. 그는 지역의 최고 기사들, 이를테면 랜슬롯, 트리스탄, 가웨인, 에레크, 갤러해드, 퍼시빌 그리고 마법사 멀린을 소집해 자신의 원탁에 앉혔다. 기사대회에서 다른 동료들보다 자신의 우수함을 과시하려면, 그들은 아주 특별한 잔, 즉 '성배(聖杯)'를 먼저 차지해야 했다. 그러나 이 목표에 도달하는 대신 트리스탄Tristan은 이졸데Isolde와 사랑에 빠졌다. 그러나 그녀는 그의 삼촌과 약혼한 사이였다.

어찌 되었든 간에 기사들의 덕목은 더이상 예전의 것이 아니었다. 랜슬롯은 아서의 부인 귀네비어와 불륜을 맺었고, 그 결과 성배를 차지하는 데 실패했다. 이것은 불신을 낳았고, 이런 경우 늘 그렇듯이 원탁의 기사들의 우정은 깨어졌으며, 서로 칼부림을 하여 서로의 칼에 몸이 산산조각 나 모두 죽었다. 문학가들은 그것이 기사도의 덕목이 쇠락하는 것을 상징한다고 주장한다. 실제로 기사도의 덕목은 봉건주의의 가신(家臣)들을 상대할 만큼 성장하지 못했음을 우리는 역사 연구에서 알 수 있다.

이 아서 왕 이야기는 오늘날까지 독문학(볼프람 폰 에셴바흐), 프랑스 문학(크레티앵 드 트루와Chrétien de Troyes), 영문학(토머스 맬러리Thomas Malory) 그리고 음악학(바그너Wagner)에서 연구되고 있다.

도 시

근대문화의 요람은 역시 도시다. 중세도시는 아직 귀족들이 다스리는 경우도 있었지만 대부분은 자유도시였다. 즉 도시는 자치권이 있었으며, 이를 위해 스스로 법률을 만들었다. 이 법률은 뤼벡, 마그데부르크 또는 뉘른베르크의 경우가 모델의 성격을 지니고 있었다. 그래서 다른 도시들은 그것을 거의 그대로 넘겨받았다. 이리하여 민주주의와 소규모의 현대국가가 실험되었다. 도시 귀족(시의원 피선거권을 소유)과 수공업자조합이 서로 대치 중인 경우가 대부분이었으며, 그들은 과거 로마의 귀족과 호민관들처럼 도시의 지배권을 쟁취하기 위해 싸웠다.

외부의 침입에 대해 도시들은 성처럼 조직되어 있었고 자체의 군대를 가지고 자주국방을 했다. 시민들의 조국은 독일이 아니라, 이를테면 뉘른베르크 또는 뇌르틀링겐이었다.

수도원들이 종단(宗團)을 통해서 전체적인 연계망을 구축했듯이 도시들도 도시연맹을 조직했다. 유일한 것은 아니었지만 가장 크고 막강한 도시연맹은 북독일의 한자Hanse였다(약 70개의 도시로 구성되어 있으며, 지도적인 도시는 뤼벡, 전성기 14~15세기). 동부지역(나중에 구동독의 슐레지엔과 포메른)의 독일인들도 도시를 건설했다. 동부지역의 식민화는 1150년부터 대략 1350년까지 계속되었다(베를린에 대한 최초의 역사 기록은 1244).

유럽에서 도시가 유달리 번성한 곳은 북이탈리아 지방(베네치아, 베로나, 밀라노, 피렌체, 제노바)과 플랑드르 지방(브뤼헤, 겐트, 안트웨르펜)이었다. 이 두 곳에서는 도시들이 고도로 발달한 문화와 합리적인 행정조직을 갖춘 현대적인 미니 국가로 발전했다. 독일에서는 한자 도시들 이외에 아우구스부르크와 뉘른베르크가 시민문화의 요람으로 등장했으며, 이탈리아와 플랑드르 도시들은 현대 회화의 산실이 되었다.

성당과 대학

또한 중세 건축술의 가장 위대한 기념비인 성당들을 건축한 것도 대부분 대도시들이었다. 이 성당들은 그 전 시대의 '로마네스크' 양식의 둥근 궁륭(穹窿)과 구분되는 뾰족한 궁륭들을 오늘날까지 지니고 있다. 첨두(尖頭)로 수렴해 하나로 묶은 가는 기둥 다발과 뾰족한 궁륭들은 훨훨 타오르는 화염과 광선의 상승의지를 암시한다. 이런 양식은 재료가 중력 때문에 땅에 무겁게 가라앉는 인상을 떨쳐버리고, 무수히 많은 조각품으로 가득 찬 바위산의 이미지를 하나의 공간원칙으로 통일하여 시각적으로 통제할 수 있게 했다. 상승하는 수직선들은 신을 향한 신앙의 표현이었다. 샤르트르, 랭스, 파리, 스트라스부르, 또는 쾰른의 대성당은 세계의 가장 놀라운 건축물들에 속한다. 그 성당들은 중세의 세계상을 집약적으로 표현하고 있다. 다시 말해서 현세의 다양한 재료가 내세의 통일적 초월성, 즉 빛과 대립하고 있다.

중세 도시들에는 오늘날까지도 부분적으로 흔적이 남아 있는 또 하나의 제도, 즉 대학이 생겨났다. 가장 유명한 대학은 파리, 옥스퍼드, 케임브리지, 파두아 그리고 프라하에 있었다. 이곳에서 사람들은 '자유 7학예'를 배웠다. 이른바 3학(문법·논리학·수사학)과 4학(음악·산술·기하학·천문학)이 그것이었다. 그밖에도 법률학, 의학 그리고 (신학을 포함한) 철학에 대한 전문 연구도 이루어졌다. 이 모든 분과를 지배하는 철학자는 아리스토텔레스였다. 그의 텍스트들은 아라비아 대학들을 통해 전해 내려왔다. 중세의 스콜라 철학의 주요 과제는 기독교의 세계상을 아리스토텔레스의 개념들로 체계화하는 것이었다. 이를 시도한 가장 유명한 중세 철학자는 토마스 아퀴나스였다. 그는 오늘날까지도 가톨릭 철학에서 중요한 역할을 한다. 그는 매우 뚱뚱해서 식사 때 손이 음식에 닿도록 식탁 가장자리를 톱으로 우묵하게 잘라내야 했다.

우주론

중세의 우주는 문학작품에서나 가능한 위계질서에 따라 구성된 세계다. 우주의 중심에는 지구가 있고, 지구 둘레를 행성들이 도는데, 달과 태양도 마찬가지다. 이것들은 지구에서 멀어질수록 점점 커지는 순수한 크리스털 껍질에 박혀 있다. 달의 하부에는 변하기 쉬운 나라가 존재하고(달모양이 초승달, 반달 따위로 변하므로 — 옮긴이) 그 상부에는 조화와 안식이 지배한다. 크리스털 껍질은 빙빙 돌면서 우주 공간의 음악을 생산한다. 따라서 괴테의 『파우스트』의 첫 구절은 "태양은 옛날처럼 형제 별들과 경쟁하며 부르는 노랫소리로 쟁쟁하고……"로 되어 있다.

지구는 4원소, 즉 불·공기·물·흙으로 이루어져 있으며, 이 원소들은 다시금 네 가지의 주요 속성들인 온냉습건(溫冷濕乾)으로 재조합되어 있다. 즉 불은 따뜻하고 건조하며, 공기는 따뜻하고 습하며, 물은 습하고 차가우며, 흙은 차갑고 건조하다. 사람은 네 가지 체액에 상응하는 요소들, 즉 노란 담즙, 검은 담즙, 피 그리고 점액으로 구성되어 있다. 이들이 조화롭게 배합된 사람은 조화로운 성격을 가지고 있으며, 이들 중 어느 하나가 과도하면 거기에 해당하는 성격이 두드러진다. 노란 담즙이 많으면 다혈질이 되어 성급하고, 검은 담즙이 많으면 염세주의자가 되어 우울하며, 피가 많으면 낙천가가 되어 명랑하지만, 점액이 많으면 점액질이 되어 굼뜨고 느리다. 셰익스피어 시대의 희곡은 이런 유형학에 따라 쓰여졌다. 예컨대 햄릿은 전형적인 염세주의자이며, 리어왕은 확고한 다혈질이다.

별들의 상층부에는 신이 이들을 감싸면서 영원히 살아 있다. 이에 비해달의 하층세계에서는 분란한 운동이 이루어지고 있다. 그러나 이곳에도 위계질서가 있다. 최하층은 광물계이고, 그 다음에는 생명이 있으며, 이것은 다시 식물계와 동물계로 구분된다. 그 위에는 합리성의 세계가 시작되며, 여기에는 천사의 영들이 살고 있다. 정확히 그 한가운데, 그러니까 지구에는 인간이 서 있으며 양측의 세계와 관계를 맺고 있다. 그는 동물이자 천사이며, 물질이자 정신이다. 그는 죽을 때 정련되는데(깨끗이 세정되어 분리되는데), 즉 흙으로 된 부분은 흙으로 돌아가며 합리적 영혼은 혼령들이 사는 크리스털 별세계로 올라간다. 왜냐하면 현세에 이미 그의 영혼은 크리스털로 되어 있기 때문이다. 그것은 거울과도 같아, 다른 것을 보이게 하기 위해 그 자체는 보이지 않으며, 늘 변하는 현상들을 파악할 수 있기 위해서 불변한다.

이렇게 세계의 중심인 인간은 그 자체로 소우주이며, 흙으로 된 몸에서 합리성의 태양이 빛나고 있다.

세계는 대략 6,000년 전에 신에 의해 창조되었으며 시시각각 노화하고 있다. 신이 계속해서 붙들고 있지 않으면, 세계는 언제라도 즉시 해체될 것이다. 즉 세계는 빈틈없는 인과의 연쇄를 통해 유지되는 것이 아니라 신의 손을 통해 유지된다. 인과성은 아직 강제성이 없어 신이 언제라도 기적을 통해 개입할 수 있다. 신은 오늘날의 견해처럼 한 번의 창조 후에 과거 속으로 사라진 것이 아니라, 우주의 지붕 꼭대기층에 중세인들과 나란히 살고 있으면서 모든 것을 감찰한다. 그는 존재하는 가장 강력한 현재다. 그는 정기적으로 그를 위해 준비된 행사들, 만찬·축일 그리고 그밖의 미사의 헌금 때 온다.

귀신과 악마

의사소통은 사람들끼리만 하는 것이 아니다. 의사소통에는 천사, 악령, 동물, 귀신, 혼령, 식물, 악마, 죽은 사람, 성자, 순교자 그리고 신도 참여한다. 오를레앙의 처녀에게는 정기적으로 성 안나와 성 카타리나가 찾아온다. 마녀들은 동물 모양의 악마들과 간음하며, 보나데아 또는 홀레 아주머니라 불리는 숲의 여신과 친밀하게 교류한다. 세계는 혼령으로 가득 차 있으며 마법에 걸려 있다. 사람들말고도 꼬마난쟁이로부터 미친 사람 속에 사는 귀신에 이르기까지 수많은 존재들이 있다. 사람들은 그들과 늘 접촉한다. 그들과 의사소통하는 법을 배운 전문가가 따로 있다. 그 이유는 사람들이 그들에게 말을 잘못 걸면 그들이 뒤돌아서거나 보복할 수도 있기 때문이다. 사람들은 가끔 그들과 계약을 맺거나, 자신의 수호천사나 모든 성인들에게 전화를 건다.

이 혼령들의 동물원에서 가장 중요한 인물은 악마다. 그는 프랑스 남부에서 이단 종파들이 생겨나는 것과 동시에 등장했다. 교회는 이 종파들을 위험시했는데, 카타르파(Cathari. 순결파)도 그 중 하나였다(여기에서 이단 heresy라는 말이 생겨났다). 이 순결파 사람들은 세계가 빛의 나라와 어둠의 나라로 양분되어 있으며 세상의 군주는 악마라고 가르쳤다. 이 종파와 싸우기 위해 교회는 특별 감찰기관을 설립했는데, 이 종파를 가려내는 방법은 악마와 교류하는지를 확인하는 것이었다. 이 범죄자들의 유죄를 확인하기 위해서 악마의 속성, 악마의 유혹 기술, 악마의 후원자, 악마의 후원자의 후원자에 대한 모든 학설이 확립되었다. 이런 식으로 교회는 자기들이 막아야 할 악마 관념을 오히려 널리 퍼뜨린 셈이었다. 이 악마론은, 유럽에 가공할 만한 파국, 즉 페스트가 급작스럽게 찾아왔을 때 완성되었다.

마녀 사냥과 유대인 사냥

1347년에 아시아에서 페스트균이 유입되어 1350년까지 3년 동안 기승을 부렸다. 이때 유럽 인구의 삼분의 일이 사망했다. 그 다음 50년 동안 페스트는 계속해서 발생했다. 그 비참함은 세계의 종말을 방불케 했다. 이것은 사람들의 사냥광기를 부추겨 희생양을 찾아다니게 했다. 사람들은 희생양을 두 부류, 즉 여자와 유대인들에서 발견했다.

갑자기 전통민속들 중의 하나가 악마적 행동으로 낙인찍혔다. 이 민속에서는 (이제는 마녀라고 불리게 된) 여자들이 황홀경에 빠져서 밤여행을 떠나, 서로 뜻이 통하는 동료 여자들과 외진 장소에서 기독교 신앙의 포기를 맹세하고 귀신이나 악마를 위한 헌신 예배의식을 거행했다. 이 야간 회합에는 황홀한 섹스가 수반되었고, 귀신을 향한 기도, 마법의 약물과 마약 복용 그리고 동물로의 변신 등이 특징이었다. 이 사실은 법정에 선 많은 여자들에 의해 증명되었다. 그 보고들은 오늘날, 밤에 여행 중에 외계인을 만났으며 이들에게 UFO로 납치되어 거기에서 그들과 초지상적인 섹스를 했다고 주장하는 사람들의 말처럼 사실이라고 믿어졌다. 이런 종류의 파티는 중세에는 마녀회의로 잘 알려져 있었다. 그것은 문학작품들 속에 꽤 많이 침전되었다. 셰익스피어의 『맥베스*Macbeth*』와 괴테의 『파우스트』의 발푸르기스Walpurgis의 밤 장면이 그 좋은 예다. 14세기와 15세기에는 그 마녀들이 악마와 간음했다고 법정에서 인정되었으며 그들 영혼의 행복을 위해 정화의 불 속에 넘겨졌다. 마녀 사냥은 17세기까지도 존재했다.

 악마는 인류를 페스트로 망가뜨리려는 시도를 할 때 또 하나의 보조자 그룹을 가지고 있었다. 즉 유대인들이었다. 이들이 이른바 악마의 수족이 되어 우물을 독으로 오염시킴으로써 페스트를 유포시킨다는 것이었다. 따라서 페스트가 발생하는 곳인 사보이에서부터 스위스를 지나 독일의 라인 강 지방에 이르기까지 유대인 대학살의 피흔적을 뒤에 남겼다. 콜마르, 슈파이어, 보름스, 오펜바흐, 프랑크푸르트, 에르푸르트, 쾰른, 하노버 등, 곳곳에서 유대인들이 살해되었으며, 스트라스부르에서만 16,000명이 살해되었다. 유대인들에 대한 증오는 (그들이 그리스도를 죽였고, 이상한 음식 규정을 가지고 있으며, 성체[빵과 포도주]를 더럽히는 경향과 영아 살해충동이 있다는) 종교적 미신에 근거하며, 경제에 대한 기독교적 미덕에 바탕을 두고 있다. 이 미덕은 다시금 성서의 구절에 바탕을 두고 있다. "이방인들에게는 이자를 받되 형제들에게는 이자를 받지 말라." 그 결과 기독교인들은 그리스도 안에서 서로 형제들이므로 이자를 받아서는 안 되었다(물론 그들은 이자를 받았다).

그러나 유대인들에게는 기독교인들이 이방인들이다. 따라서 그들은 이자를 받아도 된다. 하지만 돈은 번식을 할 수 없다. 유대인들의 돈이 이자로 인해 많아지면, 그들은 돈과 성교를 하는 마법사들이나 다름없다. 아들의 아들인 손자 대신에 복리이자가 있다. 유대인들에게는 기독교적 직업이 금지되어 있어 다른 방법으로는 살아갈 수 없다. 하지만 그들의 돈은 불어나므로 유대인들은 폭리꾼이며, 아이들을 때려죽이며, 성체를 더럽히며, 우물을 오염시키며, 신을 죽였으며, 사탄의 명령에 따라 페스트를 퍼뜨리는 사람으로 비쳐진다. 그렇다. 그들은 거의 사탄이다. 그들은 염소수염을 달고 있으며 악취가 나며 힘이 세다. 그들을 죽이는 것은 신을 경외하는 일이다.

이런 논리로 대중을 부추긴 자는 선동능력이 뛰어난 탁발승들이었다. 이들은 사회의 문제를 폭리꾼에 대한 고소와 연결시켰고, 현재를 위해 빛과 어둠이 최후의 결전을 벌여야 한다고 외쳤다. 그들은 아직 히틀러라는 이름 대신에 베른하르트 또는 요한네스로 불렸지만, 히틀러와 너무나도 닮았다. 개인적으로는 금욕적이었으며, 자신의 빈곤한 청중들의 불안, 강박관념 그리고 사회 문제들에 대해 감정이입하는 능력이 탁월했으며, 언변이 좋았고, 악마론적 환상에 사로잡혀 세계의 종말에 대한 의식으로 가득 차 있었다. 그들의 설교는 항상 유대인 대학살을 야기했다. 그들 중 명망이 가장 높은 자들은 교회를 거룩하다고 일컬었다. 예컨대 교황 피우스Pius 12세는 그렇기 때문에 히틀러를 반대하지 않았을 것이다. 다시 말해서 히틀러가 성 베른하르트와 성 요한네스와 닮았기 때문이었을 것이다.

페스트는 종국에 가서는 중세의 종말을 재촉하는 대화재가 되었다. 왜 그런가? 대학살과 역병으로 인한 인구 감소는 땅값을 떨어뜨렸고 노동력을 감소시켜 임금의 상승을 낳았다. 지주들은 땅을 경작하기 위해 일꾼들을 돈으로 유혹해야 했다. 토지 지배의 옛 헌법은 해체되었고 모든 것은 와해되어 화폐경제를 촉진시켰다. 화폐경제는 봉토에 바탕한 주종관계를 임금으로 대체하는 것을 의미했다. 군대는 더이상 봉신(封臣)과 종(從)봉신들로 구성되지 않았으며 용병들로 구성되었다. 봉신들에게 특권을 단계별로 분양하는 것을 통해서 통치가 이루어지는 대신에 봉급관료들의 행정으로 이루어졌다. 이로써 벌써 현대적인 국가의 탄생을 위한 전제가 마련되었다. 15세기의 어느 무렵에 중세는 숨이 끊어졌으며 1500년이 되었을 때 근대가 시작되었다. 사람들은 어느새 새로운 차원으로 들어가는 문턱을 넘어섰다.

근 세

르네상스

르네상스는 재탄생을 의미한다. 1550년에 이탈리아 예술가들의 삶을 묘사하면서 그 시대에 대한 명칭으로 이 단어를 처음 사용한 사람은 바사리 Vasari였다. 고대의 이교도 문화가 중세의 긴 잠이 끝난 후 재발견되었다는 뜻으로 그는 이 단어를 사용했다. 그리고 이 르네상스는 무엇보다도 건축 미술, 조각 그리고 회화 분야에서 두드러졌고, 오늘날의 우리도 경탄을 금치 못하는 훌륭한 이탈리아 도시들을 창조했다.

이렇게 시각예술 계열이 우세하게 된 것은 우연이 아니었다. 르네상스에서 재탄생된 것은 현세의 향락, 관능, 색채, 밝은 빛 그리고 인간 육체의 아름다움이었기 때문이다. 내세로 갔던 인간이 현세로 되돌아왔으며 지상에서 낙원을 발견했다. 이것은 형태와 색의 낙원이었다. 그 발견은 어지럼증을 일으켰다. 르네상스는 축제, 과다, 과잉으로 체험되었다. 감각을 자극하는 예술인 건축과 회화가 유난히 발달한 것은 그런 연유에서였다.

그렇다면 르네상스 기간은 정확히 언제인가? 우리는 그 기간을 대략

1400년부터 1530년까지의 130년간으로 잡고 있다.

그런데 이 재탄생의 축제가 유독 이탈리아에서 돌연 발생한 이유는?

이탈리아에서 가장 먼저 봉건주의가 화폐경제에 자리를 내주었기 때문이다. 그 결과, 이탈리아는 봉건왕국 대신에 수많은 도시국가들의 집합체가 되었다.

어디에서 돈이 생겼는가?
- 오리엔트로 가는 무역로는 이탈리아를 통해 나 있었다. 여기에 모인 자본은 예술산업과 직물공업 분야로도 흘러들어가 강력한 시민계급을 형성시켰다.
- 기독교 유럽의 교회 헌금들이 끝없는 홍수처럼 로마로 흘러들어갔다. 그래서 교황들은 1450년부터 도시들을 새로 확장하기 시작했고 과거보다 더 많은 예술가들을 고용했다. 마침내 그들은 베드로 성당을 짓기 위해 전 유럽 기독교인들의 마지막 남은 돈까지 헌금으로 짜내려 했고, 이에 대한 반발로 종교개혁이 발생했다(1517).
- 화폐경제의 이런 폭발적 성장은 이탈리아를 금융업의 요람으로 만들었다(은행업과 관련된 현대의 모든 용어는 이탈리아어다. Konto구좌, Girokonto당좌구좌, bankrott파산, Disagio정화[正貨]할증금, Kredit여신, Skonto 공제 따위). 그리고 금융업의 중심은 피렌체였다. 가장 큰 은행 가문은 역시 피렌체의 지배자인 메디치 가였다.

피렌체는 그리스의 아테네처럼 되었고 르네상스의 요람이 되었다. 여기에서 르네상스 문학의 선구자들인 단테, 페트라르카 그리고 보카치오가 태어났는데, 이들은 그후의 이탈리아의 문학언어를 주도함으로써 피렌체어를 현대의 이탈리아어가 되게 했다(→ 문학).
- 단테Dante는 다시금 중세의 세계상을 종합했다. 그는 『신곡La divina commedia』에서 지옥, 연옥 그리고 낙원을 묘사함으로써 모든 형벌과 상급이 제자리를 찾는 도덕적 우주질서를 최후로 창조했다.
- 페트라르카Petrarca는 「라우라 생전의 시들Rime in vita di Laura」로 현대

적인 연애서정시를 창조했다.
- 보카치오Boccaccio는 『데카메론Decamerone』으로 근대소설의 전형을 창조했고 르네상스의 개방된 성에 대한 기준을 마련했다.

피렌체에서는 1439년에도 로마의 동방교회와 그리스의 동방교회를 통일하기 위한 종교회의가 개최되었으며, 이때 그리스 학자들이 대거 피렌체로 왔다. 1453년에 터키인들이 비잔티움을 점령하고 동방제국을 소멸시켰을 때도 수많은 그리스 학자들이 피렌체로 왔다. 이것은 피렌체에서 인문주의가 유난히 지속적으로 꽃필 수 있는 토양이 되었다. 인문주의자들은 고대 그리스 및 라틴 텍스트들의 연구를 경쟁적으로 수행하는 사람들이었다. 결과적으로 이들 모두가 고대문학의 언어형식을 새로운 문체의 이상(理想)으로 격상시켰다. 이런 식으로 재발굴된 것은 다음과 같다.

- 세네카Seneca의 비극.
- 플라우투스Plautus와 테렌티우스Terentius의 희극.
- 헤로도투스와 투키디데스에서 시작해서 리비우스Livius와 살루스티우스Sallustius에 이르는 그리스 및 로마 역사학자.
- 호라티우스Horatius, 카툴루스Catullus 그리고 오비디우스Ovidius의 문학.
- 플라톤을 위시한 철학자(아리스토텔레스는 이미 중세를 지배했다). 피렌체에서 플라톤 사상이 르네상스를 맞았으며 플라톤 아카데메이아가 세워졌다. 여기서 특히 플라토닉 러브가 중요한 역할을 했다(→ 소크라테스, → 보티첼리).

메디치 가문이 권력을 넘겨받기 전에 피렌체에서는 서로 반목하던 권력집단들간에 불안정하지만 유사(類似) 민주주의가 지배했다. 따라서 권력투쟁이 있을 때는 화려함을 과시하고 예술품을 주문함으로써 시민계급의 호감을 사는 것이 유리했으며, 일단 권력을 장악한 뒤라면 공공사업을 일으켜서 권력을 유지하는 것이 상례였다. 그 결과,

- 메디치 가는 역사상 가장 대규모로 예술을 지원하는 후원자가 되었으

며 피렌체에서 르네상스가 시작될 수 있게 했다.
- 대부분의 예술가들은 피렌체에서 활동을 시작했다.
- 그 결과 다른 지역에서도 위정자들은 불안정한 권력을 화려한 외양, 공공건물 건축 그리고 상징적인 국립극장을 통해 정당화했다.

이탈리아는 수많은 내전을 치른 후에 권력이 도시국가들로 집중되었는데 이 중 다섯 국가가 특히 부강했다. 이 도시국가들의 지배자들은 음모, 간계 그리고 돈 따위의 부정한 방법으로 권력을 장악했다. 가장 흔한 방법은 돈을 뿌리고 직책 임명을 통해 정치적 지지를 확보하는 것이었다. 이것은 현대의 정당정치에서처럼 거대한 고객망(당파, 계파)을 형성했고, 권력자는 이들의 도움으로 자신의 권력을 안정시킬 수 있었다. 이 다섯 개의 도시국가들은 아래와 같다.

- 피렌체. 지배자는 메디치Medici 사람들이었다.
- 밀라노. 지배자는 스포르차Sforza 사람들이었다.
- 교회국가. 여기는 교황들이 지배했다. 그들이 권력에 이르는 방법은 다른 곳과 같았다. 교황이 되려는 자는 투표권이 있는 추기경들을 매수했다. 그리고 보르자 가문의 한 교황(그의 딸은 루크레치아 보르자 Lucrezia Borgia)은 가문에 대한 자의식을 강하게 가지고 있었고 스스로 왕조를 건설하려 했다.
- 베네치아. 여기는 하나의 왕조가 다스리는 것이 아니라, 몇 가문이 공동으로 과두정치를 했다. 즉 원로 가문들로 구성된 시의원회가 있었으며 그 의원들 중에서 총독이 선출되었다. 정부는 아주 전문적인 비밀경찰을 운영하고 있었다. 이런 방식으로 베네치아는 이탈리아에서 정치적으로 안정된 권력으로 성장했으며 다른 도시처럼 몰락하지 않게 되었다.
- 나폴리는 도시감각이 뒤떨어진 왕국을 형성했으며 남부 이탈리아 전체를 포괄했다. 스페인의 아라곤Aragon 왕조와 프랑스의 앙주Anjou

왕조가 그곳에 와서 세력다툼을 했다. 이 사건은 이탈리아에 외세가 개입하는 계기가 되었다(프랑스, 스페인, 황제). 이리하여 자유도시의 몰락(베네치아는 제외)과 16세기에 르네상스의 종말이 오게 되었다. 나폴리는 르네상스 발전에서 역할을 한 것이 거의 없었다.

따라서 중심지는 피렌체, 로마, 베네치아 그리고 밀라노였다. 그밖에 에스테 가문에서 통치했던 페라라Ferrara와 같은 군소 중심지도 있었다. 비토리노 다 펠트레Vittorino Da Feltre가 있는 만투아Matua 그리고 발다사르 카스틸리오네Baldassare Castiglione가 르네상스 궁전의 신하를 위해 '크니게Knigge'라는 이름으로 널리 알려진 예법서(禮法書) 『궁정인(宮臣) Il cortegiano』을 집필한 우르비노의 궁정이 있었다. 이 책은 유럽 전체의 규범이 되었다.

이 도시들은 그후 150년 동안 지속된 예술 경쟁의 주요무대가 되었다. 그 경쟁에 참여했던 자들은 아래와 같다.

피렌체의 보티첼리

보티첼리(Botticelli, 1444~1510)에게 그림을 의뢰한 고객은 메디치 가였다. 그의 그림 중에서 두 점이 오늘날 고전작품으로 숭배를 받고 있다. 그 중 하나는 「비너스의 탄생Birth of Venus」이다. 거품에서 태어난 여신, 비너스가 조가비에서 금방 태어나서 온몸에 아무것도 걸치지 않고 긴 금발로 몸을 살짝 가린 채 서 있다.

또 하나는 알레고리(추상적 개념의 시각적 비유) 그림 「봄Primavera」이다. 피렌체는 플라토니즘(눈에 보이는 것의 배후에 있는 본질적이고 영원한 것을 추구하는 플라톤 사상-옮긴이)의 수도였으므로 이 「봄」은 플라토닉 러브의 알레고리다. 오른쪽에서 바람이 접근해와서 신성한 호흡을 내뿜는다. 그는 이때 요정을 껴안으며 섹스를 상상하면서 그녀에게 정신을 불어넣는다. 요정은 이 포옹을 통해서 바로 다음 인물인 꽃으로 변신한다. 이 인물은 (팔꿈치로) 중앙의 인물 봄을 가리킨다. 이 모든 것은 사랑의 비유다. 요컨대 하늘이 땅을 향해 격정적으로 달려와서 땅을 봄으로 변화시킨다. 이에 비해 그림의 왼쪽 끝에는 하늘과 땅의 매개자이며 전령의 신인 머큐리 (Mercury. 수성水星)가 서 있으며 다시 하늘을 바라보고 있다. 그는 정신의 재상승을 대표한다. 그와 중앙의 인물 사이에는 세 명의 우아한 여신, 즉 미·화합 그리고 지혜를 각각 대표하는 아프로디테, 헤라 그리고 아테나가 서 있다. 이들은 서로 손을 맞잡고 있으며, 그 손들은 머리 위에, 그리고 허벅지에 놓여 있다. 그리고 그것들은 정확히 눈높이에 있는 또 다른 손들에 의해 매개되고 있다. 이 손들은 그로써 정신의 길을 다시금 상징한다. 이 모든 것은 정신이 일단 충분히 흩뿌려진 후에 다시 하늘로 귀환한다는, 플라톤적 순환이 우주론적 에로틱의 형태로 표현된 것이다. 여기에서 우리가 부수적으로 알 수 있는 것은 르네상스 시대의 그림을 이해하려면 그리스 신화와 철학 그리고 사랑의 여신들에 대해 미리 알고 있어야 한다는 사실이다.

보티첼리의 「봄」

레오나르도 다 빈치

　레오나르도 다 빈치(Leonarde da Vinci, 1452~1519)는 아마도 세계에서 가장 유명한 그림, 「모나리자*Mona Lisa*」(파리의 루브르 박물관 소장)를 그렸다. 그는 르네상스의 이상적 인간형인 보편천재였다. 그는 건축가, 전함 따위의 발명가, 경지에 도달한 디자이너, 불굴의 자연 연구가, 착상이 풍부한 엔지니어 그리고 천재적인 화가였다. 그는 의상과 보석을 디자인했으며, 프레스코 벽화와 초상화를 그렸고, 관개수로를 건설했고, 욕실을 설계했고, 마구간을 채색했으며, 마돈나 회화(성모 마리아를 그린 그림이나 조각한 소상塑像. 흔히 아기 예수를 안고 있음 – 옮긴이)를 그리고, 제단을 제작했다.

　그는 밀라노에서 자신의 가장 유명한 그림들 중의 하나인 「최후의 만찬*Last Supper*」을 그렸다. 이 그림은 그리스도가 "너희 중의 한 명이 오늘 나를 배반하리라"고 말하는 순간의 제자들을 보여준다. 다 빈치는 그 다음에 피렌체로 가서 라이벌인 미켈란젤로와 경쟁했다. 동일한 연회실 한쪽 벽에는 다 빈치가, 마주보고 있는 다른 쪽 벽에는 미켈란젤로가 벽화를 그렸다. 그 결과, 다 빈치가 패했다. 왜냐하면 그의 그림은 색깔이 바래서 흐려졌기 때문이다.

　이 시기에 그는 3년 동안(1503~5) 피렌체의 조콘다 부인을 자주 자기 아틀리에로 불러들여 그녀의 우울한 미소와 신비스런 얼굴 표정을 화폭에 옮기는 작업을 하고 있었다. 그녀가 모델을 설 때마다 그는 음악가들을 불러 연주하게 함으로써 그녀의 무거운 표정을 더욱 강화시켰다. 이로써 그는 회화사에서 가장 유명한 미소를 완성시켰다. 히스테리에 걸린 사람들은 이 그림 앞에서 권총자살을 했다. 옥스퍼드 대학의 교수 페이터Pater는 이 미소에 인류의 모든 체험이 담겨 있다고 주장한다. 모나리자라는 이름으로 유명해진 조콘다 부인은 아마도 화가의 비밀에 대해 반어조로 미소를 짓고 있었는지도 모른다. 왜냐하면 다 빈치는 호모였기 때문이다.

　또 그는 변덕스러웠으므로 프로이트가 관심이 많았다. 따라서 그는 변덕 때문에 어떤 작품이든 완성할 수 없는 처지에 놓여 있었다. 그는 「모나리자」도 완성되지 않았다며 한참동안 자기가 가지고 있었다. 그 점말고는 그는 아무런 문제가 없었다. 그는 힘이 장사였다. 말발굽을 맨손으로 구부렸고, 승마와 펜싱을 잘했다. 우아한 옷을 중시했고 왼손으로 글씨를 썼으며 진기한 물품을 좋아했고 호기심이 무척 많았다.

화가로서 그의 시선은 아무런 편견도 없었으며 아름다운 것뿐만 아니라 기괴한 것, 추한 것을 모두 포착했다. 그는 물살의 소용돌이, 구름, 산, 바위, 꽃덩굴, 감성, 기류(氣流) 따위의 모든 역동적인 현상들에 매료되어 있었다. 그는 항상 비행(飛行) 문제에 몰두했다. 그는 비행기구, 낙하산, 압연기, 만능 스패너, 곡식 찧는 절구, 기관단총, 잠수함 그리고 증기 대포(大砲)를 설계하거나 제작했다. 그는 열학(熱學), 음향학, 광학(光學), 기계역학과 수압학(水壓學)에 몰두했으며, 인간의 해부학적 구조를 동물과 비교했고, 인간의 장기, 혈관 그리고 신경섬유를 그린 수많은 도면을 완성했다. 그는 지금까지 존재했던 가장 탁월한 재능의 소유자 중의 하나였으며, 아마도 라이프니츠나 괴테와만 비교될 수 있을 것이다.

미켈란젤로

미켈란젤로(Michelangelo, 1475~1564)의 결정적인 출세는 극적으로 이루어졌다. 어느 날 그가 견습공으로 반인반수의 목양신을 조각하고 있을 때, 때마침 로렌초 메디치Lorenzo Medici가 그 곁을 지나가다가 비판조로 한 마디했다. "그렇게 나이 많은 노인이 어떻게 그런 완벽한 턱 구조를 가질 수 있나?" 그러자 미켈란젤로는 망치를 휘둘러 단번에 목양신의 윗니 하나를 부러뜨렸다. 기질과 재치의 조합에 감동한 메디치는 그를 자기 집으로 불러들였다. 그러나 미켈란젤로는 거기서 다툼을 벌이다가 자신의 코뼈를 으스러뜨렸다. 그 다음에 그는 파두아와 로마로 갔으며, 거기에서 대리석상「피에타Pietà」(예수의 시신을 안고 슬퍼하는 마리아상)를 창조했다. 피렌체로 되돌아온 그는 이곳에서 2년 동안 대리석 덩어리와 씨름을 계속하여 그 속에 숨어 있던 다비드David를 해방시켰다(복제품은 베치오 궁전 앞에 서 있으며, 원본은 피렌체의 예술 아카데미에 있다).

그 다음에 그는 시스티나 성당의 내벽을 모두 단장해달라는 교황 율리우스Julius 2세의 의뢰를 받았다. 성당 천장에 구약의 가장 유명한 장면인 천지창조를 그는 높은 받침대에 누운 자세로 그렸다. 거기에는 하느님 아버지가 오른손을 길게 내뻗어 아담을 창조하면서 아담의 축 늘어진 손가락과 닿고 있는 장면, 아담과 이브의 타락, 술 취한 노아의 모습 등등 구약의 정신이 담긴 모든 것들이 선지자의 밝은 눈으로, 다시 말해서 회화적으로가 아니라 조각예술적으로 그려져 있다.

미켈란젤로는 세계 창조의 그림 속에 화가로서의 자신의 창조적 에너지를 함께 쏟아부었다. 세계 탄생의 배후에 있는 역동성, 힘이 거기에 담겨 있으며, 오로지 인간의 신체 속에서만 표현되는 고뇌가 그려져 있다. 대략 50명의 남녀의 나체가 거기에 담겨 있으며 풍경이나 식물 따위는 없다. 모든 것은 근육의 힘이다. 그의 근육질 몸들은 관능적인 것이 아닌 강력한 것이다. 그는 화가이자 조각가였으며, 조각가이자 보디빌딩 코치였다.

그는 몇 년 동안 교황과 끊임없이 싸워가면서 작업을 했다. 교황이 그 천장화를 보고자 미켈란젤로에게 받침대를 어서 철거하라고 재촉했기 때문이다. 미켈란젤로가 거부하자 교황은 그를 받침대에서 떨어뜨려버리겠다고 위협했다. 마침내 교황은 그것을 보는 순간, 이제 죽어도 여한이 없다고 생각했다. 그는 죽기 전에 역사상에 창조되었던 것들 중에서 가장 위엄 있는 예술작품을 보았기 때문이다.

미켈란젤로는 모든 회화적 요소들, 장식·풍경·아라베스크 문양·건축양식적 배경 등 일체의 부수적인 것들을 포기하고 오로지 인간의 몸에만 집중했다. 그의 회화들은 구약과 신약의 정신을 호흡한다. 거기에는 르네상스의 전형적인 밝음과는 대비되는 음울한 측면이 있다. 하지만 미켈란젤로는 바로 이 요소 때문에 르네상스의 위대한 예술가들 중의 하나다. 그는 신들린 사람처럼 작업에 몰두했다. 제 몸을 돌보지 않았고, 잠잘 때도 옷을 입은 채로 잤다. 시스티나 예배당의 그림이 완성되었을 때, 그는 아직 젊은 나이였지만 훌쩍 늙어 있었다. 그렇지만 그는 거의 90세까지 살았다.

티치아노

티치아노(Tiziano, 1477 또는 1487/90~1576)는 미켈란젤로보다도 더욱 오래 살아 거의 100세까지 살았다고 추정된다. 그러나 그의 출생 연도는 확실하지 않다. 그의 본거지는 피렌체가 아니라 베네치아였다. 게다가 그는 미켈란젤로와는 정반대의 화풍을 지녔다. 그는 아마도 르네상스의 정신을 가장 잘 대표하는 화가로 평가받을 수 있을 것이다. 그의 전문분야는 여성의 아름다움에 대한 묘사다. 그는 수많은 비너스와 아프로디테를 그렸는데, 동정녀 마리아를 그릴 때도 비너스처럼 그렸다. 그의 그림에는 미켈란젤로식의 세계에 대한 저항이라든가 삶의 어두운 측면과 관련된 것은 하나도 없다. 모든 것은 색깔, 빛 그리고 감각의 즐거움뿐이다. 풍부한 뉘앙스의 색조와 빛의 묘사에서 그를 따라갈 화가가 없다.

그의 두 번째 전문분야는 화려한 초상화의 제작이었다. 그의 초상화에는 강력하게 발산하는 힘이 있다. 그래서 그는 세계의 거물들로부터 초상화 제작을 의뢰받아, 황제(카를 5세), 교황, 영주, 이탈리아 도시의 총독들의 초상을 그렸다. 그가 사망했을 때, 베네치아 시는 명예로운 국장(國葬)으로 그에게 경의를 표했다. 그는 산타마리아 성당에 묻혀 있다.

라파엘로

라파엘로(Raffaelo, 1483~1520)는 우르비노 출신으로 페루지아와 피렌체를 경유하여 로마에 왔다. 이곳에서 그는 교황 율리우스 2세가 판매용 면죄부들에 서명한 곳으로 알려진 교황청 방에 그림(「성체에 관한 논쟁」-옮긴이)을 그렸다. 이 기념비적인 작품의 모티프들은 르네상스의 프로그램처럼 느껴진다. 그것은 종교와 철학의 화해, 기독교와 고대 그리고 교회와 국가의 화해를 보여준다. 교회는 삼위일체 및 사도들과 교황들을 통해 대표되며, 철학은 세 명의 철학자와 청중을 통해 대표된다.

플라톤은 이상주의자로 검지손가락으로 하늘을, 아리스토텔레스는 현실주의자로 땅을 가리키고 있고, 소크라테스는 손가락으로 자신의 주장들을 일일이 헤아리고 있다. 그리고 알키비아데스는 그의 말에 매료되어 듣고 있다. 이 그룹은 그밖의 철학자들, 예컨대 반라(半裸)의 디오게네스, 패거리들을 거느리고 있는 알키비아데스, 화성학 도표를 들고 있는 피타고라스, 수수께끼에 몰두해 있는 헤라클레이토스, 그리고 열심히 듣고 있는 학생들 중에는 라파엘로를 닮은 사람이 끼어 있다.

그러나 라파엘로의 고유한 업적은 그가 그린 수많은 마돈나 그림에서, 고대의 우아미가 기독교의 경건과 통일을 이루는 곳에 가장 잘 나타나 있다. 그의 마리아 그림들의 사랑스러움을 따라갈 화가는 아직 없다. 그 종합적 통일성 속에는 레오나르도, 조르조네Giorgione, 또는 미켈란젤로의 영향들도 포함되어 있다. 그의 가장 유명한 성모 그림인 「시스티나의 마돈나 Madonna Sistina」는 모든 성모의 어머니가 되었다. 고전적 피라미드 구도로 동정녀의 뒤에서 파란 겉옷이 바람에 흩날려 부풀어 있고 그녀의 붉은 하의가 살짝 드러나 있다. 그녀의 얼굴은 붉게 상기되어 슬프고 놀란 표정으로 세상을 들여다본다. 팔에는 천진무구한 아기 예수가 안겨 있고, 그녀 뒤의 커튼은 열려져 낙원을 자유롭게 들여다볼 수 있게 한다. 이것은 모든 기독교인들이 가장 사랑하는 마돈나가 되었고, 그후의 무수한 성물(聖物), 복제품 그리고 엽서의 모델이 되었다.

르네상스 예술가들 중 라파엘로는 가장 명랑한 사람이었다. 우리는 그에게서 창조의 산고(産苦)란 것은 상상하지 못하며, 레오나르도의 그림에서처럼 수수께끼를 감지할 수 있거나 미켈란젤로의 그림에서처럼 악마적 에너지에 놀라지도 않는다(따라서 19세기 영국의 몇몇 화가들이 보기에 그의 그림은 너무 피상적이라 여겨졌고 이에 따라 자신들을 '라파엘로 전파(前派)'라고 불렀다). 라파엘로에게는 몸과 정신 사이, 즉 감성과 오성 사이에 아무런 괴리가 없다. 「시스티나의 마돈나」그림의 모델은 아마도 그의 애인이었을 것이다. 바사리가 주장하듯이, 그는 연애의 즐거움에 탐닉했으며 어느 날

'그 한계를 넘어서' 과로로 사망했다. 이때 그의 나이는 겨우 37세였다.

도 시

이상의 예술가들은 수많은 건축설계사, 수공업자 그리고 건축전문가들과 팀을 이루어 보물창고 이탈리아를 건축했고, 그곳의 한쪽 끝에서 다른 쪽 끝까지 빼곡이 예술품들로 채움으로써 이탈리아를 모든 예술 매니아와 미를 갈망하는 사람들의 메카로 만들었다. 이탈리아 도시들은 화려하게 빛나는 보석상자들이 되었다. 교황들은 고대의 폐허도시 로마에 기독교 최대의 성당인 성 베드로 성당을 신축하고 이 성당을 중심으로 장엄한 바로크 양식의 로마를 새롭게 건설했다.

피렌체에서는 브루넬레스키Brunelleschi가 중력의 법칙을 정복하고 건설한 대성당의 둥근 돔에 사람들은 열광했으며, 메디치 가문과 알베르티 가문 등의 백만장자들은 이곳의 아르노 강변에 궁전들을 지었고, 거기에 피렌체 예술가들의 아틀리에와 작업장들에서 탄생한 수백 점의 예술품들을 채웠다.

피사Pisa에서는 중력을 이기고 솟아오른 대리석 탑이 사람들을 놀라게 했으며, 갈릴레오는 거기에서 실험을 통해 낙하법칙을 캐냈다. 팔라디오Palladio는 비첸차Vicenza와 그 근교에 궁전과 호화저택들을 고대 그리스 스타일로 건축했는데, 이것들은 나중에 모든 영국의 별장과 저택, 미국 남부 주(州)들의 기둥장식 건축물들 그리고 워싱턴 백악관의 모델이 되었다.

이 시대와 이후의 몇백 년을 위해 화룡점정(畵龍點睛)을 찍은 것은 둥근 황금 지붕들과 궁전으로 이루어진 신기루와도 같이 영롱한 수상(水上)도시 베네치아다. 세계에서 유일하게 연극 무대처럼 화려하게 사주(砂洲) 위에 건설된 이 도시는 일종의 마력을 지니고 있어서, 셰익스피어의 『베니스의 상인The Merchant of Venice』에서부터 토마스 만의 『베네치아에서의 죽음Tod in Venedig』, 레온Leon 부인의 범죄소설들에 이르기까지 수많은 문학작품들의 배경이 되었다. 이 도시가 한창 번영할 때는 축제문화가 꽃을 피워 그

명성을 유럽 전체에 떨쳤다. 총독의 화려한 취임식, 여자들의 축제 가란겔로, 도시 후원자의 생일잔치, 성 마르쿠스 탄생일 그리고 일년 중 가장 성대한 축제인 '베네치아와 바다의 결혼식'에서는 끝이 제비꼬리 모양으로 갈라지거나 세모꼴로 뾰족한 긴 깃발들이 현란하게 장식된 돛대들이 있는 수천 척의 보트와 곤돌라들이 대운하에서, 그리고 동방 양식의 산 마르코 교회와 총독 관저가 있는 산 마르코 광장의 앞바다에서 자태를 뽐내며 경주(競舟)를 했다. 베네치아의 사육제는 세계적으로 유명해졌다. 역사가 흐르고 오래되면 될수록, 그만큼 더 베네치아는 문학의 도시, 동경의 도시 그리고 신혼여행지가 되었다. 베네치아는 또한 의심스런 도시적인 발명품인 게토에 대해서도 책임이 있었다. 유대인들이 사는 거리를 보통 게토Ghetto라고 부르는데, 이 단어는 베네치아의 한 지역의 주조소(鑄造所) 이름인 게토getto에서 유래했다.

이탈리아의 도시들은 적어도 17세기 말부터 유럽 젊은이들의 교양여행지가 되었다. 이런 여행은 오늘날도 권장할 만하다. 자신의 안목과 취향을 키우길 바라는 사람은 리미니에서 베네치아, 피렌체 또는 로마로 이르는 해안 코스를 선택하지 않는 편이 좋다. 왜냐하면 라파엘로와 티치아노의 여성들이 아직도 독일의 반네-아이켈 지방과 보트로프 식민지의 비키니 아가씨들보다 아름다우므로 한눈을 팔게 되기 때문이다.

르네상스의 종말

이 아름다움을 낳은 샘물이 왜 130년 후에 고갈되었을까? 그것은 한 명의 이탈리아인과 한 명의 독일인이 그 샘을 흩어버렸기 때문이다.
- 1492년에 이탈리아 제노바 사람 콜럼버스Columbus가 포르투갈인들과 함께 인도로 가는 해로를 발견했기 때문이다. 그후에는 북서부 유럽의 상인들이 무역 물품들을 안트웨르펜과 리스본을 통해 수출입하는 것을 선호했다. 이탈리아의 유산을 네덜란드인들이 물려받게 된 것이다.

● 1517년에 아우구스티누스 수도회의 수도승 마르틴 루터Martin Luther 가 비텐베르크 성(城)의 교회 문에 종교적으로 아주 부정확한 95개의 논제로 이루어진 격문을 써붙였다. 그동안 겉으로 드러나지는 않았지만 널리 팽배해 있던, 교회에 대한 좋지 않던 여론을 공개적으로 표현한 것이었다. 처음에는 졸졸 흐르던 불평, 불만이 불어나 마침내 댐을 무너뜨려 교회를 둘로 갈랐다. 큰 물이 모두 빠지고 난 뒤에는 다음의 세 개 진영이 남아 있었다.

● 가톨릭 … 여기에 속한 사람들은 여전히 로마 교회에 충성했거나, 아니면 강화된 설득에 포박되었다. 이런 일은 특히 스페인, 이탈리아, 프랑스, 폴란드 그리고 아일랜드에서 자주 발생했다.

● 루터교와 영국 국교회 … 루터교인들은 루터의 교리를 따랐으며, 영주의 명령을 따르는 국가교회를 형성했다. 이런 일은 스칸디나비아 반도, 발트해 연안 그리고 독일에서 일어났다. 영국 국교회도 왕에게 굴복했지만, 그들은 가톨릭 예배의식 규정을 칼뱅교도의 구원예정설과 결합했다.

● 칼뱅교와 퓨리턴(청교도) … 칼뱅교라는 명칭은 급진적 개혁론자인 칼뱅Calvin에서 유래했다. 칼뱅은 스위스 제네바에 원칙을 중시하는 신국(神國)을 건설했다. 퓨리턴은 영국의 극단적인 신교도를 가리키는데, 이들은 예배를 가톨릭의 모든 복잡한 의식(儀式)으로부터 정화하려고 했다. 이 두 신생 교파의 공통점은 사제와 주교들로 조직된 관직(官職)교회에 대한 혐오였다. 따라서 루터가 새로 조직한 관직교회도 싫어했다. 그들의 목표는 사제나 고위성직자가 전혀 없는 자유민주적인 교회를 세우는 것이었다. 그들은 각자가 자신의 사제가 되어야 한다는 만인사제설을 주장했다. 이에 따라 그들은 수많은 종파로 분열되었으며, 그 다채로운 분열상을 보상하기 위해 원칙주의자의 단호함을 견지했다. 그들이 세력을 확장한 곳은 스위스, 네덜란드, 스코틀랜드, 영국이었으며 그 다음은 종교 박해가 전혀 없는 미국이었다. 이

나라들은 다른 한편 민주주의를 발명한 나라이기도 하다. 반면에 국가를 가장 경건히 섬긴 나라는 독일이었는데, 이는 나중에 군국주의의 불행을 낳았다.

이상에서 살펴본 교회의 분열은, 이탈리아의 예를 들자면 그동안 무수한 납부금과 세금의 형태로 이탈리아를 풍요롭게 했던 돈줄이 거의 고갈되는 것을 의미했다.
아메리카의 발견과 종교개혁으로 이탈리아는 자신의 가장 중요한 재원(財源) 두 개를 동시에 잃었다. 이탈리아는 거기에서 더이상 회복되지 못했다. 유럽의 관심은 신천지로 이동했다.

종교개혁과 유럽 국가들의 성립

15세기가 이탈리아의 것이었다면, 16세기는 유럽의 나머지 국가들, 즉 독일, 스페인, 영국 그리고 프랑스의 것이었다. 왜냐하면 이 나라들은 이제 막 태어나서, 독일은 예외지만, 자기들이 살아가기 위한 집인 국가를 건설하기 시작했기 때문이다.
르네상스가 근대의 서곡이었다면, 16세기에는 이제 본령이 시작되는 시기였다. 이 본령은 여러 갈래로 갈라져 발전했다.

현대국가의 성립

스페인, 프랑스 그리고 영국이 현대국가로 성립해나가는 과정은 비슷했다. 화폐경제의 확장과 시민계급의 상승으로 과거의 봉건귀족은 약화되었다. 특히 봉건귀족은 군사적 독립성을 상실했다. 국왕은 양 계급간의 재판관으로 나섰으며 자신의 궁정으로 모든 권력을 집중시켜 귀족을 제압했다.

국왕의 권력은 무제한이었으므로 이 시대를 우리는 절대주의(엄밀히 말해서 초기 절대주의) 시대라고 부른다.

이것은 해당 국가들에게는 우선 축복이었다. 왜냐하면 절대주의는 귀족과 시민계급간의 끝없는 반목을 종식시켰고 나라를 안정시켜 경제와 문화가 꽃필 수 있는 전제를 마련했기 때문이다. 그것은 각 나라들을 통합하고 국민의 공동체 의식을 일깨웠으며 국민 경제의 발전을 위한 광범위한 시장을 형성했다. 이 과정을 각 나라별로 자세히 살펴보면 다음과 같다.

스페인

이베리아 반도에는 포르투갈 이외에 두 개의 왕국 카스티야Castilla와 아라곤Aragon이 있었다. 이 두 나라는 카스티야의 이사벨 1세와 아라곤의 페르디난도 2세의 결혼을 통해 스페인 왕국으로 통합되었다. 이 두 사람은 1492년에 마지막 무어족을 그라나다에서 축출함으로써 몇백 년 동안 지속되던 이슬람교도들의 스페인 지배를 종식시켰다. 그 두 사람은 같은 해에 제노바 사람 콜럼버스를 인도로 보냈는데, 콜럼버스는 실수로 아메리카를 발견했다. 스페인을 수복한 왕 부처는 이로써 멕시코와 남미에서 정복자로 군림할 수 있었으며, 과거에 이슬람교도가 스페인을 총과 칼로 무슬림화했던 것처럼 인디언들을 기독교로 개종시킬 수 있었다.

이런 식으로 코르테스Cortéz와 피사로Pizarro는 아스텍인들의 제국과 잉카를 파괴하고 그들의 금과 은을 훔쳤다. 귀금속의 지속적인 유입은 16세기를 스페인의 황금기가 되게 했다. 아주 단시일 내에 스페인은 유럽의 최강국이 되었으며 태양이 지지 않는 제국의 중심이 되었다. 이렇게 된 데에는 오스트리아 합스부르크 왕가 출신의 남자들과의 왕실 결혼도 한몫했다. 이들 중 막시밀리안 황제(일명 '마지막 기사')는 아주 발빠르게도 유럽의 시장에서 가장 부유한 유산 상속녀들 중의 하나인 부르군트(지금의 프랑스)의 아름다운 공주 마리아와 결혼했다. 그녀가 지참금으로 가져온 것들 중에는 부르군트의 왕위도 있었다. 부르군트는 독일과 프랑스의 국경 좌우 지역에 걸쳐 있었던 나라로 오늘날의 베네룩스 3국, 로트링겐 그리고 부르군트 지방(디종과 리옹 일대)을 포괄하는 지역에 해당한다. 오늘날의 유럽연합처럼 이 나라의 수도는 브뤼셀이었다.

이 나라 이외에도 마리아는 막시밀리안에게 자신의 미모를 쏙 빼닮은 아름다운 왕자 펠리페를 선물했다. 이 왕자는 자신의 모든 유산을 가지고 스페인의 공주 후아나와 결혼했다. 펠리페는 그녀만 사랑하기에는 너무나 아름다웠다. 후아나는 그를 의심하기 시작했고 결국 독살했다. 그러나 그가 바람을 피우지 않았다는 사실을 뒤늦게 확인하고 미쳐버렸다. 그녀는 그의 아름다운 시체를 가는 곳마다 끌고 다녀서 '미친 후아나'라는 별명을 얻었다.

그들 사이에서 태어난 아들은 기독교 세계에서 가장 강력한 군주가 되었다. 신세계 아메리카와 스페인 및 나폴리 왕국의 주인, 부르군트의 지배자, 보헤미아의 왕, 그리고 오스트리아 및 오스트리아 점령지의 세습군주, 이탈리아 북부 전체의 지배자 그리고 독일 신성 로마 제국의 황제를 겸한 그는 카를 5세(또는 카를로스 퀸토)였다. 그의 아들 펠리페 2세는 나중에 포르투갈마저 병합한다. 아버지와 아들은 함께 16세기(1516/19~1598)를 통치하면서 전세계 정복을 도모했다. 이 노력은 두 인물에 의해 무산되었다. 그들은 바로 루터와 영국의 엘리자베스 여왕이었다.

그럼에도 16세기는 스페인의 세기였다. 칼데론 데 라 바르카Calderón de la Barca와 로페 데 베가Lope de Vega는 스페인 고전 희곡을 완성했다. 스페인의 전형적인 두 인물이 이때부터 유럽 문화 속에서 여행을 시작했다. 하나는 여자를 유혹하는 제비족 돈 후안Don Juan이고, 다른 하나는 풍차방앗간을 향해 돌진하는 슬픈 모습의 미친 기사 돈 키호테Don Quixote이다. 돈 키호테는 이상보다 우위에 있는 현실을 무시하고 근대에도 아직 중세의 기사처럼 살 수 있다고 믿는다. 과거의 옷을 입고 현재를 망각하는 그의 인물상은 오늘날까지도 문학작품 속에 계속적으로 변형되어 나타난다(→문학).

합스부르크 가문의 왕들은 마드리드를 수도로 삼았으며, 펠리페 1세는 에스코리알에 거처를 정했다. 스페인 예술은 이탈리아 예술과 경쟁했으며 벨라스케스Velázquez와 같은 거장을 배출했다. 무엇보다도 합스부르크 가문은 스페인이 가톨릭에 머물러 있을 것임을 교회에 보장했다. 수백 년 동안 무슬림과 투쟁하면서 스페인은 유난히 이교도에 대해 민감한 체질이 되었다. 이곳의 종교회의는 과거 무슬림과 유대인들에 대해 늘 노발대발 화를 냈다. 콜럼버스가 미국을 발견하고 스페인의 마지막 무어인이 축출되었던 해인 1492년에 스페인은 유대인들도 내몰았다. 이들의 출국은 출애굽 사건에 비견할 만한 것이었다. 이 모든 것은 사회의 통합이라는 목표를 이루기 위해 일어났는데, 다른 방법으로는 불가능했다.

프랑스

1435년까지 프랑스는 영국과의 백년전쟁을 수행해야 했다(영국인들이 프랑스 왕위 계승권을 요구했기 때문이었다). 1429년 오를레앙의 처녀 잔 다르크 Jeanne D'arc가 등장해 프랑스 군대에게 영국군을 최종적으로 몰아낼 용기를 불어넣었다. 그후 루이Louis 11세(재위 기간 1461~83)는 프랑스의 거대 호족들을 제압하고 프랑스를 왕의 지배 밑에 굴복시켰다. 그러나 국가의 통일은 종교개혁으로 인한 제1차 내전 때문에 다시 위기에 처했다. 프랑스에서 신교도들은 위그노Huguenot로 불렸다(이 단어는 독일어 '맹우盟友 Eidgenossen'가 잘못 프랑스어화된 것이다). 그래서 제1차 종교전쟁(1562~98)은 위그노 전쟁이라고도 불린다.

30년이 넘도록 내전이 계속되면서 파리의 가톨릭교도들은 신교도들을 대학살하는 만행을 저질렀다. 이 만행은 '바르톨로메오의 밤'(1572년 8월 24일, 가톨릭 달력으로 성 바르톨로메오의 축일인 이날, 프랑스 바르톨로메오 사원의 추모식에 모인 위그노 지도자들에 대한 학살이 벌어졌고, 이내 프랑스 전역으로 확대되었다. 바르톨로메오는 예수의 열두 제자 중 하나로 피부를 벗기는 고문을 당해 순교했다고 전해진다-옮긴이)으로 역사에 기록되었다. 피냄새에 취해서 저질러진 이 끔찍한 사건은 유럽 전역에서 가톨릭교도들에 대한 신교도들의 저항을 강화시켰다. 이 내전은 마침내 나바라 가의 앙리가 앙리 Henri 4세로 취임하고 부르봉 왕가를 세움으로써 종식되었다. 그는 신교도였지만, 나라에 평화를 정착시키기 위해 가톨릭으로 개종하고(그의 말 "파리는 미사를 볼 만한 가치가 있다"는 그후 속담이 되었다), 신교도들에게는 종교의 자유를 보장해주었다(낭트 칙령). 그는 이로써 프랑스 절대주의의 토대를 마련했고, 이 토대 위에서 17세기에 리슐리외Richelieu 추기경과 루이 14세(태양왕)가 프랑스 국력을 신장시킬 수 있었다.

영국

영국에서는 15세기 말엽에 왕위를 둘러싼 분쟁이 일어나 랭커스터 Lancaster 가문과 요크York 가문 사이에 귀족전쟁, 이른바 장미전쟁이 벌어졌다(양 가문의 문장[紋章]에는 장미가 하나씩 그려져 있었다). 이들은 과거 노르만족 출신의 귀족가문이었으며 선생에 너무 많은 힘을 소진해서 함께 멸망했다. 이 때문에 튜더Tudor 가문의 영주의 아들 헨리Henry 8세가 전쟁을 완전히 종식시키고 새로운 길을 쉽게 개척할 수 있었다. 그가 왕위에 올랐을 때 그의 결혼 문제는 이 나라와 세계사의 운명의 결정적인 전환점이 되었다. 그의 부인인 아라곤의 캐서린Catherine은 그에게 왕자를 낳아주지 못했다. 따라서 그는 교황에게 (당시의 관례대로) 자신의 결혼을 무효화해달라는 청원을 냈다. 그러나 교황은 카를 5세의 손아귀에 있었으므로 그것을 인정할 수 없었다. 이혼 위기에 처한 캐서린이 카를의 숙모여서 교황은 카를의 압력을 받아 이혼 승인을 거부했다. 그러자 헨리 8세는 로마로부터 독립을 선언했고 영국 교회를 영국 국교회로 만들었으며 자신이 최고 주교가 되었다. 그는 결국 이혼하고 쾌활한 앤 불린Anne Boleyn과 결혼하여 엘리자베스 여왕의 모후가 되게 했다.

헨리 8세는 수도원들을 해산시켰으며, 수도원의 소유지를 신하들에게 분배했다. 이들은 자신이 분배받은 소유지를 다시 토해내지 않기 위해 온갖 어려움을 무릅쓰고 신교도로 머물렀다. 이 새로운 귀족들은 상당히 불법적이지만 왕에게 절대 충성했으며 애국주의자들이었다. 그들은 합법성의 결여를 이미지 정책과 자기 선전을 통해 보완하려 했다. 그래서 그들은 문인들을 후원했고, 이들로 하여금 자신들에게 문학작품들을 헌정하도록 했다.

이 시스템은 16세기 말엽에 문학이 특별히 발전하는 계기가 되었는데, 셰익스피어의 작품들은 그 꽃이었다. 그러나 그전에 헨리 8세는 자신의 둘째부인 앤 불린이 바람을 피웠다고 주장하며 살해하고 난 다음에 세 번째 부인을 맞았다. 이 여자는 그에게 사내아이를 유산 상속자로 선물하고 사망했다. 그는 곧바로 네 번째로 결혼했으나 다시 새로운 여자와 사랑에 빠져 즉시 이혼하고 이 새로운 여자를 다섯 번째 부인으로 맞아들였으나 이 여자가 바람을 피운다는 혐의를 잡아 목을 베어버리고, 완전히 체념한 상태에서 여섯 번째 부인을 맞아들였다. 이 여자는 그보다 더 오래 살아남았다(영국 학생들은 그 여섯 명의 부인들을 '이혼, 참수형, 사망, 이혼, 참수형, 생존'이라는 공식으로 외운다).

결혼을 반복하고 싶어하는 왕의 강박감을 보여주고 푸른 수염의 기사에게나 어울릴 이런 여성 편력은 헨리 8세를 후세 사람들의 기억에 길이 남겼다. 이 사건들은 다분히 장미전쟁의 파국 이후에 영국을 새롭게 절대주의적 기초 위에 세우기 위해 수도원들을 국유화하고 교회를 굴복시키고 새로운 귀족계급을 만든 왕의 추진력과 무자비함도 아울러 엿보게 한다. 이로써 (상원과 하원으로 나뉜) 의회는 제거된 것이 아니라 왕의 심복들이 모여 왕의 조치를 수행하기 위한 보조기관이 되었다. 의회는 100년이 지난 후에야 겨우 왕을 견제할 수 있었다. 초기에 의회는 왕을 뒷받침했을 뿐이다.

헨리 8세의 세 번째 후계자인 엘리자베스 여왕 시대에도 마찬가지였다. 그녀가 장기간 통치하는 동안(1559~1603) 전대미문의 문화가 꽃피웠으며, 그녀의 지휘하에 영국군들은 날씨와 연합하여 스페인의 공격함대 아르마다(Armada, '무장한 함대'라는 뜻)를 격파했다(1588). 이 함대는 엘리자베스 여왕이 가톨릭을 믿는 스코틀랜드의 여왕 메리 스튜어트Mary Stuart를 자신에 대한 암살혐의로 참수한 것에 복수하기 위해 영국으로 쳐들어왔다.

궁정문화와 국가

16세기는 유럽의 국가들이 현대적인 민족국가로 발전한 시대였다. 인적 관계를 중심으로 하는 봉건적 결합체가 발전하여 오로지 영주만이 권력을 독점하는 지역국가가 되었다. 권력은 그의 궁정으로 집중되었다. 귀족은 권력에 참여하고 싶으면 고향의 성(城)을 떠나 궁정으로 와서 영향력이 있거나 소득이 높은 관직을 따야 했다. 그러기 위해서 귀족은 군주의 총애를 받거나 강한 인상을 심어주어야 했다. 귀족이 치러야 하는 경쟁은 치열했다. 우선 궁정의 당파(黨派)에 줄을 댈 결정적인 정보를 입수해야 했다. 그 동안 고향의 성에서 자기 마음대로 왕노릇을 하던 귀족은 처음으로 자기보다 더 강하고 높은 사람들을 고려해야 하는 현실을 체험했다.

여자들도 마찬가지였다. 그들은 이제 세련되기 시작했다. 전체에 대한 조망을 갖고 권력에 도달할 기회를 확보하기 위해서 그들은 잔인함과는 다른 속성이 필요했다. 이제 그들은 자제해야 했고, 관찰하고 계획해야 했으며, 심지어 자신을 억누르고 위장해야 했다. 그들은 다른 사람들의 마음에 들기 위해서 공손히 행동해야 했으며, 에티켓을 범해서는 안 되었고 편안한 매너로 사람들을 매료시켜 자기편으로 만들어야 했다. 자신의 목표에 도달하기 위해 그들은 다른 사람의 심리를 통찰할 수 있어야 했고 고도의 음모를 통해서 사람들을 자신의 편으로 끌어들여야 했다.

다시 말해서 궁정은 좋은 매너, 자기 통제, 위장, 음모, 연극, 그리고 자기 연출을 특징으로 하는 새로운 행동문화를 키웠다. 궁정은 배우의 덕이 최고로 인정받는 연극무대가 되었다. 그곳은 전제군주를 중심으로 하는 국립극장처럼 되었다. 궁정의 신하들은 자신이 그 역할을 얼마나 잘하는지에 따라서 군주의 총애를 받거나 잃었다. 이것은 자신의 영향력뿐만 아니라 수입에도 결정적인 영향을 미쳤다. 군주에게 말을 잘해서 스페인의 주세

(酒稅)를 관리하게 된 자는 경제적인 걱정 없이 잘살 수 있었으며, 왕의 귀를 솔깃하게 할 수 있는 자는 왕의 오른손보다 힘이 세졌다.

이 국립극장은 잘 고안된 에티켓을 통해 통치되었다. 이것은 위계질서의 서열에 따라 군주의 총애가 차별화되어 있음을 강조함으로써 궁신들의 경쟁심을 유발하는 데 기여했다. 그들이 서로 경쟁하고 있는 한 군주의 권력은 위협받지 않았다. 다시 말해서 명예욕에 불타는 귀족들을 통제하기 위해서 궁정은 그들의 에너지를 결속하는 연극을 늘 새로이 제공하면 되었다. 그래서 유럽의 궁정들에서 고유의 궁정문화가 생겨났으며, 군주와 귀족은 기꺼이 화가와 작가들을 고용해 자신들을 고대의 신과 영웅으로 묘사하게 했다.

고대문화는 인문주의자들과 르네상스를 통해 재발견된 이후에 군주와 궁신들의 자기 연출을 위한 의상실 역할을 했다. 이런 식으로 그들은 행동의 원리가 윤리도덕적 원칙뿐만 아니라 연극 연출상의 규칙들도 따라야 한다는 것을 체험했고, 이를 통해서 정치도 배웠다. 여기에서 완벽한 결론을 유도해낸 최초의 인물은 『군주론 Il Principe』을 저술한 마키아벨리 Machiavelli였다.

현대국가의 발전이 현대화의 엔진을 위한 에너지원이었다면, 나머지 에너지는 종교개혁에서 비롯되었다. 이를 고찰하기 위해 이제 독일로 가자.

독일

이탈리아 르네상스는 15세기에 그 광휘를 독일 남부도시들에도 비추었다. 이 도시들은 알프스 남부도시들과 무역을 통해 연결되어 있었고 문화적으로도 비슷했다. 피렌체의 메디치 가와 같이 아우구스부르크의 푸거 Fugger 가는 국제적인 금융가문이었다. 그들은 막시밀리안 황제의 사업을 재정적으로 지원했으며 카를 5세에게 왕관을 사주었고 그 대가로 구대륙과 신대륙의 광업권과 더불어 귀금속을 확보했다. 그들의 금속 제국은 안트웨르펜에서 포르투갈인들의 향신료 제국과 교차했으며 플랑드르의 그

도시를 세계의 금융 중심지로 만들었다.

이에 비해 뉘른베르크는 예술 세공품의 중심지가 되었다. 이곳에서 금은 세공사들은 유럽 전역에 제품을 공급했으며, 뒤러Dürer는 중세에서 르네상스로 넘어가는 독일 회화를 주도했다. 그는 눈에 띄는 모든 것을 그렸다는 점에서 레오나르도와 닮았다. 종교적인 주제와 세계 창조에 몰두했다는 점에서는 미켈란젤로와 같았으며, 의뢰인의 얼굴을 초상화로 영원히 남겼다는 점에서 티치아노를 닮았다. 이렇듯 그는 당시의 독일인 중에서 가장 중요한 화가였다. 특히 그가 남긴 타의 추종을 불허하는 업적은 데생이었다. 그는 데생 분야의 선구자였다. 그는 목판화의 왕자였으며 동판화의 제후였고 책 삽화와 그래픽 제국의 지배자였다. 그의 그래픽화들은 인쇄되어 널리 유포될 수 있다는 장점이 있었다. 그래서 그것들은 많은 사람들의 주목을 받았고 화가에게 많은 돈을 벌게 해주었다. 그의 판화 「기사와 죽음과 악마Ritter, Tod und Teufel」는 독일의 민족적 아이콘(나치의 유대인 학살을 암시함-옮긴이)이 되었으며, 「사자를 치료하고 있는 성 히에로니무스 Heiligen Hieronymus im Gehäuse」와 「멜랑콜리아Melancholia」가 그 뒤를 이었다. 이 속에서 독일인들은 독일을 재발견했는데, 이 재발견된 독일에서는 이미 교회가 신교와 구교로 분열되어 있었다.

종교개혁의 동기

종교개혁의 원인 제공자는 로마였다. 메디치 가 출신의 교황 레오 10세는 성 베드로 성당을 짓기 위해 돈이 필요했다. 그래서 그는 온세계에 면죄부 판매원들을 파견했다. 이들은 탁발승들이었으며 모든 죄를 용서하는 교황의 보증서를 팔기 위해 이 집 저 집 돌아다니며 문전행상을 했다. 하지만 각 나라의 군주들은 거액의 돈이 자기 신민(臣民)들의 주머니에서 교황의 금고로 머나먼 여행을 떠나는 것을 원치 않았다. 교황은 이들을 설득하기 위해 면죄부의 판매 이익을 함께 나눠가질 수 있도록 하겠다고 약속했다. 이 약속을 할 때 그는 작센의 현자 프리드리히Friedrich를 깜박 잊고 있었다.

프리드리히는 현명하게도 자기 나라에서 면죄부 판매를 금지시켰다. 이때 테첼Tetzel이라는 아주 능숙한 판매원이 있었다. 그는 도미니쿠스 수도회의 노회한 탁발승으로 작센의 국경에 대리점을 차렸다. 그러자 인근 도시 비텐베르크의 주민들이 달려와서 그의 광고연설을 들었다. "돈이 상자 속에 딸랑 떨어지는 소리가 나자마자, 돈 낸 사람의 영혼은 하늘나라로 점프합니다." 사람들은 이 말을 듣고 면죄부를 샀다. 그러나 그 증서가 신학적으로 과연 그런 효력을 지니는지 의심스러워 그들은 비텐베르크 대학으로 달려가서 교수에게 증서의 가치를 감정해달라고 부탁했다. 교수는 그 가치의 입증을 거부했는데, 그 교수가 바로 루터였다.

그 다음날 그는 슐로스키르헤 교회의 문에 대자보를 써붙였다. 거기에는 그가 입증을 거부하는 이유가 95가지나 적혀 있었다. 그리고 여론을 확보하기 위해 루터는 라틴어로 된 그 글을 독일어로 번역했다. 1517년 10월 31일의 일이었다. 오늘날도 신교도들은 이날을 종교개혁일로 기념한다.

마르틴 루터

이 마르틴 루터Martin Luther는 누구인가? 그는 광부의 아들로 태어나 법학을 공부했으나 일찍이 정신적 갈등으로 위기에 빠졌으며, 어느 날 천둥번개가 치자 너무나도 두려워서 만일 자신이 살아남으면 일생을 교회에 헌신하겠다고 마음속으로 서약했다. 그후 그는 아우구스티누스 수도회에 들어가 수도사가 되었고 금욕생활을 통해 죄의식에서 벗어나고자 했으며 금식으로 거의 죽을 뻔했고 마침내 지칠 대로 지친 상태에서 구원을 체험했다.

어느 날 「바울로의 편지」를 읽던 그는 사람이 지옥불에서 구원받는 것은 의로운 행위를 통해서가 아니라 신의 은총에 대한 믿음을 통해서라는 구절을 발견했다. 그 다음에 그는 일사천리로 화려한 경력을 쌓았다. 로마로 순례여행을 떠났고 비텐베르크 대학의 교수로 초빙되었으며 교회의 직분사다리를 타고 올라가 대표 보좌신부, 즉 주교의 최고 행정관이 되었다.

로마와의 단절

루터의 95개 항목은 걷잡을 수 없는 팜플렛 전쟁을 유발했다. 물론 이 전쟁에는 기존의 협박수단인 불(火)과 검이 수반됐다. 그러자 교황 레오는 루터를 로마로 소환했다. 이제 마르틴 박사는 정치적 장기판의 장기알 신세가 되었다. 레오는 십자군 전쟁을 결의하고 여기에 필요한 자금을 조달하기 위해 소득의 10퍼센트 내지 12퍼센트에 이르는 전쟁세를 신설했다(기존의 모든 세금, 요금 그리고 납부금들은 그것들대로 따로 납부해야 했다).

황제 막시밀리안과 군주들에게 그 징세는 너무 심한 것이었다. 따라서 이들은 격렬히 저항했고 루터를 사상적 무기로 자기들 뒤에 모셔두고 보호했다. 루터는 로마로 가는 대신에 보름스의 제국 의회로 가라는 새로운 명령을 받았다. 그는 이 의회에 참석한 교황의 사절, 카예탄Cajetan 추기경 앞에서 자신의 이교도적 행위에 대해 책임을 지고 혹세무민하는 교설을 철회하기로 예정되어 있었다. 그러나 루터는 거기에서 철회를 거부했다. 비텐베르크 대학의 동료들인 멜란히톤Melanchthon과 카를슈타트Karlstadt가 그의 편이 되어주었다. 잉골슈타트 대학(나중에 여기에서 프랑켄슈타인이 공부했다)의 부총장 에크Eck가 루터에게 그 이유를 변론해보라고 다그침으로써 분위기를 고조시켰다. 논쟁이 격렬해지면서 루터는 교황의 권위에 대해 회의적인 생각이 들기 시작했다. 그 회의는 뿌리에까지 미쳤다. 즉 급진적으로 되었다(독일어의 '급진적radikal'이라는 말은 라틴어 '뿌리radix'에서 나왔다).

에크는 로마로 돌아가 루터의 파문을 건의했다. 그러나 독일은 루터를 영웅처럼 환호했다. 인문주의자 후텐Hutten은 루터를 독일의 해방자라며 환영했고 그와 나머지 기사들(북독일의 신교권 귀족들을 가리킴-옮긴이)을 옹호했다. 교황이 루터를 정말로 파문하겠다고 위협하자, 그는 「독일의 기독교 귀족에게 고함」이라는 글을 발표했다. 거기에서 그는 교황에 대한 순종을 거부하고 독일의 민족교회를 건설하자고 독일 국민에게 촉구했다. 그래야만 돈이 쉴새없이 로마로 흘러들어가는 것을 막을 수 있을 것이며, 결국 최후의 권위자는 교황이 아니라 성서 말씀이라고 주장했다.

게다가 모든 사람이 각자의 사제(司祭)라는 논리를 펼쳤다. 이로써 그는 루비콘 강을 건넌 셈이었다(카이사르도 국경의 루비콘 강을 건넘으로써, 로마와 일대 결전을 시작했다). 이제 충돌은 피할 수 없었다. 그의 선창(先唱)에 따라 종교개혁과 민족국가의 신혼생활이 시작되었다. 가톨릭에서 신교로 개종이 이루어지는 곳마다 민족적 이유가 배후에 있었는데, 특히 영국에서 그러했다.

루터는 그 뒤에 실제로 교황에게 파문을 당하자 「교회의 바빌론 유수(幽囚)」라는 글로 파문에 답했다. 과거에 바빌론에 유수되었던 유대인들이 그랬던 것처럼 새로운 언약의 교회는 오랫동안 교황에게 포로로 사로잡혀 해방을 고대해왔다는 내용이었다. 이 순간부터 양 진영은 서로의 권고문, 발송문과 봉인(封印)칙서들을 공개적으로 불사르는 의식을 거행했다. 마침내 루터는 교황의 가르침을 거부하지 않는 사람은 누구도 하늘나라에 갈 수 없다고 선언하기에 이르렀다. 그는 대안교회를 세웠으며 교황을 파문했다. 이리하여 분열은 기정 사실화되었다.

"여기에 제가 서 있습니다. 저는 달리 어쩔 도리가 없습니다."

그동안 정치적 장기판에는 획기적인 국면 전환이 있었다. 우선 막시밀리안 황제의 뒤를 이어 그의 손자 카를(나중에 카를 5세가 됨)이 왕위에 올라 있었다. 카를은 합스부르크 가문 출신이었지만 독일 신성 로마 제국의 황제라기보다는 가톨릭을 믿는 국가인 스페인의 왕이어서 신교를 선택할 수 없었다. 게다가 그는 터키의 침입을 막기 위해 교황의 지지가 필요한 형편이었다.

전세를 뒤엎는 획기적인 정치적 결정은 1521년 보름스 제국 의회에서 내려졌다. 우선 카를은 루터가 그곳으로 여행을 떠날 수 있도록 그에게 자유통행증을 발부했다. 그곳으로 가서 루터가 그동안의 행동에 대해 반성할 수 있도록 하기 위해서였다. 루터는 친구들의 만류에도 위험을 무릅쓰고 그곳으로 출발했는데, 그 여행은 승리의 행진이 되었다. 수많은 군주들이 모인 자리에서 교황의 사절은 그에게 두 가지 질문을 던졌다. 첫 번째 질문은 그가 이 글들(사절은 루터의 글을 책상 위에 잔뜩 쌓아두었다)을 정말로 저술했는가였으며, 두 번째 질문은 그가 그것들을 철회하겠는가였다.

루터는 첫 번째 질문에 대해서는 인정했지만 두 번째 질문에 대해서는 하루만 생각할 시간을 달라고 대답했다. 그 다음날 제국 의회가 다시 소집되었고 같은 질문이 다시 제기되자, 모인 사람들은 온세상과 함께 숨을 죽이고 긴장했다. 루터는 대답했다. "교회의 폐해에 대한 저의 글은 도처에서 인정되었습니다." 그 순간 황제는 "아냐!"라고 외쳤다. 루터는 말을 계속했다. "신학적 질문들과 관련한 제 글 중에서 만약 성서에 모순되는 것이 발견된다면 즉시 철회하겠습니다." 그러자 교황의 사절은 "자네만이 옳고, 나머지 모든 사도와 역대의 교황들은 전부 틀리다고 주장하는 건가?"라고 질문했다. 이에 대해 루터는 자신은 성서만을 믿는다고 답변했다. "여기에 제가 서 있습니다. 저는 달리 어쩔 도리가 없습니다." 카를은 그를 돌아가도록 허용했지만, 그에게 국외 추방명령을 내렸다.

종교개혁의 확산

루터는 기사의 옷을 입었고 자신을 융커(Junker, 지주) 외르크Jörg라 일컬었으며 바르트부르크 성에 은신해 있었다. 그동안 로마 교회에 반대하는 저항세력이 독립했다. 그의 동료 카를슈타트는 신부 복장을 벗어던지고 결혼했다. 뒤를 이어 루터의 아우구스티누스 수도회 소속 신부 13명이 결혼했다. 곧 독일 수도원의 절반이 텅 비었다. 대학생들은 성당의 제단과 마리아 상을 파괴했다. 독일은 팜플렛, 전단 그리고 결의문들의 전쟁터로 변했다.

루터가 슐로스키르헤 교회에 대자보를 붙인 해에 독일에서 발행된 책이 총 150권이던 것이 7년 만에 약 1,000권으로 늘어났다. 이들 대부분이 종교개혁을 편들었다. 루터의 저술은 베스트셀러였으며 유럽 전체에 판매되었다. 종교개혁은 때마침 구텐베르크가 인쇄술을 발명한 매체혁명의 토대 위에서 비로소 가능했다. 신교는 서적종교가 되었다.

독일어 성서

루터가 성서를 독일어로 번역한 것은 그의 결정적인 공적들 중의 하나였다.

1521년에 신약이 독일어로 출판되었다. 이 번역의 기초가 된 것은 에라스무스Erasmus의 그리스어 및 라틴어 대역 신간성서였다.

1534년에 루터는 구약 번역도 완료했다.

루터의 성서는 가장 중요한 문학작품이 되었다.

신교도들은 성서를 신의 말씀으로 간주하기 때문에 텍스트 자체가 숭배의 대상이었다. 이제 사람들은 성서를 교회에서만이 아니라 가정에서도 식사 후에, 가정 예배시간에, 그리고 심심할 때도 읽었다. 성서는 설교 중에도 해석되었다.

종교개혁자 루터가 문학에도 조예가 깊었던 것은 참으로 다행스러운 일이었다. 그의 독일어는 힘이 있으면서도 이미지가 풍부하고 민중적이었다. 루터의 성서는 숙어, 이미지, 비유, 수사학적 표현, 그리고 인용 가능한 속담과 언어형태들의 공동자산을 독일 국민 모두에게 공급했다. 이에 힘입어 루터의 독일어는 독일어의 마지막 틈새까지도 파고들어, 독일어의 수많은 방언과 구어들을 차츰 문어화시켰다. 따라서 언어적 관점에서도 종교개혁은 독일인들이 민족의식을 자각하는 데 결정적인 동기를 제공했다.

새 교회

루터는 이리하여 성서를 모든 종교적 가르침의 유일한 기준으로 삼았다. 그는 성서에 나오지 않는 정죄(淨罪, 이 세상에서 충분히 죄의 보속을 하지 않는 자가 사후 연옥에 떨어져 그곳의 불로 고행을 하여 죄를 씻고 비로소 천국에 들어가는 일-옮긴이), 마리아 숭배, 성인(聖人), 고해성사 그리고 임종 도유식(塗油式, 병이나 악마 등을 쫓거나, 신성한 힘을 주입하는 상징적인 의미로서 몸에 기름을 바르는 의식-옮긴이)을 모두 없앴다. 그는 이런 의식(儀式) 대신에 설교가 예배의 중심에 오도록 했다. 이리하여 루터교는 설교, 그리고 성서와 더불어 말과 글의 종교가 되었다.

　루터가 가장 적대시한 것은 교황과 로마 교회가 권위를 주장하는 것이었다. 그는 신과 인간의 중재자로서의 사제들의 특권을 빼앗아버렸다. 이리하여 신부들이 결혼을 하지 않는 것은 아무런 의미가 없게 되었다. 모든 사람이 이제 각자의 사제였다. 이로써 관직교회의 권위는 치명적인 일격을 맞고 흔들렸다. 교회의 모든 위계질서는 사라졌다. 교회는 신의 은총을 관리하는 일을 멈추었고 이교도에서 유래한 모든 전통은 말소되었다. 이로써 기독교는 다시 유대교에 가깝게 되었다.

　기존의 보편적 교회는 민족적 지역교회로 대체되었다. 지역교회들은 국가에 충성했다. 이리하여 종교는 다시 내세적이 되었으며, 현세는 정치권력에게 맡겨졌다. 이로써 루터교는 국가에 대해 순종적이 되었다.

　이런 점에서 루터는 모든 혁명가의 운명이 그렇듯 금세 추월당했다. 그는 더욱 급진적인 사람들로부터 사회 정의의 실현을 위해 나서야 한다는 재촉을 받았다. 남부독일에서는 루터의 글에서 인용한 슬로건을 기치로 내걸고 농민봉기가 일어났다. 루터는 그들과 거리를 유지했고, 폭동은 무자비하게 진압되었다. 루터는 폭동을 반대하고 주군들의 편에 섰던 것이다.

재세례파

　같은 시기에 스위스에서는 최초의 재세례운동이 일어났다. 이 새로운 교파는 어른들에게 세례를 주기 시작했으며, 그리스도의 임박한 재림을 고대했고 시민의 의무를 기피했으며 당국의 모든 명령에 대해 평화적으로 저항했다. 몇몇 사람들은 원시 공산주의와 일부다처제를 지지했다. 그들은 빠르게 세력이 불어났으며 그만큼 급속히 박해를 받았다. 가톨릭교도, 루터교도들이 공히 그 박해자였다. 재세례파의 복음은 슈바벤에서 네덜란드로 전달되었고, 예언자 마테이스Mathys와 제자인 레이덴 출신의 보켈손Bokelsen은 그 복음을 정치적으로도 실천했다. 그후 얼마 되지 않아 그들은 루터교 목사인 뮌스터 출신의 로트만Rottmann의 구조요청에 접하게 되었다. 이 목사는 뮌스터의 가톨릭 주교와의 심한 갈등으로 고민하고 있었다. 행동욕망으로 가득 찬 두 사람은 신의 도움을 날개로 달고 즉시 그곳으로 날아가서 주교의 용병들을 두들겨패서 도시 밖으로 몰아냈다.

하지만 주교의 군대가 다시 도시를 포위해, 재세례파는 압박을 견디다 못해 뮌스터에 독자적인 정부를 수립했다. 이 정부는 전쟁법과 재세례파 독재가 혼합된 일종의 전체주의 체제였다. 경제제도는 공동소유를 기반으로 했으며, 후세 사람들을 가장 매료시켰던 일부다처제도 그 체제의 특징 중 하나였다. 뮌스터에는 여자들이 남자보다 훨씬 많아 일부다처제는 여자들의 환영을 받았다. 보수적인 사람들이 지도자 보켈손을 책임자로 체포했을 때, 그는 이 도시의 여자들에게 구출되었다. 하지만 그들은 보켈손과 나머지 재세례파를 주교의 경악스런 보복에서 보호해주지는 못했다. 장기간의 포위 끝에 도시가 함락되자 재세례파는 야수처럼 고문을 당했고, 그들의 갈기갈기 찢긴 몸은 짐승우리에 넣어지거나 람베르트 교회의 탑 꼭대기에 매달려 까마귀밥이 되었다. 그 쇠우리는 가톨릭 교회의 엄격함을 환기시키기 위해 지금도 그대로 매달려 있다.

재세례파는 다시 평화를 되찾았으며 네덜란드 사람 메노 시몬스Menno Simons의 이름을 따서 자신들을 메노인이라고 일컫기도 했는데 네덜란드에서 만나게 될 2차 박해의 소나기를 향해서 가고 있었다. 많은 재세례파인들은 나중에 미국으로 이주해서 펜실베이니아에 애미쉬('암만파'라고 일컫기도 함. Amish) 교구를 건설했다(영화 「유일한 증인」에 묘사됨. 한국 개봉 제목은 「목격자」). 몇몇 사람들은 스위스의 아펜첼과 베른의 아래에 숨어 살아남았다. 그들의 무정부주의적 반항정신은 나중에 네덜란드의 칼뱅주의자, 영국의 퓨리턴, 그리고 미국 뉴잉글랜드의 청교도들의 혼과 정신이 될 근본주의적 민주주의를 미리 조금 맛보게 해준 것이었다.

스위스

스위스의 주(州)들과 네덜란드의 도시들은 역사적으로 서로 비슷한 운명의 길을 걸어왔는데 이것은 그들이 공통점을 가지고 있었기 때문이다. 우선 두 나라는 결정적으로 중요한 교통로를 지배하고 있다. 스위스의 주들은 알프스의 협곡을, 네덜란드의 도시들은 라인 강 삼각주의 항구도시들을 가지고 있다. 그리고 그들 땅의 주군(主君)은 오스트리아의 합스부르크인들이었다. 스위스와 네덜란드는 이 합스부르크인들을 신들의 땅에서 몰아내는 순간에 독일 제국으로부터도 독립했다. 왜냐하면 독일 제국은 사실상 합스부르크인들의 신성 로마 제국이었기 때문이다. 이 점이 오늘날까지도 그들이 독일로부터 독립을 유지하고 있는 까닭이다. 그 독립은 1648년에 뮌헨의 베스트팔렌 조약에 의해 최종적으로 인정되었다.

비교적 중요한 무역로들이 알프스 산 위로 나 있어 스위스는 그 일을 더 일찍이 착수했다. 1291년에 최초의 세 주(州)인 우리, 슈비츠 그리고 운터발덴이 반오스트리아 신동맹을 결성했고 '뤼틀리 맹약'으로 그 결의를 재확인했다. 스위스인들이 오스트리아에 저항하게 된 것은 실러Schiller의 『빌헬름 텔*Wilhelm Tell*』에 따르면 오스트리아의 심술궂은 게슬러라는 인물이 스위스의 씩씩한 빌헬름 텔에게 아들을 100미터 거리에 세워놓고 그 머리 위에 올려놓은 사과를 활로 쏘아 떨어뜨리게 한 데서 유발되었다고 한다. 이 못된 짓은 스위스인들을 자극해 14세기 내내 점점 많은 사람들이 최초의 스위스인들과 합류해 하나가 되게 만들었다.

게다가 그들은 쉴새없이 스위스로 공격해 들어오는 오스트리아 군대, 그리고 나중에는 부르군트 군대를 막아내고 섬멸하기 위해 힘을 합쳐 끈기있게 싸워야 했다. 그렇지만 스위스인들의 전투태도는 좀 비겁했다. 그들은 귀족에게나 어울릴 전투방법인 기사도 규칙을 지키지 않았다. 기사들은 말을 타고 전투 스포츠 룰에 따라 위에서 아래로 싸웠다면, 그들은 농부였으므로 걸어다녔고 갈퀴가 달린 5미터 길이의 창 헬레바르덴과 갑옷으로 무장한 기사들을 찔러 말에서 떨어뜨렸고, 갑옷을 입어 딱정벌레처럼 속수무책으로 벌렁 드러누워 있는 기사들에게 마지막으로 은총의 일침을 가했다. 유럽 귀족들은 영국 귀족들을 빼고는 대개 학습능력이 없어 전통적 기사의 전투방식을 고수했기 때문에 스위스인들은 무적무패라는 명성을 얻었다.

그후로 유럽 사람들은 그들을 건드리지 않았다. 그 대신에 유럽의 군주들은 스위스 용병들을 근위병으로 뽑아 자신들의 둘레에 세웠는데, 이것은 교황이 오늘날까지도 지키는 관례가 되었다. 스위스인들은 이제 군사적 잠재력이 있으며 알프스 협곡들을 이용하기 때문에 오늘날 준강대국이 되었다. 또한 그들은 일찍부터 민주주의에 익숙해져 있었기 때문에, 최초의 세 주(州)만을 제외하고는, 종교개혁에 대해 긍정적이었다. 이로써 스위스는 두 명의 종교개혁자, 즉 취리히의 츠빙글리Zwingli와 제네바의 칼뱅Calvin의 고향이 되었다.

취리히 대성당의 신부 츠빙글리는 종교를 비판적으로 연구한 결과, 루터와 비슷한 결론에 도달해 1524년에 종교개혁을 주도했다. 그와 루터의 차이는 성찬식에 있었다. 루터는 성체 변성(포도주와 빵이 그리스도의 피와 살로 변하는 것)을 믿었고, 츠빙글리는 그것을 단지 상징적인 비유로 간주했다. 두 사람은 이른바 '마르부르크 회담'에서 양 교파의 통합을 시도했으나 실패했다. 한때는 독일의 절반이 츠빙글리화되었다. 츠빙글리는 스위스에서 가톨릭 세력과의 싸움에서 전사했다(1531). 종교개혁의 결과가 한층 더 진전된 곳은 제네바였다.

제네바의 칼뱅 신국(神國) 그리고 자본주의 정신

제네바와 한 남자의 해후가 세계사적 결과를 낳았다. 그 해후가 이루어질 때, 무역 루트의 교차로에 있는 이 도시는 무역을 방해하고 허리띠를 졸라매게 만드는 정치권력자들, 주교, 그리고 사보이의 영주와 힘든 전쟁을 치르고 있었다. 이러한 난국을 타개하기 위해 제노바는 동부의 스위스인들에게 도움을 청했다. 이들은 기꺼이 응했고 주교와 영주를 몰아냈다. 가톨릭 주교가 이 도시를 적으로 간주해 괴롭혔기 때문에, 제네바는 그후 계속해서 종교개혁 편을 들었다. 두 달 후에 운명의 신이 칼뱅의 형상을 하고 이 도시로 흘러들어왔다(1536).

칼뱅은 프랑스 리옹 출신으로 법학을 공부했지만, 그의 저술은 그를 종교개혁 신학자로 유명하게 만들었다.

칼뱅은 예정설을 믿었다. 신은 인간을 창조할 때 누가 구원받고 누가 저주받을지를 미리 정해놓았다는 것이다.

이 부조리한 교리는 첫눈에 마치 도덕은 인간의 태도에 아무런 영향을 미치지 못하는 무력한 것처럼 보인다. 왜냐하면 모든 것이 미리 정해져 있기 때문이다. 이론적으로 이런 견해는 옳다. 그러나 실제로는 정반대의 현상이 나타난다. 만약 어떤 사람이 신을 경외하는 태도를 보인다면 이 태도는 그가 신의 선택을 받은 극소수의 사람들에 속한다는 것으로 해석되기 때문에 사람들은 이제 각자의 내면에서 신의 은총의 증거를 발견하고 싶어하며 진짜 선택된 사람처럼 행동하게 된다. 이리하여 칼뱅의 교리는 저절로 성취되는 예언처럼 작용했다.

그리고 그 교리는 면역 시스템을 포함하고 있다. 자신이 구원받기로 예정된 자인지 아닌지에 대한 상존하는 근심은 금욕, 박해, 인내심 따위의 겉으로 드러나는 특별한 행실을 피택자의 증거로 삼게 만들었다. 사람들은 각자가 도덕적으로 훌륭한 사람이라는 엘리트 의식을 품게 되었고 성인(聖人)들과 동등한 사람이라고 믿게 되었다. 칼뱅주의자를 박해하는 사람은 그 의식을 더욱 강화시킬 뿐이다. 마치 새디스트와 매저키스트가 모순되게도 서로 우애를 다지는 경우와 같았다.

제네바에 도착한 칼뱅은 때마침 엄격한 도덕정부를 도입한 종교개혁 지도자 파렐Farel의 동지가 되었다. 이에 대해서 다시 무신론자 정당이 반항했고('무신론자Libertin' 개념은 칼뱅에 의해서 무뢰한의 뉘앙스를 얻었음) 종교개혁자들을 도시 밖으로 내몰았다. 가톨릭 주교는 귀환했고 정국은 다시 안개 속처럼 예측 불가능해졌고 정상적인 상거래를 방해하는 부정부패가 성행했다. 부자 상인들은 다시 칼뱅을 초빙했으며 그에게 전권을 위임했다.

칼뱅은 신교의 아야톨라(Ayatollah. 이란의 시아파의 종교 지도자에 대한 칭호

—옮긴이)격이 되었고 신국을 건설했다. 인류 역사상 어디엔가 유토피아가 있었다면 그것은 칼뱅이 다스리던 1541년부터 1564년까지의 제네바였을 것이다. 그것은 네덜란드, 영국 그리고 미국에 건설될 거의 모든 근본주의적·청교도적 공동체의 모범이 되었다.

그의 신국의 최고 원칙은 "공동체의 법은 성서에 있다"는 명제였다. 목사와 장로들의 과제는 법의 해석에 있었다. 그들의 최고기관(제네바의 장로회)은 전세계의 정부들을 규율한다. 이 말은 과거 이스라엘처럼 신정국가를 건설하는 것을 의미한다. 예배 참석은 의무가 되었으며, 덕은 법이 되었다. 향락은(관점에 따라서는 악덕은) 금지되었다. 세부적으로 살펴보면, 점잖치 못한 노래, 춤, 주사위 놀음, 만취, 술집 가기, 미식 즐기기, 사치스런 소비생활, 연극, 눈에 띄는 헤어 스타일, 그리고 풍속을 해치는 의상 등이 금지되었다. 식사 때 허용되는 코스의 숫자도 규정에 따라야 했다. 값비싼 패물과 치렁치렁한 레이스가 달린 의상은 성인(聖人)들의 이름만큼이나 바람직하지 않았다. 성서에서의 검소한 선지자이던 하박국이나 사무엘이 좋은 이름으로 권장되었다. 외설, 간통, 신성모독 그리고 우상 숭배에는 사형이 뒤따랐다. 반면에 칼뱅은 이자를 받고 돈을 빌려주는 것은 허용했다(물론 폭리는 안 되었다).

선민의식, 성서 텍스트의 신성함, 양심보다 법의 우위, 그리고 이자를 목표로 하는 대부의 허용은 칼뱅주의자들에게 차츰 이스라엘 국민과 하나라는 마음을 갖게 했다. 이런 사고방식이 칼뱅주의자와 루터주의자의 가장 큰 차이 중의 하나다. 그 사고방식은 무엇보다도 반유대주의의 저수지에 구멍을 내어 물을 빼버려 그 결과, 칼뱅주의적 성향이 강한 네덜란드, 영국 그리고 미국에서는 반유대주의가 별다른 사회 문제가 되지 않게 되었다(가톨릭적인 스페인, 프랑스, 독일, 폴란드 그리고 러시아는 달랐다).

제네바의 칼뱅 정부는 전체주의적이었다. 최고령자와 목사들이 윤리경찰이 되어 모든 가정을 통제했다. 그들은 심문을 했으며 법을 어기는 자들을 도시 밖으로 추방했다.

제네바의 명성은 유럽 전역으로 퍼졌다. 그곳에 온 여행자들은 강도, 악덕, 창녀, 살인 그리고 정당간의 갈등이 없는 것을 보고 경탄했다. 그들은 범죄와 가난을 모르는 곳이라고 고국에 편지를 썼다. 의무 완수, 미풍양속, 관용적 행동 그리고 노동을 통한 금욕이 그곳을 지배했다.

왜냐하면 칼뱅에 따르면, 노동 역시 주의 명령에 속하는 것이기 때문이었다. 이 명령에 따르자면, 사람은 신이 그에게 선사한 시간을 허영심을 위해서 낭비해서는 안 된다. 그런 행위는 그가 저주받은 자의 무리에 속한다는 증거이기 때문이다. 반대로 시간을 의미 있는 노동에 사용하는 사람은 그가 선택받은 자들에 속한다는 증거가 된다. 따라서 노동의 아름다운 파생효과로 돈이 불어난다면, 이것은 선택받은 자의 증거가 된다. 어쨌든 자수성가한 사람들은 그 점을 확고하게 믿었다.

그 결과, 칼뱅주의는 제네바의 상업적 이해관계에 부합했으며, 더 나아가서는 자본주의 일반, 그리고 미국의 성공신앙과도 일치했다.

이 사실을 우리는 사회학의 독일 교황격인 베버Weber의 저술 『프로테스탄트 윤리와 자본주의 정신 Die Protestantische Ethik und den Geist des Kapitalismus』을 통해 알 수 있다.

루터주의자들이 종교와 국가의 혼인을 가능하게 했듯이(→ 프로이센 참조), 칼뱅주의는 종교와 돈(화폐)의 혼인을 가능하게 했다.

종교개혁은 이로써 현대의 탄생을 위한 산파 역할을 했다.

국가와 종교 : 종교전쟁

절대 군주정을 통한 궁정문화와 국가 발전이 귀족주의 정치와 관련이 있었다면, 종교개혁은 도시와 시민계급과 관련이 있었다. 루터주의는 종교를 국가에 예속시켰으나, 칼뱅주의는 이와 반대로 국가가 종교에 따라 움직였다.

덧붙여 말하자면, 유럽의 모든 집단들에서는 하나의 공통점이 확인되는데, 그것은 어느 한 사회가 유지되려면 종교의 통일이 전제되어야 했다는 점이다. 따라서 거의 모든 전쟁은 하나의 종교가 승리하기 위한 것이었다.

이른바 위그노 전쟁은 종교에 대한 국가의 한판 승리였다. 왕위를 계승한 프랑스의 앙리 4세는 신교도였지만 국가의 이익을 위해 가톨릭으로 개종했고 이로써 루이 14세의 절대주의를 위한 초석을 놓았다.

바로 그 다음의 종교전쟁은 독일에서 1618년에 발발해 30년 동안 계속되었다. 그 결과 나라 전체가 황폐화되었으며, 독일의 각 지방들이 중앙국

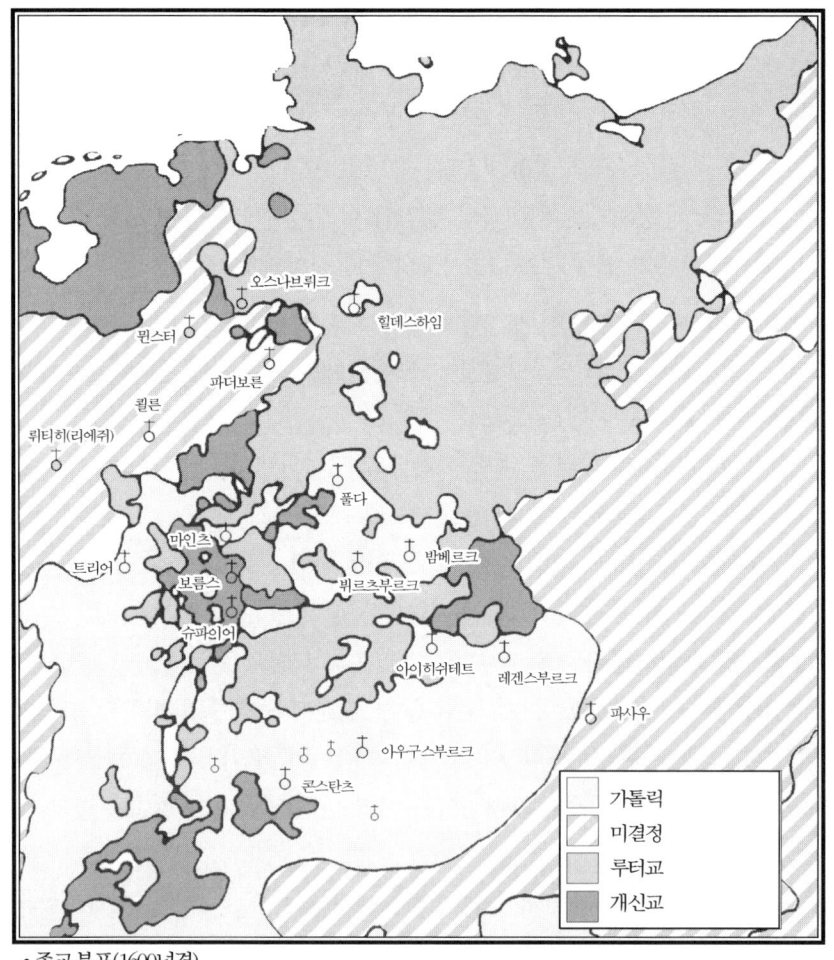

• 종교 분포(1600년경)

가를 누르고 승리했다. 루터, 뒤러 그리고 종교개혁자들과 더불어 힘차게 시작한 독일의 민족문화는 모래성처럼 무너져 100년 동안 깊은 잠에 빠지게 되었다. 민족이 무대가 되어 민족을 일깨울 수도 없었다. 이에 비해 프랑스와 영국의 운명은 그때부터 그들의 수도, 파리 또는 런던에서 결정되었다.

그러나 독일은 지방적으로 되었으며(이 특징은 오늘날에도 확인된다) 백년 동안 유럽 문화에서 퇴거하겠다는 신고를 했다. 독일의 귀족주의자들은 프랑스화되었고 시민계급은 말을 잃어버렸다. 정신적으로 둔감해지지 않은 독일인들은 언어의 피안, 보편언어인 음악에 몸을 맡겼다(바흐의 종교음악은 그 좋은 예다―옮긴이).

그러는 중에도 종교개혁의 후반전은 이미 오래 전부터 시작되고 있었다.

가톨릭의 반종교개혁

종교개혁이 16세기 전반부에 황제나 교회의 별다른 저항에 부딪치지 않고 그렇게 확산될 수 있던 이유는 무엇일까?

정답 :

1. 교황은 진정한 종교의 장점을 사람들에게 설득하기 전에 우선 자신의 종교를 혁신해야 했다. 이를 위해 그는 시동을 걸어야 했고 마침내 혁신을 위해 트리엔트 공의회를 소집했다. 이 회의는 1545년부터 1563년까지 오늘날 트리덴트인Tridentino들의 수도 트리엔트에서 개최되었으며 교회를 두루 쇄신했다.

- 견해를 달리하는 신교도, 수정주의자 그리고 바울로주의자들에 대한 가톨릭 측의 강경한 입장을 담은 강령의 확정.
- 간부급 요원의 양성 강화.
- 교회 위계질서와 성직제도의 개혁.
- 검열제도 및 금서목록의 도입.
- 종교재판 제도, 즉 첩보활동, 고문 그리고 테러의 도입.

- 예수회파 교단 소속 정예요원의 군사적 편성(이 교단은 1534년에 로욜라 Loyola가 창설했음. 로욜라는 칼뱅과 같은 학교 출신이었으며 그와 닮았다). 이 방법을 통해서 독일의 상당한 지역과 프랑스 그리고 폴란드 전체가 다시 가톨릭화되었다.

2. 독일 제국의 카를 황제는 신교도를 향해 최후통첩을 하려 했지만 전혀 다른 쪽에서 그를 위협하는 터키인들 때문에 그것을 일단 보류하고 있었다.

터키인들

터키인들은 소아시아를 정복했던 군주 오스만Osman(1299~1326) 1세의 이름을 본떠 자신들을 오스만인이라고 불렀다. 오스만의 아들 오르한Orhan은 그보다 더 중요한 인물이었다. 그는 온국민을 전사들의 카스트 신분제도로 조직했다. 그는 기동성 있는 상비군을 갖춘 군사집단, 외국인 군단(부모들에게서 탈취해서 엘리트 병사로 훈련시킨 기독교 자녀들로 구성된 국왕의 친위대), 그리고 공격력이 뛰어난 기병대로 국민의 신분을 나누었다. 이슬람이 된다는 것은 이 카스트 제도로 편입되는 것을 의미했다. 터키인들이 14세기와 15세기에 발칸을 점령했을 때, 많은 기독교인들이 자발적으로 그 제도로 개종해 터키화되었다. 세르비아의 테러리스트 오빌리에Obilie가 터키의 술탄 무라드Murad를 살해한 다음, 터키인들은 1389년 6월 28일에 세르비아인들을 코소보의 암젤펠트에서 전멸시켰다. 그후로 세르비아인들은 그 날을 국경일로 정해 기념하고 있으며 그 저격범을 영웅으로 추대했다.

1914년에는 테러리스트 프린치프Princip가 같은 날에 새로운 무라드, 오스트리아의 황태자 페르디난트Ferdinand를 권총으로 암살했다. 그리고 암젤펠트에서의 전투 때문에 세르비아인들은 지금까지 코소보를 자신들의 성지라고 주장한다. 그러나 그들은 자기 민족 중에서 이슬람으로 개종해서 억압자의 편에 선 자들, 즉 보스니아의 이슬람교도들을 결코 용서하지 않았다. 그들은 600년 후에 스레브레니카에서 이 이슬람교도들에게 보복했다. 오랜 기간 억압받은 민족들은 아직 청산해야 할 청구서를 가지고 있기 때문에 기억력이 좋다.

그러나 터키인들은 동방의 프로이센이라도 되는 양 승전을 거듭했다. 그들은 우선 1453년에 콘스탄티노플을 급습해서 이 도시를 그들의 수도 이스탄불로 만들었다. 이로써 '1000년이 넘게 기독교의 그리스'였던 동로마 제국의 불이 꺼졌다. 그 다음에 셀림Selim이 페르시아 전쟁에서 승리하고, 아르메니아, 팔레스티나, 시리아 그리고 이집트를 차례로 점령함으로써, 마침내 메카와 메디나의 성지를 보호하는 거대한 우산을 펼쳐든 군주가 되었다. 이로써 그는 칼리프(Kalif. '마호메트의 후계자'라는 뜻)라는 칭호를 얻었다.

이슬람교는 서유럽(스페인)에서 기독교인들에 밀려 후퇴했을 때 동방에서 팽창했으며 발칸의 기독교인들을 굴복시켰다. 화려한 왕, 쉴레이만 Süleiman(1520~66)이 다스리는 터키는 카를 5세에게는 위협적이었다. 그들은 1526년에 헝가리를 유린했으며 1529년에는 빈에 출몰했다. 그들은 이 도시를 포위했지만 격퇴당했다.

터키인들의 위협이 존재하는 한, 카를은 신교도들에게 조치를 취해서 기독교 세계를 종교전쟁 속으로 빠뜨릴 수 없었다. 종교개혁은 이렇게 터키인들에 의해서도 구조되었다. 신교도들은 이들에게 감사해야 할 것이다.

네덜란드의 봉기

오스트리아 합스부르크 왕국(신성 로마 제국)의 황제 카를 5세는 오늘날의 베네룩스 3국 지역을 하나의 국가 단위로 통합해서 브뤼셀의 한 여자에게 통치를 맡겼다. 그런데 그가 1555년 퇴위하자 나라는 분열되었다. 그의 동생 페르디난트가 신성 로마 제국의 황제권과 오스트리아의 세습지역들을 승계했으며, 아들 펠리페 2세는 스페인의 모든 지역과 네덜란드를 물려받았다. 여기에서 펠리페 2세는 즉시 트리엔트 공의회의 반종교개혁 결의를 실행에 옮기는 일에 착수했다.

그러나 네덜란드의 넓은 지역이 이미 칼뱅화되어 있었다. 그곳 귀족의 주도로 가톨릭의 '개혁'에 다시 반대하는 '반쇄신적' 성상(聖像) 파괴(성당 장식의 파괴)가 이루어졌다. 이에 대해 펠리페 2세는 알바Alba 공작을 파견해 가톨릭 형제애의 이름으로 반쇄신 세력을 무자비하게 진압하도록 했다. 이에 대한 반발로 베네룩스 3국의 북부 17개 지방(현재의 네덜란드 지역)은 왕에 대한 충성을 거부하고 독립공화국을 선포했다(1581). 장기간의 피비린내 나는 전쟁을 치른 끝에 그들은 오라녜-나사우 가문의 마우리츠Maurits의 지휘하에 스페인 군대를 물리치고 자유를 획득했다. 이런 식으로 신교권의 북부지역이 스페인의 가톨릭을 견지하는 벨기에(당시 네덜란드 지역의 남부)로부터 분리 독립했다.

네덜란드, 상업과 관용

네덜란드 공화국의 입법부는 오늘날 독일의 연방상원과 비슷한 형태였다. 그것은 네덜란드 각 주(州)의 하원들이 파견한 대표자들로 구성되었으며 '총의회'로 불렸다. 행정부는 지방의 수반들로 구성되었으며, 이들은 대부분 귀족가문, 오라녜Oranje 출신이었다(오라녜 가문의 이름은 프랑스의 도시명 오랑주Orange에서 유래했다. 따라서 오늘날까지 네덜란드의 국가대표 축구팀의 유니폼은 오렌지색이다. 오라녜의 윌리엄 3세가 1688년에 영국의 왕이 되어 가톨릭 아일랜드인들을 격퇴했기 때문에, 북부의 신교 아일랜드인들은 지금까지도 '오렌지 데이'를 기념한다). 네덜란드는 30년전쟁 동안 계속 가톨릭과 종교전쟁을 했고, 1648년에 뮌스터의 베스트팔렌 조약을 통해 독립을 쟁취했다.

그동안 네덜란드는 해상권을 완전히 장악해 해운업을 독점했고, 남아프리카·동인도(실론) 그리고 서인도(카리브해 연안)의 포르투갈 식민지를 병합했으며 스페인의 실버 함대를 탈취한 상태였다. 전세계의 무역을 수중으로 끌어들였으며 금융업의 중심지를 안트웨르펜에서 암스테르담으로 옮졌다. 그리고 늘 그렇듯이 문화의 비약적 발전이 금융업의 뒤를 이었다(→ 피렌체, 아우구스부르크, 안트웨르펜, 암스테르담 참조).

무역의 자유와 더불어 자유의 정신, 학문, 출판문화 그리고 관용이 네덜란드로 흘러들어왔다. 유럽 각지에서 핍박받는 자, 학자, 지식인 그리고 벤처인들이 네덜란드로 망명왔다. 암스테르담은 아무런 방해 없이 신앙생활이 가능한, 유대인들의 새로운 예루살렘이 되었다.

그러나 종교전쟁에서 탄생한 세계정신이 두 가지 새로운 문화적 발명품을 뚝딱뚝딱 만들어내어 장차 유럽의 향방을 결정짓게 할 제조공장은 영국에 있었다. 그 두 가지 발명품은,

-의회가 통제하는 양당제의 현대적인 정부기관을 갖추고 종교적 관용이 있는 군주정과

-과학과 이성이 지배하는 현대적 계몽주의였다.

우리는 이들을 다루기 전에 우선, 근대화의 원동력이 된 두 가지, 즉 현대국가의 형성, 그리고 종교개혁의 뒤를 잇는 제3의 원동력을 살펴보아야 한다. 그것은 다름 아니라 천문학자, 항해 선원 그리고 과학자들의 발견으로 얻어진 하늘, 땅, 자연과 인간의 새로운 상(像)이다.

땅, 하늘 그리고 사회의 형상

1453년에 터키인들은 콘스탄티노플을 점령해 서방의 동방무역을 완전히 손아귀에 넣었다. 그러자 포르투갈의 왕자 엔리케, 일명 '항해사'는 아프리카를 돌아 인도로 가는 길을 발견하고 싶은 충동이 더욱 강렬해졌다. 이 소원은 1498년이 돼서야 바스코 다 가마Vasco da Gama에 의해 실현되었다. 이때부터 해로가 육로보다 운송비가 더 낮았다. 그래서 이탈리아의 무역은 치명타를 입었다.

1492년에 제노바 사람 콜럼버스는 마침내 카스티야의 이사벨 1세에게서 그녀를 위해 아메리카를 발견하러 떠나도 좋다는 허락을 받아냈다. 그러나 그는 본래 (인도가 아니라) 중국으로 가려고 했다. 그는 아메리카가 그 중간

에 놓여 있다는 사실을 몰랐으며 마지막까지 그것을 서부 인도라고 믿었다. 그래서 카리브 섬들은 오늘날까지도 그렇게 불린다. 1492년 10월 12일에 그의 배들이 산살바도르San Salvador에 상륙했다.

메디치 가문의 위탁을 받은 스페인의 아메리고 베스푸치Amerigo Vespucci는 콜럼버스의 발견 소식을 듣자 걷잡을 수 없는 여행열기에 사로잡혔고 1497년에 최초로 아메리카 본토에 도착했다. 이 사실에 대한 그의 보고서가 독일 프라이부르크 출신의 우주학자 발트제뮐러Waldseemüller 교수의 손에 흘러들어갔고, 이 교수는 신대륙을 '아메리카'로 명명하자고 제안했다. 이 제안은 지도학자 메르카토르Mercator가 자신의 새로운 세계지도에 그 지역을 아메리카라고 기입함으로써 실현되었다. 그래서 이곳의 원주민은 아메리카너가 되었다.

결론적으로 말해서 이 신세계는 이탈리아인들에 의해 발견되었고 독일인들에 의해 작명세례를 받았지만, 그 탐사는 스페인인들과 포르투갈인들에 의해 지원되고 관리되었다. 이제 이베리아 반도에서 엄청나게 많은 개척자, 모험가, 선교사, 범죄자, 금광 탐사가, 투기꾼 그리고 도망자들이 홍수처럼 신세계로 밀려들어갔다. 그리고 이들은 원주민들을 금(金)에 대한 욕심, 독감 바이러스, 범죄와 기독교 신념들로 괴롭혔다.

아메리카 원주민들은 이교도였으므로 기독교인 스페인인들은 그들을 강탈하고 때려죽이고 착취하고 살인하고 방화해도 정당하다고 여겼다. 이로써 스페인에서 1492년에 끝난 비신앙인들에 대한 전투는 일년 내내 휴식기간도 없이 곧장 아메리카에서 속개되었다. 이 점령자들은 대량학살자의 기질을 가진 살아 있는 야만적 격검(擊劍) 그 자체였다.

1521년에 코르테스Cortez는 오늘날 멕시코의 아스텍 제국을 점령했다. 피사로Pizarro는 그후 얼마 되지 않아 페루의 잉카 제국을 멸망시켰다. 캐벗Cabot은 남아메리카의 리오 들 라 플라타(Rio de la Plata. 남미 우루과이 남부의 만(灣)—옮긴이)를 연구했다. 마젤란Magalhães의 노예상인들은 1519년부터 1522년까지 지구를 한 바퀴 돌았으며 이때 태평양을 발견했다. 소토Soto는 플로리다를 횡단했으며, 알바라도Alvarado는 텍사스를 발견했고, 코로나도 Coronado는 캔자스(Kansas. 미국 중부의 주[州]-옮긴이)까지 진출했다. 영국인과 프랑스인들은 100년 동안이나 헛되이 캐나다의 동토지대를 뚫고 중국으로 가는 북서 통로를 발견하려 애썼지만 숲이 우거진 북부의 나머지 땅으로 만족해야 했다.

아메리카의 발견은 인류사의 대혁명들 중의 하나였다.

- 경제의 중심이 지중해에서 대서양으로 옮겨갔다. 이탈리아의 몰락은 대서양 연안국가들인 포르투갈, 스페인, 영국 그리고 네덜란드의 발흥을 낳았다. 스페인인들이 선두주자였으나 나중에 네덜란드인, 영국인들과의 경쟁에서 패한다. 아마도 그들은 칼뱅교의 부지런한 노동자들이 아니라 낮잠Siesta을 즐기는 가톨릭적 귀족이어서였을 것이다.

- 그 발견으로 인해 신대륙의 원주민들은 경악스런 파국을 맞았다. 그들은 유럽의 독감 바이러스에 대해 면역력이 없었으며 대량학살과 노예노동을 견디지 못하고 희생되었다. 멕시코가 발견될 당시에 그곳 주민수는 약 1,500만 명이었으나 약 100년 후에는 300만 명으로 줄어들었다.

- 이것은 두 번째 비극을 낳는 원인이 되었다. 사람들은 열대 기후와 플랜테이션(plantation. 주로 열대·아열대 지역에서 중앙의 지시에 따라 숙련되지 못하거나 반숙련된 노동력으로 농사를 짓는 농장-옮긴이) 농업노동을 견딜 수 있는 흑인들을 아프리카에서 잡아와서 노예로 팔았다.

- 1545년에는 볼리비아의 포토시Potosi 은광이 개발되기 시작했고, 이때부터 해마다 은을 잔뜩 실은 선박들이 대서양을 건넜다. 귀금속 탐사는 점점 더 많은 정복자들의 환상에 불을 지폈고, 스페인 은(銀) 선박들은 영국 해적들의 영양 공급원이 되었다. 장기적으로 이른바 삼각무역이 자리잡았다. 유럽에서 유리구슬과 잡동사니들이 아프리카로 건너가 노예를 구입하거나 사냥하는 데 필요한 재정으로 쓰였다. 이 노예들이 아메리카의 플랜테이션 농장이나 광산으로 수송되었으며,

이들의 판매대금으로 구입한 은이나 사탕수수와 담배, 옥수수 그리고 목면 따위가 다시금 유럽으로 향했다. 이로써 무역선들은 결코 빈 채로 운항할 필요가 없었다. 이 삼각무역은 나중에 네덜란드인들과 영국인들의 수중에 들어간다.

- 귀금속이 끊임없이 홍수처럼 스페인으로 흘러들어갔다. 그러나 이 나라는 자신의 시민문화를 파괴했고(유대인 추방, 무어인 추방), 돈을 비생산적인 제국주의 정책(군사적 기도[企圖], 화려한 건물 건축)에 흩날려버렸으며 영국과의 방직공업 경쟁에서 패했다. 돈을 자국 내에 붙들어 둘 수 있는 기반시설들도 당연히 부족했다. 돈은 네덜란드로 흘러들어갔거나, 드레이크Drake나 호킨스Hawkins 같은 영국 해적들의 주머니에 도착했다. 이들은 여왕의 비호하에 스페인을 약탈했으며 '애국심'에서 여왕에게 이익을 분배했다.

- 아메리카의 발견과 인도 및 동아시아의 편입과 더불어 단일한 세계경제 시스템이 생겨났으며 이에 따라 노동이 분화되었다. 중심지역에 각종 산업이 발달했으며(네덜란드, 영국, 프랑스에서부터 시작해서 북이탈리아와 서부 독일로 확산), 단일농업과 플랜테이션 경제 및 인신 소유제도와 노예제도가 주변부(동유럽과 식민지)에 생겼으며, 중심지역에 임금노동이 생겨났다.

이와 동시에 군사적 우위 및 무기의 우월성에 바탕한 전세계의 유럽화가 진행되었다. 식민지 시대가 열린 것이다. 고대 이후 노예제도의 새로운 시대가 시작되었다.

문학에서는 기사소설 대신에 모험소설이 등장했다. '성배'가 '엘도라도'로 대체되었고, 『돈 키호테』는 최초의 노예 프라이데이(Friday. 금요일)가 등장하는 『로빈슨 크루소』로 대체되었다.

하늘 - 프톨레마이오스의 세계상에서 코페르니쿠스의 세계상으로

1540년에 비텐베르크의 수학 교수 레티쿠스Rheticus는 토른 출신의 코페르니쿠스의 발견에 관한 최초의 보고서를 세상에 내놓았다. 코페르니쿠스는 크라쿠프와 볼로냐에서 법학과 의학을 공부한 다음 서프로이센의 플라우엔부르크에서 교회법 연구원이 되었다. 그는 천동설의 창시자인 프톨레마이오스의 자료에 근거하여 계산한 결과 우리가 지동설을 내세운다면, 즉 지구가 태양의 둘레를 도는 것이지, 그 반대가 아니라고 가정한다면 행성들의 운행이 명쾌히 설명된다는 것을 알았다.

이런 생각은 아주 대담한 것이어서 그는 가까운 지인들에게만 이것을 알려주었다. 실제로 그 시대 사람들은 그 말을 들었을 때 머리를 설레설레 저었다. 그 생각은 부조리해 보였으며 눈에 보이는 하늘은 그 반대를 증명하는 것처럼 보였다. 루터와 멜란히톤Melanchthon은 구약성서에서 여호수아가 하늘의 태양을 정지시킨 적은 있어도 지구를 정지시켰다는 말은 없다면서 그의 생각을 부인했다. 교회는 그 생각을 도전으로 간주했는데, 특히 레티쿠스가 코페르니쿠스의 글을 영리하게도 교황에게 헌정했을 때 그런 반응을 보였다. 급신적 신플라톤주의자인 브루노Bruno가 등장해 자신의 이교도적 범신론을 코페르니쿠스의 과학적 세계관과 연결시키는 사태까지 벌어지자 교회는 그를 공개적으로 화형에 처하지 않을 수 없었다.

코페르니쿠스가 사망한 해인 1543년에 그의 저술의 최종판이 『천구의 회전에 관하여 *De revolutionibus orbium coelestium*』(1543)라는 제목으로 출간되었다. 이 책은 모두 여섯 권으로, 천체의 회전에 관한 내용이었다. 코페르니쿠스가 옳을 수도 있다고 갈릴레이가 논평하자 교황은 그에게 고문실을 구경시켜주었다. 그러자 갈릴레이는 자신의 기초들을 다시 검토해 자신이 무엇인가를 간과했으며 실제로 지구는 정지해 있다고 확인했다. 그러나 그는 쇼크에서 벗어났을 때 "그래도 지구는 돈다"고 중얼거렸다. 이것은 학자들이 가지고 있는 완고함의 초기 모습을 우리에게 보여준다. 프톨레마이오스의 세계상을 코페르니쿠스의 세계상보다 더 시적으로 여겼던 셰익스피어가 사망한 1616년에, 교황은 천체의 운행에 관한 그의 저서를 금서목록에 포함시켰다. 1757년이 되어서야 그 책은 목록에서 빠졌다. 그후로 폴란드인들은 코페르니쿠스가 폴란드인이었다고, 독일인들은 그가 독일인이었다고 주장하고 있다. 전에는 그 반대였다.

교회는 코페르니쿠스의 지동설에 끈질기게 반대해왔다. 왜냐하면 그것은 그들에게 익숙한 3층집의 구조를 붕괴시킬 수 있기 때문이다. 다시 말해서 위층에는 하늘이, 지층에는 지구가, 그리고 지하에는 지옥이 있는 그들의 집이 붕괴 위기에 처했기 때문이다. 갑자기 지구가 다른 행성들과 함께 거대한 공간에 떠서 표류하기 시작했다. 이것은 강제 퇴거명령이었으며 낙원으로부터의 2차 추방(죄를 저지른 아담과 이브가 에덴동산으로부터 추방당한 것이 1차 추방이었다-옮긴이)과도 같았다. 사람들은 더이상 중심부에 살고 있지 않았다. 이것은 망명을 의미했다. 인간은 고향이 없어졌다. 인간의 머리 위에 살고 있던 신은? 그는 어디에 있는가?

따라서 코페르니쿠스가 많은 사람들에게 인정받기까지에는 오랜 시간이 걸렸다. 16세기 전체가 프톨레마이오스의 세계상에 끈질기게 매달렸다. 우주적인 고향 상실감이 밀려들어오자 미신도 생겨났다. 하늘은 불안의 야간지도처럼 변했다. 과거의 바빌론 달력에 단순히 기억력을 돕기 위해 그려져 있던 별자리표가 이제는 인간에게 영향을 미치는 마법적 별들의 체계로 재해석되었다. 명백한 부조리가 확산되었다. 사람들은 출생시간의 별자리가 인간의 운명을 결정짓는다고 믿었다. 아무 생각 없이 무심한 천체의 별들에게 인간의 체질에 대한 영향력을 부여했다. 토성 시간에 태어난 자는 염세론자가 되었다(뒤러의 그림「멜랑콜리아」참조).

점술가가 유행했고 사기꾼, 마술사 그리고 점성술사가 호황을 누렸다. 코페르니쿠스의 시대가 아니라 노스트라다무스Nostradamus, 아그리파Agrippa 그리고 파우스트의 시대였다. 노스트라다무스(본명은 미셸 드 노트르담Michel de NotreDame)는 프랑스의 카를 9세에게 90세까지 살 것이라고 예언했다가 왕이 24세에 사망하자 자신의 신통력에 손상을 입었으나, 그에 대한 사람들의 신뢰는 여전히 확고했다. 쾰른의 마술사, 아그리파는 수리수리마수리Abrakadabra 주문을 만들어 그 신통력으로 악마를 제어하는 힘을 확보했지만, 개의 형상을 한 악마가 늘 그를 따라다녔다(그는 자신의 개를 악마라고 불렀는데, 그것은 있을 법한 일이었다). 여기에서 악마와 요술사 게오르크 또는 요한 파우스트와의 계약전설이 생겨났다(괴테는 자신의 파우스트를 하인리히로 명명했는데["하인리히, 나는 어쩐지 네가 두렵다"], 이는 그가 하인리히 아그리파를 염두에 두고 한 말이었다).

프랑스의 철학자 파스칼Pascal은 나중에 "우주의 무한한 침묵이 나를 두렵게 한다"고 말하기에 이른다.

사 회

오늘날의 사회는 인류사회와 일치한다. 그것은 역사상 처음 있는 일이다. 중세에는 인간뿐 아니라 천사·순교자·성인·귀신·죽은 자·악마들도 사회에 속했으며, 난쟁이·요괴·괴물·요정 그리고 온갖 동물 형상의 괴물들도 사회의 구성원이었다. 그들은 모든 사람들의 의사소통에 관여했다. 그러나 신교는 과감하게 인원 감축을 했다. 즉 신교는 순교자, 성인 그리고 신과 인간 사이에 끼어들었던 수많은 매개자, 가마꾼, 문지기들을 결박했으며 그들이 입을 다물도록 저주를 걸었다. 정죄화(淨罪火)를 없앰으로써 인간세상과 나란히 존재해온 죽은 자들의 세계를 없앴다. 그들은 그때까지 원칙적으로 만나볼 수 있었으나(사람들은 그들의 처지를 대속(代贖)기도로 개선시킬 수 있었다) 이제는 살아 있는 사람들로부터 분리되어 과거에 맡겨져버렸으며 망각의 강 속으로 사라져 그들을 침묵하게 만들었다. 유효한 것이라고는 인간과 신의 대화뿐이었다.

이리하여 세계는 마법에서 풀려났고, 사람들은 기록된 글 자체에만 엄청나게 집중하게 되었다. 의미 부여의 새로운 원천으로 새로운 매체, 즉 책이 떠오른 것이었다.

글

인쇄된 글은 특유의 마력을 발휘했다. 표준화되어 있고 시각적으로도 항상 동일한 문자 형태로 나타나는 활자들은 책의 발언 내용을 마치 객관적 진리처럼 보이게 했고 아주 특유한 공인능력을 부여했다. 사람들은 작가를 보지 못했기 때문에 글의 메시지를 작가와 관련시킬 수 없었고, 실제로 대면해서 말로 할 때 가능한 강조와 뒷받침이 글에서는 손실되었지만, 글은 더욱 응축된 연관성과 논리적 구성으로 그 손실을 만회할 수 있었다. 글이 있고 나서야 사람들은 글과 말을 비교할 수 있게 되었는데, 말에서 글로 넘어가는 과도기에 변하지 않고 남아 있는 것은 그 의미뿐이었다. 이로써 정신은 추상화되었다. 정신은 대화 상대로서가 아니라 의미로서 파악되었다. 신교도들은 의미를 중시하게 되었다.

오로지 신과 인간 사이의 대화에만 집중하는 새로운 형식은 그밖의 모든 대화들을 이교도의 우상숭배로 전락시켰다. 그 형식은 그후 계속적으로 중세의 다양한 모습을 단일화시킴으로써 망가뜨렸다. 마술사, 죽은 자 그리고 성인들은 머물 곳이 없어졌다. 그들은 가톨릭 교회의 특별 보호구역 또는 문학동물원에만 살아남았다.

문학

문학은 세계의 빼앗긴 마력을 인위적으로 보상했다. 다시 말해서 문학은 허구를 통해 다시금 세계에 마술을 걸었다. 믿을 수 없는 존재가 된 요정들은 극장에서 셰익스피어의 『한여름밤의 꿈*A Midsummer - Night's Dream*』으로 부활했다. 따라서 이교도와 향락 분야에서 별 재미를 보지 못하던 칼뱅주의자들은 연극 공연장을 우상숭배의 사원으로 간주해 금지시켰다. 극장은 사람들이 악마의 그림자놀이에 몸을 맡기는 곳에 다름 아니었다.

그러나 그 대량학살 때 모든 정령들이 멸종되지는 않았다. 그들은 햄릿의 살해된 부친처럼 귀신이 되어 돌아왔다. 중세의 구세계는 몇 세대 내려가는 동안 다시 유령이 살던 세계로 비쳐졌다. 이리하여 종교개혁 이후 세계는 악마론적 공포심에 사로잡혀 갈피를 잡지 못하는 군중이 등장하는데 대해 속수무책이었다. 유대인 박해와 마녀 사냥이 다시 증가했다. 종교간의 대결은 악마에게 합법적으로 수혈하는 일이나 다름없었다. 그 대결은 반대파의 주동자인 악마보다 훨씬 더 자주 목격되었다.

근대가 시작되었던 16세기보다 더욱 황량한 세기들이 있었던 것은 사실이다. 흑사병이 돌던 14세기, 독일의 경우는 30년전쟁이 있었던 17세기 또는 대량학살로 얼룩진 20세기가 그러했다. 그러나 16세기만큼 분열된, 야누스의 얼굴을 가졌던 때는 역사상 없었다. 지중해 문화, 보편적 제국, 보편적 가톨릭 교회, 그리고 중세적 세계상은 아직도 살아남기 위해 투쟁하는 구세력이었으며 자기들이 몰락할 운명이라는 것을 몰랐다. 지구를 감싸는 세계경제, 민족국가, 신교 그리고 학문은 신세력이었으며 더이상 궤멸시킬 수 없을 정도로 강해졌다. 16세기의 사람들은 이 두 가지를 동시에 체험했다. 그 긴장이 그들을 때때로 히스테릭하게 만든 것은 놀라운 일이 아니다.

이 긴장의 가장 강력한 표현은 인류의 가장 커다란 등불, 스트라트포드의 한 남자 셰익스피어의 작품들이었다. 그의 작품들은 대개 이탈리아를 배경으로 하지만, 버뮤다 해협·고대 로마·아테네·트로이 그리고 중세 런던도 무대로 삼고 있다. 거기에는 현대의 정치가와 마키아벨리즘을 신봉하는 무신론자, 마녀, 악마, 귀신과 꼬마요괴가 정신없이 뛰어다닌다. 그들은 가장 다정다감한 사랑과 살인자의 잔인성, 믿기 어려운 충성심과 가장 냉혹한 자의성의 예를 보여준다.

세계는 그의 희극만큼 경쾌한 사회의 유쾌한 모습을 알지 못하며, 그의 비극만큼 살인욕망과 절망으로 가득한 음울한 지옥을 알지 못한다. 그의 작품들은 이교도적임과 동시에 기독교적이며, 신교적이자 가톨릭적이며, 개인주의적이자 봉건주의적이며, 마키아벨리적이자 윤리적이며, 계몽주의적이자 미신적이며, 현대적이자 동시에 전통적이다.

물론 그는 아직 프톨레마이오스의 세계관을 가지고 있었지만, 코페르니쿠스의 혁명의 원칙을 늘 묘사했다. 즉 겉모습은 속임수에 불과하며 우리의 가장 커다란 확신마저 순식간에 허망한 환영으로 변할 수 있다는 것을 보여준다. 그의 작품에는 신세계의 탄생이 열어놓은 모든 긴장이 존재한다. 따라서 우리는 그를 읽어야 하는데 입장권을 사들고 직접 연극을 보면, 여기에서 그저 읽기만 하는 것이 무얼 의미하는지 체험할 수 있을 것이다.

17세기

17세기에는 서로 다른 세 가지의 형성과정을 통해 세 나라의 운명이 결정되었다.

독일 - 추락

독일의 30년전쟁(1618~48)은 치명적인 파국을 초래했다. 그 전쟁은 두 가지의 상치된 원칙 때문에 발생했다.
　-가톨릭과 신교
　-제국 황제의 주권과 지방 영주들의 독립.
　이 전쟁으로 영주들은 독립을 획득했다. 이로써 독일 지역에서 통일 민족국가의 성립 가능성은 봉쇄되었다. 그 결과, 독일 제국은 무기력해지고, 소국(小國)분립주의가 생겨났다. 이는 독일에서의 종교들간의 대립을 장기화시켰다. 각 소국의 영주가 주민 전체의 종교를 결정했다. 바이로이트 후국(侯國) 사람들의 종교는 신교였고, 밤베르크 주교국(主敎國) 사람들의 종교는 가톨릭이었다.
　독일의 종교지도는 알록달록한 퀼트 방석 같았다. 이런 사실은 지금까지도 독일의 지방색에 영향을 미쳤다. 오스트리아, 바이에른과 바덴 등지의 남독일(뷔르템베르크는 예외)은 가톨릭화되었다. 서부 독일의 팔츠, 라인 지역, 쥐트올부르크도 여전히 어둠 속에 있었다. 그리고 베스트팔렌의 창조신화는 어떠했는가? "하느님이 가라사대 빛이 있으라! 단지 두 곳, 즉 파더보른과 뮌스터만 여전히 어두웠다." 반면에 헤센, 니더작센, 튀링겐, 안할트, 작센, 슐레스비히 홀슈타인, 메클렌부르크 그리고 프로이센은 신교화되었다. 이 종교지도는 오랫동안 정당들의 지도도 채색했다. 오늘날도 독일인들은 가톨릭 지역에서는 기민련(CDU)에 투표하고, 신교 지역에서는 사민당(SPD)에 투표하는 편이다.

국가 전체로 볼 때 독일은 1870/71년에 통일된 제국을 세울 때까지도 300여 개의 소국으로 파편화되어 있었다. 각각의 파편들은 특유의 지방색을 가지고 있었다. 수도(首都)가 없었기 때문에 민족의 취향, 언어 그리고 예의범절의 모델이 될 수 있는 주도적인 도시인들의 사회도 없었다. 독일인들은 언어와 의사소통 문화와의 접촉을 상실했다. 대화, 언변, 회화, 위트, 오락, 의사전달 가능성, 매너, 예절, 유머, 표현의 우아함, 이 모든 것은 외국인들이 독일인의 장점으로 손꼽지 않는 것들이다. 그래서 독일인들은 언어의 피안, 즉 성악과 음악 방면으로, 또는 단순한 고루함 속으로 도피했다.

게다가 30년전쟁에서의 끊임없는 학살은 독일인들을 암울하게 하고 죽음의 충동에 사로잡히게 했다. 몇몇 지역에서는 전쟁을 통해 인구의 3분의 2가 뿌리째 뽑혔다. 프랑스, 덴마크, 스웨덴, 스페인 그리고 폴란드를 비롯해서 거의 모든 유럽이 이 전쟁에 참여했다. 결국 독일은 폐허더미로 변했고, 살인을 당해 원시 야만상태로 내몰렸으며, 영혼에 깊은 상처를 입었다. 그 충격은 해소되지 못하고 집단적 기억 속에 잔존해 있었다.

여러 민족들 사이의 경쟁에서도 독일은 제외되었다. 30년전쟁이 끝난 지 200여 년이 지난 후에야 독일은 국제무대에 다시 등장했는데, 이때도 독일은 아직 프로이센 그리고 오늘날 중남부 지방의 오스트리아로 두 토막이 난 모습이었다. 이런 모습은 장차 독일의 근대화가 불운의 역사와 비극의 형태로 발전하게 되는 원인 가운데 하나가 되었다. 민주주의를 최초로 탄생시킬 모체의 역할을 하게 될 민족국가의 형식은 성립하지 못했다.

이에 비해 프랑스와 영국은 독일과 완전히 달랐다. 이 나라들의 발흥은 이제 시작되었다. 물론 그 과정은 완전히 달랐다.

프랑스 – 짐이 국가다

프랑스에는 절대권력자인 왕이 다스리는 중앙집권적 관료국가가 생겨났다. 두 명의 추기경과 한 명의 왕이 이 발전과정에 책임이 있었다.

- 루이 13세의 재위 기간(1610~43)은 실제로 리슐리외Richelieu 추기경에 의해 통치됐다. 이 사람의 모습은 알렉상드르 뒤마Alexandre Dumas의 『삼총사Les Trois Mousquetaires』에 잘 묘사되어 있다.
- 루이 14세가 미성년자일 때는 마자랭Mazarin 추기경이 통치했다.
- 1661년부터는 루이 14세가 직접 통치했다. 그의 통치는 국가가 고유의 문화적 형태, 스타일, 연출 그리고 연극무대가 되게 했다. 이것이 곧 베르사유 궁정문화의 바로크 양식이었다(→ 미술). 이 문화는 늘 변덕스럽고 위험스런 귀족들을 의식(儀式), 음모, 축제 그리고 상설 궁정 연극으로 바쁘게 만들었다.

추종자들이 '태양왕'이라고 부르던 루이 14세의 궁정은 이제 유럽 전체의 모델이 되었다. 왕은 아무도 제어할 수 없는 절대권력을 손에 쥐고 있었다. 늘 살인적인 내전의 위협이 상존하던 시기에 신하들은 평화의 대가로 기꺼이 그 값을 치렀다. 이들은 평화를 위해서 완전히 굴종할 자세가 되어 있었다. 왕은 국가의 가시적 현현(顯現)이었다. 따라서 루이 14세는 "짐이 국가다"라고 말했다. 국가의 확장은 체계적으로 추진되었다.

- 식민지로부터 원료를 수입하고 완제품을 수출하는 체계적인 경제정책(이 정책은 산업 발달을 촉진했고 '중상주의'라고 불렸다).
- 상비군의 창설, 요새의 확장공사(엔지니어 보방Vauban).

- 기반시설(거리, 도로와 운하)의 확충(오늘날까지 개발 모델이 되고 있음).
- 전문지식을 갖춘 장관과 왕의 지방 대표자들을 통한 행정부의 세력 확장.
- 체계적인 식민지 정책. 루이지애나, 미시시피 서쪽의 뉴올리언스에서 캐나다의 퀘벡에 이르는 전지역의 획득.
- 국가의 새로운 종교 예배서인 궁정문화가 발달했다. 교회 대신에 성들이 건축되었다. 예배를 보는 대신에 궁정축제가 열렸으며, 성찬식과 성사(聖事) 대신에 왕이 숭배의 대상으로 등장했다.

이 문화는 바로크의 연극성으로 표현되었다. 바로크 시대는 사람들이 페티코트로 받친 넓은 스커트를 입었고 분을 뿌렸으며 가발을 쓰는 시대였다. 루이 14세의 궁전은 유럽의 모든 궁전의 모델이 되었다. 이로써 유럽의 모든 귀족이 프랑스화되었다. 러시아 차르의 궁정에서도 귀족들이 프랑스어로 대화했으며, 나중에는 프로이센의 프리드리히 대제의 궁정에서도 그랬다.

문화, 연극 그리고 문학

나중에 독일 시민계급이 독일 민족과 독일어를 발견했을 때(약 1750년부터) 그들은 이 인식을 프랑스화된 독일 귀족을 누르고 관철시켜야 했다. 이 과정에서 독일 민족주의자들은 프랑스에 대해 알레르기 반응을 보였다. 그들은 프랑스인들이 민족의 정체성을 슬쩍 훔쳐갔다고 생각했다. 따라서 독일의 집단의식은 프랑스적인 것으로 믿어지는 것들, 예컨대 우아·위트·세련·귀족주의적 기민함 그리고 처세술과 반대되는 것으로 양식화되었다. 이 모든 것들은 일시적으로 유행하는 피상적인 것, 퇴폐, 단순한 문명으로 고발되었고, 이에 대조되는 독일인의 심오함, 토착성, 정직, 문화, 진실성이 독일적인 것으로 홍보되었다.

양국간의 정치적인 갈등이 아니라 바로 이것이 독일과 프랑스의 영원한 앙숙 관계라는 신화의 뿌리다.

  독일인들은 이때부터 1945년까지 프랑스인들을 대하는 태도가 마치 오늘날 아랍인이나 페르시아인들이 미국인을 대하듯 했다. 독일인들은 프랑스인들의 우수한 명랑성에 탄복하지 않을 수 없어 그들을 미워했다. 민족 감정은 문화적 증오심을 마시고 곤드레만드레 취했다.

  늘 그렇듯이 프랑스의 궁정문화와 더불어 연극도 개화했다. 왜냐하면 궁정 자체가 하나의 커다란 연극무대였기 때문이다.

  1643년에 연극배우 몰리에르Molière는 파리에 유명한 국립극장을 창립하고 그의 빛나는 유형적 인물 희극들을 창작하기 시작했다(수전노 따위의 특징적 인물들의 전용연극이었다 → 문학). 이들은 오늘날에도 무대에 살아 있다. 그의 「타르튀프Tartuffe」는 오늘날 궁지에 몰린 모든 대가들 그리고 위선적인 선량들의 대명사가 된 위선자이며, 「인간혐오자Le Misanthrope」는 모든 윤리적인 인류의 적의 원형이고, 「아바르 공(公)L'Avare」은 수전노다.

  코르네유Corneille와 라신Racine은 아리스토텔레스의 규칙들을 너무 정확히 받아들여 자신들의 비극을 행동, 시간과 장소의 세 가지 통일에 끼워 맞추었는데, 이 굴레에서의 탈피는 야성적인 셰익스피어의 도움을 받은 독일의 질풍노도 작가들에 의해 비로소 이루어진다.

  그럼에도 프랑스인들은 이 두 사람을 프랑스 최고의 비극작가로 꼽는다.

  라 퐁텐La Fontaine은 귀뚜라미와 개미, 늑대와 양의 우화를 아주 유려한 운문으로 썼기 때문에 오늘날에도 전세계의 프랑스어 교재에 등장한다.

  그리고 여성들은 사교계를 주도하면서 낭만적인 소설들을 창작하고 독서를 했다. 마담 스퀴데리Scudéry, 마담 세비녜Sévigné가 유명했으며, 특히 마담 라파예트La Fayette는 『클레브 공녀La Princesse de Clèves』라는 최초의 심리소설을 창작했다. 마담 사블레Sablé의 살롱에 드나들었던 라 로슈푸코La Rocherfoucauld는 인간의 본성에 대한 인식을 암울하게 빛나는 격언들로 표현했는데, 이 격언들은 오늘날 프랑스의 모든 교양인이 알고 있다. "위선은 악이 선에게 허리를 굽혀 인사하는 것이다." 이보다 더 적절한 표현이 있을까? 또는 "진정한 사랑은 귀신의 출몰과도 같다. 모든 사람이 사랑에 대해 말하지만, 그 얼굴을 본 사람은 드물다." 또는 "도덕적인 여자들은 숨겨진 보물과 같다. 그들이 안전한 곳에 있는 이유는 아무도 그들을 찾아다니지 않았기 때문이다."

루브르 박물관의 주랑(柱廊)과 베르사유 궁전은 오늘날까지 루이 14세 시대의 화려함을 말해주고 있다.

그의 행적 중에서 덜 훌륭했던 일은 낭트 칙령을 폐지하고 위그노 신도들을 추방한 것이었다. 이들은 영국과 프로이센으로 망명하면서 자신들이 이룩한 것과 신교윤리를 함께 가져갔다. 이것은 프랑스로서는 두뇌 유출이었으며 나중에 독일이 유대인들을 축출한 것과 마찬가지 짓이었다.

절대주의는 근대로 넘어가는 길이었다. 그것은 프랑스 혁명을 낳았다. 그 다른 길은 영국이 걸었다. 그 길은 의회민주주의를 가져왔다.

영국, 퓨리턴 혁명 그리고 의회민주주의의 발명

영국 : 1588년부터 1688년의 명예혁명까지

1587년에 엘리자베스 여왕은 스코틀랜드의 메리 스튜워트 여왕을 처형했다. 그것은 스튜워트 여왕이 자신보다 더 아름다워서가 아니라 그녀가 가톨릭을 믿으면서 스페인의 수상한 펠리페Felipe 2세와 공모해 자신을 암살하려 했기 때문이다.

처형 소식을 전해들은 펠리페 왕은 영국을 모범적인 가톨릭 국가로 만들기 위해 1588년에 아르마다 함대를 파견했다. 그러나 이 함대에는 병사들보다 수도승들이 더 많았고, 바람은 프로테스탄트 신의 명령에 따라 불었으며, 스페인 제독의 항해술은 그의 족보만큼 훌륭하지 못해, 함대는 스페인의 세력범위의 국경선까지밖에 도달하지 못하고 침몰하고 말았다.

바로 이 뒤를 이어 영국에서는 셰익스피어가 나타나, 세계를 의미하는 바로크 연극무대들을 통해 엘리자베스 문화의 광휘를 세계 만방에 비추었다. 그 문화는 엘리자베스 정부의 말년에 영국의 과거 어느 시대보다 더 밝게 빛났다. 그 문화는 엘리자베스가 1603년에 작고하고, 참수당한 메리 스튜워트의 아들 제임스 1세에게 왕위를 승계했을 때도 계속 빛났다. 신교도였던 제임스는 스코틀랜드를 영국과 통합시키기는 했으나 뛰어난 절대주의자로서의 기질을 갖추지는 못하고 있었다. 게다가 그는 자의식이 강해진 의회의 장벽에 부딪쳤다. 이 의회는 귀족의 상원과 평민의 하원으로 구성되어 있었다. 하원은 원래 각 지방의 대표기관으로, 각 지방의 세금을 중앙정부가 거둬들이는 데 기여했다. 하원은 16세기 내내 차렷자세로 왕에게 충성했기 때문에, 왕들은 그들을 제거하지 않고 오히려 자신들의 교회정책을 관철시키는 데 활용했다(종교개혁의 실시, 성공회 교회의 창립, 수도원 재산의 몰수, 그리고 이것을 신진 충성과 귀족에게 판매하기).

그러나 이제 의회는 법률가들로 가득 차 있었고, 고분고분했던 토론 클럽에서 자의식적 법인체로 발전했으며, 고유의 사업 약관(約款), 위원회와 소위원회들, 세금 동의권과 법률 제출권을 가지고 있었다. 그리고 의회는 훨씬 고집이 세졌는데 여기에는 또 다른 이유가 있었다.

영국의 대도시들, 그 중에서도 특히 런던에서는 제네바의 칼뱅의 가르침이 점차 세력을 확장하고 있었다. 칼뱅의 가르침은 영국 성공회의 가톨릭적 의식이 마음에 들지 않았던 근본주의적 신교도들을 확보했다. 이들은 예배를 설교에만 집중시키고 교황이 만든 부수적인 일들은 모두 정화하고 싶어했다. 이 정화 의도 때문에 사람들은 이들을 퓨리턴이라고 불렀다(퓨리턴은 '정화·청정'이라는 뜻이다—옮긴이). 마침내 이들은 성공회 자체를 주교와 고위 성직자들의 위계질서 때문에 의문시하고 자유교회를 창립하는 데까지 이르렀다. 따라서 사람들은 이들을 조합교회주의자, 분리주의자, 독립가 또는 이탈자라고 불렀다. 이들은 신교를 믿는 근본주의적 민주주의자였으며, 점차 칼뱅의 신학도 받아들였다. 무엇보다도 그의 교리가 말하는 예정된 선민이 받을 은총을 믿었으며 스스로를 선민이라고 여겼다.

그들은 이미 스코틀랜드에서 승리를 거둔 바 있고 자의식이 강한 장로

교회(당회원과 선출원로들이 있는)를 세웠다.

찰스 1세가 1625년에 부친의 뒤를 이어 영국과 스코틀랜드의 왕위를 계승했을 때(영국과 스코틀랜드는 제임스 1세 이후 친인척 관계로 맺어졌다), 영국 의회는 신교의 퓨리턴들로 가득 차 있었다. 이들은 우선 세금의 인준을 거부했다. 의회는 수차례에 걸친 의회 해산과 소집을 거치면서 마침내 인준해주었지만 이 인준을 의회권력의 핵심적 기능을 왕이 공식적으로 승인한다는 원칙에 연결시켰다. 이 원칙은 "의회의 동의 없이는 과세가 불가능하다"였다. 나중에 이것이 위반되자, 이른바 청교도 혁명이 발생했다.

그후 찰스는 의회를 해산했고 두 남자의 도움을 받아 거의 절대주의적인 정권을 수립했다.

- 총리 스트래퍼드Strafford는 리슐리외 추기경의 흉내를 내어 엄격한 행정부를 구축했다.
- 대주교 윌리엄 로드William Laud는 성공회를 다시 가톨릭 교회에 근접시켰고 가톨릭교도를 보호하고 퓨리턴교도들을 박해했다.

그것은 세계사적인 결과를 낳았다.

박해받은 퓨리턴들은 스스로를 개척순례자라 부르면서 미국으로 향하는 배에 몸을 실었다. 1640년에는 오늘날 뉴잉글랜드라고 불리는 지역에 그들 25,000명이 와 있었다. 그들이 세운 기관, 신앙, 세계관은 그곳에서 생겨날 위대한 사회, 미국의 발전 방향을 결정지었다.

다른 한편, 성공회교도들은 다시 가톨릭교도가 되었다. 예컨대 볼티모어 경(卿)이 그러했다. 그는 찰스에게서 미국에 식민지를 개척하되 가톨릭 식민지로 개척하라는 허가장을 받았다. 그는 그 일을 했고 이 식민지를 성모의 이름을 따라 매릴랜드Maryland라고 불렀다. 이곳의 가장 큰 도시는 볼티모어가 되었다.

영국의 자율정부의 성공에 눈이 부시게 된 찰스는 이제 스코틀랜드의 장로교에 대한 제재조치를 취하기 시작했다. 그러자 장로교도들은 신앙연맹체로 뭉쳤다. 이것을 파괴하기 위해 찰스는 군대가 필요했고, 군대를 위해 돈이 필요했으며, 돈을 위해 영국 의회가 필요했다. 그는 의회를 소집했지만, 의회가 인상을 찌푸리자 의회를 해산시키고 새로운 의회를 소집했다. 이 의회는 '장기 의회'로 역사에 진입할 운명이었다. 왜냐하면 찰스가 그 의회를 떠나보내지 않았기 때문이다. 대신에 의회가 찰스를 떠나보냈다.

의회는 즉시 종교개혁적 입법을 시작했으며 왕의 추밀고문관을 불법이라 선언했고 예수의 십자가상을 교회 밖으로 내던지게 했으며 왕의 총리를 처형시킴으로써 혁명에 착수했다. 의회는 척결해야 할 폐습이 적힌 고소장을 왕에게 제출했으며 군(軍) 통수권을 요구했다. 이에 대해 왕이 몇몇 국회의원을 반역죄로 체포하려 하자, 의회가 런던을 엄호하며 개입했다. 찰스는 도시 밖으로 탈주했고 도시는 의회의 손에 넘어갔다. 의회는 국민들에게 왕을 거역하라고 촉구했고 복지위원회를 정부 대용으로 조직했으며 군대를 창설하는 일에 착수했다. 1642년 8월에 내전이 시작되었다.

농촌지역과 귀족세력은 왕당파였으나, 신사계급(Gentry. 지주)의 일부, 상인, 수공업자와 그 누구보다도 수도 런던이 의회파였다. 또한 해군 함대도 의회를 지지해서 왕당파의 해외 지원금을 차단했으며 장로교인 스코틀랜드도 의회에 원군을 보내와, 찰스 1세는 마침내 격파당하고 체포되기에 이르렀다. 군사적 성공은 누구보다도 새로운 기마부대를 창설해서 무적의 군대로 키운 작은 부동산 소유자인 크롬웰Cromwell 덕분이었다. 그가 키운 군대는 신앙심이 강한 퓨리턴으로 구성되었으며, 역사적으로 볼 때 보기 드물게 잘 훈련된 종교적 군대였다.

이 군대는 장로교가 장악한 의회보다 더 급진적이었다. 의회가 승승장구하는 혁명가들과 갈등관계에 있었을 때 온건파는 다시 왕당파 진영으로 흘러들어갔다. 이에 대해 크롬웰은 의회를 향해 돌격해 모든 온건파와 왕당파를 제거했으며, 이른바 '몸통 의회'만 남겨두었다. 이 의회는 국민 주권의 원칙을 선언했고 스스로 최고 주권의 자리를 차지했다. 한 나라에 두 개의 주권이 있을 수 없기 때문에, 의회는 왕을 주권, 즉 국민에 반항했다 하여 반역죄로 고발했다.

재판 끝에 법원은 사형을 선고했다. 1649년 1월 30일에 찰스 1세는 단두대에 올라갔고 머리를 블럭에 올려놓았다. 형리는 일격에 그의 머리를 발 앞에 놓았다.

영국은 공화국이었다.

왕이 혁명 프로그램의 결과로 참수된 일은 세계 역사상 초유의 사건이었다. 머리가 툭 떨어지자 군중들은 이 사건이 세계사에 미칠 긴 파장을 예감이라도 하는 듯이 '으음' 하며 무거운 신음소리를 냈다고 한다. 이 시나리오는 두 차례에 걸쳐 (프랑스와 러시아에서) 재현될 운명이었다.

영국은 공화국Commonwealth이라는 이름으로 태어났다. 이 공화국은 1660년까지 10년 동안 유지되었다. 공화국은 적절한 헌법을 찾아내지 못했다. 온건파 의회와 급진적 퓨리턴 군대와의 대립은 여전히 해소되지 않았다. 크롬웰은 마침내 호민관이라는 칭호를 가지고 거의 군사독재자로서 흡사 미래의 나폴레옹처럼 통치했다. 그가 죽자 프랑스에서 찰스의 아들 찰스 2세가 초빙되어왔다. 그와 그의 형제 제임스 2세의 통치기였던 1660년부터 1688년 사이에 왕정복고가 이루어졌다.

영국 혁명의 문화적 결과

그럼에도 불구하고 영국공화국은 깊은 발자취를 남겼다. 첫째로 왕이 없어도 된다는 것을 체험시켰다. 그것은 민주주의의 최초 경험이었다. 갑자기 많은 사람들이 위원회, 민병대와 단체들을 통해 행정에 관여함으로써 정치적 경험을 얻었다.

공화국 기간 동안, 통치를 맡은 퓨리턴들의 엄격한 윤리가 지배했다. 사치는 간소함에, 안일(安逸)은 쉴새없는 노동에 자리를 내주었으며, 스포츠는 금지되었고, 극장은 폐쇄되었으며, 술집은 현재의 독일처럼 영업 금지 시간까지만 개점할 수 있었고, 예배 참석은 의무였으며, 성서 읽기가 주업이 되었고, 수도승들의 금욕적인 생활방식이 일상적인 것이 되어, 사람들은 일체의 시간을 의미있게 활용하고 빈둥빈둥 보내지 않게 되었다. 물론 그 시간에 양심의 가책을 통한 자기 감시의 심성을 키웠다. 그것은 내면세계의 금욕이 근대 공업세계의 노동윤리가 된 매저키즘적 훈련의 탄생시간이었다. 퓨리턴주의가 없었다면 세상의 모습은 달라졌을 것이다.

퓨리턴주의가 없었다면 영국은 근대화의 선두주자가 되지 못했을 것이다.

퓨리턴주의가 없었다면 미국은 다른 식으로 발전했을 것이다. 기독교의 이 극단적 형태들을 비교하고 싶은 사람이 있다면 리오데자네이로의 가톨릭을 섭리주의적 신교와 비교해보라(가톨릭은 완성의 세계관을 특징으로 한다. 신은 인간을 창조할 때 자연을 이미 완성해 선물로 주었다. 포도주와 삼바 축제의 춤도 신의 선물이다. 반면에 신교는 장차 다가올 세계, 눈에 보이지 않는 세계를 중시하며 금욕적인 생활을 한다—옮긴이).

신교도의 심성은 끊임없는 자아 시험과 자기 통제를 통해 결정된다(이것이 오늘날 미국인들을 심리 분석 쪽으로 기울게 했다). 교회의 법정은 인간의 내면으로 파고들어가 자리잡았고 끊임없이 양심을 시험했다. 행동의 유일한 지침으로서의 양심은 인간을 고통스럽게 고문했지만, 동시에 권위에 대한 독립심의 에너지원이 되었다. 고해성사의 제거는 공개적인 죄의 고백을 통해 보완되었다. 자아 관찰은 자신의 삶을 끊임없는 검증과 시험의 연습 장소가 되게 해, 퓨리턴들은 자아 성찰을 기꺼이 어떤 극적인 깨어남의 체험으로 연출했다. 이 체험에서 사람들은 새로운 삶을 시작했고, 새로운 장을 열었으며 제2의 기회를 얻었다. 미국인들의 '새출발' 성향, 시작의 수사학, 그리고 탈출의 제스처도 그 체험으로 설명된다. 미국인들은 직업과 거주지를 바꾸는 것을 긍정적으로 평가한다. 그런 체험은 은총의 증거로 체험되며 미국적 사명의식의 원천인 선민의식과 결합되어 있다.

명예혁명과 양당제도의 발전

참수당한 부친의 왕위를 1660년에 이어받은 찰스 2세는 선입견이 없는 군주로, 냉소적이면서도 호감 가는 성품으로 종교의 자유를 허용하고 수많은 후궁들을 거느렸기 때문에 국민적 인기를 누렸다. 그러나 그에게는 완고한 형제가 있었다. 제임스 2세는 왕위를 계승했을 때 영국을 가톨릭 교회의 품속으로 되돌려주려고 노력함으로써 부친 찰스 1세의 모든 실수들을 되풀이했다. 따라서 신교도들의 희망은 제임스 2세의 딸 메리Mary에게 쏠렸다. 메리는 신교를 믿었으며 칼뱅화된 네덜란드의 윌리엄과 혼인했기 때문이다. 그러나 제임스가 가톨릭 여성과 결혼하고 가톨릭 왕세자를 낳자, 신교도들의 인내는 끝장났다. 1688년에 그들은 윌리엄을 영국으로 초청했으며 왕위를 차지할 수 있도록 전폭적으로 후원했다.

윌리엄은 카이사르처럼 영국으로 '와서 보았으며' 제임스는 도주했다. 이 일이 있고 나서 양당간에 헌법논쟁이 벌어졌다. 한쪽은 왕위는 공석이며 윌리엄이 왕이라고 말했다. 그들은 진보주의자들이었으며 휘그당으로 불렀다(스코틀랜드의 말도둑에 대한 욕설whig a mare에서 유래). 다른 쪽은 윌리엄이 합법적인 제임스의 대리자이므로 왕의 직무를 대행할 뿐이라고 말했다. 이들은 제임스를 지지하는 정통주의자였으며 토리당이라 불렸다(토리는 원래 아일랜드의 무법자들에 대한 욕설).

이 대결에서 휘그당이 뜻을 관철했으며 토리당은 야당이 되었다. 그러나 양당은 1660년의 경험에서 배운 것이 있어, 윌리엄은 왕위에 오르기 전에 '권리장전Bill of Rights'에 서명해야 했다.

권리장전은 대영 제국 헌법의 기초가 되었다. 거기에서 보장된 것은 의회의 자유선거, 의원의 자유연설, 자유토론과 법적 면책권, 의회의 동의 없이는 세금을 거둘 수 없다는 것, 그리고 왕은 의회의 법을 무효화시킬 수 없으며, 종교가 가톨릭이어서는 안 되며, 또한 의회의 동의 없이는 상비군을 유지시켜서는 안 된다는 것 등이었다.

그 뒤를 이어 퓨리턴의 신앙 자유가 선언되었다. 영국 성공회의 단순히 관습적인 준수맹세에조차 허리를 굽히지 않는 퓨리턴의 과격당원들의 공직 임명은 물론 배제되었다. 퀘이커교도들은 법정에서 모자를 쓰고 있는 것이 허용되었으며 침례교인과 재세례파인 메노교도들한테는 성인(成人)

유럽의 역사 191

세례가 허용되었고, 모든 사람들은 각자가 옳다고 여기는 방식으로 신을 섬겨도 되었다.

이로써 국가정책은 종교에서 분리되었다. 국가는 사회의 통일성을 종교의 통일성 위에 공고히 하는 일을 포기했다. 이로써 사회도 국가로부터 분리되었다. 사회는 법만 지킨다면 다채롭고 사분오열되어도 상관없었다.

이것은 정치 분야의 문명화와 인권을 향한 양적인 도약이었다.

이 테두리 내에서 18세기로 넘어가는 과도기에 의회주의의 정부기관이 형성되었다.

- 의회 주권. 왕가의 연속적인 우연으로 윌리엄과 메리, 그리고 후속 여왕 앤Anne은 자식이 없었다(물론 바로 그 다음의 후손은 가톨릭이었다). 따라서 의회는 되풀이해서 왕들을 선출해야 했다. 이런 식으로 참된 주권이 의회에 있는 데에 익숙해졌다.
- 이 왕들 중의 세 명은 항상 부재중이었거나 적임자가 아니었다. 윌리엄 3세는 루이 14세와 싸우느라 바빴고 네덜란드의 앤 여왕은 어린아이 같았으며 조지George 1세는 하노버인으로 영어를 몰랐다. 따라서 왕은 항상 국무회의에서 그의 제1장관을 통해 대리되었다. 이로써 수상(국무총리)직이 생겨났다.
- 그러나 가장 놀라운 것은 양당제의 완성이었다. 그 자체로 볼 때 양당은 내전의 원인이 되기 때문에 애굽의 일곱 재앙(『요한의 묵시록』의 연속적인 일곱 가지 재앙을 연상시키는 수사학적 표현—옮긴이) 중의 하나로 간주되었다. 그러나 휘그 당원과 토리 당원들은 모순에 기초를 두고 있었으므로 타협하는 법을 배웠다. 우선 그 자체로 볼 때 휘그 당원들은 강한 왕정을 반대하는 입헌 군주주의자들이나, 그들과 협력하는 윌리엄은 그들의 왕이었다. 그러므로 그들은 그를 적극적으로 뒷받침해야 했다. 또한 그 자체로 볼 때 토리 당원은 강한 왕정을 찬성했으나 윌리엄은 그들의 왕이 아니었다. 그러므로 그들은 그를 견제해야 했다. 게다가 그들은 야당이었으므로 대중선전, 풍자와 비판의 수단

을 이용했다. 비민주주의적인 정당이 보다 민주주의적인 테크닉을 이용해야 했던 것이다. 결국 양당은 각자의 원칙이 요구하는 것과는 반대되는 행동을 해야 했다.
- 공개적인 선동과 당파 다툼에는 언론 자유도 속했다. 언론 자유는 사실상 면허법의 만료와 더불어 1694년에 선언되었다. 즉시 수많은 신문사들이 우후죽순처럼 생겨나, 아테네 이후 최초로 여론의 대변자가 되었다.
- 영국 작가들은 모두가 정당 및 신문들과 접촉하고 있었으며 글로 공개적인 여론 논쟁에 참여하고 있었고 이로써 훈련된 독자를 위해 글을 썼기 때문에 그들의 글은 이해하기 쉽고 재미있어야 했다. 이것이 영국 문학을 독일 문학보다 더 대중적이게 만들었다.
- 공적인 업무의 확장으로 점점 더 많은 의원들이 정부의 직책에 종속되었다. 직책을 얻지 못한 의원들은 정부에 찬성표를 던져달라며 굴러들어오는 뇌물을 받았다. 이는 정당 계파의 초기 형태였다. 직책이나 돈이 없는 자는 윤리적인 사람으로 머물러 있으면서 분노했고 야당이 되었다. 이런 식으로 정당들은 의회의 형식을 갖추었다. 당시 사람들은 그 제도를 부정부패의 절정으로 여겼다.

이와 동시에 영국은 1688년의 명예혁명 후에 근대화를 본궤도에 올려놓았다.
- 화폐경제의 근대화 기관차는 전속력을 내어 달렸다. 증권거래소와 은행이 설립되었고, 주식회사가 땅에서 쑥쑥 솟아났으며, 투기와 복권이 인기를 끌었고, 지폐가 고안되었으며, 백만장자 개념이 일반화되었고, 신설된 생명보험은 후손을 위해 구태여 땅을 구입해두지 않아도 되는 방법을 제공했다.
- 철학자 존 로크John Locke는 의회주의의 발전을 위해 적절한 이론을 자신의 『관용에 관한 서간Epistola de Tolerantia』과 『통치이론Two Treatises on Government』에서 제공했다. 결정적인 것은 『통치이론』의 「제2론」이다.

그것은 입법부(의회)와 행정부(정부와 왕)의 분리에 관한 내용을 담고 있다(나중에 몽테스키외Montesquieu는 여기에 사법부 분리를 추가한다). 이 「제2론」보다 강력한 영향력을 행사한 저술은 드물다. 그것은 미국 혁명과 프랑스 혁명을 정당화했다. 미국의 독립선언문은 로크의 표현들을 인용했다. 프랑스 혁명의 인권선언문도 마찬가지였다.

로크의 대의제(헌법) 이론은 민족들의 자유투쟁가들에게 영감을 불어넣어주었다. 홉스Hobbes가 『리바이어선Leviathan』에서 국가를 내전의 예방자라고 강력히 옹호한 후에, 로크는 여론의 끊임없는 내전의 기초 위에 공동체를 통일시켰다. 그러나 이 내전은 절제된 것이다. 왜냐하면 현재의 야당은 장차 정권을 인수할 수 있다는 전망을 가지고 있어 평화롭게 진정될 수 있기 때문이다.

이로써 로크는 시민사회에 성공의 길을 제시했다(→ 철학).

새로운 세계상

바로 이 시기에 영국 경제는 엄청난 비약을 체험했다. 1660년에 영국학술원이 창립되었으며 이것은 곧 유럽의 가장 명망높은 학술원으로 부상했다. 그 모델은 학문정책과 기획의 창립자 베이컨Bacon 경이 학문의 유토피아 『노바 아틀란티스Nova Atlantis』(1627)에서 구상한 '솔로몬의 집Domus Salomonis'이었다(그후 스위프트Swift는 이 학술원 회원들을 『걸리버 여행기 Gulliver's Travels』에서 바보들로 희화화한다[1726]. →문학). 플램스티드Flamsteed는 그리니치에 국립천문대를 세워 영국의 해운에 보다 좋은 경도(經度) 규정을 제공했다. 이로써 그리니치는 지구의 0도 자오선이 되었다. 훅Hook은 현미경으로 미생물의 세계를 관찰할 수 있게 했으며, 기존의 진자시계 대신 스프링을 장착한 시계를 발명해 휴대를 가능하게 했다. 사람들은 이제 양복 주머니 속의 회중시계로 세계의 시간을 일치시킬 수 있었다. 보일Boyle은 『회의적인 화학자The Sceptical Chymist』(1661)에서 요술가, 마술사, 연금술사, 강신술사와 사기꾼들을 우화의 세계로 보내 연금술 신앙을 몰아냈고 그 신비스런 기술이 가소로운 것임을 폭로했으며, 과거 의학의 4기질론에 최종적으로 치명적 일격을 가했다. 핼리Halley는 혜성들의 규칙적인 공전 주기를 발견함으로써 혜성에 대한 공포를 없앴다. 그때까지만 해도 사람들은 그것을 신의 분노의 징조로 여겼다.

이 모든 것과 그밖의 많은 발견, 발명들은 뉴턴Isaac Newton이 내놓은 새로운 체계 속에 통합되었다. 명예혁명 1년 전인 1687년에 영국학술원은 그의 주요 저서인 『자연철학의 수학적 원리Philosophiae naturalis principia mathematica』를 간행했다. 여기에서 그는 중력이론을 만유인력법칙으로 발전시켜 천체의 모든 운동을 설명했다.

이것도 근대의 이정표였다. 그것은 하늘, 지구, 지옥 따위의 다세계에 대한 생각을 종식시켰다. 이제부터는 모든 물체가 하나의 공간에서 서로에게 영향을 미친다는 생각이 자리잡았다.

이보다 더 중요한 생각으로 자리잡은 것은 모든 사물들이 서로 시간을 동일하게 맞출 수 있는, 균질적·추상적 시간에 대한 개념이었다. 중세의 시간 개념은 그 자체로 안정되어 있는 피안의 시간과, 덧없이 흘러가는 현세의 시간으로 이중구조를 지니고 있었다. 현세는 인과율적으로 완결되어 있지 않았으며 신의 기적과 같은 피안의 간섭에 무방비 상태로 노출되어 있었다.

그러나 뉴턴의 시간은 공간처럼 전체적이며 절대적이다. 피안은 더이상 존재하지 않는다. 그 대신 시간은 과거와 미래로 나누어진다. 이로써 현실적인 것과 가능한 것이 서로 결합하게 되었다. 가능한 사건은 현재에 평행선을 그으며 진행 중인 피안에서 현재로 급작스럽게 침입하는 것이 아니라, 가능한 것의 차원으로서의 미래가 미리 준비해가지고 있었던 것이다. 시간의 흐름 방향은 원인과 결과의 연쇄를 통해서 결정된다. 이제 세계는 빈틈없는 인과의 그물망을 통해 하나의 완결된 체계가 된다. 신의 기적이 세계로 개입하는 것은 불가능하다. 세계는 스스로 움직이는 시계장치처럼 생각되었다. 아마도 이런 생각에서는 신조차 세계의 시간에 방해자가 될 뿐이다.

공간과 시간은 서로 결속해서 영원한 운동이 되고, 우주는 서로 끼워맞춰진 부분들의 시스템이 된다. 그러나 라이프니츠Leibniz가 말했듯이, 세계는 모든 가능한 것들 중에서 가장 좋은 것이다. 만약에 신이 개입하면 세계는 아마도 그저 혼란스러워질 뿐이다. 이제 사람들은 세계의 개선이 피안에서 오는 것이 아니라 미래에서 올 것이라고 기대했다. 게다가 이 완벽한 인과망은 귀신, 악마 그리고 무서운 존재들을 구석구석에서 몰아내었다.

세계는 밝아졌다. 새로운 균질적 공간이 두루두루 조명받고 있었으며 이성의 등불이 밤을 몰아냈고 정신적인 몽유병자들을 선잠에서 깨어나게 했으며 장닭이 울었고 해가 밝았다. 명예혁명 후의 영국의 사상가와 학자들은 프랑스 계몽주의를 위한 전제를 마련했다. 이 사실에 대해서 볼테르 Voltaire가 『철학서간Lettres philosophiques ('영국 서간'이라고도 함—옮긴이)』 (1734)에서 한 말보다 더 분명히 표현한 사람은 아무도 없었다.

과거 아테네에서와 마찬가지로 영국에서도 학문과 철학이 비약한 것은 무엇보다도 민주주의 도입의 직접적 결과였다. 볼테르에 의하면, "영국의 헌법은 그 완성도가 뛰어나 거의 모든 군주국들에서 박탈당한 자연권을 모든 사람들이 누리고 있다."

이리하여 18세기 초엽에 영국은 연정(聯政)의 머리가 되었으며 루이 14세가 스페인 계승전쟁에서 유럽의 최고 권력인 스페인 왕위 계승권을 거머쥐려 한 시도를 무위로 돌아가게 했다.

18세기 : 계몽주의, 근대화와 혁명

18세기에 근대세계가 생겨났다. 여기에서는 두 가지 모델이 표준이 되었다.

- 영국 헌법은 프랑스 지식인들의 모델이 되었고 계몽주의적 사고를 위한 영감을 주었다. 그 결과 미국과 프랑스에서 혁명이 일어났다. 이리하여 이 두 곳에서는 절대주의가 붕괴되었고 급진적 민주주의가 자리를 잡았다.
- 프랑스 절대주의는 유럽 동부의 개발도상국들의 모델이 되었다. 그 결과 계몽 절대군주정이 생겨났는데 여기에서는 근대화가 위에서 아래로 이루어졌다. 러시아, 프로이센 그리고 오스트리아.

독재권력들이 신하들의 피와 땀을 자양분으로 삼아 생존하는 반면에, 영국과 프랑스는 식민제국 개척을 통해 세계를 유럽화하고 있었다. 18세기의 중반에 그들의 라이벌 관계는 첨예화되었다.

두 가지 발전 방향은 7년전쟁에서 서로 만나 꼬였다. 여기에서 세계전쟁이 일어났다. 한쪽에는 프로이센과 영국이, 다른 한쪽에는 러시아, 프랑스 그리고 오스트리아가 동맹을 맺고 있었다. 전쟁터는 슐레지엔, 캐나다와 인도에서 동시적으로 형성되었다.

평화가 맺어진 1763년에 주사위는 던져졌으며 그 결과 역사는 다음과 같은 방향으로 나아갔다.

- 영국을 기점으로 해서 세계의 유럽화가 진척되었다.
- 프랑스는 절대주의 국가를 민주주의 국가로 변화시키는 혁명을 향해 매진했다.
- 미국, 프로이센 그리고 러시아 등 새로운 열강이 생겨났다.

이 세 가지 발전은 아직도 우리 세기의 역사를 규정짓고 있다.

위로부터의 개혁을 통해 근대화가 이루어진 나라들(러시아와 프로이센-독일)은 전체주의 국가가 되었다. 이들은 순서대로 앵글로색슨의 민주주의와 프랑스에 대립했다.

그러나 우리가 이 모든 것을 고찰하기 전에, (폭넓게) 프랑스 계몽주의에 대해 질문해보자.

유럽의 역사 197

프랑스 계몽주의와 지식인 계층의 등장

프랑스 지식인들은 스스로를 '철학자들'이라 불렀을 뿐, 독일 지식인들처럼 이해하기 어려운 시스템을 모델로 내놓는 고독한 사상가들은 아니었다. 그들은 대중을 위해 우아한 에세이를 썼으며, 풍자작품, 재치 있는 장편소설, 그리고 위트 있는 대화체의 에세이들을 창작했다. 그들은 철학하는 작가들이었으며 디드로Diderot, 달랑베르d'Alembert, 올바크Holbach, 엘베티우스Helvétius 그리고 (이들 모두의 대스승인) '볼테르'라는 별명을 가지고 있던 프랑수아 아루에François Arouet였다.

그들은 나중에 사람들이 지식인이라 부르는 인물 유형을 선취했다. 즉 그들은 자신의 이성에만 충실할 뿐 충성심이 없으며, 기존의 권위에 대해 비판적이며, 권세가들에 대해서 가장 비판적이며, 조소적이고 풍자적이며, 논쟁적 태도로 폭로하기를 좋아한다. 그들은 학문적이 아니라 시사적이며, 저널리스트적이었다. 그들은 정부의 부조리한 행동과 사회의 모순들을 염려했다. 그들은 이성에게 승리의 환영잔치를 베풀었으며 이성을 사회의 모든 기관들의 최고 재판관으로 등극시켰다. 그들은 신화, 도그마와 미신에 대한 투쟁을 조직했다. 그들에게 교회는 모호함의 대표자로 비쳤으며 기독교는 특히 부조리한 것으로 간주되었다.

이 '철학자들'은 이런 존경심 부재를 파리에서부터 퍼뜨리기 시작해서 유럽의 정신적 풍토를 바꾸어놓았다. 이 문화는 과거의 종교개혁처럼 철저히 유럽 곳곳에 배어들었다. 이리하여 계몽주의와 종교개혁 간의 새로운 종합이론이 요구되었다.

1745~46년 무렵에 몇몇 출판사가 세계의 새로운 지식을 수집해 백과사전으로 출판하기 위해 힘을 모았다. 원래는 체임버스Chambers의 영어판 『사이클로피디아Cyclopaedia』(1711)만 프랑스어로 번역할 예정이었다. 그러다 그 '철학자'들 중 하나인 디드로에게 사전을 직접 편찬해달라는 의뢰가 들어왔다. 그는 그때까지 기존의 질서에 대해 도전적인 저술들을 썼으며

여성들이 성(性)기관들의 모험에 관해 이야기하는 소설 『무례한 아이들 *Les Bijoux indiscrets*』(1748)을 한 편 써서 세인의 눈에 띄었다. 그는 곧 자신의 유명한 친구 달랑베르를 설득해서 그의 재치와 글솜씨를 사전 편찬에 활용했다. 그들은 작업에 착수하면서 체임버스의 체제를 따르는 것을 포기하고 인간의 천부적 기본능력을 재료로 삼아 새로운 지식의 지도를 그려냈다. 기억력을 위한 역사, 철학을 위한 학문, 이성을 위한 신학, 상상력을 위한 문학 따위가 주요 테마였다. 그 전체를 조직하는 개념은 자연이었다. 여기에서 자연종교, 자연철학, 자연윤리학, 자연심리학의 프로그램이 유도되었다.

이 모든 것은 이성의 힘에 대한 신앙고백을 장황하게 서술한 달랑베르의 학술적 서론에서 전개되었는데, 이 책은 프랑스 산문문학의 가장 중요한 텍스트 중의 하나로 손꼽힌다. 이 백과사전의 영웅과 모범은 베이컨과 로크였다.

초판이 간행되자 검열관이 덮쳤다. 그러나 왕의 애첩 퐁파두르 부인과 몇몇 사람들의 찬성 발언을 통해 디드로와 달랑베르는 작업을 계속할 수 있었다. 출판 금지는 대중의 관심을 고조시켰으며, 주문 예약자의 수는 1천 명에서 4천 명으로 늘어났다. 제3권은 무엇보다도 성서의 모순들을 다루었으며 과거 신앙이 있던 자리에 의심의 씨앗을 뿌렸다. 그 다음에 볼테르가 편찬에 합류해서 E항을 작업했다. 이 E항에는 우아élégance, 능변 éloquence과 기지esprit가 속해 있었다. 디드로 자신은 메타 항인 백과전서 encyclopédia 항목을 맡았다('백과전서' 개념에 관한 방대한 기술이라는 뜻에서 메타 항인 셈이다—옮긴이). 이 글은 아마도 이 사전에서 가장 훌륭하며 가장 긴 항목일 것이다. 여기에서 그는 다시 백과사전의 계몽의도를 정리했으며 학문의 혁명을 예언했다.

각 권은 출간될 때마다 유럽 전역에 센세이션을 불러일으켰다. 교회와 궁정은 분노로 입에 거품을 물었다. 백과사전은 반복적으로 출판 금지되었다. 교황은 그것에 저주의 판결을 내렸다. 그러나 프리드리히 대제가 베를린에서 자신의 보호하에 그것을 간행하도록 한 것은 그의 명예가 되었다.

1765년에 마지막 권까지 발행되었다. 이때 이미 일곱 종류의 해적판이 나와 있었다. 그 대부분은 스위스에서 나왔다. 통틀어서 45개의 판본이 25개국에서 출간되었다. 수많은 시민들의 가정에서 그것은 성서의 자리를 차지했다. 각 가정에서는 저녁마다 한 항목을 함께 읽었으며, 그것을 연구하기 위한 학회도 결성되었다.

백과사전은 계몽주의의 기념비다. 그것은 구질서의 속을 텅 비게 만들었고 혁명을 준비하는 데에 결정적인 힘이 되었다.

강한 남자들과 계몽된 독재자들

프랑스의 절대주의 국가는 독재를 합리적 행정부와 결합시켰다. 그것은 동부 유럽의 개발도상국 독재자들에게 매력적으로 작용했다. 이제 도처에서 강한 남자들이 등장해서(여자들도 포함) 자신의 새로운 사고를 펼쳤고 나라를 새롭게 창조했다(또는 실패했다).

폴란드 – 얀 소비에스키와 실력자 아우구스트

폴란드인들은 신성 로마 제국과 같은 병에 시달렸다. 리타우엔과 통합한 후에(1569) 폴란드의 영토는 동해와 흑해 사이의 무한한 평원들 너머로 확장되었지만 독일에서처럼 귀족들은 강력한 세습군주정이 성립하는 것을 방해했다. 모든 폴란드 왕은 선출되었으며 귀족의 제국 의회는 거부권만 행사하면 어떤 결정이든 막을 수 있었다.

폴란드인들이 1674년에 왕으로 선출한 유능한 사령관 소비에스키 Sobieski는 낭만적인 영웅이었다. 그는 왕답게 보였고 왕처럼 대담했으며 승승장구하는 천재 사령관으로, 미녀 카지미르와의 로맨스를 통해 환상에 불을 당겼다. 그는 청소년 때부터 그녀를 사랑했으나 전쟁에 출정해야 했다. 그 사이에 그녀는 어떤 놈팽이와 결혼해버렸다. 그가 귀환했을 때 그녀는 그리움에 야위어가고 있었다. 그는 그녀의 애인이 되었다. 그 놈팽이는 경의를 표하느라 그랬는지, 갑자기 사망했으며, 사랑하는 커플은 하나가 되었다.

그의 최대 목표는 폴란드의 개혁과 터키인들의 격파였다. 1673년에 터키인들이 빈을 포위했을 때 빈을 구한 것은 바로 그와 그의 군대였다. 그의 궁정은 계몽주의의 중심지가 되었다. 신교도들과 유대인들은 거의 종교의 자유를 누렸다. 그는 프랑스의 문화적 영향을 받도록 폴란드를 개방했다. 그러나 정치적으로는 폴란드를 개혁할 수 없었다. 그가 사망했을 때 제국의회의 대표자들은 뇌물을 받고 작센의 실력자 아우구스트August를 선제후(選帝侯; 신성 로마 제국의 황제 중 1356년의 금인칙서[金印勅書]에 의하여 독일 황제의 피선거권을 가졌던 일곱 사람의 제후―옮긴이)로 선출했다. 아우구스트도 충분히 계몽되어 있었고 기존의 가톨릭을 신교로 교체했으며 폴란드의 왕이 되었다.

러시아와 표트르 1세

최초로, 그리고 뒤늦게 동슬라브인들에 관해 이야기하고자 한다. 이들은 스웨덴의 바이킹 왕 류리크Ryurik에게 병합(862)된 후에 '러시아인'으로 불리게 되었다. 성 블라드미르Vladimir(980~1015) 이후 러시아인들은 기독교에서 그리스 정교로 색깔을 달리했으며 비잔틴 교회의 관습을 받아들였다. 러시아 문화의 중심지는 키예프였다. 1223년부터 몽골의 칭기즈 칸이 러시아로 쳐들어왔고, 1242년에 러시아는 황금빛 유목민들의 몽골 제국에 통합되었다(황색인종인 몽골인은 유럽인들에게 황금빛으로 빛나는 공포의 대상이었다―옮긴이).

그러나 대제후들은 몽골의 감시하에 비교적 독립적으로 통치를 계속했다. 이반Ivan 1세(재위 기간 1323~40)는 모스크바를 러시아의 수도로 정했다. 이반 3세는 1472년에 러시아를 몽골로부터 독립시켰고 자신을 모든 러시아인들의 대제후로 선언했으며, 통치의 상징들을 이용해서 1453년에 몰락한 비잔틴 제국의 후계자임을 과시했다. 따라서 그의 아들 바실리Vasily 3

세는 스스로를 차르(황제)라고 칭했으며 이탈리아의 건축가들을 동원해 모스크바의 내성(內城), 크렘린을 새로 지었다. 그의 아들 이반 4세(재위 기간 1533~84)는 자신의 독재정권에 대한 모든 저항을 무자비하게 진압했기 때문에 '뇌제(雷帝)'라는 별명을 얻었지만, 이와 동시에 그는 제국을 근대화하고 황제 근위대를 창설했다.

류리크 왕조는 1613년에 멸망했으며, 방계의 로마노프 가문이 1917년까지 차르를 계속 배출했다. 1682년부터는 소피아Sophia가 근위대의 도움을 받아 여제로서, 어리석은 이복형제인 표트르Pyotr 1세를 대리하여 통치했다. 그러는 동안에 표트르 1세는 이른바 모스크바 내의 '독일 식민지'에 놀러다닐 시간이 있어 그곳의 외국인들이 러시아인들보다 교양, 문화와 특별히 기술 수준이 뛰어나다는 것을 확인했다.

실제로 러시아는 중세처럼 절반쯤 잠이 든 채 표류하고 있었다. 로마법도 없었고, 르네상스와 종교개혁도 체험하지 못했으며, 그저 몽골인들의 전제정치만 알고 있었다. 농부들이 알고 있는 것은 토지에서의 힘든 농삿일, 주인의 채찍과 어둠침침한 그리스 정교회의 황금빛 성화 앞에서 항상 똑같이 향연통이나 이리저리 흔드는 사제의 중얼거리는 목소리뿐이었다.

표트르가 1689년에(그러니까 영국의 명예혁명 다음해에) 쿠데타로 권력을 잡았을 때 러시아에도 새로운 시대가 시작되었다. 왜냐하면 이 표트르 대제만큼 러시아의 모습을 획기적으로 변화시킨 왕은 드물기 때문이다. 그와 여러 가지로 닮았던 레닌Lenin만이 그에 필적할 만했다.

표트르는 유럽에 대해 닫혀 있던 러시아의 빗장을 열고, 바다로 나가는 문을 확보하는 데 혈안이 되어 있었다. 흑해로 나가려면 터키인들과 전쟁을 해야 했고, 동해로 나가려면 스웨덴과 전쟁을 해야 했다. 스웨덴은 당시 발트해 연안을 장악한 유럽의 강대국이었다.

그는 우선 터키를 시험해보았다. 그는 거기에서 패배했고 나라를 우선 근대화해야 한다는 것을 깨달았다. 그리고 이제 그의 아주 놀라운 에피소드들 중의 하나가 시작되었다. 그는 서유럽에서 선박 건조 따위의 기술을 배울 약 250명의 해외 연수단을 모집했고 자신도 그 단원으로 위장했다. 물론 그는 남들이 알아볼 수 있게 튀는 행동을 계속했다. 표트르가 칼과 포크의 사용을 속으로 싫어하고 있다는 것이 독일 브란덴부르크의 선제후 미망인의 눈에 띄었다. 그녀는 러시아인들이 독일 여자들의 딱딱한 골격에 대해 불평하는 것을 듣고 다시금 놀랐다. 그들은 여자들의 코르셋 속의 고래 수염봉들을 진짜 뼈라고 믿었던 것이다.

네덜란드의 선박 건조 메카, 찬담에서 표트르는 선박 제조공 복장을 하고 한동안 선박공 키스트의 좁은 집에서 생활했다. 나중에 이 집은 "위대한 남자에게는 아무것도 너무 작지 않다"는 팻말을 수여받았고, 표트르 대제는 로르칭Lortzing의 오페라 「황제와 목수Zar und Zimmermann」로 기념되었다. 그는 조선소에서 배의 평범한 각재 운반꾼으로 열 달 동안 쉬지 않고 일했으며 밤에는 해당이론을 연구했다. 그 다음에 그는 학자들과 과학자들이 있는 작업장을 방문했으며, 레벤후크Leeuwenhoek에게 가서는 현미경을 들여다보았다. 또 부르하베Boerhaave의 해부실에서는 시체의 내부를 보았으며, 엔지니어 기술과 기계학 관련 강의를 듣고, 치아 뽑는 법을 배워서 자신의 신하에게 실습을 했다.

새로운 기계와 공구들을 실은 화물차를 러시아로 보냈으며 이들의 뒤를 이어 수많은 선장, 장교, 요리사와 의사들을 보내 국민들을 교육하게 했다. 그는 런던과 빈을 방문했으며 귀환길에 폴란드의 실력자 아우구스트의 궁정에 머물렀다. 그들은 즉석에서 깊은 우정을 맺었는데, 그 이유는 마음껏 술을 퍼마시고 은그릇을 우그러뜨리는 시합을 할 수 있는 친구를 서로 만났기 때문이다. 그들이 여기에서 부화시킨 생각은 서로 힘을 합쳐서 스웨덴의 지배하에 있는 대륙을 빼앗자는 것이었다. 덴마크도 이들의 동맹에 합류하자 제2차 북방전쟁(1700~21)이 시작되었다.

카를 12세와 스웨덴

천재적인 야전군 사령관인 스웨덴 왕 카를 12세는 러시아의 겨울과 싸움을 시작했다. 카를은 모든 전투에서 승리했다. 덴마크, 폴란드, 그리고 부하들이 아직 희망하는 교육 수준에 올라와 있지 못한 표트르 1세도 정복했다. 그는 실력자 아우구스트를 폐위시켰고 폴란드에서부터 러시아의 광막한 세계로의 진군을 시작했다. 그는 이로써 나폴레옹과 히틀러가 따라올 길을 먼저 걷게 되었다. 표트르 대제는 계속해서 후퇴하면서 모든 도시와 저장품들을 계속 불질렀다. 그는 카를을 황폐한 내지 쪽으로 점점 더 깊숙이 끌어들였다. 그 다음에 겨울이 왔고 추위는 유난히 극심했다. 스웨덴인들의 손과 발이 동상으로 잘려나갔다.

마침내 1709년 5월 11일에 차르코프 서남쪽의 폴타바에서 20세기의 스탈린그라드 사태(1942년 8월~43년 2월, 독일과 소련군 사이에 벌어졌던 스탈린그라드 공방전-옮긴이)가 벌어졌다. 이 전쟁이 끝나고 카를 12세가 격퇴되었을 때, 세계는 변해 있었다. 러시아는 유럽에 도착해 있었다. 발트해 연안과 우크라이나도 집어삼켰다. 실력자 아우구스트는 표트르의 은총으로 다시 폴란드의 왕위에 올랐다. 카를 12세는 터키로 도주해서 터키 군대로 표트르를 다시 한 번 위기로 몰아넣었지만, 술탄이 그를 귀찮게 여기기 시작하자, 말을 타고 강행군을 한 지 14일 만에 이스탄불에서 스트랄순드에 도착했다. 그는 이곳의 도시를 포위자들로부터 구출해주고 스웨덴으로 귀국해서 새로운 군대를 일으켜 노르웨이를 공격했지만, 36세의 나이에 전사했다.

카를 12세는 스웨덴의 한니발이었다. 그는 천재적인 야전군 사령관이었으며, 실패로 돌아갔지만 과거 러시아를 지배한 바이킹 시대의 영광을 거의 재현했다. 그는 강국 스웨덴의 무덤을 팠으며 러시아의 산파가 되었다.

표트르의 개혁

표트르가 이룬 러시아의 근대화는 나중에 레닌과 스탈린에 의한 소비에트화와 마찬가지로 독재적으로 이루어진 것이었다. 러시아인들은 우선 수염을 잘라야 했다. 그것을 거부하는 자는 수염세를 내야 했다. 그 다음에 러시아의 의상이 사라졌다. 그는 여성들을 창녀촌에서 해방시켰으며 정교를 후원했고 신비론자와 광신자들을 사제로 서품하는 것을 금지시켰으며 종교 관용정책을 도입했다.

그는 혈통귀족을 세분화된 공훈귀족으로 대체시켰다. 그 서열은 국가에 대한 공헌도에 따라 정해졌다. 정부는 상원과 전문장관들로 구성되었다. 지방의 총독들은 상원에 책임을 져야 했다. 도시에는 부유한 상인과 대학졸업자, 교사와 수공업자, 노동자와 회사원 등 세 계급이 있었다. 마을공동체 미르Mir는 집단조직이었다. 표트르는 농노제도를 그대로 존속시켰다. 그는 이와 동시에 능동적 공업정책을 추진했으며 광산을 개발하고 수공업과 방직공업을 진흥시켰다. 나중에 소비에트 집단농장에서처럼 농부들은 강제로 공장노동에 내몰렸다. 여기에서 일종의 공장노예가 생겨났다.

스웨덴과의 전쟁이 끝난 후 그는 자유상업 제도를 도입했다. 그는 (신교의) 율리우스력을 도입했고 키릴 문자를 의무적으로 사용하도록 했다(교회는 아직도 구슬라브 문자를 사용했다). 또 신문을 발행했고 도서관을 세웠고 독일 김나지움을 본떠 학교를 세웠다. 그는 독일의 배우들과 이탈리아의 건축기술자들, 그리고 유럽의 모든 나라에서 학자들을 수입했다. 무엇보다 앞서 그는 모든 러시아인들을 동해로 이끌고 와서, 그곳에 제국의 새로운 수도 상트페테르부르크St. Peterburg를 건설했다. 나중에 소련의 대형 프로젝트가 노동수용소에 수감된 죄수와 전쟁포로들의 뼈 위에 세워졌듯이, 상트 페테르부르크는 러시아의 노동노예와 스웨덴의 전쟁포로의 뼈 위에 세워졌다. 12만 명 이상이 네바 강의 습지에 묻혔다.

표트르가 1725년 52세의 나이로 사망했을 때, 모든 사람이 그를 증오했다. 그는 영국의 헨리 8세 또는 레닌과 같은 인물이었다. 유난히 잔인하고, 유난히 목표 추구적이며 환상에 사로잡혀 있었고, 유난히 정력적이며 끈질기고 인정사정 없었다. 그는 자신의 나라를 강제로 근대화시켰다.

이로써 그는 후배들인 레닌과 스탈린 그리고 고르바초프Gorbachyov에게 선례를 남겼다. 그후 러시아는 친슬라브적인 구러시아인과 서구적 개혁론자 사이에서 진동하게 된다.

여차르 : 안나, 옐리자베타 그리고 예카테리나 여제

비범한 남자가 있지만, 더욱 비범한 것은 비범한 남자가 비범한 첩을 거느리는 것이다. 나중에 여제(女帝) 예카테리나 1세가 될 예카테리나 Yekatharina는 말보르크에서 루터교 목사의 하녀로 성장했다. 그 도시가 포위되었을 때 그녀도 정복되었으며 첩이라는 직업을 가지게 되었다. 그녀는 사령관들의 침대를 사다리 삼아 마침내 차르에게까지 올라갔다. 그녀는 표트르에게 없어서는 안 될 존재가 되었으며, 아무 불평 없이 야전침대를 함께 사용했고, 그가 경련을 일으킬 때면 보살폈으며, 우울한 마음을 잔뜩 부풀릴 때면 그의 마음을 밝게 해주었다. 표트르는 1712년에 그녀와 결혼했고 1724년에 왕비의 왕관을 씌워주었다. 이로써 그녀는 과거에 테오도라 Theodora가 유스티니아누스Justinianus의 부인이 되었던 것과 같이 창녀에서 여왕으로 올라섰다.

표트르가 죽자 그녀는 합법적인 왕위 계승자를 제거하고 스스로 여차르가 되었다. 그리고 딸 옐리자베타에게 왕위를 확보해주었다. 물론 그것은 옐리자베타의 선배 여차르 안나가 그 자리를 비워준 뒤에야 가능했다. 옐리자베타는 7년전쟁으로 프리드리히 대제를 파멸의 가장자리까지 몰고갔으며, 표트르 대제의 무능한 손자 표트르 3세를 자신의 후계자로 삼았다. 그녀는 그에게 비범한 여자 안할트 체르프스트의 소피아Sophia를 배필로 구해줌으로써 그 결점을 즉시 보완해주었다. 궁정의 소요와 반역사건이 일어났고 그 와중에 무능한 표트르 3세가 쓸모없는 목숨을 마감했다. 소피아는 예카테리나 2세로서 모든 러시아인들의 여차르가 되었다(1762~96).

예카테리나 2세는 흔들리는 지위를 확고히 하기 위해서 자신의 높은 지능 이외에 여자로서의 무기도 투입했다. 그녀의 선배 여인들도 자유연애 원칙을 숭상했지만, 그녀는 이 원칙을 새로운 통치 시스템으로 더욱 발전시켰다. 즉 그녀는 자신의 정조를 정치의 제단에 바침으로써 임기 중 총리들의 충성심을 더욱 강화시켰다. 바꾸어 말하면, 총리들은 매번 그녀의 애인이기도 했으며, 또는 그 반대로 그녀가 그들의 애인이었다고 할 수도 있었다. 그것은 정치적 차원에서 그녀가 자발적으로 연속적 일부일처제 Monogamy를 택한 셈이었다. 영국에서 다수당이 총리를 선출했다면, 러시아에서는 예카테리나 2세가 혼자서 다수당의 일을 도맡은 것이었다. 그녀의 애인들 중 특히 영주 포툠킨은 세트 마을을 만들어 화사한 신기루의 경치를 여차르의 눈앞에 펼쳐놓음으로써 후세에까지 이름을 남겼다.

예카테리나 2세는 볼테르의 기질이 섞인 계몽철학자였다. 그녀는 볼테르를 비롯해 수많은 계몽주의 철학자들과 서신 왕래를 했다. 정치적으로 그녀는 표트르의 개혁을 속행시켰다. 그녀는 농노에 대한 지주들의 재판권을 공식적인 재판관들에게 넘겨주었고, 고문을 폐지했으며 표트르의 사망 후에 흔들리던 종교적 관용을 다시 세웠다. 그녀는 정교 교회를 국가에 굴복시켰고 학교와 대학을 세웠다. 이것들은 나중에 교회에 의해 다시 제동이 걸렸다. 그녀는 이때 여성 교육을 잊지 않았고 여학교를 세웠다. 그녀는 병원을 세우고 위생을 개선했으며 몸소 러시아에서 여자로서는 두 번째로 천연두 예방주사를 맞음으로써 면역접종이 위험하지 않다는 것을 국민에게 시위했다.

비록 그녀는 선별적 경제정책을 통해 귀족의 특권을 고착화시켰지만 표트르의 능동적 공업정책은 계속 진척시켰다. 그 모든 바쁜 업무에도 불구하고 그녀는 짬을 내어 오페라, 시, 희곡, 동화, 논문과 비망록을 썼다. 그녀는 익명의 풍자잡지를 발간해, 자신이 직접 쓴 기사로 채웠고 로마 황제들의 역사를 기술했다. 그녀는 영국의 엘리자베스와 스웨덴의 크리스티나와 나란히, 역사상 비범했던 여성 통치자들 중 하나였다.

프로이센, 병사왕 그리고 프리드리히 대제

강한 러시아가 유럽의 변두리에 모습을 드러내기 시작한 바로 그때 갑자기 독일 제국의 복합비료 더미에 두더지가 파놓은 흙더미가 높이 쌓이기 시작했다. 바로 브란덴부르크 프로이센이었다. 이것을 위한 예비작업은 대(大)선제후 프리드리히 빌헬름Friedrich Wilhelm이 해놓았다(1640~88). 그는 프랑스의 모범에 따라서 행정을 현대화했고 상설군대를 창설했으며 경제정책을 중상주의로 돌려놓았다. 그의 아들 프리드리히 3세는 부친의 황제직을 협상을 통해 얻어냈으며 1701년부터 스스로를 프리드리히 1세, 프로이센의 왕이라고 일컬었다. 러시아처럼 프로이센은 아직 후진국이었고 농부들은 지주의 농노로 무례한 토지 귀족들에게 들볶이고 있었다. 따라서 러시아처럼 근대화는 군사화를 통해 이루어졌다. 단지 신교 프로이센 지역에서는 그 맹종이 의무 완수로 격상되었고 공훈으로 해석되었을 뿐이다.

이에 상응하게 독일 조국의 아버지는 표트르 대제와 마찬가지로 무자비한 근대화론 주창자였다. 그는 프리드리히 빌헬름 1세였으며 '병사왕(兵士王)'이라고도 불렸다. 그는 그야말로 주임교사이자 군대 상사였다. 그의 평생의 동반자는 지팡이였는데 누가 마음에 들지 않으면 지팡이로 두들겨팼다. 이 지팡이는 동시에 그가 위대한 프로이센을 건설한 두 제도, 즉 학교와 군대의 상징이었다. 1722년에 프로이센은 그 어느 나라보다 앞서서 모든 국민의 의무교육 제도를 도입했다. 모든 자치단체는 학교를 운영해야 했다. 한 세대가 지나자 프로이센은 유럽의 모든 국가들의 국민 교육 수준을 추월할 수 있었다.

왕의 지칠 줄 모르는 염려는 군대의 확충으로 향해 있었다. 국가 예산의 3분의 2를 군대가 삼켰다. 귀족들은 장교근무 의무가 있었으며 모두가 혹독한 훈련을 받았다. 기마대, 포대와 보병대는 훈련을 통해 그 어떤 군대도 따라올 수 없는 기동성을 갖추게 되었다. 덧붙여 말하자면, 표트르 대제가 난쟁이를 모았듯이, 프리드리히 대제는 자신의 주변에 모아놓은 키다리들에게 사족을 못쓰는 기벽(奇癖)이 있었다(신장이 2미터나 되는 표트르 대제가 신분의 고하를 막론하고 키 작은 인재를 등용했다면, 프리드리히 대제는 전 유럽에서 키 큰 용병을 모집해 막강한 군대를 만든 것에 대한 비유적 표현-옮긴이).

그의 나머지 욕구들은 담배연회에서 마구 담배를 피우고 맥주를 퍼마시며 거친 농담을 하면서 채워졌다. 거기에서 그는 사람들과 함께 철학자를 곰의 등에 묶어놓고 그 버둥거리는 광경을 즐겼다. 다시 말해서, 그는 단골술집의 술친구 같은 유머가 있었지만, 그의 아들은 몹시 달랐다.

가뭄의 긴 시간들이 지나고 우리는 다시 독일 제후 하나를 만나게 되는데, 이 사람은 문명인의 집단적 기억 속에 들어와 자리를 잡았다. 그는 바로 프리드리히 2세였으며 '대왕'으로 불렸다. 그가 부친의 군대머리(군인적 사고방식)에 저항했다는 것이 벌써 그를 중요한 인물로 기억시켰다. 부친은 현학적인 근검 병참관의 덕목과 군마의 민감성(말은 성격이 예민한 동물이다—옮긴이)을 함께 갖춘 지배자 유형이었다. 그러나 아들은 문예 쪽으로 기울어서 여성처럼 파마를 했으며, 독일 병사의 퉁명스런 독일어 대신 프랑스어로 말했으며 종교를 즐겼고 대위 카테, 중위 카이스와는 의심스런 관계를 맺었고 플루트를 연주했다. 요컨대 남성우월주의적 부친의 눈에 비친 아들의 모습은 탕아는 아니라 할지라도 프로이센을 통치하기에는 너무나 약한 미숙한 달걀과 같았다.

그는 아들이 시를 읽는 장면을 목격했을 때 T자 지팡이로 때렸으며 어떤 때는 커튼 끈으로 목을 졸라 죽이려고 했다. 아들이 친구 카테와 영국으로 도주하려다가 발각되자 부친은 그들을 군사재판에 회부해 사형선고를 받게 했다. 여기서도 프리드리히 빌헬름은 표트르 대제와 닮았다. 유럽의 나머지 제후들을 고려해서 빌헬름은 아들을 사면했고, 그 대신 아들이 친구 카테의 처형 장면을 목격하도록 했다. 그 다음에 아들은 구금되었다. 부친은 그가 충분히 단단해졌다고 느껴졌을 때, 그에게 프로이센의 경제와 행정을 연구하게 했으며, 브라운슈바이크의 엘리자베트 크리스틴과 혼인시킴으로써 그에게 새로운 일격을 가했다. 황태자는 라인스베르크에 칩거하면서 볼테르와 서신 왕래를 했는데, 이 일은 40여 년 동안 계속되었다. 그는 프리메이슨 단원이 되었으며 영국 헌법을 찬양했고 반(反)마키아벨리론을 집필했다. 그가 1740년에 부친의 왕위를 물려받자, 세계는 왕위에 앉은 철학자를 환영했다. 계몽주의는 제후들의 심장 속에 이미 들어와 있었다.

그는 통치를 시작한 첫째 날에 고문제도를 폐지했다. 며칠 후에는 종교와 언론의 자유를 선언했다. 그는 베를린 학술원의 원장 자리에 자유사상가를 임명했으며 이를 유럽 최고의 학술원 중의 하나로 만들었다. 그러나 그후에 그는 속이 빤히 들여다보이는 이유를 들어 전쟁을 일으켜 오스트리아의 선량한 마리아 테레지아Maria Theresia 여왕에게서 슐레지엔 지방을 빼앗음으로써 전세계를 실망시켰다. 오랫동안 여왕은 그 침략을 추인하기를 거부했다. 그녀는 러시아, 프랑스와 동맹을 맺었는데, 프리드리히는 선수를 치기 위해 1756년 7년전쟁을 일으켰다. 그리고 전세계는 최초로 변방의 소나무숲 너머에서 무엇이 새로 자라났는지를 깨닫고 놀라지 않을 수 없었다. 바로 프로이센 군대였으며, 국가는 거기에 붙은 액세서리였다.

그리고 이 군대는 젊은 야전군 사령관 프리드리히의 지휘하에 세 강대국의 연합군을 향해 진격했다. 프리드리히의 군대는 영국의 재정지원만을 받았을 뿐이지만, 빛나는 승리와 소모적인 패배를 거듭하며 연합군을 장기판의 말처럼 가지고 놀았다. 프리드리히는 비록 프랑스어를 사용했지만, 독일 제국의 무기력함에 익숙해져 있던 국민들에게 자긍심을 심어주었다. 우리도 뭔가를 보여줄 수 있는 사람이 여기에 있다는 감정을 심어주었던 것이다. 마침내 그는 슐레지엔을 확고히 지켜 절반쯤이 신교도인 이 지방은 프로이센적으로 되었다. 새로운 자원들과 우월한 군사력으로 프로이센은 대제국이 되었다. 비록 크기는 가장 작지만 힘이 가장 센 프로이센은 이제부터 유럽 열강들, 즉 프랑스, 영국, 오스트리아, 러시아의 콘서트에 동참하게 되었다. 프리드리히는 7년전쟁의 추진력으로 동맹국 영국이 해외 식민지 개척전쟁에서 프랑스를 누르고 승리하도록 도와주었다.

영국과 프랑스의 세계전쟁

피트Pitt는 1756년에 영국 총리가 되었다. 그는 혼자서 런던시(즉 상인과 금융가들) 전체의 이해관계를 대변하는 일에 앞장선 최초의 총리였다. 그의 프로그램은 이에 걸맞은 영국 제국을 세우는 것이었으며 세계무역을 지배하는 것이었다. 이때 그는 북아메리카와 인도에서 프랑스와 충돌했다. 특히 북아메리카의 뉴올리언스에서 캐나다의 퀘벡에 걸쳐 있는 가장 큰 프랑스 지역들이 영국의 13개 식민지 주들의 바람을 빼고 있었다.

프리드리히가 육지에서 프랑스인들을 때리고 있는 동안, 피트는 바다로 진출하기 위해 세력을 규합했다. 그는 프랑스를 직접 공격하는 대신 프랑스의 상권을 건드렸다. 여기에서 그가 활용한 것은 영국 상인들의 정보망이었다. 이런 식으로 아프리카에서는 고무와 노예 장사를 위한 베이스로 다카르가 정복되었고, 캐나다에서는 몬트리올과 퀘벡이 수산물과 모피 장사를 위한 전초기지로 확보되었다. 그리고 인도에서 동인도 회사가 프랑스인들을 단독으로 축출하는 동안, 피트는 동아시아 무역로를 봉쇄하고 중국과의 차(茶) 무역 독점권을 따왔다. 이후 영국인들은 커피를 마시지 않고 (차가 더 쌌기 때문에) 차를 마셨다.

프랑스인들은 해외의 세계정치보다 유럽 왕조끼리의 경쟁을 더 중시했기 때문에 세계제국을 잃었다. 그리고 영국인들은 의회가 일찍부터 자본가들의 상업적 이익을 대변했으므로 세계제국을 쟁취했다. 인도, 캐나다, 뉴올리언스에서 플로리다에 이르는 미시시피 강 유역의 전체 지역이 영국화되었다. 프리드리히 대제는 영국 제국의 공동 창건자였다.

1763년에 7년전쟁이 끝나자 근대가 시작되었다. 왜 그럴까?

전쟁은 이제 무시무시한 속력으로 4중의 혁명을 이끌어올 무대를 마련했다.

1. 식민지 경쟁자인 프랑스가 제거되자 영국의 식민지들은 이제 아무런 위협이 없었다. 그들은 이제 누구에게 방위를 부탁하지 않아도 되었다. 바꾸어 말하면, 영국인들은 7년전쟁에서 승리함으로써, 영국의 통치를 받는 식민지가 참고 견딘 유일한 근거 자체를 스스로 제거한 셈이다. 1776년, 영국이 승리한 지 꼭 13년 만에 영국의 13개 아메리카

식민지들이 독립을 선언했다. 이로써 프로이센말고도 또 하나의 열강 미국이 탄생했다.

독립선언은 동시에 혁명을 의미했다. 퓨리턴의 후손인 미국인들은 왕에 대한 충성을 또다시 거부했다. 독립전쟁은 마찬가지로 7년전쟁이 되었다(1776~83). 그러나 사실상 그것은 대서양을 사이에 둔 내전이었다. 한쪽에는 왕당파, 다른 쪽에는 반대파들이 있었다(왕당파는 영국, 반대파는 미국을 가리킴 – 옮긴이). 영국 의회에는 반대파들이 앉아 있었다. 예컨대 노(老) 피트, 극작가 셰리든Sheridan, 향락가 폭스Fox, 그리고 정치 에세이스트 버크Burke가 미국의 독립과 영국 정부의 부정을 탄핵하는 격정적인 연설을 했다. 미국 혁명은 프랑스 혁명보다 13년 앞서 시작되었다. 독립선언문에는 품위 있는 고급 영어로 작성된 인권선언이 담겨 있다. "우리는 다음의 진리를 자명한 것으로 받아들인다. 모든 사람들은 평등하게 태어났다. 그들은 타인에게 양도 불가능한 권리들을 창조주로부터 부여받았다. 이들에 속하는 것으로는 생명, 자유 그리고 행복 추구권이 있으며……."

2. 7년전쟁에서의 승리와 세계무역의 장악은 영국에 산업혁명의 문을 열어놓았다. 이를 위해서 세 가지, 즉 방대한 판매시장, 대자본 그리고 기계를 가동하기 위한 거인 같은 에너지의 생산이 필수적이었다. 1765년 와트Watt가 증기기관을 발명한 이후 점점 더 빨리 세계를 변화시키게 될 순환고리는 완결되었다. 증기기관은 (이를테면 전력과는 대조적으로) 에너지를 한 장소에 집중시켰기 때문에, 기계들도 한 장소에 집중적으로 설치해야 했으며 노동자의 인력 배치 또한 마찬가지였다. 이로써 공장제도가 탄생했으며, 이제 상황은 과거와 아주 달라졌다. 새로운 종류의 지옥이 생겨났다. 자본주의가 도래한 것이다.

이 제도에서는 대자본이 집중되어, 수많은 기계를 가동시키기 위한 엄청난 에너지를 하나로 묶었으며, 이 기계들은 수많은 노동자들에 의해 동시에 가동되어 거대한 판매시장을 위한 대량 생산품을 홍수처럼 쏟아놓았고 다시 엄청난 돈을 벌어들였다. 이 과정이 한번 궤도에 오르자 그것은 저절로 가속이 붙었다. 여기에서 공장 경영층의 마이스터들은 차츰 자본 소유주들로 대체되었다. 이 공장제도는 시러큐스Syracuse의 채석장과 포토시의 은광 이래 가장 악랄한 착취를 가능하게 했다. 노동자들은 더이상 조합으로 조직화되지 않았고 아무런 보호막도 없었다. 그들은 기아를 겨우 면할 정도의 저임금을 받고, 끔찍스런 작업환경에서 하루 열 시간 또는 열 두 시간씩 일했으며, 슬럼가에서 살았다.

이는 노조의 설립, 그리고 마르크스의 자본주의 비판의 계기가 되었다.

모든 생활환경이 급격히 변하자 이에 반발하는 문화혁명이 생겨났는데, 이 새로운 문화는 오늘날 낭만주의라 불린다. 낭만주의는 대략 1760년대에 시작되었다. 이 낭만주의 개념을 이해하려면 우선적으로 체험의 새로운 형식들이 체험의 핵심 개념들의 전면적인 개조를 통해 표현된다는 것을 분명히 알아야 한다.

여기에서 중심적인 것은 시간의 새로운 체험이다. 즉 시간의 개념이 바뀐 것이다. 기술의 변화는 이제 일상의 사물들을 빨리 노화시켰다. 자신의 유년시절은 '더욱더 과거의 일'로 체험되었으며 기억 속에만 살아 있었다. 사람들은 향수를 느끼게 되었는데 이 향수는 낭만적이었다. 이로써 '유년시절'은 삶의 고유한 차원으로 격상되었고, 감정이입을 발전시켰으며, 사람들은 여기에서 모성애를 발견했다.

모든 것이 변했기 때문에, 사람들은 이제 '역사'를 발견했다. 당시까지만 해도 역사는 복수(複數) 형태로만 존재했다. 즉 역사는 원칙적으로 반복 가능한 것들이었으며 도덕법칙들, 이를테면 "교만은 실수의 어머니다"의 진실성을 늘 예시했다. 따라서 사람들은 역사에서 배울 수가 있었다. 이제부터는 세계사의 의미에서의 집합 단수명사인 '역사'가 생겨났다. 이 역사는 전진하며 거기에서는 아무것도 반복되지 않았다. 왜냐하면 모든 것은 변화하기 때문이었다. 이 역사 개념은 광범위한 파장을 남겼다.

역사는 새로운 주도적 관념이 되었다. 역사가 진보라고 여겨졌을 때 사람들은 과거에 종교에 걸었던 모든 희망을 이제 역사에 걸었다. 이 역사는 하나의 목표, 즉 인간을 유토피아로 구원한다는 목표를 담고 있었다.

여기에서 이데올로기가 생겨났다. 종교의 종말과 더불어 이데올로기의 시대가 도래했다. 17세기의 종교 전쟁이 20세기에 이데올로기 전쟁으로 되살아난 것이다.

- 역사는 반복되지 않기 때문에 사람들은 인류사에서 처음으로 고독을 느꼈다. 이것이 독창성 개념을 격상시켰다. '개인' 개념(원래는 '분할되지 않은 것'이라는 뜻)은 이제 독창성의 의미를 얻었다. 모든 개인은 세계를 각자의 방식대로 체험했다. 그것은 미술과 문학에서 가장 잘 표현되었다. 이로써 예술론이 새로운 기초 위에 세워졌다. 과거의 예술은 고전주의자가 제시한 규칙에 따라 자연을 모방하는 것이었다. 모방은 독창성을 금지했다. 예술가는 더이상 모방하지 않았고 새로운 것을 창조했다. 예술가는 창조자가 되었으며 신처럼 자유롭게 창조했다. 그는 천재이며 신의 형제로 격상되었다. 1750년부터 그렇게 되었다.
- 모든 개인은 독창적인 존재이기 때문에 서로 동등한 가치를 지니게 되었다. 더이상 신분에 따른 귀천의 구별이 없어졌다. 따라서 귀족, 성직자, 시민과 농부 계급 등은 더이상 설득력이 없어졌다. 그것은 인간의 천성에 모순되는, 인간이 만든 자의적인 것일 뿐이었다. 잘못된 사회의 반대개념으로 이제 자연이 등장했다. 자연은 좋은 것이 되었다(오늘날 녹색환경론자도 이것을 믿는데, 이는 그들이 낭만주의자이기 때문이다. 실제로는 호랑이가 양을 잡아먹는다). 따라서 사람들은 이제 인디언 같은 자연종족을 발견했다. '고귀한 야만인'의 개념이 생겨났다. 프랑스 혁명은 자연 질서를 복구하려 했으며, 사회적 고안물로 여겨지는 모든 것을 제거했다. 사람들은 자연을 여신으로 숭배했으며 라인 강과 같은 자연적 국경을 원했다(물론 독일인들은 그것을 그다지 자연적이라고 여기지 않는다). 사람들은 과거의 지방들간의 구획을 없앴

고 강과 같은 자연 모습에 따라 새로운 이름을 붙였다. 달력의 달[月]들에도 새로운 이름을 부여해 열월(熱月. Thermidor, 8월) 또는 안개월 Brumaire(안개가 많이 끼는 11월)이라고 불렀다.

여기에서 정치적으로 가장 중요한 것은 모든 사람이 자유, 평등과 같은 자연권을 갖게 된 것이다. 이 권리들이 침해되면 사람들은 혁명권을 가졌다. 그리고 이 모든 것을 체험할 수 있게 하기 위해, 낭만주의 문학은 자연을 환기시켰으며, 인간 영혼을 위해 반향 공간과 울림증폭 앰프로 자연을 묘사했다. 영혼이 자연 속으로 침강함으로써 목욕을 하고 영혼에 묻은 사회의 온갖 오물을 정화했다. 사회는 나쁜 것이 되었으며, 위선, 자아 위조 그리고 가짜의 세계가 되었다. 그 속에서 인간은 자아를 상실하고 낯선 존재가 되었다. 한 가지 예외는 인간이 고독 속에서 자기와 닮은 영혼을 찾아 둘이 되는 경우, 즉 사랑할 때였다.

● 사랑의 친밀감은 기만적 사회의 대안이 되었다. 그것은 사람이 자아 곁에 머무는 영역이었다. 사랑의 의사소통 수단은 닳고닳은 보통언어가 아니라 특별언어, 즉 감정이었다. 감정은 꾸며 보일 수 없으며 항상 진실했다(그럼에도 혼인을 위해서 가식적인 감정을 보이는 자가 있다면 그는 배척되었다). 따라서 감정은 이 시대의 키워드가 되었다.

모순적으로 들릴지 몰라도 계몽주의에서는 감정과 이성이 아직 상호 모순적이지 않았다. 감정은 이성처럼 자연적인 것이었다. 이성이 감정을 지배할 때는 모순이 생겨났다. 일탈적 인생 경력과 영혼을 드러내는 일을 통해서 감정지상주의를 널리 유포하는 데 그 누구보다도 가장 많이 기여한 사람이 있었다. 그는 루소Rousseau(1712~78)였다. 그는 자연에 맡겨진 어린이를 위한 대안교육서 『에밀Emile』을 집필했다(그러나 루소는 자녀들을 고아원에 숨겼다). 그는 『고백록Confessions』에서 영혼의 바지를 벗었으며, 고독한 반항자·따돌림 그리고 추방자가 되는 것이 얼마나 고통스러운지를 전 유럽이 공감하게 했다. 누구든지 왠지 고독하다고 느꼈기 때문에 전 유럽이 그에게 공감했다. 그는 프랑스 혁명과 괴테의 『젊은 베르테르의 슬픔*Die Leiden des jungen Werthers*』에 영감을 불어넣었으며, 세계고(世界苦)와 보편의지 개념을 고안했다. 이 개념은 그 모호함 때문에 프랑스 혁명의 위험한 무기가 되었다. 사람들은 본능적으로 행동했고 서슴지 않고 만행을 저질렀다. 그것은 추후 프롤레타리아의 객관적 이해(利害) 개념과 비슷한 것을 의미했다. 누구든지 자신의 이름으로 행동할 수 있었으며 그것으로 자신의 범죄를 정당화할 수 있었다. 이리하여 우리는 네 번째 혁명, 즉 정치혁명에 와 있다. 이 혁명은 미국의 전주곡과 프랑스의 본곡 형식으로 발생했다.

전주곡 : 아메리카의 독립

혁명은 사람들의 생활이 최악일 때 발생하는 것이 아니라 간발의 차이가 자신들을 좀더 나은 삶으로부터 떼어놓고 있다고 여길 때 발생한다. 뭔가 썩고 있고, 피지배자들이 지겹도록 고통을 당하며, 지배자들도 자신의 이데올로기를 더이상 믿지 못할 때, 그리고 혁명을 옷처럼 걸 수 있는 못을 사람들이 발견할 때 발생한다.

미국에서 이 못은 세금이었다. 이것은 영국 헌법에 위반되었다("의회 없이 세금 없다"). 비록 아메리카 식민지들은 각자 고유의 의회가 있었으며 입법을 할 수 있었지만 경제 분야 관련 입법은 제외되어 있었다. 이 부분은 런던의 의회가 영연방 제국 전체를 관할하고 있었다. 이것이 아메리카를 천연원료 공급지로, 영국 완제품의 판매시장으로 격하시켜 공업 발전을 방해했다. 게다가 아메리카인들은 영국 선박으로만 수출입을 할 수 있었다. 아메리카인들은 자기 보호를 위해 세금을 보이콧했다. 그러자 영국인들은 세금을 관세로 대체했다. 이에 대해 아메리카인들은 영국의 완제품을 보이콧했다. 동인도 회사가 보스턴 항에서 차(茶) 하역작업을 하고 있던 1773년 12월 16일, 몇몇 보스턴인들이 모호크Mohawk 인디언 차림으로 변장을 하고 차를 바닷물에 빠뜨렸다. 이것이 이른바 '보스턴 차 사건'이며 독립전쟁의 원인이 되었다.

이것은 영국이 패배한 몇 안 되는 전쟁 중 하나였다. 영국은 다른 영국인들, 즉 혁명 중에 그 나라를 점령했던 퓨리턴의 후손들에게 패한 것이다. 게다가 영국 측은 헤센의 백작이 영국인들에게 후한 돈을 받고 노예처럼 판매한 독일 병사들이 군의 주축을 이루어 싸웠다. 그 군대에 대한 통수권을, 누구나 알다시피, 조지 워싱턴George Washington이 넘겨받았다. 그의 군대는 프로이센 장교 슈토이벤Steuben이 훈련시켰다(오늘날까지 뉴욕에는 슈토이벤 퍼레이드가 개최된다). 프랑스인들은 영국인들이 호되게 당한 것을 고소해했으며 돈과 6천 명의 병사와 라파예트Lafayette 장군을 지원했다.

미국의 헌법

1783년 영국과 평화조약을 체결한 후에 필라델피아에서 입법총회가 소집되었다(1787). 주인공은 워싱턴의 부관이었던 해밀턴Hamilton이었다. 그는 이른바 연방수의자들의 최고봉에 서서 연방의 중앙정부를 강화하려 했다. 그의 적은 개별 주들의 독립을 강조하는, 독립선언의 기초자인 제퍼슨Jefferson이었다. 이 대립은 나중에 내전의 원인이 되었다. 남부주들은 연방이 노예제도를 허용할 때만 연방에 협력하고자 했다.

이러한 상황에서 총회는 입법, 사법 그리고 행정의 엄격한 권한 분리를 마련하는 헌법을 가결했다. 입법은 의회가 맡았으며, 의회는 상원과 하원, 양원으로 구성하기로 했다. 상원은 각 주가 크기에 상관없이 두 명의 의원을 파견해 구성하며, 하원은 인구비례로 선출되는 의원들로 구성하기로 했다. 상원은 3년마다 3분의 1씩 새로 선출된다. 상원은 또한 최고 연방재판관을 위원장으로 해서 대통령의 탄핵결의안을 심의한다. 하원의원들은 각 주에서 2년 임기로 직접 선출한다. 대통령은 법안에 대해 거부권을 행사할 수 있지만 양원에서 의원의 3분의 2가 찬성하면, 대통령의 거부권 행사에도 불구하고 법안은 효력을 발생한다.

대통령은 선거인단을 통해 간접 선출된다. 모든 주들은 자신이 파견한

유럽의 역사 **217**

상원의원 수와 하원의원 수를 합한 만큼의 선거인을 가진다. 선거인들은 투표권이 있는 국민들에 의해 선출된다. 따라서 대통령은 독일 총리처럼 의회의 최고 다수당의 차지가 되거나 또는 영국처럼 최다 의석을 상실하면 즉각 실각하는 자리가 아니다. 미국 제도의 단점은 윌리엄 제퍼슨 클린턴의 재임기간의 경우처럼(근래의 빌 클린턴 재임시에도 그러했듯이) 행정부와 입법부가 서로 투쟁하고 상호 봉쇄할 수 있다는 점이다. 다른 한편 헌법은 대통령에게 보다 많은 독립성과 권한을 부여한다. 이것은 당보다는 대통령의 총애가 고위 관직 취득을 결정하므로 백악관을 일종의 왕궁처럼 만든다.

사법권은 독립하여 연방 최고법원에 있다. 이것은 재판장과 여덟 명의 판사로 이루어진다. 판사는 대통령과 상원에 의해 평생임기로 임명되며 의회의 결의를 통해서만 제명할 수 있다.

헌법은 부칙들로 보완되었지만 본질적인 것은 변하지 않았다. 그것은 아메리카인들의 성물(聖物)로, 이주민들의 통합 도구가 되었다. 헌법의 조상들은 현대의 성인이 되었다. 헌법 숭배는 성서 독자의 텍스트 신앙에 상응한다. 법에 대한 존경은 구약시대 신의 율법에 대한 존경과 닮았다. 아메리카인들의 애국주의는 헌법애국주의다.

혁명이 프랑스에서 발생한 이유 : 영국과의 구조적 비교

영국과 달리 프랑스에서는 귀족이 면세 혜택을 받고 있었다. 그리고 영국에서는 한 가정의 장자만이 토지와 귀족 직함을 승계하고 나머지 아들들은 시민가정의 딸과 결혼하거나 직업을 가져야 했던 반면에, 프랑스에서는 그들이 제3계급(시민계급)과 결혼하는 것이 금지되어 있었다. 또 영국에서는 귀족이 자본주의적 사업을 통해 시민화되었고 시민계급도 젠틀맨 문화 속에서 귀족적 생활방식을 습득할 수 있었던 반면에, 프랑스에서 귀족은 그들만을 위한 계급이었다.

영국에서는 교회가 이미 헨리 8세에 의해 국가에 종속되어 있었으며, 수도원은 존재하지 않았다. 종교적 관용은 종교로 인한 문제의 발생 소지를 미리 제거해놓았다. 교회는 경제적으로 어려움을 겪는 가난한 사람들을 돕는 구제기관으로 인식되었다. 계몽된 사람들 사이에서는 자신의 종교를 기독교라고 밝히는 일이 점차 불필요해졌다. 그런 언행은 비이성적으로 보였다. 사람들은 광신주의와 기독교 윤리를 퓨리턴의 종파들에 맡겨버렸다.

프랑스에서는 달랐다. 여기에서는 교회가 국왕에 버금가는 권력을 쥐고 있었다. 교회는 토지의 3분의 1 가량을 소유했으며 세금을 내지 않았다. 게다가 교회는 농부들로부터 가축과 곡물의 10분의 1 이상을 거둬들였다. 교회는 이것으로 하급 신부들을 가난하게 하고 주교들을 호사시켰다. 교회는 검열을 지지했고 자신의 어린양들의 무지를 장려했다.

영국에서는 의회의 통치 시스템이 매우 탄력적이어서 지배계급간의 서로 다른 이해관계를 잘 조정하고 표현할 수 있었다. 반면에 프랑스의 의회 통치 시스템은 나라의 발전에 장애가 되고 있었다.

프랑스 혁명

절대주의의 합법성은 국왕 속에 구체화되어 있었다. 애당초 그것에 대해 회의적이었던 사람은 왕이 상당히 속수무책의 멍청이라는 사실을 알게 되면 그만큼 더 그것에 대해 회의적이 된다. 루이 16세가 그러했다. 게다가 그는 포경(包莖)으로 고통스러워하고 있었다. 그것이 성행위를 고통스럽게 했고 그의 오스트리아 부인 마리 앙투아네트Marie-Antoinette는 그 때문에 남편을 멸시했다. 왕은 균형잡고 싶었고 또 양심의 가책도 있고 해서 그녀를 국사(國事)에 깊이 관여하게 했으며 총신(寵臣)들과 사치를 위해 돈을 물쓰듯 하게 했다. 파리에서 기아 때문에 폭동이 일어났을 때, 그녀는 옆의 신하들에게 "저 폭도들이 빵이 없다면 케이크를 먹으면 되지 않느냐"고 물었다. 그 말이 알려졌을 때, 사람들의 심정은 씁쓸했다.

마침내 왕은 국가 파산을 선포했다. 그 문제를 해결하기 위해 그는 1788년 삼부회(三部會)를 소집했다. 이것은 1614년에 마지막으로 개최되었던 중세적 의회였다. 거기에서는 귀족, 교회와 일반 시민의 대표가 따로 모였다.

국민의회

1789년 5월 5일 삼부회가 개최되었을 때, 파리는 지옥문이 열린 것 같았다. 도처에서 정치 클럽들이 버섯처럼 솟아나서 연설로 귀를 멍멍하게 했고 정당들이 결성되었다. 그중 가장 중요한 것은 브르통 클럽이었다. 여기에는 장차 혁명의 진로를 결정하게 될 남자들, 즉 시에예스Sieyès, 미라보Mirabeau 백작, 당통Danton, 말라깽이 검사 로베스피에르Robespierre가 등장했다. 이 클럽은 나중에 급진적 공화주의자들인 자코뱅 당원들의 산실이 되었다.

몇 차례 회합이 있고 나서, 성직자와 귀족들이 제3계급(시민계급)의 대표자들이 있는 곳으로 넘어가기 시작했다. 왕은 전령을 통해 이들에게 해산하고 다시 같은 신분끼리 모이라는 지시를 내려보냈다. 그러자 꺼칠한 얼굴에 곰보자국이 있는 미라보 백작이 일어나서 사자같이 포효하며 말했다. "왕이 명령을 했다고? 왕은 여기서 명령할 것이 아무것도 없어! 우리는 국민이다. 우리는 무력으로 해산할 때까지 여기를 떠나지 않는다." 이것은 절대주의에 대한 민주주의의 선전포고였다. 원래 계급 대표회의였던 삼부회는 이미 국민 대표회의로 변해 있었다. 그러자 왕은 대중적인 인기를 누리던 재무부장관 자크 네케르를 파면하고 군대를 동원해 파리를 포위했다.

바스티유

그 사실이 알려지자 저널리스트인 데물랭Desmoulins이 카페 문 앞에 놓여 있던 테이블로 뛰어올라가서 군중들에게 무장하라고 촉구했다. 그러자 사람들은 청·백·홍 휘장을 두르고, 무기를 확보하기 위해 무기창고들을 습격했다. 그들은 7월 14일, 탄약을 확보하기 위해 고성(古城) 바스티유 쪽으로 몰려갔으며 그곳의 사랑스런 사령관, 로네 후작 카미유 조르당에게 발포하지 말아달라는 전령을 보냈다. 후작은 그러겠다고 약속했으며 전령을 식사에 초대했다. 그는 이 초대를 하지 말았어야 했다. 왜냐하면 군중들이 조바심을 치게 되었기 때문이다.

서넛의 아주 용감한 자들이 담을 넘어 성 안으로 들어가 현수교(懸垂橋)를 내렸다. 군중들이 다리를 건너 성안으로 밀려들어가자, 병사들은 이들을 몰아내기 위해 총을 쏘았으나 결국 자신들이 학살당했다. 그 다음에 광포한 군중들은 어리둥절한 수인(囚人)들을 풀어주었고 탄약을 탈취했으며 후작을 타살했다. 이 사건을 축하하기 위해 7월 14일은 프랑스 국경일로 정해졌으며 오늘날까지 이날이 기념된다.

바스티유 습격은 과격파와 파리 시민들의 자의식을 강화시켜주었다. 이것은 신문에 표현되었다. 가장 과격한 저널리스트는 마라Marat였다. 의사인 그는 만성 피부병으로 고통받은 탓에 스스로 처방을 내려 대부분의 시간을 욕조에서 보냈다. 그는 자발적으로 프롤레타리아의 메가폰이 되어 부자들에게 대항하는 선동을 했으며 독재적으로 행세하면서 독재정치를 주장했다. 폭동과 봉기의 시대가 시작되었다. 농부들은 무장을 하고 성과 수도원들을 습격했다. 혁명이 파리에서 농촌지역으로 확대되는 것을 목격한 국민의회는 농민 해방을 선언했으며, 국왕도 이를 승인해야 했다. 이로써 프랑스에서 봉건주의가 종식되었다.

1789년 8월 27일, 국민의회가 인권선언을 했다. 이 선언은 미국의 독립선언에 감명받은 라파예트의 주도로 이루어졌다. 제2조는 "이 권리들은 자유, 소유, 안전 그리고 억압에 대한 저항이다"이며, 제6조는 "법은 보편의 지의 표현이다."

체포된 왕

1789년 9월 말, 국왕이 군대를 모으고 있다는 소문이 나돌았다. 신문 기자들은 국왕이 베르사유에서 파리로 이사를 와서 국민의 통제를 더욱 효과적으로 받아야 한다고 주장했다. 10월 5일에는 시장에서 장사를 하는 여자들이 한군데 모여 집회를 하고 10마일 떨어진 베르사유 궁으로 행진하기 시작했다. 그들이 베르사유에 도착했을 때, 병사들이 그들을 동지로 맞아주었다. 라파예트는 왕을 보호하기 위해 신속히 군사들을 이끌고 추격해 왔고 왕은 파리로 이주해야 한다는 소원에 응했다. 바로 그 다음날 아침에 기이한 행렬이 이어졌다. 선두에는 시민군이, 그 뒤에는 왕과 가족이 탄 마차들이, 그 뒤에는 배를 곯는 파리 시민들을 위해 밀가루를 실은 수레들의 긴 행렬이, 그리고 맨 뒤에는 시장 여자들이 대열을 이루어 행진하고 있었다. 그리고 이들을 호위하는 혁명가들은 피살된 궁전 보초들의 잘려진 머리통을 창 끝에 꽂아 높이 쳐든 채 가고 있었다.

1790년 헌법

그동안은 제헌총회가 국민의 대표들로 구성되어 활동하고 있었다. 제헌총회는 새로운 헌법을 완성하고 혁명의 성과를 법의 형태로 주조했다. 프랑스는 행정구역이 도(道) 단위로 재편되었고 귀족의 특권과 칭호는 폐지되었다. 선거권은 납세자에게만 부여되었고 형법은 인도주의적으로 바뀌었다. 오툉Autun 주교의 제안에 따라 교회령을 국유화함으로써 국가 파산은 해소되었다. 이 주교의 이름은 샤를 모리스 드 탈레랑Charles Maurice de Talleyrand이었다. 부르주아 시민과 프롤레타리아 민중들 간에 장차 생겨날 갈등의 징조가 헌법 논쟁에서 이미 표출되었다. 그러나 제헌총회는 민중들을 마르스펠 광장의 축제에 잠시 초대해서, 헌법에 대한 맹세를 하도록 유도했다. 거기에 30만 명이 모여들어 맹세를 했다. 프랑스의 모든 도시에서 같은 날 비슷한 축제가 행해졌다. 그날은 7월 14일이었다. 이로써 혁명 탄생 2주년을 기념했다.

반 년 후에 왕과 왕비는 코르프 부부로 변장을 하고 야밤에 튈르리 궁전을 몰래 빠져나와 벨기에로 향했다. 그들은 국경 바로 못 미쳐 농부들에게 붙잡혀 파리로 압송되었다. 이에 대해 클럽들은 왕을 폐위시켜야 한다고 선동했다. 그러자 왕은 새로운 헌법에 대한 동의서를 발표했다. 제헌총회는 입법의회 선거를 준비하고 나서 자진해산했다. 제헌총회는 프랑스를 완전히 찌그러뜨리고 새로 고안해냈다.

입법의회

입법의회 선거는 신문과 정치 클럽이 여기저기에서 고함을 치는 가운데 치러졌다. 브르통 클럽은 자코뱅 당의 한 수도원으로 이주했다. 이 때문에 브르통 회원들은 자코뱅 당원이라고 불리기 시작했다. 지방에 6,800개의 자코뱅 지구당이 창설되었고, 50만 명이 회원이 되었다. 그것은 파리 코뮌(혁명정부)에 버금가는 잘 정비된 조직이었다. 파리 코뮌은 시의회와 함께 시민군을 통제하고 있었다. 극좌파들이 보기에 자코뱅 당원들이 너무 부르주아적이어서 독자적으로 코르들리에 클럽을 결성했다. 이 클럽은 당통, 마라, 데물랭의 고향이 되었다. 정치적 스펙트럼의 다른 한쪽에 있는 왕당파는 로얄 궁전에서 라파예트와 탈레랑을 중심으로 고유의 클럽을 결성했다.

선거는 자코뱅 당원과 코르들리에 당원들의 길거리 테러로 점철되었다. 선출된 의회의 의석 배치에서 왕당파는 우측에, 급진주의자들은 좌측에 앉았다.

여기에서부터 우파와 좌파라는 말이 생겨났다. 좌파는 다소 높은 곳에 앉아 있었기 때문에 '산악파(山岳派)'로 불리기도 했다. 온건 자코뱅주의자들은 본래 지방의 공업 중심지들의 대표였다. 그들은 지롱드 도(道)의 이름을 따라 지롱드 당으로 불렸다. 이들도 공화주의자였지만 파리의 혁명독재에 대한 지방의 자율권을 대변했다.

과격화

오스트리아와 프로이센이 반프랑스 동맹을 맺었고, 루이 16세가 이에 대처하는 조치들에 서명하기를 거부했기 때문에, 마르세유의 급진주의자들은 파리로 진군해서 혁명을 축하하고 비상시에는 도시를 방어하고자 했다. 진군 도중에 그들이 부른 혁명가는 나중에 '라 마르세예즈'라는 이름을 얻었고 오늘날의 프랑스 국가가 되었다. "가자, 조국의 자녀들아, 영광의 날이 왔다." 침략군의 선두에 선 프로이센의 브라운슈바이크Braunschweig 공작이 "프랑스 국민은 나와 왕에게 복종하라!"고 외쳤을 때 과격파들은 왕을 반역자로 내세웠고 폐위를 청했다.

입법의회가 반응을 보이지 않자 마라는 신문 사설에서 "튈르리 왕궁으로 돌진하라"고 선동했다. 왕궁은 약 1천 명의 스위스 병사들이 경비하고 있었다. 군중들이 방어선을 향해 밀려들자 스위스 병사들이 발포했다. 마르세유의 대표들의 지휘로 군중들은 방어선을 밟고 넘어가 병사들을 타살했다. 그 다음에 군중들은 왕의 하인과 하녀들을 덮치고, 왕궁의 신하들을 모조리 도살했으며, 왕실 가족을 요새화된 수도원에 감금하고 엄중히 감시했다.

그동안의 테러 때문에 극좌파만 남고 대부분의 의원들이 입법의회를 떠났다. 왕이 이제 폐위되었기 때문에, 행정위원회가 그 직책을 대행했다. 그 위원장 겸 정부의 수반은 당통이었다.

당통은 혁명이 낳은 아주 기이한 인물들 중 하나였다. 그는 거구였으며 흉터로 추한 몰골이었고 게다가 곰보였으나 연설을 위엄 있게 잘했다. 그는 광신적 혁명가가 아니었으며 향락과 여자들을 좋아했고 세계를 조롱하는 유머를 잘했으며 신성모독적 저주를 자주 퍼부었다. 그리고 그는 선입견에 매여 있지 않았으며 통찰력이 아주 뛰어났다. 정치가로서 그는 호랑이 등에 올라타려고 했다. 그는 외부로부터의 군사적 위협과 내부로부터의 급진적 무정부주의자들로부터 혁명을 방어했다. 게다가 그는 변하기 잘하는 동맹자를 구하러 나섰다.

9월의 학살

그동안 코뮌과 입법의회는 반(反)성직자계급 조치를 강화했다. 성직자가 교회 가운을 대중 앞에서 입는 것을 금지시켰다. 사제는 교회에 대한 국가의 감독을 인정하거나 또는 국외로 떠나야 했다. 성부, 성자, 성령은 새로운 삼위일체인 '자유, 평등, 박애'로 대체되었다. 자유를 대변하는 모든 외국인들에게 프랑스 국적이 부여되었다. 물론 실러만 빼고는 대부분이 아메리카인과 영국인이었다.

브라운슈바이크 공작이 이끄는 프로이센군은 그동안 파리로 계속 진격했다. 심리적인 대공황이 확대되었다. 감옥에 갇혀 있는 혁명의 반역자들을 풀어줄 계획이 진행되고 있다는 소문이 돌았다. 마라는 그들이 석방되기 전에 그들을 모두 처형해야 한다고 선동했다. 이 말을 듣고 판사와 형리들이 피에 굶주린 군중들을 이끌고 감옥에서 감옥으로 순회하며 죄수들을 모조리 도살했다. 사제와 귀족, 미친 사람과 젊은 여자, 그리고 눈에 띄는 모두를 닥치는 대로 죽였다. 대학살이 닷새 동안 계속되었다.

입법의회는 왕이 폐위되자 헌법을 개정해야 한다는 것을 깨달았다. 입법의회는 국민의회 선거를 공고하고 1792년 9월 20일에 해산했다. 그날은 혁명군대가 브라운슈바이크의 군대를 저지한 발미Valmy 전투일이었다. 그 자리에 있었던 괴테는 "지금 이 순간부터 세계사의 새로운 장이 열린다"는 것을 금방 알아차렸다.

국민의회

국민의회 선거는 길거리 테러를 일삼는 자코뱅 당원들에 의해 향방이 결정되었다. 의회에는 온통 자코뱅 당원들과 지롱드 당원들뿐이었다. 의회는 우선 새로운 혁명력(革命曆)을 도입함으로써 국민이 과거의 성인들과 축일들을 망각하도록 했다. 이제부터 달 이름은 계절의 자연 현상에 따라서, 예컨대 봄의 석 달은 차례대로 싹트는 달germinal, 개화floréal 그리고 초원prairial이라고 불러야 했다. 주 7일도 주 10일로 바뀌었으며 매월 10일이 휴일로 정해졌다. 왕이 국외 이주자들과 공모했다는 것을 입증해주는 비밀서류들이 담긴 궤짝이 발견되었기 때문에, 사람들은 재판을 열었다. 이제 영국 혁명의 시나리오가 반복되었고 동일한 논리를 따랐다. 왕의 처형은 모든 혁명가들을 하나의 공범으로 묶어서 더이상 후퇴할 수 없는 길을 걷게 만듦으로써 과격파들에게 더욱 유리한 환경을 제공했다.

거기에 동참한 모든 혁명가는 이제 왕당파 쪽으로 월경(越境)할 수 없으며 혁명을 보호해야만 자신을 보호할 수 있었다. 왕의 처형은 상징정치였다. 1793년 1월 16일, 의회의 과반수가 사형에 찬성했다. 같은 해 1월 21일에 루이 16세는 단두대에 올라갔다. 영국의 찰스 1세가 처형대에 올라간 지 딱 154년을 채우는 날의 일이었다. 그리고 그 당시처럼 이날도 군중들은 처형식이 막상 끝나자 풀이 죽어서 흩어졌다. 그들은 프로이트 심리학에서 말하는 부친 살해의 원형을 보았던 것이다. 그들은 더이상 희생양이 없으므로 불행하게도 이제부터는 자기 자신을 공격해야 한다는 것을 예감했다.

반 격

왕의 처형과 벨기에의 합병은 영국의 적개심을 불러일으켰다. 그 이유는 벨기에의 셸데 강 하구의 점령은 영국과 유럽의 무역에 대한 위협요소이기 때문이었다. 프랑스 혁명군들 중에서도 탈영자가 늘어만 갔다. 프랑스는 벨기에에서 오스트리아와 벌인 전투도 패했다. 국민의회는 이런 압력을 받자 그 해결방안을 상업, 재정, 농업 따위의 특수분과 담당위원회들에게 위임했다. 가장 중요한 위원회는 안보위원회(즉 경찰청), 혁명재판소(반혁명분자 척결을 위한 일종의 인민재판소), 그리고 실질적인 정부(이른바 공안위원회였다. 이 공안위원회는 사실상 독재를 했는데 이 독재는 반혁명 세력에 대한 투쟁으로 정당화되었다. 조금 전에 선언되었던 인권은 아무런 효력도 없었다. 인권을 수호해야 한다는 명분하에 코뮌 인권을 다시 짓밟기 시작했다.

1793년 4월 6일에서 7월 10일까지 다시 당통이 의장을 맡았다. 이 시기에 급진 자코뱅 당원과 온건 지롱드 당원 사이의 대결이 정리되었다. 후자는 코뮌에 의해 조성된 길거리 테러를 중단하고 조사위원회의 활동으로 대체하고자 했다. 그러나 테러는 오히려 증가해, 국민의회는 대중들의 강력한 요구로 지롱드 당원들을 체포하고 자격 박탈 판결을 내리지 않을 수 없었다. 마라는 이들의 명단을 작성해 발표했다. 세 명의 지롱드 당원은 캥으로 도주해 거기에서 마라의 횡포에 대해 연설했다. 이 연설을 들은 청중 중에는 과거에 수도원 여학교를 다녔던 25세의 코르데Corday도 있었다. 그녀는 추천서와 식칼을 하나 가지고 파리로 가서 마라를 방문했다. 마라는 피부병 때문에 욕조 속에 있었다. 코르데는 그의 벗은 가슴에 단도를 힘껏 찔러넣었다. 혁명화가 다비드David는 욕조에 죽어 있는 마라를 그렸다. 그의 시체는 나중에 판테온 묘로 옮겨졌고, 코르데는 콩코드 광장에서 처형되었다.

공포정치

이제 로베스피에르가 공안위원회의 의장이 되었다. 그는 선(善)을 위해 테러를 대변했다. 그것은 외국으로부터의 군사적 위협에 대한 대응이었으며 국내에서 혁명을 계속적으로 과격하게 밀어붙일 방법이었다.

외부의 위협에 대비해 공안위원회 위원 카르노Carnot가 '국민의 궐기'라는 혁명군대를 조직했다. 그 다음에 혁명의 적 모두를 수배하는 보안법령이 공포되었다. 우선 왕비 마리 앙투아네트에 대한 재판을 열었다. 죄목은 국민 재산으로 이룬 부정축재와 아들에 대한 성적 학대였다. 그녀는 관중들의 야유를 받으며 단두대의 이슬로 사라졌다. 그 다음에는 귀족들 차례였으며 마지막은 '혁명을 배신했던' 혁명가들 자신이었다. 크로노스(Cronos. 농업의 신. 제우스의 부친)처럼 혁명은 자신의 자식들을 잡아먹었다. 기요틴 처형을 실시하기 위해 각 지방으로 전권 위임자가 파견되었다. 그래서 생쥐스트St. Just는 알사스로, 카리에르Carrière는 방데로, 푸셰Fouché는 르아르 이남 지역과 리옹으로 갔다. 그 대량 학살에는 반기독교 선전 행진들이 함께 했다. 노트르담 성당은 '이성의 사원'으로 개명됐으며 파리의 주교는 혁명모자를 썼고 모든 교회는 폐쇄되었다. 이에 반발해서 방데에서 폭동이 일어났다. 이 폭동은 50만 명이 흘린 피가 바다를 이루고 나서야 겨우 진압할 수 있었다.

그동안에 혁명으로 배출된 장군과 장교들이 군사적 성공을 계속 거두었다. 그 중에는 코르시카의 아자치오 출신의 포병부대 대위 나폴레옹 Napoleon이 있었다. 그의 덕택으로 툴롱 항구를 탈환할 수 있었다. 이 성공은 당통을 움직여 테러의 종식과 평화의 때가 왔다고 외치게 했다. 이와 동시에 에베르Hébert를 중심으로 하는 과격파들은 공안위원회를 공격했다. 양 포화 사이에서 로베스피에르는 서로를 이간질시켜 중간이익을 챙겼다. 로베스피에르는 에베르에게 봉기해야 한다고 부추겼으면서도 당통의 도움으로 에베르에게 사형선고를 내리도록 했다. 그러고는 그 다음에 당통을 고소했다. 당통은 혁명의 우상이었다. 이로써 두 사람은 트로츠키와 스탈린의 배역을 맡을 준비가 되었다. 당통의 변론 솜씨가 뛰어났으므로, 혁명재판소는 그의 변론 기회를 박탈해버렸다. 1794년 4월 5일, 당통은 콩코드 광장의 기요틴으로 끌려갔다. 그는 낙하 도끼날에 몸을 맡기기 전에 형리에게 말했다. "국민에게 내 잘린 머리를 보여라. 그럴 만한 가치가 있다." 혁명은 한 편의 드라마나 다름없었다. 뷔히너Büchner는 이 장면들을 「당통의 죽음Dantons Tod」으로 문학화했다.

그후에 로베스피에르는 이런 반기독교 행군을 다음과 같은 타협으로 종결시켰다. 그는 1794년 6월 8일에 루소의 흉내를 내어 (최고의 신 대신) 최고의 '미지(未知)의 신'을 위한 축제를 거행했다. 그 상징은 추수감사제에 사용되는 것의 모습과 비슷했다. 그 다음에 반혁명적 유언비어를 유포하는 모든 국민에게 사형을 선고하는 법안을 공표했다. 사람들은 집에 틀어박혀 있었으며 더이상 아무 말도 하지 않았다.

그동안 공안위원회 내부에서는 로베스피에르의 위협을 느낀 사람들끼리 비밀합당을 도모하기 시작했다. 야단법석이 벌어진 한 회의에서 로베스피에르는 고소되었고 유죄판결을 받았다. 그는 권총자살을 시도했으나 턱뼈를 맞히고 말았다. 그가 7월 27일에 그의 희생자들의 피로 아직도 붉은 기요틴이 있는 곳으로 수레를 타고 끌려갈 때, 구경꾼 여자들은 일요일 미사에 참석할 때 입는 정장을 차려입고 따라갔다. 로베스피에르는 '매수되지 않는 자'라는 별명을 얻었다. 그는 죽음만큼이나 매수당하지 않았다. 그러나 그를 처형하는 그날은 축제일이었다. 파리 코뮌의 로베스피에르 추종자 70명이 그를 따라 기요틴에 올라갔다. 테러는 끝이 났다.

혁명은 극단의 정점에 도달했다가 다시 우경(右傾)하여 시민의 손으로 미끄러져 들어갔다. 지롱드 당원들은 자신들의 의원직으로 복귀했고, 자코뱅 클럽들은 폐쇄되었으며, 테러 법률들은 무효화되었고, 종교가 다시 허용되었으며, 언론 자유가 복구되었다. 마침내 국민의회는 미국과 아주 닮은 새 헌법을 결의했다. 이로 인해 이번에는 우파가 자극받아 봉기를 일으켰다. 의회는 때마침 파리에 머물고 있던 젊은 장교에게 사태를 진압하도록 했는데, 그는 즉각적으로, 그리고 전문가처럼 그 일을 해냈다. 그는 나폴레옹이었다.

집정내각과 나폴레옹의 쿠데타

1795년 11월부터 1799년 11월까지 5년 동안은 이른바 집정내각 시기였다. 양원, 즉 원로회와 하원이 함께 500인 의원회의 입법부를 구성했다. 정부는 5두위원회, 즉 집정내각으로 이루어져 있었다. 이때는, 카이사르가 이집트를 정복했듯이, 나폴레옹이 혁명을 위해 이탈리아를 정복했던 시기였다. 집정내각은 자유주의적 공화주의자인 3두(三頭) 거물이 지배하고 있었는데 이들은 대부르주아의 이해관계를 대변했으며 피정복국가의 재정을 약취했으나, 기반이 허약했기 때문에 영국, 러시아와 오스트리아가 동맹을 맺어 프랑스에 대한 2차 동맹전쟁을 일으켰다. 곤궁에 처한 집정내각은 나폴레옹을 이집트에서 소환했다. 총체적 위기 속에서 자코뱅당의 반동이 시작되자, 집정내각은 나폴레옹이 쿠데타를 일으키고 싶은 마음이 들게 했다. 그는 주저하지 않고 루비콘 강을 건너와 카이사르의 길을 따라 권좌에 올랐다. 그도 카이사르처럼 위기에 빠져 허우적거리는 공화국을 물려받았다.

나폴레옹의 천재성

나폴레옹은 1804년까지 제1집정관으로 통치했으며, 1804년부터 1815년 종말 때까지 황제로 있었다. 그는 갈기갈기 찢겨진 국가를 통일해 국민들을 만족시켰으며, 낮은 세금과 유능한 행정을 위해 배려했으며, 오스트리아를 물리침으로써 평화를 쟁취했고, 나폴레옹 법전으로 법을 개정했으며, 교회와 평화협정을 맺었다. 그가 롬바르디아, 제노바와 스위스를 집어삼키자, 1815년에 영국·오스트리아·러시아 그리고 프로이센의 제3차 동맹이 결성되었다. 그 결과 나폴레옹이 승리했다. 나폴레옹은 오스트리아와 러시아 동맹군을 아우스터리츠에서 격파했다.

무엇이 나폴레옹을 그처럼 우수한 야전군 사령관이 되게 했는가? 그는 마치 선구적인 카오스 이론가처럼 이리저리 밀리는 혼란스런 군중 속에서 질서의 근간을 간파하는 희귀한 재능을 가졌다. 그는 포화(砲火)와 공격력을 적의 가장 취약한 지점에 집중시켰고 자신의 계획에 따라 돌파했다. 또한 장교들의 충성과 병사들의 신뢰를 확보하고 있었다. 그는 자신이 그들 편이라는 신뢰감을 주었다. 그리고 다른 부대보다 더 신속히 자신의 부대를 이동시켰으며 지형을 잘 이용했다. 그는 본질을 꿰뚫어보는 독수리의 눈을 가지고 있었던 셈이다.

그는 이 독수리의 눈으로 유럽의 지도를 새로 그렸다. 이로써 그는 비스마르크와 히틀러 이전의 독일 역사에서 가장 중요한 지배자가 되었다.

나폴레옹과 신성 로마 제국의 종말

1800년경의 신성 로마 제국은 250개의 독립 영주국들의 느슨한 연결체였다. 이들 중에서 단지 두 개의 영주국만이 나머지들 위로 우뚝 솟아 있었다. 그들은 신성 로마 제국의 황제가 있는 합스부르크 가문의 가톨릭적 오스트리아와 신교 프로이센이었다. 두 나라의 수도는 유럽의 동쪽으로 치우쳐 있었는데, 그 영토들은 독일 신성 로마 제국의 국경을 훨씬 넘는 곳까지 펼쳐져 있었다. 오스트리아는 터키의 침입으로부터 구해낸 헝가리 왕국과

• 나폴레옹 시대의 유럽

통합되어 있었으며, 프로이센은 신성 로마 제국에 속하지 않는 동프로이센을 독일의 튜튼 기사단으로부터 유산으로 물려받았다. 게다가 양국은 1795년에 지도에서 완전히 사라진 폴란드를 러시아와 함께 나눠 가졌다.

작은 영주국들 대부분은 나중에 서독이 될 서부 독일 지역에 자리잡고 있었다. 나폴레옹은 이들에게 최초로 단일한 조직의 형태를 부여했다. 그는 라인 강 서쪽 지역을 프랑스가 병합함으로써 수많은 영주들이 감수해야 하는 손실을 보상해주기 위해서, 일종의 제국 대표 준비위원회를 구성해 교회의 정치권력과 자유도시들을 제거하고 각 영주국가들을 통합하여 일목요연하게 정리하는 결의를 하도록 도와주었다. 이 국가들은 1806년 라인 동맹을 맺어 하나가 되었으며 나폴레옹의 보호하에 놓였다. 이 일이 있자 오스트리아의 프란츠 1세는 신성 로마 제국의 종결을 선언했다.

신성 로마 제국은 서기 800년부터 1806년까지 1,000여 년 동안 존속했지만 그동안 결코 제대로 기능하지 못했다. 신성 로마 제국은 국경이 불분명했으며 정치적으로도 별 권한은 없었지만 아주 끈질긴 생명을 이어왔다. 이제 그 자리에 프랑스 혁명의 성과들, 이를테면 나폴레옹 법전, 법 앞의 평등, 종교의 자유, 정식 행정 등이 들어섰다. 라인 동맹의 결성은 독·프 유럽연합을 프랑스의 주도, 독일의 영향력 행사, 그리고 프로이센과 오스트리아를 배제하고 진행시킨 최초의 시도였다는 데에 의의가 있다.

말[馬]을 탄 세계정신, 그리고 프로이센의 붕괴

독일 철학자 헤겔Hegel은 예나에서 새로운 프로젝트에 몰두하고 있었다. 그것은 교양소설의 형태로 세계사를 기술하는 일이었다. 이 소설의 주인공은 정신이었다. 따라서 헤겔은 이 소설을 『정신현상학*Phänomenologie des Geistes*』이라고 불렀다. 진짜 소설에서처럼 헤겔은 서술 관점을 항상 주인공의 현재의 체험 순간에 맞추었으며, 이 주인공은 스스로를 언제나 오해했다. 이로써 그의 제한된 자아 이해와 그의 시야에서 벗어나 있는 것 사이에서는 늘 모순이 발생했다. 정신은 그 모순을 극복하기 위해 돌진하지만 늘

벽에 부딪칠 뿐이었다. 거기에서 생겨난 부푼 혹들은 그로 하여금 좀더 폭넓은 자아 이해를 위해 노력하도록 자극했다. "나는 나와 벽 사이의 괴리를 느끼게 된 사람이다. 내가 이 사실을 안다면, 나는 나(명제)와 벽(반대 명제)을 나의 새로운 의식(합명제) 속에서 지양(止揚)한다." 이 과정을 헤겔은 변증법이라고 불렀다.

　세계정신은 수많은 모순들을 많이 삼키고 소화하면 할수록, 그만큼 더 높은 단계에 도달한다. 모든 모순의 최고의 종합, 모든 것을 소화하는 가장 노련한 정신은 소설의 끝부분에서 예나의 헤겔 연구실을 스쳐지나갈 것이다. 그것은 예나와 아우에르슈테트의 전투를 위해 이동 중인 나폴레옹이다. 나폴레옹은 1806년 10월 18일에 벌어진 이 전투에서 프로이센을 격파한다. 나폴레옹은 말을 탄 세계정신이다. 그것은 정신이 자기 자신을 인식하게 되는 세계사적 학습과정의 필연적 목표다. 그러나 나폴레옹 자신은 정작 자기가 세계정신이라는 것을 모른다. 헤겔이 그에게 알려주어야 한다. 즉 헤겔은 나폴레옹보다 나폴레옹에 대해 더 잘 안다. 그렇게 세계사는 최후의 종합을 향해 진행한다. 영웅인 나폴레옹, 그리고 그보다 그에 대해 더 잘 알기 때문에 그의 역사를 서술하는 헤겔 간의 종합에 도달하는 것이다.

　이 역사는 그후 얼마 되지 않아서 트리어 출신의 세심한 독자가 읽게 된다. 그는 마르크스Marx였다. 그는 역사를 뒤집어서 자신의 말처럼 물구나무 세웠다. 그에 의하면 모순은 정신적인 것에 있지 않으며 물질적 생산양식과 소유관계의 괴리 속에 숨어 있다. 그래서 그는 헤겔과 나폴레옹의 관계를 전도(顚倒)시켜서 그 관계로 하여금 과거가 아니라 미래를 지시하게 한다. 세계사를 헤겔처럼 이해하는 사람은 그 세계사를 나폴레옹처럼 기획할 수 있다. 그 결과가 1917년의 러시아 혁명이었다. 이것은 프랑스 혁명과 닮은꼴로 작용했다. 그 유산상속자 스탈린은 로베스피에르의 역할과 나폴레옹의 역할을 통합했고, 혁명을 수출했으며, 서유럽 대신에 동유럽을 정복했고, 프로이센을 멸망시켰으며, 동독 지역을 삼켜, 라인 동맹을 다시금 존속하게 했다. 이 모든 것은 나폴레옹과 헤겔이 만난 결과였다.

프로이센의 재탄생

예나와 아우에르슈테트의 전투 후에 프로이센 왕 프리드리히 빌헬름 3세는 동프로이센으로 도망쳤고, 나폴레옹은 베를린으로 입성했다. 나폴레옹은 엘베 강 서쪽의 영토를 병합했고, 폴란드 지역들을 하나로 묶어 바르샤바 대공국을 형성했으며, 프로이센의 세금 수입을 전쟁 배상금으로 챙겼다.

이 충격은 프로이센이 내무성 장관 슈타인Stein 남작을 중심으로 해서 기초부터 개혁하는 것을 가능하게 했다.

- 그는 농부들을 노예 신분으로부터 해방시켰으며 이들에게도 토지 매입자격을 주었다.
- 그는 직업의 자유를 선언함으로써 누구든지 봉건적 신분에 상관없이 원하는 직업을 고를 수 있게 했다.
- 그는 도시들에게 자율행정권을 부여했으며, 이로써 모범적인 지방 행정을 창조했다.
- 샤른호르스트Scharnhorst, 그나이제나우Gneisenau 그리고 하르덴베르크Hardenberg는 프로이센 군대를 재조직했다. 1814년에 일반적인 국방의 의무가 도입되었다.
- 나폴레옹의 강압으로 슈타인이 퇴임하고 난 뒤에 그의 후계자 하르덴베르크는 교회 재산을 몰수했고 귀족에게 세금을 부과했으며 유대인들을 해방시켰다.
- 교육부 장관 훔볼트Humboldt는 교육제도를 개혁해서 초등학교 및 김나지움(인문계 중·고등학교)을 하나로 만들었다. 그는 1810년에 베를린 대학을 세웠다. 거기에서는 교수들이 커리큘럼에 따르는 대신 학생들과 함께 자유롭게 연구를 해야 했다. 이 원칙은 매우 성공적인 것으로 증명되었으며 나중에 미국이 이 방법을 본떴다.
- 1806년에 나폴레옹은 영국 산업을 피폐화시키기 위해 영국 제품의 수입을 금지시켰다. 영국과의 경쟁에서 자유로워진 독일은 산업이 발전했다.

나폴레옹의 하강

대제국들은 지나치게 확장됨으로써 자체 부담을 견디지 못해 해체되었다. 해전에서 넬슨Nelson이 승리한 후에 나폴레옹이 영국을 공격할 수 없다는 것이 자명해졌다. 나폴레옹 군대는 스페인에서 웰링턴Wellington 공작과 아무런 소득도 없는 소모전을 치렀다. 그의 형제들은 자신이 다스리던 지역에서, 즉 조제프는 스페인에서, 그리고 루이는 네덜란드에서 봉기를 획책했다. 그리고 차르 알렉산드르는 영국 상품의 봉쇄정책에 공조하기를 거부했다. 그러자 나폴레옹은 나중에 히틀러가 반복하게 되는 오류를 범했다. 그는 프랑스인들, 강제 출병의무가 있던 독일인들과 프로이센인들로 구성된 대군을 이끌고 러시아로 공격해 들어갔다.

쿠투조프Kutuzov 총사령관은 표트르 대제가 카를 12세의 침략을 받았을 때 했던 전법을 그대로 따라 했다. 그는 후퇴하면서 비축품들을 파괴했다. 나폴레옹이 텅 빈 모스크바에 입성했을 때, 러시아인들은 도시에 불을 질렀다. 나폴레옹은 겨울이 오기 전에 후퇴하지 않을 수 없었다(1812년 10월 19일). 혹독한 추위와 고생이 미처 하지 못했던 일을 쿠투조프는 나폴레옹 군대가 베레시나 강을 건널 때 마저 했다. 그러자 프로이센 군사들은 곧 진영을 바꾸어 러시아인들 쪽으로 탈주했다. 프랑스군의 점령, 그리고 이와 결부된 재정 부담은 독일의 민족감정을 일깨웠다. 자원병 부대가 생겨났다(뤼트초브Lützow의 자원군은 흑 - 적 - 금색 깃발을 사용했으며 이것은 후에 독일 국기가 되었다). 오스트리아가 동맹군에 새로 참여했으며, 1813년 10월 16일부터 19일까지 벌어진 라이프치히의 국제전투에서 나폴레옹이 패배함으로써 그의 독일 지배는 종지부를 찍었다.

동맹군은 1814년 파리로 진입하여 나폴레옹을 퇴위시키고 엘바 섬으로 유배시켰으며 마지막 왕(루이 16세)의 형제인 루이 18세를 즉위시켰다. 동맹국 대표들이 평화회의에 참석하기 위해 빈에 모였을 때, 나폴레옹이 복귀해서 새로운 군대를 일으키자 그들은 다시금 질겁을 했다. 나폴레옹은 벨기에의 워털루에서 프로이센과 영국인들에게 최종적으로 격파당했고 이번에는 더욱 먼 남대서양의 세인트헬레나 섬으로 유배되어 인간의 부질없는 허영심에 대해 숙고하게 되었다.

19세기

빈 회의(1814~1815)

빈의 평화회의에 참석한 사람들은 무도회를 즐겼다. 간간이 쉬는 틈에 그들은 빈의 메테르니히 총리의 주도하에 19세기를 위한 국제질서를 마련했다. 그 내용에는 향후 50년의 역사를 결정짓게 될 심각한 모순이 내재되어 있었다.
- 프랑스 혁명이 보여준 것은 한 나라의 근대화가 가능한 형식은 민족국가라는 것이었다. 사람들이 민주주의를 통해서 정치에 참여할 수 있으려면, 그들간에 문화와 언어가 통일된 의사소통 공동체가 미리 형성되어 있어야 한다. 민주주의와 민족의 통일은 서로 분리될 수 없다. 민족국가가 없었다면, 민주주의가 방해를 받았다. 그 이유는 민주주의가 국가를 분열시키는 힘으로 작용했기 때문이었다.
- 하지만 빈의 평화질서 규정은 혁명 이전의 원칙, 즉 영주와 기독교의 복고적 원칙을 천명했다. 그것은 민족주의와 민주주의 운동을 억압했다. 이 목적을 위해 반동국가인 프로이센, 오스트리아와 러시아는 신성동맹을 결성했다. 이 세 국가 중에서 기껏해야 프로이센만 민족국가였지만, 독일 민족 전체를 포괄하지는 못했다.

독일에 미친 빈 회의의 결과

프로이센이 폴란드 지역을 상실한 대신 오늘날의 노르트라인-베스트팔렌과 대략 일치하는 지역을 획득한 것은 독일의 발전에 중요한 영향을 미쳤다. 그로써 독일은 더욱 독일적이며 더욱 서구적으로 되었고 추후의 공업지대를 얻었으며, 서부 독일과 동부 독일을 결속시켰다. 이로써 신성 로마 제국의 승계조직인 독일동맹Deutsche Bund이 결성되었다. 수도(首都)는 과거에 독일 왕을 선출하던 프랑크푸르트가 되었다.

독일동맹은 39개의 독립국가로 이루어졌다. 바이에른이나 바덴 그리고 뷔르템베르크 따위 대부분의 국가들은 지리적으로 각각 오늘날의 연방주들에 상응했으며, 니더작센은 하노버 선제후국으로 불렸고, 노르트라인은 프로이센 소속이었으며, 헤센은 쿠르 헤센과 헤센 대공국으로 나뉘어 있었다. 그러나 발데크 후국(侯國)과 브라운슈바이크 공국처럼 독립국가도 있었다. 그밖에도 오스트리아의 영주국들과 오늘날의 체코가 속해 있었다.

반면에 두 강대국, 프로이센과 오스트리아는 독일동맹의 국경 외부의 거대한 지역을 소유하고 있었다. 프로이센은 동프로이센과 서프로이센 그리고 폴란드의 포젠을 소유하고 있었고, 오스트리아는 다양한 국명이 말해주듯이, 역사적으로 민족주의와 민주주의가 불그러저 나오기 시작하는 시기에 다다르자 더이상 존속하기 힘든 형태를 지니고 있었다. 그 이름은 오스트리아-헝가리, 합스부르크 왕국, 이중왕국, 도나우 왕국, 다민족의 감옥, 또는 무질Musil의 소설 『특성 없는 남자Der Mann ohne Eigenschaften』에서 말하듯이 카카니엔(Kakanien : 'k.u.k : kaiserlich-königlich 황제의 및 왕국의'에서 유래) 등으로 불렸다. 그 영토는 독일과 체코 지역뿐만 아니라 슬로바키아, 남부 폴란드, 슬로베니아, 크로아티아, 북서부 루마니아(지벤뷔르겐 또는 트란실바니엔), 부코비나, 남부 티롤 그리고 나중에는 보스니아까지 포괄하고 있었다.

오스트리아는 균형을 잡기 위해 벨기에를 독립시켰다. 벨기에는 곧 네덜란드와 합병했으나, 또다시 분리되어 1830년에 독립했다. 유럽의 열강들은 벨기에의 중립을 보장했으나, 독일이 제1차 세계대전 때 그곳을 침공함으로써 중립을 깨뜨렸다.

따라서 오스트리아-헝가리로서는 제국 내의 서로 다른 민족들이 주장하는 민족주의가 독약이나 다름없었다. 따라서 발이 빠른 메테르니히 Metternich는 1848년 시민혁명이 발생할 때까지 독일동맹 내의 모든 민족주의 및 민주주의 움직임을 진압하느라고 바쁘게 돌아다녔다. 독일로서는 오스트리아를 분할하거나 배제시키지 않는 한 민족 통일의 가능성은 없었다. 사람들은 이 두 가지 해결책을 대독일주의와 소독일주의라고 불렀다. 따라서 오스트리아인이었던 히틀러는 자신의 나라를 독일로 불러들였을 때 대독일 제국이 이룩되었다고 말했다.

신성동맹이(특히 오스트리아가) 독일의 민족 통일을 지속적으로 방해하자 독일 민족주의는 차츰 좌절을 겪고 억압되어 화가 난 형태를 띠게 되었다. 그 다음 1848년에 일어난 자유주의적 시민혁명(이때까지만 해도 민족주의와 민주주의는 협력하고 있었다)조차도 실패로 돌아가자, 독일 민족주의는 민주주의 전통과 결별하지 않을 수 없었다.

따라서 우리가 반드시 기억해야 하는 점은 이런 일이 독일에서만 발생했다는 것이다. 영국인과 프랑스인들에게는 민족국가와 민주주의가 같은 것이었다. 그들의 민족주의는 민주주의도 가능하게 만들었다.

3월 전기(前期)

역사학자들은 빈 회의와 1848년 3월 혁명 이전의 기간을 3월 전기라고 부른다. 이때는 독일 시민들이 정치적 좌절을 겪고 나서 집 안으로 후퇴해 독일적 내면 속으로 침잠하고 주어진 환경 내에서 쾌적한 생활을 추구했던 비더마이어 시기다. 물론 이때도 민족·민주주의적 대학생들은 대학도시들에서 바쁘게 돌아다녔다. 그들은 축제를 열고 독일 민족가요들을 부르고 맥주를 퍼마셨으며 테러를 감행했다. 1819년에 대학생 잔트Sand는 러시아의 스파이로 반동세력을 위해 일한다는 의심이 가는 인기 극작가 코체부Kotzebue를 애국심에서 칼로 찔러 살해했다. 잔트는 하이델베르크 성문 앞에서 처형당했다. 그후 유럽의 반동세력의 총수인 메테르니히는 카를스바트 선언을 발표했다. 이로써 급진주의자들의 취업이 제한되었으며, 검열

제도가 도입되었고, 학생회와 체육협회가 금지되었으며, 전국은 경찰의 첩자들로 뒤덮였다.

프로이센에서도 근대화의 추진이 중단되었다. 농민 해방은 변질되어 농부들이 축출되었고 지주들이 그들의 희생 토대 위에서 자신들의 토지를 확장했다. 그 결과 엘베 강 동쪽에는 대규모 농장이 생겨났고 서부 독일에서는 자영농 마을들이 생겨났다. 나폴레옹 해방전쟁의 초기에 빌헬름 3세는 시민들에게 헌법을 제정해 참정권을 주겠다고 약속했다. 하지만 전쟁이 승리로 끝난 뒤에는 그 말을 잊어버렸다. 프리드리히 빌헬름 4세가 정권을 잡자 자유주의자들은 기대를 많이 했지만 그것은 아무런 근거가 없었다. 왕의 사고는 중세에 머물러 있었다. 그가 루이 16세처럼 1847년에 삼부회를 소집했을 때, 루이 때와 거의 같은 일이 발생했다. 혁명이 일어났던 것이다. 그도 루이처럼 프로이센의 국민회의를 소집했다(1848).

1848년

독일 혁명은 이제 제2의 난관에 봉착했음이 밝혀졌다. 즉 독일은 민족통일을 우선 이루어야 했다. 프랑스와 영국에서는 혁명이 났을 때 민족국가가 이미 존재했다. 국민은 참정권만 쟁취하면 되었다. 수도, 민족의 활동무대, 언론·여론·정부 그리고 국민의회 또는 의회가 존재했다. 독일에서는 그 모든 것이 전혀 없었으므로 처음부터 만들어야 했다. 사람들은 독일동맹의 수도 프랑크푸르트를 활동무대로 정했다. 그곳의 파울 교회에서 1848년 5월 18일에 최초의 총독일 의회인 독일 민족총회가 개최되었다.

그것은 교수들의 의회였다. 따라서 의회는 세상 물정과 동떨어져 장황하게 원칙에 따라 운영되었다. 모인 사람들은 독일 통일 논의에 대해 대독일주의(오스트리아 포함)와 소독일주의(오스트리아 제외), 제국의 권한 강화와 축소, 군주정과 공화국이 대립하는 가운데 끝없이 쟁론을 벌였다. 1년이 지난 후인 1849년 3월 28일, 새로운 제국 헌법이 통과되었다. 입헌군주제를 골자로 한 헌법이었다. 정부의 최고 권력자는 세습 가능한 황제였다. 입법부는 국가원(상원)과 국민원(하원)으로 구성되어 있었다. 그동안 오스트리아 황실은 빈과 이탈리아의 봉기를 진압했다. 황실은 절대주의적이며 중앙집권적으로 통치했다. 프로이센에는 헌법이 도입되기는 했으나 의회는 아직 신분제를 따랐으며 신사원(紳士院)과 국민대표원으로 나뉘어 있었다. 게다가 국민대표원의 의원들은 3등급으로 차별화된 납세 실적에 따라 선출되었다. 따라서 귀족과 부자들의 이해관계만 대변했다.

파울 교회의 국민의회는 이리저리 표류하다가 프로이센의 왕 빌헬름 4세에게 왕관을 권하는 데에 이르렀다. 그러나 빌헬름 4세는 민주주의의 기초 위에서 독일을 평화적으로 통일할 수 있는 유일한 기회를 놓쳤다. 이미 영국의 윌리엄 3세가 1688년에 아무 문제없이 수용했던 의회의 왕관이 그에게는 충분하지 않았다. 그는 '천민들'을 통해서가 아니라 신의 은총을 통해서 왕이 되고 싶었기 때문에 왕관을 거절했다. 독일의 민주주의자와 애국주의자들은 다시금 낙담했다. 민족주의자들은 민주주의자들과 결별하고 독자적인 길을 걷기 시작했다. 즉 민족통일을 아래에서부터의 민주주의 방식으로가 아니라 위에서부터 국가적으로 이루고자 시도했다. 그것은 비스마르크Bismarck의 길이었다. 그는 독일을 치욕스럽게 만들기 시작했다.

왜냐하면 비스마르크가 총리가 되어 세계의 모든 민족주의자들의 과대망상증에 직접 제동을 걸었기 때문이다. 모순되게도 최근까지 수많은 역사가들이 이 사실을 인식하지 못하고 있었다.

마르크스

1848년 혁명이 발생하기 전인 1848년 1월에 다음과 같은 말로 시작하는 전단이 나돌았다. "유령이 유럽을 배회한다. 공산주의의 유령이……." 그 집필자는 마르크스Marx와 엥겔스Engels였다. 전자는 트리어의 프리랜서 기자였으며, 후자는 부퍼탈 출신의 공장주였다. 전단의 제목은 「공산당 선언 Das Kommunistische Manifest」이었다. 그 전단은 마르크스가 때마침 거주하고 있던 벨기에의 경찰 당국말고는 거의 아무도 주목하지 않았다. 벨기에 경찰은 그 선동적 글귀와 몇 주 후에 발생한 혁명의 관계를 도출해냈고 마르크스를 추방했다.

이에 마르크스는 인생의 가장 중요한 결정 중 하나를 내려 영국으로 이주했다. 그는 그곳의 대영 박물관에서 『자본 Das Kapital』 집필에 필요한 모든 자료들을 발견했다. 이로써 1917년에 주의로 격상된, 한 가지 오해가 담긴 마르크시즘이 시작되었다. 즉 원래 시민혁명이었던 것에 사회주의적 해석이 덮씌워진 것이었다. 사회주의는 자유주의 시민들의 기생충으로 시작되었으나 나중에 이들을 완전히 잡아먹었다.

1850~1870년의 프랑스, 이탈리아 그리고 미국

독일이 거미줄 같은 봉건주의에 걸려 허우적거리고 있을 때, 다른 나라들은 근대화의 갈등을 어떻게 풀 수 있는지 모범을 보였다.
- 프랑스에서는 1850년에 제2의 나폴레옹이 제2의 혁명을 제압했으며, 그는 (독일의 빌헬름 4세와 달리) 국민투표를 통해 자신에게 황제의 관을 씌우게 하고 스스로를 나폴레옹 3세라고 칭했다(나폴레옹의 어린 아들은 며칠 동안 나폴레옹 2세로서 프랑스의 명목상의 왕이었으므로 왕의 계보에 포함되었다. 새 왕 루이 나폴레옹은 보나파르트 나폴레옹의 조카였다). 프랑스에서는 국민의 은총을 받는 자만이 비로소 왕이 될 수 있었다.
- 이탈리아는 독일처럼 소국들로 분할되어 있었으며 왕정복고적 오스트리아의 지배를 받고 있었다. 민족주의 역시 좌절하고 있었다(따라서 양국은 파시스트화되었다). 투린이 수도인 피에몬테 사르데냐 Piemonte-Sardegna는 이탈리아의 작은 프로이센이었다. 총리 카보우르 Cavour는 이탈리아 통일을 위해 나폴레옹의 후원을 확보했으며, 프랑스와 힘을 합쳐 솔페리노에서 오스트리아 군대를 격퇴했다(이 전투에

서 대량학살을 목격한 스위스 의사 앙리 뒤낭Henri Dunant은 충격을 받아 적십자사를 창설했다. 단기[團旗]는 스위스 국기의 색을 반대로 한 것이었다). 이후에 이탈리아에서는 독립운동이 발생했으며, 니스 출신의 지도자 가리발디Garibaldi는 이탈리아의 국민영웅이 되었다. 북이탈리아가 이미 비토리오 에마누엘레Vittorio Emmanuele 2세 치하에서 통일을 이루었을 때(1860), 가리발디는 의용군을 이끌고 부르봉 가를 시칠리아와 나폴리에서 완전히 축출했다.

- 1861년부터 1865년까지 나폴레옹 전쟁 이후 가장 손실이 컸던 19세기 전쟁이 계속되었다. 그것은 아메리카의 남북전쟁이었다. 링컨Lincoln이 대통령으로 선출된 후에, 남부 주(州)들은 합중국에서 탈퇴하여 독자적인 연방을 구성했다. 남부 주들의 경제는 귀족주의적인 지주가 운영하는 플랜테이션 농업에 의존했는데 이때 노예가 필요했다(프로이센의 농장도 농노의 힘으로 운영되었으며, 이들은 1807년이 되어서야 해방되었다).

북부는 공업화되었는데 공업은 유동성과 자유를 전제로 했다. 그래서 남북전쟁은 외견상 합중국의 편과 그 반대편 또는 노예제 찬성과 그 반대가 문제되었지만 결국 그 배후에는 서로 합치할 수 없는 생산방식의 갈등이 숨어 있었다. 그 점은 소설 및 영화 『바람과 함께 사라지다』의 미첼을 통해 잘 형상화되었다. 모든 전쟁이 그렇듯이 남북전쟁도 고통스럽게 치러졌으며, 북부 주들의 승리는 오늘날까지 감지되는 심리적 상처를 남겼다.

만약에 남부가 승리했더라면 어떤 상황이 되었을지에 대해서는 독일의 예를 보면 잘 알 수 있다. 독일에서는 중세식 토지제도를 유지한 프로이센이 공업지대인 서부 독일을 굴복시켰다. 그것은 구동독이 서독에 통합됨으로써 다시 역전되었다. 이로써 독일은 미국 시민전쟁의 말기에 겪었던 체험을 현재 하고 있다.

독일 통일의 길

빌헬름 1세(1860년 이래로 통치)와 비스마르크의 만남은 프로이센의 정치적 하늘에 두 별이 완전히 일치하는 것을 의미했다. 비스마르크는 하원의원으로 극단적 보수주의자라는 명성을 얻었다. 빌헬름 1세는 자기 나름대로 군대 개편을 단행하고자 했으나, 의회의 반대에 부딪쳤다. 이리하여 독일은 1862년에 더이상 헤쳐나오기 힘든 난관에 봉착했다. 빌헬름 1세가 영도력 있는 장관을 발견하지 못해 고민하고 있을 때, 비스마르크가 자청하고 나섰다. 마케도니아의 알렉산드로스 대왕이 고르디우스의 뒤엉킨 매듭을 칼로 간단히 잘랐듯이, 비스마르크는 의회의 동의 없이 군대 개편을 추진했으며 몇 차례의 전쟁에서 승리했고 의회의 사후 승인을 받았다. 그는 이 방법을 독일의 통일정책에도 그대로 적용했으며, 자유주의자들의 민족주의적 동경을 포착해 활용했다.

이 과정의 배경을 이루는 것은 독일 북부 덴마크와의 접경지역에 위치한 슐레스비히-홀슈타인 문제였다. 이 문제는 매우 복잡하게 얽히고 설킨 것이어서 이해 관련국들은 언제라도 거기에서 각자 필요한 갈등을 유도해낼 수 있었다. 영국의 총리 파머스턴Palmerston의 말에 따르면, 그 문제의 내용을 알고 있는 사람은 세 사람, 즉 자신과 선임총리 그리고 독일의 교수 한 명뿐이었다. 그런데 선임총리는 사망했고, 독일의 교수는 그 일에 대해 연구하다 정신이상이 되었으며, 자신은 그 일을 망각했다는 것이었다.

요컨대 그 일에는 식별해야 할 것이 있다. 즉 오래된 명제에 따르면, 슐레스비히 공작령과 홀슈타인 공작령은 하나의 공국과 같아서 결코 분리해서는 안 되었다. 양 공작령은 덴마크 왕의 통치를 받고 있었다. 그중 한 곳은 공주가 공위(公位)를 계승해도 되었으나, 다른 한 곳은 반드시 왕자가 공위를 계승해야 한다는 법이 있었다. 홀슈타인은 독일동맹에 속했고, 슐레스비히는 속하지 않았다.

따라서 덴마크에서 공주가 왕위를 승계할 때 생겨날 수 있는 복잡한 문제들을 척결하기 위해 덴마크 왕 프리드리히 7세는 양 공작령을 간단히 덴마크에 통합시켜버렸다. 이 일은 1848년에 슐레스비히-홀슈타인 사람들의 독립운동과 독일에서의 민족주의 파문을 불러일으켰다. 이 문제를 해결하기 위한 논의에서 확정된 것은 슐레스비히-홀슈타인의 공위 계승권은 존데르부르크 글뤼크스부르크 가문에 있으므로 양 공작령은 덴마크에 통합되어서는 안 된다는 것이었다('런던 속기록').

그러나 크리스티안Christian 9세는 즉위하면서 이 합의를 간단히 무시하고 양 공작령을 1863년에 병합했다. 이 일은 비스마르크가 프로이센과 오스트리아 군대를 덴마크와의 전쟁에 끌어들이는 빌미를 제공했다. 비스마르크는 이 전쟁에서 승리해 두 공작령을 다시 빼앗아왔다. 그는 '분리 불가능한' 두 공작령의 관할권을 오스트리아와 나누어 가졌다. 이것은 새로운 분쟁의 원인이 되었다. 오스트리아가 그 갈등 때문에 독일 동맹의회에 도움을 요청하자, 비스마르크는 이 요청이 양국의 협정 위반이라며 트집을 잡았고, 프로이센을 독일동맹에서 탈퇴시키고 오스트리아에 전쟁을 선포했다(1866). 프로이센은 현대식 총포 덕택에 쾨니히그레츠 싸움에서 승리했다. 비스마르크는 오스트리아를 봐주는 대신에, 줄을 잘못 서서 낭패를 본 북부의 소국가들, 즉 하노버, 헤센, 프랑크푸르트 및 슐레스비히와 홀스타인을 프로이센에 병합했다. 독일동맹은 해체되어 프로이센의 주도하에 새로운 북독일동맹으로 대체되었다.

이 동맹은 국가동맹이라기보다는 이미 하나의 연방국가였다. 거기에는 외교권, 군 통수권 그리고 전쟁 및 평화 결정권이 있었다. 연방상원과 자유선출된 제국 의회가 있었으며, 후자에게는 예산권이 있었다. 연방대표, 즉 프로이센의 왕에 의해 임명되는 연방총리도 있었다. 이것은 이후의 제국 헌법의 초기 형태였다.

비스마르크가 이제 자신의 성공을 등에 업고 국민 대표의회에 등원해서 의원들에게 군대 개혁의 위헌성을 사후 승인해달라고 요청했다. 이제 자유주의자들은 딜레마에 빠졌다. 만약 그들이 동의한다면, 그것은 법치국가의 자유주의 원칙에 위배되는 것이었고, 만약 거부한다면, 그것은 민족주의적 이상을 배신하는 것이었다.

바꾸어 말하면, 비스마르크는 하나에 속하는 민주주의와 민족주의를 찢어 분리해놓았다.

그 결과, 자유주의 정당은 다음의 둘로 갈라졌다.

―민주주의적 자유주의자와

―민족주의적 '민족자유주의자.'

이 두 진영 중에서 민족자유주의자가 대다수를 차지했다. 비스마르크가 반짝이는 민족주의 유리구슬로 그들의 민주주의 원칙을 매입해버렸기 때문이었다. 자유주의는 이 원죄로부터 결코 헤어나지 못했다.

독일 제국의 건설

패전한 프랑스의 엎드린 등에 새로운 제국을 건설한 것은 독일의 시행착오 중 하나였다. 게다가 독일이 프랑스의 알사스―로렌 지방을 빼앗은 것은 프랑스인들로 하여금 과거의 굴욕을 떠올리게 했고, 독일인들에게는 군사적 승리를 떠올리게 했다. 이리하여 제국 건설 축하행사는 언제나 프랑스에 대한 승전축제가 되었다. 이것은 양국의 관계를 악화시켰다.

그리고 그 불신을 재촉하는 일이 벌어졌다. 가톨릭을 믿는 호엔촐레른 왕가의 왕자가 갑자기 스페인 왕위 계승을 위한 후보자로 나섰다. 이 일은 과거 합스부르크 왕가가 카를 5세를 통해 프랑스를 옥죄었던 일을 상기시켜 프랑스의 여론을 자극했다. 그러자 왕자는 현명하게도 사퇴를 했다. 그러나 이제 나폴레옹 3세가 지나친 행동을 했다. 그는 호엔촐레른 왕가의 가장인 빌헬름 황제에게 앞으로 영원히 스페인 왕위를 포기한다는 약속을 하라고 요구했다. 이 요구를 비스마르크는 잘 편집해서 언론에 전달함으로써 독일의 전국민이 흥분해서 반프랑스 구호를 외치게 만들었다. 정신이 얼떨떨해진 나폴레옹 3세는 프로이센에 선전포고를 했다.

그러자 미증유의 일이 일어났다. 남독일의 소국가들이 북독일동맹에 가

담했으며, 우수한 지휘와 철도 공급망의 도움으로 프랑스를 세당과 메츠에서 격파했다. 나폴레옹 3세는 퇴위했고, 프랑스는 공화국이 되었으며 파리의 성문이 열릴 때까지 계속 싸웠다.

프랑크푸르트 파울 교회의 최초의 국민의회에서 노력했던 일이 22년 만에 정반대의 방식으로 이루어졌다. 의회는 이제 관여하지 않았다. 통일은 영주들과 군대의 자율적인 노력을 통해 이루어졌다. 이들은 민족적 정체감을 슬쩍 도둑질해서 자신의 가방에 찔러넣었다. 이제부터 독일어로 '민족Nation'이라는 말은 '민중Volk' 대신 '관료국가Obrigkeitsstaat'를 연상시켰다. 모두를 속인 그 전략가의 이름은 비스마르크였다. 그는 자신에게 속은 자들에 의해 나중에 영웅으로, 철혈재상으로, 독일 통일의 대장장이로 그려졌다. 이것은 아무 거리낌없는 행동을 하는 지능과 봉건영주적 감각을 갖춘 천재적이고 무자비한 한 융커(Junker. 지주를 뜻하며 여기서는 비스마르크를 가리킴—옮긴이)에 의해 민주주의자들의 민족주의적 꿈이 도착적으로 실현된 결과였다.

이 도착증세는 제국 헌법에도 표현되었다. 이에 따르면, 황제가 제국의 최고 책임자이며, 제국 총리와 프로이센의 총리는 황제에게만 책임을 질 뿐 의회에 대해서는 책임이 없었다. 그는 황제의 임명을 받고 황제에 의해 해임되었다. 각 주를 대표하는 상원 그리고 자유·비밀·직접 선거로 선출되는 제국 의회(하원)가 있었다. 중심인물은 총리이며, 그도 황제에게 종속되었다. 그는 제국 의회에 대해 책임을 지지 않기 때문에 의회에 의해서 해임되지도 않았다. 이렇게 제국 헌법은 정당들이 정부의 집권당과 야당으로서 각자의 역할을 배우고 경험을 쌓는 것을 방해했다. 정당들은 이데올로기 클럽이었으며 그저 의견만을 가질 뿐이었다.

지각한 민족

독일은 유럽의 다른 중요한 민족들보다 뒤늦게(폴란드를 예외로 친다면) 민족국가를 건설했다. 이때 다른 민족들은 이미 전세계로 진출해 앞다투어

식민제국을 확장하고 있었다. 이때는 또한 지식인들간에 다윈Darwin의 이론, 즉 가장 우수한 개체들만이 살아남음으로써 생물의 진화에 엔진처럼 작용한다는 이론에 대한 논쟁이 격화되었다.

이런 경쟁주의적 분위기, 그리고 민족의 모든 자원의 갑작스런 방출은 독일인들에게 마치 성공적인 추격전처럼 느껴지는 폭발적인 개발 붐을 일으켰다.

- 급속한 공업화는 경제력을 증대시켰지만, 또한 공장 프롤레타리아도 양산했다.
- 노동당의 창립을 초래했다. 라살Lassalle이 창립한 전독일노동자연맹은 1875년에 베벨Bebel과 리프크네히트Liebknecht의 사회민주당과 합당해서 독일사회민주당SPD을 발족시켰다. 당론은 아직 고전적 마르크시즘에 따랐으므로, 수정주의적(혁명보다는 개량을 선택)이지도, 레닌주의적(다수의 의지를 전위적 직업혁명가들에게 위임)이지도 않았다.
- 비스마르크는 정치법에 대한 수배와 금지 조치(사회주의자법)라는 채찍 그리고 진보적인 사회복지 입법이라는 당근(노동자를 위한 질병, 사고 및 연금보험)으로 거기에 대응했다. 사회주의자들에 대한 그의 전략은 그가 자유주의자들에게 권위주의적 국가의 채찍을 민족주의의 당근으로 달콤하게 했던 것과 같았다.
- 법, 화폐제도, 우편, 철도, 교통망 그리고 공공 인프라 설비의 급속한 현대화, 경제 성장은 가끔씩 미국을 앞지를 정도였다.

요컨대, 독일의 체중은 급속히 불어났다. 상황이 그러했으므로, 비스마르크의 명성은 특히 외교 분야에서 두드러졌다. 그는 독일의 평화주의를 강조하면서 유럽의 모든 강대국들을 서로간에 아주 복잡한 협력관계로 얽어, 이들은 서로간에 특히 독일을 상대로 전쟁을 하는 것이 불가능해졌다.

이 정치의 출발점은 프랑스를 화해 불가능한 존재로 규정하고 고립시키는 데 있다.

비스마르크는 우선 독일, 오스트리아 그리고 러시아의 3자 동맹을 시도해보았다. 그러나 터키가 유럽에서 점차 사그라졌기 때문에, 러시아와 오스트리아는 발칸 반도에서 서로 격돌하게 되었다.

따라서 오스트리아만이 남아 있게 되었다.

그 다음에 그는 독일, 오스트리아 그리고 이탈리아의 3국 동맹을 시도했으나, 오스트리아가 아직도 베네치아 지역의 이탈리아 영토를 점유하고 있어서 이탈리아인들은 오스트리아를 용서할 수 없었다(실지[失地] 회복운동).

그 다음에 비스마르크는 술수를 썼다. 그는 다다넬즈 해협에 대한 러시아의 공격에 대비해서 오스트리아, 이탈리아 그리고 영국의 동방 3국 동맹을 추진했다.

이와 동시에 러시아와 비밀조약(재보험조약)을 맺어 러시아가 다다넬즈 해협을 공격할 때 독일이 지원해주기로 약속했다.

그 모든 것은 교묘히 고안된 것이어서 비스마르크만이 갈피를 잡을 수 있었다. 그러나 파국이 왔다. 빌헬름 1세가 1888년에 사망했고, 그의 자유주의적 계승자 프리드리히 3세도 같은 해에 운명했다. 프리드리히 3세가 사망함으로써 이제 모든 자유주의 세대는 한물 갔다. 그 뒤를 이어 젊은 빌헬름 2세가 왕위를 계승했다.

빌헬름과 빌헬름주의

빌헬름 2세는 1890년 3월 20일까지 기다렸다. 그 다음에 그는 비스마르크를 해임했다. 이 새로운 제국은 이제 수명이 24년밖에 남지 않았다. 그 다음에는 제1차 세계대전이 시작되었다. 비스마르크 해임 사건이 일어나기 딱 11개월 전에 니더외스터라이히(오스트리아 서북 지방)의 하녀 출신인 클라라가 남편 알로이스에게 아들을 낳아주었다. 아이의 이름은 아돌프 히틀러Adolf Hitler였다. 빌헬름 2세는 그의 갈 길을 예비했다.

빌헬름 2세는 뻔뻔한 허풍쟁이, 떠버리, 유머를 모르는 자만꾼이었으며, 퍼레이드 행진과 군도(軍刀)의 잘그락거리는 소리를 좋아했다. 프로이센의 풍자만화에서 그는 쇠꼬챙이 투구를 쓰고 '성공수염'을 기르고 눈에는 외알안경을 끼고 있는 모습으로 그려져 있다. 그는 손이 불구였으므로 행진할 때에는 숨겼으며, 영국에 대해 열등감을 가지고 있었다. 따라서 그는 함대를 가져야 했다. 그는 미래는 바다에 달려 있다는 것을 알았다. 그는 가장 강력한 군대를 이미 가지고 있었으나, 해군이 없는 그의 모습을 영국의 사촌들이 보면 뭐라고 할까? 그는 자신이 부자들의 당연한 우월감을 부러워하는 졸부와 같다고 생각했지만 실제로 졸부에 지나지 않았다. 그러나 그는 자신의 힘을 느꼈으며 과시하고 싶었다. 그래서 그는 화를 내며 돌아다녔고 여기저기에서 불화를 일으켰다.

이 모든 모습은 빌헬름 2세가 빌헬름 시대 시민계급의 대표자임을 말해준다. 시민계급은 자신이 힘이 있다는 느낌에 도취해 있었을 뿐, 통일독일의 급속히 성장하는 국력을 관리할 자질을 미처 갖추지 못했다. 국민의 국방 의무와 군인들의 특권에 바탕을 둔 삶의 군사화를 통하여 시민계급의 절반은 귀족이 된 것처럼 느꼈고 귀족의 습성을 흉내내었다. 관청의 명령 언어에 배어 있는 병영식 어투, 학교에서의 까다로운 훈련, 대학교 조합원들간의 결투, 금방 전쟁터에서 돌아온 듯한 인상을 주는 얼굴의 칼자국, 그리고 웬만한 곳이면 항상 입고 다니는 군복들이 사회 분위기를 지배했다.

전세계는 이 새로운 기계인간들에 대해 놀랐으며 그 경악스런 모습을 두려워하기 시작했다. 과거에는 꿈에 푹 잠긴 시인들과 기괴한 학자들로 존경받던 독일인의 이미지가 변했다. 이제 사람들은 독일인을 예측 불가능한, 영혼이 없는, 쇠꼬챙이 달린 투구를 쓰고 다니는 철제인간, 이성적인 말로는 더이상 설득할 수 없는 인간으로 보았다. 중부 유럽에 괴물이 나타난 것이었다.

편가르기

빌헬름의 정책은 비스마르크의 동맹체제를 파괴했다. 그는 러시아를 프랑스의 침대 속으로 밀어넣었고, 이로써 프랑스의 고립은 끝이 났다. 그는 그 다음으로 영국에 도전하기 위해 독일 함대의 건설에 박차를 가했다. 영국은 1900년경의 남아프리카 전쟁에서 이미 고립의 쓴맛을 나름대로 본 적이 있었다. 따라서 영국은 '빛나는 고립'의 명예원칙과 결별했으며 프랑스와 군사협정을 맺었다. 영국은 아직 확고한 동맹을 맺지 않는다는 원칙을 숭상했기 때문에 외교적으로 '진실한 동의'라는 용어를 사용했다. 결국 비스마르크의 동맹체제는 축복에서 저주로 역전되었다.

유럽에 두 개의 진영이 군비를 갖추고 마주 보고 섰다. 독일과 오스트리아-헝가리 제국, 즉 유럽 중부 열강이 한쪽에, 그리고 영국, 프랑스 그리고 러시아가 다른 한 쪽에 서 있었다(이탈리아는 중부 열강과 결합되어 있었지만 나중에는 연합군 측이 되어 전쟁에 합류했다). 과거에는 전쟁 위협이 있을 때 동맹을 맺었지만, 이제는 이 확고한 동맹체제 때문에 평화시에도 다음번에는 누가 적이 될 것인지가 이미 분명해졌다.

이리하여 평화는 전전(戰前) 시기가 되었으며 불신을 부채질했고 공기 속에 독을 내뿜었으며 편집증을 일깨웠고 반유대주의를 활성화시켰다. 프랑스에서는 유대인 대위 드레퓌스Dreyfus가 독일을 위해 스파이 활동을 했다는 혐의로 부당하게도 유죄판결을 받았다. 국가의 반역자를 찾아나서면 사람들은 언제나 유대인을 발견해 죄를 뒤집어씌웠다. 그러는 동안 군 수뇌부들은 평화시에 벌써 전쟁을 계획했다. 그것은 많은 역사가들이 아직도 칭송하는 비스마르크의 동맹정책이 깨진 결과였다.

그러나 이것이 전부가 아니었다. 빌헬름 정권은 그것도 모자라서 독일의 운명을 어처구니없게도 오스트리아-헝가리 제국과 연결해놓았다. 오스트리아-헝가리 제국은 소속 민족들의 자유화 운동 때문에 왕수(王水)에 담긴 쇠붙이처럼 서서히 녹고 있었다. 독일은 유일한 동맹국이 점점 걷잡을 수 없이 해체되는 모습을 바라보면서 초조해졌고 이 동맹국이 완전히 멸망하기 전에 한판 승부를 벌여야 한다고 생각했다.

20세기

20세기 초는 불안한 유럽 대륙의 다채로운 역사에서 가장 모순에 찬 순간들 중의 하나였다. 유럽의 힘은 정점에 도달해 있었다. 유럽인들은 전세계에서 식민지들을 분할해 가졌다. 그들의 문명은 곳곳에서 표준이 되었다. 19세기는 물질적 생활 수준의 향상과 문화적 진보를 가져다주었다. 과학의 발달로 수명은 연장되었고 기술로 생활이 편리해졌다. 비록 공장노동자들이 사치스럽게 살지는 못했지만, 19세기 초처럼 곤궁하게 살지는 않았다. 노동조합과 사회주의 정당들은 최소한의 생활 보장을 위해 노력했다. 더 좋은 교육 가능성의 부여로 여성해방도 질적으로 달라졌다. 러시아와 오스트리아-헝가리의 여러 민족들은 정치적으로는 부자유스러웠지만, 잘 정비된 행정체계의 관리를 받았으며 그런 대로 문명생활을 했다. 유럽에서 1900년경만큼 민족들이 잘살았던 적은 없었다.

이 유럽이 45년 후에는 폐허더미가 되었다. 연기가 피어오르는 폐허에 약 7천만 명의 사망자가 누워 있었다. 정말이지, 숨막힐 정도로 경솔하게 정치가들은 전쟁이라는 개의 줄을 풀어주어 자멸의 비틀거림을 유발했다. 역사를 거슬러 올라가보면, 흑사병이 돌던 때, 또는 30년전쟁이 있었지만, 1914년부터 1945년까지의 30년전쟁만큼 대량살육이 있던 적은 없었다(물론 중간의 휴전기간을 제외한다면).

왜 그렇게 되어야 했는지(그래야만 했는가?)는 애매모호한 수수께끼다. 확실한 것은 집단적 광기가 독일에서 출발했고, 이 나라가 스스로 정신병원이 되었으며, 여기에서 한 광인이 명령권을 넘겨받아 문명 자체에 선전포고를 했다는 점이다. 우리는 그저 망연자실할 뿐이며 그 사건이(판도라의 상자가 일단 열린 다음에) 어떻게 점점 최악의 상황으로 변해가는지를 추적할 수 있을 뿐이다. 제1차 세계대전은 20세기 파국의 근원이었다. 그후 몇십 년 동안 이어진 모든 폭정과 대량학살의 충격적인 야만행위가 거기에서 비롯되었다.

제1차 세계대전의 고삐풀림

제1차 세계대전의 승자들이 평화협정 체결을 위해 베르사유에 모였을 때 확인한 것은 "전쟁은 중심국가들이 사전에 계획했다"는 인식이었다. 이른바 '전쟁 책임 테제'로 불리는 이 확인은 독일의 처벌과 배상금 징수의 근거가 되었다. 따라서 이 테제는 독일의 역사학자들에 의해 논박되었다. 그 다음 제2차 세계대전 후에 이 두 번째 전쟁이 명백히 히틀러에 의해서 유발되었다는 것이 확인되었을 때도 독일인들은 역시 제1차 세계대전에 대한 책임을 지지 않으려 했고 그 책임론을 부인했다. 그러나 오늘날은 그 테제가 사실에 부합하는 것이었다는 것이 보편적으로 인정되고 있다. 그 과정을 살펴보면 아래와 같다.

1914년 6월 28일에 세르비아의 테러리스트 프린치프는 오스트리아의 황태자 페르디난트 부처(夫妻)가 사라예보를 방문했을 때 그를 권총으로 암살했다. 독일 정부 당국자들(황제, 베트만 홀베크Bethmann Hollweg 제국 총리, 고급 관료와 장성들)은 상황을 군사적으로 해결할 수 있는 좋은 기회라고 판단했다. 그래서 그들은 오스트리아에게 공격적으로 신속하게 대응하라고 재촉했다. 그들은 이런 사주행위를 휴가철 분위기라는 커튼 뒤에 숨김으로써 마치 자기들이 느닷없이 당한 희생자인 것처럼 위장했다. 우선 그들은 영국이 전쟁에 개입하지 않도록 영국의 여론을 오도했고, 독일의 사회민주주의자들에게는 전쟁국채 발행을 위한 동의를 얻어내기 위해 조국을 수호해야 한다고 확신시켰다.

그래서 오스트리아는 7월 23일에 수용하기 어려운 내용의 최후통첩을 세르비아로 보냈다. 그 다음에 독일은 비로소 오스트리아의 시간표를 알게 되었다. 이에 따르면, 오스트리아는 우선 세르비아의 답변을 기다려보고, 그 다음에 외교관계를 끊으며, 그 뒤 14일간에 걸쳐 군대를 동원하며, 그리고 나서 선전포고를 하기로 되어 있었다. 그러나 이것은 주변국가들이 중재에 나서서 위기를 무마할 수 있는 가능성을 열어놓았다. 따라서 독일 측

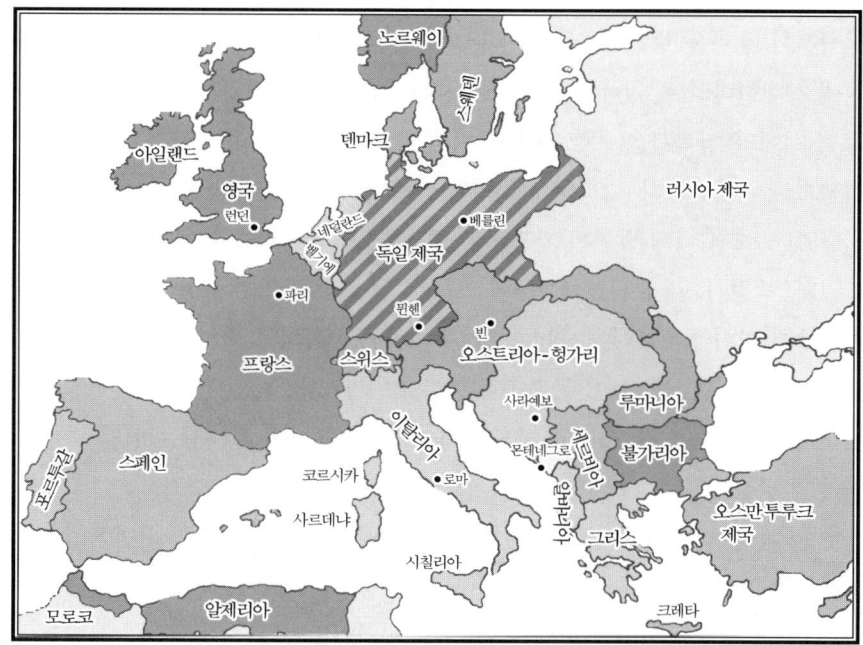

• 1914년의 유럽

은 당장 선전포고를 하라고 오스트리아를 재촉했다. 선전포고는 7월 28일에 있었다. 그러니까 저격사건 후, 정확히 한 달 만이었다. 이로써 주사위는 던져졌다. 이제 동맹조약에 따라 자동적으로 독일에 동원령이 내려졌고, 군부가 지휘권을 넘겨받았기 때문이다.

전 쟁

전쟁의 발발이 독일과 오스트리아 사람들을 열광의 도가니로 몰고갔다는 것은 지금으로선 상상하기 힘들다. 전쟁은 공업사회에서 쳇바퀴 돌듯 단조로운 생활을 하면서 생겨난 정신적 장애의 짐을 벗겨주는 축제같이 받아들여졌으며 마치 전국민이 그 속에서 융합되는 듯했다. 또한 사람들은 아직도 전쟁을 과거의 여느 전쟁과 비슷할 것이라고 낭만적으로 생각하고 있었을 뿐, 발달된 무기기술이 초래할 결과에 대해서는 상상조차 못했다.

유럽의 역사 253

1870~71년의 전쟁에서는 독일의 기동력이 결정적이었으며, 과감한 양면작전이 효과를 보았다. 독일은 이 전술을 파리에 대한 대대적인 양면공격에서 재현하려 했다(이른바 '슐리프 계획'). 그러나 독일은 이를 위해 중립국 벨기에의 한복판을 가로질러, 벨기에의 중립을 보장하고 있는 영국을 전쟁으로 끌어들였다. 그러나 역사의 아이러니는 그 모든 시도를 헛수고로 만들었다. 그 사이에 발명된 기관총은 공격자보다는 방어자를 유리하게 만들었다. 독일의 공격은 교착상태에 빠졌다. 스위스 국경과 플랑드르 지방 사이에서 병사들은 수렁에 파묻혔고, 우둔한 장군들의 고집으로 거기에서 1천만 명의 어린 병사들이 목숨을 잃었다. 그것은 대포와 기관총으로 자행된 대량도살이었으며, 이따금 어느 한쪽이 진흙처럼 푹푹 빠지는 언덕 하나를 점령했으므로 그 대량학살이 전쟁이라고 위장되었다.

한 세대 전체의 젊은이들이 여기에서 4년에 걸쳐 평생 잊지 못할 마음의 상처를 입었고 무자비하게 취급당했다. 그들 중에는 자원병 히틀러도 있었다. 전쟁은 그를 국외자의 고립생활에서 해방시켜주었다. 그는 남자들간의 공동체 감정을 느끼게 해주는 전쟁을 사랑했다. 그는 전선에서의 이 체험을 나중에 영광스러운 것이라 찬양했다. 그 체험은 나중에 많은 사람이 시민생활에 적응하는 데 커다란 장애가 되었다. 게다가 히틀러는 이미 시민생활 적응 부적격자였다. 그래서 그는 나중에 무수히 많은 비슷한 유형의 인간들의 감정을 대변할 수 있었다. 즉 그는 나치 돌격대와 더불어 퍼레이드를 벌임으로써 바로 그 전방체험 놀이를 했으며, 바그너의 연극을 통해 미화시켰다. 남자 숙소의 칭송자인 그는 나중에 자신처럼 몇 년 동안 참호에 배치되어 포탄의 번쩍이는 불빛을 목격했던 모든 사람들을 지휘하는 총감독이었다.

페트로그라드의 혁명

제1차 세계대전은 러시아 혁명의 어머니다. 이 혁명은 1917년 3월 8일부터 14일 사이에 페트로그라드(상트페테르부르크의 제1차 세계대전 이후 명칭)

에서 발생한 시민혁명이었다. 그것은 정부가 전쟁을 엉망진창으로 수행한 데서 비롯되었다. 3월 16일에 차르 니콜라이가 퇴위했으며, 왕자 르보프 Lwóv가 전쟁을 계속 수행할 임시 시민정부를 세웠다. 이것은 실수였다. 왜 냐하면 이른바 소비에트(위원회)로 조직된 노동자와 농민은 전쟁에 싫증이 났기 때문이었다. 그들은 전쟁을 종식시킬 사람을 고대했다.

그러나 그렇게 해줄 수 있는 사람은 강한 적국들에 의해 스위스 취리히의 작은 방에 구금되어 있었으며 어떻게 페트로그라드로 돌아갈 수 있을지 노심초사하고 있었다. 이 남자가 평화선전을 통해 러시아인들의 전쟁의지를 약화시킬 수 있는 충분한 영향력이 있다는 것을 독일인들은 알고 있었다. 따라서 독일인들은 그를 몇 명의 동지와 함께 1917년 4월 12일에 밀폐된 봉인(封印)열차에 태워 독일을 가로질러 스웨덴으로 가는 선착장까지 호송했다. 그렇게 해서 그는 4월 17일에 페트로그라드에 도착했다. 그의 이름은 블라드미르 일리치 울리야노프Vladimir Il'ich Ul'yanov였으며 스스로 레닌Lenin이라고 불렸다.

레 닌

러시아의 인텔리겐치아(지식인) 계급은 1830년대에 성립된 이후 친(親)슬라브주의자(러시아의 고유한 발전의 옹호자)와 서구주의자들로 나뉘었다. 친슬라브적 사회혁명가들이 테러를 일삼자 민심(民心)은 다시 서구주의자들에게 넘어갔으며, 이들은 플레하노프Plekhanov의 영향하에 마르크스주의자가 되어 공업화를 강화함으로써 신뢰를 받았다. 울리야노프도 이들 중 하나였다. 그는 교육부 장학사인 부친과 신교도 독일인인 모친 사이에서 태어났다. 그의 형은 차르를 살해하려다 실패해 사형당했다.

블라드미르 일리치는 법학을 공부했으며 사회민주주의당에 가입했고 러시아에서 '자본주의론'을 발표함으로써 마르크스주의 이론가로 자리를 굳혔으며 1900년에 지하운동 잡지 〈이스크라Iskra〉를 창간했다. 이 잡지의 편집부는 사실은 팽팽히 조직된 지하정당의 전위였으며, 지방 그룹들은 정규적인 통신을 통해 전위의 지휘를 받았다. 이 〈이스크라〉 팀은 나중에 제1차 러시아 사회주의자 대회도 주최했다. 거기에서 레닌의 마르크시즘론, 즉 혁명 전략론에 관한 평가가 양분되었다. 마르크스는 이런 내용을 거의 언급하지 않았다. 왜냐하면 마르크스는 서구의 자유주의 사회에서는 자본주의의 모순 때문에 혁명에 찬성하는 수많은 사람들이 저절로 생겨날 것이라고 믿었기 때문이다.

그러나 레닌은 그것이 러시아와 같은 경찰국가에서는 불가능하다는 것을 알았다. 따라서 그는 수도원 교단처럼 잘 훈련된 직업혁명가들의 정비된 조직으로, 나태한 일반대중을 우선 사회주의로 이끌어줄 수 있는 정당을 구상했다. 레닌의 추종자들은 볼셰비키(다수파)로 불렸고, 이 전위정당의 반대자들은 멘셰비키(소수파)로 불렸다. 결국 레닌이 승리했다. 그러나 대중이 우선 정당에 의해 교육되어야 한다면, 자본주의가 성숙할 때까지 기다릴 필요가 없으며 즉시 사회주의 혁명으로 넘어가도 되었다. 레닌이 1917년 4월 17일에 독일의 협력으로 페트로그라드에 도착했을 때, 오직 그만이 즉시 실천할 수 있는 분명한 이론, 분명한 프로그램 그리고 파괴력 있는 수단을 가지고 있었다. 그는 토지 개혁과 즉각적인 평화를 요구함으로써 대중의 지지를 얻었다. 5월에 볼셰비키의 한 정당이 레닌의 입장을 받아들였다.

볼셰비키들은 다시 소비에트에 대한 통제권을 확보했다. 그해 여름에 총리 르보프Lvov가 퇴진했고 케렌스키Kerensky가 자유 멘셰비키 정부를 구성했지만, 이 정부는 그후 계속 위기에 처해 비틀거렸다. 11월 7일에 볼셰비키당은 페트로그라드의 거점들을 점령하고 국민대표 집행위원회를 구성해 레닌을 의장으로, 트로츠키를 외무위원장으로, 스탈린을 제민족위원장으로 선출했다. 이 정부는 전쟁을 수행하는 열강들의 모든 종사자들에게 전쟁을 중지하라고 호소했으며, 1917년 12월 3일, 중부 국가들과 휴전을 체결했다. 이로써 그 정부는 병사, 노동자 그리고 농민의 지지를 획득했다. 위기 속에서 한줌의 직업혁명가들이 권력을 이양받았다. 그것은 그들이 국민의 절박한 요구가 어디에 있는지를 제대로 파악한 덕택이었다. 이 전환을 이끌어낸 사람이 바로 레닌이었다. 소비에트 국가 건설의 아버지로서의 그의 권위는 얼마 전까지만 해도 논란의 여지가 없었다. 극소수의 결단력 있는 결사자들이 국가 전체를 넘겨받을 수 있다는 경험은 스탈린의 편집증을 정당화해주었다. 나중에 소비에트 정권은 정권의 인수를 대중의 봉기라고 허위로 꾸몄으며, 동궁(冬宮) 습격을 바스티유 습격으로 묘사했고, 러시아의 달력에 따라서 '10월 혁명'이라 불렀다. 그러나 그것은 혁명이 아니라 쿠데타였다.

독일의 붕괴

제1차 대전이 발발하자 영국은 독일에 대해 해상봉쇄령을 내렸다. 독일은 잠수함 작전을 통해 대응봉쇄로 맞섰다. 영국이 봉쇄를 더욱 강화하자 독일은 무제한 잠수함 전쟁을 선포했고 미국 상선까지 격침시켰다. 이것은 윌슨Wilson 대통령이 1917년 4월에 선전포고를 하는 계기가 되었다. 또한 전세를 다시 연합국에게 유리하게 만들었다. 1918년의 독일 총공격은 실패했으며, 영국이 최초로 탱크를 투입했을 때 연합군은 독일 전선을 돌파했다. 독일 군대가 전멸할지도 모른다는 공포에 시달린 루덴도르프Ludendorff 총사령관은 정부에게 정전협정을 맺으라고 탄원했다. 베를린 정부는 미국 대통령이 선언했던, 승자도 패자도 없는 공평한 평화를 위한 14개 조항을 갑자기 기억해냈고 헌법을 민주화했으며 10월 3일에 휴전을 제의했다.

이 소식이 전해지자 독일의 전선과 각 가정은 큰 충격을 받았다. 그 이유는 조금 전까지 전해지던 정부의 선전에 따르면, 승리가 이제 얼마 남지 않았기 때문이었다. 사실 전선이 무너지지 않았고 국토 역시 점령당하지 않았는데도 갑작스럽게 이루어진 이해할 수 없는 붕괴선언은 나중에 이른바 '단검 공격' 전설이 생겨나게 했다. 군대는 전쟁에서 정복당하지 않았지만 유대인과 볼셰비키들이 독일인들을 등뒤에서 단검으로 찔렀다는 것이었다. 이 허구적인 이야기에는 그럴듯한 사이비 근거들이 있었다. 즉 황제 빌헬름 2세는 그후 반란과 봉기로 퇴위당했고, 샤이데만Scheidemann이 공화국을 선포했으며, 총리직은 사회민주주의자인 에베르트Ebert에게 이양되었는데, 이 모든 일은 사회주의자들이 독일 패배의 수익자인 것처럼 해석될 수 있었다.

• 제1차 세계 대전 후의 유럽

베르사유

베르사유 조약은 근시안적인 기념비이며 연합국의 지혜 부족의 증거였다. 도처에 새로운 갈등의 싹들이 숨어 있었다. 합스부르크 왕국은 해체되었지만, 국경이 잘못 그어져 수많은 소수민족의 섬들이 생겨났다. 독일은 사지가 절단되었고 유죄선고로 굴욕을 느꼈으며 거액의 배상금이 부과되었다. 이것은 나라를 절망으로 몰고갔으며 연합국에 대한 증오심을 부채질했고 동시에 세계경제를 파멸로 몰아넣었다. 오스트리아는 독일과 병합하는 것이 금지되었다. 체코슬로바키아와 폴란드의 독일인들은 비우호적인 해당국가 정부에 그대로 내맡겨졌으며, 독일 주권은 통제, 부과금, 무장 및 병력 제한 그리고 금지지역 설정 등으로 제한을 받았다.

정신이 혼미해진 연합국이 이런 짐들을 독일에 부과함으로써 초래한 결정적인 문제는 독일인들이 신생공화국을 패배 자체와 동일시했던 반면에 과거 황제 시절을 영광의 시대로 여기게 되었다는 것이다. 대다수 독일인은 강요된 평화조약을 치욕으로 여겼으며, 그것을 '베르사유의 강압적 명령'이라고 불렀다. 여기에 서명한 자들은 매국노라고 욕을 먹었으며 그 중 몇몇은 피살되었다. 베르사유 조약의 개정을 외치지 않고 버틸 수 있는 정치가는 한 명도 없었다. 베르사유 조약은 시민들이 새로운 민주주의와 일체감을 가질 수 없는 가장 중요한 원인들 중의 하나였으며, 나중에 나치(국가 사회주의자)가 등장한 것에 대해서도, 세계경제 위기와 더불어 가장 중요한 요인 중의 하나로 작용했다.

바이마르

구정권의 퇴진 후에 권력이 갑자기 좌파의 손으로 넘어갔다. 그러나 권력은 새로운 소비에트 연방처럼 소비에트 국가가 될 것인지, 또는 서구 모델에 따라서 의회민주주의를 택할 것인지에 대한 문제로 분열되었다. 사회민주주의자들과 군 수뇌부가 힘을 합쳤기 때문에 의회민주주의 쪽으로 결정이 내려졌다. 이로써 사민당은 소비에트 국가를 원하는 자기편 당원들과는 반대되는 선택을 한 셈이었다. 그 결과 정부는 사회민주주의자와 공산주의자로 분열되었다("누가 우리를 배신했는가? 사회민주주의자들이").

이로써 사회민주주의자의 딜레마는 일찌감치 바이마르 공화국 전체의 딜레마로 표출되었다. 바이마르 공화국은 좌파와 우파로 나뉘어 극한 대립을 했다. 극좌파를 차단하기 위해서 사회주의자들은 황제의 군대와 관료들과 공조했다. 그러나 이 보수세력들은 사회주의자들을 공산주의자만큼이나 용납하지 않았다. 공화국이 극우파들의 위협에 처했을 때, 보수적 시민계급은 사회주의자들을 난관에서 건져주지 않았다. 회고해보건대 사회주의자들이 자신의 군대와 관료조직을 마련하지 않았던 것이 불찰이었다. 그러나 시민민주주의를 거부하는 시민계급과 무엇을 해야 한다는 것은 그들에게 애당초 어불성설이기도 했다. 그렇기 때문에 사회주의자들은 바이마르 공화국이라는 배를 타고 공산주의자들의 스킬라(시칠리아 메시나 해협의 암초)와 우파 시민계급의 카리브디스(소용돌이) 사이로 통과해야 했다. 그리고 1929년의 경제 위기와 더불어 지금까지 보지 못하던 우파 군사정당이 무대에 등장했을 때 사회주의자들은 속수무책이었다.

히틀러

히틀러라는 인물의 황량한 영혼과 괴물 같은 영향력 사이의 모순을 설명할 수 있는 사람은 지금까지 아무도 없다. 그러나 수천 명의 군중집회에서 공감대를 형성할 수 있는 것에 대해, 사람들이 아직은 감응하고 공감할 수 있을 때 그들을 하나의 분위기로 묶기 위해서, 다시 말해 교집합의 농축된 분위기가 되기 위해서 도피할 수 있는 한계값이 아마도 히틀러였을 것이다. 그는 군중을 자신의 연극에 참여시켜 그들에게 공통성을 강화시켜 되돌려줌으로써 그들을 결속시키는 역할을 했다. 그는 타고난 연출가였다.

그는 규율된 일을 할 능력이 없어 전쟁이 발생하기 전에는 빈과 뮌헨에서 지내면서 바그너의 오페라의 이미지들로 자신의 위대한 장래의 꿈을 키웠다. 그 다음에 그는 전후의 뮌헨에서 경찰 끄나풀 역할을 하며 지내다가 어느 날 시장의 사격연습장에 늘어선 표적인형들을 우연히 목격하고 갑자기 대중을 마비시킬 수 있는 자신의 탁월한 언변을 발견했다. 이로써 그는 직업을 발견했다. 그는 이제 자신의 과대망상증을 대중 앞에서 연출할 수 있었다. 일부 히틀러 연구가들은 그가 이때 처음으로 자신의 반유대주의도 발견했다는 의견을 가지고 있다. 아마도 그의 이데올로기적 담보물들(다원주의적 사회관, 광적 인종론, 제국주의적 생활공간론, 반볼셰비즘, 반유대주의) 역시 그의 과시적 연극화에 기여하는 재료로서만 가치가 있었을 것이다.

그리고 여기에서 알 수 있는 것은 그가 인격체라기보다는 집단의 교활한 화신(化身)이었다는 것이다. 그는 사회적으로 몰락한 사람들과 실업자들을 군복 속에 숨겨준다는 천재적인 착상을 하고 있었다. 오페레타 공연 같은 생각으로 그는 수많은 목표에 동시에 도달할 수 있었다. 군복을 입은 사람들은 다시 자부심을 얻었고 과거의 고립감에서 벗어나 집단에 대한 소속감을 느꼈다. 그는 과거의 전선 체험을 다시 살려냈으며 전쟁의 패배를 상상 속에서 없던 일로 되돌려놓았다. 시민들이 좌파들에게서 느끼는 무질서의 위험에 대한 대립항으로 그는 군대의 질서를 은연중에 암시했다. 이로써 그는 시민들에게 자신을 질서의 화신으로 추천해 맹약을 맺자고 제안할 수 있었다.

그가 흉내낸 군대의 명령구조는 자신을 영도자로 연출하고 절대복종을 요구하고 나서는 것을 정당화시켰다. 그리고 필요한 경우에는 언제든지 군복 착용자들 중에서 가두 테러부대 요원과 회의실 경호원들을 차출하여 다른 사람들을 주눅들게 할 수 있었다. 그가 등장하는 오페라의 무대배경을 이루는 것은 무엇보다도 일련의 세트 모델로 등장하는 군복 착용자들이었으며, 그는 이들 앞에서 도취적인 수사학의 아리아로 자신의 등장을 장식했다.

히틀러는 민족의 위대함에 대한 신념과 연극적 시뮬레이션으로 개인과

유럽의 역사 261

민족의 동반추락 사이에 존재하는 메우기 힘든 괴리에 다리를 놓아 연결해주었다. 그는 항상 현실을 꿈으로 바꾸어놓았다. 그는 현실을 행사와 연출, 무대장치와 맹세로 허구화했다. 연극성은 광기의 수사학적 분식(粉飾)에 맥락을 부여했고, 그 분식을 믿을 만하게 만들었다. 그는 독일인들의 동경심을 연극무대에 올렸고 그 모순들을 용해시켰다.

그들의 군대는 패한 적이 없었으며 외부의 적은 그들을 격퇴할 수 없었다. 단지 배신자만이 그들을 쓰러뜨릴 수 있는데, 그 배신자는 다른 무기를 가지고 몰래 숨어서 싸우는 기생충, 교란자, 즉 영원한 유대인(형장으로 가는 그리스도를 자기 집 앞에서 쉬지 못하게 하고 욕설을 퍼부은 죄로 지상을 유랑한다는 유대인 구두장이 아하스페르츠에서 유래─옮긴이)이었다. 이제 독일인들은 적을 발견했으며 자신들의 패배를 프랑스나 영국보다도 바로 이 적에게 돌렸다. 이 인종주의는 독일인들이 유대인들과 대조적인 하나의 피붙이 씨족집단으로 뭉쳐 공동체의 감정을 느끼게 하는 데 기여했다. 그리고 반유대주의는 군복을 입은 공동체의 자기 연출을 정당화해주는 배경으로서 부정적 형상을 제공했다. 왜냐하면 유대인들은 공동체로부터 벗어나 있으며 공동체의 마술에 면역되어 있는 자들의 원형이라고 소리높여 선전할 수 있었기 때문이다.

유대인은 천재적인 배신자로서 항상 집단의 양쪽에 동시에 서 있으며, 독일인이자 외국인이며, 기독교를 받아들여 동화되어 있으면서 동시에 정교를 믿으며, 민족의 몸 내부에 있으면서도 동시에 기생충이자 태업자로 외국을 위해 일하는 자들이었다. 유대인에 대한 히틀러의 반감이 그가 대중선동가로 나선 다음에 비로소 생겨났다면, 그 이유는 유대인들이 그의 연출에 대해 면역이 되어 있었다는 것을 그가 그때서야 알았기 때문일 것이다. 그의 반유대주의는 박수를 치지 않는 관객에 대한 노여움, 비유컨대 관절이 뻬도록 온몸을 비틀며 열심히 춤추는 자신의 진기한 관절춤에 냉담한 구경꾼들에 대한 박수무당의 증오였다.

소련

러시아에서는 공산당이 테러를 통해 권력을 확고히 했으며, 트로츠키의 지도로 적군을 창설해서 1922년까지 '백군파'와의 내전에서 승리를 거두었다. 이 승리 후에 소련이 건설되었다. 이 새로운 국가는 일련의 소비에트(위원회)들, 즉 시군구 위원회에서부터 정부위원회를 거쳐 연방위원회에 이르는 피라미드 체제로 이루어졌다.

각 소비에트는 각각의 산하 소비에트에서 파견된 대표들로 구성되었다. 그러나 후보들은 당의 추천을 받아 공개적으로 선출되었다. 따라서 실제 권력은 당에 있었으며, 당은 성직자 계급처럼 마르크스-레닌주의의 경전에 대한 독점적 해석권을 가지고 있었다. 당은 상명하달의 독재적 방식으로 통치되었다. 가장 중요한 명령 집행기관은 경찰조직과 공안위원회, 중앙위원회였다. 프랑스 혁명에서 국민의회와 자코뱅 클럽들 간에 일치하는 부분이 있었듯이, 러시아 혁명에서는 소비에트와 당이 하나로 겹쳐졌다. 차이가 있다면, 프랑스의 국민의회에서는 결정이 이루어지고 클럽들에서 토론이 있었으나, 소비에트 러시아에서는 당이 결정을 내리고 소비에트는 당의 결정에 따라 투표를 했다는 점이다. 게다가 프랑스에는 다수의 클럽이 있었지만, 러시아에는 단 하나의 당만이 존재했다. 이것은 교회가 국가에 복속된 것과 마찬가지였다.

여기에서는 도스토예프스키Dostoyevsky의 『카라마조프의 형제Brat'ya Karamazovy』에 나오는 유명한 비유처럼 그리스도가 종교재판소장에 의해 대체되었다. 1922년도에 뇌졸중으로 쓰러질 때까지 종교재판소장은 레닌이었다. 그 다음에는 그 자리를 놓고 후계자들간에 권력 투쟁이 벌어졌다. 후보자는 적군의 창설자이자 당의 빛나는 두뇌인 트로츠키Trotsky, 페트로그라드 소비에트 의장 지노비예프Zinovyev, 모스크바 소비에트 의장 카메네프Kamenev, 당 기관지 〈프라우다Pravda〉 의장 부하린Bukharin이었다.

1924년 레닌이 사망한 후에 최후 승리자는, 모두가 과소평가했지만, 레닌이 조직능력을 높이 평가해서 당의 총서기장으로 임명한 스탈린Stalin이었다. '그의 평범함'으로 당의 모든 요직에 자신의 추종자들을 미리 앉혀놓았던 것이다. 레닌의 뇌졸중 이후에 반트로츠키 3인방 라인(지노비예프, 카메네프, 스탈린)이 형성되었다. 그 중에서 스탈린이 껍질을 깨고 나온 실세였다. 지노비예프와 카메네프는 여러 차례 진영을 바꾸었으며 1927년에 트로츠키는 배교자로서 당에서 축출되었다. 이와 더불어 스탈린의 '일국사회주의 건설' 프로그램도 트로츠키의 '자본주의 국가들로의 혁명 수출' 개념을 누르고 승리했다. 스탈린은 승리 후에, 티무르(Timur. 아시아 서부 절반을 정복하고 사마르칸트에 도읍하여 세계 통일을 기도한 몽골의 정복자—옮긴이)의 시대 이래로 세계를 가장 경악시킨 피비린내나는 폭압정권 중의 하나를 건설하기 시작했다.

무솔리니

무솔리니Mussolini는 전직교사였으며 처음에는 사회당을 위한 기자로 활동했다. 자발적 폭력에 관한 급진적 생디칼리슴(Syndicalisme. 무정부주의) 이론의 영향을 받은 그는 전투부대를 조직해 파업노동자들에 대한 공장 소유주의 투쟁에 투입했다. 나라의 곳곳 파업투쟁을 벌이는 노동자와 농민들이 있는 곳에는 어디든지 무솔리니의 흑색 셔츠 전투부대가 모습을 드러냈고 이들의 보호자 역할을 했다. 이리하여 파시즘은 극렬 좌파 사회주의의 기생충으로 성장했다.

동시에 무솔리니는 파시스트들의 '일 두체(Il Duce. 영도자)'로서 민족주의의 수사학을 동원해 폭력의 과시를 숭고시했다. 파업, 가두투쟁, 그리고 테러로 얼룩진 나라에서 시민계급은 이 영도자가 공공 질서를 회복시킬 수 있는 유일한 인물이라고 여기게 되었다. 이런 분위기에서 무솔리니는 전국 각지의 전투부대들을 바퀴살 모양으로 로마로 집합하게 하는 행진대회를 기획했으며 이에 겁을 한 왕 에마누엘레는 1922년 10월 30일, 무솔리니를 총리로 임명했다.

그후 무솔리니는 파시스트와 시민계급의 연정을 구성했고, 왕이 아니라 자신에게 직속된 파시스트 민병대를 조직했다. 그는 언론 자유를 폐지했고 파시스트 위원회를 설치했으며 적에게 테러를 가했고 선거에서 최고 득표당이 총 의석수의 4분의 3을 차지하도록 선거법을 개정했으며 국가적 취업 프로그램과 공공 질서의 회복을 통해서 대중의 지지를 얻었다(심지어 열차들도 철저히 정시운행을 해야 했으며, 이것은 능률의 정점으로 여겨졌다). 그 다음에 그는 비파시스트주의자들을 정치에서 축출하고 자신의 라인을 모든 관료와 직장조직에 옮겨놓았다. 1929년의 선거에서는 영도자가 100퍼센트를 득표한 전무후무한 일이 벌어졌다. 그런 결과는 사회주의자들조차도 한 번도 이루어보지 못한 것이었다.

파시즘의 이데올로기 제단에 진열된 최고의 가치들은 국가, 생명력 그리고 투쟁이었다. 그것들은 영웅주의와 역동성의 찬란한 허상 속에서 남성적 존재형식을 요구했다. 의심할 여지없이 파시즘은 이데올로기로 격상한 남성숭배 사상이었으며 동시에 유치한 사상이었다.

무솔리니의 운동은 히틀러의 모델이 되었다. 이미 1923년에 히틀러는 무솔리니의 로마행 행진을 뮌헨에서 야전군 사령관 홀로 향한 행진으로 흉내냈다. 물론 그 행진자들은 바이에른 경찰의 총격으로 진압되었고 자신도 1년의 요새(要塞) 금고형을 선고받고 복역했지만, 그 사건을 자신의 야욕을 위해 활용했다. 즉 히틀러는 그 운동의 순교자들에 대한 추모식에서 그들을 세계대전의 전사자들과 연결함으로써 그는 독일인들의 잃어버린 아들들에 대한 애도 속으로 잠입할 수 있었다.

휴 식

히틀러의 실패한 쿠데타(1923)는 전후 폭동들 중에서 최후의 것이었다. 이후로는 상황이 약간 호전되었다. 전쟁의 피해배상이 느슨해졌고 화폐 개혁이 경제를 안정시켰기 때문이다(1923년 11월). 중도정당이 극좌파와 극우파로부터 유권자들을 점점 많이 인수했다. 그리고 1925년에 황제파 장군 힌덴부르크Hindenburg가 제국 대통령으로 선출되었다. 이로써 바이마르

공화국은 마침내 내부의 모순을 구체화시키는 데 적합한 대표자를 얻게 되었다. 국가의 정상에 앉아 있는 대표자가 헌법과 민주주의를 거부하는 자였으며, 그가 거기에 서게 된 원인은 민주주의 진영 유권자들의 표가 분산되었기 때문이다. 황제파 장군이 대통령 자리에 출마할 수 있다는 것 자체가 공화국이 공산주의자들에 반대하고 '구정권'과 동맹을 맺었다는 것을 의미했다. 새로운 동맹 파트너가 영도자의 모습을 하고 갈색 무리(나치들은 갈색 셔츠를 제복으로 입었다)를 이끌고 등장했을 때 황제파 보수주의자들은 공화국을 위기에 처하게 내버려두고 대신 그의 손을 들어주었다.

문 앞에 선 히틀러 : 1929년의 검은 금요일~1933년 1월 30일

1929년 10월에 전후(戰後) 시대와 새로운 전전(戰前) 시대 사이에 분수령이 그어졌다. 뉴욕의 주식시장이 와해되면서 경제 대공황이 시작되었다. 원인은 미국의 과잉생산과 독일에 대한 과도한 배상금 요구가 겹쳐진 데 있었다. 독일에서는 기업들이 도산했고 실직자 수가 6백만 명으로 증가했다. 이 파국은 종말론자, 히틀러의 말을 정당화하는 것처럼 보였다. 민주주의 정당들은 속수무책이었다. 재정상태의 불투명성은 세인의 관심을 이른바 돈의 전문가들, 즉 유대인들에게 집중시켰다.

그러는 동안 제국 의회는 시민정당과 대연정을 한 사민당의 제국 총리 뮐러Müller가 통치하고 있었다. 사민당은 450석 중에서 289석을 차지한 명실상부한 다수당이었다. 그들은 이 숫자로 경제 위기를 충분히 극복할 수 있었을 텐데도 이해되지 않는 경솔함으로 다수당의 이점을 놓치고 판도라의 상자를 열었다. 1930년 초에는 실직자 보험료에 대한 정부 지원비율 4분의 1퍼센트를 놓고 연정내각의 당파들 간에 논쟁이 벌어졌다. 모든 정당은 합의할 준비가 되어 있었지만 노조의 압력을 받은 노동부장관 비셀Wissell이 합의를 방해했다. 뒤이어 내각이 총사퇴했다. 이것은 독일 역사상 가장 엄청난 결과를 가져온 퇴진이었다.

이 내각은 의회의 다수자에 기반을 둔 최후의 내각이었기 때문이다. 이후로 힌덴부르크는 브뤼닝Brüning을 제국 총리로 임명해 소수내각 정치를 하게 했으며 국고지출 삭감으로 실업자 수는 계속 늘어났다. 제국 의회의 다수가 여기에 반대했다. 브뤼닝은 긴급법률에 의존해 통치하다가 의회를 해산하고 1930년 9월 예정의 새로운 총선을 공고했다.

그전에는 54명의 공산주의자와 12명의 나치주의자가 제국 의회에 앉아 있었다. 그러나 이 의회는 검은 금요일 이전에 구성된 것이었다. 그동안 거리에는 세계 경제공황의 악마들이 미쳐 날뛰었다. 1930년 9월의 새로운 총선 결과, 공산주의자는 77명, 나치주의자는 107명이 당선되었다. 이제 다수당의 단독집권은 불가능해졌다. 브뤼닝은 여전히 긴급법률로 통치를 해야 했다. 1931년 연합국은 오스트리아와 독일 사이의 관세동맹을 금지시켰다. 이것은 또다시 우익 민족주의자들의 정치선전에 불을 붙였다. 나치주의자들은 우파정당인 독일국민당 및 철모(鐵帽)당과 합당하여 하르츠부르크 전선을 결성했다.

그러나 운명은 독일인들에게 아직 기회를 주었다. 1932년 봄에 대통령을 새로 선출해야 했는데, 히틀러가 힌덴부르크와 맞붙게 되었다. 그 결과는 힌덴부르크 1,900만 표, 히틀러 1,300만 표(공산주의자 텔만은 370만 표)였다. 히틀러의 분명한 패배였으며 이에 따라 내무부장관 그뢰너Groener는 히틀러의 전투조직인 나치 친위대SS와 나치 돌격대SA를 불법화시켰다. 그리고 실직자 수는 줄어들었다. 그러나 다시 운명의 신이 찾아와 프로이센의 반동주의자들이 등장하는 징후를 알려주었다.

이들은 음모가들이면서 농업로비를 벌이는 엘베 강 동부의 대지주들이라는 이중의 형상을 띠고 로비를 했다. 제국 정부는 기사 봉토의 지주들이 보조금을 받으려면 그 토지를 농민의 주거지 개발을 위해 내놓아야 한다고 못박았다. 그러자 그들은 힌덴부르크에게 기사 영지를 선사해서 그를 자기편으로 끌어들였다. 브뤼닝이 과도한 채무를 진 기사 영지의 국유화 법안을 제출하자 그는 이 법안을 기각하고 브뤼닝을 해고했다. 그는 동시에 제국 국방부의 슐라이허Schleicher 장군을 몰래 끌어들여 대통령 비서실장 오토 마이스너Otto Meißner와 함께 우파정권을 만들었다. 이 두 사람은 점점 연로해가는 대통령의 측근이 되어 다른 사람들을 중상모략했다. 대통령은 기마부대 장교 파펜Papen을 새로운 제국 총리로 임명했고 나치 돌격대 금지령을 해지했으며 선거를 공고했다.

히틀러는 '선거투쟁' 동안 전국에 테러의 파도를 일으켰다. 그 결과 새로운 제국 의회에 230명의 나치 당원, 133명의 사회주의 당원 그리고 89명의 공산주의 당원이 앉게 되었다. 나치당이 가장 강한 당이 되었으며 그 어떤 절대 다수당도 형성하는 것이 불가능해졌다. 파펜은 히틀러에게 내각에 주니어 협력자로 참여하라며 연정을 제안했으나, 히틀러는 정색을 하며 거절했다. 그는 권력 전체를 원했다. 그러자 파펜은 2차 총선을 공고했다. 이 총선은 1932년 11월 6일 실시되었다. 그 결과 나치당은 37.4퍼센트에서 33.1퍼센트로 움츠러들었다. 운명은 다시 유리하게 반전되는 듯했다. 히틀러는 절망했다. 괴벨스는 일기장에 모두가 낙담하고 있다고 적었다. 그들은 기회를 놓쳤다고 생각했다. 그러나 운명은 다시 궤도를 심연 쪽으로 되돌려놓았다.

1932년 12월 1일, 파펜과 그동안 제국 국방부장관에 임명되어 있던 슐라이허 장군은 자신들의 정세 분석 결과를 힌덴부르크에게 보고했다. 파펜은 제국 의회 없이 군부의 지지를 받는 단독통치를 원했으며, 권위주의적 헌법을 도입하고자 했다. 이에 반해 슐라이허는 그것이 내전을 초래할 것이라 믿었다. 그래서 그는 나치당 내의 좌익이자 히틀러의 경쟁자인 슈트라서Strasser를 지원해서 그가 히틀러와 세력다툼을 하게 만듦으로써 나치당을 분할시켜 의회에 기초를 둔 정권을 세우자고 제안했다.

힌덴부르크는 내전이라면 경련을 일으킬 만큼 두려워했으므로 슐라이허를 제국 총리로 임명했다. 하지만 슐라이허는 그 분열작전에 실패했다. 파펜은 히틀러와 접촉했고 이제 운명의 신은 지난 선거에서의 나치 패배를 독일의 축복에서 저주로 뒤바꾸어 놓았다. 표의 부족이 히틀러로 하여금 타협을 할 자세를 취하게 했다. 그리고 히틀러는 파펜에게 거절했던 것,

즉 연정을 이제 받아들였다. 그가 총리가 된다는 것이 유일한 조건이었다. 1933년 1월 30일 힌덴부르크는 그를 수상으로 임명했다. 주사위는 던져졌다. 그렇게 많은 숙명적인 결과를 낳은 일을 한 사람은 거의 없다. 두 명의 딜레탕트 슐라이허와 파펜은 불장난을 하다가 세계를 불로 태웠다. 슐라이허 장군은 그 노력의 대가로 나중에 '장검의 밤Nacht der Langen Messer'에 나치에게 살해되었다. 엘베 강 동부의 기사 영지 소유지 연합회는 이해관계의 정치를 위해 독일 최후의 제국 총리를 실각시키고 나치 총리를 앉혔다. 그 결과 엘베 강 동부 사람들은 이 땅에서 사라졌다.

히틀러는 상당히 전(全)독일적인 인물이었다. 그의 성격은 '황국 및 왕국 오스트리아'라는 환상적 그림자나라에서 형성되었고, 그의 정치경력은 바이에른 맥주집 천막의 김 속에서 시작되었다. 선거에서 그가 가장 커다란 지지를 받은 곳은 북독일의 신교 지역이었다. 그러나 그를 권력의 안장에 앉혀놓은 것은 믿을 수 없을 정도로 완고하고 정치적으로 미숙한 프로이센의 읍키(지주)들이었다. 이들은 어리석게도 히틀러를 과소평가했으며 마치 하인 부리듯이 할 수 있으리라고 착각했다. 그래서 그를 따랐고 그와 하나가 됨으로써 세계 파괴의 도구가 되었다. 그들은 자신들의 명성과 특권을 앗아간 제1차 세계대전의 패배를 설욕하고자 했다. 그 둘은 제1차 세계대전이 낳은 기형아였다.

히틀러와 제국 의회의 자발적 자기 거세

히틀러는 독일국민당의 당수 후겐베르크Hugenberg와 연정해 총리로 활동하기 시작했다. 내각에 나치 당원은 세 명뿐이었지만, 이들이 다음번 선거의 요직을 모두 차지한다. 괴링Göring은 특별한 분야를 맡지 않은, 즉 모든 것에 대해 책임을 지는 정무장관이었으며, 프리크Frick는 내무부장관, 즉 경찰책임자가 되었고, 괴벨스Goebbels는 공보부장관이 되어 정치선전을 담당했다. 그 모두는 민족세력의 통일로 찬양되었으며 히틀러가 힌덴부르크에게 허리를 굽히는 형식의 포츠담 국가협정을 통해 인준되었다.

히틀러는 1933년 3월 5일로 정해진 제국 의회 총선을 공고했다(나치들의 의석 점유율이 단지 33퍼센트에 불과했으므로). 그는 이제 '선거투쟁'에 나치 돌격대 테러를 동원했고 난동에 가까운 요란한 정치공세를 퍼부었다. 2월 27일에 제국 의회 의사당이 불탔다(이 화재의 배후에 나치가 있었는지, 아니면 네덜란드 출신의 정신이상자 루베Lubbe가 혼자서 그 일을 저질렀는지는 지금까지도 밝혀지지 않았다). 나치들은 즉시 그 화재가 공산당의 반란신호라는 소문을 유포시켰고, 2월 28일에 히틀러는 바이마르 공화국 헌법 제48조에 의거해 국가와 민족 보호를 위한 긴급법률을 발동해 기본권을 무효화시켰다(이 법은 1945년까지 효력을 발휘했다). 그 다음에 공산당을 불법화했고 간부들을 체포했으며 당의 언론을 통제했다.

네로가 로마에 불을 지르고 기독교인들을 박해하기 위해 이들에게 방화 책임을 추궁한 이래로 이처럼 교활한 다목적 방화사건은 없었다. 총선 결과 288명의 나치 당원과 52명의 독일국민 당원이 의회로 진출했다. 총 647개의 의석 중 과반수가 넘는 340석이 연립정당에게 넘어갔고 나머지 307석을 중앙당, 사민당 그리고 독일공산당 및 서너 개의 군소 시민정당들이 나누어 가졌다. 이제 의회의 최종적인 자살행동만이 남아 있었다.

히틀러는 과반수 확보에도 불구하고 4년 동안 의회 없이 혼자서 통치할 수 있는 전권위임 법안을 의회에 제출했다. 바꾸어 말하면, 그는 독재를 하기 위해 의회의 퇴각을 요구한 것이다. 이 법안의 통과를 위해서는 3분의 2의 찬성이 필요했다. 그런데 믿을 수 없는 일이 일어났다. 시민 야당들, 즉 중앙당(기민련의 전신)과 군소 시민정당들이 그에 동의했다. 거기에 반대한 유일한 정당은 사민당(94개의 반대표)뿐이었다(이들의 사려 깊음에 경의를 표한다!). 공산주의자들은 이미 제국 의회에서 배척되었다.

이로써 히틀러는 합법적으로 독재자가 되었다. 송아지들이 도살자를 스스로 선택했으며 권력의 통제기구인 의회에서 그에게 도살용 칼을 건네주었다. 이제 그가 도살을 할 것이며, 이에 대해 그는 그들에게 미리 머리카락 세듯 자세히 이야기해주었다. 독일 정치가들이 미련하게도 자살을 했던 것이다.

그것을 목격하지 못한 신세대들은 질문할 것이다. 이런 믿을 수 없는 어리석은 행동이 벌어진 원인은 어디에 있는가? 원인은 독일인들의 낭만적 자아의식이 관료국가에서의 자기 금치산(禁治産)과 결합한 데 있었다. 이런 혼합물은 비올림피아적인 두 가지 교육내용이(고대 올림피아에는 토론에 바탕을 두는 민주주의와 현실감각이 발달해 있었다) 오랫동안 독일 국민의 몸에 밴 결과였다. 그 하나는 순종이었고, 다른 하나는 현실을 환상적인 소원세계로 대체하는 것이었다. 히틀러는 그 두 가지를, 즉 군대와 민족의 환상을 제공했다. 독자적으로 사유할 수 있는 여자와 남자들을 가슴에 품을 수 있고, 절대로 금치산 선고를 받지 않으며, 불투명한 것은 아무것도 자신을 규정하지 못하게 할 능력이 있는 민족은 복되도다.

나치 정권

수권법은 바이마르 공화국의 종말과 (신성 로마 제국, 그리고 빌헬름 제국의 뒤를 잇는) 제3제국의 시작을 알리는 이정표가 되었다. 이때부터 단계적으로 독재자의 폭정에 대한 굴복이 이어졌다. 우선 나치 돌격대가 보조경찰로서 인수되었다. 따라서 테러가 공권력이 되었다. 그 다음에 지방 의회들이 해산되었고 사민당은 불법화되었다. 그리고 노동조합들과 직업단체, 청소년단체와 이익단체들이 나치당의 하부조직으로 바뀌었다. 동시에 히틀러는 국가를 인수하면서 나치 조직 내부의 권력 재편에 착수하지 않을 수 없었다. 그 이유는 무엇보다도 나치 돌격대가 그를 딜레마에 처하게 했기 때문이다. 다시 말해서 그는 나치 돌격대와 더불어 국가를 흉내내고 동시에 점령했다. 그러나 그는 이제 국가를 소유하게 되었으므로 나치 돌격대가 불필요하게 되었다.

나치 돌격대는 국가의 점령 후에도 계속 일하고 싶어했지만, 세계를 점령하는 데 투입되었던 불량배 패거리들이 어떻게 국가를 키울 수 있겠는가? 그게 불가능하다면 나치 돌격대는 오페레타에서 군대의 패러디로 등장하는 단순한 무대배경처럼 우두커니 서 있어야 했다. 그러면 히틀러는 자신의 모든 행위가 연극이었다는 공공연한 비밀을 세상에 선전하는 꼴이 되고 만다. 나치 돌격대 대장은 룀Röhm이라는 옛 전우였다. 그리고 그는 호모였다. 그는 자신의 돌격대 30만 명과 제국 군대 10만 명을 합쳐서 고유의 나치 혁명군대를 창설하려고 했다(소련의 트로츠키처럼). 그러나 이는 히틀러의 파트너, 즉 제국 군대의 프로이센 지주들과의 갈등을 의미했다.

그래서 히틀러는 양 진영간에 이간질을 해서 어부지리를 얻고자 했으며, 룀에게 쿠데타를 일으키려 했다는 혐의를 뒤집어씌워 1934년 6월 30일 '장검의 밤'에 그를 위시해서 바트 비스제에 모인 나치 돌격대 지휘관들을 모조리 살해했다. 이 사건은 그후 며칠 동안 계속될 바르톨로메오Bartholomew의 밤의 전주곡이었다. 이 며칠 동안 히틀러는 밀린 청구서를 모두 청산했는데 특히 그를 권력에 이르기까지 도와주어 모든 비밀을 알고 있는 유일한 사람, 슐라이허 장군을 살해했다. 결국 그도 자신을 죽일 형리에게 손수 밧줄을 건네준 셈이 되었다. 그러나 제국 군대는 자기들의 장군이 두 명이나 살해된 이 살인사건에 대해 아주 만족스러워했다. 함께 공모한 범죄였기 때문이다. 즉 그들은 융합되었다. 히틀러는 나치 돌격대 동지들의 피를 이용해서 제국 군대를 나치 대원들에 접합시켰다. 그는 왕을 시해하는 대신에 형제살인을 했다. 이로써 나치 돌격대의 테러로 고통받던 국민들도 동시에 안심시켰다. 히틀러는 자신이 저지른 문제를 해결함으로써 사람들의 환심을 사려했다. 그의 권력 인수와 더불어 가두투쟁이 중단되고 질서가 회복되는 듯이 보였다. 깡패들은 턱시도 예복을 입고 국가를 짊어지고 나가는 것처럼 보였다. 국법교수 슈미트Schmidt는 「영도자가 법을 보호한다」는 글을 씀으로써 히틀러에게 세련된 찬사를 보냈다.

살인은 특수 전문집단에 의해 능숙하게 저질러졌는데, 이 집단은 히틀러의 경호부대로 출발했으며 그 구성원들은 영도자에게 개인적인 충성을 맹세했다. 그들은 (나치 돌격대의 갈색 군복과 구분되는) 검은색 군복을 입고 다녔고, 엠블럼은 해골이었으며, 스스로 에스에스(SS. Schutzstaffel의 약자. 검은 셔츠단 또는 친위대)라고 불렀는데, 1929년 이후에는 히믈러Himmler의 지휘 아래 있었다. 그들은 나치 국가의 신진 엘리트라고 자부하면서 미래의 더러운 과제를 위해 몸을 단련했고 집권 후에는 경찰의 일부를 이양받았으며 전쟁 중에는 무장친위대로서 군의 엘리트 부대가 되었다. SS 살인자들은 무엇보다도 제국 안보본부(게쉬타포, 국가안전부 경찰, 보안업무), 그리고 사령부서와 강제수용소의 보초부대에 모여 있었다.

히믈러는 자신의 부대를 위해서 생활공간 이론(독일은 독일 민족이 살 공간을 확보해야 한다며 침략을 정당화함-옮긴이)을 동구권에서 실현하려고 계획했다. 그 내용은 독일인들의 이주, 게르만화, 피정복 민족의 노예화 및 지배자 종족의 양성과 유대인의 멸종 등이었다. 히믈러는 나치 국가에서 히틀러 다음의 제2인자였으며, 의심할 여지없이 모든 살인자 패거리들 중에서 가장 많이 미친 나치주의자였다.

결 과

문명화된 민족의 엘리트들이 이 연쇄 살인범들을 위해 봉사했다는 놀라운 사실을 설명하려 한다면 우리는 네 가지 원인을 찾을 수 있다.

1. 그들은 처음에는 일련의 킬러처럼 행동한 것이 아니라 자신의 목숨을 민족에게 봉사하기 위해 바치고 이 과정에서 약간의 잡음을 일으킨 이타주의적 이상주의자처럼 행동했다.
2. 문화적인 세련됨이 정치계에서는 거의 자리를 잡지 못해 정치인들이 초보적인 수준에 머물러 있었으며 그들의 정치역량이 실제보다 훨씬 과대평가되었다.
3. 나치들은 자기들이 시민계급을 '붉은 혁명'으로부터 보호하는 마지막 보루라고 분식했다.
4. 나머지는 나치 자신들의 자기 과제의 사후 정당화처럼 작용하는 아래의 결과들에 의해 설명된다.
   -실업률이 나치 정권의 공공정책에 의해 떨어졌다. 그들이 그 대가를 미래의 전쟁 노획물을 통해 갚으려 했다는 사실을 사람들은 아직

몰랐다.

—정치선전과 요란법석은 새 출발의 분위기를 유포시켰다.

—연합국들은 마지막까지 백치처럼 처신했으며 바이마르 공화국에는 금지시켰던 것, 즉 외교적 성공을 히틀러에게는 허용했다. 히틀러는 연달아 베르사유 조약의 규정을 수정했다. 그는 국민의무병 제도를 다시 도입했고 군비를 증강했으며 자를란트를 프랑스에서 되찾아왔고 라인란트를 점령했으며(여기는 비무장지대였으며, 그 점령이 베르사유 조약 위반이었으므로 프랑스는 당연히 군을 주둔시켜야 했을 것이다), 오스트리아를 접수했고(1848년부터 논의된 대독일을 향한 꿈의 실현), 독일의 주데텐란트를 인수하기 위해 체코슬로바키아를 산산조각냈다. 영국, 프랑스 그리고 이탈리아의 대표들이 그에게 피보호국 체코슬로바키아를 접시에 받쳐 대접한 1938년 뮌헨의 정상회담은 영국 총리 체임벌린Chamberlain의 유화정책의 최고 정점이자 전환점이었다. 체임벌린은 히틀러를 고기반찬 처방으로 만족시킬 수 있으리라고 오판했다. 그가 히틀러에게 등을 돌리고 귀국한 순간 히틀러는 그의 코를 비틀고 체코의 나머지 지역을 삼켜버렸다. 이것은 영국의 여론을 반전시켰고 전쟁이 발발하자 히틀러 반대자인 처칠Churchill을 권좌에 올려놓았다.

인종정책

유대인을 박해하고 차별하고 사회에서 배척하기 시작한 일은 나중에 유대인 말살정책으로 이어졌고, 오늘날 독일인에게 괴기스런 치욕으로 남아있다. 당시 유대인들은 다른 모든 사람들과 마찬가지로 독일인이었다. 그러나 나치는 그들을 적처럼 취급해서 시민권을 빼앗았으며, 중세 때처럼 가슴에 노란 별을 붙이게 했고, 괴롭혔으며, 욕했고, 굴복시켰고, 들볶았고, 테러를 가했으며, 먹고 교육받고 왕래하고 소식을 들을 수 있는 기회를 박탈했으며, 재산을 훔쳤고, 고통스럽게 했고, 살해했다.

그러나 아무도 그들을 돕지 않았다. 그들 곁에는 이웃, 상관, 부하, 세입자, 집주인, 단체 동료, 교사, 학생, 유치원 보모, 직장 동료, 단골손님, 고객, 환자, 의사, 검사, 친구, 대학생 그리고 하인이 있었지만 아무도 그들을 옹호하지 않았으며, 아무도 저항하지 않았고, 아무도 화내지 않았으며, 아무도 그것이 독일의 명예에 어긋나는 일이라고 말하지 않았다. 그렇다. 당시에 많은 사람들이 주눅들었고, 힘이 없었다.

하지만 사회 지도층 인사들, 장군들은 그 차별화가 제국 군대의 명예법전에 위배되는 것이라고 말했던가? 자기들의 유대인 장교들 편에 섰던가? 그리고 대학은? 수많은 유대인 교수들이 거기에 있었다. 그리고 사업가는? 고위직 관료는? 기사 영지 소유주와 대농장주, 재벌과 은행가는? 주교와 독일 신부, 총신부보(總神父補), 종교회의 위원은 어땠는가? 단골빵집을 마구 부수는 나치 돌격대 남자에게 욕을 하는 이웃 아주머니처럼 모두가 힘이 없었는가?

독일 엘리트들의 윤리가 붕괴되었다는 것은 의심할 여지가 없다. 또한 전쟁 말기의 학살행위가 없었다 하더라도 유대인들에 대한 그들의 냉담함은(그 유대인이 지나가는 행인이었다 할지라도 마찬가지다) 황폐화된 영혼과 야만적 정치의 기념비적인 사건이었다. 자업자득으로 얻은 고통 속에서 추후에 감수해야 하는 온갖 시련이 무엇이었든 간에 그들은 일체의 도덕적 신뢰를 상실한 자들이었다. 1968년의 독일학생운동이 그것을 고발하고 있다.

독일의 많은 유대인들은 그래도 운이 좋았다. 초기의 집적거림이 그들에게 경고로 작용했다. 많은 유대인들이 국외로 이주했고, 동구권에서의 대량학살을 모면했다.

스탈린

독일인들의 부모와 조부모들이 악마의 꼭두각시 무리들에게 몸을 내맡긴 인형극놀이를 보면 몸서리가 쳐지지만, 다른 한편 노예와 같은 임금노동으로부터 노동자들을 해방시키겠다는 이상주의적 마르크스주의 학설에서 또 다른 폭압정치가 생겨날 수 있었다는 것도 마찬가지로 전율스런 수수께끼처럼 느껴진다. 그 일은 러시아에서 일어났다. 그 독재자는 스탈린이었다. 그는 히틀러처럼 미개한 인물이며 의심 많고 노회했다. 그는 복잡한 경제적 파급효과를 전혀 생각하지 않은 채 공업화를 강력히 밀어붙였고 농업을 갑자기 집단화했다. 농부들이 혁명 때 얻은 토지는 다시 빼앗겨 대규모 소프호스(sovkhoz. 국영농장) 또는 콜호스(kolkhoz. 집단농장)에 합쳐졌다. 이 과정에서 부농은 해체되었으며 수용소로 이송되어 강제노동을 했다. 그 결과, 수백만 명이 굶어죽었다.

스탈린은 제대로 되지 않는 일은 자신의 잘못이 아니라 모두 태업자들에서 비롯한 것으로 책임을 돌렸기 때문에 도처에서 희생양 몰이사냥, 그리고 민중의 적과 해충의 수색작업이 시작되었다. 그 테러로 다시 수백만 명이 희생되었다. 이 광기의 정치로 인해 그는 당 내부에도 적을 만들었다. 그가 이들을 무해하게 만드는 방법에 대해 고심하고 있는 동안, 히틀러가 '장검의 밤'으로 단호함이 무엇인지 그에게 본보기를 보여주었다.

그러자 스탈린의 지원이 있었는지는 불확실하지만 레닌그라드(구舊상트페테르부르크)의 당서기장 키로프Kirov가 피살되었다. 이것은 이른바 '대숙청'의 첫박자였다. 인민 내무부NKWD는 수천 명의 당원을 체포해, 스탈린의 과거 3두 정치 동료인 지노비예프와 카메네프의 주도하에 반역을 꾀했다는 죄목으로 고소했다. 초기의 혁명 지도자들이 법정에 선 가운데 현란한 재판 쇼들이 벌어졌고 고문에 못 이겨 말도 안 되는 죄들을 자백했다. 그들의 자백은 세계를 놀라게 했다.

오늘날 밝혀진 바에 따르면, 자백을 하지 않으려는 자는 법정에 설 수조차 없었으며 무대 뒤에서 바로 사살되었다. 이후에 붉은 군대의 수백 명의 장성과 수천 명의 장교들이 숙청되었다. 희생자와 친구였던 자, 그리고 이 친구의 친구였던 자까지도 함께 지옥으로 보내졌다. 제17차 당대회의 과반수 이상, 그리고 중앙위원회의 70퍼센트가 숙청되었다. 도처에 깔린 의심의 구름 아래에서 누구든지 자신의 충성심을 증명하려고 노력했으며 다른 사람들을 먼저 고발함으로써 자신이 고발당하지 않으려 했다. 프랑스 혁명의 공포정치가 대규모로 재현되었다. 그 혁명이 자신의 자식들을 잡아먹었듯이, 이번에도 혁명이 크로노스가 되어 다시금 제 자식들을 잡아먹었다. 그의 이름은 스탈린이었다.

그렇다면 이 '숙청'의 의미는 무엇이었을까? 이 숙청의 어머니도 제1차 세계대전이었다. 스탈린은 히틀러의 속마음을 누구보다도 잘 꿰뚫어보고 있었다. 숙청은 나치가 권력을 인수한 다음에 비로소 시작되었다. 스탈린은 장차 독일과 전쟁을 하게 될지도 모른다고 예상했으며, 그러면 1917년 러시아 혁명 때 발생했던 일들이 그대로 반복될 가능성이 있다고 믿었다. 즉 자신은 차르의 배역을 맡게 되고 그의 상대방들이 당시의 혁명 적군파의 역할을 할 것이었다. 따라서 그는 이들을 미리 제거한 것이며 이들의 자리에 자신의 심복들을 대신 심어놓았다.

이와 동시에 법정에 서서 자신들의 극악한 범죄를 탄핵한 피고들은 스탈린이 저지른 커다란 정치적 과오들을 덮어주고 정당화해주는 기능을 했다. 마르크시즘 이론에서 초래된 예측 불가능한 결과가 이로써 확인되었다. 다시 말해서 흔히 자유의 나라로 여기는 사회주의 제국에서 제대로 진척되지 않는 일이 발생한다면, 그 모든 것은 구성원들의 악의에서 기인하는 것이라고 책임을 전가할 수 있게 되었다. 그래서 신(神) 스탈린은 자신이 탄로나지 않기 위해 죄인들을 사냥했다.

이와 동시에 스탈린은 악마 같은 표트르 대제였다. 그의 독재 아래 러시아는 공업노예들의 나라로 변모했고, 거대한 제국은 노동수용소의 그물망으로 뒤덮였다.

히틀러와 스탈린은 각자 독립적으로 세계 사상 초유의 가장 악랄한 독재정치를 했다. 좌파 독재가 우파 독재의 적이며 반파쇼주의자들의 희망이었기 때문에, 유럽의 좌파 지식인들은 오랫동안 스탈린이 히틀러보다 더 많은 사람들을 죽였다는 사실을 미처 깨닫지 못했다.

스페인 내전

스페인 공화국은 바이마르 공화국처럼 왕정의 해체를 통해 탄생했다. 바이마르 공화국에서처럼 그 공화국은 시민정당과 노동자정당 사이의 갈등으로 위기에 처했으며, 사회적 위기 역시 세계경제의 위기를 통해 첨예화되었다. 파업, 가두투쟁, 그리고 좌파 인민전선의 반(反)가톨릭적 폭력이 극성을 부리던 1936년에, 모로코의 파시스트 장군 프랑코Franco가 부대를 이끌고 쿠데타를 일으켰다. 독일과 이탈리아의 지원을 받은 그는 스페인으로 건너가 국토의 절반을 점령했고 마드리드로 진군했다. 이때 소련이 공화국을 위해 개입했고, 프랑코는 교착상태에 빠졌다.

공화국 편에서의 방어는 속수무책인 정부에 의해 조직된 것이 아니라 노동자와 농민들의 지방 방어위원회들에 의해 이루어졌는데 그 주축은 지방마다 달랐지만 무정부주의자, 사회주의자 또는 공산주의자들이었다. 이 위원회들은 처음으로 각자의 반대파들을 척결했으며 교회에 테러를 가했다. 마침내 자유주의 정부가 사회주의자와 공산주의자들의 연립내각으로 대체되었다. 그동안에 민족주의자들의 테러는 더욱더 악화되었다. 시인 가르시아 로르카García Lorca도 이때 희생되었다.

히틀러와 무솔리니에 대한 민주주의의 무기력함 때문에 좌절했던 서방 망명지식인, 민주주의자와 문학가들은 드디어 참여활동을 통해 파시스트에 저항할 수 있는 기회를 얻게 되었다. 그래서 많은 사람들이 공화국 편의 국제연맹군에 지원했으며 이들이 전쟁, 죽음과 희생에 대해 남긴 보고 내용은 우리에게 잔인, 다채로움, 이상주 그리고 스페인 사랑으로 가득 찬 반파시즘 서사시를 기억나게 한다. 그 중에서 가장 유명한 것은 헤밍웨이Hemingway의 소설 『누구를 위하여 종은 울리나For Whom the Bell Tolls』이다.

전쟁은 독일 및 이탈리아의 무기 지원을 받은 프랑코의 승리로 끝났다. 이때 독일인들은 나중에 자신들이 수백만 배로 당하게 될 공포의 서곡을 공급했다. 즉 콘도르 외인부대는 공군 조종사들에게 약간의 실습경험을 시키기 위해 바스크의 도시 게르니카를 폭격했다. 이 끔찍스러운 일은 피카소Picasso의 그림 「게르니카Guernica」에 기록되었다.

제2차 세계대전

1939년 9월 1일, 독일 군대는 선전포고 없이 폴란드를 침공함으로써 제2차 세계대전을 시작했다. 그 일이 가능했던 것은 스탈린이 히틀러와 상호 불가침조약을 맺었고 폴란드를 히틀러에게 나눠주었기 때문이다. 공산주의자들과 사회주의자들은 그후에 스탈린의 동기(動機)를 정당화하기 위해 그 어떤 진기한 춤도 마다 않고 추었다. 사실 스탈린은 자본주의 세력들끼리 싸움을 붙이려고 했다. 왜냐하면 영국이 이미 유화정책을 종결하고 프랑스와 함께 폴란드에게 독립을 보장해주었기 때문이다. 히틀러를 정지시키기에는 때가 너무 늦었다. 그래서 영국과 프랑스는 히틀러의 침공이 있고 나서 독일에 선전포고를 했다.

히틀러는 깡패처럼 전쟁을 시작했다. 즉 갑작스럽게 침공했다. 이 침공은 공습 및 기계화부대의 신속한 기동력이 결합함으로써 가능했다. 프랑스는 아직 제1차 세계대전에 머물러 있었으며 마지노 라인에 따라 참호를 파놓고 있었다. 드골 장군은 탱크부대의 필요성을 역설했으나 받아들여지지 않았다. 그래서 독일이 벨기에와 네덜란드로 우회해서 돌진해왔을 때 프랑스군은 속수무책이었다. 1941년 6월 22일까지 히틀러는 서부 유럽과 북부 유럽 전체(스페인, 스위스와 스웨덴은 제외), 그리고 유고슬라비아와 그리스를 공격했다.

예상밖으로 영국의 새 총리 처칠은 프랑스가 패배한 후에도 평화조약을 맺기를 거부했다. 영국에 공습을 퍼부어 협상 테이블로 이끌어내려는 시도는 '브리튼 전쟁'에서 실패했다. 그러자 히틀러는 1941년 6월 22일, '바르바로사Barbarossa' 작전, 즉 러시아 침공을 시작했다. 1941년 10월에 겨울 추위가 닥치면서 독일의 공격은 모스크바 앞 20마일 지점에서 멈칫했다. 히

유럽의 역사 279

틀러는 군대에 방한복을 지급하지 않았는데, 그것은 병사들이 가을에는 다시 고향에 돌아올 수 있다고 믿게 하기 위해서였다. 그후 전쟁은 전기를 맞았다. 왜냐하면 같은 해 12월 7일에 일본이 태평양 진주만의 미국 함대를 기습공격했기 때문이다. 그리고 나흘 후에 히틀러는 미국에 선전포고를 했다. 이로써 전쟁은 세계대전이 되었다.

1942년에 독일은 러시아 공격을 재개했으나, 히틀러의 사수명령에 따라서 제6군단이 1942년 12월 스탈린그라드에서 완전히 독 안에 든 쥐가 되어 갇혔고 짐승같이 사투를 벌이다가 전멸했다. 이때부터 독일의 전세는 날로 기울어갔다. 독일군은 퇴각하면서 적의 군수품 조달을 막기 위해 국토를 황폐화시켰다.

1943년 7월 10일에 영국군과 미국군이 이탈리아에 상륙했으며 1944년 6월 6일은 노르망디 상륙작전의 D데이였다. 미국군과 영국군은 프랑스에 상륙해서 서부에 제2전선을 열어놓았다.

독일의 패망은 이미 오래 전에 드러났다. 하지만 고급장성들 중에 히틀러를 체포하고 전쟁을 종식시켜야 한다고 생각한 사람은 아무도 없었다. 그들은 병사들을 계속 희생시켰다. 그들은 병사들의 목숨보다 히틀러에 대한 자신의 충성맹세가 더 중요하다고 믿었다. 이는 군사국가 전사계급의 도착적(倒錯的) 모럴이었다. 마침내 그들은 독재자를 암살하는 일을 외눈박이자 외팔이 하급장교인 슈타우펜베르크Stauffenberg 대령에게 넘겼다. 1944년 7월 20일에 저격이 실패하자 공모자들과 정부 내의 반대파들의 처형이 뒤따랐다.

덧붙여 말하면 독일은 러시아가 베를린을 점령할 때까지 계속 싸웠다. 4월 30일에 히틀러는 자신의 벙커에서 총으로 자살했다. 그리고 5월 8일에 되니츠Dönitz 제독이 무조건 항복에 사인했다. 독일인들은 마지막까지 히틀러와 한마음이었으며 그의 몰락 때까지 뒤따라갔다. 독일의 통치자 중 히틀러만큼 인기 있던 사람은 없었다. 우선 히틀러는 그들의 병리학의 체현자였으며 전례없던 마녀 사냥 축제로 그들을 유혹했다. 그런 것은 사람들을 하나로 응집시킨다. 오늘날도 그들은 히틀러를 극복했다고 2분마다 한 번씩 외침으로써 그에게 사로잡혀 있는 모습을 보인다.

이런 결속력이 생겨난 것은, 세계가 여태까지 본 적이 없던 대규모의 범죄를 그들이 함께 저질렀기 때문이다.

범 죄

이 범죄의 근원은 제1차 세계대전의 4년 동안 저질러진 대량학살에 있다. 이 범죄가 인간의 이성을 망가뜨렸고 과도한 심리적 부담을 주었으며 많은 사람들에게서 문명인으로서의 불인지심(不忍之心)을 빼앗아갔다. 제1차 세계대전의 패배를 없었던 일로 되돌리려는 나치와 장성들은 자기들이 세계전쟁을 좀더 인정사정없이 치르지 못했기 때문에 패배했다고 생각할 정도다.

그때 그들은 그 패배를 만회하려 했다. 생존을 위한 투쟁 속에서 강자가 살아남는다고 가르치는 다윈주의적 인종론은 단순한 그들의 눈으로 보기에는 만행을 정당화하는 이론으로 비쳐졌으며 그들의 양심을 잠재웠다. 문명화된 인간의 역사에서 독일인처럼 야만적으로 전쟁을 치른 민족은 결코 없었다.

- 동부전선의 바로 후방에 투입된 기계화 부대들이 인간사냥에 나서서 정복한 지역의 모든 유대인들을 끌어내 금방 파낸 대형 구덩이 앞에 세우고 남녀노소 할 것 없이 모조리 사살했다. 이런 식으로 약 2백만 명이 사살되었다.
- 사로잡힌 모든 공산당원들이 사살되었다.
- 게릴라 토벌작전에서는 무고한 양민들을 인질로 사로잡아 죽였다.
- 러시아 야전군의 포로들은 충분히 음식을 공급받지 못한 채 노동노예로 소모되었다. 이런 식으로 수백만 명이 굶어죽었다.
- 폴란드에서는 나치가 폴란드 민족을 노예화하기 위해 엘리트들을 뿌리뽑는 정책을 썼다. 이리하여 나치는 수백만 명을 죽였다. 이에 대한

유럽의 역사 281

반발로 독일인들이 집단처형의 희생물이 되었다.
- 앵글로 계열의 미국인들은 폭격기들을 동원해 독일 도시들을 폐허화하는 일에 몰두했다. 이때 시민들이 무차별적으로 목숨을 잃었다.
- 연합군은 독일을 침공할 때 대량겁탈한 후 모든 독일인들을 동프로이센, 보페른, 그리고 슐레지엔 및 주데텐란트에서 축출했다. 이때 수백만 명의 피난민들이 죽었다.

유대인 말살

오늘날 쇼아(Shoah, '파괴'를 뜻하는 히브리어-옮긴이) 또는 홀로코스트 Holocaust 개념이 지칭하는 것, 즉 아우슈비츠(폴란드), 트레블링카(독일), 마이다네크(폴란드) 그리고 소비부르(독일)의 사형수용소들에서 유대인을 공장에서처럼 체계적으로 살해하는 것을 눈앞에 그려보는 일은 인간의 상상력을 초월한다. 투입부대가 죽인 사람들까지 합치면 여기에서 죽은 사람들은 약 6백만 명이었다. 목표는 이스라엘 민족의 말살이었다.

그 범죄의 규모는 사람을 가위눌리게 하는 차원이어서 그것을 파악하는 것은 불가능하다. 모든 이성의 피안(彼岸)에 있기 때문에 그에 대한 숙고는 종교적인 성격을 지닌다. 그러나 역사학자들이 그 문제를 다룰 때, 두 가지 학설이 대립하고 있다.
- 의도설에 따르면, 히틀러는 이 민족말살을 항상 원했고 처음부터 계획했다.
- 기능설에 따르면, 민족말살은 자신의 조치들이 단계적으로 첨예화된 결과로 발생했다. 그것은 독일인들이 거주공간을 확보하기 위해 유대인들을 게토로 끌고 갔지만 먹여살릴 수 없게 되자 그들을 살해하게 되었다.

유대 민족을 말살시키라는 히틀러의 명백한 명령은 결코 발견되지 않았다. 기록으로 남아 있는 것은 단지 내무부, 법무부, 지방자치부, 외무부, 제국 비서실의 대표들, 그리고 4개년 계획의 위임자들이 그 말살을 실제로 수행하기 위해 실무회의를 열었고 그 안에서 서로의 의견을 조율한 것뿐이다. 이 회의는 1942년 1월 20일에 나치 친위대 지도자 하이드리히Heydrich의 사회로 베를린 반제Wannsse 호수 근처의 빌라에서 개최되었다. 그 뒤를 이어 화기애애한 분위기의 샴페인 파티가 있었다.

특이한 것은 이 회의의 개최시점이다. 이때는 이미 히틀러가 러시아 공격에 실패했고, 미국이 전쟁에 개입했으므로 히틀러 자신도 전쟁에 패할 것이라는 것을 분명히 알고 있을 때였다. 그는 최소한 유대인만이라도 함께 지옥으로 끌고 가려 한 것이었을까? 그는 많은 독일인도 끌고 갔다. 이들은 이때 그를 도왔다. 이보다 더 어리석은 짓을 저지른 민족은 어디에도 없었다. 이로써 독일인들은 유대인들에게 저지른 짓을 자신들에게도 저질렀다. 당시의 독일인들은 인간의 문명세계로부터 이탈했다. 그들은 이제 낙인이 찍혔는데, 이 낙인이 찍힌 이유는 기독교인들이 유대인을 우리 시대까지 사냥하게 만든 것과 같았다. 즉 그들은 신을 죽였다. 우리가 그것을 잊고 살 수 있는 세계가 도래할지에 대해서는 상상이 되지 않는다.

세계의 종말

독일은 연기가 피어오르는 폐허로 변했고 일본인들은 그때까지 계속해서 싸우고 있었다. 미국인들은 그들에게서 하나씩 점령지를 빼앗고 있었다. 그러나 일본 본토에의 상륙은 아직도 수많은 미국 청년들의 목숨을 대가로 지불해야 할 형편이었다.

하지만 전쟁이 발발하기 직전에 오토 한Otto Hahn과 프리츠 슈트라스만Fritz Strassmann은 핵을 분열시켜 엄청난 에너지를 얻어내는 방법을 발견했다. 그것이 무엇인지 아는 물리학자는 몇 명 없었다. 이들은 거의 모두가 전쟁 전에 괴팅겐에서 연구를 하던 동료들로 친했다. 그들은 오토 한, 바이츠제커Weizsäcker, 페르미Fermi, 보어Bohr, 오펜하이머Oppenheimer, 텔러Teller, 아인슈타인Einstein 등이다. 이들 중의 다수가 아인슈타인처럼 나치를 피해 미국으로 망명했다. 이때 보어는 코펜하겐에서 바이츠제커와 환담

하던 중에 독일 물리학자들이 히틀러에게 폭탄을 만들어주고 있다는 인상을 받았다. 이 이야기를 텔러가 전해듣고 아인슈타인을 만나서 루스벨트 대통령에게 미국이 독일보다 선수를 쳐야 한다는 말을 전하도록 했다. 아인슈타인은 대통령에게 편지를 썼고, 대통령은 폭탄을 제조하라는 지시를 내렸다.

로스 알라모스의 황야에 물리학자들의 실험구역이 설치되었고 오펜하이머의 지휘하에 물리학자들이 히틀러 공격용 원자폭탄을 제조했다. 거의 모두가 파시즘 국가에서 망명 온 사람들이었다. 독일 출신은 프랑크Franck, 보른Born, 펄스Peierls, 베테Bethe, 위그너Wigner, 이탈리아 출신은 페르미, 폰테코르보Pontecorvo, 그리고 헝가리 출신은 실라르드Szilard, 텔러, 폰 노이만von Neumann이었다. 폭탄은 독일이 항복한 직후에 완성되었다.

전쟁이 조금만 더 진행되었더라면, 그 누가 알랴? 그러나 그후 물리학자들은 다시금 깜짝 놀라지 않을 수 없었다. 루스벨트의 후계자인 트루먼Truman 대통령이 일본의 즉각적인 항복을 받아내기 위해 일본에 원자폭탄을 투하하기로 결정한 것이다. 1945년 8월 6일, 히로시마와 나가사키의 하늘에서 거대한 섬광이 번쩍였고, 두 도시가 녹아내렸다. 새로운 시대가 시작되었다. 며칠 후에 일본은 항복했다. 제2차 세계대전이 끝난 것이다.

나누어진 세계 : 1945~1989

제2차 세계대전의 종결과 더불어 지구 전체에 대한 유럽의 지배도 지나갔다. 두 강대국, 즉 미국과 소련이 그 유산을 나누어 가졌다. 이때 스탈린이 선두주자로 팽창코스를 달렸다. 민족적 공산당들의 도움으로 그는 적군이 점령한 동구권 국가들과 동독을 위성국가로 변화시켰다. 1949년에는 중국도 마오쩌둥毛澤東의 혁명으로 공산화되었다.

소련의 팽창을 막기 위해 미국은 파괴된 서유럽과 서독을 마샬 플랜을 통해 다시 일으켜 세웠으며, 서독에서 화폐 개혁을 단행하고(1948), 동독 정부의 서베를린 봉쇄를 공중다리로 극복했으며(1948년 미국은 수송기를 동원해 서베를린 시민에게 물자를 공급했다-옮긴이), 북대서양조약기구NATO를 창설했다. 마침내 베를린, 유럽, 그리고 세계는 철의 장막으로 나누어졌다. 소련은 이제 원자폭탄을 보유했으며, 세계는 공포의 균형 속에서 경직되었다. '냉전'시대가 시작되었다. 단지 분단 한국에서만 미국은 북의 공산정권이 남한을 침공했을 때 '열전'을 치렀다(1950).

• 1945년 이후의 유럽

전쟁의 승자로서 미국이 (이 새로운 전선 형성을 통해 날개를 달고 나서도) 어제의 적들인 독일과 일본에게 보여준 것처럼 대범하게 행동한 예는 역사상 드물다. 이로써 미국은 독일과 일본을 동맹국으로 만들었고 이 나라들에 안정적인 민주주의를 성공적으로 건설했다. 1949년에는 독일연방공화국이 유아세례를 받고 이름이 생겼다. 새 헌법은 바이마르 공화국의 체

유럽의 역사 285

험을 반영했다. 군소정당들은 5퍼센트 득표제의 도입으로 의회 진입이 배제되었으며, 총리는 국가이익에 기여할 수 있는 건설적인 불신임투표가 있을 때만 퇴진하게 함으로써 부정적인 봉쇄정책을 예방했다. 이 헌법으로 독일연방공화국은 독일 역사상 가장 안정적이며 가장 평화적이며 가장 민주적인 국가가 되었다. 기민련CDU이 민족주의와 반민주주의적 부르주아 정당들을 흡수통합해서 민주주의적으로 키우는 데 성공한 것과, 프로이센의 융커들이 사회적 집단으로 더이상 존재하지 않게 된 것도 새 국가의 안정을 위해 커다란 역할을 했다.

이와 동시에 서독은 유럽 통일운동의 결정(結晶) 지점이 되었다. 제1대 총리 아데나워Adenauer는 독일병에 걸린 환자들의 심리치료를 위해 야당인 사민당SPD의 반대에도 불구하고 서독을 서방 진영에 통합하는 정책을 추진했다. 그는 그 파트너로 프랑스인들을 얻었다. 이들은 영국인들에 비해 권력이 더 심하게 손실되었으며 이 손실을 유럽 통합을 통해 보상받고자 했다. 이로써 유럽의 경제공동체는 초기에는 영국인들을 배제한 가운데 창설되었는데 그 지역은 카를 대제가 한때 통치했던 지역과 거의 일치했다(베네룩스, 이탈리아, 프랑스 그리고 서독).

서구 통합, 안정된 민주주의, 유럽 통일 그리고 문화의 미국화를 통해서 서독은 환골탈태를 했다. 사회의 성격이 변했고, 생활 스타일, 습관과 세계관이 서구화되었다. 그것이 가능했던 이유는 전쟁, 동구에서의 강제축출과 주민의 완전한 유동화로 기존사회의 위계질서가 무너져내려 파편화되어지면 높이와 같아졌기 때문이었다. 전쟁은 사회학적으로 볼 때(정치적으로 보는 대신에) 혁명의 등가물이다. 그리고 심리학적으로 그것이 가능했던 이유는 독일인들이 뉘른베르크 전범재판, 탈(脫)나치화, 재교육, 미국식의 문화작업과 교육정책, 그리고 끝으로 1968년의 학생운동을 통해 자신들의 범죄를 두 눈으로 똑똑히 보았기 때문이다.

이리하여 독일인들은 1948년에 건국된 신생국가 이스라엘에 거액을 보상금으로 지불할 수 있었고 자기들의 도시를 파괴자들(이 파괴는 군사적으로 완전히 무의미한 행동이었지만)에 대한 증오 없이 다시 복구했다. 그리고 전세계에 흩어져 살던 1천5백만 명의 독일인들이 살던 곳에서 추방되었으며, 독일 동부지역이 영원히 폴란드의 수중에 넘어갔지만 독일인들은 이 일에 대해 보복하겠다는 기색을 전혀 보이지 않고 순순히 감수했다. 이로써 프로이센의 주민들은 자기들의 지도층인사들이 그들에게 세워주려고 노력한 것들에 대해 비싼 대가를 지불했다. 프로이센은 전체 역사에서 숙명적인 역할을 하고 난 뒤 사라졌다. 비스마르크를 통한 독일 통일의 대가는 너무 컸다.

이 애도사에서 우리는 프리드리히 대제, 프로이센의 개혁가들과 19세기 초 베를린 살롱의 여왕들을 제외시켜야 한다. 이들 모두는 상당히 비프로이센적이었다. 프리드리히의 정신은 아름다웠으며 살롱의 여왕들은 유대인들이었고 개혁가들은 프로이센인들이 아니었다.

동시에 독일은 자신의 패배, 제한된 주권과 서방 통합 등을 통해 국제정치에서 독자적인 권한을 행사할 기회를 배제당했다. 복지국가와 정치적 비더마이어Biedermeier 시대(19세기 전반에 나폴레옹의 혁명이념에도 불구하고 빈 복고회의를 통해 독일에 왕정이 복고되고 그후의 시민혁명들도 무위로 돌아가자 독일인들은 정치적으로 체념하고 가족 중심의 작은 공동체 생활에 안주했다. 역사가들은 이 시대를 비더마이어 시대라고 불렀다—옮긴이)가 시작된 것이다. 이에 대해서 1968년의 학생운동이 재(再)이데올로기화와 정치적 환상(좌경화)으로 반응을 보였다.

이 학생운동은 국제적인 현상이었다. 독일에서는 세 가지 경향의 혼합, 즉 베트남 전쟁으로 인한 미국의 합법성 위기, 교육체제의 확장과 나치 범죄의 청산으로 표출되었다. 나치 문제는 정치 문화를 다시금 독일적 환상의 마술적 자장 속으로 끌어들였다. 학생운동의 붕괴와 더불어 새로이 물불을 가리지 않는 정치적 테러리스트들 그리고 녹색주의자들의 근본주의적 운동이 생겨났다. 그들에게서 독일인들의 변신이 잘 드러났다. 과거의 우파적 자연숭배, 문화비평과 생활을 개조하려는 충동이 지하의 이론세척기 공정을 통과하면서 좌파라는 새 상표를 달고 세상에 나왔으며, 이런 식으로 좌파적 자아 이해가 우파적 심성과 화해했다. 그동안 이 학생운동 세대가 정치권에 진입했다. 이 세대는 전쟁에 각인되지 않은 첫 세대다.

독일이 차츰 변화하는 동안 60년대의 서구 열강은 식민제국을 청산했다. 인도는 1947년에 독립했는데 이 과정에서 무슬림 파키스탄과 힌두교 인도로 고통스럽게 분할되었다. 그리고 프랑스는 아직도 인도차이나 반도와 알제리의 독립운동에 맞서 무의미한 식민지전쟁을 벌이고 있다. 그러나 영국은 전체적으로 볼 때, 수많은 식민지들의 이탈을 문명국가답게 세련되게 규율하는 데 성공했다.

다른 곳에서는 신생국가들이 내전으로 위기에 처했으며, 이것은 즉시 강대국들의 대리전 양상을 띠었다. 강대국들이 자기편을 지원함으로써 전쟁은 그만큼 더 장기화되었다. 이 과정에서 미국은 권위주의적인 또는 유사(類似) 파시스트적인 정권을 지원하는 것도 감수했으며, 이로써 자신의 도덕적 신뢰를 떨어뜨렸다. 이는 운동권 학생들이 자본주의를 파시즘과 동일시하게 만들었다(미국이 히틀러와 싸웠다는 것을 그들은 대수롭지 않은 궤도 이탈 정도로 치부해야 했다).

세계의 양극화가 한동안 안정적으로 유지되었던 이유는 핵을 보유한 양측은 어느 한쪽의 선제공격으로 자칫 함께 멸망될 수 있었기 때문이다. 이 사실이 양측으로 하여금 민감한 사안에 대해 아주 조심스럽게 행동하게 했다. 딱 한 번 그 위기가 손에 잡힐 만큼 가까이 왔다. 그때는 1962년 케네디 대통령이 미사일을 실은 소련 배들에 대해 쿠바를 봉쇄했을 때였다. 소련의 당서기장 흐루시초프Khrushchov가 마지막 순간에 양보해 배들이 되돌아갔다. 그 나머지는 온통 스파이 작전, 상호 시찰, 회담, 위기와 외교적 해결뿐이었다.

이른바 소비에트 블록은 소련 자체처럼 결빙기와 해빙기가 계속 교대했다. 소련에 해빙기가 오면 위성국가에서 소요가 일어났다(동독 1953년, 헝가리 1956년, 체코슬로바키아 1968년, 그리고 폴란드는 1979년 이후의 연대자유노조

[Solidarnoshé]운동). 그때마다 소련은 그들을 탄압해 새로운 결빙기를 야기시켰는데, 고르바초프 총서기장 때에는 해빙기가 소련에 찾아왔다. 그러자 거대한 제국이 햇볕에 봄눈 녹듯 녹았다. 그것은 단지 테러의 힘으로 강제로 동결되어 있었을 뿐이었다. 프랑스 혁명 이후 정확히 200년 만에 이데올로기의 시대는 종언을 고했다.

그동안 유럽과 아메리카에서는 고통 속에서 계급적 귀족사회가 현대적 산업사회로 변모했다. 이 길에는 두 가지가 있었다.

- 그 하나는 근대화의 핵심국가들인 영국, 프랑스, 네덜란드, 스위스 그리고 미국이 걸어간 길이었다. 이 나라들은 사회의 통일을 종교의 통일을 통해서 확보하는 것을 포기함으로써 관용과 권력 견제의 기초 위에서 헌법을 제정했다. 이로써 이들은 사회의 통일을 정부와 야당 사이의 영원한 투쟁의 기반 위에 건설했고, 사회의 변화에 따라 양자의 교체가 이루어지도록 했다. 이런 식으로 내전의 손발이 묶였고 의회주의로 길들여졌다. 이것은 근대화의 유일하게 성공한 형식이 되었다. 이 나라들의 주된 특징은 계몽주의와 칼뱅의 종교개혁이었다.
- 또 다른 길은 국민을 강제로 관료주의와 군사주의적 훈육을 통해 산업화에 적응시킨 나라들이 택한 길이었다. 러시아, 프로이센, 몰락한 오스트리아, 일본, 그리고 정권이 교회와 협상한 개발도상국가들인 이탈리아와 스페인이 거기에 속했다. 러시아 혁명 후에 이 나라들이 사회주의와 투쟁할 때 모두 파시스트적이었다.

그러나 파시즘과 사회주의는 모두 권력기구를 통한 사회의 전면통제에 기반을 둔 전체주의 체제였다. 그들은 모두 불안정했다. 파시즘은 사람을 숨가쁘게 만드는 역동성으로 지탱되었으며 따라서 정복의 길로 내몰렸다. 반면에 사회주의는 노동을 강제와 통제를 통해 조정하려 함으로써 경제를 파탄시켰다. 사회주의는 러시아에서 실현되었으므로 현대적 산업사회에는 적절하지 않은 동방적 독재였다. 이 점은 고집스럽던 지식인들에게조차도 1989년에 궁극적으로 분명히 현시되었다.

피날레 : 1989~2000

이리하여 일부 사람들이 근대라고 부르는 시대가 종결되었다. 이제 사람들은 우리가 탈근대Postmodern 시대에 살고 있다고 말한다. 하지만 이런 명칭들은 무의미하다. 근대화로 가는 올바른 길을 택하기 위해 벌어진 신념전쟁들은 지나갔다. 이제 우리는 근대의 끝에 도착했으며, 이 길이 어디에서 시작했는지 비로소 알 수 있다. 즉 300년 전인 1688년의 영국의 명예혁명에서부터다. 또는 찰스 1세의 처형과 더불어 이미 시작되었던가? 이것을 결정하기 위해서 우리는 이 소설을 다시 한 번 읽어야 한다. 그래야만 그것을 겨우 이해할 수 있기 때문이다.

어두운 세기의 밤은 끝났다. 이 세기의 전반부에는 최악으로 변전하지 않은 정국이 하나도 없는 것처럼 보였다. 반면에 그 후반부에 와서 우리는 부끄러운 행복을 누렸다. 유럽의 민족들은 재앙으로부터 깨달은 바가 있었다. 바라건대, 이것이 얼마나 꿈 같은 일인지 잊지 말자.

교양의 목표는 자신의 역사를 이해하는 것이다. 이제 미네르바의 부엉이가 지상에 내려와 앉았다. 새로운 천년의 아침에 오랜 독재가 끝나고 막 새로 태어나려는 신생 유럽에 밝은 햇살이 빛난다. 하지만 바로 이 시간에도 유럽의 내전은 1914년에 시작되었던 그곳, 즉 발칸반도로 되돌아가 있다.

2. 유럽의 문학

형식언어

문학은 운문과 산문의 두 가지 형식으로 나타난다. 그리고 세 가지 장르가 존재한다. 다시 말해서 서정시, 희곡과 서사문학이 존재한다.

역사적으로 보면 초기에는 운문이 위의 세 장르에서 지배적이었다. 『일리아스』와 『니벨룽겐의 노래』는 모두 운문 서사, 즉 서사시였다. 사건들에 관한 이야기가 책으로 읽힌 것이 아니라 구전되었던 시대에는 운문형식이 기억에 도움이 되었기 때문이다. 과거에 사람들이 책 없이 배우고 기억했던 담시Ballade도 아직은 운문형식의 짧은 서사시였다.

인쇄술의 발명과 더불어 서사문학은 운문형식을 탈피했고, 운문은 희곡과 서정시에만 제한되었다. 서사문학은 이제 산문으로 쓰여졌다. 20세기에는 결국 희곡도 운문형식을 탈피했다.

근대 이전, 다시 말해서 광의의 낭만주의 문학(1770) 이전에는 장르, 스토리 그리고 문체의 수준이 등장인물의 사회적인 지위에 따라 결정되었다.

1. 신과 영웅들은 경이롭고 초자연적인 영역에 속했다. 따라서 이들이 주인공으로 등장하는 장르는 로맨스Romance, 즉 영웅담이었다. 스토리 구성의 원칙은 모험이었다(헤라클레스, 오디세우스, 그리스도, 방랑기사 등이 거기에 등장했다). 문체는 고상했다.

2. 왕과 귀족들은 일상적이지 않은 비범한 인물들이기는 하지만 그들 역시 사회와 자연 법칙의 지배를 받는다. 그럼에도 그들은 이러한 사실을 잊어버리고 자만심에 빠져 죄를 범하고 결국 벌을 받는다는 것이 그 전형적인 스토리다. 따라서 이들이 등장하는 대표적인 장르는 비극이었다. 그 외의 스토리에서는 단지 귀족만이 대단한 사랑의 격정에 휩싸였다. 18세기까지는 만약 시민계급의 사람들이 격정적인 사랑을 하겠다고 나서면 마치 그들이 귀족처럼 시동을 거느리고 다니는 우스꽝스런 모습으로 받아들여졌다. 진지하고 도덕적으로 흥미 있는 운명은 귀족들에게만 허용되었는데, 그들만이 무기를 지니며 결투를 할 수 있는 자유로운 신분의 소유자들로 명예를 요구할 자격이 있다고 여겼기 때문이다.

3. 사실적인 문체는 시민과 하층민들을 묘사할 때 사용되었다. 이 문체는 산문적이었으므로 산문형식에 쓰였다. 원래 이 문체는 악한(惡漢)소설, 소극(笑劇)과 희극 따위의 희극적인 장르에 해당했다. 중간 정도의 수준으로 볼 수 있는 이 문체는, 18세기부터 시작하여 낭만주의 이후에 완성되는, 시민적인 근대문학의 가장 중요한 장르인 사실주의 소설에 사용되는 지배적인 표현형식으로 확립된다.

4. 악당과 괴물 같은 인간, 악의에 찬 인간이나 사악하고 저질스럽고 혐오스러운 인간, 그리고 끔찍하거나 가소로운 상황을 묘사할 때는 풍자적인 문체가 사용되었다. 풍자의 특징적인 문체는 그로테스크였다. 이 범주는 영웅담과 연관되어 있어 비현실적이었다. 이러한 풍자가 강조하는 것은 변태적이고 저질스러우며 야비하고 추한 것, 그러니까 품위 없는 신체나 배설물, 더러운 것, 성적인 것 등, 요컨대 인간을 수치스럽게 해서 감추고 싶은 모든 것들이다.

이 문제는 아름다운 문학적 형식의 파괴를 통해 사회의 윤리적인 질서가 파괴되는 상태를 표현하고 있다. 따라서 풍자는 정치적인 테러, 광기, 소외, 고립과 학대받는 신체의 고통 등을 강조하는 금세기의 현대문학에서 주도적인 문체가 되었다. 이런 까닭에 현대문학은 비관적이고 우울한 정서를 연출한다.

스토리

전형적인 스토리Story의 숫자는 세상에 존재하는 엄청난 양의 문학작품들과 비교해볼 때 예상외로 적다. 수많은 작품들에 나타나는 스토리는 기본적인 몇 가지 유형의 변형일 뿐이다. 그 중에서 네 가지 기본 유형은 이미 앞에서 언급했다.

1. **로맨스체** : 이 스토리의 기본원칙은 가능한 한 환상적으로 보이는 몇 가지 유형의 모험들이다. 가장 자주 등장하는 구성형식은 오디세우스 식의 여행이다. 종종 이러한 여행의 목표는 보물이나 비밀 또는 동경이나 욕망, 구원의 대상이 되는 어떤 것들을 찾는 행위 자체에 있는 것으로 묘사된다. 그 대상물은 그리스도의 성배(聖杯. 중세 소설『파르치발』에서 기사들이 찾으러 나서는, 그리스도가 만찬에 사용한 술잔-옮긴이)일 수도 있고, 황금 양피, 엘도라도, 파라다이스, 숨겨진 보물, 신비의 장소 따위나 첩보나 범죄 소설의 비밀사항, 또는 어딘가에 갇혀 있는 미녀가 될 수도 있다. 이 미녀는 종종 보물을 가지고 있다.

유토피아 이야기 역시 보통 로맨스체 스토리로 볼 수 있다(토마스 모어의 『유토피아』 따위의 각종 유토피아들은 근대에 이르기까지 미래에 존재하는 것이 아니라 먼 지역에 위치하고 있었다). 로맨스체의 정서는 밝고 동화적이다. 구원을 받을 수 있는 신비의 장소를 찾는다는 스토리 구도는 현대의 관광여행 홍보에도 여전히 사용되고 있다.

2. 비극 : 여기에는 줄거리의 모순과 전환, 역설적 진행 등을 통해 규정되는 까다로운 플롯 구조를 지니고 있다. 줄거리는 주인공의 행복한 상황에서 시작한다. 그렇기 때문에 주인공은 부주의하게 되고 우쭐해하며 주위 사람들을 잘 믿는 인물이다. 그후에는 경고가 반복된다. 결국 갈등이 발생하고, 주인공은 자신에게 닥친 위험을 피하기 위한 행동을 하기로 결심한다. 하지만 그의 이러한 행동은 오히려 비극적 아이러니의 구도를 드러내는데, 주인공의 행동이 스스로 회피하고자 했던 파멸로 오히려 유도한다는 점이다. 주인공의 입장에서 본다면, 그는 여러 가지 갈등과 긴장을 유도하는 사건을 겪은 후에 비로소 자신이 오히려 그때까지 스스로의 무덤을 파고 있었다는, 자신의 행위에 대한 고통스런 인식에 도달하게 됨을 말한다.

비극은 이러한 구조로 인해서 가망 없는 상황, 진퇴양난, 딜레마와 동등한 수준의 가치들 사이에서 해결되지 않는 갈등 따위를 묘사한다. 줄거리를 진행시키기 위해 자주 불안한 징조들이 등장하는데, 꿈이나 신탁, 경고나 불안한 계획들, 마녀나 전문가 집단으로부터의 예언이나 예측 등이 그것이다. 그러한 종류의 예고들은 당사자들이 막으려고 하는 바로 그 재난을 야기하는 결과를 초래하고 만다.

사회적으로 본다면 비극은 일종의 속죄양 희생의식이다. 즉 높은 지위에 있는 중요한 인물이 처음에는 사랑을 받지만 모종의 상황에 연루되어 점점 고립되어서, 사회 전체가 분노와 책임을 봇물처럼 터뜨리고 그 책임을 그 인물에게 돌리게 되며, 결국은 그의 희생으로 사회는 정화된다. 오늘날에는 비극적인 플롯이 종종 언론매체에 의해 선동되어 린치를 가하는 사람들이 저지르는 추문의 형식을 띠고 있다. 마녀 사냥, 폭도들에 의한 희생자 발생, 소수인종의 박해와 소수집단 차별, 이른바 위험인물이라 낙인찍힌 사람들을 따돌리기 등은 모두 비슷하게도, 고립된 희생자가 항상 그를 쫓는 폭도집단에 맞서야 하는 구조를 가지고 있다.

시대의 냉혹함과 죽음으로 빠져드는 상황, 사회와 자연의 법칙에 대한 굴복 등이 비극에서 강조된다. 사회로부터의 고립은 자기 교만으로 처벌받게 되며, 마치 주인공이 교만으로 인해 사회에서 제거된 듯이 보이게 한다.

3. 고전적 희극 : 이는 비극의 반대상황이다. 비극의 테마가 죽음이라면 희극의 테마는 사랑이다. 고전적 희극에서 주인공은 바로 비극의 주인공이 고립되어 파멸되어가는 상황에서 행동을 시작한다. 예를 들어, 아리따운 딸을 가진 아버지로 대표되는 사회가 남자 주인공에게 딸과의 결혼을 허락하지 않는다. 하지만 시간이 지남에 따라 남자 주인공은 자신의 세련됨, 남성적 매력과 자신의 인생을 스스로 책임지며 미래를 즐겁게 맞이하는 청년의 매력으로 점점 더 많은 지지자들을 자신의 편으로 끌어들여, 결국 하나의 지지자 그룹을 형성한다. 이 그룹은 간계와 속임수를 통해 애인의 늙은 아버지가(로맨스체에서는 미녀를 감시하는 용이 아버지 대신 등장한다) 희극적인 치료법을 받아들이지 않을 수 없게 만든다. 이 치료법으로 인해서 노인은 청년의 능력을 알아볼 수 있게 되어 자신의 딸을 그에게 준다. 이어지는 결혼잔치에서 남자 주인공의 지지파와 반대파로 분열되었던 두 그룹이 자연스럽게 화해하는 것으로 대단원의 막이 내린다.

비극에서는 희생의 순간에 카타르시스(정화)를 통해 속죄양 의식을 미학화시킨다면, 희극에서는 결혼식을 극적으로 만든다. 희극에서는 결실이 있어 죽음이 극복된다. 또한 희극은 성욕과 성애를 주제화하는데, 그 목표는 사회적인 통합이다.

이런 점에서 민주주의는 희극에 해당한다. 야당의 지도자는 늙은 지배자의 의지에 대항하여, 세련된 매력과 공약과 젊음을 이용하여 그 딸과 유권자들을 유혹해 자신의 편으로 끌어들인다. 이후 지배자는 유세를 통해 여러 경험을 하게 되며, 선거가 있는 날 밤에야 자신의 딸이 젊은 야당 지도자에게 넘어갔다는 사실을 알게 된다. 젊은 주인공은 정부를 이양받아 지배자의 위치에 오른다. 끝으로, 분열된 사회의 구성원들은 모두 새 정부의 결혼축제에서 자연스럽게 화해한다.

비극에서는 사회의 구법들이 반역적인 삶을 영위하는 자를 누르고 승리를 거둔다. 희극에서는 반역적인 삶을 영위하는 사람이 딸을 주지 않으려는 지배자의 법률에 저항해 승리한다. 이렇게 본다면 예수의 이야기는 비극과 희극의 두 요소를 모두 갖추고 있다고 할 수 있다. 우선 사회의 법률이 승리해, 예수는 재판을 받아 속죄양으로 유죄선고를 받아 죽는다. 하지만 그후에 그는 부활하여 구약(법률)을 신약으로 대체하며, 자신의 신부인 새 교회와 결합하여 사랑을 통해 사회와 화해한다.

희극은 직접적으로 비극을 피하면서 연출될 수도 있는데, 개인과 사회가 법에 대한 관계를 전도시키는 한에서 그러하다. 즉 그럴 경우 사회가 불법이 되고 개인은 홀로 법을 수호하는데, 결국 다른 사람들도 전향시킨다. 이것이 바로 고독한 보안관이 극악무도한 악당들과 대결하는 미국의 서부극에서 나타나는 전형적인 구도다.

4. 풍자 : 로맨스체의 반대형식이라고 할 수 있다. 풍자의 테마는 미지의 곳으로 향하는 여행이 아니라 일종의 구속으로 향하는 작업이다. 따라서 풍자가 즐겨 사용하는 무대는 속박과 부자유의 장소인 감옥, 정신병동, 학교, 병원, 기숙사, 수용소, 항해중인 배, 유배지 등을 포함해서 마치 지옥과 같은 모습을 보여주는 장소들이다. 풍자에 등장하는 인물들은 가학적인 악마와 죄없는 희생자들인데, 대표적인 예를 들자면 기괴한 독재자들과 천진무구한 아이들이다.

중세에서는 헤로데 대왕의 영아살해 명령이 연극에서 최고 악당의 원형으로 통했고, 셰익스피어 연극에서는 아이들을 몰살시킴으로써 사회의 장래를 없애려고 하는 리처드 3세와 맥베스가 그러하다. 풍자의 전형적인 플롯은 정체구조인데, 일상들이 거의 변하지 않고 모든 것이 반복되는 감옥처럼 줄거리는 변화되지 않거나 지체되는 답답한 반복형식을 취하고 있다. 이러한 형식을 보여주는 가장 대표적인 작품은 베케트Beckett의 『고도를 기다리며En attendant Godot』인데, 이 작품이 세인트 퀸틴 감옥에서 공연될 때 죄수들을 사로잡았던 것도 바로 그 형식 때문이었다.

풍자는 현대문학의 전형적인 장르로 인정되며, 그 형식은 특히 고문실이나 집단수용소 등으로 대변되는 20세기의 전체주의를 묘사할 때 자주 사용된다. 이 부분에서는 역사 자체가 여러 장르들의 비극적인 아이러니를 보여주는데, 현대의 역사는 유토피아를 혁명으로 실현하고자 하는 로맨스체와 같은 시도를 통해 오히려 풍자적인 수용소의 지옥으로 판명되고, 결국은 혁명이 아이들을 희생시키는 폭군처럼 되었기 때문이다.

새디즘과 순진무구함이라는 흑백의 대조를 통해 풍자는 쉽게 멜로드라마가 되거나 공포문학 부류로 변하기도 한다. 낭만주의 문학의 특수영역이 여기에 해당한다. 중세의 지하감옥, 종교재판을 받는 감옥과 무너진 성의 둥근 지붕 등으로 형상화되는 지옥의 모습이 그러하다. 그곳에는 순결한 미녀가 정신이상의 귀족이나 가학적인 승려, 미친 과학자 또는 악마적인 범죄자에게 사로잡혀 있다. 이들은 그녀에게 폭력이나 고문을 가하려고 음흉하게 웃고 있다. 상투성을 내포한 이러한 어두운 낭만주의의 영역에서 나온 소재들이 아직도 『드라큘라 Dracula』에서부터 실제 살인이 자행되는 포르노 영화에 이르기까지 수많은 통속예술 분야에서 볼 수 있다.

문학과 문학 정전의 역사

우리들은 위의 문학 범주를 더욱 세분화할 수도 있다. 하지만 현대문학이 자리매김할 수 있는 영역만을 살펴보는 것만으로도 우리는 이 책의 소기의 성과를 거둘 수 있을 것이다.

중세의 지배적인 장르는 로맨스체였다.

르네상스에서는 고대의 모범에 따른 비극과 영웅적인 문체가 주도적이었다. 사실적인 산문문체는 18세기에서 19세기의 사실주의 소설에까지 시민문학의 기준이 되었으며 그 지배적인 장르는 소설이었다.

20세기에는 아방가르드와 함께 문학이 다시 '비현실적'이 되어 작품 이해의 기본수단이 되는 등장인물의 성격, 줄거리, 인과성, 논리와 언어 등과 관련된 '자연스런 관점'에서의 기본입장이 파괴된다. 이러한 아방가르드 형식은 사회의 윤리적인 통합기능이 상실되었다는 사실을 문학의 아름다운 형식의 파괴를 통해 입증하고 있다. 현대문학에서는 풍자의 형식들이 그로테스크와 변형, 무절제, 쇼크, 와해와 추악함 등의 모습을 띠고 형상화된다.

따라서 현대문학이 가장 두려워하는 것은 아름답게 되는 것이다. 현대문학은 아름답게 되는 순간 현실과 타협하는 저급한 복제예술Kitsch로 전락했다는 혐의를 즉시 받는다. 이 때문에 현대문학을 읽는 것은 힘이 들고 때때로 우리를 우울하게 한다(현대문학으로 통하는 그 어떤 길도 이러한 결론을 피해갈 수 없다).

반면에 과거의 문학형식은 아름답기는 하지만 현재의 사회가 아닌 과거의 사회와 연관된 것이기 때문에 우리의 현재 경험을 충분히 표현해낼 수 없다는 어려움이 있다.

문학적 교양

유럽이 교회로부터 정신적으로 해방된 것은 그리스와 로마의 고대 작가들에 대한 재발견을 통해 이루어졌다. 따라서 고대 작가들은 귀족 중심의 유럽 문화에서 모범으로 통했다.

이러한 상황은 (대략 1770년부터 시작되는 광의의) 낭만주의에서부터 변화하기 시작했다. 평등과 민주주의를 꿈꾸는 신흥 시민계급은 문학에서 운문과 영웅적 운명을 귀족에게만 전속시키고 하층민에게는 산문과 우스꽝스러운 상황을 배정해야 한다는 전통시학을 거부했다. 즉 시민계급은 사회적 신분에 따라 문체의 수준을 고착화하는 것을 인정하지 않았다.

고전문학은 더이상 문학의 규범이 아니었으며, 문학을 현실의 모방으로 인식하는 태도도 포기되었다. 이로써 다음의 결과가 생겨났다.

- 시인은 미리 정해진 규정에 따라 작업하던 수공업 기술자에서 이제 창조자가 되었다. 창조자로서 시인은 마치 신의 형제와도 같게 되었다. 그는 새로운 세상과 형상들을 창조했는데, 이는 그의 형인 신이

그에게 세상에 대한 비밀스런 인식을—사람들은 이것을 천재성이라 하고 그 소유자를 천재라고 불렀다—나누어주었기 때문이라는 것이다. 그의 신성(神性)은 일종의 초자연적인 감수성으로 광기와도 비슷하게 보였고, 그 소유자는 범상한 속물들과 갈등을 일으키게 될 운명이었다.

- 문학은 더이상 현실과 고대의 작가들을 모방하지 않았기 때문에 독창적일 수 있었다. 그 독창성으로 시인은 창조자로 인정받았다. 이러한 시각의 변화는 작품을 구성하는 줄거리에 대해서도 또 다른 견해를 낳았다. 즉 줄거리는 더이상 사람들이 윤리와 처세술을 배울 수 있는 전형적인 스토리들의 반복이 아니라, 항상 새로운 것을 보여주는 장(場)으로 인식되었다. 이로써 고대의 경험은 낡은 것이 되었고, 현재는 늘 각각 달리 해석되어 새로운 문학을 산출하게 되었다. 문학은 이제 '시대정신'이 항상 새로운 형상으로 표현되는 매개체의 역할을 담당하게 되었다. 이 매개체를 통해 인간은 자신의 경험을 가공하여 조직하는 형식을 확인할 수 있었고, 문학은 인류 경험의 역사가 될 수 있었다.

- 서양의 다른 나라들과 달리 독일의 본격적인 고급문학은 낭만주의에서 비로소 시작되었다. 낭만주의는 고대 형식에 의존한 의고주의(擬古主義 옛것을 전형으로 삼아 본뜨려는 주의-옮긴이)와 새로운 시민문학 사이의 괴리를 극복할 수 있었다. 의고주의 문학은 귀족적이었고, 18세기 유럽 귀족들의 문화는 프랑스적이었기 때문에 독일의 낭만주의 문학은 처음부터 전형적으로 프랑스적인 것에 대한 차별성을 강조했다.

고대 작가의 모방 대신에 독창성을, 이성을 대신하여 비이성적이고 환상적인 것을, 규칙에 따른 시작(詩作)에 반하여 영감과 천재성을, 사회에 대신하여 개별 인간이 자연상태에서 반응하는 모습을, 관습에 대신하여 자유·반항 그리고 멜랑콜리(이 감정은 흔히 세계고(世界苦)라고 번역된다. 19세기 초에 보수적 정치풍토 속에서 현실참여 기회가 제한되었던 독일의 지식인들 사이에서 유행했던 개념으로 비더마이어 문학에서 자주 형상화되었다 – 옮긴이)를 표현하고자 했다. 또한 독일인들은 공통의 단일한 민족국가가 없었으므로 독일 문학을 통해 처음으로 (시인과 사상가의 민족이라는) 단일한 민족감정에 접하게 되었다. 따라서 특히 독일에서는 새로운 문학에서 교양이념이 발전했다.

그래서 독일에서는 교양인이라는 이름은 문학의 위대한 작품들을 인류 경험의 역사적 표현으로 인식하는 사람들만 부여받을 수 있다. 왜냐하면 문학은 자신의 문화를 이해할 수 있는 최고의 통로를 제공하기 때문이다.

이러한 교양이념은 괴테의 영향을 통해, 그리고 훔볼트에 의해 개혁된 대학의 교양이념을 통해 다른 나라들에도 전파되어, 각국의 학교 교과과정과 대학의 인문학 연구원칙으로 자리잡게 된다.

괴테와 모범적 전기(傳記)

라틴어와 그리스어로 된 고전적인 문학은 전유럽에 통용될 수 있다는 장점을 가졌다. 유럽의 귀족정치 또한 국제적이었다. 그러나 이에 비해 새로운 문학은 개별 국가의 언어로 창작되었다. 이러한 상황은 민족주의적인 지방분권주의의 위험성도 수반했다. 그리고 무엇보다도 집단기억의 형식으로 민족적 동일성을 지지해주는 민족문학이 형성되었다.

자의(恣意)에 의한 자기 제한으로 볼 수 있는 이러한 민족문학의 형식에 저항하여 '세계문학'의 개념이 보편적 교양이념으로 자리잡게 되는데, 그 대표자는 괴테Goethe였다.

이에 더하여 괴테는 새로운 교양이념의 모범적인 대표자로 통했는데, 그는 낭만적인 충동을 반낭만적인 이성과 연결할 수 있었기 때문이다.

- 그는 낭만주의의 민족주의에 저항하여 세계문학의 개념을 표방했으며,
- 천재숭배와 주관주의에 대해서는 고전적인 소재와 형식으로(『이피게니에 Iphigenie』) 대응했고,

- 젊은 시절 『젊은 베르테르의 슬픔 Die Leiden des jungen Werthers』을 통해 자신도 역시 참여한, 소외와 세계고의 감정을 강조하는 시류에 대해서는 후일 바이마르 공국 장관직을 맡음으로써 기존의 질서에 적응하려는 노력으로 응수했으며,
- 낭만주의적인 황당함에 대해서는 단순성으로 대응했고,
- 모든 종류의 관습을 거부하고 영웅적인 고독을 예찬하는 것에 저항하여 사회성과 도시적인 세련된 감각을 강조했다.

그는 이렇게 해서 자신의 낭만적인 충동을 그 반대의 것에 대한 강조로 균형을 잡았다. 이는 당대 독일에서는 아직 존재하지 않았던 유럽의 고전주의 전통을 어느 정도 대신해주는 것이기도 했다. 또한 그는 자신의 사회적 신분에서 시민적이고 낭만주의적인 전통과 귀족적이고 고전주의적인 전통의 연결고리를 체현할 수 있었기 때문에, 독일 문학을 다시금 유럽 문학의 표준으로 접근시킬 수 있었으며, 다른 민족의 공감도 얻을 수 있었다. 하지만 그럼에도 그가 형상화했던 형식은 낭만적이있다.

이 낭만적 형식은 삶의 단계에 따라 주어지는 정체성의 위기와 새로운 자아로의 변신을 통한 극복의 모습을 제시하는 모범적인 전기(傳記)의 형식이다. 이 전기 속에서 인물은 헤겔적인 역사철학과도 같이 모순들이 변증법적으로 통합되는 법칙 아래 놓여 있다. 테제(명제)와 안티테제(반대 명제) 그리고 진테제(합명제)로 잘 알려진 변증법적 모순의 원칙을 우리가 반드시 알고 있어야 하는데, 이는 근대에서 세계를 인식하기 위한 사유의 틀로서 아주 중요한 전략적인 위치를 차지하고 있기 때문이다.

하지만 이 변증법적 공식이 실제 삶에서는 어떤 의미를 가지는 것일까? 그 의미는 대체로 다음과 같다. (경험의 모습, 세계관, 삶의 태도와 같은) 각각의 입장은 자체의 제한성으로 인해서 자신의 주변에 해결되지 않고 길들여지지 않은 에너지를 만들어낸다. 요컨대 점차로 명백한 반대세계를 형성하는 세력을 키우게 된다. 프랑스 앙시앵 레짐(ancien régime. 구체제)은 혁명을 유발시켰고, 고전주의는 낭만주의를, 휘그당은 토리당을, 유토피아는

회의(懷疑)를, 계몽주의는 비이성적인 태도를 유발시키는 것 등에서 그 예를 볼 수 있다. 여기에서 후자는 안티테제다.

하지만 문제는 단순한 거부나 제거의 의미인 단순부정이 아니라, 오히려 이러한 부정이 진테제를 통해 더 높은 차원으로 고양되고 그 모순성이 보존됨으로써 보충적 기능을 수행하고 있다는 점이다. 헤겔은 이러한 과정을 표현하기 위해 '삼중의 지양'이라는 개념을 설정했다. 즉 부정과 모순의 유지, 그리고 동시에 더 높은 차원으로의 고양이 그것이다(그것은 아버지와 연인의 대립과 이에 따르는 축제에서 화해구도를 보여주는 희극의 경우와도 비슷하다).

우리가 이러한 철학적인 문제에 관심을 가지는 이유는 무엇일까? 헤겔은 이 개념으로 세계사의 법칙이 발견되었다고 믿었고, 마르크스 역시 그렇게 여겼기 때문이다. 실제로 헤겔은 인간의 삶이라는 소설이 어떻게 자아의 정체성을 형성하는지의 과정을 아주 정확하게 서술했다. 다시 말해서 그는, 괴테가 자신의 삶을 통해서 독일인들에게 본보기를 보여준 것처럼, 한 모범적 교양전기에, 자아 정체성의 위기를 표출한 셈이다.

이와 동일한 의미에서, 문학작품이 역사적 시기를 대변해주는 표현이 될 수 있는 것처럼, 괴테에게도 그 위기는 일련의 표본적인 삶의 경험이 표출되는 단계에 대한 표현이 될 수 있었다.

교양소설 또는 뒤늦게 작성된 서문

괴테의 삶과 문학은 여러 세대를 거치며 학교에서는 교사들이, 사회에서는 교양시민층이 기준으로 삼았던 독일인의 모범적인 교양전기가 되어 왔다. 그의 자서전적인 산문 『시와 진실 Dichtung und Wahrheit』, 교양소설 『빌헬름 마이스터의 수업시대 Wilhelm Meisters Lehrjahre』와 『빌헬름 마이스터의 편력시대 Wilhelm Meisters Wanderjahre』, 『친화력 Die Wahlverwandtschaften』 등에서 그는 자신의 삶을 소설의 형식에 담아 반영했다.

바로 이 점에서 왜 교양 개념이 그렇게 문학 및 역사와 밀접하게 얽혀 있는지가 드러난다. 요컨대 그 개념은 문학형식을 통해 글로, 즉 교양소설이나 인물의 발전소설로 기술된다. 소설의 이러한 형식은 대체로 소설의 주요인물이 성장하고 자신의 모습을 찾게 되는 삶의 시간을 집중적으로 조명한다. 이에 따라 줄거리는 주요인물들(특히 주인공)이 경험 미숙으로 어쩔 수 없이 잘못을 저지르게 되어, 이에 대한 대가를 치르고 그 잘못을 고쳐 자기 인식이 성장하는 단계들을 거치며 앞으로 나아간다. 이러한 인물들은 이후 자신의 행로를 되돌아보면서, 잘못으로 점철된 자신의 경험을 자기 인식에 필수적인 전단계의 여정으로 파악하게 된다. 교양의 과정을 겪어야 인간은 이 과정을 교양을 위한 필수조건으로 이해할 수 있게 되는 셈이다. 이런 부류의 소설 구조는 순환적이다.

전체적으로 아주 비슷한 구조를 가지고 있으면서도 교양소설로 불리지 않고 예술가소설과 애정소설로 불리는 두 가지 유형이 존재한다.

예술가소설에서는 교양소설의 순환구조가 더욱더 분명히 드러난다. 주인공은 시행착오의 우회로를 거쳐 자신의 결점을 교정하고, 그 이후 자신의 숨겨진 소명을 인식한다. 예술가로 성장하는 사람은 이런 우회로를 통해 예술로 가는 길을 발견하게 된다. 예컨대 글을 쓰는 작가가 된 사람이라면 예술은 그가 어떻게 해서 작가가 되었는지에 대해 서술할 수 있게 한다는 것이다.

제임스 조이스James Joyce의 『젊은 예술가의 초상*Portrait of the Artist as a Young Man*』은 이러한 종류의 소설이다. 또 다른 경우로는 주인공 예술가가 자신을 화가나 조각가로 가장하고 행세하는 가운데, 종종 자신의 예술가로서의 발전마저도 어렵게 만드는 예가 있다. 『빌헬름 마이스터』의 모범을 따른, 19세기 독일의 가장 유명한 교양소설인 고트프리트 켈러Gottfried Keller의 『녹색의 하인리히*Der grüne Heinrich*』의 주인공인 화가가 그러하며, 헤르만 헤세Hermann Hesse의 소설 『지와 사랑*Narziß und Goldmund*』에서는 조각가인 주인공이 그러하다.

만약 애정소설이 그 이야기의 끝에 가서 사랑이 이루어지는 줄거리 이상의 구조를 보여준다면, 이 애정소설은 대부분의 경우 전략적으로 위장된 교양소설일 것이다. 소설 도입부의 사랑을 위협하는 장애들은 부모에 의한 정략결혼이나 신분상의 차이와 같은 외형적인 것이 아니라, 소설 속의 인물이 보여주는 경험 부족과 자기 인식의 결여에서 발생한다. 이후 줄거리는 일련의 오해와 사랑의 결합을 막는 실수들로 점철된다. 하지만 이 장애들을 극복하는 가운데 당사자들은 서로에 대한 진정한 감정과 자기 자신의 존재를 발견하게 된다. 덧붙이자면, 이 경우 항상 두 인물이 연관되어 있어 자신에 대한 인식은 상대방에 대한 더 나은 인식과 더불어 얻어진다. 한쪽이 자신과 자신의 감정을 통찰할 수 있어야 비로소 상대방을 이해할 수 있으며, 그 역도 마찬가지다. 따라서 이런 종류의 애정소설은 편견이나 상투적 낭만성 또는 자만심 따위를 제거하는 노력을 통해 얻어지는 소중한 경험과정으로 구성되어 있으며, 종종 한쪽이 상대방을 통해 감정교육을 받는 모습을 보여준다. 제인 오스틴Jane Austen의 소설들은 이러한 종류의 애정소설의 백미로서 『오만과 편견Pride and Prejudice』이나 『센스 앤 센서빌리티Sense and Sensibility』가 그러하다.

다시 요약하자면, 소설의 형식은 인간이 성숙해지는 교양 과정을 제시하는 형식이다. 따라서 우리가 자신을 통찰하려 한다면, 문학에서 그것에 적당한 형식을 찾아내면 된다.

문학은 개인적인 체험 및 경험의 형식과 관련된 사건들의 서술이다. 그리고 이 경험들은 독자들이 흔히 자기 자신보다 더 잘 알고 있는 유명한 문학적 인물들을 통해 구체적으로 형상화되어 있는데, 햄릿, 돈 키호테, 리어왕, 오필리아, 로미오와 줄리엣, 돈 후안, 로빈슨 크루소, 타르튀프, 아하스버, 파우스트, 메피스토펠리스, 허클베리 핀, 올리버 트위스트, 프랑켄슈타인, 드라큘라, 이상한 나라의 앨리스 등등이 그러한 인물이다. 이 인물들은 모든 교양인들의 머릿속에 오랜 친구로 자리잡고 있다.

위대한 작품들

『신곡』

이탈리아 문학의 가장 위대한 작품이자 유럽 중세의 가장 위대한 작품인 알리기에리 단테Alighieri Dante의 『신곡La divina Commedia』(1321년 완성)은 유럽 각국의 민족문학의 초창기(즉 비라틴어 문학에서)에 자리잡고 있다.

당시에는 서적의 인쇄술이 발명되지 않았고, 지식은 대부분 구전에 기초하고 있었다는 사실을 염두에 두고 이 작품을 이해해야 할 것이다. 사람들은 기록되지 않았던 것을 머릿속에 기억하고 있어야 했다. 그래서 기억 문화가 발달했다. 동시에 사람들은 세계의 상징적인 질서를, 마치 여러 부분으로 나뉘어 모든 죄와 벌이 각각의 위치를 지키고 있는 일종의 윤리 박물관처럼 생각했다. 사람들이 무엇인가를 기억하기 위해서 일종의 정신의 박물관에서 안내인을 따라다니면서, 자신이 인용하려는 모범적인 개인사를 가진 인물을 발견할 수 있는 공동의 장소를 찾았다. 따라서 단테의 『신곡』은 하나의 기억체제라고 말할 수 있다.

이 작품은 다음과 같이 시작한다. 단테는 1300년 부활절 전의 성 금요일에 착각의 숲에서 길을 잃게 된다. 그곳에서 그는 『아이네이스Aeneis』의 작가 베르길리우스Vergilius를 만나고, 그에 이끌려 지옥의 아홉 권역을 통과해 어떤 가파른 산비탈로 올라간다. 거기에서 맨 먼저 그는 나무랄 데 없지만 세례를 받지 않은 고대의 위인들이 살고 있는 림보의 지옥대기소를 두루 살펴본다.

그 다음 첫 번째 지옥의 모습이 나타나는데, 여기에서는 가장 가벼운 처벌을 받는, 허용되지 않는 사랑을 한 죄를 지은 사람들이 고통을 당하고 있다. 그 다음으로는 타인에 대한 억압자, 구두쇠, 성미 급한 분노자와 우울해하는 사람들이 머무는 지옥이 각각 나타난다. 여섯 번째 지옥은 이교도들을 처벌하는 곳인데, 여기에서부터 명실상부한 끔찍한 지옥의 고통이 시작된다. 일곱 번째는 살인자, 자살자, 신성모독자와 성도착자(性倒錯者)들을 고문하는 지옥이다. 여덟 번째 지옥은 사기꾼, 마술사, 협잡꾼, 반역자와 스파이들을 벌하는 곳이며, 아홉 번째 지옥의 중앙에서 단테는 얼음덩이에 영원히 얼어붙은 루시퍼(교만 때문에 저주를 받아 악마가 된 천사장-옮긴이)를 보게 된다. 루시퍼는 머리가 세 개나 있어서, 반역자 브루투스와 카이사르의 살해자 카시우스 롱기누스, 그리고 그리스도를 팔아 넘긴 유다를 각각 갉아먹고 있다.

그 다음에 베르길리우스는 단테를 데리고 지구 속의 긴 터널을 통과해서 맞은편에 있는 반구(半球) 지역으로 가서 연옥의 불이 타는 산에 오른다. 이 산은 지옥의 구멍과는 반대구조로 되어 있다. 즉 차곡차곡 쌓여 있는 아홉 개의 동심원들이 산 정상으로 향하는 길을 만들어주고 있다. 전체는 작업장으로 조성되어 있다. 이곳에 갇힌 사람들이 참회해야 하는 죄는— 인색함, 방탕함, 쾌락 추구 등—자신들을 진정한 모습으로부터 멀어지게 하고, 세속의 목표로 관심을 돌린 사랑을 구원하려는 신성한 노력을 왜곡시켜 놓은 죄다.

베르길리우스는 지상의 낙원으로 통하는 입구에서 단테 곁을 떠난다. 단테는 이 모험을 통하여 삶을 성찰하는 축복된 상태에까지 도달한다. 이 축복의 입구에서 베아트리체가 그를 맞아들인다. 그녀는 단테가 플라톤적인 존경과 사랑을 느낀 베아트리체 포르티나리로, 단테에 의해 이상화되어 유럽 문학에서 여성적인 모든 영감을 주는 인물의 원형으로 형상화되었다. 괴테가 인간의 영혼을 고양시키는 중개자로 형상화한 '영원히 여성적인 것'이라는 표현도 바로 이러한 문학적 전통에 빚지고 있다.

단테를 낙원으로 인도한 사람도 베아트리체다. 이들은 처음에 천상의 음악을 듣고 각각 특정한 덕목을 대표하는 여러 천사들과 함께 태양계의 하늘을 지나 아홉 번째 하늘로 승천한다. 이 아홉 번째 하늘은 천사들의 지위에 따라 아홉 단계로 나뉘어 있고, 그 너머로는 눈부신 빛이 강을 이루는 곳을 볼 수 있다. 그 빛의 강 한가운데에 백장미 모습을 한 신이 통치하는 국가가 우뚝 솟아 있다. 그곳의 꽃잎들 위에는 교황과 예언자, 천사들이 축복에 찬 눈으로 신을 바라보며 앉아 있다. 베아트리체는 신 가까이에 있는 자신의 자리로 다시 돌아가고, 단테는 이 여행을 통해 정화되어 신을 볼 수 있는 기회가 허락된다.

요컨대 우리는 이 작품에서 벌써 교양소설에 전형적인 교양여행의 구도를 발견하게 된다. 독자들은 독서를 통해 신화와 역사에 존재하는 위인들을 개인적으로 만나게 된다. 이리하여 『신곡』은 중세 말에 사람들이 갖춰야 하는 교양을 습득할 수 있는 교과서 역할을 했다. 이 작품을 읽은 사람들은 마치 단테가 베르길리우스와 베아트리체에게 인도된 것처럼, 단테에게 인도됨을 느낄 것이다. 괴테 역시 단테의 모범을 따랐다. 『파우스트』에서 메피스토펠레스는 파우스트가 존재의 고귀함과 타락을 경험하게 유도한다. 이 작품은 지옥의 끔찍하고 고통스러운 영역을 관통하여 연옥불을 경험할지라도 전체는 모두 훌륭하게 끝이 나면서, 비극이 아닌, 그렇다고 우스꽝스런 희극도 아닌 '신성한 희극', 즉 '신곡'으로 불리게 된다.

프란체스코 페트라르카

아레초 출신의 프란체스코 페트라르카(Francesco Petrarca, 1304~74)는 자신의 인문주의적인 연구와 특히 사랑의 서정시를 통해 유명해졌다. 그의 사랑의 서정시는 가곡Lied과 마드리갈, 발라드 형식들로, 그리고 자신의 연인 라우라에게 바친다고 되어 있는, 그의 대표 장르인 소네트로 이루어져 있다. 단테의 베아트리체처럼 라우라의 경우도 실제인물은 아니었던 것이 분명하다. 하지만 라우라의 경우는 중세 프랑스의 음유시인인 트루바두르troubadour나 독일의 연가시인 미네징거Minnesinger 또는 단테의 작품들에서 볼 수 있는 천사의 모습보다는 사실적으로 묘사되어 있다. 라우라에게 헌정된 시들은 이후의 서정시에서 볼 수 있는 갈등을 미리 보여주고 있다. 즉 시인은 자신의 사랑이 이루어지기를 원하지만, 만약 그렇게 된다면 자신이 훌륭한 시를 쓸 수 없으리라는 것도 잘 알고 있어 그 모순 속에서 갈등을 겪는다. 페트라르카의 소네트는 그 이후 수세기 동안 쓰여진 소네트 시들의 모범이 되었다.

셰익스피어 역시 자신의 소네트를 이 모범에 따라 창작했다. 그리고 남 프랑스를 방문하는 모든 방문객들은 페트라르카가 카르방트라스 근교 보클뤼즈의 방투 산(山)에 올라 자연을 찬미한 사실을 알게 될 것이다. 비록 그곳의 자연풍경이 지금은 그다지 아름답지 않지만.

조반니 보카치오

페트라르카의 친구였던 조반니 보카치오(Giovanni Boccaccio, 1313~75)는 1341년부터 피렌체에 살았다. 그의 이름은 불후의 작품인 『데카메론 Decameron』(어원으로 보면 그리스어로 '10'을 의미하는 데카deca와 '날'을 의미하는 헤메라hemera의 복합어로, 열흘 동안의 이야기를 의미한다)의 명성으로 알려졌다. 페스트가 창궐한 1348년에 일곱 명의 젊은 여자와 세 명의 젊은 남자가 페스트를 피해 도시를 떠나 언덕에 위치한 한 시골 농가에서 다시 만나는 것으로 이야기는 시작된다. 그곳에서 그들은 열흘 동안 매일 열 가지의 이야기를 돌아가며 들려준다. 여기에서 보고된 백 가지의 소화(笑話. 예술성보다는 유쾌한 희극성을 목표로 하는 단편산문이나 희곡 형식), 일화(에피소드), 노벨라들은 그후 유럽의 극작가와 소설가들이 수백 년 동안 자신들의 목적에 맞게 응용하는 소재가 된다. 또한 유럽의 교육기관에서 교육받은 남녀 학생들은 수세대 동안 그 자유분방한 성적(性的)인 이야기에 매료되었고 성적으로 왜곡되지 않은 문화가 얼마나 명랑한지를 배울 수 있었다.

이탈리아 문학 이후에 스페인과 영국 그리고 프랑스 문학이 번영했지만, 독일 문학은 1770년 이후 광의의 낭만주의에 이르러 비로소 본격적인 활동을 하게 된다.

『돈 키호테』

스페인의 가장 유명한 소설은 미겔 데 세르반테스(Miguel de Cervantes, 154

7~1616)의 『돈 키호테Don Quixote』다. 작품의 줄거리를 보면, 과거의 기사소설을 읽고 고무된 스페인의 지주인 돈 키야노Don Quijano는 낭만적인 느낌이 드는 돈 키호테로 이름을 바꾸고는, 선조의 녹슨 갑옷을 입고, 늙고 야윈 말 로시난테를 마구간에서 끌어내어 탈 뿐 아니라, 농가의 처녀를 둘시네아 드 토보소라는 이름으로 다시 세례를 베풀어 그녀를 마음속의 연인으로 삼는다. 그가 성(城)으로 착각하는 마을의 술집에서 주인은 그를 유랑 기사단의 기사로 임명하고 종자 하나를 대동할 것을 권유한다. 돈 키호테는 주변의 친구들이 그의 서재를 불태우고 그의 정신병을 치료하려는 시도가 실패로 돌아간 다음에, 흙투성이의 더러운 산초 판사를 종자(從者)로 삼아 길을 떠난다. 그들은 약자를 돕고 억압받는 자들 편에 서서 싸우기 위해 스페인 전역을 유랑한다. 형편없는 말을 탄 슬픈 모습의 비쩍 마른 기사와, 노새를 타고 따르는 살찐 산초 판사의 모습은 지난 시대의 모습을 그대로 지닌 명콤비이자, 환상에 사로잡힌 이상주의자와 약삭빠른 농사꾼 기질의 현실주의자가 연출해낸 생생한 대조적 풍경이다.

세상을 행복하게 해주는 인물로서의 자신의 역할을 끝까지 수행하려는 돈 키호테는 도처에서 부당한 압제상태를 발견한다. 그는 범죄자들을 사로잡힌 귀족으로 판단하거나, 양떼를 적의 군대로, 풍차를 거인으로 생각하기도 한다. 산초 판사가 거인을 풍차로 알아보자 돈 키호테는 이를 적들에 의한 정신적 교란의 결과로 여긴다.

계속되는 이야기에서 두 사람은 어느 공작의 초대를 받는다. 이 공작은 오락삼아서 공국 전체를 제정신이 아닌 돈 키호테에게 내주게 되는데, 결국에는 돈 키호테의 순수함과 이상주의에 자신의 장난을 부끄러워한다. 마지막으로 돈 키호테는 한 기사에게 결투를 요청받는데, 이때 기사는 만약 돈 키호테가 진다면 일년 동안 기사로서 행세하지 않을 것을 서약하라는 조건을 내세운다. 돈 키호테는 예상대로 결투에서 패배한다. 기사의 역할을 수행하지 못한 채 여행하는 도중에, 돈 키호테는, 자신의 이상은 한없이 수치스런 행위를 하게 만드는 원천에 다름아니라는 고통스런 자기 인식에 다다른다. 결국 그는 자신의 환상을 인식하게 되고 명료한 오성의 능력을 얻은 후 죽는다.

이 소설은 한 인물 유형을 그려내고 있는데, 분명히 매력적이지만 이미 낡은 이념이 되어 더이상 기능하지 못하고 케케묵은, 과거의 생활양식이 유령처럼 돌아다닐 때면 특별히 그 수가 늘어나게 되는 그런 인간 유형이다. 이 점을 증명하듯 우리는 20세기에 와서도 수많은 돈 키호테를 보아왔다. 동시에 이 작품은 환상을 심어주는 소설의 작용을 보여주고, 환상 속에서 허구가 허구 자체를 지시하면서도 사실적으로 기능하게 되는 최초의 중요한 소설이 되었다. 즉 이 소설은 기사소설의 형식을 희화화하는 가운데 낡은 기사소설의 형식에서 탈피한 사실주의적인 작품으로 인정받게 되었다.

『돈 키호테』는 모범적인 작품으로 이후의 문학에 영향을 끼쳤고, 이 소설의 구성은 여러 차례 모방되었다(헨리 필딩Henry Fielding의 『조지프 앤드루스*Joseph Andrews*』가 이에 해당한다). 또한 이달고Hidalgo와 그 종자(從者)의 모습에서도 스페인의 초상을 볼 수 있다.

『세비야의 농락자와 돌[石]손님』

스페인 문학은 유럽에 또 하나의 원형적인 인물을 제공해주었는데, 바로 여성 유혹자 돈 후안Don Juan이다. 이 인물은 원래 「세비야의 조롱자와 돌손님*El burlador de Sevilla y convidado de piedra*」이라는 티르소 데 몰리나(Tirso de Molina, 1584~1648)의 희곡에서 유래했다. 돈 후안은 널리 알려진 것처럼 파렴치하다. 그는 평소 무모한 생활을 하던 중에 애인의 아버지를 죽인다. 그 사건 후 수년이 흘러 그가 고향으로 돌아왔을 때 그 마을 교회에서 자신이 죽인, 이전 애인의 아버지의 동상을 발견한다. 이에 그는 그 동상을 조롱하며 수염을 뜯는다. 그리고 그 죽은 사람을 오히려 식사에 초대한다. 정말 그 동상은 식사에 참석하고 답례로 그의 무덤에서 차리는 저녁식사에 돈 후안을 초대한다. 뻔뻔스럽게도 돈 후안은 그 초대에 응했고 결국 그 동상은 돌덩이로 된 차가운 손으로 그를 잡아 지옥으로 끌고 간다.

유럽에서는 이와 비슷한 작품들이 숱하게 생겨났지만 유럽인들의 기억에 남아 있는 것은 모차르트Mozart의 「돈 조반니*Don Giovanni*」였다. 이 이야기는 어쩌면 후안무치한 모든 여성 유혹자들에 대한 경고와 기만당한 남편들과 아버지들에 대한 위로의 말일지도 모른다. 한 가지 확실히 말할 수 있는 것은, 여성을 낚는 유혹의 손길과 신성모독적인 뻔뻔스러움은 서로 관련이 있다.

윌리엄 셰익스피어

영국인들은 시인 중의 시인이자 극작가 중의 극작가를 인류에게 선사하는 행운을 가지게 되었는데, 그 작가는 창조주 다음으로 세상에서 많은 것을 창조했다는 윌리엄 셰익스피어(William Shakespeare, 1564~1616)다.

그는 영국의 수호신 성 조지의 날인 1564년 4월 23일, 스트랫퍼드-어펀-에이번에서 태어나, 8년 연상의 스트랫퍼드 출신 앤 해서웨이와 결혼했다. 그후 그는 행적이 묘연하다가 런던에 갑자기 등장하여, 동료들로부터 모든 일에 코를 박는 참견쟁이라는 비난을 받으면서도 체임벌린스멘 극단의 배우, 운영자, 극작가로 활약하면서 희극과 역사물, 비극작품들을 기발한 내용으로 수없이 창작했다. 그래서 그는 왕과 관객의 총아이자 흥행의 귀재, 연극의 천재로 인정받았으며, 이후 그의 작품들은 독일 낭만주의 작가들에 의해 수용되어 창작의 모범으로 자리매김된다. 천지창조의 여덟 번째 날에 문학창작물을 통해 신의 창조사업을 배가하여 창조주의 동생으로 추앙받은 그는 자신의 생일인 1616년 4월 23일, 창조임무를 완성하고 영면하여 스트랫퍼드 교회묘지에 묻힌다. 하지만 그는 자신의 불후의 작품들을 통해 우리 곁에 영원히 살아 있을 것이다. 아멘.

셰익스피어가 창조한 인물들은 오늘날까지 살아 세계의 연극무대에서 활약하고 있다. 살해된 아버지의 혼귀가 나타나서 그에게서 복수를 부탁받은 『햄릿*Hamlet*』은, 돈 키호테를 희생자로 전락시켰던 그 질문들과 지속적으로 싸우게 된다. 내가 귀신을 보았는가, 또는 그 귀신은 진짜였는가? 나의 관찰이 옳다는 것을 검증할 어떤 기준이 세상에 있을까? 하지만 그것은 다시금 나 자신의 주관적인 관찰일 뿐이다.

이렇게 하여 그는 끝없는 성찰의 심연으로 빠져들게 된다. 이는 인간의 주관적인 내면세계의 모습이다. 이런 과정을 거쳐 상심한 히스테리 환자이자 자살충동에 사로잡힌 우스꽝스런 인물 햄릿은 생각은 많지만 행동에 소극적인 최초의 지식인이자, 열병 같은 이념적인 몽상과 자기 회의의 환각에 휩싸여 있는 낭만적 인간의 원형이 된다. 독일인들은 햄릿을 재인식하게 됨으로써, 항상 자신들의 존재를 다시 깨닫게 되었다. 즉 햄릿처럼 과거를 돌아보며, 과거의 해결되지 않은 살인과 희생들에만 사로잡혀 골몰하는 모습으로.

셰익스피어의 작품에 등장하는 수많은 인물들은 인류의 기억 속에 자리잡고 있다. 베니스의 무어계 흑인 『오셀로Othello』는 아름다운 데스데모나의 남편, 즉 인간의 모습을 한 악마와 같은 이아고의 선동에 눈먼 질투의 화신이 된다. 마키아벨리와 같은 간계를 자행하는 이아고의, 동기를 알 수 없는 악의에 우리는 전율할 뿐이다.

고리대금업자인 샤일록Shylock은 아웃사이더 상태에 있는 유대민족의 구체적 형상이며, 인색하고 복수심에 불타는 게토의 대표자다. 셰익스피어는 그가 공정함과 인간애, 동포애를 감동적으로 호소하도록 하는데, 이 위선적 행동으로 그는 레싱Lessing의 『현자 나탄Nathan der Weise』에 대비되는 인물이 된다.

폴스타프Falstaff는 카니발과 유복한 생활을 대표하는 인물이다. 엄청나게 비대한 체구에 지독한 욕설을 퍼붓는 그는 정신적 삶과 육체적 삶을 모두 보여주고 있으며, 질서를 왜곡하고 세상을 파괴하는 자이며, 바보스런 왕자이자 변명과 거짓말, 허구와 시나리오를 끊임없이 만드는 자다. 그가 만들어내는 허구와 시나리오에는, 실제작가 셰익스피어가 숨어 있으며, 소비와 도취가 지배하고, 이 극과도 같이 무질서의 예외상태가 판을 치게 되는 카니발의 형국을 생생히 보여준다.

『맥베스Macbeth』의 주인공 맥베스는 자신의 야심을 추구하는 데만 관심이 있는 부인에게 우롱당하는 남편의 전형이다. 마녀나 다름없는 그의 부인은 남편을 연속적으로 살인하게 만들어 마침내 헤로데처럼 아기를 죽이는 독재자가 되어 비루먹은 개죽음을 당하게 했다.

리어 왕King Lear은 세 명의 딸에게 자신에 대한 애정을 시험하는 늙은 아버지다. 그는 마치 동화에서처럼 착한 딸을 내치고 나쁜 두 딸에게 나라를 물려준다. 그 벌로 그는 두 딸에게 쫓겨난다. 우리는 무대에서 한 인물이 서서히 힘을 잃어가는 고통을 함께 느낀다. 그 늙은 왕은 미친 듯이 절규하지만, 권력과 사회적 역할, 시종들, 집, 옷, 아이들과 마침내 이성까지 잃어버린다. 그는 자신의 무능과, 분노를 일으키는 고통 사이의 긴장을 더 이상 견디지 못한다.

『로미오와 줄리엣Romeo and Juliet』은 서정적인 하룻밤 사랑에 완전히 도취되어버리는 한 쌍의 연인의 원형이다. 이 사랑은 그러나 너무나도 역설적으로 파멸의 상황으로 귀결되며 결국 두 사람의 죽음 직전에 다시 한 번 결합하게 만든다. 이와 같이 둘은, 줄리엣이 수많은 짧은 글들에서 한숨지으며 예견한 대로 파멸하게 되지만, 유럽 문화라는 하늘에 연인들의 별로 남게 된다. 셰익스피어가 로미오와 줄리엣으로 하여금 처음 만나던 밤에 소네트로 영원을 속삭이게 한 이후로, 수많은 연인들은 밤마다 이 두 사람의 별을 보며 서로의 사랑을 확인할 수 있었다.

그의 작품에는 또한 마술과 같은 세계가 펼쳐지곤 한다. 『한여름밤의 꿈 A Midsummer Night's Dream』의 세계는 요정의 여왕인 티타니아와 그녀의 남편 오베론 사이의 불화의 이야기다. 오베론은 티타니아에게 복수하기 위해 장난꾸러기 요정 퍽을 보내어 그녀를 혼란에 빠뜨려 결국 그녀로 하여금 나귀를 사랑하게 만든다. 이 작품은 셰익스피어가 난쟁이 릴리펏 민담(Liliput-Folklore. 릴리펏은 스위프트의 『걸리버 여행기』에서 걸리버가 도착한 소인국이다)을 자신의 것으로 만들고, 고전적인 발푸르기스 밤의 마녀들의 모임에 등장하는 모든 요소들을 예술적인 형상화 과정을 거쳐 탄생시킨 마술의 세계다. 이 세계는 모든 것이 항상 변화하고 경계가 불분명한, 변장과 연극의 세계 그 자체다.

이러한 마술 같은 세계와 『줄리어스 시저Julius Caesar』나 『리처드 3세 Richard III』에 나타난 정치세계 사이에는 깊은 심연이 놓여 있다. 『줄리어스 시저』에는 계산과 상대방에 대한 조작, 정치적인 술수와 합리적인 전략 등이 존재하며, 『리처드 3세』에는 정치를 더이상 도덕적이 아니라 기술적으로 이해하는 마키아벨리의 현실적인 정신이 지배하고 있다.

『맥베스』와 『리어왕』의 어두운 지옥과, 재치 있는 로잘린드가 등장하는 『뜻대로 하세요As You Like It』의 근심 없는 축제의 분위기 속에 함께 등장하는 술고래, 연인들, 서정적인 바보들이 연출하는 전원적인 세계 사이에는 뚜렷한 차이가 있다. 이 모든 것이 같은 작가에 의해 만들어졌다는 것이 믿기지 않을 정도이지만, 이는 엄연한 사실이다. 셰익스피어의 비밀은 무엇일까?

그는 언어의 핵심을 융합하는 대가였다. 이런 언어 융합은 에너지를 방출하며 마치 순수한 의미처럼 발산된다. 다음에 희곡 『자에는 자로 Measure for Measure』에 나오는 한 예를 살펴보자.

> But man proud man
> dressed in a little brief authority
> most ignorant of what he's most assured
> (his glassy essence) like an angry ape
> plays such phantastic tricks before high heaven
> as makes the angels weep who, with our spleens,
> would all themselves laugh mortal.

하지만 인간은, 오만한 인간은

보잘것없는 한순간의 권력을 몸에 걸치고도
자신에게 가장 가까이 있는 것(영혼의 거울)을
보지 못하고, 분노하는 원숭이처럼,
높은 하늘 아래 어리석은 바보짓을 하여
천사들을 울리게 하지.
아마 천사들이 우리와 같은 성정을 가졌다면
배를 잡고 웃었을 텐데.

언어의 핵심적 분열은 "보잘것없는 한순간의 권력을 몸에 걸치고도"라는 은유적 표현에서 나타난다. 그 표현에는 권력이 의상처럼 소개된다. 이것은 의미론적인 연쇄작용을 불러일으킨다. 언어의 핵심은 융합되고 모든 세상은 극장으로 변한다. 인간은 거울 앞에서 인상을 찡그리는 분노한 원숭이가 된다. 똑같은 방식으로 세상은 무대가 되고, 수정그릇 같은 하늘은 (엘리자베스 시대의 사람들은 하늘을 이렇게 상상했다) 관객석으로 변한다. 그 관객석에서는 천사들이 원숭이처럼 어리석은 인간들의 바보짓을 바라보고 있다. 인간들은 어리석게도 자신들의 본질을 착각하고 있다. 따라서 인간들은 하늘처럼, 그리고 유리로 만든 거울 같은 속성을 지닌 자신들의 '영혼의 거울'을 볼 수가 없다. 왜냐하면 이것들은 투명해서 보이지 않고 변화하지도 않으며 변화하는 현상들을 되비치고 있을 뿐이기 때문이다.

그러나 그 점에서 영혼은 인간에게 거울을 들이대는 극장무대와 비슷하다(배우는 자신이 그려내는 인물을 볼 수 있게 하기 위하여 자신을 감춘다). 하늘에서 비가 오듯, 천사들은 우리 인간들이 인식의 부족으로 인해 신나게 웃고 있는 것에 대해 운다. 그들은 우리의 광란적인 춤이 해괴망측하다는 것을 알기 때문이다. 그러므로 인간은 정확히 신적인 천사와 동물적인 원숭이 사이에 존재하게 된다. 인간 존재는, 사멸되는 측면은 외부로 드러내고, 불멸의 것은 볼 수 없게 하면서, 동시에 변화되지 않고 단지 찰나적인 현상만을 볼 수 있게 만드는 거울과도 같게 된다. 셰익스피어는 단지 몇 줄로 우주와 인생의 전체상을 그려내는 데 성공했다. 천사와 원숭이 그리고 인간, 극장에서의 웃음과 눈물, 하늘과 땅 등을 언어의 거울로 불러내서, 알량한 지위가 인간을 유혹해 남용케 하는 권력이 무엇인지를 보여주고 있는 것이다. 마술과도 같은 시를 가지고서.

이 시를 지금처럼 설명을 통해 힘들게 그리고 천천히가 아니라, 시연의 리듬과 템포로 생생히 느낄 수 있는 사람은 신이 첫 번째 창조의 날에 활동하는 모습을 보는 듯한 느낌을 가지게 될 것이다. 그 사람은 창조적인 힘이 보여주는 시적인 오르가슴을 태초에 발생한 창조의 폭발음으로 체험할 수 있다. 지상에서 이보다 더 커다란 희열이 있을까. 그 느낌은 우리들의 의기소침함과 우울한 기분을 날려버리고, 살아 있다는 사실에 감사하게 만든다.

장-바티스트 몰리에르

고전적 프랑스 문학은, 당대에는 장-바티스트 포클랭으로 불렸던 장-바티스트 몰리에르(Jean-Baptiste Molière, 1622~73)를 통해 오늘날까지 생생하게 남아 있다. 그는 프랑스 희극의 창조자이자 루이 14세의 총아였다. 그는 연극의 전방위 재능꾼으로, 희곡을 창작하고 연출했으며, 스스로 주연을 맡기도 했다. 그의 희극 제목에서 알 수 있듯이 그는 일정한 인물 유형들을 조롱하고 있는데, 이들은 특정한 무엇인가에 사로잡혀 이성을 잃고, 이로 인해 생겨난 비정상적인 상태에 갇혀 있다. 따라서 이러한 인물 유형들은 대개 프랑스 속담에 길이 남았다.

『인간 혐오자 Le Misanthrope』에서는 주인공 알세스트가 더이상 사회의 허위적인 관습을 따르지 않고 진실하고 정직한 말만을 하겠노라고 다짐한다. 하지만 불행하게도 그는 정직한 엘리앙의 관심을 물리치면서, 오히려 자신이 경멸하는 모든 것을 지닌, 독설가이자 허영과 교태를 부리는 클리멘을 사랑하게 된다. 이렇게 해서 몰리에르는 인간이 가지고 있는 지배적인 감정의 이중성을 보여준다. 사람은 자신이 은밀히 사랑하는 것을 겉으로는 특히 증오하며, 자신이 주목을 받는 데 실패한 사회를 경멸하게 되는 법이라고.

『수전노L'Avare』에서 몰리에르는 삶의 불안으로 가득 차 단지 돈을 모으는 것만으로 위안을 삼는 한 인간의 편집증을 묘사한다. 몰리에르가 이름을 붙여준 또 하나의 인물 유형은 '타르튀프Le Tartuffe' 즉 위선자다. 타르튀프는 아첨에 능한 윤리적 고등사기꾼이다. 그는 능변의 아첨으로 자신을 위장하고 단순한 오르공의 신임을 얻은 후에, 그의 사생활에 끼어들어 그를 가족과 멀어지게 하고 재산을 날치기하며, 결국 자신의 마각을 드러내어 그의 부인을 성적으로 희롱하기까지 한다. 이 희극은 당시에 훌륭하게 보이던 사람들, 종교적으로 정직한 체하고 위선적으로 겸손하게 보이는 사기꾼의 대가들에 대한 공격이었다. 그들은 영혼을 괴롭히는 사람들로, 큰 집안살림을 맡아 도움을 주는 척하지만 결국 그 집 사람들의 경건함을 이용하여 그 집의 유산을 횡령하고자 시도한다.

이 작품에 대한 반응 역시 격렬했다. 공연은 금지되고, 작품을 공연하는 데 가담한 모든 사람들은 파문 위협을 받았고 심지어 몰리에르를 화형시키자는 제안까지 있었다. 이러한 모든 움직임은 출정한 왕이 돌아와서 무산되었다. 하지만 이 사건은 사회의 모든 부조리를 비웃음거리로 인식시킨다는 희극의 역할을 증명해 보였다. 몰리에르의 희극이 지금까지 살아남은 것은 역설적으로 다음의 씁쓸한 결론을 내리게 하는 이유가 된다. 다시 말해서 현실에서 변하는 것은 적고, 사회의 도덕이 흔들리는 틈을 타서 자신의 계급의 영향력을 확보하려는, 정치적으로 자기 잇속만 챙기는 타르튀프와 같은 인간과 집단들이 만연하고 있다.

몰리에르는 효과 만점인 희극「기분으로 앓는 사나이Le Malade imaginaire」로 당시의 비극적인 상황을 체현한다. 작품의 주인공은 자신의 딸을 의사와 결혼시켜 평생 치료를 보장받고 싶어하는 우울증 환자다. 그런데 몰리에르는 자신이 당시 실제로 몸이 아팠다는 이유로 직접 주연을 맡게 되었다. 그는 정말 열정적으로 연기했고, 관객들은 포복절도했지만, 그 공연 도중

몰리에르는 무대 위에서 죽고 말았다.

『모험가 짐플리시무스』

근대 독일 문학에서 오늘날에도 여전히 주목받고 있는 중요한 작품들 중 최초의 것은 한스 폰 그리멜스하우젠Hans J. Chr. von Grim-melshausen(약 1621~76)의 소설 『모험가 짐플리시무스*abenteuerlicher Simplicissimus*』다. 소설의 내용은 젊은 주인공 짐플리시무스('단순한 사내'라는 뜻)가 유럽의 30년 전쟁(1618~48)에서 경험한 황당한 사건들을 묘사하는 이른바 '악한(惡漢)소설'이다. 예를 들어 그는 기만적인 주문으로 송아지처럼 행동해야만 했고, 난폭한 크로아티아인들에게 납치되기도 했으며, 여장을 하고 다니기도 했다. 다시 돌아온 그는 원해서 황제의 시종으로 일하지만, 립슈타트에서 결혼을 강요받아 파리로, 빈으로, 모스크바로 여행을 떠난다. 그는 재산을 모으기도 탕진하기도 하면서, 수많은 여자들을 알게 되지만, 결국은 섬에 은둔하는 현자가 된다.

이 작품은 일종의 '성장소설'이기도 하고, 영혼의 치유를 위한 순례를 보여주는 알레고리이기도 하다. 때문에 소설의 밑바탕에 깔린 신랄한 어조에도 불구하고, 이와는 잘 어울리지 않는 기독교적인 염세주의 정신이 인생의 무상함을 보여주고 있다.

그리멜스하우젠은 이 작품의 성공으로 짐플리시무스적인 계열의 글을 계속해서 발표했다. 『모험가 쿠라게*Landstörtzerin Courasche*』 역시 이런 장르에 속하는데, 현대독일 극작가 브레히트Brecht가 그 소재를 자신의 작품 『억척 어멈과 그 아이들*Mutter Courage und ihre Kinder*』로 활용했다. 또한 그리멜스하우젠의 소설에 따라 이후 유명한 풍자잡지인 〈짐플리시무스 *Simplicissimus*〉가 창간되었다.

『로빈슨 크루소』

『돈 키호테』를 제외한다면, "세계문학 사상 최초의 사실주의적인 소설"

은 당연히 다니엘 디포(Daniel Defoe, 1660~1713)의 『로빈슨 크루소*Robinson Crusoe*』로 돌아가야 할 것이다. 또한 디포는 '최초의 저널리스트'라는 칭호를 받아야 할 것이다. 이로써 우리는 근대와 시민계급의 세계에 도착하게 되었다. 디포는 영국의 휘그당이 1688년 명예혁명을 통해 왕으로 추대한 네덜란드 출신의 영국 왕 오렌지 공(公) 윌리엄의 열렬한 지지자였다. 윌리엄은 모든 영국인들에게 헌법에 의거한 자유권을 보장한다는 권리장전에 서명한 뒤에 왕이 되었다. 관용의 자세를 천명하는 그의 정치 덕택에 언론 검열은 폐지되었고, 영국에서는 유럽의 어느 나라보다도 앞서 자유언론이 발전했다. 이제 언론의 목표는 여론이라는 새로운 권력을 얻는 것이 되었다. 그 누구보다도 디포는 이러한 정치사회의 발전에 동참했다. 그는 뉴스뿐만 아니라 그에 대한 해설도 실었던 최초의 신문인 〈리뷰*The Review*〉지를 창간했다. 그 외에도 그는 기업가, 파산자, 선거 스파이, 정당 밀정, 정부 자문위원 그리고 역사물과 전기물·여행기·교육서와 소설 등의 편집자와 작가로 다양하게 활동했다.

1719년에 디포는 『요크의 선원 로빈슨 크루소의 생애와 이상하고 놀라운 모험*The Life and Strange Surprising Adventures of Robinson Crusoe of York*』이라는, 근대를 이해하는 데 핵심적인 소설을 쓴다. 이 소설의 청소년판이 나오면서, 섬에서 표류하는 것만으로 내용이 축소되었기 때문에 다음의 사실을 부연할 필요가 있겠다. 로빈슨 크루소가 난파당하는 내용은 소설이 묘사하는 일련의 이야기들 가운데 세 번째에 등장한다. 그 일련의 이야기에서 크루소는 항상 똑같은 잘못을 범한다. 즉 그는 소박한 시민계급의 삶에 만족하라는 아버지의 경고를 내팽개치고는, 해상무역으로 졸부가 될 생각으로 집을 뛰쳐나간다.

그 뒤 그는 또 두 번이나 신으로부터 경고를 받는다. 첫 번째는 폭풍을 당하면서, 두 번째는 노예로 팔리면서다. 그는 노예의 신분을 벗어나서 브라질의 부유한 플랜테이션 농장주가 된다. 농장 경영을 확장하려는 욕심으로 노예 조달을 위해 항해를 떠나게 되지만 난파를 당해 무인도에 갇힌다.

무인도에서의 정신적 위기를 겪은 후에 그는 자신의 운명을 신이 마련해 준 사회질서에 반항한 벌로 이해하기 시작한다. 이리하여 무인도에서의 생활을 자신의 잘못을 속죄할 수 있는 기회로 받아들인다.

무인도 생활에서 당면한 일상적인 문제들을 해결하고자 그는 여러 가지 실험을 하게 되는데, 이는 농경생활에서부터 짐승을 가축으로 기르기까지의 인간의 자연 극복의 역사를 반복하여 보여준다. 이 과정에서 그가 보여주는 창조적 노력과 모든 것을 사용하고 응용하는 태도는, 인간이 자신을 보존하기 위해 도구를 사용한다는 것과 같은 관점으로 세상을 관찰하게 만든다(→ 홉스의 철학).

이 점은 시간을 보는 관점에도 그대로 적용된다. 그는 시간을 마치 창고의 저장물처럼 아껴서 사용한다. 이렇게 해서 그는 자신이 진정한 청교도 시민임을 증명해 보인다. 청교도 시민은 자기 자신뿐만 아니라 이후 신에게까지 자신이 사용한 인생의 시간에 대해 결산보고를 하는 사람이다. 로빈슨은 일을 위해서 유익하게 사용해야 하는 것으로서의 시간 개념을 무인도에서 배우게 된 것이다. 그는 또 자신이 보낸 시간에 대해 기록하기 위해 일기를 쓰고 자기 관찰의 기술을 연습한다. 이렇게 해서 그는 시간을 나누어서 살아가는 방법을 배우고, 규칙적인 생활로 자신의 존재에 안정감을 주어, 무인도에서의 고독함에도 불구하고 자신의 생활을 유지하게 된다. 이런 식으로 로빈슨의 무인도 체류는 시민적 운명을 종합해서 상징적으로 보여준다. 사회적 고독, 자기 통제, 방법론에 따르는 삶의 영위, 독자성과 기술적 발명능력 등을 종합한 것은 다음 세기를 위한 삶의 프로그램이다. 『로빈슨 크루소』는 청교도주의와 자본주의가 어떻게 관련되어 있는지를 그려내고 있다.

디포는 로빈슨의 모험과 같은 무인도 체류기로 세부 묘사와 관련된 사실적 문체를 개발했다. 무인도 체류와 사실적 문체는 관련이 있는데, 무인도 체류기는 일상을 낯설게 하여 매일의 익숙한 반복적인 행위가 갑자기 더이상 자명한 것으로 보이지 않게 한다. 이런 경험은 일상을 흥미 있게 하며, 일상의 상투성을 넘어 문학의 대상으로 승화시킨다. 이제 사실주의 소설의 시대가 시작된 것이다.

『로빈슨 크루소』는 '성장소설'이기도 하다. 이는 주인공이 독자를 대신하여, 재난을 자서전적인 자기 해석을 통해 도덕적으로 자신의 경험에 통합시키고 의미 있게 만드는 법을 배운다는 맥락에서다. 삶을 이기적으로 즐기기만 하는 사람은 고통으로 그 값을 치러야 한다. 이는 어떤 점에서는 연옥의 불길을 다시 끌어들여 죽음을 맞이하기 전에 경험하는 것과 같은데, 이 소설에서 묘사하고 있는 현대의 삶이 바로 그렇다.

물론 무인도에서의 생활은 프라이데이의 출현으로 근본적으로 변한다. 로빈슨은 시간의 바다에서 방향을 잃어버려 자신의 정체성을 확신하지 못하고, 바다와 야수들, 그리고 결국은 식인종에게 희생될 것이라는 불안에 항상 쫓긴다. 그래서 그는 모래사장에 남아 있는 발자국을 처음으로 발견했을 때 극도의 공포에 휩싸이게 된다. 이때부터 이 소설은 식민 개척의 이야기가 된다. 로빈슨은 프라이데이를 식인종의 무리에서 구출하여 사신의 시종으로 삼고, 유럽의 풍습과 언어를 가르친다. 이후에 마침내, 난파한 유럽인들과 함께 섬을 개척하여 섬의 식민 총독이 된다. 대영 제국은 그를 다시 얻게 된 셈이다.

이 소설은 그 교육적인 효과로 해서 엄청난 성공과 많은 후속 모방작을 배출한다. 5년이 채 지나기도 전에 네덜란드, 독일, 프랑스, 스웨덴, 심지어 작센의 로빈슨까지 등장했다. 이른바 로빈슨의 모험에 해당하는 모델은 다른 목표와 다른 개인들로 변화되었다. 알려진 것으로는 슈나벨Schnabel의 감상주의적 소설 『펠젠부르크 섬Insel Felselburg』(1721)과 베르나르댕 드 생 피에르Bernardin de Saint-Pierre의 전원적인 무인도 소설인 『폴과 비르지니 Paul et Virginie』(1787) 등이 있다. 또한 로빈슨 크루소는 유토피아적인 국가 소설과 여행문학, 교육소설에 영향을 주었다. 그외에도 이념적으로 변질된 로빈슨의 모험담은 많다. 그 중 독립적으로 변형된 이야기로는 매리엇 Marryat의 『레디 선장Masterman Ready』(1843)과 게르하르트 하우프트만

Gerhart Hauptmann의 『할머니의 섬 Insel der großen Mutter』(1925), 그리고 학교의 교과서용 고전이 된 윌리엄 골딩William Golding의 『파리대왕Lord of the Flies』(1954) 등이 있다.

『걸리버 여행기』

가상적인 여행 장르에 속하는 작품으로, 『로빈슨 크루소』와 많은 공통점을 가지고 있지만 소설이 아니라 역사상 가장 영향력 있는 풍자산문이 바로 조너선 스위프트(Jonathan Swift, 1667~1745)의 『걸리버 여행기Gulliver's Travels』(1726)다. 내용은 선원 의사인 레뮤엘 걸리버가 시도한 네 번의 해상여행에 관한 보고다. 첫 번째 여행에서 그는 릴리펏(스위프트가 창조한 가상의 땅)으로 간다. 그곳 주민은 키가 6인치(약 15cm)인 소인들이다. 걸리버는 릴리펏의 왕궁에 가서, 트라멕산과 슬라멕산이라는 두 당파가 싸우는 것을 관찰할 기회를 갖는다. 이를 통해 스위프트는 영국의 정당, 특히 휘그당을 풍자한다. 두 번째 여행에서 시각이 전도되어, 걸리버는 후덕한 거인들의 땅인 브롭딩나그를 방문한다. 이제 걸리버 자신이 릴리펏의 소인과 같이 되어, 부패한 정당국가인 영국에 관한 이야기를 해주어 브롭딩나그 왕을 놀라게 한다. 브롭딩나그 왕은 영국 인문주의의 정치적 이상을 의인화한 것인데, 스위프트의 견해에 따르면 토리당으로 대표된다.

이러한 정치적 이상은 로마인들의 덕목인 전원생활의 조용함과 공동의 복지를 위한 적극적인 정치 참여행위를 결합한 것을 말한다. 동시에 걸리버의 브롭딩나그 묘사는 이 인물의 시각을 거시적이고도 정밀하게 확대하고 있다. 브롭딩나그의 얼굴은 분화구들이 있는 풍경처럼 묘사되고, 몸에 난 상처와 염증을 관찰하는 것은 구역질을 참아내는 힘든 노력으로 언급된다. 스위프트는 이렇게 하여, 자신의 풍자를 인간 육체에 대해 구역질을 보이는 햄릿적인 것으로 만드는 기회를 가지게 된다. 또한 스위프트가 구역질나게 묘사한 것은 거지들의 몸에 붙어 돼지처럼 코를 박고 피를 빨고 있는 거대한 이들이며, 여왕을 시중드는 여인이 재미삼아 그를 자신의 젖

꼭지 위에 올라타게 했을 때 유방의 유선에서 나오는 분비물로 정신을 잃을 뻔한 적도 있었다고 묘사한다.

그는 세 번째 여행에서 라푸타, 발니바르비, 럭낙, 글럽덥드립 그리고 일본으로 간다. 라푸타는 천공(天空)의 섬으로, 마치 영국이 아일랜드에 그렇게 했던 것처럼, 자신의 무게 전체로 자신들이 지배하는 발니바르비를 으깨어 가라앉히려고 위협하고 있다. 발니바르비에서 걸리버는 대담한 실험과 환상적인 프로젝트를 실현시키고자 공들이고 있는 라가도 아카데미를 둘러본다. 이 아카데미는 사람들의 정치적 견해 차이를 뇌수술을 통하여 제거하고, 정치인들의 배설물을 제때에 분석하여 반역의 음모를 알아내려고도 한다. 스위프트는 이로써 당시 세계에서 가장 인정받는 학회인 영국 학술원을 공격했다.

글럽덥드립으로의 여행 중에 걸리버는 역사상의 위대한 영웅들을 알게 되지만, 그들이 실제로는 악당의 괴수들이라는 사실을 확인했을 뿐이다. 스위프트의 이 같은 관점의 상대화는 사실상 자신의 친구 존 게이(John Gay)가 『거지 오페라 The Beggar's Opera』(브레히트의 『서푼짜리 오페라 Dreigroschenoper』의 원형)에서 당시 영국의 월폴 총리를 사기꾼의 왕 피첨의 모습으로 묘사했던 것과 같은 방식으로 작업했다고 할 수 있다. 마침내 걸리버는 럭낙에서 생물학적으로 불멸의 인간들인 스트럴드브럭인들을 만난다. 하지만 그들을 만난 후 불멸성의 장점에 대한 모든 환상은 깨지고 만다. 스트럴드브럭인들은 나이가 들어감에 따라 인간 이하의 우둔함을 보여주는 노인의 상태로 퇴화하기 때문이다.

네 번째 여행은 아마도 가장 특기할 만할 곳일 것이다. 걸리버는 어느 땅에 도착하는데, 그곳은 특성상 완전히 서로 다른 두 종류의 생물이 사는 곳이다. 그 첫 번째 종족은 휘늠족이었는데, 그들은 합리적인 말(馬)종족으로 고결하고 후덕한 성품을 지녔으므로, 걸리버가 설명하는, 자신이 떠나온 고국의 전쟁이나 거짓말, 법을 왜곡하는 부패한 정치인들에 대한 이야기를 잘 이해하지 못한다. 그들에게는 악을 하나의 범주로 이해하는 개념이 없었던 것이다. 다른 한 종족은 정반대의 야후족인데, 이들은 비속함과 악덕, 총체적으로 온갖 혐오감을 불러일으키는 타락한 족속이다. 경이로운 말종족과의 교제를 통해, 그리고 야후족의 한 처녀가 자신을 성적으로 원하고 있다는 사실을 알고는 걸리버는 사람이 말보다는 야후족에 가깝다는 수치스러운 사실을 깨닫게 되고, 깊은 자기 증오에 빠진다. 그래서 그는 전체 인간 종족에 대해 심각한 혐오를 느낀다.

휘늠족과 야후족의 대비적 모습을 통해 스위프트는 토머스 홉스의 인류학을 존 로크의 인류학과 대결시키고 있다(→ 철학, 홉스, 로크). 야후족은 홉스가 상정한 만인의 만인에 대한 동물적인 전쟁상태를 대표하고, 휘늠족은 로크의 관념처럼 통치자 없이 평화롭게, 하지만 도덕적인 혼란에서가 아니라 이성에 따라, 그리고 자연과 문화가 어우러진 시민적인 예의범절에 따라 살아가고 있다. 네 번째 여행을 묘사하고 있는『걸리버 여행기』제4권은 17세기의 암울한 인류학이 18세기의 낙관적 계몽주의로 변화되었음을 보여준다. 야후족은, 인간은 부패한 본성 때문에 신의 강력한 지도가 필요하다는 전통적인 기독교 시각을 구체화하고 있다. 이에 반해 휘늠족은 문명사회의 자기 조절력에 대한 신뢰를 대표한다. 이 두 가지 예는 오늘날에도 사회의 이데올로기적인 조건들을 구별하는 근거를 보여준다. 인간의 상태를 야후족으로 상정하는 사람은 보수주의자로, 휘늠족에 의해 통치되는 강력한 국가를 요구한다. 인간을 휘늠족으로 상정하는 사람은 자유진보주의자로, 국가를 야후족에 의해 만들어진 이데올로기적인 거짓 꾸밈으로 이해한다.

디포와 스위프트는 모두 근대의 시민민주주의의 정부기구와 경제관이 형성되던 혼란기의 와중에 살았다. 디포의『로빈슨 크루소』는 우리 시대에도 여전히 존재하는, 인간성의 배후에 숨겨져 있는 종교적이고 도덕적인 관념과 동기들이 무엇인지를 경험하게 해준다. 스위프트는 도덕적 덕목의 관점에서 볼 때 무분별한 정쟁을 일삼고 있는 정부체제가 얼마나 우스운 것인가 하는 점을 일깨워준다. 또한 서로 대립하는 정당들의 관점이 얼마나 상대적인지를 보여주는데, 이 점을 그는 동일한 인간을 한 번은 도덕적인 난쟁이로, 다른 한 번은 윤리적인 거인으로 묘사하는 방식으로 문학에 도입했다.

『파멜라』와 『클라리사』

오늘날에는 그리 많이 읽히진 않지만 당대에는 엄청난 영향력을 행사했고, 그 영향이 지금까지도 이어지는 두 편의 소설이 있는데, 바로 사무엘 리처드슨Samuel Richardson(1689~1761)의 소설 『파멜라Pamela』와 『클라리사Clarissa』이다. 이들은 모두 서간체 소설이다. 또한 둘 다 단정한 어느 시민계급의 처녀가 그녀를 겨냥해 음흉하게 포진하고 있던 타락한 귀족에게 강박과 폭력을 당한다는 줄거리다. 독자들은 소설 속의 편지를 통해 주인공 처녀의 어려움과 확고함, 그녀가 전적으로 거부하지는 않는 주변 남자들에 대한 양면적인 감정에 대해 알 수 있다. 『파멜라』에서는 귀족이 그녀를 범하겠다고 위협하고, 『클라리사』에서는 실제로 겁탈을 한다. 이 점에서 두 소설의 서로 다른 점이 존재한다. 『파멜라』에서는 기회를 엿보던 그 귀족이 뜻을 접고 그녀가 비록 시중을 드는 여자였지만 청혼을 하고, 그녀는 이제 모든 것이 합법적으로 이루어졌기 때문에 그 청혼을 호의적으로 받아들인다. 『클라리사』에서는 남자가 여자를 겁탈함으로써 결합의 가능성은 사라지고, 그가 후에 청혼을 하자 그녀는 거절을 한다.

서간체 소설형식은 새로운 서사형식을 가능하게 한다. 거의 항상, 바로 체험한 것이 묘사되거나 현재의 기분이나 흥분된 영혼의 상태까지 전달된다. 독자들은 거리를 둔 회상을 통해 사건을 듣는 것이 아니라, 사건을 동시에 알 수 있다. 줄거리는 한 집안이나 개인의 내부로 옮겨진다. 소설은 심리적 묘사가 가능해지고, 여자들도 주인공이나 글의 저자로 등장할 수가 있다. 이것은 독자들이 지금보다 더 확실하게 소설에 참여할 수 있음을 의미하고, 특히 여성 독자들을 얻을 수 있음을 의미한다.

그러나 무엇보다도 결정적인 것은 리처드슨이 새로운 신화를 만들어냈다는 데 있다. 거기에서는 그후의 시민소설들에 등장하게 될 전형적인 연인들의 모습이 정립되었다. 이 새로운 신화의 문화적인 전제는 여자들에게 성적인 것을 금기시하는 것이자 감성에 기초한 혼인의 성립이다. 이로써 우리는 문학사조상 감상주의 시대로 가는 문턱에 도착한 셈이다.

계급과 계층을 뛰어넘어 모든 인간을 결합시키는 끈으로서의 감정("사회의 관행이 엄격히 분리해놓은 것을 너의 마술이 다시 결합시키고 있어……"). 이 표현은 시민계급이 귀족계급과의 논쟁에서 사용하는 무기가 된다. 시민계급은 귀족계급의 방종함에 대항해 시민적 덕을 내세웠다. 이러한 배경에서 리처드슨은 귀족계급과 시민계급의 대립을 자신의 소설에 등장하는 한 쌍의 남녀를 통해 구체화했다. 남자는 바람둥이 귀족이다. 적극적이지만 뻔뻔스럽게도 결혼생활 이외의 연애를 귀족의 전통으로 착각하고 있는 인물이다. 여자는 시민계급 출신이다. 소극적이지만 가정적이고 감정이 풍부하며, 성적인 문제에서는 원칙에 충실하고 정숙하다. 리처드슨은 이런 식으로 계급간의 대립을 남녀의 성의 문제와 관련짓고, 사회적 갈등을 귀족의 악습과 시민의 도덕을 보여주는 남녀의 투쟁으로 변화시키는데, 이때 천사 같은 여자는 악마 같은 남자의 줄기찬 공격을 받는다.

이러한 형식은 리처드슨이 확립한 시민소설의 전형이다. 시민계급의 여자가, 귀족계급의 남자가 수상쩍게 접근하는 것에 도덕적으로 저항하고 남자가 마침내 지쳐, 여자의 섬세한 감성과 소망을 존경하는 법을 배워 여자에게 정식으로 청혼한다는 스토리다. 여자는 정식으로 청혼을 받고 나서야 자신의 억제된 감정을 발견하고, 지금까지 자신을 괴롭히던 남자를 사랑하게 된다. 이로써 이후 150년 동안 문학사를 지배할 두 가지 스테레오 타입이 탄생한다. 자유분방한 기질의 귀족출신의 유혹자와, 그로 인해 자신의 억제된 성적인 충동을 절실히 인식해야 하는 여자. 이 여자는 젊고 연약하고 섬세하지만, 수동적이고 이성적이며 도덕적이어서 상대 남자에게 결혼 전까지는 자신의 감정을 보이지 않는다. 이런 경계선을 넘어서게 되면 여자는 정신을 잃는다.

이러한 형식이 좀더 정교해진 경우가 바로 제인 오스틴의 『오만과 편견』(귀족 다시와 시민 엘리자베스), 내지는 샬럿 브론테Charlotte Brontë의 『제인 에어Jane Eyre』(뻔뻔스런 로체스터와 도덕적인 구버난테)다. 리처드슨의 소설은 동시대인들에게 특별한 인상을 심어주었고, 유럽의 전체 지식인들도 그에 고무되었다. 문학이 마침내 도덕을 찬양했기 때문이다. 문학은 사랑과 감정이라는 테마를 발견한 것이다. 이제부터 문학은 더 많이 이 테마에 관심을 가지게 되고, 사람들이 사적인 생활을 공공연하게 말할 수 있는 형식이 되었다. 문학은 사건들을 대단히 극화시킴으로써, 그리고 독자들을 더 광범위하게 참여시킴으로써 일종의 사적인 의사소통의 장이 되었다. 문학의 암시적 성격과 감정을 실은 묘사는 사람들의 참여를 유도하기에 안성맞춤이었다.

『젊은 베르테르의 슬픔』

리처드슨의 직접적인 영향으로 여성에게 초점이 맞추어졌던 것과 반대로 괴테는 남성의 관점에서 감정을 표현했는데, 바로 『젊은 베르테르의 슬픔』(1774)이다. 이 서간체 소설은 괴테가 글쓰기를 통해 스스로 극복했던, 자신의 삶에서 경험한 위기의 단면을 보여주고 있다.

젊은 법률가 괴테는 베츨러의 고등법원에서 실습한 적이 있었다. 이때 그는 폴페르츠하우젠에서 열린 무도회에서 본 샤를로테 부프를 사랑했다. 그는 샤를로테에게 구애를 하지만, 그녀가 이미 외교사절 비서인 케스트너와 약혼했다는 사실을 알게 되었다. 또한 그는 그 무도회에서 외교비서 직책의 카를 빌헬름 예루살렘을 알게 되었다. 이후 괴테는 결국 샤를로테와는 아무런 진전도 없이 베츨러를 떠나지만, 예루살렘이 케스트너의 권총을 빌려간 후 자살했다는 소식을 듣게 되었다. 예루살렘은 결혼한 샤를로테를 여전히 사랑하고 있었던 것이다.

괴테 자신의 회의와 예루살렘의 행위가 합쳐져 창작된 베르테르는 감상적이고 도취적인 인물이다. 그는 범신론적인 느낌에 압도되어 서정적인 산문에서 자신의 영혼과 자연의 합일을 찬양한다. 그러나 이러한 충만한 감성은 사회의 관습과 이성적인 세계의 정당성에 대한 거부에서 출발한 것이다. 그래서 베르테르는 자신의 감정을 알리기보다는 자신의 고독한 감성에 휩싸여 지낸다. 그때 시골의 한 무도회에서 샤를로테를 알게 되고 행복의 감정으로 충일된다("난 그녀의 눈이 눈물로 글썽이는 것을 보았지. 그녀는 내 손에 자신의 손을 놓곤 '클롭슈토크Klopstock!'라고 말했어. 난 그녀의 이 말이 나에게 일으켰던 감정의 폭풍에 빨려들어갔지. 나는 더이상 참을 수 없어 그녀에게 다가가서 기쁨으로 충만한 눈물을 흘리며 그 손에 키스했어.").

하지만 그녀의 이성적인 약혼자 알베르트는 두 사람 사이의 관계를 냉각시킨다. 베르테르는 알베르트의 편협함으로 상처를 입고는 그들에게서 떠나간다. 그는 시민의 신분으로 귀족사회에서 벗어나고자 했으며, 점점 더 삶의 혐오에 빠져 마침내 직장도 그만둔다. 이 상태는 그를 다시 샤를로테의 곁으로 내몰았지만 비참하게 알베르트를 다시 만났을 뿐이다. 이때 그의 좌절은 오시안Ossian(괴테 자신도 자세히 알지 못했던 아일랜드의 허구적인 음유 서사시인과 동명의 작품들)을 읽음으로 해서 삶 전체에 대한 회의로 발전한다. 그는 마지막으로 샤를로테와 함께 오시안을 읽고, 그녀에게 키스하고 그녀의 발치에 몸을 던진다. 샤를로테가 그를 뿌리치고 옆방으로 가버리자 알베르트에게 권총을 빌려 샤를로테에게 이별의 편지를 쓰고는 샤를로테를 처음 만났던 무도회에서의 옷으로 갈아입고 책상에서 권총 자살을 한다. 그는 감상주의 시대에 새롭게 태어난 햄릿인 셈이다.

이 소설의 반응은 대단했다. 한 세대 전체가 베르테르의 멜랑콜리를 느꼈다. 베르테르의 옷을 따라 입는 베르테르식 유행 의상이 생겨났다. 파란색 연미복, 노란색 조끼, 모직 모자와 손질하지 않은 머리. 자살의 물결이 나라 전역을 휩쓸었다. 베르테르와는 전혀 반대의 인물인 나폴레옹조차 이 소설의 프랑스 번역본을 늘 가지고 다녔다고 한다.

고트홀트 에프라임 레싱

독일의 희곡은 고트홀트 에프라임 레싱(Gotthold Ephraim Lessing, 1729~81)을 통한 셰익스피어와 그의 약강(弱强) 5보격 무운시(無韻詩, blank verse. 즉 약 강 약 강 약 강 약 강 약 강)의 수용으로 시작되었다. 레싱은 『미나 폰 바른헬름*Minna von Barnhelm*』(1767)이라는 가장 매력적인 독일 희극 중 하나를 만들어냈다. 이 작품은 고지식한 프로이센 장교가 자신의 총명한 애인 미나의 도움으로 돈 키호테적인 사고방식을 치유하게 된다는 내용이다. 그는 여자가 불행해야만 사랑한다고 믿기 때문에 미나는 불행한 여자처럼 위장한다는 점에 그 희극성이 있다.

또한 레싱은 『현자 나탄』을 통해 독일에서 계몽주의가 어느 정도 문명의 표준에 도달했는지를 되새겨볼 수 있도록 한다. 작품의 배경은 십자군 원정시대의 예루살렘이다. 주인공 나탄은 유대인 상인이지만 모든 종교가 동일한 진리의 다양한 표현형식이라고 여긴다. 한 기독교 기사가 나탄의 양녀 레하를 사랑하게 되고, 이 관계가 다시금 무슬림교도인 술탄 살라딘을 위기에 처하게 한다. 이로써 유일신관을 가진 세 종교가 서로 대립하게 된 셈이다. 하지만 작품의 종결부에서 레하와 기사는 남매로, 잘라딘의 형 자식이라는 사실이 밝혀진다. 하지만 그들 공동의 정신적 아버지는 현자 나탄이고 보면, 결국 모든 관련 인물들이 인간 가족의 일원으로 서로를 포용하게 된다.

이 작품에 담긴 레싱의 복음은 작품의 가운데에 위치한 에피소드에 표현되어 있다. 여기에서 술탄은 나탄의 지혜를 시험하고자 그에게 참된 종교에 대해 질문한다. 나탄은 보카치오의 『데카메론』에 나오는 세 번째 이야기에서 따온 반지 우화를 사용하여 대답한다. 어떤 가문에서는 조상 대대로 아버지가 죽기 전에 총애하는 아들에게 도덕과 행운의 값진 반지를 물려주게 되어 있었다. 마침내 그 반지가 한 아버지에게까지 오게 되었는데, 이 아버지는 자신의 세 아들을 똑같이 사랑했기 때문에 누구에게 반지를 물려줄지 결정하지 못했다. 그래서 그는 똑같이 생긴 반지를 두 개 더 제작하여 아들들에게 하나씩 나누어주었다. 아버지가 죽고 나서 세 아들은 각자가 진짜반지를 가지고 있다고 주장하며 서로 싸우게 되었다. 재판관은 아버지의 유언에 따라 아들 중에 삶의 행로가 모범적이어서 그 반지의 힘을 증명할 수 있는 사람이 진짜반지를 가지고 있는 것으로 인정하겠다고 판결했다. 이로써 각자가 가진 반지가 진짜임을 증명할 기회를 가지게 되었다.

나탄의 솔로몬같이 현명한 이 대답은 술탄을 감동시키는데, 이는 나탄과 레싱이 신앙의 지혜에서 이성의 진리로의 변화에 대한 믿음을 묘사하고 있음을 보여준다. 이 희곡은 유대인이 기독교도와 무슬림교도보다 상대방을 속이는 기술이 뛰어나다는 점을 보여주는 크리스토퍼 말로Christopher Marlowe의 『몰타의 유대인The Jew of Malta』에 대한 반대작이자, 음흉한 유대인 고리대금업자 샤일록을 등장시킨 셰익스피어의 『베니스의 상인』에 대한 반대작으로도 평가된다.

프리드리히 실러

독일 바이마르 고전주의의 하늘에 괴테 옆에서 빛나는 두 번째 별은 프리드리히 실러(Friedrich Schiller, 1759~1805)다. 18세기에서 19세기로 넘어가는 10년의 기간인 1794년에서 1805년까지 그는 괴테와 함께 긴밀히 작업했다.

하지만 그는 괴테와는 달리 역사에서 취한 소재로 정치극을 썼으며 극적으로 첨예화된 줄거리로 자신의 문학적 열정을 표출했다. 동시에 그는 격언조의 표현을 문학화시키는 데 특별한 재능을 가지고 있어서, 자신의 작품을 독일어 인용의 보물창고가 되게 했다. "도끼가 집에 있으면 (목수가 필요하랴)", "이 공허한 골목을 따라 그가 해야 하는 것은", "모어는 자신의 의무를 다한 것이다", "이제 여자들이 하이에나로 바뀌는군."

실러는 '질풍노도Sturm und Drang'의 원조격인 희곡 『도적떼Die Räuber』 (1782)의 성공으로 문명(文名)을 떨치기 시작했다. '질풍노도운동'은 프리드리히 폰 클링거Friedrich von Klinger, 괴테, 실러, 렌츠Lenz, 뷔르거Bürger 등을 중심으로 한 문학운동으로, 프랑스 고전주의에 기준을 둔 이상적 문체에서 벗어나 셰익스피어, 오시안, 루소, 하만Hamann 등의 문체를 본받아, 반항적이고 프로메테우스적이며 악마적인 특성을 강조했다. 『도적떼』는 프란츠 모어와 카를 모어 형제의 대립이 중심소재다. 이들은 마치 프랑스의 자유사상(프란츠)과 독일의 질풍노도(카를)처럼 대립하고 있다. 동생 프란츠는 형 카를을 속여 그의 상속권을 빼앗는다. 카를은 한 무리의 불량배들을 모아 숲속으로 들어가 이른바 로빈 후드가 된다. 작품의 종결부에 그는 무고한 사람들의 피를 흘리게 한 도적생활을 청산한 후, 애인 아말리에를 보기 위해 고향으로 돌아온다. 그러나 모든 것이 서로 얽혀 살인과 자살을 저지르며 파국을 맞는다. 작품에 사용되는 연출 지문이 인상적이다. "거칠게 등장해서 격렬하게 방 안 여기저기를 뛰어다닌다", 또는 "입에 게거품을 물며 발로 땅을 구르는" 따위가 그것이다. 아말리에의 다음 말 역시 그러하다. "살인자, 악마! 난 네 천사를 놓아주지 않을 거야." 독일 만하임의 관객들은 작품의 초연 때 열광한 나머지 낯선 사람들끼리 껴안았다. 서로 적이 된 형제들의 이야기가 셰익스피어의 『리어왕』에서 따온 것이라는 사실에 대해 그들은 전혀 개의치 않았다.

『돈 카를로스Don Carlos』(1787)는 스페인 왕 펠리페 2세의 아들, 돈 카를로스의 역사적 삶을 배경으로 하고 있다. 왕자 돈 카를로스는 자신의 자유에의 이상을 경험이 풍부한 연장자 포자 후작과 나눈다. 두 사람이 독재자인 왕에게 반역을 꾀했지만 돈 카를로스만이 의심을 받는다. 포자 후작은 왕자를 구출하기 위하여 모든 혐의를 자신이 뒤집어쓰고 처형당한다. 이후 돈 카를로스는 자유로운 몸으로 석방될 수 있음을 제안받지만, 자신의 이상을 포기하지 않고 독재자인 아버지를 거부하여 종교재판에 넘겨진다. 가장 유명한 구절로, 포자 후작이 펠리페에게 한 탄원인 "사상의 자유를 주십시오!"는 나치 시대에 우레와 같은 찬사를 불러일으켰다. 이 작품은 베르디Verdi의 오페라 「돈 카를로스」(1867)의 기초가 되었다.

『발렌슈타인Wallenstein』(1798/1799)은 『발렌슈타인의 진지(陣地)Wallensteins Lager』 『피콜로미니Die Piccolomini』 『발렌슈타인의 죽음Wallensteins Tod』으로 된 3부작이다. 이 3부작은 30년전쟁 당시 황제의 장군이었던 발렌슈타인의 몰락을 다루고 있다. 이 대작으로 실러의 창작은 고전주의 단계에 접어들었으며, 동시에 그들은 그의 작품들의 절정을 이룬다.

발렌슈타인은 자신을 새로운 평화질서의 대표자로 이해한다. 하지만 황제의 불신에 대비해서 자신의 아성을 구축하고, 황제에게 자신의 독자성을 과시하기 위해 스웨덴의 적과 내통한다. 하지만 이 사실은 그의 '친구' 옥타비오 피콜로미니에게 발각되고(그런데 피콜로미니의 아들 막스는 발렌슈타인의 편에 선다), 발렌슈타인은 점성술에 근거한 믿음에 따라 행동하므로 결국 선제공격을 망설이게 된다. 이로써 그는 황제로부터 직위가 박탈되고 결국 살해당하는, 자신이 피하고 싶었던 파멸을 자초한다. 오늘날에도 발렌슈타인에 대한 평가는 작품의 서막에서 그에 대해 말한 것이 여전히 유효하다. "정파의 신임과 증오에 휘둘려 / 그의 모습은 역사 속에서 흔들리고 있구나." 골로 만Golo Mann은 그에 관한 재미있는 전기를 작성하기도 했다.

『마리아 슈투아르트Maria Stuart』(1801)는 영국의 강력한 여왕 엘리자베스와 그녀에게 잡힌 스코틀랜드의 아름다운 여왕 메리 스튜어트 사이의 적대관계를 다루고 있다. 극의 긴장은 메리에게 언도된 사형이 집행되느냐, 마느냐 하는 불확실성에서 생겨난다. 이 주제에서 정치무대에서의 연극적 전략과 이미지 정치의 문제점이 부각된다.

실러의 『오를레앙의 처녀Die Jungfrau von Orleans』(1802)는 낭만적인 비극이다. 이는 프랑스와 영국의 100년전쟁에서 전세를 프랑스 편으로 돌린 프랑스 처녀 잔 다르크의 출현을 극화한 것이다. 작품에서 주인공 처녀는 영국인 리오넬을 사랑하면서 아주 인간적이게도 자신의 역사적 사명을 한순간 잊어버리기도 한다. 하지만 이로 인한 신적인 의지와의 갈등이 비로소 그녀를 '인간적으로' 위대하게 만든다. 이 작품은 오페라와 같은 인물 구성으로 생명력을 획득한다. 이 점을 비교해보려면, 마녀로 화형당한 잔 다르크가 성인으로 추대된 후에 쓰여진 쇼Shaw의 작품 『성녀 조앤*St. Joan*』을 읽어보면 된다.

『빌헬름 텔*Wilhelm Tell*』(1804)은 자유를 향한 스위스의 건국신화를 극화하고 있다. 한 개인의 굴욕적 상황은(텔은 아들의 머리에 놓인 사과를 화살로 맞추어야 한다) 전체 스위스인들의 자유 쟁취운동을 고무한다. 따라서 이 작품은 개인(텔)의 행위와 스위스의 독립운동을 성공적으로 이끈 전체 스위스인들 태도 사이의 상호 작용을 보여주고 있다. "아냐, 독재자의 권력은 한계가 있어 / 억압받은 자가 어느 곳에서도 권리를 찾을 수 없다면 / 그래서 자신의 짐이 견딜 수 없이 무거워지면, ─그는 / 용기를 내어 하늘에 손을 뻗쳐 / 자신의 영원한 권리를 끌고 와야지……."

실러는 시민혁명이 발생하지 않았던 독일이 혁명 대신 선택한 대체품이었다. 때문에 그는 프랑스 공화국이 혁명 후에 프랑스 명예시민으로 추대했던 몇 안 되는 독일인 중의 한 사람이었다. 실러는 사유를 향한 자신의 혁명적 정열을 경건한 극예술에 결합시키는 법을 터득했기 때문에, 독일의 자유진영 시민의 전속시인이 될 수 있었다. 동시에 그의 희곡들의 정치적 성향은 동유럽 유대인들로 하여금 독일 문화를 사랑하게 만드는 가장 중요한 근거가 되었다. 실러는 이 유대인들에게 인기를 끌었다. 하지만 그의 작품들은 독일인들이 정치를 역사 속의 사건으로 대체시키고 말았다는 사실도 보여준다.

하인리히 폰 클라이스트

하인리히 폰 클라이스트(Heinrich von Kleist, 1777~1811)는 사람들이 프랑스어로 '포에트 모디(저주받은 시인)'라고 부르는 낭만적 작가 그룹에 속한다. 이 낭만적 시인들에게는 위험스런 사생활, 정신적 위기의 자초, 시적인 독창성이 서로 뒤엉켜 있었다. 클라이스트는 1811년 헨리에테 포겔과 함께 자살했다. 그가 『깨어진 항아리*Der zerbrochene Krug*』(1808)라는 독일 최고의 희극을 썼다는 사실이 그저 놀라울 뿐이다. 이 작품은 네덜란드의 시골마을 재판관 아담에 관한 이야기다. 그는 성희롱 사건을 조사해야 하지만(깨어진 항아리는 마을 처녀 이브의 상처입은 명예를 상징한다), 사실은 그가 범인이다. 이러한 상황 설정은 오이디푸스 왕의 희극적 재현이라 할 수 있다. 작품의 희극성은 재판관 아담이 사법 고문관 발터가 감시하는 가운데, 그의 목을 조여드는 올가미에서 빠져나오려고 안간힘을 쓰지만 아무런 성과가 없는 데에서 살아난다.

이 극은 인간 내부의 재판정이라 할 수 있는 인간의 내면심리의 전형적인 모습을 포착한다. 이 내면심리는 한편으로는 프로테스탄트적인 유산을 묘사하고, 다른 한편으로는 프로이트에게 커다란 역할을 한다(자기 부정, 검열 따위→ 심리 분석).

클라이스트는 인간 심리의 내적 분열상이라는 주제를 또 하나의 희극 『암피트리온-*Amphitryon*』(1807)에서도 다루고 있다. 암피트리온의 부인 알크메네는 제우스가 남편의 모습을 하고 자신과 동침했기 때문에 자신도 모르는 사이에 남편에게 부정한 행동을 저지른 셈이 된다. 이 신화가 보여주는 것은 초인간인 애인과 인간인 남편, 그리고 의무적 사랑과 자발적 사랑 사이의 구별이다.

『프리드리히 폰 홈부르크 왕자*Prinz Friedrich von Homburg*』(1811)에서 클라이스트는 자기 단죄의 테마를 다시 집어든다. 작품의 주인공은 대선제후국의 몽유병에 걸린 기병장군이다. 그는 낭만적 몽환에 사로잡혀, 전장에서 명령을 받기도 전에 적군을 공격하여 승리를 거두지만 군의 명령체계를 어긴 죄로 재판에서 사형을 선고받는다. 죽음의 공포에 대한 인상적인 묘사가 이루어지고 난 뒤에 왕자는 판결의 정당성을 받아들인다. 그가 법률에 순종하기로 마음먹는 그 순간에야 대선제후는 그를 사면한다.

1808년까지 클라이스트는 독일 문학의 고전적 노벨라인 『미하엘 콜하스 *Michael Kohlhaas*』에 매달렸다. 이 작품은 브란덴부르크의 말[馬]상인 콜하스에 관한 내용이다. 그는 어느 지주가 자신의 말들을 못 쓰게 망쳤지만 법정으로부터 보상을 받지 못했기 때문에 스스로 법을 구현하고자 마음먹는다. 그는 지주의 별장을 불태워버리고 지주의 땅을 난장판으로 만들어버린다. 이로 인해 그는 결국 정의의 대가를 두 배로 겪는다. 즉 말들은 보충이 되지만, 그는 자신의 범죄행위로 인해 처형당한다. 그리하여 미하엘 콜하스라는 이름은 법만을 광적으로 따지는 사람에 대한 대명사로 불리게 되었다.

『파우스트』1부와 2부

요한 볼프강 폰 괴테Johann Wolfgang von Goethe의 『파우스트Faust』는 1부(1797~1806)와 2부(1824~1831)로 구성된 비극이다.

파우스트는 독일어로 된 최고의 문학작품으로, 독일 문화를 이루는 주요목록이다. 타문화권에서 이에 비견될 수 있는 것은 단테의 『신곡』이나 제임스 조이스의 『율리시스』 정도다. 작품의 틀은 천상과 지상을, 그리고 호메로스에서 괴테에 이르는 유럽의 역사를 포괄한다. 따라서 이 작품 역시 하나의 기억체계를 이룬다. 파우스트라는 전설상의 인물을 소재로 괴테는, 과학과 기술, 열린 장래의 무제한성과 연관되는, 특별히 현대적인 무절제와 불안을 대표하는 인물을 창조했다. 이러한 거시적 의미에서 '파우스트적'이라는 표현이 사용된다.

괴테는 작품 줄거리를 잡아나갈 때 구약성서에 등장하는 신과 악마 사이에 이루어진, 욥에 대한 내기를 파우스트와 메피스토펠레스(이하 메피스토—옮긴이) 사이에 체결되는 악마적 계약의 모티프로 도입했다. 파우스트는 전설처럼 되어버린 16세기의 마술사이자 악마적 예술가, 학자의 이름이다. 그의 인생은 이미 셰익스피어와 동시대인인 크리스토퍼 말로가 자신의 극작품 『파우스트 박사의 비극The Tragedy of Dr. Faustus』에서 극화한 바 있다. 또한 이 악마적 예술가의 행적에 대해 대중문학 판본이 전해져오고 있었다. 이 인물의 모습에는 파라켈수스Paracelsus와 하인리히 아그리파Heinrich Agrippa와 같이 세인의 이목을 끌었던 연금술사들과 관련 있는 관념들이 혼재되어 있다. 따라서 괴테는 자신의 작품에서 파우스트를 하인리히라고 이름지었다. 물론 그 인물의 본명은 게오르크였으며, 말로는 자신의 작품에서 요한이라 이름 지었다. 괴테는 『파우스트』의 줄거리가 시작하기 전의 서곡에서 천상의 장면을 연출하고 있다. 여기에서 악마는 신과 내기를 하는데, 악마는 끊임없이 노력하는 성격을 지닌 파우스트를 유혹하여 그 행로에서 이탈시켜 진부한 일상을 만족스럽게 할 수 있다고 호언장담한다("그는 먼지를 먹어야 하는데, 그것도 즐겁게"). 그럴 리가 없다고 확신하는 신은 「욥기」에서처럼 악마에게 시험을 하도록 허락한다.

줄거리가 시작되면 우리는 노학자 파우스트를 본다. 그는 한밤중에 서재에서 고민을 하며, 부활절 아침에는 그의 조수 바그너와 함께 산책을 하면서 전통적인 학문과 시민적 존재의 편협함에 대해 불만을 토로한다. 이러한 심정은 메피스토로 하여금 하나의 계획을 세우게 한다. 그래서 그는 복슬개로 변장하여 파우스트의 집으로 따라들어와(파우스트는 "그것이 그러니까 복슬개의 본색이었구나"라고 말한다) 파우스트와 계약을 맺는다. 계약에 따르면 메피스토는 파우스트가 "세상을 가장 깊은 내부에서 / 결속시키는 것"을 인식할 수 있게 도와야 한다. 그 대가로 파우스트는 메피스토에게 자신의 영혼을 넘겨주어야 하지만 하나의 단서를 덧붙인다. "내가 만약 어떤 순간에, 멈춰라 순간이여, 너는 정말 아름답구나! 라고 말하게 된다면 그때 넌 나의 영혼을 잡아가도 좋다!" 대학 캠퍼스의 실상과 그곳에서 통용되는 풍속(아우어바흐 지하술집에서의 학생들의 술자리 장면)에 대한 풍자적인 비판이 있은 후에, 파우스트는 젊은 멋쟁이로 변신한다. 이로써 『파우스트』 1부를 완성하는 그레트헨Gretchen의 비극이 시작된다.

이 비극의 줄거리는 리처드슨 시나리오의 변형이다. 젊은 탕아로 변신한 파우스트가 악마와 공모하여 순결한 시민계급의 처녀를 무분별하게 유혹하고, 그 처녀 그레트헨에게 독약을 건네주어 그녀의 어머니를 죽게 만들며, 분노한 그의 오빠와 결투를 벌이다 살해하고, 그레트헨을 미혼모로 만들고 달아나며, 결국 그레트헨은 아기를 죽여 감옥에 갇히고 미쳐버린다. 또한 괴테는 명백히 『햄릿』의 인물 구성을 도입하고 있다. 파우스트는 햄릿에, 그레트헨은 오필리아에, 그레트헨의 오빠 발렌틴은 레어티즈에 각각 대비되고 있지만, 메피스토가 오필리아의 노래를 부르고 있다. 성적인 쾌락의 악마성을 보여주려고 괴테는 그레트헨 이야기에 고전적인 발푸르기스 밤의 장면을 삽입시켰다. 이 마녀들의 안식일 밤 장면을 묘사하기 위하여 괴테는 『맥베스』와 『한여름밤의 꿈』을 샅샅이 뒤졌다.

『파우스트』 1부의 변화무쌍한 줄거리에 비하면 2부는 상징적인 세계극장의 다양한 파노라마 문체를 보여준다(바로크 시대의 궁정비극에서 연극무대는 세계 전체를 상징했다). 도입부에서 파우스트는 심리적 충격에서 깨어난 것처럼 깊은 잠에서 깨어난다. 1막에서 그는 메피스토와 함께 황제의 궁정에 나타난다. 그는 그곳에서 피폐해진 국가의 재정을 구해줄 수 있는 마술사처럼 처신한다. 그를 도와 메피스토는 케인스 이론의 지지자처럼 지폐를 마구 찍어내어 잠시 효과를 보지만 결국 인플레이션을 야기시킨다. 파우스트는 문화정책적으로 그리스 고전주의를 부활시키고자 고전적 미의 화신인 헬레네와 파리스를 불러오려고 시도하지만 결국 실패하고 만다.

2막은 파우스트의 옛 서재로 장면이 바뀐다. 그곳에서는 그동안 박사가 된 바그너가 유전기술 실험실을 마련하고, 마치 잉골슈타트 대학의 유명한 연구자 프랑켄슈타인처럼 막대한 유기물이 반응하는 시험관에서 인공태아를 만든다. 호문쿨루스라 명명된 이 사내아이는 파우스트에게 고전적인 발푸르기스 밤으로 가는 길을 알려준다. 그곳에는 호메로스 시대 이전에 등장했던 상상의 동물, 그리스 신들과 자연철학자들이 바다의 축제로 모여든 플라톤의 『향연 Symposion』(→ 소크라테스)에서처럼 전능한 에로스 신을 찬양한다.

3막에서는 파우스트가 헬레네와 만난다. 이때 헬레네는 고대의 형식미를 대표하고, 파우스트는 낭만적 북구의 대표자로서 강한 체험능력을 가진 인간을 상징한다. 그들은 결합하여 시문학의 본질적 정신인 오이포리온을 낳는다. 괴테는 오이포리온의 형상을 통해 바이런 Byron의 혜성과 같은 출현을 묘사하고자 한다. 바이런이 열정에 겨워 그리스 해방전쟁에 참전하여 자신을 희생했듯이, 오이포리온은 시적인 도취의 절정에서 작렬한다. 헬레네 역시 죽은 후의 모습이 그레트헨의 모습과 겹쳐지는 것을 보고 파우스트는 무한한 영겁의 공간에서 지상으로 돌아온다. 지상에서 그는 메피스토의 지원으로 황제를 도와 적을 물리치고 그 보상으로 해안지역을 봉토로 받는다.

5막에서 그는 토목기술을 이용한 대규모 공사를 시작한다. 다름 아닌 바다를 막아 땅을 만드는 간척사업이다. 이 공사를 하는 도중에 그는 노부부 필레몬과 바우치스의 오두막을 야만적으로 불태워버린다. 그 오두막이 경지 정리에 방해가 되기 때문이다. 노부부는 그 와중에 살해된다. 기술의 도움으로 파우스트는 이제 마술을 부리지 않고도 기적을 행할 수 있게 된다. 이는 그가 서서히 메피스토에게서 독립한다는 것을 의미한다. 하지만 이는 동시에 그가 만족한 상태에 있게 됨을 의미하고, 메피스토는 착각을 일으켜 파우스트가 표현했던 자기와의 계약조항이 이루어졌다고 생각한다. 파우스트는 자유롭게 조직된 노동사회의 가능성을 보고는("난 그런 부산함을 보고 싶다") 말한다. "그런 행복의 예감에서 / 이제 난 지고의 순간을 향유하누나." 이 말을 마치고 그는 쓰러져 죽는다. 메피스토는 그의 영혼을 취하려고 하지만, 이때 천사들의 무리가 장미를 뿌리며 내려온다. 메피스토가 어느 멋진 천사에게 성적으로 매료당해 정신이 팔려 있을 때 다른 천사들이 파우스트의 영혼을 옮긴다. 다시 한 번 그 '불쌍한 악마'는 속은 것이다. 천사들은 파우스트의 영혼이 구원받는 이유를 다음과 같이 노래한다. "항상 노력하며 애쓰는 자는 / 구원받을 수 있도다."

마지막으로 그레트헨은 베아트리체가 단테를 기다리는 것처럼 그를 기다리며, 그녀가 비극의 1부에서 표현한 것을 다음과 같이 변화시키고 있다. "누구와도 비교할 수 없는 그대여 / 그대 얼굴을 은혜롭게도 내 행복으로/ 돌리고 또 돌려주오 / 첫사랑은 / 변하지 않고 / 다시 돌아오는 법." 그리고 천상의 합창은 최종적으로 작품 전체의 의미를 해석할 수 있게 해준다.

"무상한 모든 것은 / 하나의 비유일 뿐이니 / 부족한 것이 / 여기서는 대단한 사건이 되고 / 형용할 수 없는 것이 / 여기서 일어났으니 / 영원히 여성적인 것이 / 우리를 끌어올리도다."

　지금까지 요약해서 말한 줄거리는 이 작품의 찬란함과 풍요로움을 제대로 전달하지 못하고 곧 기억 속에서 사라질 것이다. 근대와 고대, 이교와 기독교, 예술과 기술, 문학과 과학, 낭만주의와 고전주의를 대립시키고, 악마를 불러내고 마술을 부리는 현란한 연출과 다양한 내용은, 우리가 다른 어떤 문학작품에서도 발견할 수 없는 독일 문화의 여러 모습과 형식들의 집합적 목록을 제공해주고 있다. 이 점은 작품의 형식 자체를 봐도 그렇다.

　이 작품이 사용하고 있는 수많은 운율의 변화는 다른 어떤 작품에서도 볼 수 없다. 예컨대 신은 교차 각운(한 행은 강운으로, 다른 한 행은 약운으로 끝나는 압운법 — 옮긴이)을 가진 5각(脚) 얌부스(얌부스는 약음절 뒤에 강음절이 오는 형식이며 이 형식이 5회 반복되면 5각이라고 한다 — 옮긴이)로 말하고(예컨대 Ein guter Mensch in seinem dunklen Drange / ist sich des rechten Weges wohl bewußt. 어두운 충동에 사로잡힌 선한 인간은 / 올바른 길을 잘 알고 있도다.), 파우스트는 동경으로 가득 차 흘러가는 듯한 4각의 시행 그리고 운율이 없는 3각 시행을 번갈아 사용하며(예컨대, Verweile dich! du bist so schön! 멈추어라! 너는 매우 아름답구나!), 메피스토의 노래는 여유 있고 세련된 마드리갈 시행을 길이를 변화시켜가며 사용하고 있다(마드리갈은 한 행이 8~11음절로 되어 있는 자유시 형식이다. 예를 들면, Ich bin der Geist, der stets verneint / und das mit Recht; denn alles, was entsteht / ist wert, daß es zugrunde geht; drum besser wärs, daß nichts entstünde. 난 항상 부정만 하는 정신이지 / 허나 그건 정당한 거야, 왜냐면 지상에서 생겨난 모든 것이 / 몰락하게 되어 있기 때문이지. 따라서 그 모든 것이 숫제 생겨나지 않았더라면 더 좋았을 텐데.).

　또한 이 작품에는 가요와 발라드, 송가, 합창들이 섞여 있다. 그러므로 『파우스트』는 문학의 모든 형식언어의 총집합이라고 할 수 있다. 이런 의미에서도 이 작품은 문학의 총합이자 독일 문화를 해부해 보이는 것이라

할 수 있다. 여기서 독일어는 자신의 역량을 최고로 보여주고 있으며, 어떤 인물이 그 언어를 완전히 장악하며 독일어가 어떤 화려함과 표현력을 생산해낼 수 있는지를 잘 보여준다. 『파우스트』에서는 독일 문화가 유럽 문화와 융합되어 있을 뿐 아니라, 어떤 다른 작품보다도 두 문화의 교집합 부분을 크고 넓게 만들고 있다. 『파우스트』는 다른 민족들이 독일 문학을 가장 빨리 알 수 있게 하는 작품이다. 또한 파우스트와 메피스토는 아마도 사람들이 가장 알고 싶어하는 두 명의 독일인일 것이다.

물론『파우스트』가 독일 민족과 조국을 위한 민족적 선전수단으로 이용된 것도 사실이다. 파우스트적인 무절제는 독일인의 세계적 사명감을 정당화시켜주기도 했다. 이 점을 토마스 만은 1947년에 출간된 자신의 소설『파우스트 박사Dr. Faustus』에서 다시 부각시켰다. 그곳에서 만은 파우스트를 나치 시대 이후의 새로운 시대상황으로 옮겨놓았다. 이제 음악과 도취, 망상, 니체 등이 중심역할을 하고, 종결부에서 파우스트는 자신의 영혼을 팔았던 악마의 손에 실제로 잡혀간다.

중요한 소설작품

독일 고전주의 작가들은 서정시와 희곡에 치중했다. 사실적인 장편소설은 그들에게 여전히 큰 역할을 하지 못했다. 이에 반해 영국에선 장편소설이『로빈슨 크루소』이후 100년 동안이나 발전하고 있었다. 리처드슨이 연애 이야기의 전형을 확립하고 장편소설의 줄거리에 심리적인 요소를 도입한 후에, 로렌스 스턴(Laurence Sterne, 1713~68)이 자신의 유머러스한 소설『트리스트럼 샌디Tristram Shandy』(1759년에 1,2권 발표)에서 이미 소설 쓰기에 관한 소설을 썼다. 호레이스 월폴Horace Walpole은 1764년에『오트란토의 성The Castle of Otranto』을 통해 공포소설(영어로는 '고딕소설Gothic novel')의 원조가 되었고, 낭만적인 스코틀랜드 작가인 월터 스콧 경Sir Walter Scott은 역사소설『아이반호Ivanhoe』(1819)를 썼다. 제인 오스틴(1775~1817)은 장편소설『엠마Emma』와『오만과 편견』에서 변화하는 서술시점을 발전시켰다.

이로써 그녀는 이후 장편소설이 문학의 주요 장르가 되는 데 관건이었던 소설 쓰기의 원칙을 확립한 셈이다. 제인 오스틴은 독자들이 장편소설의 이야기를 작품의 주요한 인물들의 시각에서 체험하고, 다시 객관적으로 그 인물들을 외부의 시각으로 관찰할 수 있게 이야기를 묘사한다. 이런 방식으로 장편소설은 내면세계의 심리를 관찰할 수 있고 사회의 전경을 폭넓게 담을 수 있게 된다. 장편소설은 또한 어떻게 개인과 사회가 만나며, 서로를 상대화시키는지도 보여준다. 따라서 19세기와 20세기의 지배적인 문학 장르는 장편소설이 되었다. 달리 말하면 장편소설은 시민사회의 문학형식이었다.

1830년 파리에서 다시 혁명이 발발했다. 반동적 지배자 샤를 10세가 물러나고 대신 루이 필리프가 왕위를 잇는다. 사람들은 그를 시민의 왕이라고 불렀고 이로써 시민사회의 시대가 개막된다. 일년 전인 1829년에 오노레 드 발자크Honoré de Balzac(1799~1850)는 소설을 쓰기 시작했는데, 이후 그는 90편 이상의 장·단편 소설을 창작했다. 그는 『인간희극La Comédie humaine』(이는 『신곡』과 반대되는 제목이다) 이란 제목으로 종합한 장편소설들을 통해 자신의 시대 프랑스 사회상의 완전한 문학적 목록을 보여주고자 시도했다.

1832년에 괴테와 스콧이 죽고, 영국에서는 찰스 디킨스(Charles Dickens, 1812~70)가 소설을 쓰기 시작했다. 같은 해 영국에서는 혁명과도 같은 영향을 끼칠 사건이 발생했다. 그것은 정치권력이 귀족에서 시민으로 넘어갈 수 있는 기회를 제공하는 선거법 개혁이었다. 이제 명실공히 시민사회가 전개되었고 장편소설 역시 그와 동반했다.

하지만 독일만은 사정이 달랐다. 왜? 독일의 후진적 상황이 이유였을까? 그것만이 이유는 아니었다. 왜냐하면 갑자기 러시아가 문학의 대작을 생산하는 데 참여했기 때문이다. 그곳에는 한 무리의 소설가들이 존재했는데, 그들은 사회의 선두에 서서 심도 깊은 관점으로 어마어마한 사회의 전체 모습과 개인의 심리 연구를 수행했다. 대표적인 작가로 도스토예프스키와 톨스토이를 들 수 있다. 이들의 사회는 모스크바와 상트페테르부르크였다.

하지만 독일에는 그러한 도시가 없었다. 작가들이 자신의 존재를 알리기 위해 활동무대로 이용했던 지리적 수도가 없었다. 사실, 장편소설은 대도시의 장르다. 사건이 전개되는 장소는 파리나 런던이나 상트페테르부르크이고, 지방에서 줄거리가 진행될지라도 그것이 그려내는 것은 대도시에서 나온 전체 사회의 모습이다.

유럽의 이웃 국가들과 비교해볼 때, 독일은 토마스 만에 이르기까지는 디킨스, 플로베르, 또는 도스토예프스키 등과 비교할 만한 장편소설을 창작해내지 못했다. 그 대신에 그 에너지는 역사학과 역사철학으로 흘러갔다. 장편소설을 대신해서 역사학을 수단으로 한 역사적 사실에 대한 추리가, 역사 사건의 서술 대신에 역사철학을 수단으로 한 이데올로기가 존재했다.

『적과 흑』

1830년에 프랑스 문학에서 가장 널리 알려진 소설들 중의 하나인 앙리 스탕달Henri Stendhal(본명 앙리 베일Henri Beyle)의 『적과 흑Le Rouge et le Noir』이 출간되었다. 그 부제 '19세기의 연보'는 현재 역시 역사가 될 수 있다는 것을 표현한다. 이 작품에서 스탕달은 사회적 신분 상승자인 쥘리앵 소렐의 이야기를 적고 있다. 그는 프랑슈 콩테 출신의 목수 아들이었다. 쥘리앵은 잘생기고 재능도 있었지만, 육체노동에는 부적합했다. 그는 잘못된 사회계층으로 태어난 것이다. 그래서 그는 지방 출신이 사회적 지위 상승을 할 수 있는 유일한 길인 성직자가 되는 길을 택한다. 루소와 나폴레옹의 예찬자인 그가 성직자가 된다는 것은 종교적 경건성을 위장, 연출한다는 것이다.

하지만 뛰어난 라틴어 실력 덕택에, 성직자로서의 서약을 하기 전에 베리에르 시의 보수적인 시장의 집에 가정교사로 들어간다. 그런데 시장 부인이 그를 사랑하게 되고, 그는 사회적으로 지체 높은 부인의 구애를 자신이 노리던 신분 상승의 기회로 이용하려고 한다. 둘의 관계가 스캔들로 불거질 기미가 보이자, 그는 신학교로 다시 피신한다. 그곳에서 예전같이 위선적인 행동을 계속할 수 있었는데, 그건 당시 신학교에는 저속하고 편협한 정신이 팽배했기 때문이다. 이후 그는 한 후원자의 추천으로 파리의 라 몰 후작의 비서 겸 대리인으로 가게 된다. 그곳에서 그는 사교계로 진출하며, 후작 딸과 관계를 가진다. 그녀는 쥘리앵처럼 강하고 의지가 굳은 여자로, 자신이 지겨워하고 있는 사교계에서 탈출할 수 있는 기회로 쥘리앵을 여겼지만, 쥘리앵은 여전히 그 여자를 자신의 사회적 신분 상승의 발판으로 이용하려고 접근한 것이다. 둘 사이의 줄다리기에서 쥘리앵이 승리하는데, 그녀는 아이를 임신하자 아버지에게 쥘리앵이 귀족 작위를 얻을 수 있게 해달라고 부탁한다. 결국 그는 베르네의 기사가 된다. 이제 그는 사회의 정상에 도달한 셈이다. 이때 그는 편지 한 통으로 다시 추락하게 되는데, 그의 정부(情婦)였던 베리에르 시장의 부인이 후작에게 편지하여 그가 위선자임을 폭로한다. 분노로 이성을 잃은 그는 베리에르 시로 달려간다. 그리고 그곳 교회에서 정부를 발견하자마자 권총을 꺼내 두 발을 발사한다. 하지만 정부는 부상만 입고 그는 사형선고를 받는다. 자신의 야심이 미래와 함께 무의미하게 되어버리자 비로소 쥘리앵은 자신을 파멸시켰던 이전 애인에 대한 진정한 애정을 느끼게 된다.

    스탕달은 쥘리앵의 초상에서 정열과 격정으로 흔들리는, 통제할 수 없는 인간 본성을 그리고 있으며, 무분별하게 자아를 실현시키려는 그 활력마저도 본성으로 인정하려 한다. 그 인간 본성은 억제할 수 없는 힘으로 무분별하게 자아를 실현하려는 권리를 주장한다. 편협하고 속물적인 사회에서 그런 인물은 위선을 자신의 사회에 대한 반역을 은폐하는 수단으로 사용한다. 이와는 반대로 쥘리앵은 사회의 평균적 삶의 모습에 대한 척도가 된다. 이렇게 『적과 흑』은 성격소설이자 사회소설이다. 스탕달이 사회의 하층출신 개인의 비극적인 갈등을 논리정연하게 사회의 관습에 바탕을 두고 발전시켜나간 것은 당시로서는 새로운 것이었는데, 이로써 그는 소설에서의 사회적 리얼리즘의 창시자가 된다.

『올리버 트위스트』

찰스 디킨스(1812~70)는 빅토리아 시대의 사회를 묘사하고 있다. 그의 인기소설들 중의 하나는 『올리버 트위스트 Oliver Twist』(1837/39) 이다. 이 소설의 배경은 런던 하층민 사회로, 당시 새로 설립된 실업자와 고아들을 위한 무시무시한 수용소, 이른바 근로의 집이 그 무대다. 버려진 고아 올리버는 그곳에서 자라는데, 귀리죽을 추가 배식받으려고 끔찍한 범죄를 저지른다. 그래서 그는 근로의 집 소장 범블에 의해 장례업자 쇼어베리에게 견습생으로 넘겨지지만, 그곳을 도망쳐 도둑집단에 들어간다. 그 두목은 음험한 페긴으로, 마치 직업학교 교사처럼 올리버에게 부지런하고 정확한 시민계층의 미덕을 연습시켜, 그를 전문적이고 세련된 도둑으로 키우려고 한다. 낸시, 빌 사이크스와 '아트플 도저' 등도 이 교육을 돕는다. 그후 아버지같이 자상하고 유복한 브라운로가 그를 구출하지만, 사악한 몽크스의 사주로 납치되어 강도짓에 억지로 가담하여 수치를 당한다. 그때 올리버는 부상을 입고, 사랑스러운 로즈의 치료를 받고 회복되는데, 그녀가 숙모임이 드러난다. 그리고 마침내 올리버를 둘러싼 비밀이 밝혀지는데, 올리버의 불행의 배후에는 사악한 몽크스가 있었다. 그는 올리버의 이복형으로 올리버의 재산을 가로채려고 그를 불행으로 몰아넣었던 것이다. 결국 악한들은 벌을 받고 올리버는 브라운로의 양아들이 되어 정규교육을 받는다.

이 소설에서는 이후의 소설들과 관련하여 일반화할 수 있고 전형적인 디킨스 효과를 유발하는 여러 주제들이 발견된다. 우선 이 소설에 등장하는 근로의 집이 보여주는 것처럼, 사회의 한 기관을 통한 끔찍한 사회적 폐해가 묘사된다. 디킨스는 현대사회를 통제하는 수단으로 이용되는 기관과 제도들, 예컨대 학교·형무소·공장·병원·사무실·법원·경찰서 등등을 묘사한 최초의 소설가라 할 수 있다. 그는 또한 관료주의와 더불어 등장하는 새로운 유형의 압제자와 감시인들을 처음으로 묘사한다. 이들은 규정을 앞세워 자신들의 가학성 새디즘의 본성을 드러낸다(→ 푸코와 아도르노). 이런 계층에서 그는 심리학적 복수심을 지닌 잔인하고 악질적인 작은 독재자들의 초상들을 얻어내고 있다. 그의 묘사를 보면 그들은 그로테스크하고 무시무시하지만 코믹하기도 하다.

인간 압제자들을 특별히 끔찍하게 보여주는 이 시각은 아무것도 이해하지 못하고 모든 것을 낯선 빛으로 비추어보는 아이의 시각과 같다. 디킨스 작품의 중심에는 이처럼 순진무구한 아이와 돌덩이 같은 가슴을 가진 괴물이 서로 마주보고 있다. 아이들이 자신이 미아가 된 듯한 느낌을 갖는 공간은 대도시다. 디킨스는 대도시의 경험을 문학으로 형상화했던 최초의 작가들 중의 하나였다. 그는 런던의 작가가 되었고, 오늘날에도 런던의 이미지가 비교적 익숙한 대도시로 떠오르는 것은 디킨스의 공이다.

당시에는 대도시가 사람의 이성으로 파악할 수 있는 범위를 넘어섰다는 생각이 지배적이었다. 따라서 디킨스는 대도시를 괴물적이고 정체불명의 경험과도 같은 곳으로 묘사했다. 런던은 안개에 떠다니고 빗속에서 풀어지며, 거리는 오물 속으로 가라앉고, 템스 강은 진창으로 뒤덮여 알아볼 수 없는데, 집들은 쓰레기더미에 묻혀버리고 사람들은 자신을 둘러싼 사물들의 홍수에서 미아가 된다.

동시에 디킨스 작품이 보여주는 세밀한 묘사는 현대가 만들어낸 온갖 것들을 볼 수 있는 백화점의 상품목록과도 같다. 그는 최초로 철도와 경찰서, 관료사회, 학교, 의회 선거, 신문, 거리의 가스등, 런던의 교통, 쓰레기 처리장, 묘지 관리 그리고 가게 주인에서 넝마주이까지 무수한 직업들을 묘사했다. 역사가들조차 그의 소설을 역사자료로 활용하는 이유가 바로 여기에 있다.

브론테 자매와 플로베르

여성들에게는 사회의 관습들이 속물적인 안정감과 파멸로 이끄는 낭만적인 모험 중에서 선택해야 하는 강제로 다가온다. 19세기 중반에 여성과 관련된 이러한 주제를 서로 다른 수단으로 탐구하는 세 편의 소설이 출간되었다. 샬럿 브론테Charlotte Brontë(1816~58)의 『제인 에어』와 여동생 에밀리Emily(1818~48)의 『폭풍의 언덕 *Wuthering Heights*』 그리고 귀스타브 플로베르(Gustave Flaubert, 1821~80)의 『보바리 부인 *Madame Bovary*』이다.

『제인 에어』는 리처드슨의 작품에 등장하는 시민 처녀와 귀족 탕아의 모습을 변화시키고 있다. 즉 여주인공 제인은 겉보기에는 왜소하고 수수하지만 대단히 강인한 성격의 가정교사이다. 그녀는 자신이 가르치는 아이의 아버지를 열정적으로 사랑한다. 그 남자는 기이한 행동을 하는 부유한 지주 로체스터다. 하지만 관습을 따르지 않는 그의 기행(奇行)에는 이유가 있었다. 실성한 부인을 세상에 알리지 않기 위해 자기 집 다락방에 가둬두고 있었기 때문이다. 이 부인의 존재로 해서 그 집은 항상 불안하고 이상한 인기척이 들린다. 그런데 부인이 제인의 결혼식 날에 발작을 일으켜 비밀이 탄로난다. 이 결혼식 소동은 우여곡절을 겪고는 잘 수습되지만, 로체스터의 집 전체가 불에 타 로체스터는 실명하며 그의 실성한 부인은 불에 타 죽고 만다. 사실 샬럿 브론테에게는 술주정꾼 오빠가 있었는데, 그는 불을 끄지 않고 곯아떨어져 화재를 내곤 했다. 샬럿은 『제인 에어』를 『허영의 시장 *Vanity Fair*』(1848)의 작가 새커리Thackeray에게 선사했는데, 물론 그녀는 그에게 정신이상자 부인이 있었다는 사실을 몰랐다.

샬럿의 동생 에밀리의 『폭풍의 언덕』은 주목할 만한 소설이다. 이야기의 무대는 요크셔의 한적한 곳이다. 이야기는 폭풍의 언덕에 살고 있는 쇠락한 언쇼 집안과 계곡에 살고 있는 개화된 린턴 집안의 운명을 전하는 가족전설이다. 두 가족 사이에 집시 같은 고아 히스클리프가 나타나는데, 이 아이를 언쇼는 자신의 딸 캐서린의 놀이친구로 해주기 위해 집으로 데리고 온다. 캐서린과 히스클리프 사이에 사랑이 싹튼다. 마치 요크셔의 황량한 원시적인 자연 환경과도 닮은 그들의 사랑은 자연 그 자체와도 같이 숙명적이고 무조건적이다.

하지만 히스클리프가 캐서린의 오빠의 억압으로 세련되지 못하고 교육을 받지 못했기 때문에, 캐서린은 교양 있는 에드거 린턴과 결혼한다. 크게 상심한 히스클리프는 몇 년 동안 종적을 감추는데, 그후 마술과도 같이 부유한 신사가 되어 돌아온다. 그러곤 캐서린과 자신을 갈라놓는 데 관여한 모든 사람에게 복수를 한다. 그는 에드거 린턴의 동생 이사벨라의 유산을 가로채기 위하여 그녀와 결혼하고, 술주정뱅이가 돼버린 캐서린의 오빠를 폭풍의 언덕의 집에서 쫓아낸다. 또한 그의 아들을 자신이 당했던 것과 똑같이 교육시키지 않고 내버려둔다. 하지만 아들 세대에서는 거친 자연과 문명 사이에 화해가 이루어진다. 젊은 캐서린은 자신의 조카를 외면하지 않고 가르쳐 교양을 갖춘 사람으로 키운다.

이에 반해 플로베르의 『보바리 부인』(1856)은 돈 키호테적인 장르에 속한다. 주인공 엠마는, 호인이지만 어리석은 시골 의사 샤를르 보바리와 결혼하지만, 결혼생활에 만족하지 못하고 통속적인 낭만적 관념에 젖은 결혼생활을 동경한다. 그래서 그녀는 결혼생활을 깨고, 엄청난 빚을 감당하지 못해 결국 자살하고 만다. 이 소설은 진부한 일상생활을 정밀하게 묘사하는 데 성공하여 유명해졌다. '보바리슴Bovarysme'이라는 개념은 돈 키호테에 상응하는 여성 유형을 일컫는 관용어가 되었다.

이 세 소설의 공통점은 여성이 감성적인 인물로 등장하고, 성적이고 감정적인 욕구를 보이는 존재로 묘사된다는 것이다.

『전쟁과 평화』

레프 톨스토이(Lev Tolstoi, 1828~1910)의 『전쟁과 평화Voina i mir』는 세계 문학사상 위대한 소설에 속한다. 대략 1805년에서 1820년까지의 기간이 망라되는데, 특히 나폴레옹의 모스크바 출정과 러시아의 저항이 줄거리의 근간을 이룬다. 이에 더하여 사회의 모든 계층과 계급을 대표하는 5백여 명의 인물들이 펼치는 엄청난 파노라마를 보여준다. 주요 등장인물인 나타샤 로스토프, 안드레이 보르콘스키 공작과 피에르 베즈호프의 인생사가 기본 줄거리를 이룬다. 보르콘스키와 베즈호프 두 친구는 두 가지 서로 다른 삶의 태도를 대표한다. 보르콘스키는 세상을 지성으로써 파악하려 하고, 베즈호프는 감정과 본능에 자신을 맡기는 농부의 지혜를 따르는 오랜 러시아 전통을 대표한다. 두 사람 모두, 우아하고 활달하여 소설 전체를 두고 매력적인 여성으로 등장하는 나타샤를 사랑한다. 그녀는 톨스토이의 인물들 중 가장 설득력 있고 성공적인 묘사가 이루어진 인물로 간주된다. 첫 무도회와 첫사랑에 대한 소녀 같은 흥분과 처녀와 어머니로 변해가면서 겪는 운명을 놀라운 세밀묘사와 완전한 감정이입으로 추적한다. 처음에 그녀는 안드레이 공작과 약혼하지만, 이어 아나톨 쿠라빈이라는 탕아에 빠지기도 하고, 결국 결혼은 피에르와 하게 된다.

이야기에는 등장인물들의 운명과 전투, 전황 보도, 진군, 부대 사열 그리고 철학에 관한 토론 등이 번갈아 나타난다. 이러한 대비를 통하여 러시아 전체 사회의 기념비적인 작품이 탄생한다. 이미 소설의 제목이 보여주듯이, 대조는 작품의 가장 중요한 구성원리다. 대조를 통해 주요 등장인물인 피에르와 안드레이의 차이가 드러날 뿐만 아니라, 표트르 대제 이후의 러시아 역사를 보여주는 이데올로기의 대립도 보여준다. 즉 러시아의 마을공동체와 러시아의 종교성을 주장하는 슬라브주의의 오랜 러시아 전통과, 표트르 대제의 전통에서 러시아를 서구의 모방을 통해 근대화하려는 개화파들 사이의 대립이 그러하다.

『카라마조프의 형제』

친서구 세력인 개화파들과 슬라브주의자들 사이의 이데올로기의 대립은 같은 세기의 위대한 러시아 소설가인 표도르 도스토예프스키(1821~81)의 작품도 이해할 수 있게 한다. 그는 소설가들 중 심리학자로 통한다. 그는 프랑스 사회주의자들의 금서를 읽는 지식인 그룹에 가입했다가 그 사실이 발각되어 국가 모반죄로 기소되고 사형을 선고받았다. 그는 다른 사형수들과 함께 처형장으로 가게 되었지만 마지막 순간에 옴스크 수용소에서 4년의 강제노역과 4년 동안의 군복무로 감형되었다(1849). 옴스크의 수

형생활을 하면서 그는 러시아 사회의 하층민들을 알게 되는데, 이는 그의 이후 창작활동을 위해서는 더할 수 없이 귀중한 경험이었다. 또한 도스토예프스키의 고통을 통한 구원이라는 옛 러시아풍의 관념을 형성하는 초석이 되었다. 1879/80년에 그의 걸작 『카라마조프의 형제 *Bratya Karamazovy*』가 출간되었다. 이 작품은 그의 삶에서의 또 다른 상처인 아버지가 하녀에게 살해된 사건을 소재로 삼기도 했다.

이 소설은 표도르 파블로비치 카라마조프와 그의 네 아들인 드미트리, 이반, 알료샤와 이복형제이며 간질환자인 스메르쟈코프에 관한 이야기다. 천박하고 괴팍한 광대인 늙은 아버지 표도르는 미모의 그루센카를 두고 장남 드미트리와 대결한다. 부자는 또한 장남의 유산에 대해서도 심하게 다툰다. 이어 표도르가 살해된 채로 발견된다. 드미트리는 체포되어 살인죄로 기소된다. 이런 줄거리는 다른 형제들의 운명과 얽혀 있다. 뛰어난 지식인 이반은 내심 아버지의 죽음을 원했기에 그의 말을 잘 듣는 이복동생 스메르쟈코프에게 이런 속마음을 주입했던 것이다. 스메르쟈코프는 모든 점에서 이반의 일그러진 초상을 보여준다. 이반의 합리주의는 또한 막내 알료샤의 러시아의 전통적 종교성과 대조된다. 그의 정신적 후원자인 조시마 장로는 도스토예프스키의 종교관을 엿볼 수 있게 하는 인물이다.

물론 아버지 살해 이야기는 서구의 합리주의적 무신론과 연관이 있다. 이 점은 이반이 생각해낸 우화, 그리스도가 다시 지상으로 돌아와 16세기의 스페인에 등장한다는 대심판관 전설에 표현되어 있다. 이 우화에 따르면, 대심판관은 즉시 그리스도를 체포하여 죄를 물었는데, 그 죄는 자유를 구하기 위해 유혹자 사탄의 선물인 빵과 기적, 권위주의적 명령을 그리스도가 거부한 죄다. 이 거부로 인해서 모든 인류의 고통이 생겨났다는 것이다. 따라서 대심판관은 적그리스도가 되었다고 고백한다. 사탄의 도움을 받았다면 그리스도는 인간들을 이미 여기 지상에서도 행복하게 해줄 수 있었다는 것이다. 그러자 그리스도는 묵묵히 대심판관에게 입을 맞추고는 떠난다.

이 신화에서는 다가오는 한 세기의 이데올로기 발전을 미리 보여주고 있는데, 이는 니체가 신의 죽음을 공언하고 20세기의 독재자들이 대심판관의 계획을 받아들인 이후에 분명히 드러났다.

하지만 도스토예프스키는 하나의 세계를 급진적으로 연출할 때 신을 개입시키지 않고 실존주의자들이 나중에 존재의 불합리성에 관해 발전시켰던 관념으로 나아간다. 니체처럼 신을 부정하는 이반은 미치광이가 되고, 드미트리는 스메르자코프가 이반의 암시를 받고 저지른 아버지 살해의 누명을 쓰고 유죄판결을 받는다. 이는 또한 20세기의 러시아 역사를 선취하고 있다. 만약 러시아의 이데올로기와 이후 소련의 초기 역사를 이해하려고 한다면 도스토예프스키를 읽는 것보다 더 좋은 것은 없다.

『부덴브로크 가의 사람들』

현대 유럽 문학에서 비교적 중요하게 다룰 수 있는 최초의 독일 소설은 토마스 만의 『부덴브로크 가의 사람들Buddenbrooks』(1910)이다. 이 작품은 토마스 만과 그의 형인 소설가 하인리히 만Heinrich Mann(대표작 『어느 시골 마을의 폭군Professor Unrat』)의 출생지인 북독일 뤼벡의 한 상인 가문의 가족사이다.

소설은 4세대의 운명을 서술한다. 가족의 선조인 요한 부덴브로크는 스스로를 자신의 가치와 일치시킬 줄 아는, 자의식이 강한 시민의 불굴의 상승의지를 대표한다. 그의 아들 부덴브로크 영사도 역시 같은 원칙에 따라 살았지만, 그 내부는 종교적 경건주의의 태도와 엄격한 사실주의로 분열되어, 사업적인 뛰어난 안목을 유지하지는 못한다. 영사의 네 아이에게 몰락의 징후가 뚜렷이 나타난다. 크리스티안은 큰 빚을 진 보헤미안이 되었고, 딸 토니는 우아함과 사랑스러운 명랑성을 지니고 있었지만 항상 못된 남자와 결혼하는 어리석은 존재이며, 클라라는 결혼한 후에 뇌에 생긴 병으로 죽고, 토마스가 아버지의 회사를 계속 경영한다. 토마스는 부유한 네덜란드 여자와 결혼하는데, 그녀는 차가운 감정의 소유자이지만 예술가 기질을 마치 지참금처럼 부덴브로크 가족으로 끌어들인다. 그녀는 그 기질을 음악적 재능의 형식으로 아들 한노에게 물려준다. 하지만 자신은 불안한 신경증과 삶의 활력의 상실이라는 대가를 치러야만 했다. 토니는 결혼에 실패하고 클라라는 죽었기 때문에, 한노는 사실상 부덴브로크 가의 마지막 자손이다. 하지만 그도 (예술가적인 과도한 감수성의 전형인) 티푸스로 죽는다. 건실한 시민 명문가 부덴브로크의 추락과는 대조적으로 뻔뻔스러운 자본주의 가문 하겐슈트룀 가는 번창한다.

그러나 지나친 감수성과 정신력은 삶의 몰락을 초래하지만, 인간성의 발전도 가져온다는 것이 토마스 만의 견해다. 그는 문화적 생산성의 고양은 삶으로부터 멀어지는 대가를 치러야만 획득된다고 믿었다. 이 작품이 고도의 문학성을 갖추었음에도 빠르게 인기를 얻을 수 있었던 것은, 독일 시민계층이 자신의 존재와 몰락의 징후를 이 작품에서 엿볼 수 있었기 때문이다.

『잃어버린 시간을 찾아서』

토마스 만이 한노 부덴브로크를 통해 구체화시킬 정도로 열광했던 고도의 감수성은 근대 들어 무엇보다도 가장 긴 소설을 썼다는 소설가 마르셀 프루스트(Marcel Proust, 1871~1922)의 고유한 특징이다. 그 소설이 바로 『잃어버린 시간을 찾아서À la recherche du temps perdu』다. 그는 자신의 소설에서 묘사한 속물적인 상류사회로 진출하고자 젊은 시절에 한때 노력했지만, 나중에 그가 그 소설을 쓸 무렵은 그 사회에서 물러나 밀폐되고 격리된 방에 처박혀 있을 때였다.

이 소설을 각 권의 순서에 따라 살펴보면, 먼저 『스왕네 집 쪽으로Du côté de chez Swann』로 시작된다. 여기에서 화자는 파리의 집과 콩브레의 친척집 그리고 스왕의 딸 질베르트를 이상화하는 흠모의 감정 등과 연결되는 자신의 유년기를 회상한다. 그리고 나서 과거 이전의 시점으로 도약하여 살롱에서 만난 창녀 오데트에 대한 스왕의 연정을 서술한다.

다음권인 『꽃 핀 소녀들의 그늘에서À l'ombre des jeunes filles en fleurs』에서는 파리의 화자가 질베르트(스왕과 오데트 사이에서 태어난 딸-옮긴이)에 대한 흠모의 감정이 점차로 식어가는 것을 보여주고 있다. 몇 년 후에 그는 쾌락을 좇는 젊은 여인들의 사교계에 들어가게 되고 알베르틴과 사랑에 빠진다.

『게르망트 가의 사람들Le côté de Guermantes』에서 화자는 게르망트 가의 주변사회에 대해서 공들여 서술하고, 마침내 게르망트 공작부인의 초대를 받는 장면을 묘사한다. 또한 이 부분에서는 사랑하는 할머니가 죽는다.

『소돔과 고모라Sodome et Gomorrhe』는 두 가지 유사한 테마를 다루고 있다. 샤를뤼 남작의 동성애와 (역사적인)드레퓌스 사건 동안의 유대인에 대한 태도다. 후자의 사건은 드레퓌스라는 유대인 대위가 군당국이 조작한 증거를 근거로 국가반역죄로 판결받았지만, 이후 사법처리의 실수를 인정으로 석방되자 사회에서 반유대인 물결이 일어났던 것을 말한다.

화자는 발베크로 돌아와서 샤를뤼가 자신의 동성애자 모렐을 베르뒤랭 가족의 저녁연회로 유인하는 것을 서술한다. 자신의 알베르틴에 대한 사랑은 그녀의 동성애적 기질을 의심하면서 다시 불붙는다.

『갇힌 여자La Prisonnière』에서는 그가 알베르틴을 쉴새없이 감시하는 것을 서술한다. 베르뒤랭 가족은 샤를뤼와 모렐 사이를 스캔들의 파국으로 몰아넣고 알베르틴은 도망간다.

『사라진 알베르틴Albertine disparue』에서는 알베르틴이 죽고, 화자는 자신의 슬픔이 어떻게 잊혀져 가는지를 관찰한다. 질베르트는 모렐의 새로운 동성애자 생 루와 결혼한다.

『되찾은 시간Le temps retrouvé』에서는 제1차 세계대전으로 하여 시간의 흐름이 빠르다. 이제 화자는 이전 베르뒤랭 부인인 게르망트의 새 공작부인의 초대를 받는다. 그곳에서 그는 과거의 지인들이 알아보지 못할 정도로 변해버렸다는 사실을 발견한다. 그는 기억에 남아 있는 세 가지 특별한 순간을 생각해내고 자신의 기억을 작품으로 영원히 남겨야 한다는 사명감을 느낀다.

프루스트에게 기억은 압도적인 힘으로 다가오는 경험형식이다. 이 형식은 사건을 스스로 체험할 때나, 의식적으로 제어된 회상작업을 통해서도 이끌어낼 수 없는 그 무엇이다. 하지만 우연한 순간에 떠오르는 사소한 기억이 연상작용을 일으켜, 과거와 현재가 동시에 나타나고, 시간의 저편에 존재하는 경험의 실상을 관찰할 수 있도록 한다. 프루스트의 『잃어버린 시간을 찾아서』는 기억의 이런 형식을 보여주고 있는 에피소드식 이야기이며, 소설 전체가 미로와 같이 짜여져 프루스트를 읽지 않은 사람들도 알고 있는 가장 유명한 형식을 창출했다. "구운 과자맛과 섞인 한 모금의 차가 내 목젖에 닿는 순간에…… 갑자기 기억이 일었다. ……그 맛은 일요일 아침에 나에게…… 레오니 숙모가 주었던…… 마들렌의 맛이었다. ……내가 그 마들렌의 맛을 다시 알아내는 순간에…… 정문이 거리로 향한 회색의 집이 떠올랐고, 그 집과 함께 그 도시와, 사람들이 점심식사 전에 나를 보낸 광장과 거리도 아울러……."

이 소설은 세계문학 중에서 기억의 강으로 가장 깊숙이 잠수하는 탐험소설이다. 또한 이 책이 나온 시기는 프로이트가 심리 분석을 억압된 기억들을 떠올리게 하는 방법으로 발전시켰던 시기와 일치한다는 점이 특기할 만하다.

『율리시스』

위의 작품과 비교할 수 있는 또 하나의 소설이 바로 제임스 조이스James Joyce가 1922년에 발표한 『율리시스Ulysses』다. 이 작품은 어떤 점에서는 『파우스트』, 『신곡』과 나란히 자리매김할 수 있다. 즉 이 작품은 하나의 완전한 우주를 보여주고, 총체적 문학형식들과 사회의 역사, 문화 지식과 현대의 모습을 상호 결합시키기 때문이다.

그는 1904년 6월 16일 하루를 더블린 출신 세 사람의 삶을 통해 묘사한다. 그들은 젊은 지식인 스티븐 디달로스와 신문광고 모집인 레오폴드 블룸과 그 부인 매리온이다. 소설은 호메로스의 『오디세이아』의 모범에 따라 배열된 18가지의 이야기로 이루어져 있다. 처음의 세 가지와 아홉 번째는 스티븐의 이야기며, 열 번째는 소설 속의 모든 인물들의 이야기이고, 마지막은 매리온의 내적 독백을 담고 있다. 그밖의 모든 이야기는 레오폴드 블룸의 것이다.

그는 현대의 오디세우스이지만, 예수를 저주하여 정착하지 못하고 세상을 떠돌아다니며 쉴 곳을 찾지 못하는 영원한 망명자인 유대인으로, 현대의 아하스페르츠(형장으로 가는 예수를 자기 집 앞에서 쉬지 못하게 한 죄로 영원히 세상을 떠돈다는 유대인 구두장이 - 옮긴이)이기도 하다. 이러한 연결로 조이스는 우리 문화의 두 원천인 고대 그리스와 유대인의 글을 지적하고 있다. 『율리시즈』에서 오디세이아는 현대의 평균적 시민인 블룸이 더블린 시를 돌아다니는 방랑을 가리킨다. 즉 블룸이 이른 아침 침대에서 일어나 화장실을 찾는 때부터 시작하여 홍등가를 거쳐 스티븐에 의해 집으로 보내져서 자신의 부인 매리온이 있는 침대로 다시 돌아가는 다음날 아침까지의 행적이다. 이때 부인 매리온은 끝없는 의식의 흐름 속에서, 마치 리피 강이 바다로 흘러가듯 잠 속으로 빠져든다. 이러한 하루의 일과에서 우리는 블룸을 식당으로, 신문 편집국으로, 장례 묘지로, 터키탕으로, 술집으로, 병원으로, 도서관으로, 유곽으로, 더블린의 거리와 광장과 공원 등등으로 따라다니게 된다. 이때 우리가 체험한 모든 것은 블룸의 감각을 통해 체험한 것이다.

이전에는 어떤 작가도 독자를 완전히 다른 의식의 상태로 옮겨놓는 시도를 하지 않았다. 이 경우 독자는 완전하지 않는 기억과 어두운 생각, 불분명한 느낌, 몽롱한 신체의 느낌을 그림·냄새·소음과 함께 생생하고 복잡하고 반복적인 리듬에서 인지하여, 결국 독자는 자신보다 블룸을 더 잘 알게 된다. 그밖의 어떤 문학작품에서도 어떤 한 사람에 대한 모습을 여기에서보다 더 광범위하게 발견하지는 못할 것이다.

우리는 무의식과, 문화적이고 개인적이며 일상적인 기억들이 형태 없이 모여 있는 창고의 모든 영역을 지나 돌아다니게 되며, 또한 지극히 사적이고 파악할 수 없는 기분과 분위기가 스며 있는 모든 구석구석을 통과하여 감각의 모든 활발한 리듬과 변형을 경험하기도 한다. 이때 개별 이야기들이 예술적인 구성을 통해 상호 연결되어, 오디세이아에 등장하는 에피소드들처럼 각각 하나의 예술 장르, 하나의 색채, 인간의 한 신체기관, 어떤 한 전문분야 등과 관련을 맺는다.

모든 것을 포괄하는 총체성을 보여주는 다섯 가지 형식들은 다음과 같이 연관된다. 블룸의 가족인 그와 그의 부인 그리고 그들의 양자 스티븐. 세계를 설명하는 틀로서의 오디세이아. 감각 있는 모든 것들에서 보이는 의식. 시대를 보여주는 세상의 일상으로서의 블룸의 아침부터 다음날 아침까지의 하루의 진행과―조이스 팬들에게는 6월 16일이 블룸의 날이라고 불린다―현대적 우주로서의 도시. 그래서 『율리시스』는 현대문학의 전형적인 대도시소설이 된다. 도시의 꽉 짜인 일상은 거대한 체구와도 같은 사회의 모습을 재생시킬 수 있게 한다. 도시는 몸통이 되고, 도시의 교통은 혈액의 순환과 신진대사가 되며, 도로와 철도는 동맥으로 변한다. 거리에 쏟아져나온 사람들의 무리는 더블린을 관통하는 리피 강으로 흐르는 물과 같다. 유동적이고 견고하지 못한 집성암(集成岩) 상태에 있는 의식은 동시에 대도시의 모습이 된다. 그곳에서는 뉴스와 상품과 인간들이 마치 레오폴드 블룸의 정신에서의 연상작용처럼 순환한다. 도시와 인간의 두뇌 모두 미로적인 특징을 가진다. 즉 작가의 청소년기의 자화상이 스티븐 디달로스라고 불리는 것도 이유가 있긴 있다. 그의 미래는 조이스의 미래와 같다. 조이스는 취리히와 트리에스트의 망명지에서 더블린의 지도를 염두에 두고 아일랜드의 수도인 그 더블린을 세계의 중심으로 만들었으며, 블룸의 오디세이아에서 현대를 해부하고, 한 도시의 하루 일상과 기념비적인 그림 및 시대의 순간 포착을 통해 문화의 종합목록과 시대의 일상을 그려낸다.

조이스는 프루스트와도 아주 비슷하게 감각적 깨달음의 미학에서 출발한다. 만약 프루스트가 돌발적인 기억으로 사물의 본질을 드러낸다면, 조이스는 시간의 흐름을 중단시키고 현실을 압도적인 조명으로 드러나게 하는 '현현(顯現)'이라 할 수 있다. 이로써 두 소설은 사람들이 역사와 시간을 파괴하여 신화, 경험의 돌발성, 형식의 상수(常數), 영원한 비유의 반복을 찾아내려 한다는 것을 증명해준다. 우리는 『율리시스』의 하루로 우리 인생의 모든 날들을 체험한 셈이다.

『특성 없는 남자』

하나의 완전한 문화의 우주를 목록화하는 프루스트와 조이스의 거대한 장편소설들이 제1차 세계대전 직전에 구상되었지만 전쟁과 그 이후에 쓰여진 것은 우연이 아니다. 그때 하나의 세계가 몰락했으며, 사람들은 기억을 통해서 그 세계의 전체 모습을 볼 수 있었다. 이러한 점은 독일의 세계소설인 로베르트 무질(Robert Musil, 1880~1942)의 『특성 없는 남자Der Mann ohne Eigenschaften』에도 똑같이 적용된다.

그는 이 장편소설에서 묘사되는 세계를 황권-왕권의 오스트리아-헝가리 이중왕국이라 불렀다. 주인공은 32세의 울리히다. 그는 그때까지 장교, 엔지니어, 수학자로 생활해봤지만—이제 어떤 생활을 해야 할지를 몰라—철저히 자기 자신과 만나기 위해 일상에서 벗어나 일년 동안 휴가를 떠나려는 인물이다. 이렇게 보면 고전적인 교양소설처럼 보이지만, 실제로 울리히는 특성 없는 사나이다. 그는 사물을 이해하는 열쇠로서의 특성을 믿지 않고 오히려 사물체계에 나타나는 비개성적인 논리를 믿는다. 이와 상응하게 소설에서 울리히는 그가 시도하여 (가능성의 인간으로서) 받아들이는 이념적이고 학문적인 조건들의 교차점이 된다. 따라서 소설은 마치 이념과 이데올로기들이 시험되는 실험실처럼 된다. 사람들은 이 소설을 통해 니체 신봉자, 자유로운 유대인, 영양실조의 사회주의자, 증오에 찬 민족주의자, 괴테 숭배자, 프로이트적인 성과학자, 정신적인 면에 관심을 가진 장군들, 재촉하는 교육자, 지적인 산업계의 대표자들, 도취적인 바그너 숭배자 등과 그밖의 일련의 긴 목록에 걸친 이데올로기주의자, 광적 숭배자,

기인(奇人)들을 보게 된다.

작품의 줄거리는 울리히가 이른바 '평행행사'를 계획하는 위원회의 비서가 되는 것에서 출발한다. 그 계획이란 빈의 프란츠 요제프 황제의 통치 70주년 축하행사를 준비하는 것인데, 이 행사 준비는 베를린의 빌헬름 황제의 통치 30주년 축하행사 준비와 동시에 이루어진다. 이 이야기의 아이러니는 두 축하행사는 1918년에 있지만, 그해에 두 왕조가 끝이 난다는 데 있다.

이 장편소설 역시 조이스나 프루스트처럼 현대와 함께 세계대전으로 침몰하는 19세기의 세계를 묘사한다. 또한 그는 그 세계를 파괴했던 힘들을 묘사한다. 그때 함께 폭파되었던 것은 19세기에 가장 사실적으로 체험되었던 역사 개념이다. 장편소설 역시 역사 개념이 문학적 형식으로 표현된 것이다. 따라서 19세기는 위대한 장편소설의 시대였다. 동시에 이 장편소설 형식을 통해 가장 먼저 드러난 사실은 역사란 불연속적이라는 것이다. 조이스, 프루스트, 무질은 모두 위대한 합명제를 제시해주고 있는데, 모두 비슷한 해결책으로 나아갔다. 기억과 현현 및 신비주의를 통한 시간 개념의 탈피. 그들은 그때까지 볼 수 없었던 정확한 문체로 인간 의식을 묘사했는데, 매리온 블룸의 의식의 흐름, 프루스트의 마들렌 체험, 울리히의 근친상간적 여행은 모두 현대문학의 귀중한 부분이 되었다.

장편소설을 통한 이 같은 최후의 위대한 합명제 이후에 장편소설 형식의 파괴자들이 등장했는데, 이들은 장편소설이라는 의미형식이 더이상 작동하지 않는다는 것을 보여주었다. 가장 극단적으로는 불가해한 관료주의를 묘사하는 프란츠 카프카(Franz Kafka, 1883~1924. 『성*Das Schloss*』[1926], 『심판*Der Prozess*』[1916])와 한때 제임스 조이스의 비서로서 『율리시스』를 받아쓰기도 한, 부조리극의 대가 사무엘 베케트(Samuel Beckett, 1906~83)의 『말론은 죽다*Malone meurt*』(1951), 『이름 붙이기 어려운 것*L'Innommable*』(1953) 등의 작품을 들 수 있다.

작품 선정의 관점

전문가들은 여기에 소개된 작품들 외에 많은 것들이 빠져 있다고 느낄 것인데, 그것은 당연하다. 그래서 작품 선정의 기준이 된 다양한 관점들을 다음에 밝혀둔다.

1. 한 작품의 주요특징이 그것이 속해 있는 사회와 시대를 종합적으로 보여줄 수 있을 때 선정했다. 풍차와 싸우는 돈 키호테, 부인들을 유혹하고 지옥으로 찾아가는 돈 후안, 자신의 영혼을 악마에게 파는 파우스트 물론 여기에서도 통속적 신화나 아동문학의 영역 또는 특별한 범주에 속하는 몇몇 작품들이 빠져 있다. 시인 셸리Shelley의 부인 메리 셸리Mary Shelley는 바이런과 남편에 대한 경쟁심으로 19세에 통속문학의 고전 『프랑켄슈타인 *Frankenstein*』(1818)을 썼다. 즉 괴테가 『파우스트』 2부에서 바그너에게 인조인간 호문쿨루스를 만들게 할 때와 거의 같은 시기에 프랑켄슈타인 교수는 잉골슈타트 대학에서 같은 일을 했다. 그 결과 사랑을 갈구하지만 끔찍하게 추한 괴물이 탄생했다. 그런데 기이하게도 민담에서는, 마치 아버지의 이름이 아들로 전해지듯, 그 창조자의 이름이 창조물로 옮겨갔다. 그 시대는 바로 혁명의 시대로, 왕을 살해했으며 창조주에 대해 반항하던 시대였다.

『프랑켄슈타인』을 읽어야 하는지에 대해서는 의견이 엇갈릴 수 있다. 하지만 꼭 읽어야 할 작품으로 난센스 문학의 고전인, 옥스퍼드 대학 교수 루이스 캐럴Lewis Carroll의 작품 『이상한 나라의 앨리스*Alice's Adventures in Wonderland*』(1865)와 『앨리스의 거울 속 여행*Through the Looking-Glass and What Alice Found There*』(1872)을 들 수 있다. 재미는 차치하고라도 무엇보다도 영어를 사용하는 모든 아이들이 작품 속의 인물들을 잘 알고 있어, 그 인물들이 마치 속담의 인물처럼 되었기 때문이다. 미친 모자장사, 회중시계를 꺼내 보는 토끼, 체셔 고양이와 험프티 덤프티. 사회적이고 문법적인 규칙을 전도시키는 논리와 언어의 곡예 때문에 그의 이 두 작품은 이론가와 언어학자들을 위한 예시의 보고(寶庫)가 되었다.

물론 아동문학의 진짜 고전은 모글리가 등장하는 키플링Kipling의 『정글북The Jungle Books』(1894/95)과 앨런 알렉산더 밀른Alan Alexander Milne의 『위니 더 푸Winnie-the-Pooh』(1926)이다. 프랑켄슈타인의 경우와 같이 영화의 단골 메뉴로 등장하는 통속신화에 속하는 것으로 브램 스토커Bram Stoker의 『드라큘라Dracula』(1897)를 들 수 있다. 이 흡혈귀 이야기로 루마니아의 트란실바니아 지방의 고성(古城)은 영원히 황량한 빛에 감싸이게 되었다.

더 높은 차원에서 신화를 만들어낸 두 소설이 존재한다. 자신의 의지로 선인과 악인의 두 종류의 인물로 분열되는 의사에 관한 이야기인 스티븐슨Stevenson의 작품 『지킬 박사와 하이드 씨The Strange Case of Dr. Jekyll and Mr. Hyde』(1886)가 그 하나다. 또한 시간을 여행하는 주인공이, 퇴폐적이고 나태한 엘로이와 어두운 지하에서 지내면서 밤이면 그들의 구멍에서 나와 엘로이를 잡아먹는 몰록스로 분열되어 있는 한 나라에 들어가는 내용을 담은 웰스H.G. Wells의 『타임 머신The Time Machine』(1895)이 있다. 이러한 내용과 인물들은 이제 교양인들의 공동재산이 되었다.

2. 독일의 고전이 된 작품들의 경우를 보자. 비록 이런 작품들이 다른 작품들의 수준에 미치지 못한다고 하더라도, 이 작품들이 일단 독일인들의 문학적 소장품이 되었기 때문이다. 특히 이전에는 학교의 필독작가였던 실러의 경우가 그러하다. 지금은 비록 그의 희곡을 극장에서 보는 것이 흔한 일은 아니지만. 이에 반하여 이미 1830년대에 현대 희곡을 쓴 작가를 언급하지 않았는데, 바로 게오르크 뷔히너(Georg Büchner, 1813~37)다. 그의 『당통의 죽음Dantons Tod』(1835)은 향락을 증오하는, 도덕 공포정치의 대표자인 로베스피에르와 당통의 대립을 다룬 혁명극이다. 당통은 역사가 진행되는 냉혹한 논리와 마주한 자신의 나약함 때문에 햄릿적인 삶의 혐오에 휩싸여 허무주의로 끝나고 마는 인물이다. 뷔히너의 『보이체크Woyzeck』(1836)는 한 가련한 병사의 이야기를 그린 단편 드라마다. 주인공 보이체크는 학대를 당하고, 의학 실험을 통해 고통받고, 마침내 판단능력이 흐려져 질투심

으로 살인을 저지르는 인물이다. 이 작품은 사회극의 시작을 알려주었고 하우프트만Hauptmann, 베데킨트Wedekind, 브레히트Brecht와 프리슈Frisch 에게 영향을 주었다. 또한 이 작품은 표현주의 연극의 서막을 보여주고 있으며, 알반 베르크Alban Berg에 의해 작곡도 되었다.

학교의 정규 산문교재로 자주 선정되는 작품들로는 켈러Keller(『젤트빌라의 사람들Die Leute von Seldwyla』)와 슈토름Storm(『백마의 기수Der Schimmelreiter』), 아네테 폰 드로스테-휠스호프Annette von Droste-Hülshoff(『유대인의 너도밤나무Die Judenbuche』), 예레미아스 고트헬프Jeremias Gotthelf(『흑거미Die schwarze Spinne』), 마이어C.F. Meyer(『설교단의 총성Der Schuß von der Kanzel』) 등의 단편이 있다. 여기서 보는 바와 같이 유독 스위스 작가들이 많이 포함된 것은 과거 스위스에만 존재했던 (직접)민주주의와 상관이 있을까?

3. 그 외에도 새로운 문학의 기본적 유형을 형성하는 데 중요했던 작품들이 선정되었다(『로빈슨 크루소』,『걸리버 여행기』, 리처드슨의 소설 등). 여기에서 다룬 작품들은 하나의 완전한 문화적 우주를 묘사해서 마치 교양 핸드북처럼 사용될 수 있는 것들이다.『신곡』,『파우스트』,『율리시스』그리고 19세기의 소설들. 하지만 사람들이 이 작품들 모두를 읽으려 하지는 않을 것이다. 리처드슨은 사람들이 읽어서가 아니라, 문학사에서 중요하기 때문에 서술되었다. 단테는 사람들이 그저 구경만 하려고 한다. 사람들은 또한 프루스트 소설의 각 권을 읽으려 하지는 않을 것이다.

그러나 우리가 읽어야 할 작품은『파우스트』다. 그것은 우리가 적어도 한 번은 둘러보아야 하는 생생한 민족박물관과도 같기 때문이다. 이에 비하여 스탕달에서 무질까지의 위대한 소설들은 순수한 즐거움이자, 완전한 교양여행을 제공해준다. 도스토예프스키나 톨스토이의 독서를 통해 사람들은 여행을 하는 것보다 러시아에 대해 더 많이 알 수 있다. 프랑스 여행을 갈 때면 스탕달이나 플로베르의 소설을 가져가야 할 것이다. 물론 발자크Balzac나 빅토르 위고Victor Hugo, 모파상Maupassant, 졸라Zola 등도 좋다.

지방으로 간다면 아마 도데Daudet도 괜찮을 것이다.

영국 문학에서는 다음 한 권의 소설은 생략했다. 그 소설은 하나의 완전한 우주와 그 시대 교양의 총체를 묘사하지만, 시간이 많다고 느낄 때나 휴가 동안에만 읽을 수 있는 소설이자, 식사나 목욕을 하기 위해서도 잠시 독서를 멈출 수 있는 소설이기도 한 로렌스 스턴의 『트리스트럼 샌디』다.

이 소설은 중단(中斷)이 그 줄기다. 소설의 서두는 성교의 중단상황에서 주인공이 임신되었음을 이야기한다. 그러고 나서 모든 이야기는 이야기 도중에 끊어지고 각각의 줄거리는 그 줄거리를 계획하면서 중단된다. 이러한 상황은 소설 자체에도 적용된다. 소설은 화자 트리스트럼 샌디의 인생사에 대해 설명하는, 하나의 허구적인 자서전이다. 하지만 화자가 소설에 등장하는 각각의 에피소드를 설명하려고 매번 그 배경이 되는 이야기를 끌어오는 바람에 서술이 앞으로 진행되기보다는 뒤로 후퇴한다.

작가가 글을 쓰기 시작한 일년 동안 화자는 겨우 자신이 출생하는 날까지만 서술할 수 있게 된다. 소설의 결말까지 화자 생애의 첫 5년 이상을 서술하지 못했고, 이 짧은 기간의 서술도 사고에 대한 기록일 뿐이다. 그는 임신될 때 성교 중단을 통해 자신의 생의 활력이 손상을 받고, 출산시에는 당시 유행이던 분만겸자 때문에 코가 눌리게 되며(프로이트처럼 스턴도 성적 생산력과 코의 상관관계를 믿었다), 또한 세례를 받을 때 사소한 오해 때문에 모든 이름 중에 가장 슬픈 이름인 트리스트럼으로 세례를 받는다. 그리고 마침내 밑으로 내려오는 미닫이 창문에 끼여 성기가 잘린다.

비슷한 경우지만 훨씬 심각한 사고로 그의 삼촌 토비는 해를 입는다. 삼촌은 자신의 강제거세에 대한 이야기를 서술해야만 하는 어쩔 수 없는 상황에서, 사실상 여성이 되어버린 것에 대한 수치 때문에 그 이야기를 끝내지 못하고 대신 취미 하나를 생각해낸다. 이는 강요에 대응하는 자연스런 방식이자, 심한 노이로제 증상을 보이는 것이기도 하다.

이 소설은 진기한 교훈으로 가득 차 있고, 이 세상에서 명확한 의사소통은 존재하지 않는다는 스턴의 확신을 보여주는 불건전한 암시들로 가득하다. 이때 뉴턴의 중력이론은 로크의 주관주의와 마주치게 되고, 자기 관찰을 벗어난 영역으로서의 무의식의 발명에 관해 기록하며, 감상적인 신체언어를 발언과 침묵 사이의 역설로 드러나게 한다(많은 것을 말하는 요란한 침묵, 의미심장한 멈춤, 과묵한 악수, 따로따로 흘리는 눈물, 언급해선 안 되는 것을 대신 언급해주는 졸도상태 등등). 전체적으로 보아 이 소설은 현재 가장 현대적인 사회이론을 제공해주고 있는 니클라스 루만Niklas Luhmann의 체계이론(한 사회는 그 사회의 구성원을 하나로 묶어주는 규범에 의해 통합되는 것이 아니라, 의사소통의 가능성에 의해 한 사회로 규정될 수 있다고 설명하는 현대의 사회이론. 체계이론에 의하면 한 사회는 모든 가능한 커뮤니케이션 체계의 총합으로 이해된다−옮긴이)을 선취해서 보여주는 묘사라고 할 것이다.

한마디로 『트리스트럼 샌디』는 지금까지 쓰여진 소설 가운데 가장 진기하고 지적이며 재치 있는 것 중의 하나다. 우리가 이 소설을 읽는 데 유일하게 갖추어야 하는 도구는 바로 시간이다.

요컨대 소설 읽기는 아마도 각자가 무엇보다도 소망스럽게 여기는 영혼의 상태에 따라 방향을 잡아야 할 것이다. 예컨대, 『로빈슨 크루소』는 아주 명백한 영향력을 지니는데, 다름 아니라 사람들이 조난을 당했을 때나 파산했을 때, 아니면 실업자가 되었을 때, 버림을 받았을 때와 같이 절망적인 상태에 있을 때 용기를 북돋아주는 역할을 한다. 이 소설은 어떻게 우리들이 자신을 다잡을 수 있는지 보여준다. 즉 사람들이 우선 하루 일과를 정리하고, 그밖에 치르지 못한 아비투어(고등학교 졸업 및 대학입학 자격시험)를 준비하는 것과 같은, 대단히 긴 시간을 요하는 과제는 작은 일부터 시작하여 해결해나가도록 격려한다. 또한 방법론적인 작업을 통해 고독을 극복하라거나 일기를 쓰면서 자신의 생활을 살펴보라는 등의 권고뿐만 아니라, 인간성의 완전한 가능성은 자기 자신에게서만 유지될 수 있다는 것과, 자신에게 삶의 불꽃이 있는 한 결코, 그리고 어떤 일이 있더라도 삶을 포기하지 말아야 한다는 용기를 준다.

독일의 정치인들과 정당을 지켜보는 것이 구역질이 나고, 정치 뉴스 때문에 텔레비전 채널을 맞추거나 신문을 펼치기에 신물이 날 때면, 『걸리버 여행기』를 읽는 것이 좋을 것이다. 구역질 날 정도로 정치혐오에 휩싸인 사람은 『걸리버 여행기』에서 그 구역질을 어쩔 수 없는 웃음으로 변화시키는 수단을 발견하게 될 것이다. 물론 그 경우 소설 중의 세 번째 여행까지만 읽고 마지막 네 번째 여행은 가급적 피해야 한다. 이 경고를 무시하는 사람은, 소설을 다 읽은 후 인간 전체에 대해 혐오감을 느끼며 깊은 우울증에 빠져 권총으로 머리를 쏴 자살해도 필자는 책임을 지지 않는다.

자신이 이념적인 십자군 기사와 연관된다고 느끼는 사람, 바꾸어 말하면 자신의 진부한 일상에 무엇인가 의미를 부여하고 싶은 필요성을 절실히 느끼는 사람이라면, 또는 현실을 송두리째 하나의 가상 시나리오로 옮겨 자신이 대단한 역할을 하는 것을 상상하고 싶은 사람은 『돈 키호테』를 읽어야 한다. 어쩌면 오늘날에도 그런 사람은 열악한 환경이지만 매일 파시즘을 막으려고 분투하는 슬픈 모습의 투사일지도 모른다. 『돈 키호테』가 남자의 모습이라면, 『보바리 부인』은 여자의 모습이다. 무미건조한 남자와 혼인한 여자가 자신의 일상세계의 진부함을 탈출하려는 거대한 시도가 그것이다. 그리고 남편이 좋은 소설보다 더 재미있다고 감히 말할 수 있는 여자가 과연 있을까?

연 극

19세기에 연극은 사랑을 받았다. 하지만 그 세기는 1880년대까지만 해도 중요한 작품을 거의 창작하지 못했다. 그 이유는 사람들이 점점 더 내면세계의 묘사에 치중한 장편소설을 선호했기 때문이다. 동시에 사람들의 사회적인 역할 게임은 공적인 의사소통과 사적인 의사소통의 영역으로 양분되었다. 공적인 의사소통은 감정이 없고 관습적으로 보였다. 사적인 의사소통은 진실했지만 사회적으로 별다른 영향력을 지니지 못했다. 얼굴을 맞대는 직접적인 의사소통에서는 사회의 문제점들이 더이상 표현되지 않았다. 상류층의 사교형식인 의식과 대화와 예절은 과거의 매력을 잃어버렸고 특권 신분의 대표성을 띠지 못했다. 중요해진 것은 감정의 진실한 표현뿐이었다.

그렇지만 19세기 말에 희곡은 놀랍게도 자신의 위기를 테마로 연출하는 가운데 임종의 침대에서 일어났다. 그 희곡은 바로 사적 영역이 붕괴되는 때에 사회를 사적인 의사소통의 형식으로 묘사하는 것이 불가능함을 보여주었다.

헨릭 입센(Henrik Ibsen, 1828~1906)의 『인형의 집 Et dukkehjem』(1879)과 아우구스트 스트린드베리(August Strindberg, 1849~1912)의 『죽음의 춤 Dödsdansen』 (1901)의 새로운 테마는 결혼의 파경이다. 그들 작품에는 깊은 절망과 의기소침하게 하는 통속성, 그리고 기운을 빼는 단조로움을 보여주는 모습들이 담겼다.

사적인 갈등상황에서는 종종 사적인 의사소통의 갈등이 문제의 본질이기 때문에("넌 항상 나를 반대하지" / "난 너를 항상 반대하는 것은 아니야" / "보라구, 넌 또 날 반대하잖아"), 의사소통은 계속적으로 매듭 만들기가 된다. 현대극은 이 부분에서 자신의 테마와 형식을 얻는다. 또한 거기에서 의사소통 자체도 주제화되어, 역설적이고 모순적이며, 혼란스럽고 불합리하게 된다. 종종 형식과 주제를 더이상 분리할 수 없게도 된다.

그 점을 다음 장에서 20세기의 저명한 다섯 명의 극작가를 드라마에 등장시켜 예시하고자 한다. 그 드라마는 다섯 명의 극작가들이 자신과 동일시하는 형식들을 따른다. 쇼의 토론극, 피란델로의 메타드라마, 브레히트의 교훈극, 이오네스코의 부조리극, 그리고 사무엘 베케트의 형이상학적 소극(笑劇). 피상적으로 보면 이 극은 뒤렌마트Dürrenmatt의 『물리학자들 Die Physiker』과 유사하다. 하지만 이 작품을 끝까지 읽어야만 형식과 내용을 깨닫게 될 것이다.

■연극

고도 박사
또는 여섯 인물이 18번째 낙타를 찾는다
-메타드라마 소극(笑劇)-

등장인물

조지 버나드 쇼
루이지 피란델로
베르톨트 브레히트
외젠 이오네스코
사무엘 베케트
위츨라위크 박사
고도 박사

우리는 캘리포니아 팰로 앨토 정신병원의 중증 정신분열 환자병동의 독서에 앉아 있다. 이 독서실에서는 늘 똑같은 환자들이 모임을 갖는다. 이들은 섯 명의 남자들로 모두 공통점이 있다. 그들은 자신을 20세기의 위대한 극작들 중의 하나로 여긴다는 것이다. 따라서 그들은 서로서로 그 극작가들의 이으로 호칭하고 있으며 의사들도 그들을 그렇게 부른다. 그 이름은 쇼, 피란로, 브레히트, 이오네스코, 베케트다. 지금은 브레히트와 쇼만 보인다. 브레트가 쇼에게 말을 건다.

브레히트 여보게, 내가 이미 피란델로에게 말한 것을 자네한테도 말하 겠네. 자네들의 비합리적인 활력론을 잊어버리게! 그 생의 철학 전체 는 사기야. 그건 퇴폐적 부르주아의 마지막 전투에서 피어나는 이데 올로기의 화약 연기지. 그 생의 철학이 유포한 혼란이 우리에게 무엇을 가져왔는가? 바로 파시즘이네. 피란델로가 여전히 무솔리니의 장화를 핥는다는 사실이 이해가 되는군. 그는 결국 시칠리아의 퇴락한 부르주아 출신의 유황광산 주인의 아들이 아닌가. 하지만 자네는 사회주의자이면서도 무솔리니를 찬양하다니! 이건 정말 용서할 수 없네. 자네 역시 페이비언(Fabian. 한니발 장군에 대항하는 게릴라 전술을 주도한 로마의 장군 파비우스Fabius의 이름을 따라서 붙임—옮긴이)이고, 궁극적으로 사회민주주의를 믿는 이탈자라면, 결국 올바른 투쟁전선에 선 동지가 아닌가.

쇼   브레히트, 자네에게 긴히 할 말이 있네.

브레히트   말하지 말게나, 쇼 나에게는 어떤 비밀도 털어놓지 말아야 하네. 배신하는 자는 스스로도 배신당해야 마땅하기 때문이지.

쇼   피란델로가 미쳤다는 사실을 알고 있나?

브레히트   알고 있네. 새로운 질서가 있지 않는 한 모두가 미쳤다고 할 수 있어. 새로운 질서에 관한 나의 새로운 시를 자네에게 읽어줄까? 안녕, 피란델로!

(피란델로가 극장장 모습으로 등장한다)

피란델로   아, 관객들이 보이는군. 잘됐어. 관객들이 있는 곳이 극장인 셈이지! 공연을 시작할 수 있겠어.

(그가 손뼉을 쳐 신호하자, 이오네스코가 긴 줄에 묶여 등장한다. 그 줄의 끝을 베케트가 잡고 있는데, 그의 다른 손은 채찍을 흔들고 있다)

베케트   (줄을 당기며) 멈춰!

(이오네스코가 넘어진다)

가련한 녀석. 그렇지 않나! 일어서, 돼지 같은 놈!

(줄을 당기자 이오네스코가 벌떡 일어난다)

베케트   (울먹이며) 그가 나를 잔인한 사람으로 만드는군! 하지만 난 밤에 울지. 그가 "그렇다"고 말하기 때문에 난 "아니다"라고 말해야겠어. (사이) 아니, 그가 "아니다"라고 말하기 때문에 내가 "그렇다"라고 말해야겠어. (사이) 그는 선량하려고 애쓰니까 난 기강을 잡아야지. (사이) 그가 정신이 돌았으니 난 냉정한 머리를 유지해야 돼.

피란델로 (쇼에게) 그가 좋지 않아? 베케트는 베르톨트 브레히트 역을 하고, 이오네스코는 이오네스코 역을 한다. 교조적 공산주의자인 브레히트와 그의 희생물인 이오네스코란 말야.

이오네스코 마치 내 '수업' 시간 같군, 그렇지 않나? 다른 사람들을 주제넘게 지도하려는 자는 폭력배야. 그래서 교황, 스탈린주의자, 교수, 우편배달부, 왕 그리고 기술자 모두 그들이 누구인지 드러나야만 해. 바보같이 어리석은 코뿔소들이거나 아니면 더 나쁠 수도 있고······. 베케트, 자네가 알고 있는 가장 나쁜 것이 뭔가?

베케트 비평가!

이오네스코 오!

쇼 이오네스코는 유감스럽게도 자기 역만 해야 돼. 머릿속에 어떤 그 아이디어도 없으니까.

피란델로 그런데 쇼, 자네의 작품에 대해서도 우린 아주 비슷한 이야기를 들었네. 자넨 19세기의 모든 이념들을 자네 작품에 쏟아넣었다고 말하지만.

브레히트 싸우지들 말게. 자네들의 이념은 같네. 즉 은퇴해서 가련해진 생의 철학이야. 안개 속으로 사라지고 있는 것이지.

피란델로 (열 받아서) 아니야. 자네들의 이념이 같네. 자신에게 맞지 않는 모든 것을 억압하는 경향과 광적인 특징을 가진 교조적 사회주의 말일세.

이오네스코 쇼와 브레히트, 둘 다가 사회주의자라는 것은 얼마나 이상하고, 기괴하며, 독특한가. 또한 두 사람 모두 지성이 감성을 억압하고 있으니 그 두 사람의 만남은 그 얼마나 이상하고, 기괴하며, 독특한가. 둘이 자기들의 예술을 정치적 선전에 이용한다니 두 사람의 만남은 그 얼마나 이상하고, 기괴하며, 독특한가. 둘이 무의식에 대한 불안으로 훈련이 되어 있고, 정신적이며, 완고하다니 두 사람의 만남은 그 얼마나 이상하고, 기괴하며, 독특한가. 그들 둘이 사회를 권투 선수나 달리기 선수보다 더 가치 있게 여기다니 두 사람의 만남은 그 얼마나 이상하고, 기괴하며, 독특한가. 그 둘이 그들의 역할을 묘사하는 사람들이라는 것과, 그것을 위해 자신들의 이름조차 B.B와 G.B.S.의 약어로 잘라냈다니 두 사람의 만남은 그 얼마나 이상하고, 기괴하며, 독특한가. 그것은 섬뜩하게 이를 드러내며 웃는 사회주의의 ABC이지. 지금까지 인간을 코뿔소로 변화시키기 위해 고안해낸 교리들 중에 가장 비인간적인 교리의 ABC일걸?

피란델로 (다른 사람들에게) 모든 것은 이오네스코가 연출한 것이지. 모든 것이 허구이고, 미리 나와 약속한 것이지. 이런 감정의 분출도 말이야!

베케트 제발 그만두지 않겠어? 이런 괴로움! 나의 괴로움보다 더 큰 고통이 있을까? (당근을 깨문다) 물론 없겠지.

(문을 통해 유명한 정신과 의사 워츨라위크 박사가 들어온다)

워츨라위크 박사 모두들 좋은 아침이에요! 그런데 여러분들이 꾸민 연극은 어떻게 돼가죠? 기분이 좋아 보이는데, 어때요? 새로운 소식이 있나요?

베케트 (우울하게) 무엇인가 발생하고 있어요.

이오네스코 게다가 점점 더 빨라지고 있습니다.

피란델로 하지만 변한 건 없어요.

쇼 그 말은 죽음을 뜻하죠.

브레히트 왜 우리를 내보내주지 않습니까?

워츨라위크 박사 당신은 가도 돼요. 누구도 당신을 막지 않아요! (사이) 부탁이니 제발 가주세요, 당신은 자유예요!

브레히트 자본주의 사회에서는 누구도 자유롭지 않습니다.

베케트 당신은 우리를 내보내고 싶은가요?

이오네스코　우리를 쫓아내려고 하십니까?

베케트　이건 상황을 계속 끌고가려는 하나의 속임수야. 우리가 그만두려고 하면 항상 새로운 뭔가가 생기고 해서, 그렇게 상황은 계속되는 거지.

위츨라위크 박사　어느 날에는 그만두게 될 겁니다, 베케트 당신도 보게 되겠지요.

베케트　(우울하게) 하지만 그걸 난 더이상 체험하지 못할 거요.

위츨라위크 박사　그러니까, 한동안 상황은 계속될 거요 즉 여러분은 사회를 구성하게 되죠. 여러분 모두에게 부탁하는데, 새로 온 사람이 이곳 생활에 익숙해질 수 있도록 도와주십시오. 그에게 이곳 규칙을 알려주고 친절하게 대해주며 서로 말벗이 되어주세요. 그의 처지에서 생각해주세요.

피란델로　우리는 그의 처지에서 생각하고 있다고 여기는데요.

이오네스코　아니면 그가 우리 처지를 생각하거나.

쇼　그가 도대체 누구요?

위츨라위크　그는 의사요!

이오네스코　의사? 환자가 아니고?

위츨라위크 박사　둘 다죠. 내가 그를 어떻게 설명해야 되겠소? 그는 의사가 되려고 교육을 받은 환자죠. 정확히 말하자면 자신을 정신과 의사로 여기지요. 여러분은 극작가이고 역할극에 익숙하니까, 내 생각에 아마도 여러분이 그를 광기에서 해방시킬 수 있을 것 같군요.

쇼　그러자면 우리가 어떻게 해야 하죠?

위츨라위크 박사　이제 그는 정신과 의사로서 여러분을 치료하려고 시도할 겁니다. 그의 광기란, 자신이 여러분의 영혼의 악습으로 된 모든 세계를 치유해야만 한다고 말하는 것입니다. 그래서 그는 바로 어떤 치료법을 실시할 것입니다. 그의 이 광기를 치료하기 위해 여러분이 저를 도와주셔야 합니다. 내 이론으로는, 정신과 의사가 되려는 관념을 가지는 것은 자신이 미칠 수 있다는 억압된 불안에서 발생한다는 것입니다. 따라서 그는 미치는 것에 대해서 불안을 가질 필요가 없다는 점을 배워야 합니다. 만약 그에게 그 점을 깨닫게 해줄 수 있는 사람이 있다면, 그 사람은 바로 여러분입니다. 덧붙여 말하자면, 그는 자신이 고도 박사라고 착각하고 있습니다.

베케트 뭐라고요?

위츨라위크 박사 그가 어떤 사명감을 가지고 있는지 이제 알겠죠? 그러니까 나를 실망시키지 마시고, 나를 도와 그의 자폐증을 해결해줍시다. 그가 오는군요. (고도 박사가 들어온다. 의사 가운을 입고 친절하게 미소 짓는 40대 가량의 남자) 소개해드릴까요? 새로 온 내 동료 고도 박삽니다. 고도 박사, 이 사람들은 조지 버나드 쇼, 베르톨트 브레히트, 루이지 피란델로, 외젠 이오네스코 그리고 사무엘 베케트 씨입니다.

(소개에 연이어 서로 우호적인 미소와 목례, 인사말이 오고간다)

고도 박사 난 여러분의 거의 모든 작품들을 알고 있으며, 여러분을 특별한 분들이라고 생각합니다.

(베케트는 똑똑히 "아하!"하고 말하고, 다른 모든 사람들은 "말만큼 그렇지 않아요", "모두 가치 없는 것들이죠", "아주 과대평가되었군요" 등의 시큰둥한 말들을 중얼거린다)

위츨라위크 박사 이제, 난 여러분을 방해하지 않겠어요. 고도 박사가 여러분에게 분명 몇 가지 질문을 할 겁니다. 허나 난 12시 반에 점심 식사가 있을 것이라는 것을 여러분께 상기시켜 드려야겠군요!

(위츨라위크 박사가 사라진다)

피란델로 (그에게 소리친다) 위츨라위크 박사, 당신에게 하나 더 물어봐도 될까요? (고도 박사에게) 잠시 실례하겠습니다! (그는 위츨라위크 박사 쪽으로 뛰어간다)

쇼 (고도 박사에게) 고도 박사?

고도 박사 무슨 일이에요?

쇼 이미 브레히트에게 말했지만…… 피란델로는 미쳤어요.

고도 박사 정말입니까?

쇼 그래요. 또 그는 피란델로도 아닙니다!

이오네스코 뭐라고?

쇼 그가 단지 스스로 그렇게 생각할 뿐이죠. 그는 피란델로가 되려는 망상에 사로잡혀 있어요.

브레히트 자네, 그런 베르그송 유의 비합리주의는 광기로 인도한다는 사실을 인정하나?

쇼 (고도 박사에게 은밀하게 다가서며) 내가 실제로 피란델로예요!

브레히트 (역시 매우 은밀하게 고도 박사에게 다가서며) 아세요? 내가 실제로 피란델로예요. 하지만 난 이것을 비밀에 부치죠. 이건 파시스트들을 속이기 위한 내 계략이죠. 그가 자신이 실제로는 피란델로가 아니고, 우리가 피란델로라는 사실을 알게 된다고 상상해보세요. 그러고 나서 그가 어떤 난리를 피울까는 신경 쓰지 말고요!

(모든 사람이 웃고 있을 때 피란델로가 돌아온다)

피란델로 아, 알겠어요. 고도 박사, 사람들이 당신에게 내가 진짜 피란델로가 아니라고 했죠! 이 사람들은 새로 온 사람과는 꼭 이런 농담을 하죠. 누가 도대체 자칭 피란델로라고 하던가요?

고도 박사 쇼와 브레히트요.

피란델로 뭐라고요? 두 사람 모두 똑같이요? 그런 부조리한 말이 어디 있습니까! 그 말을 믿지 마세요, 고도 박사!

고도 박사 물론 믿지 않죠. 나도 여러분들에게 고백해야겠군요. 여러분, 난 고도 박사가 아닙니다!

베케트 (회의적인 목소리로) 뭐라고요? 정말입니까?

고도 박사 그래요, 이건 워츨라위크 박사의 아이디어죠. 그는 내가 정신과 의사라고 상상하는 환자로 가장해야 한다는 거예요. 고도 박사라는 이름도 워츨라위크 박사가 찾아냈어요. 왜냐하면 내 실제 이름

이 아주 비슷하기 때문이죠. 내 실제 이름은 고디트예요, 윌리엄 H. 고디트

피란델로 그러니까 당신은 실제로는 자신을 정신과 의사로 상상하는 것이 아니라는 말이에요?

고디트 박사 물론이죠. (사이) 실제로 난 정신과 의사예요.

쇼 아하.

고디트 박사 그래요. 난 바로 불편함을 느꼈어요. 고도라는 이름은 전혀 그럴듯하게 들리지 않아요. 이제 여기서 도출할 수 있는 결론을 바로 말씀드리죠. 위츨라위크 박사는 이렇게 해서 하나의 실험을 하려는 거죠. 내가 정신과 의사로 등장하기 때문에, 난 터놓고 여러분을 치료를 위한 대화로 유도할 수 있죠. 게다가 여러분들이 나를 환자로 여기기 때문에, 나를 불신하지는 않겠죠.

이오네스코 그러면 당신이 치료법으로 생각한 것은 뭐죠?

고디트 박사 생각해둔 것이 있죠.

브레히트 긴장되는군요.

쇼 호기심이 발동하는군요! 당신도 결국 실제 정신과 의사니까요.

고디트 박사 좋아요. 위츨라위크 박사가 말하기를, 여러분이 서로 의견일치를 보지 못하는 일이 있다고 했지요. 쇼와 브레히트가 대표하는 것은 사회의 측면이고, 이오네스코와 베케트가 대표하는 것은 사적인 주관성의 측면이며, 반면에 피란델로는 자신의 역할 연기로 한 번은 이편, 또 한 번은 저편을 대표한다고 했죠. 내 생각으로는, 만약 여러분이 여러분 모두에게 공통적으로 존재하는 것을 발견해내려고 시도한다면, 아마도 여러분은 그 악몽들로부터 치유될 수도 있겠죠.

피란델로 '치유된다'는 말은 무슨 뜻이죠? 사르트르가 『성 주네 *St. Genet*』에서 왜 주네가 범죄자가 되었는지를 설명했을 때, 그는 더이상 글을 쓸 수 없었죠.

베케트 브레히트가 노동자 농민의 천국으로 갔을 때도, 그는 그곳에서

더이상 노동자 농민이 될 수 없었지.

이오네스코 하지만 계속해서 눈에 띄지 않았던 것은, 그가 이미 처음부터 쓸 수가 없었다는 사실이지.

쇼 그만해, 이오네스코! 브레히트, 자네는 고디트 박사의 말을 어떻게 생각하나?

브레히트 그건 재미있는 실험 같아. 자네들이 항상 자신들만 설명하려는 것보다 다른 사람도 한번 설명해봐야겠지. 자네들에게는 벌써 오래 전부터 아무것도 떠오르지 않았겠지만. 이오네스코, 베케트는 자신에게 아무것도 떠오르는 것이 없다는 것을 항상 떠올리고 있다네.

이오네스코 혹시 자넨 우리에게 강요하고 싶어했던 설명을 얻은 것 아닌가?

브레히트 하지만 자네들은 우리 사이에 실제로 공통점이 있다는 사실을 인정해야 돼. 우리 모두는 아리스토텔레스 유의 오래된 사실주의적 문학형식이 더이싱 충분하지 않다는 것에 의견일치를 본 거야. 그 형식은 더이상 의미가 없어. 왜 그럴까? 자본주의 사회에서는 얼굴과 얼굴을 맞대는 직접적인 상호 작용은 더이상 나타나지 않기 때문이지. 쇼는 자신이 어느 정도 공을 들였던 것처럼, 훌륭한 사회의 행동양식을 의미 있게 꾸미는 방법에 대해 고민하고 있어.

쇼 나는 그 부분을 약간 다르게 보고 있어. 19세기의 사실주의 극은 파운드의 금본위처럼 확고하게 보이는 전제에 기초하고 있었지. 그건 멜로드라마 같은 연극성과 열정적 감정, 그리고 감상적인 관계라는 형식으로 된 개인적 행복이 의미있고 정체성을 가지고 있다는 믿음에 바탕을 두고 있었어. 당시 극장에서도 그 믿음은 확고했지. 그런데 입센이 그 문제를 어떻게 풀어야 하는지를 보여줬네.

이오네스코 어떻게? 입센 역시 사적인 영역에 머물러 있었는데. 우리 모두는 사적 영역에 머물러 있는 거야. 피란델로는 결혼한 부부의 영원한 질투에 관한 극을 보여주었어. 나 역시 『대머리 여가수 *La*

Cantatrice chauve』에서 『의자Les Chaises』를 거쳐 『야곱 또는 복종Jakob oder der Gehorsam』에 이르기까지 부부와 가족을 그렸지. 베케트의 인물들의 관계는 다름 아닌 여러 해 동안 쌓아 온 은밀한 관계가 수축된 형식이라 할 수 있어.

브레히트 그게 바로 요점이야. 자네들이 보여주는 유일한 것은 그러한 것들이 의미가 없다는 거지.

피란델로 하지만 그건 입센부터 그렇지 않았나?

쇼 어떤 점에서는 그렇지. 입센은 관객에게 정보를 나누어주는 방식을 바꿈으로 해서 관객들에게 완전히 생소한 상황을 만들어냈지. 전통적인 극에서 음모를 꾸밀 경우 관객들이 대체로 그 모든 것을 알고 있었다면, 입센의 분석적인 극에서는 관객들은 아웃사이더로 밀려나게 되었어. 우리 사회에서 이방인들 사이의 관계에서는 보통 그러하듯이, 입센은 관객을 한 낯선 인간의 위치로 전락시켰어. 이 개인에게 극작품은 처음에는 우선 유복한 시민가족의 모습으로 투사되지. 하지만 극이 진행됨에 따라 작품은 다른 모습으로 파괴되어가고, 관객은 점점 더 놀라게 되며, 그렇게 칭송받았던 가족관계의 내적인 유대가 수많은 기만에 근거하고 있다는 사실을 알게 되는 거야. 그 유대관계가 여전히 어느 정도 의미를 가지고 있다면, 그것은 겉으로 드러난 모습과는 다를 거야.

피란델로 입센과 쇼의 작품에서 집중적으로 다룬 것이 여성해방의 테마라는 것은 놀라운 일이 아니야.

쇼 그건 일종의 폭로극이었어. 그리고 실제 줄거리는 이미 이전에 발생한 거야.

피란델로 그래, 그건 마치 심리 분석에서처럼 진행되지. 모든 것은 지난 것에 대한 기억이야. 이런 점에서는 그리스 비극과 전혀 다른 것도 아니네.

쇼 자네, 아버지의 죄나 혼령 같은 것을 염두에 두고 하는 말인가?

피란델로 글쎄, 입센에게는 그건 여전히 유전의 문제였어. 하지만 그 후엔 영혼의 상처, 기억과 무의식의 지옥 따위가 오는 거야. 이때 억압적인 심리상태가 회귀하여 쉽게 복수의 여신과 가족의 저주 등과 연관될 수 있지. 엘리엇은 자신의 희극에서 그렇게 했고, 오닐은 자신의 '엘렉트라'와 '오레스트' 개작에서 그 점을 시도했어. 아무튼 갑자기 그리스 비극의 새로운 판본들이 많이 생겨났어.

쇼 심리 분석이라는 것 자체가 일종의 새로운 판본이었어. 사적인 불행에 심리 분석으로 신화적인 의미를 불어넣을 수 있었거든.

브레히트 그래. 사람들은 마치 고대 그리스에서처럼 연인, 부부, 친구들 그리고 가족들을 새로 주목하게 되었지. 그런데 그건 사회에 관한 묘사인가, 아니면 하나의 분석인가? 전쟁은 어디 있지? 학문은 어디 있으며, 재정의 수뇌부는 또한 어디 있을까? 요컨대 사회는 어디 있나?

이오네스코 사회가 어디에 있는지 내가 말해주지, 소시민적인 개척자의 영혼을 가진 멍청한 인간인 자네에게 말이야! 사회는 영원히 요동하는 무의식을 규제하기 위하여 부과된 모든 것에 존재하지. 독창적인 영혼을 가진 개개인의 개성을 하나의 집단적인 코뿔소라는 괴물로 변화시키는, 엄격하고, 반복적이며, 기계적인 모든 것에 사회는 존재하지.

브레히트 이오네스코, 유연한 의식과 엄격한 사회라는, 오래 전의 상투적인 대조로 나를 귀찮게 굴지 말게. 그건 모두 오래된 베르그송의 말이야. 이보게, 소외는 단순히 사회를 통해서가 아니라 자본주의 사회를 통해서 작용하네.

고디트 박사 만약 그렇다면— 끼어들어 죄송합니다만, 자본주의든 사회주의든 상관없이, 사회의 발전으로 말미암아 개인의 의식과 사회의 괴리가 점점 더 커진다면요? 만약 이런 괴리로 의식이 한 가지 방식으로 자기 자신에게만 몰두하게 되어, 거의 모든 의사소통을 불충분한 것으로 느끼게 된다거나, 또 만약 그래서 그 의식이 자기 자신의 공적인 개인을 낯설게 느끼거나, 그 공적 개인을 자기 자신을 더이상 표현하지 않는 가면으로 느낀다면 어떻게 하겠어요?

피란델로 잘 말했어요, 고디트 박사!

브레히트 그건 정신분열증이야.

피란델로 브레히트, 자네는 여기서 정신분열증이라고 말하는가? 마치 자넨 그것과 상관없다는 듯이 말이야. 자네의 모습을 자세히 보게. 술 취했을 때는 선량하고, 정신이 들었을 때는 이기적인 푼틸라(브레히트의 『푼틸라 씨와 하인 마티 Herr Puntila und sein Knecht Matti』에 나오는 인물—옮긴이) 같지. 또 『세추안의 선인 Der gute Mensch von Sezuan』에서의 셴테는 어떤가? 그 여자는 때때로 자신의 이익을 지켜주는 무자비한 슈이타로 변할 수 있기 때문에 착한 사람으로 남을 수 있지 않나? 자네의 극에는 외적 가면과 내적 개인으로 분열되어 돌아다니는 정치적 기회주의자들로 가득 차 있지 않은가? 그건 완전히 지킬 박사와 하이드 씨 시리즈야. 우리는 자네가 잔인해야 한다고 말하면서도 밤에는 운다는 말을 들은 적이 있어. 그러니 정신분열증을 모르는 것처럼 행동하지는 말게!

이오네스코 그건 전형적인 브레히트의 방식이야. 그는 도대체 기본적인 예의가 없어. (브레히트에게 소리치며 말한다) 자네, 피란델로의 부인에게 정신분열 증세가 있다는 걸 몰랐어?!

쇼 아 이런, 극작가가 수치를 모를 수가. 피란델로가 자기 부인의 정신분열증을 작품에 얼마나 많이 써먹었는지에 대해선 누구나 알고 있지. 자신도 그 점을 인정했고, 실제로도 그렇구. 그가 보여준 것은 광기의 세계도 현실의 세계와 똑같이 논리적이고 견고하다는 것이었지.

베케트 맞아. 그런데 왜 저러는 거지?

브레히트 아, 우린 지금 깊은 내면에서 나오는 소리를 듣고 있군.

베케트 그건 현실의 세계가 광기의 세계만큼 역설적이기 때문이지. 모든 해결은 새로이 풀어야 할 문제를 재생산하지. 이건 더 깊은 논리의 논리야. 브레히트의 강철 같은 논리는 숙청과 강제수용소 그리고 대량학살을 넘어, 그의 마르크스주의에 대한 어쩔 수 없는 열광적인 믿음을 견고히 했지. 왜? 세계의 혁명은 반대자들을 생산해내는데, 이들을 잔인하게 없애버리는 것이 세계혁명의 의미이기 때문이야. 이건 미친 짓이지만, 또한 이 광기를 서술한 사람들을 미쳤다고 욕하는 사람들도 미친 거야. 브레히트의 광기는 진보에 대한 믿음에 있어. 하지만 진보란 후퇴를 가져오는 거야.

이오네스코 그래, 그건 맞아! 브레히트 자네가 말하는 것처럼, 자네가 즐기는 생각들을 가지고 실험한다면, 왜 자네는 마르크스 체제에서 벗어나, 완전히 새로운 이념들을 시도해보지는 않는 거야?

브레히트 그럼 자네 자신은 어떤가, 베케트? 자네 역시 정신분열증 환자 아닌가?

베케트 자네에게 말해줄까, 브레히트? 난 어느 정신병원에서 한 달 동안 한 남자와 체스를 뒀는데, 그는 그 기간 내내 아무 말도 하지 않았지. 결국은 내가 그를 창문으로 데리고 가서 말했어. 저기 봐, 호밀밭과 돛단배들을! 하지만 그는 고개를 돌려버렸어. 잿더미만 봤으니까.

브레히트 끔찍하군!

베케트 그 남자가 나였어. 하지만 브레히트, 자넨 무덤에 있는 사자(死者)들을 보지 못했지. 그들을 보지 못한 자들은 그들을 본 사람들과 마찬가지로 정신이상자야.

쇼 그러면 거기에도 공통점이 있군.

피란델로 그것도 농담이라고 하는 건가?

쇼 모든 게 위트거리지!

이오네스코 공통점이란 없어. 우리는 연극에서 완전히 상반된 목표를 가지고 있어! 자네들은 교육 좀 받았다고 다른 사람들을 깨우치려고 하잖아. 세계를 이해했단 뜻이겠지. 하지만 우리는 세계를 이해하지 못했다는 걸 알고 있어. 나를 매번 무시무시한 힘으로 가득 채우는 건

사물들의 불가해성이야. 그것들은 오리무중에 있어. 자네들이 참지 못하는 것은 바로 이거야. 그래서 자네들은 자신들의 이성적인 설명 체계라는 미친 세계로 돌진하는 거고.

브레히트 민중에 대한 계몽이 목표가 아니라면, 그럼 자네들 작품의 목표는 뭐야?

쇼 계몽의 반대라고 할 수 있는 신화를 만드는 것이지!

피란델로 맞아, 비밀의 전당인 신화 만들기, 이 점을 자네도 이해해야 돼. 하지만 쇼! 자네의 철학은 생의 힘 저변에 깔려 있는 권력을 찬양하는 것을 목표로 하지.

쇼 하지만 진보 과정에서 점점 더 자신을 파악하고, 자신을 통제하는 법을 배우는 것이 생의 힘이야. 피란델로, 자네는 알고 있나? 자네의 작품이 나에게 무한히 영향을 끼쳤다는 것을. 내가 나 자신이라는 개체의 배우가 된다는 느낌을 잘 알고 있기 때문이지! 그런 점에선 피란델로가 옳아. 브레히트, 우린 모두 꾸며대는 사람이야, 자네도 말이야! 왜 그러지 말아야겠어? 꾸며댈수록 우린 더 자유롭게 우리가 되고자 마음먹은 것이 될 수 있는데. 우린 이미 이전에 천재들이 했던 것처럼 우리 자신을 창조할 수 있어. 하지만 이오네스코와 베케트가 만든 것은 나의 이해력을 넘어서고 있어. 입센이 분석적인 극으로 우리에게 가르친 것은, 관객들에게 무대 뒤의 정보를 모두 알려주지는 않고 시간이 흐름에 따라 점차로 밝혀지는 과정에 참여하게 만든다는 것인데, 이는 일종의 인식 과정을 보여주는 셈이야. 하지만 베케트와 이오네스코의 작품에서는 관객이 끝까지 불확실하게 남아 있게 되지. 등장인물들이 마지막까지 관객보다 더 많은 정보를 가지고 있게 되고, 극의 상황을 이해하기 위한 전제는 당연한 것으로 깔려 있어. 즉 등장인물들이 어떤 사람과 약속을 했고, 어떤 임무를 가지고 있다는 것 등의 정보는 결코 밝혀지지 않아. 자네들은 관객들을 완전히 외부인으로 만들어 어떤 정보도 주지 않는단 말씀이야!

브레히트   아니면 모순되는 정보만 주던가.

이오네스코   세상은 모순투성이라고 항상 강조한 사람이 바로 자네 아닌가?

브레히트   모순이 있긴 하지. 하지만 설명할 수 없는 것은 아니야. 가령 피란델로가 장모와 함께 하는 극작품에서 동일한 이야기를 두 가지 상반되는 의미로 연출해 보여주었다면, 좋아, 그건 모순적인 거지. 하지만 그가, 두 이야기 모두의 출처가 미친 사람에게서 나왔다거나, 반대로 모두 정상적인 사람에게서 나왔다는 식으로 연출해서, 그 두 해석에 동일한 설득력을 가지게 한다면 그러면 자네는 착각과 현실 사이의 경계를 뒤섞어 관객들을 이것도 저것도 이해하지 못하는 가련한 뷔리당Buridan의 당나귀(양쪽에 동질·동량의 먹이를 놓아두었을 때 당나귀가 어느 쪽 먹이를 먹을 것인가를 결정하지 못해 결국 굶어죽는다는, 프랑스 철학자 J. 뷔리당이 했다고 전해지는 유명한 철학적 논쟁의 표현-옮긴이)로 만들어버리는 거지.

이오네스코   피란델로, 도와주게! 이자가 자네의 어떤 작품을 두고 하는 말인가?

피란델로   자네들이 추측한 대로야. 자네 기억하나? 소도시에 새로온, 이상한 행동을 하는 가족 말이야. 그 사위가 설명하기를, 자신의 첫 번째 부인의 친정 어머니는 딸이 죽자 미쳐버려서, 재혼한 그의 두 번째 부인을 딸로 여기고 있다는 내용 말이야.

이오네스코   아 맞아, 그런데 그 장모가 설명하기를, 그 사위가 요양원에서 치료받은 후에 자기 부인을 알아보지 못하고 두 번째 부인을 얻었다고 믿는다고 했지. 그래 기억나. 하지만 자넨 거기서 핵심을 이해하지 못했어, 브레히트. 이 이야기의 위트는 다른 게 아니라, 하나의 해석이 다른 해석을 포함하고 있다는 것이며, 또한 두 해석 모두 상대방의 해석이 틀렸다는 것에 대한 믿을 만한 설명을 해준다는 데 있어. 이건 세계가 설명할 수 없는 것으로 만들어졌다는 말이 아니라, 세계의 모순을 설명해주고 있는 셈이지. 다시 말하면 그건 정확히 다음과 같아. 즉 우리가 자네의 정신나간 마르크스주의에 대한 심리적인 근거를 제시하는 것과 같네. 자네의 마르크스주의는 이념을 상대화시키는 것 자체를 이데올로기적인 무기로 선언하면서, 자기 이념의 상대화 자체를 미리 상대화시키고 있는 셈이야. 이러한 계급 투쟁의 변증법은 마르크스주의에 하나의 면역체계를 제공하는데, 마르크스주의는 사람들이 자신에 반대할 것이란 사실을 예상하고는, 모든 종류의 반대를 오히려 자신의 주장을 인정하는 증명으로 여긴단 말이야.

피란델로   잘 설명해주었네, 이오네스코! 브레히트, 내 작품에도 사회적 경험이 들어가 있네. 어렸을 적 난 내 자신을 이해시키는 능력에 대해서 깊이 확신했어. 하지만 내 아내와는 의사소통을 할 수가 없었네. 내가 그런 시도를 할 때마다 그녀는 나를 벗어나 광기로 치달았지. 내가 그녀의 질투심을 없애려고 하면 할수록, 내가 그녀에게 충실하다는 근거를 대면 댈수록 그녀는 나의 확언에서 오히려 내가 부정하다는 증거를 보곤 했어. 그럴 때면 난 거의 발작적으로 내 논리를 펼쳤는데, 그러면 그녀는 더욱더 내가 자신을 속이고 있다는 확신을 굳혔지. 의사소통을 하겠다는 절망적인 시도가 바로 의사소통 자체를 방해하며, 그리고 누구나 궁극적으로는 내적으로 자기 자신의 독자적인 연출에 이르지 못한다는 나의 경험이 내 작품에 영감을 주었네.

쇼   하지만 피란델로, 그럼에도 그 경험이 사회적으로 형성된 상대적인 것이라고 말하고 싶네. 자넨 그게 아니라고 반론을 펼 필요가 전혀 없네. 그럴수록 그건 오히려 사회적인 이슈가 될 뿐일세. 왜냐하면 그 경험은 폐쇄공포증적인 답답함과 순수한 개인적 영역의 현실상실감을 입증하는 것이니까. 그 개인적 영역의 내부와 지옥의 제일 밑바닥에서는 아직도 시민사회의 부부가 거주하고 있고, 이들의 삶은 끝없는 원을 그리며 자체적으로 증폭되는 갈등의 영원한 순환궤도를 질주하고 있지.

브레히트 아주 좋아, 쇼. 그런데 피란델로의 경우에만 그런 것이 아니야. 이오네스코도 그렇고, 사실 스스로 말했듯이, 베케트의 경우도 그렇다고 할 수 있어. 그의 작품에 나오는 유명한 인물들인 함스, 클로브, 에스트라공, 블라디미르, 포조, 럭키 등의 얼굴에서 형이상학적인 광대의 가면을 떼어내면, 그 밑에는 찡그린 표정의 한 무리의 부부들이 나타나지. 모두 스트린드베리의 『죽음의 춤』에 나오는 쿠르트와 알리스의 후손들이야. 부조리극의 모든 장치들이 벌써 그곳 『죽음의 춤』에서 발견되고 있어. 폐쇄된 공간, 폐쇄공포증의 분위기, 결혼생활이 보여주는 갈등의 순환적 움직임, 흡혈귀적인 인물들 등등 그 모든 것이!

이오네스코 내 생각에는, 자네 입에서 나오는 표절에 관한 비난이 좀 공허한 것 같아. 자네가 정신적 소유물에 대한 질문에 얼마나 느슨한가는 모두들 알고 있어. 그리고 자네가 사용한 모든 서사극적 기법 역시 스트린드베리의 『죽음의 춤』과 『디마스쿠스까지 *Till Damascus*』에서 도용했다는 것은 주지의 사실 아닌가.

브레히트 아, 나에게는 도용이니 아니니 하는 따위는 중요하지 않아! 정신적 소유물은 집단적인 거야. 모두가 사용해야만 하는 것이지! 문제는 오히려 대다수의 사람들이 정신적인 소유물을 거의 사용하지 않고 있다는 거야. 그러니까 이오네스코, 내가 스트린드베리를 지적하며 말하고자 했던 것은, 자네들이 완전히 신비화시키는 부조리극의 배후에는 자네들이 떠들어대는 것보다는 형이상학적인 요소가 적다는 점이야. 그보다는 가족과 혼인의 사회적인 관련상을 볼 수 있지. 이 점은 바로 스트린드베리의 경우에서도 볼 수 있네.

고디트 박사 제가 좀 끼어들어도 될까요? 그렇다면, 제가 보기엔 부조리극으로 인해서 연극은 역사적으로 완전히 새로운 수준에 도달한 것 같은데요. 쇼는 조금 전에 연극에서 정보 전달의 차이점에 관해 지적했는데, 제가 보기에는 그 문제가 결정적인 것 같군요. 부조리극은 스트린드베리에서처럼 광기를 인물들의 특성으로 보여주는 것이 아니라, 관객에게 중요한 정보 제공을 유보함에 따라 관객에게 광적인 방향 상실감을 유발시킨다는 거죠.

쇼 맞아요. 그러면 관객은 신비감에 사로잡혀 광적으로 의미 해석을 찾게 되죠. 하지만 그것 역시 이미 피란델로가 사용했어요!

고디트 박사 그는 어떻게 했죠?

쇼 말하자면 그는 연극적인 주변 장치를 사용해서 연출한 거죠. 그 과정을 설명하면, 우선 그는 무대장면을, 보통 사실주의 연극에서 늘 그렇듯이, 진짜 현실의 일부분처럼 관객들로 하여금 믿게 만들지요. 하지만 그러고 나서 그는 갑자기 우리를 당황하게 만들어요. 그 모든 것이 연극이고, 연출이며, 인물들은 배우일 뿐이라는 사실을 공표하지요. 하지만 우리가 이런 방식으로 다시 현실의 기반에 착륙하자마자, 그는 우리에게 다시금 이 현실도 단지 연극에 불과하다는 것을 주장함으로써, 우리가 평상시에 확실하다고 믿고 살아가는 현실에 대한 감각을 동요시켜 불안하게 만들죠. 원 세상에, 당시 우리는 모두 '피란델리즘'에 심취했어요! 미국인들조차도 열광했고, 독일인들도 마찬가지였어요. 그건 아마 슐레겔, 티크, 셸링, 피히테, 그리고 자아를 형성하는 자아(自我)와 그렇지 않은 비아(非我) 등에 관한 주관주의적인 문제 전체를 망라하는 독일 관념론에 대한 피란델로의 연구와도 연관이 있겠죠. 아이구, 내가 그런 것들 대신 생물학과 경제학으로 선회한 것이 기쁠 뿐이에요!

이오네스코 하지만 자네들의 헤겔도 그것으로 시작했어.

고디트 박사 제가 보기에, 쇼는 피란델로의 연극기법을 썩 잘 기술한 것 같아요. 하지만 거기에 숨겨진 새로운 점은 언급하지 않았어요. 예컨대 셰익스피어의 희곡『한여름밤의 꿈』에 보이는 극중극의 기법을 생각해봐요. 연극의 외부틀이 내적인 연극과 확실히 구별되죠. 외부극은 현실의 픽션으로 확고히 제공되고, 내부극은 이 픽션 속의 극으로 제공돼요. 그런데 피란델로에게서는 그 경계가 없어져요. 그의 연극에서 외부란 더이상 없고, 연극은 종합적인 것이 되죠. 그래서 관객들은 직접 연극에 개입되어 있다는 혼란스러운 인상을 받게 되지요. 다시 말하자면, 종전의 연극은 연극 자체와 세계 사이의 경계를 설정하여 세계를 모사했지만, 피란델로에게서는 연극은 더이상 모사하지 않고 단지 연극 자체만을 지시하여 동어반복적이 된다는 거죠. 연극은 단지 연극만을 대표한다고도 할 수 있지요. 이제 연극무대에서의 상호 작용은 사회의 상호 작용을 대표한다기보다는 연극 자체일 뿐이지요. 이것은 사회 자체가 획기적으로 변화했다는 것을 뜻합니다. 사회에서도 상호 작용은 대상 대신에 상호 작용 자체만을 대변하게 되었다는 뜻이지요. 이렇게 해서 연극은 현실을 반영하지 않는, 자신의 비대표성에 몰두하게 되지요.

쇼 그 말이 뜻하는 건 다분히 사회란 단지 마이너스로만 존재하는 것, 즉 부재하는 것이라는 의미입니까?

고디트 박사 맞아요! 그건 사회가 직접적인 의사소통의 형식으로는 더이상 접근할 수 없게 되었다는 것을 말하는 것이죠.

이오네스코 쇼, 자네의 작품들에서도 사회가 단지 이른바 '이념들'의 형식에서 희곡으로 옮겨졌다는 점을 인정하게. 그 이념들은 이후 자유로운 주제가 되어 대화나 토론의 계기를 제공하는 것이야. 하지만 자네도 때때로 그 주제들을 희곡의 줄거리나 인물들과 결합하려는 노력을 했다는 것을 인정하게. 자네가 영국 상류층의 대화문화에 감탄했기 때문에 자네 희곡 전체가 작동할 수 있었던 거야. 왜냐하면 선량한 노(老) 페이비언으로서 자네는 상류층을 사회주의로 개종시키는 것이 가능하다고 믿었기 때문이지. 신이 자네를 용서하기를! 자넨 영국인들의 귀족적인 행동문화에서 공동의 선에 봉사하는 공화주의적인 엘리트 원칙이 표현되어 있음을 보았지. 자네의 피그말리온이 꽃 파는 소녀에게 자기 제어에 대해 말하는 장면에서 그 점이 분명히 나타나지. 자네의 경우는 자기 제어가, 마치 브레히트의 경우에 당규율과 냉정함으로 나타나는 것과 같은 기능을 극중인물의 행동에서 실현되고 있지. 쇼, 분명히 자네는 듣고 싶지 않겠지만, 상류층 문화에 대한 자네의 감탄과 사회극에 대한 집착은 자네가 마치 영국처럼 구식이라는 거네. 영국적인 철저한 경직성은 마틴과 스미스에 이르기까지 계속적으로 모방되고 있어.

브레히트 이오네스코! 대단한 분석이야! 사회적 시각도 근사하고! 훌륭해! 동의하네.

쇼 자네, 동의하는군! 내가 구식이라는 것을! 지금까지 아무도 그런 말은 한 적이 없네. 난 내가 어느 날 추월당하게 되리라는 생각은 했어, 그게 바로 발전 아닌가. 하지만 자네도 사회적인 이념극들을 쓰지 않았나, 브레히트?

피란델로 아냐, 이제 분명히 알겠어. 브레히트는 우리만큼 현대적이야!

브레히트 아, 자네는 나를 궁금하게 하는군. 내가 자네들처럼 현대적이라니. 이거 위협적 말로 들리는군.

피란델로 고디트 박사의 말이 맞아. 자네의 문제 역시 사회가 상호 작용의 측면으로는 더이상 접근할 수 없다는 데 있어. 따라서 연극의 자기 연관성이 공회전하게 되고, 연극은 동어반복적으로 되는 거지. 자네의 유명한 소외효과(독일의 극작가 브레히트가 연극에 사용한 서사기법. 현실의 친숙한 주변을 생소하게 보이게 하여, 극중 등장인물과 관객과의 감정적 교류를 방지하게 하는 것을 가리킴-옮긴이)도 다름 아닌 동어반복이지. 그것은 작품이 이런 말을 하는 것과 같아. '여러분, 여기를 봐요! 난 연극인데, 여러분들에게 무엇인가 보여주고 싶군요.' 우리가 마치 이전에는 그 점을 몰랐던 것처럼! 연극은 항상 무언가를 대표했어. 그런데 자네가 나타나서 연극은 무엇인가를 지적한 것을 지적한 거지. 처음에는 자네의 집게손가락으로 어떤 대상을—자넨 그걸 우화라고 부르지만—지적하고, 사람들이 자네의 손가락이 가리키는 것을 보지 못하자 다른쪽 손가락을 가지고 자네의 집게손가락을 가리킨 거야. 그게 바로 동어반복이지.

이오네스코　만세! 브레히트는 피란델로의 상속인이군. 우리는 모두 피란델로의 계승자야. 난 그걸 거리낌없이 고백하네. 나는 극중극 구조를 어차피 전체적으로 조망할 수 없어. 베케트, 자넨 왜 그렇게 가만히 있나? 무슨 말이라도 해보게나!

쇼　그는 늘 그렇듯이, 자신에 대해 골똘히 생각하고 있네.

브레히트　극중극만이 문제가 아니야, 이오네스코. 피란델로가 말한 것은 연극의 연출 상황과 희곡의 허구 줄거리 사이의 차원의 혼합이야. 그 점에선 사실상 베케트가 신비화의 전문가지. 내가 보기에, 그는 무대행위가 지시하는 의미를 아주 희석시켜, 등장인물들 사이의 상호 작용이 연극일 뿐이라는 상황을 투시할 수 있을 정도까지 만들어놓았어.

이오네스코　자네, 좀더 분명히 표현할 수 있겠나?

브레히트　그러지. 내 말은, 베케트의 인물들이 말하는 많은 것은 또한 무대상황에 대해 배우들이 직접 말하는 것이기도 하지. 그의 작품 『고도를 기다리며』를 보게. 저녁 내내 고도를 기다려야 하는 것이 배우에게도 적용되니 말이야. 그들도 고도가 누구인지 모른다는 것, 그들 역시 초저녁부터 그를 기다렸다는 사실, 그들도 저녁이 지나가면 즐거울 거라는 것, 하지만 그럼에도 여전히 연기를 계속해야 한다는 사실, 그들에게 곧 아무것도 떠오르지 않을 것이라는 점, 그들도 보충설명이 필요하다는 점, 그들의 연기가 관람되어야만 그들도 존재하게 된다는 사실 등등. 무대에서 발생한 거의 모든 것은, 그것을 무대의 비시간성 및 비장소성과 연관시켜야 의미 있게 되는 거야. 그러나 베케트는 반대로 그 점에 대해서는 고의적으로 침묵했어. 그래서 그는 무대에서 일어난 일이 마치 그 자체로 어떤 것을 의미하는 것처럼 만들어놓았어. 베케트는 좀 뻔뻔스러웠지. 그건 아무런 언급없이 연극

상황을 짧게 설정하고 자신의 연출을 연극화하는 것이지. 이렇게 해서 그는 전체 서양인들이 희곡에 숨겨진 형이상학적 의미를 추적하게 만들었고, 비평가들을 개입시켜 끝을 알 수 없는 심오한 의미의 블랙홀로 빠져들게 유도했어. 그리고 사람들은 모두 그곳으로 뛰어들었지! 모두가 마치 도처에서 숨은 의미를 찾아 헤매는 편집증 환자들처럼 반응했던 거지. 그건 대단한 다다이즘(dadaism. 제1차 세계대전 중에 유럽에서 일어난 반이성주의적 예술운동. 일체의 기존 질서를 부정하고 전통적인 예술 형식의 파괴를 주장함—옮긴이)적인 미혹이고, 초현실주의적인 농담이었어. 그렇지 않나, 베케트? 자네가 심오한 의미를 찾는 전문가 모두를 속였다는 것을 인정하게. 자네, 부조리의 미혹자!

베케트 난 속인 적이 없어. 만약 교사들이 나에게 고도나 다른 등장인물들이 상징하는 의미를 물었다면, 난 항상 다음과 같이 대답했을 거네. 그들은 연극 속의 인물들이야. 그들은 존재하고자 연기하는 거지.

브레히트 그건 그래. 실제로 자네의 연극은 아무것도 의미하는 바가 없어. 그건 자기 자신을 의미하지. 따라서 순전히 자신하고만 연관되며 동어반복적으로 계속되는 매듭이야. 그건 "난 나 자신을 의미해!"라고 말하고 있어.

쇼 그러나 자넨 아까 그것이 스트린드베리 식의 혼인의 지옥을 대표한다고 말했잖나!

브레히트 그건 같은 얘기야. 가족의 범위는 상호 작용의 범위와 같네. 자네는 이오네스코와 베케트, 그리고 그들을 모방한 핀터Pinter에서부터 올비Albee까지 작가부대의 연극기법을 개별적으로 살펴보기나 했는가?

쇼 내게는 부조리극이 항상 자의적으로 전황을 휘두르는 암흑제국으로 보였네. 그곳에는 관련의 함정, 따를 수 없는 명령, 불명료한 규범과 도착적인 무의미성 등으로 작업하는 의도적인 악의가 지배하고 있네. 그것은 속박이 되어버린 인간관계가 독재를 행하는 것으로, 마치 가족이 집단수용소나 폐쇄된 치료기관의 상황과 비슷하다고 설명하는 것이지. 하지만 무엇보다도 그러한 전횡이 유희와 진지함 사이의 차이를 항상 알아볼 수 없게 해버린다는 것이야.

이오네스코 맞는 말이야. 자네들은 전횡(專橫)이란 단어가 경기장의 경계선을 의미하는 말에서 파생했다는 사실을 알고 있나?

쇼 자네 알고 있나? 그 단어는 틀림없이 부조리극이 발생한 프랑스에서 만들어졌으리라는 걸 말이야.

베케트 하지만 그 단어는 외국인들이 기록했어.

쇼 또 하나의 전횡이지. 여하튼 전횡에선 역설이 문제가 되는 거야. 음흉함이 그 자신만의 고유한 발생조건을 만들어내고, 그 조건에서 자신의 원칙인, 난 내게 불안을 느끼게 하는 모두를 고문한다는 식으로 숙고하는 역설이랄까. 그러고 나면 서로 학대하는 모습이 연출되고, 그로써 성취되는 예언들이 소개되고, 위반을 하도록 도발하는 규범을 세우고, 사람들이 서로에게 절망하게 만들고, 관객들을 광기로 몰아넣는 아비규환의 역설들이 횡행하게 되지.

브레히트 정확히 말했어! 그것은 각 가정에서 나타나는 사소한 갈등의 기본모습이야. 그 갈등은 갈등의 조건 아래에서 스스로를 테마로 만들어가며 계속해서 연장되는 것이지. 그것은 또한 영원한 메타 의사소통으로, 의사소통의 반복되는 수레바퀴 밑에서 같은 방식으로 계속 진행되어 나가는 것이야. 베케트가 자신의 인물들에게 항상 새로이 끝을 갈망하게 만드는 것은 놀라운 일이 아니야.

베케트 잘 관찰했어, 브레히트 그 끝이란, 항상 처음으로 연결되는 역설적인 매듭을 궁극적으로 푸는 일이지.

쇼 요컨대 광기로부터 벗어나는 해탈이로군.

베케트 그럴지도 몰라. 하지만 모든 탈출의 시도는 광기의 일부여서 광기로 회귀하게 되네.

쇼 허나 왜 광기에만 집착하고 있나, 단지 그것에만?

브레히트 베케트에게 물어봐, 그는 미쳤으니까.

이오네스코 자네, 새로 시작하는 거야?

쇼 정신분열이 돼버리는 것 외에는 아무것도 두려워하지 않는 사람이 바로 정신분열증 환자야. 또한 끊임없이 광기에 몰두하는 것이 바로 광기고.

베케트 무엇보다도 그건 끝이 없어. 광기에 몰두하는 것은 그를 계속 광기에 집착하게 하지. 그건 끝없는 고통이고 지옥이야! 자네들은 도대체 정신분열증이 뭘 의미하는지 알고 있나? 그건 자네들과 세상 사이에 유리벽이 놓여 있다는 것을 의미해. 그럼 자네들은 세상과의 접촉을, 자네들의 일부이지만 자네들과는 전혀 상관없는 공인(公人)들에게 맡겨버리거나, 아니면 다른 사람들의 기대를 충족시켜주는 보조자인 경멸적인 정치적 기회주의자에게 맡겨버리고 말지. 하지만 자네들은 점점 더 깊이 자신의 내면으로 물러나는데, 그곳에선 자네들과 유일하게 관련을 가지고 있는 존재나 자네들의 유일한 사회는 단지 자신들이란 말일세. 그건 완전한 고독이자, 삶에서 벗어난 죽음이야. 자네들의 바깥에선 자네들의 다른 자아가 아우성치는 것을 듣고, 다른 사람들이 만드는 소음도 듣지만, 그 모든 것은 아무런 의미가 없어. 그들은 모두 기계적인 인형일 뿐이야. 그것들이 지껄여대는 것은 때론 물이 떨어지는 소리처럼, 때론 중얼거리는 소리처럼 들리기도 하지. 자네들은 다른 사람들의 삶과는 물론, 자신의 삶과의 접촉도 상실한 거야. 아니, 자네들은 그런 접촉을 결코 갖지 못했어. 자네들은 스스로를 전혀 가치가 없다고 느껴, 존재하려고 시도하지도 않아. 사실 자네들은 존재의 권리를 가지지도 못했어. 만약 자네들이 현실에 대한 권리를 제기했다면, 다른 사람들이 자네들을 물화(物化)했거나 죽였을 거야. 그래서 자네들이 선수를 쳤지. 모방과 은폐를 통해 자네들은 스스로를 물화시켰던 거야. 자네들은 자신들을 보이지 않게 하고, 가면을 씌우고 주변과 융합하여, 익명으로 살아가며 자신이 죽었다고 알리지. 다른 사람들이 보내는 독살의 눈길이 두려워 자네들은 환상을 통해 다른 사람들의 생명력을 빼앗았지. 그래서 타인들의 개성을 박탈시켜 로봇으로 만들거나, 사물로 만드는 거야.

하지만 자네들의 존재는 타인들이 봐주는 데 달려 있어. 누군가의 시선에 존재하지 않고는 자네들의 생명력은 꺼져버리니까. 또한 타인들의 시선이 자네들을 죽이려고 하기 때문에, 자네들이 존재할 수 있는 유일한 수단은 바로 자의식이야. 자네들은 항상 스스로를 관찰하지. 이런 자기 관찰은 모든 자발성을 죽여버리고 말아. 결국 자네들 자신도 죽여버리고 말 거야. 자네들은 굳어지고 화석화되어 스스로가 무덤이 되는 거야.

피란델로 대단해, 대단해, 베케트 자네의 묘사 말이야! 그래, 바로 그거야. 자네가 말한 것은 자아와 역할, 개인과 가면, 존재의 주관적이고 객관적인 측면 사이의 모순이지. 내적 자아는 객관적이지 않아서 자율적이지 않고, 외적 가면은 자신 내면에서 거부당하기 때문에 진실하지 않아. 그래서 자신이 아닌 모습으로 나타나야 하며, 자신이 나타나는 것과는 다른 존재가 되는 거지. 개인의 단일성은 자아의 비좁은 무대에서 헤매는 여러 가지 역할로 분해되고, 자아는 자신을 인정해달라고, 자신을 창조하는 작가가 돼달라고 애원하는 거야.

브레히트 난 이제 이오네스코가 내게 반대하는 것을 조금 이해하겠어.

베케트 그래, 브레히트 자넨 자신이 강요하는 권위, 즉 차갑고 기계적이고, 비개성적이며 외적인 세계를 대표하지. 그건 지시와 훈계 그리고 기계적 방식으로 이루어지는 세계야. 『수업』과 『야코프 또는 복종』 같은 이오네스코의 초기 작품은 항상, 전혀 불합리하고 의미를 상실한 규범들에 복종하는 것이 주제라는 것을 알아차렸나? 그리고 그런 규범들을 이용하는 기회주의자들의 인격을 박탈해 코뿔소로 묘사한 것도 알겠나?

이오네스코 나를 격분시킨 것은 브레히트가 코뿔소라는 점이 아니야,

베케트 세상에는 수많은 코뿔소들이 존재하지. 나를 화나게 하는 것은 그가 다른 사람들보다 더 잘 알 수 있는데도 잘못된 편에 선다는 것이지. 사실 그는 갈등도 알고, 정신분열증의 체험이 어떤 것인지도 알고 있어. 하지만 그의 많은 슈베이크(브레히트의 『제2차 세계대전 중의 슈베이크 Schweyk in zweiten weltkieg』에 나오는 기회주의적 병사―옮긴이)들을 잘 봐. 그의 유명한 책략이란 것도 적과의 협력, 음모, 기회주의적 태도, 은폐 등에 다름 아니지. 이 모든 것이 베케트가 말한 그대로야. 하지만 우리는 그것들에 저항하고, 그 메커니즘을 폭로하고, 그들의 우둔함과 우스꽝스러움과 부조리를 보여주려고 하지. 허나 브레히트는 기회주의적 적응에 대해 설교하고, 그렇게 하라고 찬양하지. 『조처 Die Maßnahme』라는 그의 작품을 보게. 여태까지 쓴 작품 중에서 가장 혐오스러운 것이야. 여기서는 한 젊은이가 자신의 동료 공산주의자에게 숙청되지. 그 까닭은 그가 인간적인 감정을 보이기 위하여 자신의 비정한 비인격적인 가면을 부숴버렸기 때문이지. 물론 좋아, 그런 일은 공산주의에서는 늘 발생하니까. 내가 혐오스럽게 느끼는 것은 그 젊은이가 동료들의 비판을 인정하고, 자아비판을 하며 자신의 숙청을 간청하는 것이지. 이건 스탈린적인 공개재판을 미리 보여주는 거야. 브레히트는 그런 공개재판이 존재하기도 전에 그것을 만들어낸 거야. 스탈린은 단지 브레히트를 모방했을 뿐이야. 자아비판은 정신분열증을 제도화한 것이야. 30년대의 실제 공개재판은 브레히트가 스탈린주의자와 같다는 것을 백일하에 드러낸 것이네. 그가 만약 공산주의자가 되기를 결심하지 않았다면 나치가 되었을 거야.

쇼 아무 말도 하지 말게, 브레히트 내가 대신 대답하지. 그건 내게도 해당되니까. 맞아, 브레히트와 나는 똑같은 결정을 했네. 우리는 개인의 주관성에 반대하여 사회의 편에 섰어. 하지만 왜 우리가 그렇게 했겠나? 존재하기 위해서지! 사람은 사회에서만 실제적이 될 수 있어. 사회가 잘못됐다는 것에는 우리 모두가 동의하지. 그 속에서 존재하기 위해선 우리가 그 사회를 변화시켜야 해. 사회를 변화시키기 위해선 우리가 우선 그 사회에 적응해야만 돼. 사회의 냉혹함에 저항하기 위해 그 경직성을 받아들여야 했어.

이오네스코 아니, 뭐라고? 자네들이 사회의 냉혹함을 자체 목적으로 고양시켰다고? 그래서 자네들은 주관적이고 약하며 상처받기 쉬운 사람들에 대한 혐오감을 늘어놓았는가?

브레히트 아니야. 우리가 자네들에게 반대하기로 결정한 것은, 자네들이 내면성에 침잠하는 것은 세계 상실의 모습이고, 사회를 비웃기만 하는 것은 세계가 자신을 행복하게 해주는 데 전력하지 않는다는 것을 발견한 자기 도취적인 인간의 미숙한 반응으로 보였기 때문이지.

이오네스코 그런데 우리가 자네들에게 반대하기로 결정한 것은, 자네들이 규율을 선택한 것과 사회의 강제에 복종하기로 한 것이 전체주의 통치자들과의 협력을 뜻하는 것이며, 스탈린적인 공개재판으로 귀결되리라는 것을 알고 있었기 때문이야.

쇼 난 가족과 정치진영이 매한가지라고 말하겠네.

브레히트 자넨 내가 나치의 정신을 지녔다고 비난했네만, 그건 내가 한숨만 짓지 않고 직접 나치에 저항해서 투쟁했기 때문이야. 하지만 자네들 같은 '내적 망명자들'은 아무 일도 하지 않았네. 다른 생각을 하는 것만으로도 충분하다고 생각했기 때문이야.

이오네스코 자네 말은 베케트에 대한 모독이야. 자네가 할리우드에서 미국 자본주의 달러로 자신을 살찌우고 있을 때, 그는 목숨을 걸고 나치에 저항했단 말이야.

고디트 박사 두 사람 모두에게 동일한 광기의 모습이 있거나, 두 사람 모두 동일한 정신분열증의 상대적인 양면을 대표하는 것은 아닐까요? 만약 여러분이 한 편을 다른 편과 싸우게 한다면, 여러분 자신들의 문제를 재생산하는 것, 즉 여러분에게 문제시되고 있는 두 진영의 분리를 부채질하는 것이 아닌가요? 여러분이 동일한 문제를 서로 다른 방향에서, 그러니까 사적인 상호 작용과 사회의 분리, 또는 감정적 교류의 영역들과 익명적이고 사실적이며 사무적인 관계 사이의 분리에 대해서 묘사하지 않는다면, 여러분의 두 진영 모두 위대한 성공을 거둘 것이라고 믿으세요? 또한 여러분들은 극작가로서 그 점을 동일한 문제로 여긴다는, 즉 상호 작용이 자기 자신으로만 대표된다는, 그리고 작품에서는 바로 그 점을 보여주고 그런 동어반복적 상황에 영향력을 행사하는 것 외에 다른 방법이 없다는 것으로 여긴다는 것을 알지 못하나요?

브레히트 그래요 하지만 그 모든 것은, 자기 자신과 내적인 상호 작용이 통념적인 사회적 의미를 자신에게서 분리시킬 수는 있지만, 결과적으로 자기 자신으로부터 생의 모든 의미를 생성할 것을 기대하게 만드는 지나친 부담을 스스로 떠안게 된다는 말이죠.

베케트 그건 그래, 브레히트 사적인 상호 작용을 과도하게 신뢰함으로 해서 우리는 희곡이 예술로서 대표성을 가지도록 지나친 기대를 하게 되지. 그것도 모른 채 우리는 기대했던 의미를 발견하지 못해 실망하게 되며, 이 실망으로 인해 자네는 마르크스주의로 도피한 것이야. 의미는 바로 의미의 문제성을 뜻할지도 몰라.

쇼 이제 난 자네들이 누군지를 알겠어, 베케트! 바로 니체의 추종자들이야!

(문간에서 위츨라위크 박사의 머리가 보인다)

위츨라위크 박사 여러분들 이제 토론은 끝내시게. 식사시간이오!

(박사의 머리가 다시 사라진다)

베케트 자네들 들었나, 식사시간이야.

(모두들 일어서서 가려고 하지만 브레히트는 그대로 있다)

쇼 무슨 일이야, 브레히트 배고프지 않나?

이오네스코 왜 그래, 브레히트? 배가 불러야 도덕도 있는 거야. 자넨 항상 배가 고프잖아.

브레히트   난 정말 배고프지 않아. 자네들 알고 있나? 내 생각에 난 전혀 베르톨트 브레히트 같지 않아.

(모두가 놀라서 소리를 친다. "뭐라고?", "어쨌다고?", "자넨 도대체 누구야" 등등)

브레히트   난 단지 스스로가 브레히트라고 상상하는 사람일 뿐이야.

피란델로   그러니까 독문학자군! 내 생각으로는 나도 독문학을 공부한 것 같아. 사실 나도 피란델로가 아니야.

브레히트   그래. 난 실제로는 피란델로가 쇼라는 걸 알아. 그가 직접 말했어.

이오네스코   이런! 그가 실제론 쇼가 되기로 마음먹은 것뿐이라고?

쇼   근데 자네는 누군가, 이오네스코?

이오네스코   만약 브레히트가 자신이 브레히트라고 꾸미기를 포기한다면, 나도 이오네스코라고 주장하기를 그만두겠네.

쇼   아하, 자네들은 자네들 사이의 갈등이 사실은 자신들 내부에 있다는 것을 깨달았군. 그게 바로 갈등을 치유하는 첫걸음이지.

피란델로   자네가 치유에 대해 얘기하다니? 쇼, 자넨 도대체 누군가?

쇼   이제, 두 사람이 자신들의 광기를 떠나기 시작했으니까, 나도 말할 수 있겠어. 난 심리학자야. 난 정신질환자들과의 의사소통에 참여해서 더 좋은 치료의 계기를 발견하려고 연구하고 있네. 근데 피란델로, 자네에게 난 상당한 희망을 가졌어. 내가 볼 때 자넨 가장 이성적이고 균형잡힌 것 같았으니까.

피란델로   그럼, 자넨 사람을 잘못 본 거야. 난 정말 독문학자일세. 알려진 한 작가의 특징이, 자신이 그 작가라고 상상하는 일반인에게 어느 정도 재생산되고 있는지에 대한 논문을 쓰고 있는 중이야. 자넨 나에게 신호를 보낼 때 은밀히 보냈어야 했어, 쇼 이젠 자네에 대한 나의 연구결과는 완전히 무가치하게 되었으니 말이야. 유감이군. 자넨 자네가 가장한 역을 가장 비슷하게 해냈는데. 그 악마적인 시선과 김 빼기식 어법을 선호하는 경향을 보인 것도 그렇고 말이야.

쇼　사실 난 쇼에 대해 많은 것을 읽었어. 그는 쾌활한 친구지만 완전히 제정신이 아니었어. 또한 피란델로의 열렬한 숭배자였지! 젠장, 이제 난 자네에 대한 기록을 자네와 똑같이 버려야 할 처지야, 피란델로!

피란델로　내가 두려운 것은, 우리 모두가 각각 다른 사람들이 미쳤다고 믿어서 제정신이 아닌 것처럼 연기하는 정상인이 아닐까 하는 점이야.

브레히트　여하튼 그것은 이오네스코와 나에겐 맞는 말이야.

이오네스코　그건 많은 사람들에게 해당되지, 브레히트

피란델로　그런데 베케트는 자신이 극작가라는 것과 자신이 극작가이기를 상상하는 정신병자들에 대한 희곡을 쓰고 있다는 것을 여전히 밝히지 않았어. 그건 정말 피란델로적인 계획이지.

쇼　그럼 말해봐, 베케트 자넨 진짜 누군가?

베케트　난 베케트가 아냐.

피란델로　우리도 그렇게 생각했어. 그럼 자네의 정체는 뭔가?

베케트　그렇게 모른 체하며 말하지 말게, 피란델로 자넨 벌써 알아차렸잖아.

피란델로　그럴지도 모르지, 허나 자네가 직접 말하는 게 낫겠지.

베케트　좀 주저되는군.

브레히트　점잔빼지 마! 이오네스코와 나도 우리가 일종의 광기에 휩싸여 있었다고 인정했네.

베케트　그럼 좋아. 난 피란델로야.

(잠시 당황해하며 서로를 쳐다본다)

브레히트　이보게들, 잠깐. 생각나는 것이 없나? 우리 모두는 자신이 피란델로라고 주장한 적이 있어! 쇼도 주장한 적이 있고……

쇼　브레히트도 그렇게 주장했어…….

이오네스코　하지만 난 그렇게 하지 않았어!

브레히트　자넨 그렇게 할 필요가 없었어. 이제 어차피 명백해졌으니

까. 피란델로는 자신이 피란델로라고 주장했고, 이제 베케트도 그렇게 주장하고 있네. 이건 워슬라위크 박사가 계획한 것이 틀림없어. 하지만 우리는 우리에게 공통적인 점을 스스로 찾아내야 하는 거야. 이렇게 행동하는 것이 바로 '피란델로주의'야.

고디트 박사 현대 희곡의 본질이죠. 그러니까 자기 관련성만을 보여주는 내밀한 의사소통을 묘사하는 것 말입니다.

쇼 그렇다면, 당신의 치료법이 효과가 있었다는 말인데. 당신은 정말 정신과 의사입니까? 우린 내내 궁금했는데······.

고디트 박사 당신들이 보기에, 제가 단지 의사라고 착각하고 있는 사람 같아 보인다는 말씀이죠? 저도 알고 있어요. 세 명의 베두인에 관한 이야기를 알고 있나요? 그들의 아버지가 유산으로 17마리의 낙타를 남겼다는.

브레히트 설명해봐요!

고디트 박사 그 사려깊은 아비지가 자신의 영혼을 전능하신 알라 신의 손에 맡기기 전에, 유언장에 유산을 세 아들에게 나누어주는 방식을 밝혀놓았어요. 장자는 절반을 상속받고, 차남은 3분의 1을, 막내는 9분의 1을 받는다고요. 하지만 그들이 계산을 해보았지만, 17마리 낙타를 그렇게 나눌 수가 없었어요. 그때 우연히, 지혜롭기로 유명한 나스 알 파드 출신의 헬림 벤 박티어 촌장이 왔어요. 형제들은 조언을 구했죠. 헬림 촌장은 자신이 타고 온 낙타에서 내려, 그 낙타를 형제들의 낙타와 합쳤어요. 이제 낙타가 18마리가 되었죠. 그러고 나서 그는 그 절반인 9마리를 장자에게, 3분의 1인 6마리를 차남에게, 마지막으로 9분의 1인 2마리를 막내에게 주었어요. 이어 남아 있던 자신의 낙타에 다시 올라타고는, "알라 신이 함께 하기를!"이라는 말을 남기고 길을 재촉해 갔어요. 알라의 이름이 거룩히 여김을 받았죠!

이오네스코 그러니까 그 엉터리 산수가 통한 것은 그들이 그것을 옳다고 여겼기 때문이고, 우리가 치료된 것도 스스로 치료되었다고 믿었기 때문이라는 말이죠. 그렇지만 솔직히 말해줘요, 당신은 정말 고디트 박산가요?

고디트 박사 아닙니다. 하지만 난 그렇게 불러요. 실제 내 이름은 누구도 믿지 않기 때문이죠.

쇼 그럼 당신의 실제 이름은 뭔가요?

고디트 박사   고도

(모두가 한바탕 웃음을 터뜨린다)

3. 미술의 역사

"저를 따라 박물관으로 들어오세요." 우리가 대기실에 발을 들여놓자 그가 말했다.

"보십시오, 이 박물관은 그리스의 사원입니다.

주랑을 따라온 우리는 이제 커다란 박물관 홀의 입구에 들어섰습니다. 홀의 엄격한 모습에 압도되어 정신을 집중하지 않을 수 없군요. 잘 보십시오 여기에 성스런 제단과 예술사의 유물들이 보관된 함들이 보이지요? 정신을 차리고 고양된 마음으로 예술정신과 더불어 성찬식을 거행할 시간이라고 생각하십시오 이곳은 예술사 양식의 공간입니다." 박물관 안내인이 앞장서서 걸으며 다시 우리를 돌아다보았다.

"이 박물관의 구조를 보면, 예술의 역사는 양식(樣式)의 역사임을 알게 될 것입니다. 양식은 작품의 통합성(전체성)과 예술의 자율성 사이의 갈등에서 생겨납니다. 예술을—예를 들면 수공업이나 기술 따위의—다른 영역과 구분할 경우, 우리는 모든 개별적인 작품의 완결성에도 불구하고 몇몇 작품들을 서로 결합시키는 뭔가를 필요로 합니다. 이것이 양식입니다. 이탈리아어로 '마니에라maniera(또는 매너)'라고 부릅니다. 이 말은 인간의 행동양식인 매너를 뜻합니다."

로마네스크 예술과 고딕 예술

"우선 중세의 공간을 살펴봅시다." 모두 그곳에 모이자, 그가 말을 이었다.

"중세 예술 발전의 시작은 과거에 제작된 모든 예술에서 올바른 것을 찾아내서 이를 모방하여야 한다는 단순한 지침과 관련되어 있습니다. 이렇게 해서 태어난 것이 바로 범유럽적인 최초의 예술언어, 곧 로마네스크 예술입니다. 로마네스크 예술은 서기 1000년경에 시작하여 13세기까지 계속되었습니다. 이 시대의 기념비적인 작품은 교회건물들입니다. 이들의 특징은 둥근 아치와 벽면의 인물상, 그리고 문 위에 반월형으로 깊숙이 들어간 부분들에 있다는 점입니다. 이 부분은 이른바 팀파나로 불리는데, 여기에는 신이나 사람의 모습이 양각되어 있습니다. 참고로 말씀드리자면, 팀파나의 단수형인 팀파눔이라는 단어는 그리스어 탐부린에서 나온 것이고, 북의 가죽을 뜻합니다. 로마네스크 예술의 기본형태는 네모와 반원형입니다. 이때 대개는 측랑(側廊)에 있는 두 개의 장방형 십자아치 궁륭이 중랑(中廊)의 장방형 십자아치 궁륭에 상응합니다. 이 네모 형태는 주사위 모양의 주두(柱頭, 기둥머리), 즉 둥근 기둥들의 위쪽 끝부분에서 반복됩니다. 여기 보시듯이 말입니다." 우리가 놀랍다는 표정을 짓자 그가 계속 말을 이어갔다.

"1150년부터 로마네스크 양식은 고딕 양식에 의해 대체됩니다. 고딕 양식의 발상지는 일 드 프랑스, 즉 파리 근교 지역입니다. 로마네스크 양식과 달리 여기서는 교회의 내부공간이 다양한 공간의 총합으로가 아니라 통일된 공간으로 구상되었습니다.

교회는 하늘을 찌를 듯이 높아가고, 십자형의 뼈대가 천장의 무거워진 압력을 분담해서 각각의 기둥으로 전달합니다. 기둥들은 또 나름대로 바깥쪽 외벽에 연결해놓은 버팀기둥들에 의해 지탱됩니다. 로마네스크 양식에 비해 두드러진 차이점은 뾰족한 아치죠. 아치가 뾰족하다 보니 가로

지른 들보는 좀더 얇아지고 또 아치 자체는 무게를 버티기 위해 두꺼워질 수밖에 없습니다. 버팀기둥 사이의 담벽은 좀더 큰 창문으로 교체되고, 그 윗부분은 당초문 따위의 장식으로 채워집니다. 서쪽 정면에는 거대한 탑을 세웠고 십자형 꽃장식이나 둥근 창 그리고 문양들로 풍부하게 장식했습니다.

라옹, 부르주, 파리(노트르담), 샤르트르, 랭스 그리고 아미앵 성당이 이런 양식을 취하고 있습니다. 독일에서는 고딕 양식의 도입이 매우 느렸고, 또 크게 유행하지도 않았습니다. 대표적인 고딕 양식으로는 슈트라스부르 성당, 브라이부르 성당과 쾰른 성당을 꼽을 수 있죠. 고딕 양식이 도입되는 과정을 보면, 먼저 성당이 세워졌고 이어 이른바 세속적인 건물들에도 이 양식이 적용되었습니다. 시청 청사, 성, 요새 그리고 시민들의 가정집들도 이 고딕 양식을 취하게 됩니다. 이탈리아에서는 고딕 양식이 북부지역에서만 유행했습니다(예컨대 밀라노 성당). 물론 베니스의 도시 건물 대부분은 고딕식 궁정양식으로 되어 있습니다.

고딕식 조각들도 건물의 모습과 조화를 이루어 매우 아름답습니다. 고딕식 조각들은 교회의 현관을 장식하고, 반드시 발 아래에는 소용돌이 모양의 까치발이 있으며 머리 위에는 천개(天蓋)를 가지고 있지요. 의복의 주름장식도 역시 이러한 고딕 양식의 표현입니다. 독일에서는 13세기에 들어서면서 밤베르크 성당과 나움부르크 성당의 조각, 밤베르크의 기사상과 니벨룽겐족의 어머니인 우타상 그리고 슈트라스부르 성당의 조각들이 고딕식으로 만들어졌습니다.

이제 르네상스의 공간으로 따라오십시오."

르네상스

"중세 예술의 특징은 우선 예술이 교회에 봉사하면서 종교적인 내용을 형상화했다는 것입니다. 따라서 예술이 자율적이지 않았지요. 두 번째 특징으로는, 예술가가 스스로를 장인으로 여겼고, 장인조합을 결성하여 그곳에 소속되었습니다. 따라서 예술품은 익명으로 남게 되었습니다. 예술가들은 독창적인 뭔가를 창작했다기보다는 모범에 따라 이를 그대로 흉내낸다는 생각으로 작업에 임했기 때문입니다.

르네상스에 들어오면서 이 모든 것이 변하게 되었습니다(→ 역사, 르네상스). 르네상스는 15세기 피렌체에서 싹을 보였지요. 르네상스의 싹이 발아하게 된 이유로는 이탈리아 도시들의 발전, 귀족층의 형성을 들 수 있습니다. 귀족층이 형성되면서 부를 축적한 그들은 예술의 후원자가 되었고 예술가에게 작품을 주문하는 주요고객이 되었습니다. 이렇게 하여 예술은 자율성을 누릴 수 있게 되었습니다. 예술가들은 장인조합의 강제적 의무를 떨쳐버릴 수 있었고, 이리하여 인격적인 존재임을 자처하게 되었습니다. 이제 예술은 수공업 차원의 모범을 모방하는 데에서 한 걸음 나아가, 진정한 창작의 경지에 들어서게 됩니다. 수공업은 단순한 모방이고 예술은 새로운 창조입니다. 그리하여 예술가는 창조자가 되었죠. 즉 신의 동생이나 아들이 된 것입니다. 뒤러가 자화상에서 자신을 그리스도처럼 그린 것도 이런 맥락에서 비롯된 것입니다.

또한 예술은 모든 것을 대상으로 삼을 수 있게 되었으며, 이로써 예술은 지나칠 정도로 세상 만물의 세부묘사에 집착할 수 있게 되었습니다. 레오나르도 다 빈치는 들풀, 나뭇잎, 소용돌이치는 물, 짐승과 인체의 세세한 것까지 스케치했습니다. 신이 먼저 자연을 창조하고, 예술가는 두 번째로 이것을 창조하기 때문에, 르네상스 시대의 예술은 자연의 모방이 된 것입니다. 해부학, 수학 그리고 비례학과 같은 학문적 연구를 통해서 자연의 비밀을 캐기 시작했지요. 1420년부터 피렌체의 브루넬레스키를 중심으로 한 예술가 그룹은 공간적인 시선을 평면 위에 어떻게 옮겨놓을까 하는 문제로 골몰했고, 중앙집중적인 시선의 미학을 개발하게 되었습니다. 도나텔로 Donatello와 기베르티Ghiberti는 이를 부조(浮彫)에 옮겼습니다.

이런 작업과 더불어 고딕식 구도는 해체되었지요. 이것은 가히 미학의 혁명이라고 부를 수 있는 것이었습니다. 중세에는 그림이 글을 쓰는 작업이 가지던 사명을 보충했지요. 인쇄술이 발명되기 전에는 그림도 신앙인들에게 정보를 제공하는 임무를 부여받았습니다. 따라서 눈에 보이는 것만 그린 것이 아니라, 지식을 통해 알고 있는 것까지 그림의 소재가 되었습니다. 눈에 보이는 것은 양식화되어 기호처럼 변형되었습니다. 즉 중요한 것을 중요하지 않는 것보다 더 크게 그린다든지, 평면적인 것이 압도적이 된다든지, 또는 연작 스케치와 이야기 형식의 그림들이 주를 이루게 되었습니다. 따라서 연작 그림들을 들여다보면, 시간적인 전후관계 속에서 일어나는 사건들이 동시적으로 묘사되곤 했습니다.

그림의 구도를 중앙집중적인 시선으로 그리게 되면서, 회화에서는 시선이 매우 중요하게 대두되었습니다. 이를 제외한 다른 것들은 모두 책을 통한 정보에 맡겨놓을 수 있게 되었죠. 특정한 시점(時點)의 한 장소에 서서 볼 때 시야에 들어오는 사실적인 공간이 그림의 구도를 결정하는 원칙이 되었지요. 이리하여 시간과 공간이 분리되었고, 이 둘이 병렬적으로 각각 체험할 수 있게 되었습니다. 시선이 좁아지는 포장도로의 길을 재어보면, 그곳에 있는 광장을 건너가는 데에 시간이 얼마나 걸릴지를 계산해볼 수 있을 정도였습니다. 또한 그림에 나타난 광장의 모습은 공간 내의 한 점에서 볼 때만 그러할 뿐이고, 공간이 바뀌면 광장의 모습도 달리 보일 수 있음을 깨닫게 되었습니다. 이로써 그림을 보는 감상자는 공간 내의 고정된 위치를 얻게 되었지요. 관찰 위치와 시각이 바뀌면 사물의 모습도 달리 보일 수 있는 한, 공간이 차지하는 지위는 절대적인 것이 됩니다.

이러한 전환은 경험의 혁명을 의미합니다. 존재는 총체성, 곧 기호 자체의 의미 속에서 모습을 드러내는 것이 아니라, 인간이 서 있는 위치에 따라 달라진다는 것입니다. 시선이 세분화되었고 주목을 받게 되었습니다. 공간, 색, 빛 그리고 물체와 같은 가시적인 것들에서 대상을 풍부하게 발견하게 되었습니다. 이 허구적인 유희공간은 실재의 공간을 상당 부분 배가시켰고, 이 허구적 유희공간 속에서 고대로부터 이어받은 (종교적) 주제가 현대의 가시적 현실과 결부되었습니다.

인문주의자들이 재발견한 이러한 소재들은 기존의 교회의 회화 모티프들과 어깨를 견주게 되었습니다. 귀족과 명문가문의 사람들은 이제 스스로를 그리스의 신처럼 묘사해달라고 주문합니다. 이들의 그림세계는 더이상 교회와 같은 기관의 감독을 받지 않고 자유롭게 열려 있었습니다. 교회만 해도 종교적 모티프에 대한 저작권을 소유한 기관인 셈이지 않았습니까? 종교로부터의 이반(離叛)은 종교적 감정을 180도 바꾸어 현세적인 미를 찬양하게 만들었습니다.

인체는 고딕식의 주름장식을 벗어던졌습니다. 인체는 나체의 미를 한껏 자랑하게 되었지요. 개인의 초상화에 나타난 얼굴 표정도 자유롭게 그려졌고, 폴라이우올로Pollaiuolo와 레오나르도 다 빈치의 풍경화에서는 자연이 새롭게 발견되었습니다. 이 모든 것은 예술을 독자적인 영역으로 간주하여 대중의 인정을 받게 만들었던 그런 사회에서나 가능했습니다. 예술 아카데미가 속속 설립되었고, 예술이론이 발표되었으며, 조르조 바사리Giorgio Vasari는 예술사에 관심을 보이기 시작했습니다. 그는 유명한 예술가들의 전기를 쓰기 시작했습니다. 고딕 양식이라는 개념을 만들어낸 사람도 바로 바사리였죠. 그가 이 개념을 사용한 것은, 약탈하는 고트족의 군대를 회상하면서 이를 야만적이라는 의미와 결부시킨 데에서 비롯합니다. 예술 후원자들에게 예술은 죽은 뒤에도 자신의 명성을 후세에 길이 남길 수단이 됩니다. 성서에 따르면 예술품 수집이 더이상 잡수익 정도에 불과한 부차적인 돈거래가 아니라, 특별한 거래에 속했습니다.

건축 분야의 경우 고대의 건물과 비트루비우스Vitruvius의 『건축십서(建築十書)De architectura』라는 책이 모범을 제공했죠. 이 책은 로마네스크 건축술에 관해 전해 내려온 유일한 지침서였습니다. 이 책은 그리스 건축에 자극을 받았기 때문에 그 영향력을 아무리 과장해도 지나치지 않을 정도입니다. 비트루비우스는 카이사르와 아우구스투스 시대에 살았습니다. 그의 저서는 건축 일반의 기본원칙으로 대접받았고, 대중적인 건축과 극장, 사원, 목욕탕, 시 청사에 대한 건축계획을 담고 있으며, 운하와 벽화 그리고 도시계획에 관한 지침들을 담고 있습니다. 르네상스 시대의 건축가들로는 브라만테Bramante, 기베르티, 미켈란젤로와 팔라디오Palladio를 들 수 있습니다. 이들이 모두 비트루비우스의 영향을 받았고, 규칙적인 비례와 대칭 그리고 도리아, 이오니아, 코린트식 기둥양식과 같은 고전적인 건축술의 전통 역시 비트루비우스에게서 비롯된 것입니다(→ 역사, 그리스).

르네상스 이후 유럽의 예술가와 예술 애호가들은 이탈리아로 순례여행을 떠나기를 즐겼습니다. 근대의 전유럽 예술은 이탈리아 예술가들이 발전시킨 형식에 근간을 두고 있습니다. 19세기까지만 해도 시대별 양식 가운데 이탈리아 르네상스에 모범을 두지 않은 것이 없을 정도였으니까요. 영국에서도 젠틀맨을 육성하기 위해서 이탈리아로 교양여행을 떠날 정도였습니다. 그 결과 영국의 별장 풍경은 팔라디오 양식으로 가득 차게 되었고 또 미국에까지도 이러한 경향이 전파되었지요.

이러한 사정에 비추어보면, 양식의 역사가 마치 진화과정과 비슷하게 전개된다는 점을 알 수 있습니다. 양식이란 개인이나 예술작품이 스스로의 구상을 지속시켜 나아가는 그런 과정입니다. 이때 다양한 변형을 거쳐 양식이 발전되어 나가고, 이 다양한 변형들 가운데에서도 가장 독창적이며 동시대 사람들의 취향에 가장 잘 부합되는 것만이 살아남게 되지요. 완전히 새로운 양식이 출현하는, 돌연변이가 나타나는 경우는 드뭅니다. 돌연변이는 처음에는 괴물처럼 간주되기 쉽습니다. 고딕이나 바로크와 같은 명칭도 처음에는 폄하하는 의미로 사용되었다는 사실이 이 말의 진실성을 입증한다 하겠습니다. 하지만 일단 돌연변이가 나타나면, 이러한 변화는 정착되어 새로운 양식이 되고 새로운 시대양식을 만들어냅니다. 그리하여 낡은 양식도 당분간 새 양식과 함께 존재하다가 마침내 동시대인의 취향에 맞지 않게 되면 사라지지요.

르네상스의 위대한 예술가들에 관하여 몇 가지를 말씀드리겠습니다. 역사 부분에서 우리는 르네상스라는 항목을 만들어 위대한 다섯 예술가의 이력을 설명한 바 있습니다. 보티첼리, 레오나르도 다 빈치, 미켈란젤로,

라파엘로 그리고 티치아노이지요. 그곳을 보시면 여기서 말씀드린 것들에 대한 보충설명을 얻을 수 있을 겁니다."(→ 역사, 르네상스).

바로크

"이제 우리는 벽에 연대표가 걸린 작은 복도를 통과하고 있습니다. 종교개혁 시대(1517년 이후)는 예술 발전에 일대 전기를 가져왔습니다. 이때 교회의 예술품들이 대량으로 파괴되는 사태가 발생했는데, 교회의 예술작품들이 이교도적인 우상숭배의 표시로 여겨졌기 때문입니다(이를 두고 우상파괴라고 부르기도 하지요). 이에 대한 반발로 반종교개혁(약 1550년 이후)이 시작되었고, 구교 지역에서는 바로크 양식이 발전했습니다. 바로크라는 명칭은 보석 가공업에서 나왔습니다. 원래 바로코baroco라는 단어가 있었는데, 이는 포르투갈어로 '불규칙한 진주'라는 뜻이죠. 이 단어가 예술사에서 '과장된'이라는 의미로 사용되었습니다.

바로크 시대의 예술은 처음에는 가톨릭 교황청의 선전예술이었습니다. 가톨릭 교황청은 수많은 교회건축을 발주했습니다. 장중하고도 화려한 분위기를 살리는 건축물들 말입니다. 장중하고 화려한 분위기를 연출하려는 의도는 절대군주 측에서도 요구했는데, 이것이 바로크의 형식언어의 근간을 이루게 된 것이지요. 그리하여 바로크 양식은 군주의 위대함을 과시하는 양식이 됩니다. 군주들은 바로크식 궁정으로 절대국가의 위엄을 과시하게 되었습니다. 바로크 양식은 궁중과 신의 조화를 과시하기 위해 건물의 개별적인 부분들을 전체의 틀 속에 끼워맞추었습니다. 곡면 형식의 강력한 유동성으로 전체와 부분의 긴장이 표현되었죠. 장식 부분들이 아주 많았고, 내부공간은 그림을 통해 형상화되었습니다. 그리하여 내부공간은 화려하고 장중한 효과를 연출하게 됩니다. 바로크 시대는 대략 17세기에서부터 18세기까지로 볼 수 있습니다.

프랑스에서는 바로크식의 과장된 형식이 고전적인 양식을 통해 순화되었습니다. 여기서 고전적 양식은 고대의 단순함을 의미합니다. 그리하여 궁정 건물은 형식이 매우 엄격한 공원과 같은 모습을 띠게 되었습니다. 이런 건축을 주로 설계한 사람은 르 노트르Le Nôtre였습니다(베르사유 궁전). 바로크 양식의 발전에 모범이 된 것은 바로 로마의 베르니니Bernini와 보로미니Borromini가 설계한 건축물들이었습니다.

다른 나라에 비해 바로크 양식의 발전이 뒤늦은 독일에서는 1700년 이후 후기 바로크 양식이 발전하게 되었습니다. 오스트리아의 에를라흐Erlach 출신의 피셔Fischer가 설계한 건물들이 그 대표적인 형식이지요. 또 뷔르츠부르크의 요한 발타자어 노이만Johann Balthasar Neumann이나 베를린의 안드레아스 슐뤼터Andreas Schlüter 그리고 드레스덴의 마테우스 푀펠만Matthäus Pöppelmann, 또는 게오르크 베르Georg Bähr 등이 대표적인 예술가였습니다.

이탈리아가 르네상스의 위대한 화가들의 고향이라면, 바로크 시대에는 네덜란드가 그 역할을 떠맡게 되었습니다. 하지만 네덜란드는 가톨릭 계열의 합스부르크 왕가가 지배한 플랑드르(오늘날의 벨기에 남서부 지역 – 옮긴이)와 칼뱅의 신교도 지역으로 나뉘어 있었지요. 전자가 주로 브뤼셀과 안트베르펜을 중심으로 발전했다면 후자는 암스테르담이 중심지였습니다. 17세기는 반종교개혁의 시대였을 뿐만 아니라, 네덜란드가 유럽 제1의 해상강국으로 부상했던 시기이기도 했습니다.

따라서 네덜란드의 화가들은 한편으로는 황제와 귀족층을 위해서, 또 다른 한편으로는 상승하는 상업 부르주아를 위해 작업했지요. 다음 홀로 들어가 그것을 살펴보기로 합시다.

이 양 방향은 루벤스Rubens와 렘브란트의 대립구도에서 가장 잘 나타납니다. 이러한 대립을 잘 파악할 수 있도록 우리는 이들의 그림을 나란히 걸어두었습니다. 루벤스(1577~1640)는 벨기에 총독의 궁정에서 활동했던 궁정화가입니다. 그는 유럽의 군주들을 위해 그림을 그렸지요. 유럽의 군주들은 자신들의 권위를 과시할 수 있는 대형그림을 원했습니다. 이러한 소망에 상응하여 루벤스는 거대하고 화려하며 과시적인 궁정그림들을 그렸지요. 그가 주로 그렸던 그림들은 뚱뚱한 부인들을 소재로 한 '바로크풍의' 육체였습니다. 그는 예수파 교단의 사람들과 교회, 프랑스의 왕, 영국의 황태자 그리고 바이에른의 선제후와 스페인의 왕들을 위한 그림을 그렸습니다. 수많은 주문들을 처리하기 위해 그는 도공들과 도제들을 거느리고 철저한 규율을 갖춘 작업장을 이끌었습니다. 자신은 그림의 초안을 스케치했고, 이를 토대로 도공들이 대형그림으로 옮겨 그렸습니다. 그리고 그림이 완성단계에 오면 직접 화룡점정(畵龍點睛)을 하여, 자기가 그렸다고 내세웠습니다.

루벤스는 바로크를 대표하는 화가로 통합니다. 예술사가들이 전형적인 루벤스풍을 특징짓기 위해 자주 사용하는 용어 가운데, '회화적인 장중한 운동양식'이라는 말이 있습니다. 루벤스의 그림에 등장하는 인물들이 대개 몸을 비틀고 매우 흥분된 상태를 보여주기 때문입니다.

이제 다른 벽으로 고개를 돌려보죠. 렘브란트 반 레인Rembrandt van Rijn(1606~69)은 다른 화가들이 대개 그랬던 것과는 달리 미술공부를 위해 이탈리아로 가지 않았습니다. 오히려 그는 처음에는 레이덴에서, 나중에는 암스테르담에서 살았던 어떤 역사화가의 가르침대로 자신의 독자적인 아틀리에를 열었습니다. 이런 점에서 그는 그 시대의 다른 화가들과는 달랐다고 하겠습니다. 처음에 그는 역사화 양식에 의거하여 성서의 장면들을 주로 그렸습니다. 따라서 그의 그림에는 신교도주의적인 양식이 잘 드러나지요. 하지만 그러면서도 그는 소수의 몇몇 인물에 집중하고, 매우 극적인 분위기를 연출하며, 빛을 강렬하게 구사하여 자신의 독자적인 양식을 발전시켜나갔습니다. 그의 그림의 특징으로는 밝고 어두운 공간에서 측광(側光)을 받은 인물들이 자주 등장한다는 사실을 들 수 있습니다.

루벤스와 마찬가지로 렘브란트도 드라마틱한 사건들 가운데에서 가장 긴장감 있는 순간을 포착했습니다. 예를 들면 삼손이 칼에 눈이 찔려 장님이 되는 순간, 또는 아브라함의 아들 이삭이 제물로 바쳐진 후 구원받기 직전의 상황을 화폭에 담았습니다. 그리하여 렘브란트는 고통에 찬 인간의 감정을 아주 효과적으로 그리는 화가가 되었습니다. 그의 심리 표현은 신교가 우세한 북방 인들의 특수한 내면을 드러내는 것으로 해석되었지요. 그리하여 렘브란트는 독일인들의 영혼을 잘 표현한 대표자로 선전되었습니다. 율리우스 랑벤Julius Langbehn이 1890년에 쓴 『교육자로서의 렘브란트Rembrandt als Erzieher』라는 저서는 이러한 측면을 아주 잘 보여주고 있습니다. 랑벤은 렘브란트를 예로 들면서 독일인들은 외면이나 물질주의에 반대하는 경향을 지니고 있다고 강조했죠. 랑벤의 이러한 지적은 보릅스베더를 중심으로 한 향토예술운동에 영향을 미쳤습니다. 얼토당토않은 이러한 요설은 렘브란트의 퍼져나가는 불빛을 종교적 측면에만 한정하는 결과를 빚게 되었습니다.

렘브란트의 영향은 회화의 전통을 순간적이고 극적인 차원으로 승화시켰다는 점에서 찾아볼 수 있습니다. 원래 실재의 모습을 그대로 재현해야 하는 초상화 분야에서도 렘브란트는 심리적인 차원을 펼쳐보이고 있습니다. 자화상을 그릴 때, 그는 찡그린 얼굴과 극도로 다양한 표정을 실험했지요. 그는 네덜란드의 도시 야경꾼 길드를 길이 후손에 남기기 위해 야경꾼을 소재로 한 그림을 그렸는데, 이런 그림에서 야경꾼은 굳은 표정으로 등장하는 게 일반적인데, 그의 그림에는 그 표정이 매우 극적으로 바뀌어 있습니다. 그 대표적인 작품이 바로 「야경Night Watch」입니다.

많은 작품을 주문받아 상당한 돈을 손에 쥐었음에도 그는 워낙 씀씀이가 헤픈 탓에 1657년에 파산하고 말았습니다. 파산 이후에 그린 그림들, 특히 성서적인 소재(엠마오스에서의 예수, 다윗과 사울, 야곱의 축복, 이삭과 레베카)들에서는 극적인 장면들이 더이상 등장하지 않습니다.

풍경화와 동판화 분야에서 렘브란트는 동시대 화가들보다 월등히 뛰어납니다. 그가 찍어낸 다양한 동판화를 살펴보면, 화풍의 발전과 작업방식이 잘 드러납니다.

렘브란트는 오늘날까지도 네덜란드에서 가장 중요한 화가로 통합니다. 이탈리아에 버금갈 정도로 걸출한 화가들을 수없이 배출한 네덜란드에서 말입니다. 루벤스와 렘브란트는 종교가 분열돼 혼란을 겪은 17세기 유럽을 대표합니다. 루벤스는 가톨릭 계열의 반종교개혁과 절대군주 측에 선 화가이고, 렘브란트는 부를 축적한 신교 세력의 시민계급과 도시 고관, 단체 그리고 직업군 측에 섰습니다.

이제 옆에 있는 작은 방에 소장된 또 다른 바로크 화가의 작품을 구경하지요. 자, 어떤 양식의 그림입니까? 우리는 지금까지 초상화와 역사화에 대해 언급했습니다. 성서나 종교적 장면들을 그린 그림들은 특히 규칙과 그림의 문법을 잘 지켜야 했습니다. 하지만 네덜란드에서 애호받은 그림 유형에서는 이러한 일반적인 원칙이 잘 지켜지지 않았습니다. 이 새로운 그림 유형이란 바로 풍속화죠. 풍속화란 일상적인 생활장면들을 그린 그림입니다. 그림에 등장하는 인물들은 대개는 무명입니다. 우리 모두 이런 그림들을 알고 있습니다. 이런 그림의 모티프들이 매우 대중적이기 때문입니다. 농부의 결혼, 술집, 얼어붙은 연못에서 썰매타기, 마을의 집안 잔치장면 등등 말입니다. 이러한 장르의 대변자는 바로 피테르 브뢰헬Pieter Bruegel del Oudere과 얀 스텐Jan Steen 그리고 피테르 데 호흐Pieter de Hooch입니다.

바로크 시대의 풍속화를 대표하는 가장 위대한 화가는 얀 베르메르(Jan Vermeer, 1632~75)입니다. 그는 델프트 출신입니다. 그의 작품 몇 편은 지금도 달력에 실리고 복사판이 계속 나오고 있습니다. 예를 들면 「열린 창가에서 편지 읽는 아가씨Das Brief lesende Mädchen am Offenen Fenster」를 보세요. 이 그림은 공간의 단면에 시각을 집중해, 빛으로 연출한 장면을 그리고 있습니다. 그래서 그림이 매우 친숙한 느낌을 주고, 인물들은 마치 푹 가라앉은 듯한 느낌을 주지요. 책을 읽고 음악을 연주하는 모티프(「버지널 옆의 남녀Herr und Dame am Virginal」, 「기타 치는 여자Gitarrespielerin」, 「음악시간Die Musikstunde」)도 이러한 느낌을 주는 데에 일조합니다. 베르메르는 「회화의 우의Allegory of Painting」라는 작품에서 화가와 모델을 등장시켜 그림 그리는 행위 자체를 그렸습니다. 그림에 대한 그림인 셈입니다. 이 안에서 그는 그림 관찰자의 모습을 통해 그림을 관찰하는 명상적인 분위기를 한껏 고양시키고 있습니다. 이것이 그의 인기의 비결입니다. 남의 작품 베끼기에 천부적인 재주가 있는 얀 판 메게렌이 베르메르의 그림들을 전문가도 속을 만큼 모사(模寫)해, 그의 주가는 더욱 올라갔죠. 구경을 계속 더 하실까요?"

로코코

"후기 바로크는 회화와 조각에서 장식적인 요소를 강조했습니다. 이때 조개 장식이 특히 중요한 역할을 했습니다. 프랑스어로는 이를 로카이유 rocaille(조개 장식이라는 뜻)라고 하지요. 이 단어에서 '로코코'라는 명칭이 파생되었죠. 로코코 양식은 1720년부터 1760년 사이에 유행했습니다. 로코코 양식 역시 프랑스에서 시작되었습니다. 로코코 양식은 전반적으로 볼 때 귀족적이기는 하지만, 후기로 가면서 절대주의의 위용을 과시하는 역할보다는 유희적이고 약간은 경박한 느낌을 주는 내밀하고 사적인 성격을 더 강하게 띠었습니다. 결정적인 영향을 미친 사람은 프랑스의 화가 앙투안 와토(Antoine Watteau, 1684~1721)였습니다. 그는 새로운 양식의 그림을 선보였죠. 우아하고 경쾌한 축제, 야유회와 같은 주제가 새롭게 등장했습니다. 이런 주제는 로코코를 대표하게 되었고 다사다난한 현실에서 벗어나 전원적인 생활로 도피하려는 궁중의 분위기를 표현했죠. 목가적인 세계로 도피하여, 영원한 청춘과 끝없이 샘솟는 명랑한 감각적 세계에 대한 꿈이 이 양식에서 잘 드러납니다. 장 오노레 프라고나르(Jean-Honoré Fragonard, 1732~1806)는 군주의 연인이었던 바리 부인의 주문을 받고, 은밀한 밀애장면을 담은 그림들을 그렸습니다(「사랑의 발전Progress of Love」). 하지만 이 그림들은 너무나 노골적이어서, 바리 부인이 그 작품들을 거부했다고 합니다. 프랑스 혁명 시기에는 그의 그림들이 금지되기까지 했습니다.

로코코 시대에 세 번째로 위대한 화가인 프랑수아 부셰(François Boucher, 1703~70)에게는 이런 일이 일어나지 않았습니다. 부셰가 제일급의 궁중화가로 출세한 데에는 퐁파두르 부인의 덕이 컸죠. 퐁파두르 부인은 바리 부인보다 먼저 왕의 총애를 받은 여인이었습니다. 에로틱한 그의 목동극은 많은 인기를 끌었습니다. 신화에서 신들의 연애모험만을 그림의 소재로 삼은 그의 화풍을 당시 사람들은 너그럽게 보았습니다. 오이로파Europa의 도적질이나 레다 그리고 백조 등이 그 소재였습니다. 로코코 양식은 주로 에로틱한 요소들을 소재로 삼았는데, 역사상 이 시대의 그림에서처럼 여자들이 야하고 음탕한 모습으로 등장한 적은 없었습니다."

고전주의와 낭만주의

"이제 고전주의자들과 낭만주의자들의 그림이 맞걸려 있는 다음 홀로 들어가보죠. 여기에서도 루벤스와 렘브란트의 대립 같은 것을 어느 정도 확인할 수 있습니다. 루벤스의 화풍을 따른 화가들은 대체로 고전주의적이 되었는데 프랑스 예술가들이 그러했습니다. 반면에 렘브란트의 후예들은 낭만적 성향을 보였는데 주로 영국과 독일의 화가들이 이에 해당합니다." 우리를 안내하던 안내인이 갑자기 말을 멈추었다. "다른 사람들은 어디에 있습니까?" 우리는 일행 대부분이 아직껏 로코코 홀에 남아서 에로틱한 그림들에 푹 빠져 있음을 깨달았다. 안내인이 여러 차례 손뼉을 치자 비로소 그들은 마지못해 이쪽으로 건너왔다.

"이미 말씀드린 대로, 예술의 분열은 프랑스 혁명시기와 19세기에도 계속됩니다. 영국과 독일에서는 낭만적인 화풍이 등장한 반면, 프랑스에서는 엄격한 형식을 강조하는 고전주의풍이 강조되었습니다. 고전적인 그림이론을 정초한 사람은 로코코 화가였던 부셰의 애제자 자크 루이 다비드(Jacques-Louis David, 1748~1825)였습니다. 그는 프랑스 혁명 직전에 로코코 화풍과 결별했습니다. 왕의 부탁으로 그는 1785년에 「호라티우스 형제의 맹세Oath of the Horatii」를 그렸는데, 이 그림에서 다비드는 고전주의 화풍에서 강조되던 엄격한 형식을 다시 도입했습니다. 이 그림은 로코코풍의 전원적인 목동극의 시대가 사실상 끝났음을 알리는 신호탄이 되었습니다.

삶이 다시 진지하게 그려지기 시작했습니다. 따라서 우리는 1789년 혁명의 바리케이드 위에서도 그를 다시 만날 수 있습니다. 다비드는 1792년에 국민의회 의원이 되었고, 1793년에는 자코뱅파의 의장이 되었으며, 1794년에는 국민의회 의장에 취임하여 본격적으로 정치를 시작했습니다. 그의 그림에도 이러한 사정이 잘 드러나 있습니다. 그의 그림들은 정치적 행위가 열정적이고 도덕적이어야 함을 보여주고 있거든요. 그의 그림 가운데 제일 유명한 것은 욕실에서 살해된 마라를 소재로 한 것입니다. 훗날 그는 궁정화가가 되었고 나폴레옹을 숭배했습니다. 그의 제자인 장 도미니크 앵그르Jean Dominique Ingres의 도움을 받아 그는 19세기 중반을 넘어서까지 프랑스에서 고전주의가 찬란하게 꽃을 피우게 했거든요.

스페인의 프란시스코 고야(Francisco Goya, 1746~1828) 역시 상당히 정치적인 화가였습니다. 그의 이력은 다비드의 그것과 거의 일치할 정도였습니다. 프랑스 혁명기에 그는 스페인 왕궁의 궁정화가가 되었지만, 왕의 가문을 마치 고루한 바보들처럼 그리곤 했지요."

어떻게 고야가 그런 식의 그림을 그려 나갈 수 있었는지를 묻고 싶었지만, 당분간 참기로 했다. 분명히 이 문제는 연구해볼 가치가 있을 것이다.

"자유주의 성향의 지식인들과 교류하는 과정에서 그의 그림은 정치 비판으로 나아갔습니다. 「전쟁의 참화Los desastres de la guerra」라는 그림은 반 나폴레옹 전쟁 당시의 참상을 그리고 있습니다. 이후 그는 병을 얻어 반벙어리가 되었고, 주문도 받지 못한 채 작품들을 그려 나갔습니다. 그의 그림들은 거의 광기에 사로잡힌 주제들을 다루었습니다. 몽상적인 비전, 황량한 도취, 그리고 열병에 걸려 꾸는 끔찍한 꿈들이 바로 그것입니다. 고야는 화가 자신의 공상이 그림의 소재가 될 수 있다고 믿었던 최초의 사람일 것입니다. 이 믿음이 모방예술로부터 결별하게 되는 서막을 연 셈이지요. 이런 측면에서 고야는 최초의 모더니즘 예술가였던 셈입니다. 그는 백일몽 같은 환상을 그림에 담았습니다. 그가 전쟁의 참상을 그린 그림에서도 백일몽 같은 분위기, 환상적인 분위기가 확 풍깁니다. 그는 그림의 고전적인 규칙들을 무시하고 인물들을 구도로부터 고립시킴으로써 회화에 초현실주의적인 분위기를 부여했지요.

　이제 반대편 벽에 걸린 그림들을 관람해봅시다. 여기 영국과 독일의 그림이 있습니다. 영국 그림의 화가는 낭만주의 화가 윌리엄 터너(William Turner, 1775~1851)입니다. 그는 아직 인상주의 양식이 등장하기도 전에 이미 이 화풍을 선취했습니다. 기존의 화가들이 돈벌이에 급급하여 풍경화를 그렸다면, 터너는 풍경을 곧장 회화의 주제로 삼았습니다. 그렇게 함으로써 터너는 낭만주의의 심장을 명중시킬 수 있었습니다. 낭만주의의 핵심주제는 고독한 의식과 광활한 자연 사이의 반향 같은 것입니다. 이러한 연관성을 일반적으로 '분위기'라고 하죠. 명료하지 않고 흐린 분위기가 시적인 것으로 간주되었습니다. 이런 시대 분위기에 맞게 터너는 대상의 윤곽을 확정짓는 수단으로서의 선을 과감하게 포기하고 형태를 색채로 해체함으로써, 동시대인들을 깜짝 놀라게 만들었습니다. 그림에 묘사된 자연은 빛과 구름 그리고 물이 역동적으로 연출하는 소용돌이로 변모합니다. 소용돌이치는 듯한 이러한 광경은 윤곽이 또렷한 모든 대상들과 마찬가지로 인간의 형태까지도 집어삼켜 버리고 말았습니다. 이런 상태에서 만물은 확고한 존재를 잃어버리고 말지요. 터너의 중기 회화에 특징적으로 나타나는 네덜란드와 라인 지역을 여행한 그는 1819년에 최초로 이탈리아를 여행합니다. 이 여행을 통해서 그의 그림양식은 또 한 번 근본적인 변화를 겪습니다. 이제 그는 빛의 재현에 집중합니다. 베니스에서 날씨의 순간적인 현상에 따른 빛의 변화가 사물의 형태를 변화시키는 것에 매료된 그는 이제 대상의 단순한 재현에 만족하지 않고 인상, 곧 대상과 빛이 결합될 때 나타나는 시각적인 효과에 관심을 집중합니다. 이에 상응하여 그의 후기 작품들, 이른바 '초월의 단계'에 제작된 그림들은 「빛과 색채 *Light and Colour*」 또는 「그림자와 어두움 *Shade and Darkness*」이라는 제목들을 지니게 되지요. 그는 단지 대상만을 그리는 것이 아니라, 빛·어두움·그림자·폭풍들을 그렸고, 또 대상들을 그리더라도 조난당한 배 또는 이동하는 행렬을 소재로 삼았습니다. 「비와 증기와 속도 *Rain, Steam, and Speed*」라는 그림에서 이러한 사실은 잘 드러냅니다. 그의 회화에서는 인식 자체가 재발견되었고, 대상들이 분명하게 배열되지 않은 채로 불명확한 의식이 놀라울 정도로 잘 표현되어 있습니다.

자연에 대한 객관적인 재현이 아니라 자연이 화가나 관찰자에게 환기시켜주는 느낌을 중시하는 화풍은 독일의 낭만주의자인 카스파르 다피트 프리드리히(Caspar David Friedrich, 1774~1840)에게서도 나타납니다. 프리드리히는 자연을 관찰하는 인간을 주로 그렸는데, 관람자는 그림을 관람할 때 바로 이런 인물들을 통해 자기 스스로를 관찰할 수 있습니다. 자, 이제 다음 홀로 들어가면, 우리는 모더니즘으로 옮겨가는 과도기였던 인상주의에 접하게 됩니다."

인상주의

"약 1860년까지 회화는 아틀리에 예술이었습니다." 우리의 안내인은 이렇게 말을 이어갔다. "예술의 중심지는 아카데미였죠. 그곳에서 화가가 육성되었기 때문입니다. 예술이 대상을 중시한다는 믿음은 흔들리지 않은 전제였습니다. 이러한 믿음은 사진이 발명되면서 비로소 흔들리기 시작합니다. 1860년부터 파리를 회화의 메카로 삼아 아방가르드 예술이 폭발적으로 등장하기 이전까지 창작에 몰두했던 한 무리의 화가들이 있었습니다. 이들은 예술을 대상에 결부짓지 않으려고 했죠. 이들은 대체로 인상주의에 속합니다.

인상주의는 양면을 지니고 있습니다. 동시대의 사람들에게 인상주의는 현대의 충격이자 스캔들이었지만, 돌이켜보면 그것은 현대성의 형식입니다. 여기에서 말한 현대성이라는 멋진 말은 전통적인 예술, 즉 인상주의 예술에 대한 우리의 은밀한 애착에 대한 변명처럼 작용하기도 하죠. 요컨대 인상주의는 예술을 '미'의 범주에 포함시킬 수 있는, 그러면서도 현대적일 수 있는 마지막 사조입니다. 이런 사정으로 인해 오늘날의 관객들에게 인상주의자들은 특별한 지위를 차지하고 있습니다. 인상주의는 대중의 인기를 끈 마지막 화풍이었습니다. 이후의 예술에서는 '추(醜)'가 미술의 대상이 됩니다.

잘 알려진 인상주의 화가들에는 르누아르Renoir, 마네Manet, 모네Monet, 드가Degas, 세잔Cézanne 그리고 반 고흐Van Gogh가 있습니다.

이들 인상주의자들이 얼마나 혁명적이었던가 하는 점은 그들의 첫 번째 전시회에 관해 언급한 신문기사가 잘 보여줍니다. 인용해볼까요.

「뒤랑 뤼엘에서 방금 전시회가 열렸다. 자기들 딴에는 그림들을 전시한다고 한다. 나는 들어갔다. 뭔가 끔찍한 일들이 내 눈을 놀라게 했다. 다섯 아니면 여섯 명의 미치광이들, 그 가운데에는 여자도 한 명 있었다. 이들은 함께 모여 자기 작품들을 전시했다. 나는 그림 앞에 사람들이 서서 배꼽을 잡고 웃고 있는 광경을 보았다. 이 광경을 보자 나는 피가 거꾸로 흐르는 듯했다. 그들은 제딴에는 예술가로 자처하며 스스로를 혁명가라고 불렀다. '인상주의자'라는 것이다. 그들은 아마화포에다가 붓과 물감으로 점점이 색깔들을 아무렇게나 운에 맡기고 뿌렸다. 그리고 그 아래에 자신들의 이름을 썼다. 이것은 마치 정신병원 입원환자들이 조약돌을 집어들고는 마치 다이아몬드라도 찾아낸 듯한 망상에 빠진 꼴이다. 눈먼 사람들이나 다름없다.」

이렇게 혹평을 한 이 비평가를 화나게 한 것은 인상주의자들이 색채 다루는 법을 근본적으로 뒤흔들어 놓았기 때문입니다. 그들은 색채가 관람자의 눈에서 비로소 형성되도록 빛과 그림자의 효과를 그려 나갔습니다. 낡은 시각적 관습에 젖은 동시대인들은 이러한 방식을 도저히 받아들이기 힘들었죠. 오늘날에도 많은 예술가들이 그렇듯이, 인상주의자들은 그림을 제대로 그릴 줄 모르는 바보들처럼 여겨지기도 합니다. 따라서 '인상주의자'라는 명칭은 비난의 욕설로 사용되었습니다.

엄격하게 말하자면, 인상주의자들의 모티프들 역시 그림에 적합한 주제들은 아니었습니다. 사람들이 춤추는 술집(르누아르), 경주장(드가), 술집 바(마네), 정거장(모네), 그리고 소풍을 가서 옷을 입은 남자들과 함께 어울려 노는 홀랑 벗은 여자들(마네의 「풀밭 위의 식사Le Déjeuner sur I'herbe」)과 같은 모티프들은 동시대의 관객들에게 결코 신뢰감을 주지 못했습니다.

인상주의자들의 주제는 대도시의 부산하고 순간적인 생활, 센 강물(모네는 늘 강 위에서 배를 타고 그림을 그렸다), 그리고 가로수길이나 공원 또는 오락장을 기웃거리는 대중들이 그 주류를 이루었습니다.

인상주의자들은 대상의 모방을 배척했습니다. 인상주의자들 가운데에서도 극단적인 두 노선이 있었습니다. 반 고흐는 광기의 문을 두드렸고, 세잔은 그 반대의 방향으로 나아가서 모더니즘의 아버지가 되었습니다. 세잔은 인상주의자의 히스테리를 과감하게 거부하고 그림의 공간적 깊이를 더 이상 중앙집중적인 시선이 아니라 색채를 통해 형상화할 수 있는 가능성을 실험했습니다. 그림들은 전체의 구도에 의해서가 아니라 개별적인 형태들을 통해 형상화되었습니다. 세잔의 후계자들은 세잔 그림에서의 선적이며 정적인 골격을 포기하기만 하면 되었죠. 보세요, 이미 형태와 색채가 자율적으로 기능하고 있고, 입체파의 경향을 선취하고 있지 않습니까?

아방가르드Avantgarde는 이미 성큼 다가왔습니다. 아방가르드의 도래와 더불어 미래의 아방가르드 황제가 될 파블로 피카소Pablo Picasso도 등장합니다. 피카소는 20세기 예술을 대표하는 가장 유명한 예술가입니다. 이로써 우리는 전통적인 박물관의 종착역에 다가왔습니다. 따라오시겠습니까?

자, 이제 엘리베이터를 타시죠. 우리는 이제 다른 차원으로 들어갑니다. 내리실 때 조심하십시오. 약간 어지럼증을 느낄지도 모릅니다. 하지만 그것은 일시적인 현상일 것입니다. 이제 현대예술을 담당하는 팀에 여러분을 인도하겠습니다. 여러분 두 분당 한 명의 안내인을 배정할 것입니다. 물론 안내인은 여성일 수도 있습니다. 우리는 이들을 '치체로네(Cicerone. 안내인이라는 뜻—옮긴이)'라는 은어로 부릅니다. 자, 다 왔습니다. 우리 눈앞에 보이는 이것은 어느 박물관의 모델입니다. 이제 이 안으로 들어오십시오. 우리가 이런 생각을 하게 되었다는 사실이 자랑스럽군요. 왜 여러분 두 분당 한 명의 안내인을 배정했을까요? 간단하지요. 현대예술은 매우 심층적인

미술의 역사 415

설명을 필요로 하기 때문입니다. 현대 초반의 예술도 마찬가지입니다."

우리는 안으로 들어갔다. 불현듯 나는 같은 조의 여자와 단 둘이 있게 되었음을 깨달았다. 그때 마치 액자에서 뛰어나오기라도 한 듯이, 안내인이 홀연히 모습을 드러냈다.

"안녕하십니까, 제 이름은 프라시텔로포울로수입니다. 그냥 프라시라고 불러주셔도 좋습니다. 여러분이 예술작품 앞에서 깊은 명상에 잠기려고 할 때면, 난 작품에 대한 설명과 농담을 늘어놓으면서 여러분이 명상에 잠기지 않도록 하는 것이 제 임무입니다.

혹시 저의 행동이 무례하다면, 말씀해주십시오

새 천년의 메타 박물관, 곧 박물관에 관한 박물관은 아닙니다. 보십시오 경험상, 예술작품에 명상하듯 침잠하다 보면, 주변의 보통 사물을 제대로 볼 수 없게 된다는 것을 우리는 압니다. 사물들의 초점이 잘 맞지 않게 됩니다. 그렇기 때문에, 관람객들은 고대 박물관에서 그림들을 충격상태에서 관람한 이후에는 다시 깨어나, 마치 사막을 방랑한 후 목이 몹시 마른 듯이 가판대의 그림엽서나 화집 판매대로 쏜살같이 달려가지요. 자신들이 관람한 것을 다시 발견하고서야 비로소 그들은 일상의 시선을 회복합니다. 관람객들은 자신들이 본 것 이상을 보았다는 듯이 행동해서는 안 되는 법입니다.

이리 오십시오 우리는 이곳, 이 공간 안으로 들어가야 합니다. 보시다시피, 이곳에는 이른바 '텍스트 그림' 이외에는 아무것도 보이지 않습니다. 한번 읽어보지요

「회화는 예술 중에서 가장 모순적인 것이다. 그림은 우리에게 감각적인 직관으로 주어져 있다. 그 인식은 직접 의식 속으로 파고들기 때문에, 그림들은 직접적이라는 인상을 일깨워준다. 우리는 우리와 우리가 목격한 것 사이에 그 어떤 상징언어도 발을 들여놓지 않는다는 느낌을 갖는다.」

좀더 가까이 들어오시면, 여러분은 이것이 화면임을 알게 될 것입니다. 그리고 여기, 위쪽 오른편 구석에는 프로그램 심벌이 써 있는 행이 있습니

다. 보이십니까? 이제 내가 '계속'이라는 심벌을 손가락으로 건드려보겠습니다. 보이십니까? 그렇습니다. '해바라기'라는 단어죠. 이제 우리는 잘 알려진 고흐의 「해바라기 Sunflower」라는 작품이 화면 배경에 떠오르는 광경을 볼 수 있을 것입니다. 그림 감상에 너무 몰두하지 마십시오. 그 대신 교황 클레멘스 7세를 머릿속에 떠올려보십시오."

"상상이 안 가는데요." 내 곁에서 함께 구경하던 여자가 말했다. "제가 알기로는······." 그러자 프락시는 그녀에게 화면 아래에 있는 자판을 조작해보도록 권했다. 그녀는 말뜻을 깨닫고 한 행을 쳐넣었다. "상상이 안 가요. 저는 교황 클레멘스 7세를 모르거든요."

그러자 화면에 '클레멘스 7세'라는 단어가 나타났다. 그녀는 한참 동안 화면을 들여다보았다. 마침내 프락시는 전선과 전극이 연결된 인공섬유 헬멧을 내 곁에 있던 여자에게 씌웠다. 곧장 화면에 교황의 모습이 흐릿하게 나타났다. 멀리서 보면 교황 요한 바오로 2세를 연상케 하는 모습이었다.

"하지만 이것은 내가 교황 클레멘스라는 단어를 읽을 때, 머릿속에 떠오르는 모습일 뿐이에요."라고 그녀가 놀라워하며 소리쳤다.

그녀가 그 말을 하자마자 요한 바오로 유령은 다시 사라져버렸다. 프락시가 다시 프로그램 아이콘을 누르자, 동일한 두 그림이 나란히 나타났다. 그림 아래에 적힌 글자를 보니, 이 그림이 교황 클레멘스 7세를 그린 것임이 드러났다. 어두운 계단 앞 의자에 앉아 있는 모습이었다. 교황 법복은 하얗게 번쩍거리는 주름을 너울거리며 다리를 감쌌다. 상체는 자주색 명주로 만든 무거운 망토로 목까지 가리고 있었다. 붉은색 모자와 마찬가지로 망토는 고운 명주 소재를 드러내며 번뜩였다. 정면에서 보는 교황의 모습은 한창 나이의 남자처럼 보였다. 하지만 그는 위엄을 자랑하며 관람자를 옆으로 비스듬히 바라보고 있었다. 약간 치켜든 턱이 옆을 향하고 있었고, 입가에는 소름 끼칠 정도로 엄격한 표정이 엿보였다. 그렇게 그림 속의 교황은 살짝 뜬 무거운 눈꺼풀 아래로 달갑지 않은 관람객을 바라보고 있었다. 손에는 접어놓은 문서가 놓여 있었다. 교황이 자연인의 모습으로 우리

앞에 앉아 있을 때보다도 법복을 입고 위엄을 차린 모습이 훨씬 더 좋아 보였다. 교황이 걸친 옷감은 참으로 화려하게 번쩍거려, 한번 만져보고 싶은 충동이 일 정도였다.

프락시는 헬멧을 쓴 내 옆의 여자에게 뭔가 말을 하려고 마이크를 잡았다. "여러분이 보고 계시는 그림은 세바스티아노 델 피옴보Sebastiano del Piombo가 그린 클레멘스 7세의 모습입니다. 이 화가가 이 그림을 그린 연대는 1562년입니다. 물론 주문제작이었죠. 이 그림은 나폴리 박물관에 걸려 있습니다. 이 두 그림을 비교해보십시오. 차이점을 아시겠습니까? 모르시겠다구요? 그중 하나는 정품입니다. 물론 완전한 정품은 아니죠. 정품은 나폴리 박물관에 걸려 있으니까요. 정확히 말하면, 정품을 컴퓨터로 복사한 것입니다." 그는 화면에 있는 Z라는 글자를 클릭했다. 그러자 왼쪽 그림에는 「안녕하세요, 저는 당신이 보고 계시는 그림입니다」라는 문장이 나타났다. 그리고 오른쪽 그림에는 「안녕하세요, 저는 여러분 머릿속에 복사된 그림입니다」 "자, 보십시오." 프락시가 말을 이어갔다.

"이 두 그림은 같은 것입니다. 따라서 정상적인 경우라면, 여러분은 이 그림들이 서로 다르다는 것을 전혀 느낄 수 없을 것입니다. 여러분은 직접적이라는 느낌을 받으실 것입니다. 여러분은 이 교황에 대해 무엇을 알고 계시죠? 1526년 무렵에 무슨 일이 일어났습니까? 클레멘스가 화가에게 자신의 모습을 어떻게 그려달라는 지침을 내렸을까요? 초상화 주인공을 좀 더 아름답게 그리거나 또는 실제의 모습보다 훨씬 더 우아하게 표현했기 때문에, 세바스티아노는 로마의 인기 있는 초상화가였습니까? 만일 그랬다면 클레멘스는 동정의 여지가 없는 인간이었을 테지요. 초상화는 어떤 기능을 지니고 있습니까? 찬미하는 기능일까요, 후손이 길이 기억하도록 하는 기능일까요? 자기 모습을 초상화로 그리려는 욕구를 지닌 사람들은 누구겠습니까? 지도층 인사이자 귀족집안의 사람들일까요, 아니면 시민계층의 사람들일까요? 초상화에는 실물의 독창성이 표현될까요? 더 물어보겠습니다. 여러분이 보고 계시는 이 초상화는 숨겨진 상징적인 메시지를 담고 있습니까? 이해할 수 없는 그림의 언어가 존재합니까? 초상화의 구도에서 어떤 단서라도 끌어낼 수 있습니까? 초상화의 인물은 상체는 붉은색으로, 하체는 하얀색으로 나누어 그려졌습니다. 이것은 단지 교황의 법복의 색이 그랬기 때문일까요? 혹시 화가가 그런 분할을 통해서 종교의 분열에 관한 암시를 하려 한 것은 아닐까요? 클레멘스는 신구교의 대립에 직면해 있지 않았습니까? 교황의 모습이 우울하게 보이는 것도 그런 맥락과 관련이 있지 않을까요? 교황 뒤쪽으로 나 있는 계단은 하늘로 올라가는 사다리를 상징하지 않을까요? 사다리 끝부분에는, 비록 우리 눈엔 보이지 않지만, 하느님과 천군천사들이 서 있을 법하지 않습니까? 교황이 손에 든 접은 쪽지는, 신과 인간 사이를 중재하는 인물인 교황이 하늘에서 내려받아 지상에 선포하려고 하는 밀지(密旨)로 볼 수는 없을까요? 그렇다면 이 그림에는 은밀히 감추어진 인용, 즉 시나이 산을 내려와 이스라엘 백성에게 십계명을 전해주는 모세와의 연관성이 담겨 있지 않겠습니까? 거친 시나이 산이 교황의 초상화 뒤에 펼쳐지는 편인한 계단으로 바뀐 것은 은밀한 아이러니가 아닐지 모르겠습니다.

　한 마디로 말해서, 이 초상화는 겉으로 보기엔 교황을 그린 단순한 그림처럼 보이지만, 실제로는 매우 복잡한 문맥들이 함축되어 있습니다. 이 그림이 전하는 메시지를 충분히 파악하기 위해서는 우리는 이러한 상징의 과정들을 거쳐야 합니다. 초상화의 모습을 그저 교황의 모습으로만 바라보면, 그 안에 담겨 있는 화가의 메시지를 놓쳐버리기 쉽지요. 눈으로는 보면서도 이해하지는 못했다고나 할까요. 두 번, 세 번 보아야 이 그림이 이런 의미를 형상화하고 있음을 알 수 있지요. 위엄 있고 휘황찬란한 옷을 입은 교황의 모습은 실제 교황의 본래적인 기능과 대조를 이루죠. 이 그림에서 교황은 이 땅에서 예수를 대리하는 존재로, 신과 인간을 중재합니다. 마치 글자가 저자와 독자를 서로 연결시켜주듯이 말입니다. 이제 아주 감각적이고 직접적인 모습으로 세바스티아노는 바로 이러한 매개자를 그리고 있습니다.

미술의 역사　419

인식의 직접성과 그림언어를 통한 지식의 간접성 사이의 갈등, 바로 이것이 예술을 이해하는 문을 열어주겠죠. 이러한 갈등은 늘 해결되지 않고 남아 있는 법입니다."

프락시는 갑자기 설명을 중단했다. 화면에 쌍둥이처럼 나란히 나타난 두 개의 그림 가운데서 오른쪽 것이 갑자기 사라져버렸기 때문이다. 그 대신 그 자리에는 카페테리아임이 분명해 보이는 그림이 나타났다.

박물관과 모나리자

다음 공간은 전원이 켜진 환한 벽면의 사각형 부분을 제외하곤 완전히 어두웠다. 이 사각형에 고전주의 양식으로 된 박공(합각머리 건물에서 볼 수 있는 삼각형 벽면—옮긴이)과 기둥들이 늘어선 정면이 있는 건물이 투사되었다. 이 건물은 마치 그리스의 사원처럼 보였다. 그 아래에는 '박물관'이라는 글자가 선명했다. 투사된 이 사진 옆에서 누군가 설명을 하기 시작했다. 우리는 자리를 잡고 경청했다.

"……교회는 하느님의 집입니다." 안내인이 이렇게 말했다. "마찬가지로 박물관은 예술의 집입니다. 이곳은 누구나 입장할 수 있습니다. 하지만 예술이 언제나 박물관에만 있었던 것은 아니죠. 박물관은 시민계급이 만들어낸 제도에 불과합니다. 구체적으로 말하자면, 프랑스 혁명기에 박물관이 만들어졌습니다. 루이 16세를 처형한 해의 첫날, 즉 1793년에 루브르 박물관이 세워졌는데, 이것이 최초의 박물관입니다."

루브르 박물관의 모습이 나타났다.

"박물관은 군주정이 해체되면서 등장합니다. 그때까지만 해도 그림들은 귀족이 소장하여 걸어놓았을 뿐입니다. 따라서 사회의 상류층만이 이런 그림을 접할 수 있었을 뿐, 일반 서민들은 관람할 수 없었습니다. 혁명은 예술까지도 근본적으로 뒤바꾸어놓았습니다. 18세기에 일어난 프랑스 혁명 직전에야 비로소 그림이 독립적인 작품으로 창작될 수 있었습니다. 그전에는 그림은 공간을 장식하는 부분이었고, 특정한 목적을 위해 봉사했습니다. 그림이 자율적이지 않았다는 이야기입니다. 그림은 차라리 우리의 벽지에 상응했다고나 할까요. 귀족들이 소장한 그림들도 역시 독립적인 작품으로 걸려 있었던 것이 아닙니다."

소장된 그림들을 찍은 사진이 나타났다. 그림들은 빽빽이 걸려 있어서, 그림 사이의 공간을 거의 찾아볼 수 없었다. 그림들이 하도 많아서 천장까지 닿을 지경이었다. 따라서 위쪽 끝에 걸린 그림은 거의 눈에 보이지도 않았다.

"보십시오." 안내인은 이렇게 설명했다. "그림들이 공간에 맞도록, 그림의 크기를 자르기 일쑤였습니다. 이 멋진 그림들이 제작된 시대에는 사람들이 손상되지 않고 보관된 예술작품에 대해 별다르게 주목하지 않았습니다. 역사라는 개념이 도입되고 나서야 비로소 작품의 손상 없는 보존과 보관을 존중하게 되었습니다."

안내인이 이런 말을 하자마자, 소장된 그림들을 찍은 슬라이드 필름이 사라졌다. 대신에 영시화면을 통해 표지 장식이 요란한 대형 책이 투사되었다. 이 책에는 '역사'라는 단어가 쓰여 있었다. 눈에 보이지 않는 손이 이 책을 천천히 펼쳤다. 책장이 넘겨지면서, 우리는 다음과 같은 텍스트를 읽을 수 있었다.

역사에 관한 보충설명

산업혁명(1770년 이후)과 프랑스 혁명(1789년 이후)이 발발하기 훨씬 전에도 물론 역사는 존재했다. 이때의 역사란 어떤 사건이 일어났다는 것을 기술하는 정도였다. 따라서 그것은 이야기라는 의미에 가깝다. 하지만 역사는 기본적으로 반복된다고 사람들은 믿었다. 집합명사로서의 역사, 즉 전체 역사와 인류의 전기로서의 역사를 표현해줄 적절한 개념은 존재하지 않았다. 대신에 과거에는 역사가 복수로 사용되었고, 역사라는 말은 대표적인 사건, 인간의 이력, 국가의 대사건, 왕의 몰락, 음모, 반역, 출세, 연애사건 그리고 위인들의 행위 따위를 뜻했다. 이런 의미에서의 역사란 순환적으로 반복되는 사건을 가리킬 따름이었다. 반복해서 발생함으로써 이런 역사는 사물의 지속성을 보장해주었다.

하지만 산업혁명과 프랑스 혁명을 거치면서 상황이 바뀌었다. 이 두 차례의 혁명은 근본적인 변화를 가져와서, 겉으로 보기엔 절대 변하지 않을 듯이 보이는 일상의 세계도 인간의 발 아래에서 변하기 시작했다. 왕이 바뀔 뿐만 아니라, 헌법도 개정된다. 계절뿐만 아니라 파종하고 추수하며, 요리하고 이동하며, 거주하고 난방하는 기술도 변한다. 심지어는 풍경도 변한다. 그때까지는 수천 년 똑같은 모습으로 남아 있을 것이라고 믿었던 풍경까지도 변하고, 이리하여 일상의 세계도 바뀐다.

인간의 유년시절은 더 먼 과거로 멀어지고, 기억은 향수를 낳는다. 멀리 떨어져 있는 장소는 꿈과 같은 명상의 계기가 된다. 인간은 시간 자체를 느끼게 되었고, 유년기는 독특한 경험의 공간으로 밝혀지며, 폐허와 무너진 성벽이 인기를 끌게 되었다. 즉 시간의 가속화 체험에 응답하며 나타난 것이 낭만주의의 예술혁명이다. 포괄적인 역사 개념은 낭만주의의 본질 가운데 하나다. 정치에도 진보세력과 보수세력이 있듯이, 역사 역시 이중으로 사용된다. 발전과 개선으로, 기술과 정치 영역에서는 혁명으로, 그리고 미래를 향한 도약으로 간주되는가 하면, 또 다른 한편으로는, 과거의 상실, 권위의 붕괴, 허무, 향수 그리고 잃어버린 것을 향한 동경으로 여겨지기도 한다. 청춘의 직접성, 가까움과 유년기 체험의 감각적 친밀성, 한마디로 말해서 괴테가 '소박한 것'이라고 말했던 바로 그런 것은 후자에 속한다. 이러한 동경에 응답하여 박물관이 생겨났다. 박물관에는 모든 시대가 동시에 존재한다. 박물관에서 우리는 역사를 예술의 형태로 숭배한다.

이 텍스트가 끝나자, 갑자기 「모나리자」 그림이 나타났다. 놀랍게도 모나리자의 얼굴에 수염이 있었다. 안내인은 이에 아랑곳하지 않고 말을 이어갔다. "따라서 박물관은 왕의 궁정을 이어받을 뿐만 아니라 종교의 유산을 이어받기도 합니다. 하지만 교회와는 달리 박물관은 사원을 모방하죠. 박물관이 대체로 고전주의적인 건축으로 이루어진 것은 이러한 사정을 보여줍니다. 박물관에서 사람들은 예술이라는 새로운 신을 경배하죠. 경건한 마음으로 예술작품 앞에 침잠함으로써 말입니다.

여기서 역사는 직접적인 것으로 나타납니다. 이것은 패러독스죠. 감각적인 명징성의 형태에서 과거를 보는 것입니다. 이러한 모순은 마치 수수께끼 같은 느낌을 줍니다. 사람을 푹 빨아들이는 듯한 수수께끼 말입니다. 종교의 핵심을 이루는, 예컨대 정신의 육화와 같은 그런 심오한 수수께끼 말입니다. 역사적인 것, 과거의 것, 이해할 수 없게 되어버린 것이 그러한 감각적 직접성 속에서 모습을 드러낼 수 있다는 사실, 이것은 참으로 놀라운 일입니다. 그렇기 때문에, 역사의 모든 경험을 직접성 속에서 체험할 수 있는 것입니다.

이런 배경하에서, 옥스퍼드의 예술학 교수인 월터 페이터Walter Pater는 자신의 강의와 저서에서 레오나르도 다 빈치의「모나리자」를 새로운 예술 종교의 가장 널리 알려진 상징으로 격상시켰습니다. 그는 양면적인 그녀의 미소를 그 어떤 역사 체험도 그녀에게는 더이상 낯설지 않다는 사실에 대한 반응으로 해석했습니다. 수수께끼처럼 감추어진 그녀의 얼굴 표정은 그녀가 세상의 단맛쓴맛을 모두 다 맛보았다는 사실을 드러내고 있다는 것입니다. 그녀는 신물이 날 정도로 온갖 역사를 체험했다는 것입니다. 역사적인 메두사라고나 할까요.

이렇게 하여 낭만적인 백일몽은 예술 관찰에서 양식을 특징짓는 형태가 된 것입니다. 마치 조용한 기도 속에 빠지듯, 그림 속에 몰두했습니다. 회개의 형태로 그림을 바라보았죠. 그림과 대화를 나누고, 말이 없을수록 그만큼 더 친밀해졌습니다. 아무도 그 대화의 성스러움을 침해할 수 없었습니다. 마치 신 앞에서 그렇듯이, 그림 앞에서 사람들은 침묵에 빠졌습니다.

그림을 관찰할 때면, 카스파르 다피트 프리드리히의 그림에 나오는 인물들과 똑같은 방식으로 먼 곳을 응시했습니다.「달을 바라보는 여자와 남자 *Eine Frau und ein Mann in Betrachtung des Mondes*」라는 그림처럼 말입니다."

「모나리자」가 사라졌다. 대신에 화폭에 세 사람이 등장하여 뤼겐의 험준한 백색 바위에서 바다를 내려다보는 장면이 담겨 있는 그림이 나타났다. 안내인은 그림을 바꾸었다.

"여기에는 그 이상의 패러독스가 있습니다." 그가 말문을 이었다. "예술은 흔히 심오하다고들 하지요. 이해하기가 어렵기 때문입니다. 그렇기 때문에 더욱더 예술을 해석할 때에는 여러 가지 가정이 동원되지요. 그림들은 '의미의 컨테이너'가 됩니다. 해석자들이 그 안으로 여러 의미를 집어넣는 것입니다. 현대예술은 급진적인 전환을 했다는 것, 이것이 패러독스입니다. 현대예술은 감각적 인식의 직접성을 차단해버렸습니다. 예술이 그 어떤 대상도 직접 모사하지 않기 때문입니다. 동시에 현대예술이 어렵게 된 것은, 수수께끼 같은 작품 속으로 명상하며 침잠하는 것을 막고, 예술이 종교적 예배처럼 되는 것을 지적하기 위해서입니다. 종교적 예배와 같은 예술은 사람들이 이해하지 못해야 제대로 기능하는 법 아닙니까?"

예술에 관한 예술

"이제 다음 장소로 가보시죠." 그러면서 안내인이 찰칵 스위치를 눌러 불을 켰다. 우리는 그곳에서 다른 네 쌍과 합류했다. 프락시의 모습이 보이지 않았다. 옆방의 새 안내인 주위에 우리가 모이자, 그가 설명을 시작했다.

"프랑스 예술가 마르셀 뒤샹Marcel Duchamp은 독창성이라는 원칙을 무너뜨렸습니다. 그는 날마다 사용하는 기성 산업제품(레디 메이드)을 예술이라는 고상한 차원으로 끌어올렸습니다." 그런 다음 안내인은 우리에게 자전거 바퀴 쪽을 바라보라고 말했다. 이 바퀴는 부엌용 작은 의자 위에 조립되어 있었다. 방문자들 중의 몇 명이 킥킥거리며 웃기 시작했다.

"이것은 정말로 도전적입니다." 안내인이 말을 이었다. "마치 무식하고 거친 노동자가 갑자기 영국 귀족들의 재판관이 된 듯하지 않습니까? 게다가 뒤샹은 도전적으로 개념예술을 준비하여, 인식의 직접성을 차단했습니다. 개념예술은 개념이나 이념들만을 발전시킬 뿐, 예술수단은 부수적인 그런 예술양식입니다. 관람자는 스스로 이미지를 상상해야 합니다. 이러한 과정을 통해 작품으로서의 예술은 완전히 파괴되고 맙니다. 이것은 기존 예술을 둘로 나누었습니다. 작품은 일종의 인간의 몸과 같은 것입니다. 작품으로서의 예술은 전체적인 통일성이 완벽하고, 금기라든가 제의적(祭儀的)인 존중을 통해 보호받습니다. 인체가 그렇듯이 말입니다. 기본적으로 작품은 마치 인격체로서의 개인과 마찬가지 대접을 받습니다. 작품은 예술가의 인격을 표현하고 관람자의 인격에 말을 걸기 때문입니다.

아마도 여러분들 가운데 몇 분은 오스카 와일드Oscar Wilde의 소설 『도리언 그레이의 초상*The Picture of Dorin Gray*』을 아실 것입니다. 아니, 모르신다고요? 이 작품에는 그림과 인간이 역할 교환을 통해 역전되어 묘사되어 있지요. 제목에 등장하는 주인공 그레이는 거칠고 야생적인 인물입니다. 그는 다락방에 자신의 초상화를 숨겨놓았습니다. 그가 추악한 짓을 하면 할수록 이상하게도 초상화에 그려진 인물이 패륜아로 모습이 바뀝니다. 반면 현실의 도리언은 마치 예술작품처럼 전혀 변하지 않은 채 젊은이의 모습을 간직하고 있습니다. 마침내 도리언이 화가 나서 그림을 찌르는 순간, 자신이 가슴에 칼을 맞고 절명하게 되지요.

현대의 예술가들 역시 예술작품에 대한 살인을 자행하지요. 예술가들은 성스러움을 간직한 온전한 작품성을 파괴합니다. 마치 모든 의문들을 흡수하여 망각케 하는 블랙홀처럼 작용하는 작품 대신에 현대예술은 과정을 보여줍니다. 현대예술은 더이상 인식의 직접성을 선언하지 않습니다. 그 대신에 현대예술은 인식 자체가 인식될 수 있을 때까지, 왜곡을 통해서 직접성을 생소하게 합니다. 다른 말로 표현하자면, 현대예술은 거의 언제나 예술에 관한 예술입니다. 현대예술은 자기 성찰적인 굴절을 보여주고, 이리하여 패러독스를 획득합니다. 즉 현대예술은 자신 스스로의 조건을 주제로 삼는다는 말입니다. 이 그림을 보십시오 분명히 파이프입니다. 하지만 그 아래에는 알 듯 모를 듯한 글귀가 붙어 있죠 '이것은 파이프가 아니다' 라고요."

관람객 몇 사람이 웃었다. "그럼 뭔데요?" 어떤 여인이 중얼거렸다.

"네." 안내인이 이 질문을 받아들였다. "이것이 파이프가 아니면 무엇이 겠습니까. 분명히 보이지 않습니까. 여러분도 모두 보고 계시죠? 모두들 영문을 모르겠다는 표정이군요. 무엇이 보이는지 말씀해주실 분 안 계십니까? 자, 이 문제는 제쳐두고, 이 화가가 그린 다른 그림을 보시죠 이 그림의 제목은 「백색의 카드Carte blanche」입니다. 르네 마그리트René Magritte의 작품입니다.

말을 타고 숲속을 달리는 한 여자가 보입니다. 하지만 그녀의 모습은 금방 나무에 가렸다가, 또 금방 나무 사이의 공간에 드러납니다. 그렇지만 그녀가 나무들 사이를 지나가는 모습을 볼 수 있습니다. 이제 모르겐슈테른Morgenstern의 「말뚝 울타리Lattenzaun」라는 시가 쓰여 있는 판을 보십시오

옛날에 말뚝 울타리가 있었네 / 사이에 공간이 있어 들여다볼 수 있었지.
이를 본 건축가 / 어느 날 밤 갑자기 그곳에 서서
사이의 공간을 없앴네 / 그리고 거기에다 큰 집을 지었네
그 사이 울타리는 말없이 서 있었네 / 나뭇가지들과 함께, 하지만 주위엔 아무것도 없네.

이 텍스트를 숲속의 여자 그림과 비교해보면, 마그리트는 모르겐슈테른보다 훨씬 더 큰 충격을 가져다줍니다. 왜 그럴까요? 우리의 현실감각을 확고히 하기 위해서는 감각적인 인식이 훨씬 중요하기 때문입니다. 우리가 거짓말에 속았다고 합시다. 그것은 우리가 우리의 눈을 신뢰할 수 없을 때처럼 그렇게 충격적이지는 않습니다. 감각적 인식은 매우 직접적이어서, 현대예술이 모방적 성격과의 계약을 파기하겠다는 선언으로, 회화는 역사

와 단절됩니다.

이후, 현대예술을 이해하는 모더니스트와 이를 거부하고 전통예술만을 숭배하는 전통주의자가 생겨나게 되었습니다. 또 전통예술에서 배운 방식만을 고집하며 현대예술에 적대적인 태도를 취하는 바보들도 있었습니다. 이들은 전시회에 가서 고철더미 앞에서 경건한 침묵을 고집하기도 하지요. 그들은 찻물을 끓이는 녹슨 주전자 앞에서 명상하며 철사꾸러미를 바라보며 거기에 푹 빠지지요. 마치 이것이 산 속에 걸린 십자가라도 되는 듯이 말입니다. 그들은 담배 파이프를 그린 그림을 진짜 담배 파이프로 착각하는 것입니다. 이제 여러분은 괴성을 지를 수밖에 없을 것입니다."

이 말을 듣고 우리는 모두 "우우우"하고 소리를 질렀다.

"저는 여러분의 반응을 충분히 이해할 수 있습니다. 파이프를 그린 그림을 여러분은 제대로 이해하지 못했다고 느낄 것입니다. 그림은 스스로에 대해 논평을 할 수 없다는 것, 그래서 그림은 자기 외부에 존재하는 듯한 인상을 주는 특수한 존재양식을 가지게 됩니다. 이것은 예술의 전통적인 관습이며, 만일 그림이 이것을 위반한다면, 그 그림은 패러독스를 낳게 됩니다. 그림은 자신의 위치와 관람자의 위치를 동시에 고수하기 때문입니다.

그러나 그림에서뿐만 아니라 실제 사회에서도 이와 비슷한 현상을 볼 수 있습니다. 정신병자로 취급받는 누군가가 심리치료사에게 자신의 광기에 관해 이치에 맞게 이야기할 경우가 바로 그렇습니다. 그런 환자는 사람들이 그를 정신병자라고 낙인찍었던 그 테두리를 어느 정도 벗어나게 됩니다. 늘 문제는 언제나 자기 지시적인 형식이라는 사실에 주목해야 합니다. 그래서 우리는 '나'라는 단어 자체가 이미 패러독스라는 추론이 가능해집니다. 만일 우리가 스스로를 '나'라고 인정하게 되면, 누가 인식의 주체이고 누가 인식의 객체입니까? 다른 말로 표현해보지요. 만일 누군가가 거울 앞에 서서 자기의 모습을 관찰한다고 합시다. 이때 그는 거울 안을 들여다보는 것입니까, 아니면 거울에서 바라보는 것입니까? 누가 관찰의 주체이고 누가 관찰의 객체입니까? 여기에서 우리는 알 수 있습니다. 「이것은 담배 파이프가 아니다」라는 작품을 "이 문장의 마지막 단어는 개가 아니다"(이 문장의 마지막 단어는 '아니다'이다—옮긴이)라는 문장과 비교해본다면, 우리는 이 작품을 더 잘 이해할 수 있을 겁니다."

현대예술에 대한 세 가지 태도

"다음 장소로 들어오세요. 이쪽을 쭉 따라오십시오. 네, 편안히 몸을 뒤로 기대시지요. 푹 쉬세요. 여러분은 이제 단편영화 한 편을 감상하실 겁니다. 내용은 현대예술에 대한 이상적인 세 가지 태도입니다. 이에 관해서는 이미 말씀드린 바 있습니다. 현대예술을 이해하는 사람들의 태도, 현대예술을 거부하는 사람들의 입장, 그리고 전통예술의 견해로도 현대예술을 이해할 수 있다고 믿는 바보 같은 사람들의 태도가 바로 그것입니다. 이 영화의 제목은 '예술'이고 야스미나 레자의 작품을 토대로 만들어졌습니다(야스미나 레자Yasmina Reza, 『예술*Kunst*』, 렝빌 : 리벨레 출판사, 1996, pp.42~44). 이 영화에는 제르게, 마르크, 이반이라는 세 명의 주인공이 등장합니다. 그리고 화가 안드리오스Andrios의 「하얀 면 위의 하얀 줄*Weiße Streifen auf weißer Fläche*」이라는 그림을 다루고 있습니다. 이 그림은 온통 흰색으로 되어 있습니다. 오로지 하얀색의 면밖에 없는 것이지요."

영사 화면에는 두 남자가 하얀색의 커다란 그림을 집안으로 끌고 들어가는 장면이 나타났다.

"여기 보이는 인물이 제르게와 이반입니다. 그리고 지금 들어와서 자리에 앉은 세 번째 남자가 마르크입니다. 제르게는 20만 프랑을 주고 이 그림을 구입했습니다. 이로 인해 이 세 친구의 관계는 틈새가 벌어집니다. 여기서 마르크는 고전적 교양을 대변하는 인물로, 모더니즘을 오로지 경멸적으로 대할 뿐입니다. 지금 그림 감상에 빠져 있는 이반은 모더니즘을 이해한다고 말하지만, 모더니즘 예술을 마치 종교처럼 받아들이지요. 이제 대사가 들리도록, 볼륨을 키우겠습니다. 잠시 짧은 대화를 들어보지요.

이반　(안드리오스의 그림을 가리키며) 어디에 걸어두려고 그래?

제르게　모르겠어.

이반　저기에 걸면 어떨까?

제르게　햇빛이 너무 강하게 드는데?

이반　아 그래. 오늘 네 생각을 했어. 온통 하얀 배경에 하얀 꽃을 그려 넣은 녀석의 플래카드를 우리는 오늘 500부나 인쇄했어.

제르게　안드리오스의 작품은 하얀색이 아닌데.

이반　물론이지, 하얀색은 아니야. 그저 그렇게 말했을 뿐이야.

마르크　이 그림이 하얗지 않다는 말이야, 이반?

이반　완전히 하얀 것은 아니지.

마르크　그래? 그럼 무슨 색으로 보이나?

이반　노란색, 회색 그리고 황토색의 선들이 보이는군.

마르크　이 색들이 너에게 뭔가를 호소하니?

이반　그래, 뭔가 호소하는 게 있어.

마르크　이반, 넌 개성도 없어. 넌 뻔뻔스럽고도 연약한 인간이야.

제르게　넌 왜 이반에게 그렇게 공격적으로 나와?

마르크　저 녀석은 비굴한 아첨꾼이야. 돈에 속고, 이른바 문화라는 것에 속고 말이야. 문화란 내가 영원히 저주하는 거야.

(잠시 동안의 침묵)

제르게　너한테 무슨 일이 있었구나?

마르크　(이반에게) 이반, 어떻게 그런 말을. 내 앞에서 말이야, 내 앞에서, 이반.

이반　네 앞에서? 네 앞에서 어쨌단 말이야. 이 색은 뭔가 내게 호소력이 있다고 했어. 알겠어? 네게 맞는지 안 맞는지는 상관없어. 모든 것을 단정지으려고 나서지 좀 마.

마르크　이 색깔이 네게 호소력이 있다고? 어떻게 넌 내 앞에서 그런 말을 하나?

이반 그것이 사실이니까 그렇지.

마르크 사실이라고? 이 색깔이 네게 호소하는 게 있단 말이야?

이반 그래, 호소하는 게 있어.

마르크 이 색깔이 네가 보기에 호소력이 있다고, 이반?!

제르게 이 색은 이반에게 호소력이 있어. 그건 그의 권리야.

마르크 아니야, 아무도 그렇게 말할 권리는 없어.

제르게 왜 그럴 권리가 없다는 거야?

마르크 이반은 그럴 권리가 없어.

이반 내게 그럴 권리가 없다구?!

마르크 그래!

제르게 왜 그럴 권리가 없다는 거야? 너도 알잖아, 지금 네 상태가 좋지 않다는 것을 말이야. 병원에나 한번 가보지 그래.

마르크 그렇기 때문에 이반은 그렇게 말할 권리가 없는 거야. 이 색깔이 뭔가 호소하고 있다고 말이야. 그것은 사실이 아니잖아.

이반 이 색깔이 내게 아무런 호소력이 없다고?

마르크 색깔이란 존재하지 않는 거야. 넌 색깔을 보지 못해. 그리고 색깔도 네게 뭔가를 호소하지 않아.

이반 그건 너에게나 그렇지!

마르크 이렇게 깔아뭉개도 돼? 이반!

제르게 그런데 넌 누구야, 마르크?! ……너의 법을 강요하려 들다니, 넌 누구냐고? 아무것도 좋아하지 않고, 세상을 온통 경멸하고, 자신의 명예만을 관철하려 나서고, 주변 사람들과 함께 하려 들지 않은 인간이야……

"영화를 전부 볼 필요는 없습니다"라며 안내원이 상영을 중단했다. "하지만 결말 부분만은 보여드리고 싶습니다. 비디오 테이프를 계속 감겠습니다. 어떻게 전개될 것인지는 여러분이 잘 알고 계실 것입니다. 자, 이제, 줄거리가 진행되면서 마르크는 이 그림을 모욕하고, 이어 제르게는 마르크의 여자친구인 파울라를 모욕합니다. 제르게는 마르크에게 파울라와 사귀면서 자신을 배반했다고 비난합니다. 그러자 마르크는 제르게에게 이 그림 건으로 인해서 오히려 자신을 배반했다고 면박을 주지요. 급기야 두 사람 사이에는 서로 치고 받는 육탄전이 벌어지고, 이반이 이들의 싸움을 말리려고 하는 순간, 이반도 역시 한 대 얻어맞고 맙니다. 아울러 그의 고막이 찢어집니다. 마침내 제르게는 그림보다도 마르크와의 우정이 더 소중하다고 말합니다. 그러면서 그는 검은색 붓으로 그림을 칠해버립니다. 마지막 장면에서 마르크는 칠해진 부분을 닦아냅니다. 이 붓은 칠해도 닦아낼 수 있었던 것입니다. 마르크는 제르게가 이를 알고 있었는지 모릅니다. 하지만 이런 트릭으로 인해서 마르크는 이 그림을 이해할 수 있게 됩니다. 그는 이제 뭔가를 보게 되고, 극의 말미에서 말합니다. 자, 그 장면이 여기에 있습니다."

마르크 하얀 구름 아래로 눈이 내리고 있어. 하얀 구름도, 눈도 보이진 않지. 추위도 보이지 않고, 하얗게 빛나는 바닥도 보이지 않아. 사나이들이 한 명씩 한 명씩 스키를 타고 그쪽으로 가고 있어. 눈이 내리고 있어, 눈이. 마침내 그 사내가 사라져 보이지 않게 돼. 오랫동안 친구였던 제르게가 이 그림을 샀어. 가로 120센티미터에 세로 160센티미터의 이 그림을 말이야. 여기엔 한 남자의 모습이 그려져 있지, 한 공간을 지나서 사라지는 남자가.

영화는 마르크가 하얀 배경 속에서 사라지고, 배경은 천천히 그림과 하나가 되어가는 장면과 더불어 끝났다. 안내원이 비디오를 껐다.

"자, 저기 사라지는 사람이 누구라고 생각하십니까? 손 드신 분은 여전히 저번과 똑같군요." (하지만 아무도 손을 들지 않았다.) "그렇습니다. 바로

마르크 자신입니다. 현대예술에 대해서 전혀 이해할 줄 모르는 속물 말입니다. 그는 이 작품의 공간을 지나갑니다. 마치 교양여행을 하듯이 말입니다. 그러다 그는 사라집니다. 그러면서 그는 다른 사람으로 변하는 것입니다. 즉 현대예술을 이해하는 사람으로 변하는 것입니다. 마르크라는 말이 뭔가를 표시하고, 선을 긋고, 한계를 나타내는 그런 의미가 아닌가요? 그리고 이 그림의 제목도 「하얀 면 위의 하얀 줄」 아니었던가요? 자기 지시성의 패러독스란 주체와 객체 사이의 경계가 사라진다는 의미가 아닐까요? 마치 하얀 면 위에서, 바로 그 면을 표시하던 하얀 줄이 사라지는 것처럼 말입니다.

자, 지금까지 이런저런 것들을 소개했습니다. 더불어 우리는 우리의 메타 박물관(박물관에 관한 박물관)의 종착점에 다다랐습니다. 전통 예술작품이 소장된 전통 박물관으로 되돌아가봅시다. 아, 여러분도 마음이 한결 편해지신 것이 분명합니다. 제가 느낄 수 있을 정도니까요. 이제 다시 엘리베이터를 타지요. 여러분을 놀라게 해줄 것이 또 있습니다. 한번 따라와보십시오.”

벨라스케스

아래쪽 어두워진 장소로 들어가보았다. 거기엔 편안한 의자들이 몇 개 줄지어 놓여 있었다. 1초도 안 되어 의자는 빈자리들이 없을 정도로 가득 찼다. 우리는 그림을 한 편 감상했다. 호화스럽게 차려 입은 공주와 난쟁이 한 명이 관람객들을 바라보는 그림이었다. 그 사이 두 명의 시녀가 서로 공주를 차지하려고 애쓰고 있고, 앞에는 커다란 개가 한 마리 진을 치고 있다. 그림의 왼쪽 가장자리에는 사람 키보다 더 큰 그림이 있는데, 지금은 뒷면만 보인다. 화가는 약간 옆으로 비켜 서 있다. 그림과 모델을 서로 비교해보기 위해서일 것이다.

“이 그림은” 안내원이 설명을 시작했다. “현대의 비구상미술의 문제를 구상미술의 형상언어로 아주 잘 설명해놓고 있습니다. 이 작품은 「시녀들

Les Meninas」입니다. 스페인의 바로크 시대 화가 디에고 벨라스케스(Diego Velázquez, 1599~1660)가 그린 작품입니다. 이제 이 그림을 설명하기 위해서 프랑스의 철학자 미셸 푸코Michel Foucault의 설명을 참조하기로 하죠. 그는 『사물의 질서*Une Archéologie des sciences humaines*』라는 책 앞부분에 이 그림에 대한 설명을 붙여놓았습니다. 이 그림은 벨라스케스가 스페인 왕 부부, 펠리페 4세와 마리아 안나를 그리는 장면을 보여주고 있습니다. 하지만 지금

벨라스케스의 「시녀들」

미술의 역사 433

은 화가밖에 보이지 않습니다. 그의 그림과 모델인 왕의 부부는 보이지 않습니다. 대신에 우리는 그들이 보는 것, 즉 마르가리타 공주, 궁정의 하녀 그리고 난쟁이만을 보고 있습니다. 그렇다면 벨라스케스가 왕의 부부를 그리고 있음을 우리는 어떻게 알 수 있을까요? 아틀리에의 뒤쪽에 문이 있습니다. 이 문을 젖히면 실외로 나갑니다. 그런데 그 옆에 거울이 하나 걸려 있습니다. 이 거울은 이 공간을 앞뒤쪽으로 열어줍니다. 이 공간의 앞쪽에는 우리의 눈에는 보이지 않지만, 왕의 부부가 있음을 알 수 있습니다. 거울에 비친 모습이 바로 그렇기 때문입니다.

이리하여 푸코는 다음과 같은 테제를 제시하고 싶었습니다. 즉 문화적인 조건 때문에 벨라스케스는 예술 감상의 주체이자 동시에 객체인 관람자를 바라볼 수 없었다는 것입니다. 푸코에 따르면, 이러한 사실은 제작과 그림 그리고 그림 감상이라는 세 가지 요건, 즉 화가와 모델 그리고 관람자라는 세 가지 요건에서 잘 드러난다는 것입니다. 이런 세 요소는 재현의 세 측면을 구성하기도 합니다. 모델은 단지 거울에 비친 모습으로만 나타나고, 관람자는 전혀 모습을 드러내지 않습니다. 그리고 화가는 아무런 그림도 가지고 있지 않습니다. 그가 그린 그림은 어쨌든지 나타나지 않고 있으니까요.

푸코는 벨라스케스가 볼 수 없었던 뭔가를 관찰하고 있는 셈입니다. 푸코는 양쪽의 영역에 시선을 줌으로써 관찰을 관찰하고 있습니다.

푸코의 관찰과 함께 시작된 전략을 우리가 완성해봅시다. 이쪽을 보십시오 이것은 여러분이 「시녀들」이라는 그림에서 보신 마르가리타 공주와 거의 같은 시기에 그려진 초상화입니다. 네, 뭔가 보이십니까? 저 젊은 부인의 가마는 한 번은 이쪽에 있고, 또 한 번은 저쪽에 있습니다. 초상화는 거울에 비친 듯이 양옆이 뒤바뀐 것일까요? 그렇게 생각할 수도 있습니다. 하지만 실제로 이것은 벨라스케스의 그림에 해당하는 것입니다. 벨라스케스가 우리에게 보여준 이 공간을 검토해본 문화사가의 연구결과 그렇게 밝혀졌습니다. 하지만 이러한 묘사가 양옆이 뒤바뀐 것이라면, 벨라스케스는 왕의 부부를 그린 것이 아니라 거울의 면을 그린 것일 겁니다. 「시녀들」이라는 그림은 우리가 바라보는 공간이 거울에 비친 모습을 그린 것입니다. 푸코의 그림 설명은 잘못된 것입니다. 그는 벨라스케스에게 속은 것이고, 허구를 실제의 공간으로 간주한 셈입니다. 그가 이를 깨닫지 못한 것은, 17세기에 대한 그의 선입관이 이를 방해했기 때문입니다.

푸코가 볼 수 없었던 것을 우리가 보고 있다면, 그것은 무엇일까요? 우리는 거울의 양면성을 보고 있습니다. 거울은 마치 패러독스처럼 볼 수 없는 것과 볼 수 있는 것을 하나로 만들지요. 우리는 거울의 유리 자체는 볼 수가 없습니다. 바로 그렇기 때문에 우리는 그 속에 나타난 것을 보는 것입니다. 우리가 직접 거울을 들여다본다면, 무엇을 관찰할 수 있겠습니까? 맞습니다, 거울을 들여다보는 사람이지요. 그리고 그 사람의 모습 역시 좌우가 뒤바뀌어 있습니다.

오늘날 벨라스케스의 「시녀들」이라는 그림은 회화의 주도적인 원칙이 되고 말았습니다. 관찰에 대한 관찰이라는 원칙이 바로 그것입니다. 이리하여 직접성은 깨어지고 말았습니다. 박물관에서 작품과의 내밀한 소통의 토대를 이루었던 그런 직접성 말입니다. 따라서 현대 예술작품은 대상뿐만 아니라, 우리가 대상을 어떻게 관찰하는가라는 관찰방식까지도 우리에게 보여줍니다. 따라서 현대예술은 우리에게 제2의 질서를 관찰하도록 요구합니다.

이를 설명하기 위해서, 우리는 현대의 예술가들이 '박물관'이라는 제도에 반발하는 작품들을 다음 공간에 전시해보았습니다. 자, 어서 들어오십시오.

잘 보이십니까? 아주 특이하게 보이는 이 장(欌)은 헤르베르트 디스텔 Herbert Distel의 「서랍 박물관 Schubladenmuseum」입니다. 여기에는 서로 다른 예술가들의 작품 5백여 점이 미니어처로 만들어져 전시되어 있습니다. 일종의 인형의 집 박물관입니다. 그리고 저기 창문 아래에 쌓아놓은 궤짝들은 수잔 힐러Susan Hiller의 것입니다. 수잔 힐러는 이것에 「프로이트 박물관에서 『From the Freud Museum』라는 이름을 붙여놓았지요. 이 궤짝들은 그 하나하나가 모두 오해의 소지가 있으며 또 양가적인 의미가 있는 작품들입니다. 저기 저 위쪽을 바라보십시오. 거기에 아무렇게나 서 있는 물건들의 구조를 한번 보시라는 뜻입니다. 정확히 말하면 그 물건의 개수는 387개입니다. 이것들은 미키 마우스의 윤곽을 이루고 있습니다. 이쪽에서 보시면 그게 확실하게 보이실 것입니다. 이것은 클레즈 올덴버그Claes Oldenburg의 것입니다. 그는 이를 「쥐 박물관Mouse Museum」이라고 이름지었습니다. 이 유명한 가방은 「가방에 넣은 상자Boîte-en-va-lise」라는 제목이 붙은 마르셀 뒤샹의 휴대용 박물관입니다. 이제 환등기를 켜겠습니다. 「자리잡지 못한 대상들Unsettled Objects」이라는 제목으로 로타르 바움가르텐Lothar Baumgarten이 만든 일련의 작품들이 슬라이드로 보이고 있습니다. 이 작업은 미셸 푸코의 영향을 받아 탄생했죠(→ 철학). 여러분이 보고 계시는 것은 모두 피트 리버 박물관에서 온 것들입니다. 바움가르텐은 이것들을 민속지학적(民俗誌學的) 구분의 희생물로 여기고 있습니다.

보시다시피, 현대의 예술가들은 박물관 제도에 반항합니다. 이런 반항운동에서 '지방예술' 운동이 생겨나지요. 지방예술 옹호자들은 자신들의 예술을 자연 속으로 옮겨놓습니다. 코마르Komar와 메라미드Melamid의 환상적인 이 두 작품도 그 일환으로 간주될 수 있습니다. 이 그림 가운데 하나는 「미래로부터의 장면들 : 구겐하임 박물관Scenes from the Future: The Guggenheim Museum」이고, 다른 하나는 「미래로부터의 장면들 : 현대예술 박물관Scenes from the Future : Museum of Modern Art」입니다. 이 두 작품은 박물관을 전원풍의 분위기 속에서 폐허로 보여주고 있습니다. 여기 있는 이게 무엇인지 즉각 아시겠지요? 그렇습니다. 이것은 포장 예술가인 크리스토Christo입니다. 여기 이 포장 속에는 베른의 예술관이 담겨 있습니다.

자, 이제 구경이 끝났습니다. 아니 거의 끝이 난 것이지요. 이 화살표를 따라가시면, 우편엽서나 그림 복사본 따위를 판매할 수 있도록 꾸며놓은 전문가게가 들어선 홀로 들어가게 됩니다. 그 뒤에는 여러분이 분말 커피를 마실 수 있는 카페테리아의 시뮬레이션이 있습니다. 저기 막아놓은 칸막이 뒤편의 관람객들 때문에 방해받으실 필요는 없습니다. 그 사람들은 여러분을 전시품으로 생각하고 있습니다. 그래도 괜찮으시겠죠? 여러분이 구경거리가 된다는 것 말입니다. 그게 불편하실 분들을 위해서 우리는 거울을 몇 개 걸어두었습니다. 그 안을 들여다보신다면, 여러분은 관람객의 지위를 회복할 수 있을 겁니다. 그 안에 보이는 게 뭐지요? 그렇습니다. 관찰자지요. 이로써 여러분은 관람자의 관람자가 되었습니다. 귀 기울여주셔서 감사합니다."

4. 음악의 역사

음악에 대해 이야기한다는 것은 마치 어떤 위트를 설명하는 것과 같은 느낌을 준다. 개념으로 파악하기는 매우 어려운 것도 직관적으로 이해되는 경우가 있다. 음악은 바로 언어 저편의 언어다. 그리고 시인 아이헨도르프 Eichendorff가 말했듯이, 음악은 사물의 언어이고 사물에 생기를 불어넣는다. 별들은 빙글빙글 선회하면서 음악을 연주하고, 바이올린 본체는 떨리는 현에 응답한다. 우리 스스로도 대답을 한다. 우리의 몸이 흔들거리기 때문이다.

이러한 '직접적인 반향' 때문에, 음악문제에 관한 기술은 매우 뚜렷한 거리감을 가져다준다. 작은 '3도 음정'이라는 것은 말할 필요도 없이 들판이나 숲 그리고 초원에서 누구나 들을 수 있는 뻐꾸기의 울음소리에 대한 또 다른 이름임을 알아야 한다. 그럼에도 모든 분야에서는 음악이라는 전문어를 사용하고 있다.

음악의 기원에 관해서는 다양한 이론이 있다. 하지만 이들 이론 모두가 강조하는 한 가지 두드러진 점은 음악은 여러 사람들의 심장을 균일하게 뛰게 하고 또 율동의 보조를 맞게 하여, 인간과 신 사이의 소통을 적합하게 해준다는 점이다. 심지어 오늘날까지도 어떤 사람들은 천사는 무엇보다도 노래하고 음악을 연주하는 존재라고 믿기도 한다. 음향의 배열은 신적인 것을 이 세상에 가져다주었다. 소리를 만들어낼 수 있는 사람, 따라서 신의 마음에 가장 잘 드는 사람은 무당이나 성직자였다. 성직자나 무당에 대해서 "신들은 그들을 통해 말을 한다"고 하지 않던가. 이 말은 "저 사람은 음악을 잘한다"라는 말과 같은 뜻이다.

최초의 악기는 인간의 목소리와 타악기였다. 이 둘은 언제나 인간이 사용할 수 있었다. 목소리는 물론이고 북을 만들기 위한 통나무, 그리고 쿵쾅 소리는 언제 어디서나 발견할 수 있었다. 어린아이들 방에는 어디에서든 이러한 요란한 소리들이 들려온다. 그리고 거기엔 이미 음악의 기본요소들인, 리듬과 음정의 높낮이가 담겨 있다. 리듬은 시간을 배열하고, 음정의 높낮이는 소리를 배열한다. 모든 음악은 이러한 기본요소를 바탕으로 하고 있다.

애초부터 춤은 음악에 관한 경험과 긴밀히 결합되어 있었다. 리듬은 발에까지 미치고 우리의 몸을 흔든다. 음악은 어쨌거나 육체적인 과정이다. 우리는 귀로 들을 뿐만 아니라, 몸 전체로 듣기도 한다. 특히 저음의 경우에는 더욱 그러하다. 심장의 박동은 음악의 리듬에 적응한다.

초기의 악기는 피리와 북이었다. 금속 가공기술이 발전하면서, 초기의 금관악기들이 만들어졌다. 다양한 현악기도 등장했고, 문자가 발명된 이후에는 음악을 기록하려는 노력들도 있었다. 물론 이러한 기보법(記譜法)은 어떤 악기가 연주되어야 할 것인가에 대해서는 별로 고려하지 않았다. 어쨌든 우리는 피리의 손잡이 부분에 있는 구멍들의 거리를 통해서, 한 옥타브 안에서 어떠한 음이 어떤 간격으로 사용되었는지를 추론해볼 수 있다.

이제 우리는 첫 번째 기술적인 개념에 부딪치게 되었다. 옥타브라는 개념이 그것이다. 옥타브란 무엇일까? 비유를 위해, 시각의 인식영역을 끌어들이기로 하자. 옥타브는 시각 분야에서는 무지개의 스펙트럼에 상응한다. 일곱 가지의 색 가운데에서 일곱 번째 색(보라색)은 재차 첫 번째 색(빨간색)

에 가까이 다가간다. 왜 그럴까? 보라색은 붉은색의 거의 두 배에 달하는 빛의 파장을 가지고 있기 때문이다. 물론 완전히 두 배는 아니지만 말이다. 음의 경우에도 사정은 똑같다. 하나의 음은 진동에 의해 생성되고, 음파의 형태로 우리의 귀에 닿는다. 진동이 빠를수록 그만큼 고음이 된다. 옥타브의 경우, 높은 음은 낮은 음보다 거의 두 배나 빠른 진동수를 갖고 있다. 따라서 우리는 이 두 음이 비록 음 높이는 다르지만 똑같은 음이라는 느낌을 갖는다.

빛의 경우, 우리의 인식 범위는 하나의 옥타브를 모두 포괄하지 못한다. 만일 하나의 옥타브 이상을 인식할 수 있다면, 번개가 칠 때, 더 많은 색깔이 반복되는 모습을 볼 수 있을 것이다. 음향학적으로 우리는 실제로 더 많은 수의 옥타브들을 들을 수 있다.

초기의 피리라든가, 아니면 다른 악기들은 5음을 낼 수 있었다. 5음을 사용하는 음악을 우리는 5음계(5음 음악)라고 부른다. 이를 들으려는 사람은 다섯 개의 검은색 건반만을 이용해서 연주하면 된다.

철학이 발전하면서 그리스인들은 음악에 대해서도 생각하기 시작했다. 초기의 음악 이론적인 저작들이 그리스 시대에 쓰여지기 시작했다(아리스토텔레스, 유클리드Euclid, 니코마코스Nikomachos, 아리스토크세노스Aristoxenos). 음계체계와 악보에 사용되는 문자들이 발전하였다. 피타고라스의 우주론적 조화론은 지속적인 영향을 미쳤다(기원전 570~497/496). 사물의 본질은 숫자라는, 그의 기본가정에 걸맞게 그는, 행성의 거리는 조화로운 음의 경우 현의 길이에 상응하고, 이는 또다시 인간 영혼의 움직임에 상응한다고 믿었다. 그 결과 천체는 운행을 하면서 음악을 연주하고, 우리가 도덕적으로 충분히 선하지 않을 경우, 유감스럽게도 그 음악을 들을 수 없다는 것이다. 셰익스피어까지도 『베니스의 상인The Merchant of Venice』에서 이러한 학설을 반복하고 있다. "오라, 제시카여. 보아라 / 하늘의 들판이 가벼운 황금 원판을 두른 모습을 / 아무리 작은 별이라도 / 회전궤도에서 마치 천사처럼 노래한다 / 젊은 눈의 케루빔의 합창에 맞추어 / 이러한 조화가 우리의 영혼에도 있건만 / 게으름의 우울한 옷이 / 이를 거칠게 휘감을 때에만 / 우리는 이를 들을 수 없다." 음악은 도덕적인 성격을 갖고 있다는 생각이 이 대목의 근저에 있다. "노래하는 곳에, 조용히 무릎을 꿇어라, 악한 인간들에겐 노래가 없음이라." 이 말은 음악이 공동체 유지에 긍정적인 힘을 가지고 있음을 강조하면서, 동시에 음악을 좋아하지 않은 사람들을 악한 존재로 묘사하고 있다. 따라서 음악은 조화에 대한 탐구로 나아갈 수 있었다. 고대 후기의 철학자 보에티우스(Boethius, 480~525)는 피타고라스에서 출발하여 세속음악과 인간적인 음악(인간 영혼의 평행), 그리고 기악음악(본래의 의미의 음악)이라는 개념을 사용했다. 모든 영역에서의 상호 조화상태를 추구했던 것이다.

행성의 움직임과 음악 사이에는 특정한 시간 내에 반복적으로 이루어져서 주기적인 운동을 하고 있다는 공통점이 있다. 리듬은 시간적인 흐름을 보여주고 특정한 간격을 두고 행해질 때 비로소 리듬이 된다. 음악의 경우 가장 기초적인 리듬의 단위는 박자다. 박자는 각각 동일한 길이의 마디를 갖추고, 또 특정한 수의 음을 갖춘다. 시의 경우에는 운율이라 하고, 음악의 경우에는 박자라고 한다. 그 원리는 시나 음악 모두 같다. 가장 중요한 음은 대개 박자 첫 부분에 나오고, 다른 음의 효과는 각각 자신의 위치에서 발생한다. "으—짜—짜—으—짜—짜"와 같은 음을 스스로 발음해보면 이를 쉽게 알 수 있을 것이다. 두 번째 반복이 끝나고 나면 이것이 전형적인 왈츠풍의 박자임을 알게 된다. 여기서 "으"는 첫박자의 음에 해당하고, 이 음 다음에 두 음이 더 이어진다. 피타고라스에 따르면, 음악은 주기적인, 우주적인 진행을 모방하기 때문에, 스탠리 큐브릭Stanley Kubrick은 『서기 2001년 : 우주 오디세이아 *2001 : A Space Odyssey*』의 첫장면에서 우주선이 왈츠 박자에 맞추어 우주 속을 미끄러져 나가도록 연출했다.

'음악'이라는 단어도 그리스에서 만들어졌다. 그리스어 '무지케musiké'가 어원이다. 이 말은 고대의 운문노래를 뜻했다. 또 '무지케 테크네musiké téchne'라는 단어에서 음악의 어원을 찾기도 한다. 이 말은 '뮤즈의 기술'이라는 뜻이다. 원래 예술의 여신이었던 뮤즈는 샘의 요정이었고 또 리듬과 노래의 여신이었다. 아홉 명의 뮤즈의 여신들 가운데에 단지 여섯 명만이 음악과 관련이 있다. 클리오(아홉 이야기, 영웅가), 칼리오페(문학, 서사 노래), 테르프시코레(합창시, 춤), 에라토(연애가), 에우테르페(소리예술, 피리) 그리고 폴림니아(노래와 찬가)가 바로 그들이다. 위에 열거한 이름에서, 음악은 독자적인 예술이 아니라 서로 다른 다양한 예술형식들과 함께 어울리는 한 구성요소임이 밝혀진다.

고대 그리스 초기에는(6세기 이전) 영웅의 무공을 담은 노래가 현악기의 반주에 맞추어 주로 불렸다. 7세기에는 서정시라는 장르가 탄생했다. 시란 리라(현악기 이름)에 맞추어 부르는 노래라는 뜻이다. 특히 제의적인 분야에서는 합창이 중요한 역할을 담당했다. 예를 들면 장중한 신의 노래인 찬가의 경우가 특히 그러했다. 고대의 비극은 효과의 대부분을 음악에서 취했으며, 이 경우 합창단은 독창자와 교대로 등장했다. 우리는 중요한 음악적 개념 또 하나를 그리스의 연극 덕분에 얻게 되었는데, 그것은 바로 오케스트라라는 개념이다(그리스어로 '오케스트라'는 무대 앞에 있는 반원형의 공간을 뜻했다. 시대가 흘러가면서 이 부분은 점점 아래로 가라앉게 되었고 오케스트라가 그 안에 자리잡게 된다).

그리스인의 경우 두 명의 상반된 인물이 음악의 서로 다른 두 측면을 대표하게 되었다. 바로 아폴론과 디오니소스가 바로 그들이다. 아폴론은 음악의 신이자 빛의 신이다. 또 진실과 문학의 신이고, 칠현금(七弦琴) 연주자이자 뮤즈의 지도자다. 아폴론은 음악이 지니는 문명화된 힘을 대변한다. 반면 디오니소스는 황홀경의 신이고 춤의 신이며 또 도취의 신이다. 아폴론과 달리 디오니소스는 우리를 늘 음악적인 최면으로 옮겨놓는다. 음악의 이 두 효과는 훗날에도 계속하여 음악사에서 반복되었다. 성악음악과 기악음악, 종교음악과 세속음악, 진지한 음악과 오락음악의 대립이 바로 그것이다. 저녁 무렵 가정용 피아노에 맞추어 바흐의 곡을 연주하는 아버지는 러브-퍼레이드의 디오니소스적인 소용돌이에 매료되는 딸보다는 훨씬 더 아폴론에 가깝다고 할 수 있다.

하나의 옥타브는—이것은 이미 확인한 바 있다—그 다음의 옥타브와 비교할 때 진동수의 비율이 1:2다. 다른 음들의 경우는 어떠한가? 이를 설명하기 위해서 우리는 또 다른 개념을 도입하여야 한다. 음정이 바로 그것이다. 여기에서 말하는 음정이란 두 음 사이의 음높이의 차이를 뜻한다. 옥타브 역시 일종의 음정이다. 마찬가지로 두 음 사이의 전체적인 진동의 비율에서도 역시 또 다른 음정이 생겨난다. 1:2(즉 옥타브) 다음의 진동의 비율은 2:3이다. 이것은 한 음계의 5도 음정을 말한다. 다음에 3:4가 있는데, 이것은 4도 음정을 말한다. 이 말이 비록 추상적으로 들릴지 모르겠지만, 분명히 귀로 들을 수 있다. 기타를 청각에 맞추려고 하는 사람이라면 이를 쉽게 알아차릴 수 있을 것이다. 두 현 사이의 원하던 음정에 도달하면 두 현의 화음이 갑자기 분명하고 순수하게 들릴 것이다. 따라서 그런 음정을 '순수한' 음정이라고 부른다.

음정수의 진동비율은 오성보다는 감각기관인 귀를 통해서 더 쉽게 파악할 수 있다. 그렇게 얻어진 음에서 음계가 만들어진다. 음계란 우리가 자연적인 순서의 음으로 느끼는 두 옥타브 사이의 음의 순차적인 배열을 말한다. 자연스럽다는 느낌은 진동수의 물리적인 비례에서 나온다. 그럼에도 조화로운 음계의 균형은 우리로 하여금 특정한 음계를 느낄 수 있게 해주지는 않는다. 우리는 음계를 이룰 수 있는 음만을 사용할 수 있다. 5음(5음계) 또는 7음으로 된 음계를 만들어낼 수 있는 12음계도 가능하다. 피아노의 건반을 머릿속에 떠올리면, 쉽게 이해할 수 있을 것이다. 12음계는 하나의 옥타브에서 12음을 사용한다. 이 12음은 모두 동일한 간격을 지니고 있다(물론 이때 간격이란 센티미터 단위가 아니라 음의 높이를 기준으로 한 것이다). 피아노의 건반에는 일곱 개의 흰색 건반과 다섯 개의 검은색 건반이 있다. 검은색 건반은 두 개씩 또는 세 개씩 짝을 지어 하얀 건반 사이에 놓여 있다. 피아노 건반을 보면, 두 지점에는 두 하얀 건반 사이에 검은색 건반이 존재하지 않음을 알 수 있다. 우리는 두 건반 사이의 간격을 반음이라 부른다. 하나의 건반을 뛰어넘으면, 온음을 얻을 수 있다. 하나의 음계는 임의의 흰색 건반에서 다음에 이어지는 흰색 건반 모두를 두드릴 때 비로소 얻을 수 있다. 그렇게 하여 우리는 다섯 개의 온음과 두 개의 반음으로 구성된 형태를 얻을 수 있다.

우리가 어떤 음으로 시작하는가에 따라서 각각의 음계(또는 스케일이라고 부르기도 함)는 서로 다른 성격을 지니게 된다. 이 음계의 성격은 시작음과의 관계에서 두 개의 반음을 어디에서 구성하는가에 따라서 달라진다. 그러한 시작음을 단순화하여 문자로 표기할 수 있다. 하얀 건반은 알파벳 A에서 G에 해당한다. 하지만 독일어로 표기할 경우 B는 H로 부른다. 그리스의 음악 이론가들은 음계를 체계화하여 다양한 음계의 이름을 만들어냈다. 이 음계명은 왠지 건축과 같은 느낌을 준다. 도리아doria, 프리지아phry-gia, 리디아lydia, 믹솔리디아miksolydia, 이오니아ionia와 같은 이름이 그것이다. 그 변형으로 이러한 이름 앞에 히포라는 단어를 첨가하기도 한다. 따라서 히포도리아, 히포프리지아와 같은 이름이 만들어지기도 한다. 이런 복잡한 것들을 무시해도 좋을 낭보가 들린다. 음악사는 중세가 끝나갈 무렵에 이러한 음계를 모두 내던지고 두 가지만을 남겨두었다. 이오니아와 에올리아äolia가 바로 그것이다. 이것은 오늘날에는 단조와 장조라는 용어로 더 잘 알려져 있다.

중세의 음악

초기 교회에서 드리는 미사에서는 악기가 일체 금지되었다. 신에 대한 찬양에 만족했던 것이다. 중세에는 두 가지의 형식이 전면에 떠올랐다. 찬미가와 그레고리오 성가가 그것이다. 당시의 음악은 모두 단선율의 종교적 노래였고 라틴어로 되어 있었다. 오늘날에도 가톨릭 미사에서는 이러한 형식이 유지되고 있다. 6세기 말에 접어들어 교황 그레고리우스 1세는 로마의 예배의식을 통일했고, 다양한 노래들을 대사제구(大司祭區)와 사원에서 수집하려고 노력했으며, 이후 교황들도 이러한 수고를 마다하지 않았다.

그러기 위해서는 음악을 기록할 필요가 생겼고, 이를 위해 다양한 기보법이 등장했는데, 구이도 아레초(Guido D'Arezzo, 992~1050)의 기보체계가 보편화되었다. 이 방식에 따르면 음의 높이를 선 위에 표기하게 되어 있다. 이것이 우리가 오늘날 사용하는 악보의 초기 형식을 이룬다.

교회나 사원에서 사용하던 종교음악이 오늘날 우리에게 전해져 내려온 중세음악의 대부분을 이루었다. 중세의 음악은 오로지 신의 찬양을 위한 것이었다. 예배에 사용하던 노래의 효과는 늘 건축과 연관되었다. 하늘을 향해 치솟은 고딕 양식의 교회건물을 음향학적 차원에서 관찰해보면 음악을 사용한 예배가 갖고 있었던 두 가지의 효과가 분명하게 드러난다. 그것은 신이 편재(遍在)한다는 것과 신은 모든 것을 들을 수 있다는 것이다. 신이 편재하는 이유는, 예배음악 소리가 교회 전체로 퍼져나갔기 때문이고, 신이 모든 것을 들을 수 있는 이유는, 아무리 나지막이 속삭이더라도 그 소리를 들을 수 있기 때문이다. 소리의 울림을 중시한 교회건축 때문에 라틴어로 된 노래들은 한결 효과가 높았다. 추측컨대, 이를 통해 무소불능의 신의 권위가 더욱 분명하게 과시되었을 것이다. 중세까지만 해도 신의 전능을 아무도 의심하지 않았기 때문이다.

하지만 중세의 세속적인 음악 역시 대개 노래에 의지했다. 11세기 이후 프랑스의 음유시인들은 귀족과 기사 계층이 특히 좋아했던 가수들이었다. 음유시인들의 멜로디는 주로 교회의 노래와 비슷했다. 이 두 분야는 활발히 교류했다. 종교적 내용을 세속화하여 개작한 노래들도 있었는데, 이를 '반대 개작'이라고 불렀다. 선율이 자유로웠고, 신의 찬양은 물론 연인에 대해 사랑을 맹세할 때에도 종교적 선율이 사용되기도 했다. 그리고 가사는 자유롭게 개사되었다.

도시에서 부를 축적한 시민과 수공업자들은 노래학교에서 이러한 전통을 독점했다. 프랑스에서는 그들을 '레lai'라고 불렀고, 독일에서는 '마이스터징거Meistersinger'라고 불렀다. 이것은 '장인가인'이라는 뜻이다. 이러한 양식을 대표할 수 있는 사람은 뉘른베르크 출신의 구두수선공인 한스 작스(Hans Sachs, 1494~1576)였다. 귀족풍의 '음유가인(투루버스 또는 투르바두르)'과 '연애가수(미네징거)'가 청중의 사랑을 받고 또 관객의 취향에 부응하기 위해서 더욱 노력했다면, 시민계층 진영의 가사는 성서와 관련이 있거나 아니면 정치 풍자적인 성격이 더 강했다고 볼 수 있다.

중세 종교음악에서 가장 중요한 음악적 혁신은 다성의 발전이었다. 다성악은 이른바 '노트르담 시기'에 일차 정점을 이루었다. 노트르담 시기는 1163년에서 13세기 중반까지 노트르담 성당의 건축 시기와 일치한다. 다성이 의미하는 바는 무엇일까? 노래하는 사람들이 송가에서와는 달리 모두가 서로 같은 음이 아니라 서로 다른 선율로 노래한다. 이것은 음악적 사유를 근본적으로 뒤바꾸어놓았다. 이제 음악가는 어떻게 해야 순차적인 음의 흐름이 듣기에 좋을지를 깊이 생각해야 할 뿐만 아니라, 어떻게 해야 동시에 아름답게 들릴지에 대한 문제도 고민해야 했다. 나아가 동시에 이루어지는 화음들을 어떻게 배열하여야 흥미 있게 들릴지도 문제였다. 이렇게 하여 우리는 화성학 분야와 마주치게 된다.

적어도 세 가지 음이 함께 울리는 것을 화음이라고 한다. 순수한 음정은 듣기에 좋다는 것을 우리는 이미 알고 있다. 그리고 순수하지 않은 음은 귀에 거슬린다는 것도 분명하다. 화음이 듣기에 좋지 않다면 불협화음이라고 하고, 듣기에 좋을 경우 협화음이라고 한다. 듣기 좋은 협화음으로는 5도 음정과 3도 음정이 꼽힌다. 5도 음정은 이미 우리가 알고 있고, 3도 음정은 한 음계의 세 번째 음을 말한다. 여기에는 두 가지 변형이 있다. 작은 3도 음정은 3개의 반음에 상응하며 큰 3도 음정은 4개의 반음에 상응한다. 큰 3도 음정의 경우 진동수의 비례는 4 : 5로서, 5 : 6를 기본으로 하는 작은 3도 음정보다 크기 때문에, 큰 3도 음정이 보다 순수하다. 작은 3도 음정은 뻐꾸기 소리로, 남자들도 몹시 무서워했던 소리다.

협화음들이 연속으로 계속되면, 조금 지루해진다. 따라서 불협화음이 잠깐 끼어들기도 한다. 물론 그렇더라도 음악은 협화음으로 끝나야 한다. 하나의 선율의 음이 다른 선율의 음과 일치해야 할 경우에는 시간적인 배열이 확정되어야 한다. 악보를 기록하는 사람들이 동시에 연주되는 것은 서로 함께 존재해야 한다는 생각을 갖게 되기까지에는 오랜 시간이 걸렸다. 오랫동안 사람들은 다양한 선율과 소리를 따로 기록했고, 이를 함께 연주하는 일은 음악가에게 위임되었다. 우리는 음악의 두 가지 축을 알게 되었다. 선율은 시간 순서대로 앞뒤로 이어지며 나는 소리고, 화음은 동시에 울리는 소리인 것이다. 언어에서와 마찬가지로 우리는 결합의 축(시간적인 선후관계)과 은유적인 병렬의 축(동시적인 배열)이라는 표현을 사용할 수 있다(→ 언어). 공동의 목표에 도달하기 위해서는 음표의 길이를 정확하게 정의할 필요가 있을 것이다. 그 방법은 비교적 간단하다. 긴 음표를 똑같은 부분으로 나눈다. 마치 사과를 모두 똑같은 부분으로 나누는 것처럼 말이다. 그렇게 나뉜 부분들은 오늘날 음표의 길이라고 불린다. 그렇게 하면 온음표가 있고, 이것이 반으로 나뉘면 반음표가 되고, 다시 이것이 반으로 나뉘면 8분음표가 된다. 그렇게 하여 16음표도 생기게 된다. 음의 절대적인 길이는 곡의 속도에서 생겨난다. 느린 곡의 경우 온음표는 빠른 곡에 비해 훨씬 길게 마련이다. 물론 음표를 3등분할 수도 있다. 그렇게 되면 3분음표가 만들어진다. 물론 5분음표, 6분음표, 7분음표도 나타날 수 있지만, 이것은 매우 드물다. 거의 모든 음악은 온음표를 반등분 또는 3등분하여 만들어진다. 중세에는 물론 3등분한 음악을 선호했다. 3등분한 음악을 '완전 음악'이라고 불렀고, 반등분한 음악을 '불완전 음악'이라고 불렀다. 이처럼 3등분한 음악을 선호한 이유는 기독교의 삼위일체설과 밀접한 관련이 있다. 이러한 숫자의 상징에서 이미 피타고라스의 영향을 느낄 수 있다.

　노트르담 악파의 대표적인 작곡가 가운데 한 명으로 페로탱 Pérotin을 들 수 있다. 그는 1200년 무렵에 파리를 중심으로 음악활동을 했다. 페로탱은 그레고리오 성가와는 달리 그렇게 명상적이지 않고 오히려 매우 율동적이고 힘찬 에너지를 분출하는 음악을 선보였다. 특히 노트르담 성당에서 그의 음악은 잘 울리곤 했다. 옛 필사본에 의지하여 그의 음악을 채록한 악곡들이 남아 있다. 그의 작품 가운데 가장 잘 알려진 것은 「제더룬트 *Sederunt*」이다. 이 작품은 진열을 잘 해놓은 음반가게에서라면 어디서든 구할 수 있다.

바로크

중세에는 음계가 선율의 근간으로 자리잡게 되었고, 의미 있는 화음의 기초가 다져졌으며 또 악보가 발명되었다. 이런 토대 위에서 다양한 음악이 만들어졌다. 여기에서는 그 가운데 대표적인 몇 가지만 살펴보기로 한다. 르네상스 시대에 접어들어 음악은 다른 영역보다 그다지 혁신적으로 변하지 않았다. 중세의 음악이 지속되었다고 보아야 하기 때문이다. 다성의 성악이 세속적인 영역으로 확대되었다. 종교음악의 경우에도 중세 후기와 마찬가지로 모테트가 주도했다. 모테트는 다성 성악의 가장 중요한 변이형식이었다. 이것이 세속화되어 생겨난 것이 바로 마드리갈이었다.

종교개혁 시대에는 모테트의 이데올로기가 문제시되었다. 모테트는 점점 까다롭고 복잡해져서, 기독교 교리가 음의 홍수 속으로 파묻힐 것이라는 우려가 팽배했다. 음악을 예배의 영역에서 완전히 추방하려는 노력도 있었다. 트리엔트 공의회(1546~63)에서 음악의 역할이 뜨거운 논란거리가 되었다. 이탈리아의 작곡가 조반니 다 팔레스트리나(Giovanni da Palestrina, 1525~94)는 교회음악의 구원자였다. 그는 가사를 쉽게 이해할 수 있어야 하고 품위를 지녀야 한다는 종교회의의 요구를 자신의 성악곡에서 실천했다. 팔레스트리나는 대위법으로 불리는 작곡기법을 고안한 사람으로 통한다. 여기서 대위법이란 각각의 성부를 아름다운 화음 속에 전개하는 악곡을 말한다.

르네상스가 끝나갈 무렵 완전히 새로운 음악이 만들어졌다. 오페라는 장르가 바로 그것이다. 르네상스의 강령에 맞게 고대의 비극을 새롭게 부활시켰다. 그리고 아리스토텔레스가 음악극을 요구했다고 사람들은 믿었다. 비극에 음악을 붙이면서, 피렌체에서 오페라가 생겨났다. 최초의 오페라 대작으로는 클라우디오 몬테베르디(Claudio Monteverdi, 1567~1643)의 「오르페오Orfeo」를 꼽는다. 그 이후 이탈리아의 오페라가 오페라 양식을 주도했고 고전주의 시대까지 무대를 휩쓸었다. 당시 위대한 오페라 스타는 대개 거세된 남자들이었다. 이 스타들이 지금은 모두 죽고 없기 때문에, 이탈리아의 오페라 원형이 어떠했는가는 알 길이 없다.

오페라와 함께 바로크의 음악이 시작된다. 르네상스 시대에만 해도 성악의 그늘에 가려져 있던 기악이 해방되어 독자적인 길을 걷기 시작했다. 절대주의 시대 바로크의 궁정문화는 국립극장에서 공연할 새로운 형식을 필요로 했다. 음악가들은 궁정예술가들이었고, 그들은 대규모 스펙터클 형식의 음악을 만들었다.

그 가운데 한 명이 안토니오 비발디(Antonio Vivaldi, 1678~1741)였다. 지금도 예술은 상당한 수준의 타고난 사명으로 여기고 있는데, 다음과 같은 일화는 이 사실을 명백하게 보여준다. 비발디는 성직자 교육을 받고 자랐지만, 어느 날 미사 도중에 허락도 없이 자신의 작업장인 제단을 떠나 그의 머릿속을 맴돌던 음악적 착상을 기록했다. 벌써 여기에서 음악이 교회에서 독립해나간다는 사실이 분명하게 드러난다. 비발디는 잠시 싱직자로 활동했고, 곧장 궁정음악가로 터전을 잡아나갔다. 그는 여러 편의 작품을 썼다(약 5백 편). 그래서 그는 똑같은 작품을 5백 번이나 썼다는 비난을 받기도 한다. 그렇다고 해서 비발디의 재능이 부족하다고 말할 수는 없다. 오히려 이 사실은 비발디가 살았던 시대의 음악적 취향을 드러내준다. 사람들은 공연 시즌마다 늘 뭔가 새로운 것을 요구했지만, 이 새로움이라는 것이 기존의 것과 완전히 동떨어질 수는 없었다.

바로크 음악의 토대는 이른바 격정이론이다. 이것은 이미 문학에서 나온 것이다. 인간의 격정이나 흥분상태와 특정한 음 사이의 연관성이 이 격정론에서 도출되었다. 예를 들면 환희를 표현하기 위해서는 장조와 협화음 그리고 빠른 템포를, 반면 비애는 단조와 불협화음 그리고 느린 템포를 사용했다. 물론 디오니소스보다는 아폴론이 음악가들의 숭배대상이었다. 음악적인 제스처를 통해 표현된 정열은 고도로 양식화(樣式化)되었다.

기악의 새로운 형식들은 무대음악과 춤에서 발전되었다. 그저 듣기만을 위한 독립적인 기악음악이라는 착상은 완전히 새로운 것이었다. 오페라에는 대개 이야기가 존재한다. 춤을 출 때에도 음악이 속도를 제시한다. 재현음악의 경우에도 축제라는 틀이 있어서, 이것이 각각의 음악에 기능을 부여했다. 하지만 아무것에도 기대지 않는 음악이라는 구상은 매우 새로운 것이었다. 이 구상은 곧바로 발전에 발전을 거듭했다. 오페라를 도입하는 서막에서 교향곡이 발전해나왔다. 춤에서 모음곡이 만들어졌다. 무용수가 빠른 춤을 춘 다음에는 느린 춤을 추어 숨을 돌리듯이, 모음곡과 교향곡에서도 빠른 부분과 느린 부분이 서로 교대했다.

오페라의 대표자 가운데 한 사람이 게오르크 프리드리히 헨델(Georg Friedrich Händel, 1685~1759)이다. 헨델은 스카를라티 편에 서서 오페라를 무기로 이탈리아를 정복했고, 이어 하노버 선제후의 악장으로 임명되었다. 이 하노버의 선제후는 훗날 영국의 왕실을 이어받아 조지 1세로 등극했다. 거의 같은 시간에 헨델은 런던 오페라의 스타가 되었고, 조지 1세가 왕위에 등극하자 그의 며느리인 캐롤라인의 음악 가정교사가 되었다. 관객들이 왕립 오페라에 불신을 품게 되자, 부유한 음악 애호가들이 1719년 주식회사 형식으로 왕립음악아카데미를 세웠다. 헨델은 이 아카데미의 도움을 받아 대륙에서 많은 돈을 들여 앙상블을 조직할 수 있었다. 헨델은 「라다미스토Radamisto」라는 오페라를 통해 새로운 시대를 개척했다. 우레와 같은 갈채를 받으며 거둔 성공은 오페라의 전쟁을 불러왔다.

벌링턴 백작은 음악아카데미에게 보논치니Bononcini의 「아스타르토Astarto」를 공연하여 새로운 시즌을 열자고 설득했다. 이제 보논치니의 시대가 도래했다. 보논치니는 그밖에 두 편의 오페라와 말버러 백작의 죽음을 기리는 비가를 작곡했다. 헨델은 자신의 오페라 「오토네Ottone」에 전설적인 소프라노 여가수 프란체스카 쿠초니Francesca Cuzzoni를 기용하여 반격을 가했다. 그녀는 무대 매너에서는 대가들의 분노를 샀지만, 목소리로는 런던 시민들을 매료시켰다. 왕과 휘그 당원들은 헨델을 지원했다. 황태자와 토리 당원들은 보논치니를 선전했다. 보논치니는 쿠초니에 맞서 메조

소프라노 여가수 파우스티나 보르도니Faustina Bardoni를 기용했다. 헨델은 오페라 「알렉산드로Alexandro」에서 두 명의 프리마돈나를 등장시켜 수많은 솔로 곡들과 하나의 잘 정제된 이중창 곡을 부르게 함으로써 보논치니와의 대립구도를 더욱 날카롭게 만들었다. 보논치니도 「아스티아나테Astianatte」에서 이런 기법을 사용하여 헨델을 능가하려 하자, 이 두 프리마돈나 커플의 팬들이 서로 다투게 되었고, 마침내 이 커플들도 이러한 다툼에 끼어들게 되었다.

그러던 참에 존 게이John Gay가 「거지 오페라Beggar's Opera」를 발표했다. 그때가 1727년 또는 1728년 겨울이었다. 이 작품의 주인공은 카이사르·다리우스·알렉산드로스가 아니라, 깡패 맥히스·거지 왕 피첨·도둑·싸움꾼 그리고 런던의 창녀들이었다. 이 거지 오페라는 브레히트의 『서푼짜리 오페라Die Dreigroschenoper』의 모범이 되었다. 그 작품은 연이어 63차례나 공연되었고, 열광적인 박수를 받았다. 하지만 헨델은 오페라가 실패하면서 어쩔 수 없이 오라토리오를 작곡하게 되었다. 그가 쓴 오라토리오는 성서에 나오는 일화를 합창과 오케스트라를 위해 개작한 것이다. 오라토리오에서 헨델은 이집트와 바빌로니아인들에 맞서 독립전쟁을 벌이는 이스라엘 백성의 이야기를 주제로 삼았는데, 이를 통해서 헨델은 당시 영국의 상황을 드러내려고 했다. 오라토리오 형식의 대표작은 「메시아Messiah」였다.

오늘날 참으로 이해하기 어려운 점은 바로크 음악의 슈퍼스타였던 요한 제바스티안 바흐(Johann Sebastian Bach, 1685~1750)가 사망한 직후 금방 잊혀졌다는 사실이다. 하지만 바흐는 19세기에 다시 부활하여 세계적인 명성을 얻게 되었다. 오늘날 바흐는 축제 달력의 문화면을 장식하는 주요인물이 되었다. 「마태 수난곡Matthäuspassion」은 마치 부활절날 부활절 토끼와 같은 존재이고, 「크리스마스 오라토리오Weihnachts-Oratorium」는 성탄절 크리스마스 트리를 장식하는 전나무와 같은 존재다.

바흐는 음악적 재능이 뛰어난 집안에서 태어났다. 처음에 그는 오르간 주자로 유명해졌고, 아른슈타트/뮐하우젠에서 최초의 명성을 날렸다. 이때는 그가 바이마르에서 궁정 오르간 연주자로 자리잡기 전이었다. 쾨텐 궁정의 악장으로 활동할 때가 그의 전성기였다. 그곳에서 수많은 세속적인 작품들이 탄생했다. 그 가운데 가장 유명한 것은 「브란덴부르크 협주곡 *Brandenburgischen Konzert*」들이다. 1723년 바흐는 라이프치히에서 토마스 합창단의 지휘자가 되었다. 하지만 이는 사회적·경제적으로 쇠퇴의 길이었다. 바흐는 때때로 죽음을 달가워하지 않은 라이프치히 시민들의 태도에 대해 탄식을 했다. 그는 장송곡을 써서 돈을 벌었기 때문이다. 그는 라이프치히에서 유명한 수난곡과 오라토리오를 작곡할 기회를 얻었다. 바흐는 자신의 작품활동을 예술적 천재의 업적으로가 아니라 신이 질서지운 세계에서 행하는 수공업으로 이해했다.

사실 바흐의 음악에는 수공업적인 측면들이 있다. 그 대표적인 것이 푸가 형식이다. 푸가를 가장 잘 만든 사람이 바흐였고, 또 그는 푸가에 관한 대표적인 이론악곡이라고도 할 수 있는 『푸가의 기법 *Die Kunst der Fuge*』을 작곡하기도 했다. 푸가('도망가다 fugere'에서 나왔음)의 구조는 다음과 같다. 하나의 성부가 하나의 주제를 조율한다. 악곡 시작부의 특징적인 멜로디를 우리는 그렇게 부른다. 첫 번째 주제가 끝나면 두 번째 성부가 등장하여 다른 음 높이로 역시 이 주제를 노래로 부른다. 그렇게 하는 동안 첫 번째 성부는 동반음으로 덧붙여진다. 두 번째 성부는 반대 주제로, 첫 번째 주제와 대조를 이룬다. 계속하여 다른 성부가 이런 식으로 하나의 주제를 노래로 부른다. 이와 동시에 다른 성부는 작곡가가 삽입한 변덕스러운 착상을 노래한다. 모든 성부가 종결될 때까지, 이런 식으로 음악이 계속 변주된다. 그리하여 작품 전체는 마치 모든 성부가 시계의 부속품이라도 되는 듯이 서로 간섭하는 효과를 자아낸다. 이와 같은 푸가 형식이 등장했던 시기는 뉴턴의 중력이론이 발표된 시점이고, 또 세계가 시계의 모델과 같을 수 있다는 생각이 등장했던 때이다.

62세가 되던 1747년, 바흐는 프리드리히 대제의 궁정을 찾아갔다. 그곳에서는 그의 아들 카를 필리프 에마누엘 Carl Philipp Emanuel이 악단의 지휘자로 활동했다. 프리드리히 대제는 그에게 새로 구입한 실버만 피아노를 가리키며 즉흥연주를 부탁했다. 바흐는 즉석에서 프리드리히 대제가 제시한 주제에 맞는 푸가를 차례차례 연주했다. 집에 돌아와 바흐는 이 즉흥곡을 6부의 푸가로 개편하여 프리드리히 대제에게 바치는 헌정곡의 일부로 삼았다. 그리고 이 작품을 「음악의 헌정 *Musikalisches Opfer*」이라고 불렀다. 예술적 지성에 관한 전문가인 더글러스 호프스태터Douglas Hofstadter는 『괴델, 에셔, 바흐*Gödel, Escher, Bach*』라는 책을 썼는데, 이 책에서 그는 6부작 푸가를 쓴다는 것은 여섯 판의 장기를 동시에 눈감고 두면서도 이를 모두 이기는 것과 같다고 주장한 바 있다.

바흐는 2집으로 된 「평균율 클라비어 곡집 *Das Wohltemperierte Clavier*」을 써서 완전히 새로운 음악을 창조했다. 이 작품은 모든 음조(音調)로 구성된 서곡과 푸가를 이어놓은 것이다. 그렇다면 이 작품에서 새로운 점은 무엇이었을까? 이 곡을 연주하면서 왜 그 '피아노'는 "잘 조율되었다"고 했을까? 그리스 시대부터 전해져 내려온 수많은 음계 가운데 두 가지, 즉 장조와 단조만을 선택하여 발전시킨 것은 바로 바로크 시대였다. 장조는 밝고 명랑한 느낌을 주고, 단조는 비애의 분위기를 풍긴다. 물론 거기엔 물리학적인 근거가 있다. 장조로 된 음계는 순수한 음정, 즉 이미 잘 알려진 3도 음정을 더 많이 가지고 있고, 음계 위쪽에 6도 음정을 갖고 있다. 반면 단조로 구성된 음계는 덜 순수하게 들리는 음정을 포함하고 있어서, 소리가 긴장감을 더욱 많이 제공한다. 이렇게 하여 아름다운 대조가 이루어지는데, 이것은 대립을 통해 사고하려는 우리의 취향에 어울린다. 즉 밝음과 어두움, 즐거움과 슬픔, 명랑함과 극적인 성격이 바로 그것이다.

음계의 첫음이 그 음계의 이름을 결정한다. 따라서 첫음은 기본음이 된다. C장조 음계는 C음으로 시작하고, 다른 음들은 이 음과 관련을 맺는다. 12음의 경우에는 12장조와 12단조가 만들어진다. 그렇다면 모든 음조를 다 사용하여 악곡을 작곡하는 것이 왜 어려울까? 음들 사이의 관계는 비록 자연스럽기는 하지만 자연스럽다는 데에는 오류가 있다.

음계는 순수한 음정을 통해 만들어진다는 것을 우리는 이미 알고 있다. 동시에 12음은 모두 동일한 간격을 지닌다. 이것은 서로 합일되기가 어렵다. 하나의 옥타브에 12음을 모두 가져다놓고 동시에 순수한 음정을 취할 수는 없다. 그렇게 하자면 자연스러움이 손상된다. 따라서 오랫동안 모든 음조를 다 사용하여 피아노를 연주할 수는 없다는 인식이 퍼지게 되었다. 하나의 음조에서 순수한 음정을 이룬 것은 다른 음조에서는 더이상 순수하지 않고 오히려 삐딱하게 울리기 때문이다. 따라서 트릭이 사용되었다. 피아노 현의 조율을 약간 틀리게 하여, 비록 순수한 음정이라도 그렇게 이상하게 들리지 않게 만든 것이다. 바로크 예술은 무대의 속임수를 자주 사용하곤 했다. 그래서 바로크 시대에는 이러한 해결책을 찾으려 했고, 이러한 조작의 결과를 '조율된 분위기'라고 불렀다. 그리하여 바흐는 마침내 모든 음조를 사용하여 악곡을 작곡할 수 있었다. 물론 이러한 '분위기'로 인해 음조는 서로 구분될 수 있었다. 하얀색 건반은 대부분 순수하게 들렸다. 반면 검은색 건반은 덜 순수하게 들렸지만, 그 대신 훨씬 더 관심을 끌었다. 따라서 바흐의 「평균율 클라비어 곡집」에서는 모든 부분들이 독자적인 성격을 가지게 되었다.

바로크 시대는 규칙적인 조화론을 발전시켜나갔다. 그렇다고 해서 이 규칙성이 예술가에게 무엇을 작곡하라고 강요하지는 않았다. 오히려 이러한 규칙성은 음악의 문법, 즉 예술가와 관객 사이의 상호 이해를 비로소 가능하게 해주는 음악의 문법을 기술하고 있다.

이제 조화론의 몇몇 문법적인 규칙들이 나타나게 되었다. 모든 음계에는 3협화음이 존재한다. C장조의 예를 들어보자. C장조 음계에는 C장조 3화음이 속하는데, 이 화음은 그 첫음인 C와 세 번째 음인 E 그리고 다섯 번째 음인 G로 구성된다. 이것이 대(大)3음, 3도 화음이 되며, 순수한 음정을 이루게 된다. 이제 음계의 모든 음을 토대로 하여 각각 다른 음계의 음을 가진 3화음을 구성할 수 있게 된다. 그리하여 모든 음계에서 3장조 3화음, 3단조 3화음을 얻게 되고, 또 약간 비뚜름한 화음도 얻게 된다. 이것이

C장조 멜로디를 동반할 수 있는 모든 화음을 이루게 된다.

그리고 언제나 이 화음들은 기본음과 관련을 맺게 된다. G장조 화음이 등장한다고 해서, 우리가 갑자기 G장조에 접어든 것이 아니다. 우리는 단지 C장조 화음의 연속된 결과로 G장조를 듣고 있는 것뿐이다. 말하자면 G장조 화음은 연속적으로 이어지는 C장조 화음으로 우리를 되돌려놓은 효과를 준다. 따라서 우리가 C장조 멜로디에서 G장조 화음을 듣게 된다면, 아, 이제 곧 음악이 끝나겠구나 하는 사실을 알게 된다. G장조 화음은 C장조에서 종결화음을 예비하고 있기 때문이다. 합리적으로 전개되는 화음은 당혹하게 만드는 것이 아니라, 기본 화음으로 깨끗하게 끝나게 되고, 이런 식으로 해서 만족스러운 느낌을 주는 것이다. 마치 연극에서 작품이 해피엔드로 끝나는 것처럼 말이다. 이러한 조화론의 효과는 바로크 시대와 그 이후 시대의 음악가들에게 놀라운 영향력의 보고(寶庫)가 되었다.

고전주의 시대

바로크가 끝날 무렵 청중들은 복잡한 구성과 어려운 푸가 형식에 점점 싫증이 났다. 청중들은 뭔가 활기 있고 밝으며 자연스러운 것을 그리워했다. 이처럼 취향이 변한 결과 고전주의 시대가 열리게 되었다. 고전주의 시대는 18세기 후반에서 19세기 일사분기까지로 비교적 짧은 시기였다. 그렇지만 고전주의 시대는 음악사에서 매우 중요한 시기였고 또 엄청난 변화를 가져다준 시기였다. 기술적으로 이 시기는 무엇보다도 바로크 시대의 다성구조가 선율 중심의 음악으로 변화했던 시대다. 이 시대를 주름잡은 세 명의 거장, 즉 하이든, 모차르트 그리고 베토벤이 차례로 등장하여 마치 헤겔식의 3단계 완성이 이루어진 듯한 느낌을 주었다. 그리고 음악은 귀족의 간섭에서 독립하여 자율적인 예술로 변신하였다.

프란츠 요제프 하이든(Franz Joseph Haydn, 1732~1809)은 여전히 귀족층의 후원자에 의지했다. 하지만 그를 후원한 귀족층은 그에게 충분한 자유공간을 허용하여, 그는 독자적으로 고전음악의 중요한 형식들을 실제에 적용할 수 있었다. 오케스트라 음악으로서의 교향곡, 무엇보다도 피아노나 또는 다른 단독 악기를 위한 소나타 그리고 현악 4중주가 대표적인 장르였다. 이런 장르를 개발한 것을 두고 베토벤은 훗날 하이든을 '아버지 하이든'이라고 불렀다. 이 모든 형식들은 독자적인 극작술을 바탕에 깔고 있는 구조원칙으로 특징지어졌으니 그것은 곧 '소나타 형식'이었다.

소나타 형식은 이른바 '머리악장 또는 주악장'과 더불어, 대부분 빠른 템포로 시작한다. 거기서 두 개의 서로 대립적인 주제가 긴장을 야기한다. 뒤이어 느리면서 서정적인 새로운 악장이 등장한다. 청중이 느린 이 악장에 침잠하여 깊은 수렁에 빠지기 전에, 다시 생동적인 최종악장이 청중을 일깨운다. 또는 작은 무곡이나 미뉴에트, 또는 쾌활한 소곡이나 스케르초가 삽입되기도 한다. 최종악장은 모든 것을 완성짓는데, 장조로 되어 있을 경우에는 만족스럽고 편안한 주유(周遊)의 느낌을, 단조로 되어 있을 경우에는 극적인 느낌을 준다.

작곡가들 가운데에서 신의 총애를 가장 많이 받은 사람은 볼프강 아마데우스 모차르트(Wolfgang Amadeus Mozart, 1756~91)였다. 그는 신동이었다. 그는 세 살 때 30분 만에 미뉴에트를 외워서 피아노 연주를 할 정도였다. 다섯 살 때 그는 이미 작곡을 시작했다. 음악가였던 아버지 레오폴트는 그를 유럽의 여러 궁정으로 데리고 다니며 누이와 함께 연주를 하게 했다. 아홉 살이 되어 그는 첫 번째 교향곡을 작곡했다. 열세 살 때에 잘츠부르크 세습주교의 콘체르트 마이스터가 되었다. 이탈리아와 파리를 여행하고 나서 모차르트는 음악의 메카인 빈으로 가서, 궁정작곡가에서 자유예술가로 변모했다. 빈에서 그는 연주회를 열고 주문에 의한 작곡과 강의를 통해 생계를 꾸려나갔다. 그가 콘스탄체와 결혼하여 가정을 꾸렸을 때만 해도 생활은 그다지 곤란하지 않았다. 그는 수도 빈에서 최고의 대우를 받는 솔리스트였고, 말을 구입하여 최상류층의 사교계에 출입했다. 1784년에 프리메이슨 단에 가입했고 이들을 위해서 곡을 쓰기도 했다.

모차르트의 작업방식은 기상천외했다. 그는 주로 머릿속에서 작곡하여,

이를 술술 악보에 적어나갔다. 1786년 「피가로의 결혼Le Nozze di Figaro」이 연주되자, 관객의 반응은 찬반으로 양분되었다. 처음으로 오페라가 사회의 갈등을 보여주었기 때문이다. 그 내용은 이러하다. 어느 스페인의 귀공자가 시민계층의 소녀를 소유하고 싶어한다. 하지만 이 소녀는 이미 약혼한 처지다. 그 귀공자의 아내와 소녀 그리고 그녀의 약혼자는 이 귀공자를 따끔하게 해주기 위해 서로 공모한다. 시대는 프랑스 혁명이 발발하기 3년 전이다. 귀족들은 하고 싶은 것을 더이상 할 수 없는 상황이었다.

이어 프라하에서는 오페라 「돈 조반니Don Giovanni」가 초연되었다. 이 오페라는 돈 후안의 이야기를 거의 완벽한 형식으로 만들어서, 훗날 덴마크의 철학자 쇠렌 키에르케고르Sören Kierkegaard가 이를 심미적 삶의 형식 모델로 격상시킨 바 있다.

그 이후 모차르트는 경제적인 어려움에 빠지게 된다. 터키와 벌인 전쟁 탓에 주문량이 줄어들고 연주회도 쉽게 열 수 없었다. 콘스탄체가 병이 들어, 요양치료를 위해서는 기금이 필요했다. 모차르트는 「코지 판 투테Cosi fan tutte」와 가극 「마술피리Die Zauberflöte」를 작곡했다. 1791년 신비에 싸인 사자(使者)가 나타나 모차르트에게 장송곡을 작곡해달라고 익명으로 주문했다(장송곡은 원래 "주여, 이들에게 안식을 주소서"라고 시작하는 라틴어 노래의 첫단어 레퀴엠Requiem에서 유래했다). 모차르트도 병이 들었고, 임종 침상에서 계속 작업하다 마침내 1791년 12월 5일 숨을 거두었으니, 그때 그의 나이 겨우 35세였다. 꽃다운 청춘이었다.

그의 죽음을 두고 일찍부터 이런저런 소문들이 떠돌았다. 예를 들면, 평범한 재능을 가진 궁정작곡가 안토니오 살리에리Antonio Salieri가 신이 내린 천재 모차르트를 시기하여 독살했다는 것이다. 이 소문은 푸슈킨Pushkin이 퍼뜨렸고, 영국의 극작가 피터 셰이퍼Peter Shaffer가 자신의 작품 『아마데우스Amadeus』를 쓰게 된 계기가 되었다. 셰이퍼의 이 작품은 훗날 밀로스 포먼Milos Forman이 같은 제목으로 영화화해, 오스카상 8개 부분을 석권했다. 이 영화에서는 톰 헐스Tom Hulce가 모차르트 역을 맡아 열연했다.

모차르트의 음악이 마치 신화처럼 여겨지는 것도 그가 일찍 죽은 것과 관련이 있다. 후세 사람들에게 모차르트는 마치 천박한 사람들에 의해 박해받은, 신이 보낸 사람처럼 여겨졌다. 실제로 살리에리는 모차르트의 죽음에 책임이 없음이 밝혀졌고, 위에서 말한 신비의 사자는 발데크 백작이 보냈던 것이다. 발데크 백작이 장송곡의 작곡을 부탁했는데, 그의 의도는 이를 자기가 직접 작곡한 것으로 내세우기 위한 것이었다고 한다.

모차르트는 전래의 오페라나 교향곡 그리고 온갖 기악음악의 변형들의 형식언어를 이용하기는 했지만, 이를 자신의 개인적인 성격과 기질을 가미하여 부활시켰다는 평을 받고 있다. 그의 음악은 우아하고 또 감수성이 짙은 것은 사실이지만, 결코 감상적이지는 않다. 그의 오페라는 다리우스나 알렉산드로스의 운명에 등을 돌리고 자신의 시대의 문제점을 드러냈다. 그가 작곡한 「마술피리」의 가사는 어느 프리메이슨 단원이 썼다. 이 작품에서 사라스트로와 비밀 결사대는 계몽주의와 정의라는 이상을 위해 싸운다. 타미노 왕자는 프리메이슨 단체에 입회하는 의식에 상응하는 시험에 합격해야 한다.

모차르트가 궁정작곡가에서 자유예술가로의 변화를 대표한다면, 루트비히 판 베토벤(Ludwig van Beethoven, 1770~1827)은 자유로운 독창적 예술가의 본모습을 보여주었다. 처음에는 피아노 연주자로 각광을 받았던 그는 여러 후원자들의 도움을 받아 자유로운 작곡가로 명성을 확고히 했다. 일찍부터 그는 난청에 시달리다가 마침내 완전히 청력을 잃고 말았다. 그로 인해 그는 사회에서 고립되었고, 또 상상을 통해 작곡하지 않을 수 없었다. 이런 상황에서 작곡한다는 것은 쉬운 일이 아니었다. 작곡을 마치 수공업처럼 익히던 이전의 작곡가들과는 반대로, 베토벤은 더 많은 것을 하고자 했다. 깊은 감상과 인간적인 메시지를 형식이 매우 세분화된 개념음악 속에서 드러내려 했던 것이다. 그의 작곡 메모 노트가 입증해주듯이, 그는 한 작품을 완성하기 위해서 여러 번 고쳐썼다. 때로 그는 여러 해에 걸쳐서 악곡을 완성하기도 했다. 그 결과 그의 작품은 다른 작곡가에게서는 찾아볼 수 없는 수준을 갖추게 되었다. 그는 음악을 독자적인 예술로 간주했으며, 표피적인 이해수준에 머무는 귀족적 오락문화의 기대수준을 과감하게 무시했다. 그의 음악은 모차르트의 음악보다 훨씬 더 정교하게 악보로 기록되었다. 모차르트가 연주회에서 솔로 연주자들의 즉흥적인 연주를 허용했다면, 베토벤은 악곡의 세세한 부분들까지 완벽하게 확정지어, 모차르트와는 확실한 비교가 된다. 메트로놈(metronome. 악곡의 박자 속도를 재거나 템포를 지시하는 기계-옮긴이)이 발명된 것도 바로 베토벤이 활동하던 시대였다. 그 결과 베토벤은 템포를 정확한 숫자로 확정지을 수 있었다.

베토벤은 무엇보다도 기악곡을 많이 썼다. 그의 교향곡과 피아노 소나타가 그 가운데에서도 가장 잘 알려져 있다. 그는 고전주의의 소나타 형식을 새로운 단계로 격상시켰다. 소나타 형식을 극단화시켰으며, 음악 외적 요소, 즉 극적인 사려를 바탕에 깔았기 때문이다. 세상에 널리 알려진 교향곡 9번의 말미에 삽입한 「환희의 찬가」는 이 작곡가가 품고 있던 혁명적 태도를 명백하게 형상화하고 있다. 표현의 강도를 한층 더 높임으로써 베토벤은 음악의 발전을 새로운 방향으로 끌고 갔으며, 다음에 이어질 낭만주의를 도입했다. 바이런이나 실러처럼 스스로 자율적 예술가의 새로운 유형을 몸소 실천했던 것이다. 여기에서 말하는 자율적 예술가란 자기 자신의 예술 외에는 그 무엇에도 구속을 받지 않은 예술가의 태도를 지칭한다. 내면을 향하는 깊은 시선이나 헝클어진 머리카락과 같은 베토벤의 외모에서 벌써 이러한 자율적 예술의 이상은 잘 드러난다. 그의 흉상이 최고의 상품이 되었던 것은 우연이 아니었다.

낭만주의

초기 낭만주의를 대표하는 사람은 프란츠 슈베르트(Franz Schubert, 1797~1828)였다. 베토벤이 '질풍노도Sturm und Drang'를 대표했다면, 그와 동시대인이었던 슈베르트는 이미 시민계급의 내면성을 대변했다. 슈베르트를 중심으로 한 음악가 집단은 음악을 비엔나 사회의 무대에서 시민계급의 멋진 작은 방안으로 끌어들였다. 슈베르트는 무엇보다도 가곡과 피아노 음악 그리고 현악 4중주로 잘 알려져 있다. 이것은 비더마이어 시대의 가정 거실에 어울리는 음악이었다. 따라서 우리는 이러한 음악을 '실내음악'이라고 부른다. 작은 공간을 위한 음악이라도 명작이 아니란 법은 없다. 시를 음악적 텍스트로 옮기는 가곡, 특히 「겨울 나그네 Winterreise」와 슈베르트의 기악의 선율은 전대 미문의 수준을 지니고 있다.

고전적 형식과 시민계급의 감수성의 결합은 모차르트, 베토벤 그리고 슈베르트의 음악에 녹아들어 있었다. 이 요소로 인해 18세기에서 19세기로 바뀌어가는 세기말이 음악사에서 가장 흥미로운 시대가 되었다. 아마 이보다 더 흥미로운 시대는 없을지도 모른다. 그 이유는 19세기가 음악을 시장의 상품으로 만들면서도 동시에 음악을 성스럽게 만드는 장치들을 개발해 냈기 때문이다. 예를 들면 출판사와 음악비평가 그리고 음악의 장인들이 등장했고, 또 음악은 예술작품이기 때문에 오락거리가 아니라는 생각도 이 시기에 등장했다. 간단히 말해서 시민사회에 걸맞게 음악이 하나의 산업으로 간주되었던 것이다. 이런 상황에서 음악은 마치 여자의 이미지와 같은 운명을 겪게 되었다. 당시 여자들은 창녀가 아니면 성녀로 간주되었다는 사실을 상기하면, 음악이 처한 운명을 쉽게 이해할 수 있을 것이다. 그리하여 음악은 진지한 음악과 오락음악으로 양분되었다. 모차르트의 「마술피리」는 타미노와 파미나라는 귀족 부부를 등장시켜 도덕에 기여한 마지막 악곡이 된 셈이다. 하지만 이 작품에는 괴상한 느낌을 주는 파파게노와 파파게나라는 두 희극적 인물이 등장하여 익살적인 요소도 놓치지 않았다.

게다가 베토벤의 유작들은 후세 음악가들에게 심각한 부담을 안겨주었다. 그는 교향곡으로 할 수 있는 일을 모두 다, 타의 추종을 불허할 정도로 잘해냈기 때문이다. 그리하여 그의 후배 음악가들은 새로운 형식을 시도했으며, 전통의 개혁과 보존 사이에서 갈등을 겪지 않을 수 없었다. 비평가들은 전통을 고수하려 했던 음악가로 요하네스 브람스(Johannes Brahms, 1833~97)를 꼽는다. 하지만 브람스 역시 자신의 교향곡이 베토벤의 그것과 같은 느낌을 준다는 점 때문에 무척 괴로워했다. 베토벤이 남긴 전통을 개혁하려 들었던 측에서도 다양한 해법들을 제시했다.

그 가운데 하나가 표제음악이었다. 교향곡 형식과 같은 형식적인 전통의 모델을 고수하지 않고 음악으로 이야기를 들려주려는 노력이 표제음악에서 경주되었다. 영화가 등장하기 전에, 이미 영화음악과 같은 장르가 나타난 셈이다. 표제음악의 원조로 간주될 수 있는 사람은 엑토르 베를리오즈(Hector Berlioz, 1803~69)였다. 그의 「환상 교향곡 Symphonie fantastique」은 어느 낭만적인 젊은이가 겪는 사랑의 고통과 마약에 의한 도취를 그리고 있다. 이러한 요소는 작곡가 베를리오즈가 겪은 체험과 비슷한데, 이는 결코 우연이 아니었다.

프란츠 리스트(Franz Liszt, 1811~86)는 교향곡 풍의 문학을 발전시켜, 파우스트 교향곡을 시도했다. 이를 극단적으로 몰고간 사람이 리하르트 슈트라우스(Richard Strauss, 1864~1949)였다. 그는 맥주를 컵에 따르는 장면을 음악으로 옮길 때, 맥주의 종류까지도 알 수 있도록 음악을 작곡할 수 있다고 공언했다. 이러한 구상의 약점도 명백하다고 하겠다. 기악곡은 설명하는 말 없이 끝나야 하기 때문에, 음악의 주제가 무엇인지를 알기 위해서는 음악 외적인 사건을 알아야 한다. 이를 알지 않고는 음악은 크고 작은 소리, 빠르고 느린 소리, 서정적이며 극적인 계기들의 연속으로 이해될 뿐이고, 이것들이 어떻게 연결되는지를 알기가 어렵게 되어버린다.

로베르트 슈만(Robert Schumann, 1810~56)에게는 예술가로서의 삶 자체가 하나의 프로그램이 되었다. 음악 외에 그가 겪은 제일 중요한 체험은 바로 시문학이었다. 그리고 예술가 가운데 그의 우상으로 간주되었던 사람은 장 파울Jean Paul이었다. 슈만은 트리스트럼 샌디에게나 어울릴 비예술적인 재난을 만나 피아니스트로서의 거장다운 이력을 망치고 말았다. 즉 그는 약지 손가락의 힘을 강화하기 위한 장치를 손에 끼었다가 그만 만성적으로 근육이 조이고 마는 운명을 겪었던 것이다. 그러다가 그는 여류 피아니스트였던 클라라 비크와 결혼했다. 물론 결혼에 이르는 과정은 험난했다.

결혼 전에 그는 장인이 될 그녀의 아버지와 법정싸움까지 벌여야 했으니 말이다. 클라라 슈만Clara Schumann은 비범한 여인이었다. 그녀는 명망높은 피아니스트였고, 직접 작곡까지 했다. 그리고 그녀는 여덟 명의 자식을 낳았는데, 실제로 이 자식들은 작품 연습에 방해를 주지 않도록 친척에게 맡겨졌다. 그녀를 기억하기 위해, 슈만은 「어린이 정경 Kinderszenen」을 썼다. 이와 동시에 슈만은 <음악 신보 Neue Zeitschrift für Musik>를 창간했다. 이 잡지는 지금까지도 존속하고 있다. 그의 종말은 천재와 광기의 유사성을 강조하는 주장을 뒷받침한 듯한 느낌을 준다. 심한 우울증에 시달리다가 뒤셀도르프에서 라인 강에 뛰어들었고, 이어 정신병원에 수감되었으며, 거기에서 몇 년을 보낸 끝에 마침내 숨을 거두고 말았기 때문이다.

작곡가 슈만과 펠릭스 멘델스존(Felix Mendelssohn, 1809~47)은 요한 제바스티안 바흐를 재발견하여 작품 공연을 시도했다. 멘델스존은 모차르트의 그늘에 묻혀 있었다. 그는 어렸을 적부터 작곡을 시작했다. 그는 아주 쉽게 작곡을 했고 또 성공을 거두었다. 하지만 그는 모차르트와 마찬가지로 일찍 죽었다. 그의 작품들이 모두 경이적인 느낌을 주지만, 특히 그를 불멸의 작곡가로 만든 것은 바로 「결혼행진곡 Hochzeitsmarsch」이었다. 그 유명한 「결혼행진곡」 말이다.

19세기에 등장한 음악형식의 위기에 대한 대응방편으로 민족음악이 발전되어나왔다. 19세기에 폭넓게 퍼진 민족주의 붐에 편승하여 수많은 작곡가들이 자신의 음악을 민족적인 신화와 민요에 결부시켰다. 브람스의 「독일 진혼곡 Ein Deutsches Requiem」, 물살이 급한 몰다우 강을 배경으로 한 베드르지히 스메타나(Bedřich Smetana, 1824~84)의 연작음악 「나의 조국 Má Vlast」, 그리고 에드바르트 그리그(Edward Grieg, 1843~1907)의 「페르 귄트 모음곡 Peer Gynt Suite」은 그 대표적인 예다. 당시까지만 해도 이탈리아가 거의 독점적으로 지배했던 오페라의 세계도 프랑스, 이탈리아 그리고 독일의 오페라로 분할되었다. 러시아 사람들은 오페라 대열에 동참하려 하지 않고 러시아 발레의 전통을 지켜나갔다. 당시만 해도 음악의 국제주의가 보편적이었는데, 이제는 민족주의에 의해 이러한 국제주의는 무너져내렸다. 예를 들면 독일에서는 프랑스의 음악이 곧장 열등한 것으로 간주되었다. 프랑스의 음악은 중후한 의미와 진지한 느낌을 주지 않았기 때문이다.

프레데리크 쇼팽(Frédéric Chopin, 1810~49)은 폴란드와 프랑스에 다리를 놓았다. 그는 원래 폴란드에서 태어났지만 아버지는 프랑스인이었고, 어머니는 폴란드 출신이었다. 멘델스존과 마찬가지로 그는 신동이었다. 그는 리스트와 파가니니Paganini 같은 거장들이 메카로 만들어놓은 파리의 분위기에 깊은 자극을 받았다. 그리하여 그는 피아노 연주를 근본적으로 바꾸어보겠다고 결심했다. 그의 손은 비록 작았지만 피아노 연주는 서정적이며 거장다운 면모로 듣는 사람 모두를 감동시켰다. 그렇지만 그는 건강이 좋지 않아서 연주회 무대는 피했다. 그런 다음 그는 여행의 개척자가 되었다. 그는 여류시인 조르주 상드George Sand와 함께 지중해의 마요르카 섬을 이상적인 휴양지로 발견했으며, 당시에 유행했던, 모차르트 같은 삶을 동경하여 요절하기로 결심했다.

작곡가 미하일 글린카(Mikhail Glinka, 1804~57)를 중심으로 한 러시아 예술가 그룹은 자기 나라에 남아 민요와 러시아 전설에서 착상을 하여 음악에 활용했다. 그들은 스스로를 '힘있는 작은 덩어리'라고 불렀다. 이 그룹의 멤버들 가운데 오늘날까지 알려진 사람은 모데스트 무소르크스키(Modest Musorgsky, 1839~81)이다. 그의 작품 「전람회의 그림 Kartinkis vystavki」은 그림이 어떻게 음악에 영감을 줄 수 있는지를 아주 잘 보여준다. 이 곡은 피아노를 위한 작품으로 피아노의 음향을 매력적으로 잘 표현했다. 그리하여 수많은 후배 음악가들이 이 이미지들을 활용해 기악곡으로 편곡해보려는 자극을 얻게 되었다. 예컨대 라벨Ravel은 그것으로 오케스트라 총보를 만들었으며, 어떤 이는 초기의 신디사이저 합성 음향곡을 만들었고 최근에는 록음악까지 등장했다. 바실리 칸딘스키Wassily Kandinsky는 다시 이를 토대로 그림을 그렸다. 하지만 이 작품은 무소르크스키의 작품 가운데에서 차라리 예외에 속한다. '힘있는 작은 덩어리'는 무엇보다도 러시아 민요와 함께 민속적인 오페라를 창작했다. 표트르 일리치 차이코프스키 Pyotr Ilich Tchaikovsky 역시 '민족적 러시아 학파'에 속했다. 그는 자신의 열한 편의 오페라보다도 세 편의 발레 작품을 통해 우리에게 더 잘 알려져 있다. 바로 「백조의 호수Schwanensee」, 「잠자는 숲속의 미녀Dornröschen」 그리고 「호두까기 인형Nutcracker Suite」이다. 이러한 우회로를 통해 우리는 19세기에 발생한 형식의 위기에 대한 세 번째 대응책에 이르게 된다. 그것은 바로 오페라다.

오페라의 경우, 낭만주의로의 이행은 당연한 귀결이었다. 숲과 초원에 얽힌 이야기, 저승과 이승의 온갖 신비한 존재에 관한 낭만적 소재들을 가공하여 오페라의 소재로 삼았다. 이 장르의 대변자 가운데 인기 있는 사람은 카를 마리아 폰 베버(Carl Maria von Weber, 1786~1826)로 대표작은 「마탄의 사수Der Freischütz」(마탄의 사수란 독일 민속전통에 나오는 궁수로, 동시에 여섯 발의 화살을 쏘아 맞히되 나머지 한 발은 악마의 도움을 빌린다는 속설이 있음-옮긴이)였다. 「우리는 그대에게 씌워줄 처녀 화관을 엮는다」라는 노래는 유명한 유행가가 되었고, 하인리히 하이네와 같은 동시대 사람들의 마음을 온통 사로잡았다.

이탈리아의 오페라도 로시니(Rossini, 1792~1868), 도니체티(Donizetti, 1797~1848), 베르디(Verdi, 1813~1901) 그리고 푸치니(Puccini, 1858~1924) 같은 작곡가에 의해서 새롭게 절정에 이르게 되었다. 이들 모두는 독일의 낭만주의와는 관계없이 셰익스피어 작품과 같은 대규모의 소재들을 호화롭게 가공하여 작품화했다. 하지만 형식상의 혁신은 찾아보기 어려웠다. 이탈리아의 관중들이 지나치게 노래를 좋아했기 때문이다. 고전주의 오페라는 대개 개별적인 작품, 아리아, 이중창, 앙상블로 구성되었고, 이것은 낭송과 밀접한 관련이 있었다. 즉 고전주의 오페라에서는 줄거리를 전개시키기 위해서 주제가 무엇인지를 이야기 형식으로 들려주곤 했다.

그러나 독일 낭만주의 오페라의 거장 리하르트 바그너(Richard Wagner, 1813~83)는 이 모든 것을 송두리째 뒤바꾸어버렸다. 그에 대한 평가는 오늘날에도 평자에 따라 매우 다르다. 무엇보다도 히틀러가 바그너를 높이 평가했다. 또 그의 반유대주의나 독일어 운율의 원천이었던 두운형식으로 쓴 텍스트에 나타난 독일주의로 그의 이미지는 이중의 평가를 낳는 계기가 되었다. 그는 음악극 소재를 북구의 전설에서 취했다. 그의 대작은 「니벨룽겐의 반지Der Ring des Nibelungen」였다. 그외에 「트리스탄과 이졸데 Tristan und Isolde」, 「뉘른베르크의 명가수Die Meistersinger von Nürnberg」 그리고 「파르지팔Parsifal」도 그가 쓴 대표적인 오페라였다. 또 정신착란에 걸린 바이에른의 왕 루트비히 2세와의 결탁이나, 정열적인 자기 연출 성향 때문에 그의 이미지는 상당히 변색될 수밖에 없었다. 바이로이트를 성지로 만들어 '페스트슈필하우스'라는 공연극장이 세워지면서 그의 이미지 실추는 극에 달했다. 그의 아내였던 코지마 바그너Cosima Wagner는 작곡가였던 프란츠 리스트의 딸이었다. 그녀는 이 공연극장을 세울 때 재원을 조달했다. 이 극장의 운영은 그의 아들이자 지휘자인 지크프리트 바그너에게 넘어갔다가 훗날 그의 손자이자 고문이었던 비란트 바그너에게 상속되었다. 이러한 바그너 숭배는 봉건왕조를 연상케 한다.

바그너가 살았던 시기에 확인되는 이러한 숭배는 단순한 개인에 대한 편애가 아니었다. 그것은 그가 예술이 지배할 수 있는 최고봉에 올랐음을 보여준다. 그리고 그의 동시대 사람들은 예술의 최고봉은 음악이라고 믿었고, 쇼펜하우어 역시 그러한 생각을 가지고 있었다. 상징주의 시대에도 문학은 마치 음악과 같이 되려고 노력했고, 세기 전환기의 미학주의에서도 삶은 예술 속으로 녹아들어갔다.

이에 상응하여 바그너는 종합예술을 구상하여, 모든 예술을 음악의 지배 아래 두려고 했다. 텍스트와 음악, 그리고 무대장치와 무용안무가 일찍이 볼 수 없을 정도로 긴밀하게 결합되었다. 그의 오페라는 더이상 숫자로 나누어지지 않았다. 오히려 하나의 막에서 모든 것이 한꺼번에 등장하도록 구성되었다. 이를 위해서 그는 새로운 구성원칙을 만들어냈는데, 그것이 바로 '주도동기(主導動機 극적인 행위를 강화하고, 등장인물에 대한 심리적인 통찰을 제공하며, 극의 사건과 관련된 음악 외적인 상상을 유도하거나 회상할 수 있도록 하기 위해 사용된다—옮긴이)'였다. 줄거리를 구성하는 모든 중요한 요소들은 이제 음악적인 식별기호를 갖게 되었는데, 예를 들면 한 인물을 그의 독특한 몸짓이나 표정을 통해 알게 되는 것과 같은 이치였다. 물론 이러한 주도동기가 단지 무대에 등장하는 인물에만 해당하는 것은 아니었다. 대상이나 감정 또는 상황에도 이러한 주도동기가 적용되었다. 예를 들면 지크프리트의 대검(大劍) 모티프는 남성적인 느낌을 주는 상승하는 음의 연쇄로 구성된다. 모티프가 변형되면 줄거리가 바뀐다는 점을 암시한다. 대검 모티프가 갑자기 단조의 음으로 울리면, 이것은 지크프리트의 위세가 약화됨을 의미한다.

바그너는 또 다른 의미에서 모범적인 음악가였다. 고전주의의 화음체계(하나의 기본음에 딸리는 6개의 화음)가 낭만주의자인 그에게는 만족스럽지 않았다. 화음체계는 점점 복잡해져갔고, 고전주의 음악가들이 특정한 화음에서는 결코 받아들이려 하지 않았던 음들이 낭만주의 시대에는 점점 더 많이 채용되었다. 그리고 화음들이 더 빈번하게 결합되어 악곡에 삽입되었다. 바그너와 동시대에 살았던 사람들 가운데 일부는 「트리스탄과 이졸데」의 시작 부분에 나오는 바그너의 트리스탄 화음을 화음의 종말로 해석하기도 했다. 이렇게 해서 새로 만들어진 화음들은 비록 하나의 기본음과 관련되기는 하지만, 이 기본음이 더이상 나타나지 않는다. 음악에서 점점 더 많은 표현, 더 고급스런 예술, 그리고 더 심오한 의미를 추구하다 보니 낭만주의 음악은 한계에 부딪치게 되었다. 이러한 한계를 넘어가는 곳에 바로 모더니즘이 자리잡고 있다.

모더니즘

최초의 모더니즘 작곡가로 꼽히는 인물은 구스타프 말러(Gustav Mahler, 1860~1911)였다. 그는 원래 낭만주의자였고, 바그너 숭배자였으며, 거인적인 것을 추구하는 성향이 있었다(그의 「천인의 교향곡 Symphony of a Tausend」을 연주하려면 1,379명의 음악가가 필요할 지경이었다). 그는 자신의 교향곡을 콜라주 풍으로, 자기 성찰적인 음악으로 해체하기 시작했다. 청각에 관련된 혼잡스런 주변세계가 그에게는 이질적인 음들을 조합하는 모범이 된다. 그리고 이런 조합 속에서 음악은 자기 자신에 관하여 논평을 하게 된다. 지저귀는 새들의 소리를 모방하여 음악의 모티프로 변신시키고, 취주악단의 음악이 청각적인 배경으로 삽입되며, 진부한 것이 예술적인 것과 뒤섞이기도 한다. 표현적이고, 무의식에 귀를 기울이는 소리의 세계가 전체를 감싼다. 물론 이것은 말러의 소외감을 표현한다. 그는 세 가지 측면에서 스스로 고향을 상실했다고 느꼈다. 체코의 보헤미안 출신이면서도 오스트리아에 산다는 것, 오스트리아인이면서도 독일인들 사이에 섞여 산다는 것, 그리고 유대인이라는 것 등이다. 따라서 그가 지그문트 프로이트의 소파에 눕게 되었다는 것은 결코 놀랄 일이 아니다. 그곳에서 그는 스스로가 겪은 어린 시절의 체험을 깨닫게 되었다. 아버지가 어머니를 학대하자, 어린 구스타프는 절망하여 집을 뛰쳐나왔다. 거리의 악사가 뒷골목에서 유행가를 맛지게 한 곡 뽑는 곳으로. 개인적으로는 고통스러워하면서 유쾌한 노래를 불러야 한다는 상황이 그의 음악의 출발점을 특징짓는다. 그리하여 그는 전통적인 미의 개념을 완전하게 뒤바꾸어 놓을 수 있었다.

다른 예술에서와 마찬가지로 음악에서도 파괴와 전복의 시대가 시작되었다. 그 출발점은 인상주의였다. 클로드 드뷔시(Claude Debussy, 1862~1918)는 새로운 화음을 시도했다. 그는 회화에서와 마찬가지로 낡은 형식언어를 해체하고 혼란스런 느낌을 주는 화음과 음계를 만들려고 했다. 그래야 그가 처한 상황이나 분위기 또는 색채를 효과적으로 표현할 수 있을 것이기 때문이다. 이렇게 해서 쓰여진 것이 오케스트라 작품인 「바다 La Mer」였다. 아직도 화음이 잘 어울리고 있기는 하지만, 화음의 결합이나 음계는 매우 새롭고 낯선 것이어서, 관객들은 이 곡을 들으면 매우 당황스럽다는 반응을 보였다.

여러 측면에서 생소한 예술가이자 드뷔시의 친구였던 에릭 사티(Erik

Satie, 1866~1925)의 음악 역시 관객들의 마음을 불편하게 했다. 초현실주의자나 다른 유파의 예술가들과 교류하던 괴상한 피아니스트였던 그는 이렇게 말하곤 했다. "음악이 귀먹은 사람들 또는 벙어리의 마음에 들지 않는다고 합시다. 그렇다고 해서 그것이 낮은 평가를 받아야 할 이유가 되는 것은 아닙니다." 그는 음악에 관한 음악을 썼다. 예를 들면 그의 「관료적인 소나티네 Sonatine Bureaucratique」는 시민사회의 피아노 음악의 제스처를 희화화한 것이었다. 그는 몇몇 구절을 18시간에 걸쳐 반복할 것을 지시하는 연주 지침서를 썼다. 그리고 작품들을 발표하며 이를 듣지 말라고 하기도 했다. 또 그는 교회를 세웠는데, 이 교회의 제1계명은 오로지 자신만이 이 교회의 신도가 된다는 것이었다. 또 그는 「짐노페디 Gymnopédies」와 「그노시엔 Gnossiennes」(제목 자체가 다다풍의 난센스를 함축하고 있다)을 써서, 외계의 세상에서 온 듯한, 완전히 비낭만적인 미의 음악을 만들어냈다. 사티를 구원해준 사람은 바로 아도르노였다.

아르놀트 쇤베르크(Arnold Schoenberg, 1874~1951)는 음악의 형식언어를 확대하려고 시도했다. 그는 이렇게 생각했다. 즉 낭만주의가 아름다운 음들을 모두 다 사용해버렸다면, 이제 덜 아름다운 음들이라도 사용해야 한다고. 이 말은 불협화음, 즉 조화롭지 못한 음들을 사용해야 한다는 것을 의미한다. 즉 작품이 끝나갈 무렵에 화음의 아름다움을 더욱 과시하기 위한 조치로 불협화음을 사용하는 것이 아니라, 불협화음 자체가 독자적인 가치를 지니고 있다는 것이다.

또 그가 이룩한 두 번째 공적은 장조와 단조의 전통적인 구분을 극복했다는 점이다. 하지만 전통적인 음계를 그렇게 쉽게 떨쳐버릴 수는 없었다. 음계라는 것이 음의 자연스런 효과에 근거를 두고 있기 때문이다. 이런 딜레마를 해결하기 위해 쇤베르크가 제시한 해결책은 12음계를 계발하는 것이었다. 12음계는 단순한 원리에 근거를 두고 있다. 하나의 음열에는 12개의 음들이 모두 나타나야 한다. 이것이 12음계의 음열의 원리다. 악곡의 나머지 부분은 이러한 음열 위에 세워진다. 음열 내에서는 그 어떤 음도 다른 음을 희생하면서 강조될 수 없다. 따라서 음끼리의 절대적인 평등성, 즉 음악적인 엔트로피의 형식이 12음계의 원칙으로 자리잡게 된다(여기에서의 엔트로피란 열 정지[熱停止] 현상을 지칭하는 물리학적 개념이다-옮긴이). 쇤베르크의 음악이론은 다른 작곡가들에게도 커다란 영향을 미쳤다. 그의 제자들 가운데 몇 명이 저명한 작곡가가 되었는데, 이 가운데 대표적인 인물로는 알반 베르크Alban Berg, 앤턴 베베른Anton Webern 그리고 마르크 블리츠슈타인Marc Blitzstein이 있다.

토마스 만은 쇤베르크의 급진적인 혁신을 자신의 소설 『파우스투스 박사Doktor Faustus』(→ 문학)에서 작곡가 아드리안 레버퀸이라는 인물의 형상화에 활용했다. 쇤베르크와 마찬가지로 레버퀸은 음악의 형식언어가 이제 고갈되었음을 깨닫고는, 파우스트처럼 자신의 영혼을 악마에게 맡긴다. 악마는 그 대가로 그에게 12음계를 발견하게 해준다. 음악의 모더니즘에 관하여 경험하고자 하는 사람은 『파우스투스 박사』를 읽으면 좋을 것이다. 이 작품을 쓰면서 토마스 만은 테오노르 아도르노Theodor W. Adorno에게서 전문지식에 관한 자문을 받았다.

쇤베르크의 음악이 관중들에게 많은 공감을 불러일으켰다고 할 수는 없다. 관객의 호응을 염두에 둘 경우 이고르 스트라빈스키(Igor Stravinsky, 1882~1971)가 훨씬 앞서갔다. 그는 새로운 방법론을 통해 음악을 발전시키기보다는 전통적인 형식, 즉 부분적으로는 고전주의적이고 부분적으로는 고대 그리스적인 형식을 터전으로 삼았다. 그러면서 그는 이러한 고전적 형식들을 매우 반어적으로 결합해 대중적인 스캔들을 불러일으킬 수 있었다. 특히 「봄의 제전(祭典)Le Sacre du Printemps」은 이교도적 주제와 과도한 리듬을 통해 관중들을 충격으로 몰고 갔다. 이렇게 하여 스트라빈스키는 음악사의 기초를 새로운 작곡을 위한 토대로 이용할 수 있는 기법을 창안하게 되었다. 쇤베르크와 스트라빈스키가 시민사회에서의 예술가의 자유를 즐겼다면, 세르게이 프로코피예프(Sergey Prokofiev, 1891~1953)와 드미트리 쇼스타코비치(Dmitry Shostakovich, 1906~75)는 소련 당국의 검열과 숨바꼭질을 하지 않을 수 없었다. 따라서 이들의 경우 공식적으로 인정된 낙관적인 분위기와 그 저변에 깊이 깔린 항의가 뒤섞여 있었다.

미국

미국이 음악에 끼친 기여를 찾기 위해서 우리는 아프리카 출신의 미국인 문화까지 소급해야 한다. 거기에서 우리는 이른바 재즈 음악을 만난다. 재즈는 전통적인 아프리카의 노래와 기독교적인 찬송가, 그리고 유럽의 댄스 악단이 혼합된 블루스에서 발전되어나왔다. 동유럽 출신의 전통적인 유대인 음악가들은 자신들의 음악을 대대적인 유대인들의 이동과 함께 미국으로 가져왔으며, 동양적인 음색을 내는 클라리넷을 수단으로 그 음악을 부활시켰다. 이러한 음악은 급속히 미국의 주와 도시들로 파급되었고, 흑인 노동자의 이동과 함께 농촌지역에서 산업지대로 파고들었다. 대중적으로 널리 알려진 이론에 따르면, 빠른 템포로 휘몰고 가는 듯한 래그타임 Ragtime 리듬은 흑인들이 시카고로 갈 때 타고 간 기차 바퀴의 빠른 회전에 상응한다고 한다. 백인들도 쉽게 재즈에 동화되었고, 재즈의 물결이 유럽을 휩쓸었다.

유럽에서 스트라빈스키와 다른 작곡가들은 이러한 재즈 음악의 요소를 자신의 음악에 삽입했다. 이와는 반대로 미국의 작곡가들도 유럽의 예술음악에 접목하고자 했다. 그러한 예는 조지 거슈윈(George Gershwin, 1898~1937)의 교향곡풍 재즈에서 잘 드러난다. 이러한 경향은 빠른 속도로 대중의 호응을 얻게 되었고, 또 듀크 엘링턴 (Duke Ellington, 1899~1974)과 베니 굿맨 (Benny Goodman, 1909~86)의 전설적인 대규모 밴드의 탄생으로 이어졌다. 그러나 비밥Bebop이나 자유 재즈와 같은, 예술성 높은 형식들의 상황은 유럽의 예술음악과 비슷해져갔다. 이런 음악들은 오로지 수준급의 관객들에게만 어필할 수 있었다.

재즈는 경건한 유럽인들이 퇴짜놓은 한 가지 요소를 음악세계로 다시 집어넣을 수 있었다. 즉 재즈는 신체적인 음악이 되었다. 다시 말해 음악적 기관으로서 신체가 재즈 연주에 함께 할 수 있게 되었다. 록큰롤Rock'n'Roll은 전후(戰後)시기에 등장한 신체 해방운동에 상응하는 음악 장르였다(섹시하게 엉덩이를 흔드는 엘비스는 펠비스라는 별명을 얻었는데, 펠비스는 골반을 의미한다). 도취상태의 신체운동과 음악이 재결합하면서, 음악은 젊음의 문화를 정복하고 말았다. 우리는 팝 음악이라는 황제의 통치를 받고 있다. 팝 음악은 독자적인 제의식을 갖추고 나름대로 도취의 세계를 탐구하는 여러 부족과 종족 그리고 집단을 거느리게 되었다. 테크노, 하우스, 힙합, 드럼과 베이스, 러시모어 산Mount Rushmoore의 롤링 스톤처럼 보이는 노인 밴드, 소년 그룹, 소녀 그룹 등등. 그 이름은 나열하기조차 어려울 지경이다.

최근의 추세는 이러한 다양한 경향들이 서로 결합되는 것이다. '혼합' '뒤섞음'이라는 말이 표어가 되고 있다. 재즈의 거장들이 고전음악을 연주하고, 고전 오케스트라가 팝을 연주한다. 테너 가수가 마치 대중가수처럼 무대에 나와 박수갈채를 받고 유행가를 노래한다. 민족적인 민요가 도시풍의 음향과 결합하여 세계음악이 되고 있다. 고급음악과 저급음악의 경계가 무너지고 있다는 징후이다. 동시에 음악은 문화산업에 의거해 시장화의 추세로 접어들고 있었다. 20세기가 되면서, 산업사회의 시대가 음악에도 침투하게 된 것이다. 그것이 가능하게 된 계기는 두 가지의 발명에서 찾을 수 있다. 바로 음반과 라디오다. 이 두 가지 요소는 음악을 대중에게 전파할 수 있는 매체였다. 음반과 라디오를 통해 민주적인 음악문화가 생성될 수 있었다. 모든 종류의 음악에 누구든지 쉽게 접할 수 있는 음악문화 말이다. 이를 통해 수백만 대의 하이파이 오디오가 유통되었고, 전세계적으로 하이테크의 조종을 받게 되었다. 『템페스트Tempest』에 나오는 셰익스피어의 마술의 섬에서처럼 세계는 소음들로 가득 차 있다. 더러 어떤 사람들은 음악이 아직은 예술이었던 시대를 향수에 젖은 눈으로 바라본다. 하지만 피타고라스라면, 오늘날 가전제품 대리점에 갈 때마다 천상의 음악에 관한 자신의 꿈이 실현되었노라고 생각할지도 모를 일이다.

5. 위대한 철학자, 사상, 이론 그리고 과학적 세계상

철학자들

유럽에서는 많은 것들이 두 번 발명되는데, 첫 번째는 그리스와 아테네에서, 두 번째는 근대 초기의 유럽에서다. 이를테면 민주주의, 연극 그리고 철학 같은 것들이 두 차례에 걸쳐서 발명되었다.

그리스의 세 성인 철학자인 소크라테스, 플라톤, 아리스토텔레스에 대해서 우리는 그리스를 다룬 역사 부분에서 이미 서술한 바 있다. 그렇지만 이미 그들은 노현자(老賢者)로서의 철학자라는 고정된 이미지에 맞지 않는 인물이었다. 소크라테스는 익살꾼이자 길거리 연설가였다. 그는 마술 같은 속임수를 논리적으로 사용하여, 대화 상대자로 하여금 자기에게 제안된 모든 진술을 마지못해 꿀떡 삼키지 않을 수 없도록 하는, 대화 상대자를 불안하게 만드는 대화술을 발전시켰다.

이는 모든 철학의 시작이 어떤 것인지를 예시하는 것이다. 다시 말하면 상대방을 불안하게 만드는 것이다. 진리로 간주되는 것은 난센스이며, 한

더미의 선입견일 뿐이라는 것을 누구나 알고 있다. 이것은 인간의 소망을 먹고 자라며, 인간의 제한된 시야를 통해 가능해진다.

이 때문에 두 번이나 연극과 철학이 동시에 생성된 것은 우연한 일이 아니다. 철학자가 보기에 세계는 연극이다. 무대 위의 연극은 꾸민 환상이며, 이 환상은 어리숙한 관객들에게만 현실로 간주된다. 철학자는 무대 이면, 즉 연극이 준비되는 장소에 관심이 있다. 간단히 말해 철학자란 현실의 심층을 응시하며, 있는 그대로의 사실을 추구하며, 계몽을 목표로 한다.

이 때문에 철학 역시 연극처럼 종교에서 시작되었다. 중세의 철학은 단지 신학의 시녀였다. 다시 말해 결과는 이미 결정되어 있었다. 교회의 분열 이후 종교전쟁에서 종교가 그 신용을 잃어버렸을 때에야 철학은 제자리를 찾게 되었다.

근대철학의 창시자인 프랑스의 르네 데카르트는 군인으로 독일의 30년 전쟁(1618~48)에 참전했다. 그와 동시대인인 토머스 홉스는 영국의 시민전쟁(1642~49)을 체험하고 나서 찰스 1세의 아들인 찰스 황태자의 수학교사로 은둔생활을 한다. 그들에게는 무의미한 종교논쟁과 전쟁의 대량학살 따위를 생각하지 않고 수학과 논리학의 영원한 진리에 열중할 수 있을 때 이것이 바로 엄청난 안도감을 의미했음에 틀림없다. 철학의 최초의 법칙들을 관찰함으로써 그들은 위로를 받았으며, 또 기하학의 공개로 그들은 엄청난 각광을 받았음에 틀림없다. 그들은 종교를 토대로 하는 것보다 이러한 영원한 진리를 토대로 세계에 대한 신뢰를 회복하고 진리를 훨씬 더 잘 구축할 수 있었다. 종교는 진리로 귀결되는 대신 대량학살로 귀결되었다.

데카르트

르네 데카르트(René Descartes, 1596~1650)는 30년전쟁 때 울름과 울름 주변의 전쟁터를 돌아다녔다. 그곳은 겨울에 너무나 추웠다. 그가 술회한 바에 의하면, 그는 어느 벽난로 속으로 기어들어갔고, 그 난로 속에서 잠이 들었다가 세 가지 꿈을 꾸었다. 꿈에서 깨어났을 때, 그는 철학의 새로운 이상을 발견했다. 그것은 수학이었다. 철학의 진술은 수학의 진술처럼 아주 기초적이고, 논리적이고, 엄격해야만 하는데 아직 그러지 못했다. 철학의 기초를 확립하기 위해서 그는 우선 모든 것들에 대해 회의(懷疑)했다. 그럼으로써 모든 근본 중의 근본을 발견한 셈이었다. 다시 말해서 그는 근대철학의 토대를 발견했으며, 이 토대 위에 하나의 새로운 철학교회를 세웠다.

결말은 다음과 같았다. "내가 모든 것에 대해 회의할 때조차 내가 회의하고 있다는 사실에 대해서는 회의할 수가 없다."

이 사실은 확실하다. 새로운 근본법칙은 자아 또는 주체다. 모든 부정은 필연적으로 자신에 대한 예외를 수반한다. 부정하는 주체는 따로 존재하게 마련이기 때문이다. 이리하여 민주주의는 민주주의 자체에 대해 표결하게 할 수는 없으며, 위(胃)는 스스로를 소화해서는 안 되며, 대식가라도 자신을 삼킬 수는 없으며, 재판관은 스스로에게 형을 선고할 수 없다. 간단히 말해 자아는 스스로를 떠나서는 사고할 수 없다.

그래서 데카르트는 철학사에 저 유명한 문장을 남겼다.

"Je pense, donc je suis(나는 생각한다, 고로 나는 존재한다)."

이 문장의 유래를 추측할 수 있게 하는 베를린 판으로 변형된 시가 있다.

> 나는 집안에 앉아 고기완자를 먹고 있다.
> 갑자기 똑똑 노크 소리.
> 나는 생각하고, 의아스러워하고, 기이하게 여긴다.
> 갑자기 문 두드리는 소리.
> 나는 밖으로 나가 살펴본다,
> 바깥에 서 있는 사람은 누구인가?
> 바로 나다!

위 문장의 가장 잘 알려진 판본은 라틴어로 되어 있다.

"Cogito ergo sum(생각한다, 고로 존재한다)."

이 말은 혁명적이었다. 그때까지 철학자들의 고찰(생각)은 언제나 대상세계에서 시작했다. 그러나 데카르트는 철학 장애물 경기의 출발선을 주체의 의식 속으로 옮겨놓는다. 이때부터 그는 물질세계를 공격해, 이 세계를 사유의 불씨로 방화하고, 사고에 필수적이지 않은 모든 것을 무조건적으로 일소한다. 그래서 마침내 그는 수학적으로 측정 가능한 것, 즉 크기·형태·운동 그리고 숫자만을 수중에 남겨둔다. 그 이외에 취향(미각), 냄새(후각), 열(온도)과 색채들은 수프(물질적 세계)에 인간의 의식이 추후에 첨가한 주관적 향신료라고 선언한다.

이와 더불어 그는 단지 역학(메커니즘)의 법칙만이 지배하는, 취향도 없고, 색깔도 없고, 소리도 없는 세계의 표상(개념)을 확장시킨다. 이러한 세계는 미몽에서 깨어나, (원인과 결과의 법칙이라는) 인과관계의 지배와 수학의 지배에 좌우되고 있다. 바로 여기에서 일찍이 전체적으로 완결되었던, 질서 있는 세계에 균열이 생긴다. 즉 주체의 성찰을 통해 주체와 대상세계 간에 단절이 생겨나며, 주체는 양념을 치는 요리사로서 현실의 숨겨진 속임수를 간파하고 그 순간부터 물질세계와 구분되는 정신으로서 독립하게 된다. 이제부터 주체와 객체(대상)는 서로 마주보고 대립하는 것이다. 그리고 대상세계는 과학의 주체로부터 조사받기 위해서 바지를 내린다. 자아의 주체화와 과학의 객체화는 함께 하나의 전체를 이루고 있다.

그래서 사람들은 이것을 이원론Dualism이라고 명명했다(라틴어 듀오는 '2'라는 뜻이다).

그리고 데카르트는 세계를 마주보고 있는 오성에게 이 활동을 독립시켰기 때문에 합리주의(이성의 강조)의 창시자가 되었다.

홉 스

온건한 이원론자인 데카르트와 비교하면 동시대인인 영국인 토머스 홉스(Thomas Hobbes, 1588~1679)는 악명높은 급진파다. 그는 정신의 바람직하고 여유로운 상태인 난센스를 모조리 제거했을 뿐 아니라 그것을 인과관계의 법칙에 종속시켰다. 즉 우리의 표상(개념)은 감각적인 인상들의 세분화된 조합에 불과하며, 우리의 생각은 연상의 법칙에 따라 인과관계로 이어져 있다고 주장한다. 우리의 의지조차 자유로운 것이 아니라 불안과 욕망 사이의 손뜨개질의 결과일 뿐이다. 선과 악 또한 상대적이다. 호감이 가는 대상을 우리는 선이라 하고, 반감의 대상을 악이라고 한다. 인간이란 하나의 기계다.

빈틈없는 인과관계는 신이 개입할 여지를 남기지 않는다. 이리하여 신을 통한 인간의 보존은 하나의 새로운 법칙에 의해 교체된다. 이 법칙은 홉스가 발견한 '자기 보존'이다. 이것은 성스럽기도 하고 끔찍하기도 하다. 이 악마적인 본능의 토대 위에 그는 국가이론을 세웠고 그 국가이론을 개진한 책이 바로 『리바이어선*Leviathan*』인데 오늘날까지도 사람들은 이 책에 대해 흥분하고 있다.

홉스는 인간을 불안하고 추격받고 있는 동물로 파악했다. 인간은 미래를 예측해볼 수 있기 때문에, 자기가 비축한 것이 떨어지지나 않을까, 또는 다른 사람이 이것을 빼앗아가지나 않을까 끊임없이 불안해한다. 이 때문에 인간은 권력, 권력 그리고 또 권력을 원한다. 권력은 인간을 외롭고 비사회적인 존재로 만든다. 이와 마찬가지로, 사회화되기 이전의 인간의 원시상태 역시 절망스런 것이다. 이에 대해 홉스는 다음과 같이 말한다. "만인의 만인에 대한 투쟁만이 지배한다." 삶이란 외롭고, 가련하고, 추하고, 잔인하고 그리고 짧다. 바로 이 진술에서 오늘날에도 인용되고 있는 저 유명한 문구가 나왔다.

"호모 호미니 루푸스Homo homini lupus(인간은 인간에게 늑대다)."

결론적으로 말해, 인간들은 폭력적인 죽음에 대한 두려움 때문에 서로 계약을 맺는다. 이른바 사회계약(영어로는 social contract, 프랑스어로는 contrat social)을 맺는 것이다. 이 계약 속에서 인간들은, 단 한 사람의 지배자에게 자기들의 권리나 권능을 행사하도록 위임한다. 이런 식으로 전체 사회는 하나의 개체, 즉 국가가 된다. 국가란 리바이어선(「욥기」에서는 바다의 괴물을 가리킴)이다. 즉 유한한 신과 같은 것으로, 불사의 신 바로 다음으로 평화와 안전에 대해 우리가 고마워하는 신이다. 이 신, 즉 국가는 절대적이다. 이것은 당파와 도덕을 초월한다. 그렇지만 이러한 생각은 20세기의 전쟁을 체험한 이후에는 불합리한 것으로 여겨진다.

홉스는 영국의 시민전쟁이라는 또 다른 체험을 했다. 이때 그는 종교의 도덕적 독선이 영국을 전락시켜 제 살을 갈가리 찢어먹는 참상을 초래하는 것을 목격하고 다음과 같은 결론을 내렸다. 분쟁 중에 혼자서 전체 도덕을 요구하는 자는 상대방에게는 부도덕만을 허용한다. 이리하여 그는 상대방을 범죄자로 지목하고, 분쟁을 전쟁으로까지 격화시킨다. 거기서 유일하게 가능한 결론은 다음과 같다. 종교는 국가와 분리되고, 양심은 사적(私的)인 것이 되고, 국가는 절대적이 되고, 또 도덕적 싸움꾼들 사이에서 심판관이 되어 평화를 강요한다.

이 저술로 홉스는 모든 당파의 분노를 불러일으켰다. 즉 유물론은 신학자들을 격분시켰고, 절대주의의 창립은 영국 의회의 적대감을 샀으며, 도덕의 개인화는 청교도들을 화나게 했고, 사회계약설은 망명 중에 있는 왕당파의 그에 대한 호의를 날려버렸다.

홉스의 학설은 오늘날까지 사람들을 두 부류로 양극화시킨다. 한 부류는 국가주의자들로, 이들은 홉스가 국가의 평화 유지기능을 기본가치와 아무런 연관 없이 단순히 기술적으로 설명하는 것을 거부한다. 다른 부류는 그를 지지하는 사람들로, 이들은 사람들이 자신들만이 도덕적 인간인 양 믿고 행동할 때 홉스에 의지해 그 위험성을 환기시킨다. 자기들만이 도덕적 인간이라고 믿고 행동하는 사람들은 어떠한 것에도 놀라거나 뒤로 물러서지 않는다. 홉스는 도덕보다 더 위험한 것은 없다는 것을 발견했다.

로크

존 로크(John Locke, 1632~1704)에 와서 인간상(인간에 대한 개념)은 다시 더욱 분명해진다. 로크의 아버지는 충직한 의회주의자였고, 자신은 휘그당의 초대당수인 샤프츠버리 경의 주치의이자 그 손자의 가정교사였다. 이 손자는 나중에 유명한 철학자가 되었다.

로크는 아주 영향력 있는 두 권의 책을 썼다. 첫 번째 책은『인간 오성론 An Essay Concerning Human Understanding』이다. 이 책에서 그는 다음과 같은 내용 때문에 홉스가 옳다고 말한다. 즉 인간이 선천적으로 타고난 관념이란 없으며, 우리의 모든 생각은 다만 지각된 것들에서 유래하는 것이기 때문에, 모든 인간은 체험을 한 이후에야 비로소 쓰여질 수 있는 백지와 같다는 것이다. 또한 그에 의하면, 인간이 측정할 수 있는 현실의 속성만이 사실이고, 그가 '이차적 성질'이라 부르는 다른 모든 것들은 일차적 성질과의 결합으로써만 생성된다. 로크에게 결정적으로 중요한 것은 운동이라는 일차적 질(質)이다. 그의 친구 아이작 뉴턴Isaac Newton은 이미 중력을 발견함으로써 모든 자연현상에 공통적인 단조로운 운동을 자연질서의 새로운 이상으로 끌어올린 적이 있었다(마치 나중에 아인슈타인이 빛의 속도를 그렇게 했듯이).

로크는 중력을 인간 내부로 이전시키고, 여기에서 정신 속의 관념들도 역시 균일한 형태로 연속적으로 전개되고 있음을 발견한다. 그러나 관념들의 이 연속체는, 이것이 하나의 통일체로서 인식되려면, 이 연속체를 포괄하고 정리하는 불변의 심급(審級)기관을 (국가로 치자면 대법원을) 전제로 가지고 있어야 한다.

로크에 의하면 불변성과 변화에 대한 이런 내적 관찰의 관계가 인간 주체의 본질을 이룬다. 서로 다른 사람들의 주체를 구성하는 재료는 시간이다. 그리고 이 여러 주체가 모여 조직되는 형식이 성찰이다. 이리하여 불변의 영원성과 가변적 현세 간의 오래된 구분(즉 영원한 천당과 무상한 세상)이 주체 내면의 문제로 이전된다(→ 역사, 중세). 성찰은 연속적 시간과 평행하게 달리고, 주체의 자기 접촉을 통해 그 변화 속에서도 지속된다. 홉스가 느낀 인간적 정열의 불안감은 로크에게서는 사고의 불안감으로 승화된다.

이 불안감은 성찰을 통해 단일한 것으로 정착되고 또 주체의 자존심의 기초가 된다.

이 책은 인식론(인식의 철학)의 이정표가 되었고, 프랑스 계몽주의의 교본이 되었다. 또 칸트에까지 이르는 이후의 철학의 문제들을 명확히 표현하는 발판을 마련해주었으며, 소설 속에서 문학의 주관화(내면화)를 가속화시켰고, 또 문학가와 예술가 그리고 심리학자들에게 커다란 영향을 끼쳤다.

로크의 정치저술인 『통치이론Two Treatises of Government』도 그 책 못지않게 중요하다. 여기에서는 무엇보다 두 번째 논문이 중요하다. 여기에서도 로크는 홉스의 전(前)사회적 자연상태라는 가설에서 출발하는데, 이 자연상태란 만인의 만인에 대한 투쟁으로 특징지어지는 것이 아니라, 모든 개인의 평등과 자유로 특징지어진다. 홉스에게서처럼 개인들은 계약을 체결하지만, 이들은 자기들의 권리를 절대군주에게 위임하는 것이 아니라 공동체 사회 자체에 위임한다. 주권자인 공동체 사회는 삼권 분립의 원칙에 따라 조직된 정부에게 이 권리를 재위임한다. 입법권은 의회에, 행정권은 왕과 내각에 있다. 정부의 목적은 시민의 재산 보호인데, 이때 재산이란 최대한의 이윤을 추구하는 경제적 자원일 뿐만 아니라, 동시에 국가로부터 시민의 정치적 독립을 보증하는 것이며, 시민의 참여를 가능케 하는 기반이다. 자유와 재산은 함께 고려되고(나중에 사회주의에서 그러하듯) 서로 대립하지 않는다. 결론은 다음과 같다. 정부가 시민의 자유나 재산을 당사자의 동의 없이 임의 처리할 때 정부는 붕괴될 수 있다(초기 미국에서 그런 일이 있었는데, 이때 영국 정부는 미국인들의 동의 없이 과세를 부과했다).

이 책은 시민 민주주의의 마그나 카르타(Magna Carta. 자유권을 최초로 보장했다고 평가되는 1215년의 대헌장)가 되었다. 이 책은 1688년의 명예혁명, 1776년의 미국 혁명, 그리고 1789년의 프랑스 혁명을 정당화했다. 미국의 독립선언서는 로크의 표현을 거의 문자 그대로 차용했다. 프랑스 혁명의 인권선언도 그것을 받아들였다. 그 헌법이론은 몽테스키외Montesquieu와 볼테르Voltaire에 의해 프랑스로 수입되어 잠시 보관되었다가, 사법권 개념으로 보완되어 미국으로 수출되었다. 그것은 국민주권, 인권과 의회주의 정권의 권력 분할을 정당화했으며, 이로써 오늘날 우리가 신봉하는 정치적 문명화의 토대가 되었다. 홉스가 끔찍한 참상으로 규정한 내전은 정부와 양당의 차별성을 통해서 평화로운 여론의 전장으로 승화되었다. 이리하여 로크는 시민사회로 향하는 황금의 길을 제시한 셈이다.

라이프니츠

철학을 들여다보면 거기에는 민족적 기질이 나타난다. 영국인들은 민주주의 국가를 가지고 있고 경험주의자다(그들은 모든 것을 판단할 때 경험에 기초한다). 프랑스인들은 중앙집권국가를 가지고 있으며, 데카르트처럼 합리주의자다. 독일인들은 국가도, 경험도 가지고 있지 않다. 그래서 그들은 사색(성찰)의 길로 나아가 이상주의자가 되었다(독일인들에게는 모든 현실이 정신적이다).

독일 관념론의 최초의 위대한 철학자는 고트프리트 빌헬름 폰 라이프니츠(Gottfried Wilhelm von Leibniz, 1646~1716)이다. 그는 영국인들의 기계적인 모델을 역동적인 유기체 모델로 대체했다. 그에게서 결정적인 자연법칙은 운동이 아니라 그 배후에서 작용하는 힘이다. 로크는 경험의 다양성에 관심을 보였지만, 라이프니츠는 주체의 단일성의 원칙에 관심을 보였다. 라이프니츠는 로크가 말한 "지성 속에 담겨 있는 것은 지각에서 유래한 것뿐이다. 이것들 이외에는 아무것도 없다"라는 문장에 상응하여 "거기에 있는 것이라고는 지성 자체일 뿐이다"라는 문장을 덧붙인다. 이리하여 라이프니츠는 타고난 관념 자체로 귀환한다. 이 지점에서부터 그는 정신과 힘의 결합에 도달한다.

라이프니츠는 '힘 전달자'를 일종의 정신적인 아톰(원자)이라고 생각하며, 이를 단자(單子)라고 명명한다. 이 단자는 형상도, 크기도 없으며, 더이상 나눌 수 없는 개별적인 영혼이며 스스로 완결된 영혼이다. 단자는 수많은 노력과 욕망으로 가득 차 있으며, 내면활동이 이루어진다. 그것에는 창문이 없지만 전 우주가 반영되어 있다. 이 반영이 얼마나 명료한지의 등급에 따라서 단자는 (다음의 세 가지로) 구분될 수 있다. 즉 물질의 몽유병자적 단자에서부터 동물의 지각하는 단자를 거쳐 인간의 이성적 단자에 이르는 세 단계가 생긴다. 이러한 순서 개념 덕택에 라이프니츠는 프로이트적 무의식의 개념을 선취하는 자기 지각의 영역, 즉 의식이 반쯤 있으며 혼란스럽고, 어둠을 드리운 그런 영역까지도 묘사할 수 있었다.

신체의 메커니즘과 영혼의 동역학은 어떻게 서로 연관을 맺는가? 기계론적 시각에서는 마치 인과관계처럼 보이는 것이 단자들의 세계에서는 목적체계로 밝혀진다. 양자의 연관성은 라이프니츠의 예정조화론에서 두 개의 진자시계의 작용방식에 따라 설명된다. 비록 각각의 시계는 자신의 진자운동을 수행하지만 그 시계추들의 상호 작용은 춤을 추는 것처럼 보인다. 우리가 작용이라고 이해하고 있는 모든 것은 처음부터 이런 상호 작용의 원칙에 따라 서로서로 맞춰져 있다. 즉 지각과 지각된 것, 정신과 육체, 감각과 운동 따위가 그러하다. 이 조화의 주도자는 당연히 최상의 단자이며, 신이며, 모든 물질의 창조자이며, 이성의 화신이다. 그는 인간의 행복을 자신의 정부의 통치이념으로 승격시켰다. 사탄 옹호자는 이에 대해 다음과 같이 반론을 제기한다. "현실이 그와 같다고 하지만 최선은 아니다. 때때로 인간은 너무 불행하다. 이런 일들을 생기게 하는 신이라면 그 신이 어떻게 현명하고 전능하고 선하다고 할 수 있겠는가?"

그러면 신은, 모든 정부가 그러하듯, 다음과 같이 백성에게 용서를 빈다. "더이상의 것은 이곳에 없다. 결국 나는 아주 다양한 이익집단들을 만족시켜야 하고, 또 보수주의자들의 최대한의 질서를 좌파 무정부주의자들의 최대한의 다양성과 결합시켜야 한다. 나는 가장 단순한 방법을 최대한의 작용과 결합시켜야 하고, 이 목표에 도달하기 위한 수단으로 많은 사람들의 열정을 끌어들여야 한다. 내 컴퓨터는 모든 가능한 세계를 감별하여 최선을 골라놓았다. 이것을 취하든 버리든 마음대로 하라. 더 나은 것은 없다."

이 주장을 우리는 변신론(辯神論) 또는 신의론(神義論)이라 한다. 이 이론은, 이 세계에 존재하는 모든 해악과 관계없이, 신은 선하다고 주장한다.

1755년 리스본의 대지진 이후 사람들은 그 주장을 비웃었으며, 볼테르는 이것이 불합리함을 논증하기 위해 『캉디드*Candide*』라는 장편소설을 썼다. 이 책에서 신은 존재하지 않았기 때문에 무죄판결을 받았고 동시에 처형되었다. 내용 전체가 헛소리였다. 이 헛소리는 치명적이었다. 그 이유는 신은 최초의 장본인으로서 더이상 권한이 없었고, 그래서 곧바로 사람들은 새로운 속죄양이 필요했기 때문이다. 신이 아니라면 누가 역사를 만들까? 인간이라고 해야 할까? 그럼 누가 이 헛소리에 책임을 질까? 이것도 인간이다. 이때부터 세계사는 (최후의) 심판의 역사가 되었다. 즉 혁명의 시대에는 행복에의 길을 가로막았던 죄인들이 항상 있었다. 이를테면 왕, 성직자, 귀족, 자본가, 보수(반동)주의자, 기생충 같은 자, 국민의 적, 우익 편향자, 좌익 편향자 그리고 혁명의 배반자 따위. 이들은 나중에 처형을 당했는데, 대개는 신속하게 집행되었다. 왜냐하면 신은 더이상 거기에 없었기 때문이다.

있을 수 있는 다수의 세계가 존재한다는 생각은 이 세상을, 방해자들마저도 유토피아를 기치로 내걸며 출현하는 지뢰밭으로 만들었다.

덧붙여 말하면, 라이프니츠는 신의 편재(遍在)를 증명해보려고 했지만 실패했고, 다만 과학의 레오나르도 다 빈치가 되었다. 그는 거의 모든 학문에 통달해 있었으며, 미분법(微分法)을 고안해냈고, 베를린 과학아카데미의 초대원장이 되었다.

루소

장 자크 루소(Jean-Jacques Rousseau, 1712~78)는 프랑스인이 아니라 독일인으로 태어났어야 어울릴 사람이었다. 즉 그의 자연 탐닉, 사회와 관습에 대한 적대감 그리고 감정의 숭배 및 박해받는 외톨박이의 괴짜 행동 등등의 그 모든 것이 독일인의 정신상태와 딱 맞아떨어졌기 때문이다. 하지만 독일인들이 그러한 정신상태에 도달할 수 있었던 것은 루소를 통해서 비로소 가능했다. 사실 루소는 스위스 사람이고 제네바 출신이기 때문에, 프랑스인과 독일인의 타협의 결과이기도 하다.

개인적으로 루소는 불만이 많은 사람이었다. 항상 훼방을 놓으며, 사회적으로 무능력한 이기주의자였다. 그래서 그는 자신의 감정과 순수성을 끊임없이 내세웠고, 타인들을 위선자라고 고발했으며, 모든 사람들과 불화를 일으켰다. 그러나 놀랍게도 그러한 성품의 인간이, 어마어마한 영향력을 가진 대단한 저술들을 남겼다. 이 저술들 속에서 그는 시대정신을 정확히 간파했고, 새로운 생활감정을 표현해 프랑스 혁명과 낭만주의 사상을 고취한 사람이 되었다. 이때 그는 엄청난 반발을 불러일으킨 하나의 혁명적인 철학, 즉 "자연은 선하고 사회는 악하다"는 철학을 완성했다(당연히 그는 프랑스 혁명 전 구체제의 사회질서를 의도했지만, 사람들은 그 이후 이 말로 다른 모든 사회 비판이론의 기초를 세울 수 있었다).

여기에 일련의 대립항들이 이어진다. 우선 자연의 편에 속하는 것은 감정, 자발성, 참된 것, 성실, 자의적이지 않은 것, 전원생활, 자연민족, (고상한) 원시인 그리고 자연아(自然兒) 따위, 요컨대 인위적이 아닌 진정한 모든 것이다. 최고의 선은 자기 자신에 대한 진실성이므로 루소는 『고백록 Confessions』에서 자신의 본모습을 역시 아무 거리낌없이 다 드러냈다.

악한 사회의 편에 속하는 것은 관습, 유행, 가장(假裝), 정중한 매너, 연극, 가면, 우아, 친절, 각종 기관, 그리고 타인을 보호하기 위하여 자신의 충동을 제어하는 모든 행동들이다. 그래서 루소는 『에밀 Emile』과 『신 엘로이즈 Julie ou, la nouvelle Héloïse』에서, 어린이의 자연적 발전을 강조하는 새로운 교육관을 전개했다. 하지만 그는 조용히 글을 쓰기 위해 자신의 아이들을 고아원으로 보냈다.

그는 자신의 사회이론을 홉스나 로크처럼 사회계약론의 시나리오를 가지고 시작한다. 사회계약을 통해 개인은 공동체를 위하여 자기의 권리를 포기한다. 루소는 권력 분립의 몇몇 긍정적인 효과를 중얼거리지만, 그의 최상의 선은 국민주권이다. 이 개념은 '다수의 의견'과는 구분되는, 일종의 객관적 전체이익을 의미하는 '전체의사'라는 말로 표현되었다. 이런 특별한 공동체에 대한 강조는 프랑스 혁명 시절에는 테러를 정당화하는 데 기여했다.

루소의 영향은 지속적이고 포괄적이며 철저했다. 그의 끊임없는 싸움걸기는 유럽의 절반의 공감을 불러일으켰다. 자신의 싸움은 그의 주장대로 외로운 한 영혼, 정직한 한 반란자에게 가해지는 박해로 이해되었다. 그는 질풍노도, 헤르더Herder의 역사철학, 자연민족의 인류(민속)학, 페스탈로치의 교육학, 농업을 강조하는 중농학파들의 국가 경제정책, 그리고 감정숭배의 낭만주의 문학 등에 막대한 영향을 끼쳤다. 최근에 그는 독일 녹색당의 명예의장으로 선출되었는데, 이것은 그가 독일인들이 피상적인 프랑스인들과는 대조적으로 진정한 내면적 문화의 계승자라는 자의식을 가지게 해주고 난 뒤의 일이었다. 이 점에서 녹색당은 루소 식으로 이해된 독일인의 근원으로 다시 귀환한 셈이다.

칸 트

이마누엘 칸트(Immanuel Kant, 1724~1804)는 철학의 코페르니쿠스다. 그는 사람들에게 새로운 사실을 바라보게 했다. "보시오! 오성(悟性)은 더이상 현실의 땅덩어리 둘레를 회전하지 않습니다. 반대로 경험세계의 땅덩어리가 오성의 태양 주위를 공전합니다." 이 말을 문학적이지 않게 표현하면 다음과 같다. 칸트는 현실을 더이상 응시하지 않았고, 도리어 오성이 현실을 어떻게 올바로 모사해낼 수 있는지에 대해 물음을 던졌다. 현실 대신에 그는 오성을 쳐다보았고, 그리고 인식은 모든 경험보다 앞서서 선험적으로 어떤 모습을 띠고 있어야 하는지에 대해 물음을 던졌다.

이때부터 그는 논리적 차원들을 아주 새롭게 체계화한다. 즉 오성은 오성이 인식하고 있는 경험세계에 속하는 것이 아니라, 오히려 자신이 세계를 구성함으로써 비로소 세계를 만들어낸다. 오성은 세계의 한 부분이 아니라 세계의 근원이다. 오성은 경험적인 것이 아니라 선험적인 것이다. 오성은 경험적인 세계를 향해 이 세계가 어떤 모습으로 존재해야 하는지를 지시한다. 오성이 세계를 관찰하는 카테고리(범주)는 (이를테면 인과율은) 세계의 한 부분이 아니라, 우리 몸에 내장된 인식 카메라의 구성요소다. 다른 말로 하면, 사물의 부류(예를 들어 개의 부류)가 사물 자체의 속성이 아닌 것과 마찬가지로 오성은 세계에 속하는 것이 아니다. 즉 개의 부류 자체는 그 어떤 개도 아니다. 우리가 경험으로 접하는 특정한 '랫시'라는 개('경험적')는 이 개의 부류인 콜리('선험적')라는 개념과는 상이한 논리적 차원에 자리잡고 있다.

오성이 어떻게 다양한 경험을 통일시킬 수 있는가 하는 물음에 대해 칸트는 이렇게 구성주의자의 입장에 서서 발상의 혁명적인 전환을 통해 대답한다. 그는 세계에서 통일을 찾는 것이 아니라, 스스로 세계에 통일을 부여한다. 세계가 그 자체로 어떤 모습인지(칸트는 이것을 '물[物]자체'라고 한다) 우리들은 알 길이 없다. 그러나 우리들이 인식하는 것은 어쨌든 우리가 그 어떤 필연적 과정을 통해 인식한 것이다. 칸트는 이렇게 인식에 통일성을 부여하는 인간의 능력을 오성이라고 부른다.

현실과 연관되는 것이 아니라, 인식 가능한 조건들과 연관되는 모든 것을 칸트는 '선험적'이라고 말한다. 이 단어는 '경험적'(경험과 연관되는)이라는 말과 반대되는 개념으로 사용된다. 그러니까 그의 철학은 선험철학이다. 또 그의 철학은 비판적이다. 왜냐하면 세계에서 인식할 수 있는 것을 오성의 조건들에 묶어버리고 오성을 통해 한계를 짓기 때문이다. 이 때문에 칸트는 그의 세 주요저작을 다음과 같이 명명한다. 『순수이성 비판 *Kritik der reinen Vernunft*』(이 책에서 문제되고 있는 것은 인식의 조건들이다), 『실천이성 비판 *Kritik der praktischen Vernunft*』(여기서는 도덕이 문제된다), 『판단력 비판 *Kritik der Urteilskraft*』(여기서는 미학과 고상한 목적들이 문제된다). 이것들로 칸트는 다음의 세 가지 위대한 질문에 대해 답하고 있다. 나는 무엇을 알 수 있는가? 나는 무엇을 해야 하는가? 나는 무엇을 기대해도 좋은가?

동시에 칸트의 '비판'은 인간정신의 이데올로기 비판과 비슷하다. 즉 내가 만일 나의 경험 가능한 조건들을 알지 못한다면, 나는 현실에 이것들을 투영하려고 할 것이다. '신Gott'이라는 단어가 '빵Brot'이라는 단어와 아주 비슷하게 들리고 또 문법적으로 비슷하게 사용되기 때문에, 비록 어떤 감각적인 경험과 상응하지 않는다 하더라도, 나는 신이 실제로 검은 빵과 같다고 생각한다. 이와 아주 비슷한 말을 한 사람은 물론 칸트가 아니라 언어철학자 루트비히 비트겐슈타인Ludwig Wittgenstein이긴 하지만, 칸트는 그와 비슷한 취지로 다음과 같이 말한다. 규율적 이념(이것은 오성의 사용을 위한 지침규정이다)은 구성적 이념(이것은 사실의 확정을 위한 외부적 행정행위이다)과 혼동되어서는 안 된다. 그렇지 않으면 우리는 환상을 실제로 간주하게 된다. 나중의 비트겐슈타인처럼 칸트는 자신의 '비판' 저술을 오성의 치료법으로 이해했다. 그때까지만 해도 사람들은 오성이 선험적이라는 것을 몰랐으며, 오성이 구성하는 세계와 오성 자체를 구별조차 못하고 있었기 때문이다.

칸트의 이러한 코페르니쿠스적 발상의 전환 이후 그 어떤 철학자도 더 이상 순진하게 '전(前)비판적'으로 머물러 있을 수 없었다. 그의 세 '비판들'은 다음 100년의 철학이 이어받을 질문들을 담고 있다. 그중에서도 '물(物) 자체', 즉 인식할 수 없는 것은 풀리지 않는 하나의 수수께끼라는 매력을 풍겼다.

칸트는 오성에 대한 우리의 인식을 철저하게 변화시켰다. 정신이 세계를 모사한다고 믿는 사람은 오늘날 거의 없다. 실제로 진지한 모든 이론들은 구성적이다. 즉 우리는 우리의 현실을 구성한다. 다만 이 구성에 적합한 것만을 우리는 이해하는 것이다. 이것은 우리가 단지 어느 특정한 주파수 대의 진동만을 들을 수 있고, 예컨대 개가 들을 수 있는 초음파는 들을 수 없는 것과 마찬가지다. 동시에 우리는 칸트 이후, 인식 카메라는 선험적인 것이지만 변할 수 있는 요소들에 의존한다는 것을 알게 되었다. 이러한 요소들은 역사적·사회적·종교적·환경적 또는 문화적으로 조건지어질 수 있으며, 무의식적 흥미나 관심에 의해 조종될 수 있다. 그 어떤 경우라도 이런 요소들은 모든 인식에 선행하기 때문에 우리는 이런 요소들을 의식하지 않는다.

이리하여 어떤 대상이든 조목조목 혐의와 검열을 받게 되었다. 만인이 만인에게서 서로서로 편협함의 근거를 추궁하고 발견했다. 예컨대 어떤 사람이 최대이익의 사고에 사로잡혀 있는 것은 그가 자본주의자이기 때문이며, 또 다른 어떤 사람이 유럽 문화의 합리적 카테고리만으로 사고하는 것은 그가 백인 앵글로색슨 프로테스탄트WASP이기 때문이다. 이런 식으로 사람들은 죄가 없으면서도 본의 아니게 죄인이 될 수 있었다. 우리는 세계를 잘못 바라보고 있으면서도 그 잘못된 시선을 깨닫지 못할 수 있었다. 칸트 이후의 다음 2백 년은 이데올로기를 의심하는 시대가 될 수 있었다. 하지만 이 시대가 미처 시작되기도 전에, 헤겔은 칸트를 트집잡아 역사의식의 결여를 비판했다.

헤 겔

게오르크 빌헬름 프리드리히 헤겔(Georg Wilhelm Friedrich Hegel, 1770~1831)은 칸트를 요르단 강 물가로 끌고 가서 역사의 물로 세례를 주었다. 달리 표현하면, 그는 세계사를 교양소설(→ 역사, 나폴레옹에 관한 장과 → 문학, '교양')처럼 기술한다. 이 두 분야의 평행선은 무엇보다도 소설 속에서 충분히 활용되었다. 예컨대 로빈슨 크루소는 문명 전체의 역사를 무인도에서 다시금 반복하여 모든 사람은 문화의 전체 역사를 또 한 번 통과하게 된다.

이때 헤겔은 칸트의 코페르니쿠스적 발상의 전환을 역사적 진보의 원리로 삼는다('칸트' 참조). 이런 발상의 전환은 어디에 있는가? 또 한번 우리는 이것에 대해 얘기해보자. 헤겔에게서 정신은 무엇보다도 먼저 자아를 잊은 채 세계를 관찰하며 자신에 대해서는 생각하지 않는다(칸트 이전의 '전[前]비판적' 관점, 즉 명제의 정립). 그리고 나서 정신은 이마누엘 칸트로 변하고, 다시금 시선을 자신에게 돌려서, 인식의 결과에 자신이 참여한 것을 여과하여 수용한다(비판적 관점, 즉 반명제).

그리고 마침내 세계정신이라는 총독의 직에 있는 칸트가 철학자 헤겔로 돌연변이를 하고, 이 헤겔은 명제와 반명제의 대립이 일련의 발전의 일시적인 과도기라는 것을 인식하며, 이 발전은 한 단계 더 높은 곳으로 나아간다(역사철학적 인식, 즉 합명제). 우선 정신은 물 자체로서 '즉자적(卽自的)'으로 등장하며(의식, '전비판적'), 그리고 나서 이 의식은 자신을 발견하며, 이리하여 정신은 '대자적(對自的)' 형식으로 등장한다(칸트의 자의식). 그리고 마침내 정신은 '즉자대자적(卽自對自的)' 역사철학적 합명제 속에 등장하게 된다(헤겔).

합명제란 모순의 양 측면이 삼중의 의미에서 '지양되는' 것을 의미한다. 즉 모순은 동시적으로 부정되고, 보존되며, 높은 수준으로 고양된다. 바꾸어 말하면, 모순은 하나의 새로운 관계의 '계기'가 된다. 즉 그것은 상대화되고, 새로운 맥락 속에서 연관되며, 문제점을 완화시키게 되고, 그럼으로써 경험으로 변한다. 새로운 합명제는 다시 새로운 단계의 출발점이 된다. 이것은 이를테면 복싱 경기가 끝난 후에 두 선수가 물러나지만, 그 대신에 심판이 새로운 선수들을 맞붙여서 다음 경기를 진행시켜야 하는 것과도 같다.

이런 원칙을 헤겔은 변증법이라고 한다. 그는 이것을 세계사의 발전법칙으로 고양시킨다. 이 움직임은 항상 (순진한) 의식에서 출발해서 자기 의식(칸트적, 비판적)으로 진행하고, 최종적으로 절대적 지식(헤겔)으로 나아간다.

만약 이것이 역사적 형식으로 구체화되면 어떤 모습이 될까? 예를 들어 순수한 의식은 자기 자신의 갈기갈기 찢어진 모습을 세계에 투영시키며(이리하여, 원래는 자신의 내면에 불과한 것을 외적인 요소라고 간주하며), 또 이 세계 속에서 현세와 내세를 구분짓는다. 이런 사고 유형에 해당하는 것이 다름 아닌 중세의 종교의식이었다. 그리고 나서 변증법은 자기 의식으로서 계몽주의의 역사적 형상을 받아들였다. 이것은 중세의 종교적 관점에 대한 이성적 반명제였다. 그러나 이제 합명제가 발견되려면, 우선 이성이 그 외부세계에서 스스로에게 법칙을 부여하여 자신을 실현하여야 한다. 윤리성

(倫理性)이 그런 경우이다. 이때 이 윤리가 만약 자신의 맹목적 감정에만 의존하는 '무지몽매한 광기'가 되어 세계를 개선하고자 시도한다면, 그 합명제는 다시금 새로운 명제(테제)가 된다. 역사적으로 볼 때 세계정신이 루소의 이름을 받아들이고 자코뱅(당원들이 자유의 상징으로 쓰던) 모자를 쓰고 혁명을 시작했을 때가 이 경우에 해당한다.

교양소설(→ 문학)에서 그러하듯이, 세계정신은 자신의 오류 단계를 지나면서 점점 더 많은 통찰을 얻게 되는데, 헤겔에게서는 그것이 궁극적인 층계참에 도달했다. 이것이 절대적인 자기 투명성(자기 통찰)의 상태다. 바로 여기에서 절대정신은 자기 자신의 기억이 되는 것이다. 정체성의 역사 그리고 역사의 정체성이 애정어린 화해 속에서 서로 합치한다.

헤겔은 이러한 밑그림을 가지고 역사와 철학을 장편소설의 형식 속에서 연결시켰다. 왜냐하면 장편소설도 칸트 식의 코페르니쿠스적 발상의 전환을 경험했기 때문이다. 다시 말해서, 선험적 자아가 더이상 경험세계의 일부분이 아니라 그 세계의 근원이듯이(→ 칸트), 소설에서의 화자 역시 주인공의 시점에서 이야기를 설명할 수 있기 위해서 그 세계에서 몸을 빼내어 숨어버리게 되는 것이다. 주인공은 일련의 위기를 거치며 자신의 시야를 확대시켜나가고, 마지막에 가서는 자신의 역사 전체를 간파하고 화자의 지식수준에까지 도달한다. 이와 같은 방식으로 헤겔은 모든 시대의 지평(地平) 속에 그의 서술 시점을 정립시켜 놓고, 제한적인 '시대정신'과 이 시대정신의 시야에서 벗어난 것과의 차이를 변증법적 모순으로 파악하고, 세계정신으로 하여금 일련의 변증법적 위기를 겪게 하여 자기 자신의 역사를 통찰하게 하며, 마침내 전지전능한 자신을 따라잡게 한다.

그리하여 헤겔은 인간들을 소설 속에 등장하는 인물들로 만들었다. 그래서 인간들은 세계사에서 자신의 배역만을 담당했고 정신을 낳기 위한 산파임을 입증할 수 있었다. 역사의 진행에 반항하는 자에게는 저주가 있을지어다. 실제로 그런 자는 무자비하게 짓이겨졌다.

헤겔은 유럽의 사고(思考)에 새로운 시나리오를 부여했으며, 이것이 모든 것을 지배하는 현실 모델이 되었다. 그것이 바로 역사였다. 이 시점에서부터 역사의 해석을 둘러싸고 논쟁이 시작되었다. 해석의 주도권을 획득한 자가 승리했다. 왜냐하면 그는 역사를 자기 위주의 의미로 밀고 나가기 위해서 권력을 이양받을 권리를 얻었기 때문이다. 배타적 독점을 주장하는 해석들은 이데올로기라고 명명되었다(이 개념은 원래 무의식적 흥미나 관심으로 환원될 수 있는 거짓의식을 의미했다. → 마르크스). 헤겔과 더불어 역사를 토대로 한 이데올로기의 시대가 시작되었다.

헤겔 철학은 특히 지식인들이 실제적인 정치경험을 거의 축적할 수 없었던 독일과 러시아에서 널리 퍼졌다. 헤겔 철학은 현실을 소설과 혼동하기 때문에 돈 키호테처럼 되었다. 그 혼동이 바로 (서방의 여러 나라들과 비교해볼 때) 19세기 독일에서 위대한 소설이 생겨나지 못한 이유였다. 사람들은 역사라는 소설을 대신 가지고 있었던 것이다. 가장 위대한 소설가는 헤겔이었고, 그의 가장 열렬한 독자는 카를 마르크스였다.

마르크스

헤겔은 아들이 많았는데, 이중 일부는 그의 재산을 상속받았고 또 일부는 그를 매장시켰다. 카를 마르크스(Karl Marx, 1818~83)는 그 두 가지를 다 했다. 그는 역사의 원동력으로서의 변증법을 포함한 전체 모델을 (헤겔에게서) 넘겨받았고, 이것을 (그가 말했듯이) 거꾸로 '물구나무' 세웠다. 즉 그에게 현실은 정신적인 것이 아니라 물질적인 것이다. 어느 한 문화에서 결정적인 것은 그 사회가 자기 자신의 물질적 생존을 위해 노력하는 형식, 즉 경제제도의 형식이다. 예컨대 농업을 특징으로 하는 봉건사회에서는 귀족이 지배하고, 산업을 특징으로 하는 자본주의에서는 부르주아가 지배한다. 그리고 변증법적 모순은 의식과 자의식 사이의 모순이 아니라, 생산조건들과 생산수단에 대한 불평등한 지배권 사이의 모순, 즉 노동과 소유관계 사이의 모순이다. 이러한 모순으로 인해 인간은 여러 계급들로 분열되며, 그래서 역사의 원동력은 계급 투쟁이다.

그리고 마르크스는 또다시 헤겔과 의견을 같이한다. 즉 어느 한 계급의 단순한 의식과 자의식 사이에 모순이 있다는 것이다. 이러한 자의식을 마르크스는 계급의식이라고 명명한다. 이것은 자궁이며, 이 속에서 혁명에의 의지가 무르익는 것이다. 이런 전제하에서 마르크스에게 가장 매혹적인 역사적 사건은 바로 프랑스 혁명이다. 봉건사회의 모순에서 잉태된 프랑스 혁명은, 자본주의의 모순이 계급 갈등을 정점으로 몰고갔을 때 인간이 희망을 걸어도 좋은 모델이 된다. 노동자들을 착취하여 생산수단에 대한 전체 지배권을 갈취한 소수의 자본가들이 가난한 다수의 프롤레타리아들과 대립해 있는 것도 같은 경우다. 착취가 문제가 되는 것은, 자본가들이 노동자들에게 그들의 노동량에 대한 보상을 하는 것이 아니라, 단지 최저생활비만을 지불하고 노동자들의 잉여가치를 자신들의 이익으로 가로채기 때문이다. 자본가들은 '시장의 객관적 법칙'의 이데올로기와 같이 안개 자욱한 이데올로기를 퍼뜨림으로써 그 중간착취를 더욱 손쉽게 한다.

돈은 가치에 대한 감각을 혼란시켜 그 착취를 더욱 수월하게 한다. 가격이 마치 상품의 객관적 가치인 것처럼 상품에 영향을 끼치기 때문이다. 그러나 실제로 가격은 불공정한 소유관계에 대한 무화과의 잎(아담과 이브가 치부를 겨우 가렸던)일 따름이다. 이 때문에 마르크스주의자의 최우선 과제는 이데올로기의 환상을 깨는 것이다. 이데올로기란 자본가들이 그들의 계급이익을 전체사회의 이익이라고 선전하는 것이다. 그리하여 모든 시민문화는 의심을 받고 있다. 그래서 마르크스주의는 정체를 폭로하는 상급학교가 된다. 문명의 상징체계의 가면이 벗겨진다. 마르크스주의는 신과 세계의 가면을 벗기고, 위장한 억압자들의 이송을 주요임무로 하는 탐정세대를 낳았다. 모든 것에 대한 이데올로기 혐의는 마르크스주의에게 하나의 막강한 면역체계를 선물했다. 왜냐하면 마르크스주의를 반대하는 사람은 누구나 그 이론의 적용을 받지 않을 수 없게 되었기 때문이다. 즉 거기에 반대하는 자는 누구든지 프롤레타리아 계급의 적이거나, 아니면 이데올로기에 현혹된 자다.

쇼펜하우어

아르투르 쇼펜하우어(Arthur Schopenhauer, 1788~1860)는 헤겔을 매장하려다 힘이 부쳐 도와달라고 외쳤다. 그를 도와준 사람은 토머스 홉스와 붓다Buddha였다. 그러나 그의 출발점은, 세계란 우리의 인식범주와 합치되어야만 인식될 수 있으며 '물 자체'는 인식될 수 없다는 칸트의 단언이었다. "맞아 그거야"라고 쇼펜하우어가 말하자 순간 데카르트로 변했다. "세계는 환상적인 표상(表象)의 형식으로만 우리에게 주어진다. 하나의 예외는 바로 자기 자신의 자아다. 이것은 우리에게 물 자체로서도 주어져 있다. 나는 이것에 대해서 외적으로도, 내적으로도 알고 있다. 그러면 자아의 본질은 무엇인가? 그것은 삶의 의지다. 주체로서의 자아는 의지이며, 나의 관찰의 대상으로서의 자아는 표상이다." 쇼펜하우어는 이런 인식에 도달했을 때, 자신의 주저(主著)의 제목을 『의지와 표상으로서의 세계Die Welt als Wille und Vorstellung』라고 정했다. 그 까닭은 '나'에 대해 유효한 것은 또한 현실 전체에 대해서도 유효하기 때문이다. 다시 말해서, 현실로 표상된 세계의 배후에는 의지가 있기 때문이다. 물질과 형상은 의지가 객관화된 것이다.

이러한 의지는 홉스의 자기 보존본능의 변형이다(→ 홉스). 이것은 맹목적이고, 근거가 없고, 만족할 줄 모른다. 의지는, 자기력(磁氣力)에서 시작하여 유기적 신진대사 과정을 거쳐 의식에까지 이르는 각양각색의 형상들 속에서 드러난다(여기에서 우리는 헤겔의 냄새를 진하게 맡을 수 있다). 그리고 의지는 그 자신만을 목표로 한다.

그래서 쇼펜하우어는 아주 우울한 결론을 끄집어낸다. 즉 의지는 욕망이고, 욕망은 충족될 수 없기 때문에, 인생은 어린애 속옷과 같다. 그것은 짧고 똥오줌으로 더럽혀져 있다. 이 대목에서 쇼펜하우어는 홉스로 변하고 홉스의 음울한 인성학(人性學) 또는 인간관에 이른다. 인생은 고통에 가득 찬 혐오스런 고난의 길이며, 인간은 불안과 근심 중에서 하나를 선택할 수 있을 뿐이다(여기서 쇼펜하우어는 하이데거의 실존주의 사상을 선취하고 있다).

고난의 삶을 벗어나는 데는 두 가지 길이 있다.

첫 번째 길은 예술을 아무런 이해관계 없이 감상하는 것이다(여기서 쇼펜하우어는 예술이 욕망을 진정시킨다는 칸트의 사고를 넘겨받고 있다). 게다가 예술에서는 환상의 베일이 벗겨져 있으며, 또 의지는 개개의 사물들의 이면에서 초개인적인 원칙으로 드러난다. 우리는 음악에 도취될 때 가장 명확하게 그 점을 통찰한다. 이런 미학적 사고는 무엇보다도 바그너와 니체, 그리고 종국적으로 히틀러에게 영향을 끼쳤다.

두 번째 길은 의지의 부정과 억제를 통해 고통에서 벗어나는 것이다. 의지가 현실의 본질이기 때문에, 그의 구원의 목표는 해탈을 통해 열반에 도달하는 것이다. 이리하여 쇼펜하우어 철학은 불교의 나라에 착륙한다.

이와 동시에 쇼펜하우어는 헤겔의 낙관주의적 역사관을 뒤집는다. 다시 말해, 그는 역사에서 의식이 고양되는 형식들을 관찰하는 것 대신에 가시적 현상의 이면에 숨겨진 무의식적 본능만을 관찰하며, 역사에 봉사하는 영웅주의적 역사관 대신에 무의미한 고통들에 대해 이야기하며, 항상 새로운 것을 관찰하는 대신에 동일한 것의 반복만을 관찰하며, 역사를 관찰하기보다는 삶 자체를 관찰하며, 역사를 탄생시키는 산파가 되기보다는 역사를 매장하라고 권한다.

두 개의 반(反)헤겔학파

쇼펜하우어는 헤겔의 역사 낙관주의가 마르크스주의의 형상으로 변모하면서 빚어진 새로운 이데올로기 전쟁들을 마치 예측한 사람처럼 되어버렸다. 그 까닭은 종종 쇼펜하우어의 말은, 실제 이데올로기 전쟁을 겪은 홉스가 한 말처럼 들리기 때문이다.

삶 자체를 현실의 근원적 원칙으로 격상시킨 쇼펜하우어의 영향을 받아 두 개의 철학 학파가 형성되었다.

- 생기론(生氣論) 또는 생의 철학이 그 하나였다. 가장 중요한 대표자는 프랑스 철학자 앙리 베르그송Henri Bergson이었다. 이 유파는 독일에서 가장 광범위한 반향을 얻었다. 생의 철학은 사고의 명료한 구분을 극

복하기 위해 생명의 흐름으로 대치시키며, 오성에 대해서는 비합리주의를, 객관적 사고방식에 대해서는 도취를, 머리에 대해서는 배를 맞세운다. 문학에서는 생의 철학에 의해 고무된 주관적 시간 흐름의 묘사가 가장 흥미롭다(제임스 조이스와 버지니아 울프의 '의식의 흐름' 기법).

● 실존철학이 그 다른 하나였다. 실존철학은 개인을 헤겔식 역사소설의 '의미'에 종속시키는 것에 저항하며, 순수한 실존이 걱정과 두려움, 불안으로 축소되는 것을 거부한다. 이미 인간의 결단의 위험성에 대해 곰곰이 생각한 덴마크의 철학자 쇠렌 키에르케고르Sören Kierkegaard는 헤겔에 대항하여 존재의 그런 어두운 측면을 내비쳤다. 마르크스주의자들은 실존철학과 생의 철학이 헤겔적 역사관에 대한 반감을 특징으로 하는 부르주아적 이데올로기라며 격렬히 저항했다. 그리고 실제로 이 철학들은 부르주아 계급이 역사에 아무것도 기대하지 않았음을 분명히 보여주고 있다.

니 체

프리드리히 니체(Friedrich Nietzsche, 1844~1900)는 의심할 여지없이 철학자들 중에서 가장 충격적인 인물이다. 그는 철학자의 역할을 벗어던진 반(反)철학자다. 그는 자신의 사상을 체계적으로 전개시키는 것을 포기했고, 그 대신 자신의 사상을 경구, 미래 예언, 신앙 고백, 심지어 서정시의 형상 속에 쏟아부었다. 그리고 그는 모순되는 것과 패러독스를 통해 표준철학과 작별을 고하는 것도 겁내지 않았다. 그래서 그는 표준철학과 정반대되는 위치에 서게 되었다.

그의 중심적인 패러독스는 헤겔의 역사 구상(構想)에서의 '시대정신' 개념을 추적하면 아마도 가장 잘 이해할 수 있을 것이다. 다시 말해서, 우리가 헤겔의 도움을 받아 고유의 시대정신이 무엇인지를 알게 될 때, 우리는 또한 이것에 대해 반대입장을 표명할 수 있을 것이다. 그리고 우리는 역사 밖으로 걸어나온다. 그러나 기독교의 종말 이후에 역사는 가장 포괄적인 의미망을 제시하기 때문에, 우리는 또한 의미와도 결별한다. 인간은 외적인 의미부여의 위안을 단념할 때에야 비로소 진정한 귀족적 자태를 획득한다.

지금까지 인간은 기독교를 통해 세상에 보급된 노예도덕의 손아귀에 들어 있었다. 그러나 신의 죽음 이후에 인간은 스스로가 신, 즉 초인(超人)이 된다. 그리고 나서 인간은 비극에서 패러독스를 실감 있게 체험하는, 기원전 시대의 그리스인들의 명랑성을 다시 얻게 되는데, 니체는 이 패러독스에서 초인의 면모를 본다. 즉 그는 고통과 죽음을 포함하여, 필연적으로 발생하는 모든 운명을 자유롭게 긍정한다. 이런 태도는 필연성과 인과성의 세계를 자유의지와 결합시킨다. 이런 정신적인 태도를 가지게 되면, 우리는 역사의 의미를 포기할 수 있으며, 시대정신의 강박으로부터 자유로울 수 있고, 또 역사를 존재 그대로의 역사로서 환상 없이 통찰할 수 있다. 역사란 무엇인가? 동일한 것의 영원한 순환이다.

그래서 니체는 귀족적·미학적 생활의 그리스적 근원을 발굴하기 위해서, 유럽 문화에 담겨 있는 유대교적·기독교적 요소들과 맞서 싸운다. 자신의 시대에 대한 거리두기를 통해서 그는 선견지명이 있는 예언자가 되며, 그 시대가 환상에 사로잡혀 자체의 통찰력을 스스로 자신의 허무주의에 가두고 있음을 비판한다.

니체가 노예도덕, 초인의 법, 권력에의 의지, 모든 가치의 재평가, 금발머리 야수의 찬양 등의 슬로건으로 나치와 히틀러를 고무시키게 된 것은 그럴듯한 이유가 있었으며, 다른 한편 그가 나치와 같은 인간 유형을 편협되고 고루한, 비열한 속물이라고 경멸했다는 주장도 마찬가지로 거기에 걸맞은 이유가 있었다. 두 가지 모두 충분히 설명이 가능하다.

역설적으로 니체는 아마도 제1차 세계대전 이전에 팽배했던 데카당스의 시대정신에 대한 선견지명이 있는 비판자로서 가장 흥미 있는 인물일 것이다. 그 자신도 퇴폐적인 데가 있었고, 댄디(멋쟁이)처럼 삶과 스타일을 혼합했고, 극도로 흥분하며 히스테리가 있었고, 자신을 예술가라고 생각했으며, 마침내 자신의 편지 끝에 '주신Dionysos' 또는 '십자가에 못박힌 자'라고 서명할 정도로 정신착란에 빠지게 된다.

하이데거

플라톤 이래로 철학은 세계를 무대 전면의 가시적 '현상'과 무대 이면의 '실재'로 양분했다. 칸트는 이런 양대 분할을 선험적인 것과 경험적인 것의 차이로 역전시켰다. 즉 인간의 오성이 무대 이면에 자리를 잡았고 거기에 본부를 설치해서 무대 전면의 경험의 연극들을 연출했다(→ 칸트). 마르틴 하이데거(Martin Heidegger, 1889~1976)는 플라톤이 무대 전면과 무대 이면으로 나눈 이런 분할을 철학의 원죄라고 선언했다. 현상의 연극 뒤에는 어떠한 무대 이면도 없다. 하지만 아마도 선험적 구조가 있을 것이다. 이 선험적 구조란 과학과 철학을 포함한 세계에 대한 우리의 이해를 조직하고, 우리들의 모든 사유에 선행한다. 이것이 구체적 실존의 형식이다.

하이데거는 이런 선험적 구조를 존재라고 명명한다. 여기에서 단순한 범주들 이상의 것이 문제가 되고 있다는 것을 분명히 보이기 위해 부연 설명하면 다음과 같다. 즉 인간은 자기 육체의 '현재 이곳의 자아구조'의 경험을 통해 자신의 근본상황의 다차원성을 깨닫는 것이 중요하다. 이것이 근본이며, 주체와 객체 따위의 모든 지고의 범주들도 여기에서 파생된다. 이런 구조의 토대 위에서 비로소, 내가 표현할 수 있는 경험대상 따위의 그 무엇도 존재하는 것이다. 이러한 객체를 하이데거는 '존재하는 것'이라고 이름 붙인다.

지금까지 대체로 과학과 철학은 '존재하는 것'이라는 범주에 해당하는 대상들만 취급해왔다. 그러나 하이데거는 존재가 과학을 비로소 가능하게 하는 구조라고 설명하고자 하기 때문에, 기이한 용어들을 꾸며내게 되고, 그리하여 결국 이런 영역에서는 표준개념들이 아무런 효력이 없음을 암시한다(역으로 말하면, 결국 우리는 이론적 텍스트들에서도 역시 이것들을 저술한 인간 두뇌의 끓어오르는 상태를 묘사하는 데 적합한 범주들을 발견할 수 없다).

예를 들어 하이데거는 인간의 실존을 '현존재'라고 하며 다음과 같은 문장들을 쓴다. "현존재란 존재하는 것이다", "이 존재 내에서 문제가 되는 것은 이 존재 자체다." 이 말을 우리는 다음과 같이 바꾸어 표현할 수 있으리라. 인간이 존재하는 것은, 실존 자체가 인간에게 문제가 되는 그런 방식이다. 또는 이렇게도 표현할 수 있겠다. 인간은 자기 자신에게 전(前) 이론적 실존의 관계(이론에 앞서 극히 중요한 관계)를 가지는데, 이 관계를 통해 인간은 규정된다. 인간이 자신과 어떤 관계를 맺는지는 자신에게 달려 있다. 이 때문에 하이데거는 실존을 "존재능력이 있는 존재"라고 규정짓는다. 이런 개방성을 통해서 그는 하나의 한계에 부딪치는데, 그것은 죽음이다. 죽음의 선취로 인간은 실존을 유한한 것으로 체험하게 된다. 이때부터 하이데거는 인간의 본질을 모래시계에 비유해서 시간성이라고 규정한다. 위에서는 미래의 파악될 수 있는 가능성들이 내려오고, 아래에서는 과거가 현재의 좁은 길을 억지로 지나간다. 하이데거는 실존과 시간성을 동일시하기 때문에, 그의 대표자을 『존재와 시간Sein und Zeit』이라고 명명했다.

이 책은 수수께끼 같은 말투성이라서 읽은 사람은 몇 안 되고 이해하는 사람 또한 거의 없었다. 그럼에도 이 책은 엄청난 감명을 주었고, 또 제1차 세계대전 당시의 생활감정도 제시하고 있다. 그렇게 큰 감명을 준 이유는 구체적 인간들이 헤겔식의 역사의 도축장에서 막 살해당하기 시작한 순간에 하이데거가 이들을 그 도축장에서 해방시켜주었기 때문이다. 물론 하이데거는 1933년(히틀러가 집권한 해)에 히틀러에게 허리를 굽혀 인사를 했고, 오늘날까지도 잊혀지지 않는 일이다. 그러나 전체주의의 여성 분석학자인 그의 유대인 애인 한나 아런트Hannah Arendt가 그를 용서했으니, 우리 또한 그렇게 해도 괜찮을 것이다.

이론현장과 여론시장

　현대에 이르러 종교가 최종적으로 혼수상태에 빠지자 이 자리에 '세계관'이 등장했다. 이것은 원래 철학의 작업실에서 궁색하게 조립된 포괄적인 세계 해석 모델들이었다. 그러나 시간이 지남에 따라 개별 과학들 또한 세계 해석권을 주장하는 거대한 밑그림들을 양산했다. 이들은 자유주의, 마르크스주의, 다윈주의, 활력주의 따위처럼 무슨무슨 주의로 끝나는 이름이 붙어 있다. 그 이면에는 이른바 지성인들의 학파들이 있었는데, 사상 공동체, 의견 클럽, 세계상 조직단, 세계관 서클, 교우(教友)들의 비밀집회, 이데올로기적 단체(세포) 그리고 신념협회 등이 형성되어 있었다.
　철학, 이데올로기 그리고 과학의 혼합을 위한 가장 작은 공통분모로 '이론'이라는 단어가 받아들여졌다. 이론의 현장은 오늘날 환시세가 불안정한 의견시장이다. 이 시장은 다른 시장들도 지배하는 동일한 여신의 지배를 받는데, 이 신은 유행의 여신이다. 유행은 기존의 것에서의 이탈로, 빈번한 혁신을 통해 생명을 유지한다. 이 때문에 유행에서는 일찍 출발한 자가 유리하다. 이 사람은 늘 최신 정보에 익숙하고, 시대에 발맞추고, 다른 모든 사람을 앞지른다. 그리고 그를 마중하러 나오는 새로운 유행이 주는 즐거움을 다시금 체험한다.
　따라서 '안[內]'에 있는 이론과 '밖[外]'으로 밀려난 이론이 존재한다. 가짜상표와 모조품, 부당경쟁과 염가 판매, 향수(鄕愁), 복고풍, 재고정리 대매출과 싸구려 떨이처분 등이 있고, 호경기와 불경기, 파산과 경기 상승 등이 있다. 여기에 익숙해지기 위해서는 시장에 대한 전망이 필요하다. 사람들은 그 회사를 알아야 하고, 이론 공급자의 신용등급, 주식시세, 가격, 매매차익, 하청업자와 대중의 취향 등을 알아야만 한다. 그리고 이론경향에 대한 예민한 후각도 가져야 한다.

이데올로기 의심의 시대

이제부터는 이론의 공급자들에 대하여 조망하고자 하며, 이때 방향을 잡아주는 몇몇 조언들을 곁들이고자 한다.

우선 말할 수 있는 것은 유행이 이론시장에서 너무도 빨리 확고한 기반을 마련할 수 있었다는 사실이다. 그 이유는 이론 자체가 이미 경쟁에 소질이 있기 때문이다. 마르크스주의를 예로 들어 이 점을 한 번 고찰해보도록 하자(→ 마르크스와 칸트).

마르크스주의는 자신의 적대자, 즉 자본가의 의식에 대한 이론을 포함한다. 마르크스주의의 관점에서 볼 때, 이 자본가의 의식은 필연적으로 그릇되었다. 왜냐하면 그의 계급 상황이 그를 당연히 자본가로서 생각하도록 조건짓기 때문이다. 다시 말해서, 의식은 배후의 이해관계의 가면일 뿐이다. 이 점은 마르크스주의자들에게서도 마찬가지다. 그러나 이들의 관심은 인간 자체의 관심과 동일하다. 이 때문에 이들의 의식은 올바르다.

이런 마르크스주의는 무시무시한 결과를 초래한다. 이제 천진무구한 의식은 더이상 없다. 의식은 도덕적이거나, 비도덕적이거나 둘 중 하나가 되었다. 잘못된 의식을 가지고 있는 사람은 죄를 짓고 있는 것이다. 이리하여 계몽은 신성한 의무가 되었다. 사람들은 계몽을 이데올로기 비판이라 부른다. 왜냐하면 변증법적 마르크스주의에서 이데올로기는 항상 잘못된 의식이기 때문이다(그러니까 원래의 마르크스주의는 결코 이데올로기가 아니다).

이런 상황에서 거의 모든 이론마다 다른 모든 이론들에 숨겨져 있을지도 모르는 불순한 혐의를 추적하는 '검찰청'을 창설했다. 이론들은 말하자면 탄생부터 논쟁을 의도했다. 모든 이론마다 다른 이론들에 숨겨진 취약한 구조를 발견했고, 이 구조를 빌미로 이들을 공격하여 상대화할 수 있었다. 여러 이론들 상호간의 경쟁은 일종의 게임이 되었다. "나는 네가 보지 못한 것을 본다. 그것은 너의 등뒤에 있는 구조이며, 너의 생각을 조건짓는 구조이다."

마르크스주의

시장에서 가장 크게 관철되는 이론들은 자신의 혐의국들에서 가장 활발하게 활동한 이론들이었다. 즉 오래 전부터, 정확히 말하면 1968년 이래로 마르크스주의는 독일 이론시장에서 주도적 위치를 차지했다. 그 까닭은 마르크스주의는 이데올로기 혐의를 발견하는 데 탁월했기 때문이다. 또한 마르크스주의는 현실에서는 명백히 파산했지만, 그럼에도 그 주식시세는 요지부동으로 높게 유지되어왔다. 바로 이 점에서 우리는 마르크스주의의 강력한 힘을 확인할 수 있다.

물론 마르크스주의가 '의미 부여' 영역에서도 매우 다양한 품목들을 확보하고 있었다는 것을 인정해야만 한다. 각각의 사람들은 웅장한 시나리오를 공급받았고, 이 시나리오 속에서 마르크스주의는 영웅적인 역할을 수행할 수 있었다. 그리고 이 공급품은 무엇보다도 열정적인 임무 수행을 통해서 자신의 감성욕구를 만족시킬 줄 아는 지성인의 마음을 사로잡았으므로, 마르크스주의는 적대자의 혐의를 받았음에도 판매 성공을 통해서 다시금 자신의 판매고 증대를 위해 노력했다.

현실 사회주의의 붕괴 이후, 마르크스주의는 엄청난 위기에 직면했다. 여태까지 마르크스주의는 자신에 대한 반박들에 대하여 현실 속에서 내적인 저항력을 가진 것으로 입증되었기 때문에, 그것의 미래는 아무도 예측할 수 없었다. 그러나 이제 마르크스주의는 끝났다. 이것이 다시 부활할 수 있을지는 미지수다. 아마도 옛날 식으로는 존재하지 않을 것이며, 어쩌면 과격화된 형태, 새로운 계파, 이론적인 변형 따위가 존재할 수 있을 것이다. 여론시장의 동향을 가장 잘 파악하는 사람조차도 거기에 대해서는 당분간 말을 삼가고 있다.

자유주의

마르크스주의의 사실상의 파산으로 이득을 보는 편은 대체로 자유주의로 지목된다. 독일에는 자유주의의 고유한 뿌리가 거의 없으며, 정신적인 선조들은 전부 영국인들이다. 존 로크(→ 로크), 애덤 스미스와 존 스튜어트 밀(→ 세계를 변화시킨 책). 그들은 영어를 말하는 모든 나라에서 실질적으로 민족 성인(聖人)으로 대접받는다.

자유주의의 핵심사상은 무엇일까?

자유주의의 최상의 가치는 개인의 자유다. 이 때문에 자유주의의 위대한 사상가들은 인권, 민주적 법치국가, 권력 분립을 통한 권력 통제, 소유권 개념 등의 창시자였다. 여기서 소유권이란 국가에 대해 개개인의 독립을 보증하는 보증인으로서의 소유권이다.

경제에서의 자유주의는 "경제적 이기주의의 자유로운 전개는 모든 사람들의 이익에 기여한다"라는 개념을 널리 보급시켰다. 왜냐하면 개개인에게서 소유욕처럼 보이는 것이 시장의 마력을 통해('보이지 않는 손'을 통해), 생산성 향상을 낳는 경제적 조화에 기여하는 것으로 변하기 때문이다(영국에서 이 이론은 '개인의 악덕과 공공의 이익private vices and public benefits'이라는 역설로 유명해졌다). 이 때문에 국가는 간섭을 통해 경제집단들의 자유로운 활동을 방해해서는 안 된다. 수요와 공급의 법칙이 모든 것을 최상의 상태로 통제할 것이다.

이것은 무엇보다도 마르크스주의가 이데올로기라고, 즉 자본가의 이윤을 숨기려고 하는 것이라고 폭로했던 이론이었다. 또 사실 순수한 경제자유주의는 빈민 보호를 위한 국가의 간섭을 받았고, 지구상의 어떤 곳에서도 견뎌낼 수 없었다.

자유주의는 역설적인 운명을 겪었다. 다시 말해서, 서구 민주주의에서는 자유주의가 만인의 공동선(共同善)이 될 정도로 성공적이었지만, 이 성공으로 말미암아 자유당은 몰락했으며, 사회민주주의자들이 자유당을 상속했다.

다른 한편, 독일의 자유주의는 서구 민주주의처럼 결코 결정적인 역할을 하지 못했다. 이 때문에 독일에는 아직도 그것을 보충하려는 수요가 있다. 개개인의 독립을 위한 보증인으로서, 또 국민의 참여를 위한 동기의 근원으로서의 소유권 개념은 독일에서는 결코 뿌리를 내리지 못했다. "한 인간을 항상 개체로서 취급하고 결코 전체의 일부분으로 취급하지 말라"는 자유주의의 기본원칙은 쿼터 배정의 광기와, 버섯처럼 솟아나는 군소정당으로 인해 끊임없이 상처를 입었지만, 이에 대해 어느 누구도 분개하지 않았다. 자유주의 사상은 아직도 독일인의 정치적 잠재의식 속에 침투하지 못했다. 비록 마르크스주의는 끝났지만, 이것에 내포된 반자유주의적 요소가 곳곳에 살아남아 있다. 자유주의는 곧장 경제자유주의와 동일시되고 있다. 교양운동과 정치 참여가 공존하는 시민적 인문주의 전통이 이 나라에는 거의 알려지지 않았기 때문에 시민적 인문주의가 공연히 혐의를 받고 있다.

공동체주의

교양인이 가지는 자유주의의 꿈은 사실상 하나의 꿈에 불과하다. 다시 말해서 교양이란 사회를 복잡한 개인의 내면에 비추어보고, 또 그렇게 하여 사회를 결속시키는 도덕적 구속력을 내면에서 생성해내는 개인적인 능력이다.

이것은 정말 경건한 소망임이 입증되었다. 사회를 감독 없이 내버려두면 각 분야가 갈 길을 잃고 표류하게 된다(범죄, 빈민가, 유대인 구역 조성, 고독 따위를 보라!). 이 때문에 미국에서는 소규모 공동체의 사회화 기능을 고안해냈고(공동사회. 그래서 공동체주의다), 이것의 교육적인 영향력을 높이 평가한다. 이를 통해 사람들은 이웃, 마을 그리고 종교 교구(집단)를 생각하게 되었다. 힐러리 클린턴Hillary Clinton은 『한 마을이 필요하다It Takes a Village』라는 제목의 공동체주의 책을 썼는데, 이 제목 옆에 "어린이를 교육시키기 위해서"라는 말이 첨가되어야 한다. 사람들은 초개인적인 긴밀한 공동체가 개개인보다 우위를 점하는 것을 인정하는 수사학적 표현을 좋아한다.

이 점은 자유주의 전통이 강한 미국에서는 의심할 여지가 없다. 그러나 자유주의가 폐결핵에 걸려 야위어가고 있는 독일에서는 그 부분이 악명높은 전통과 결부되어 있다. 즉 사회주의자들뿐만 아니라 보수주의자들도 (개인들의) 이익사회보다는 공동체를 높이 평가했고, 사회라는 것은 공동체에서 이탈한 것이라는 혐의를 두었다. 이런 통념 때문에 독일인들은 대세에 순응적인 태도를 취하게 되었고 거기에서 벗어나면 처벌되었다. 결국 나치가 공동체를 민족공동체로 지나치게 높였고, 거기에서의 모든 이탈을 반역이라고 박해하는 데로 나아갔던 것이다.

또한 비록 독일이 미국보다 훨씬 강한 공동체주의 전통을 가지고 있다 하더라도, 이 전통은 (이것이 우익이기 때문에) 독일에서 지적(知的) 상품으로 허용되기 위해서는, 오늘날 미국으로 수출되어 거기서 보세창고에 잠시 저장되었다가 꼬리표를 고쳐달고 재수입되지 않으면 안 된다.

그러나 또 다른 한편에서는 공동체 이론에 대한 수요가 눈에 띄게 폭증한다. 다시 말해 공동체 이론은 사회주의의 파산이 유산으로 남겨놓은 시장의 공백을 점령했다. 공동체 이론이 이 틈새시장을 계속 유지할 수 있을지의 여부는 마르크스주의 콘체른Konzern의 폐허에서 얼마나 생명력이 넘치는 새 이론회사들이 다시 창립되어 공격적 마케팅을 펼치는가에 달려 있다. 본래 공동체주의는 상대적으로 힘이 약한 이론이다. 이 말은 이 이론이 틀렸다든가 또는 나쁘다든가 하는 의미가 아니라, 시장에서 그다지 공격적으로 등장하지 않는 이론이라는 의미다.

정신분석학

마르크스주의가 사회에 대한 이론이라면, 정신분석학은 개인에 대한 이론이다. 즉 정신분석학은 원죄에 관한 발전이론(계급불화 대신 신경분열)을 가지고 있으며, 혁명적 프로그램(혁명을 통한 프롤레타리아의 자유 대신 치료를 통한 무의식의 자유)을 가지고 있고, 매우 강력한 혐의국(이데올로기의 폭로 대신 억압의 폭로)을 운영하고 있다. 정신을 자아, 무의식과 초자아로 분할하는 것은 계급을 부르주아, 프롤레타리아, 귀족이라는 틀로 구분한 것과 일치한다. 그래서 부르주아가 프롤레타리아의 고통에 함께 책임이 있음을 알지 못하는 것처럼, 자아는 (초자아의 도움으로) 추잡한 것, 고통스러운 것, 무의식을 억압했다. 그리고 공산주의자들이 공장에서 소요를 일으키고 지하에서 음모를 꾸몄듯이, 무의식은 소요를 일으켜 자아의 공식적인 발언을 풍자적으로 폭로하든가 아니면 꿈속의 축제 때 길거리에서 춤을 추었다. 여기에 대처하기 위해 자아는 억압이라는 경찰을 투입했으며, 무의식의 혁명적인 선동을 검열했다. 프로이트는 동시대의 사회주의자들이 자본주의적 경찰국가를 묘사하는 것과 똑같이 정신을 묘사했다.

그래서 정신분석학은 아무런 문제없이 마르크스주의와 공생할 수 있었다. 이른바 프랑크푸르트 학파나 빌헬름 라이히Wilhelm Reich, 에리히 프롬 Erich Fromm, 테오도르 아도르노Theodor Adorno, 막스 호르크하이머Max Horkheimer, 헤르베르트 마르쿠제Herbert Marcuse와 같이 서로 정신적 친척 관계에 있는 이론가들과 공생하였다. 정신분석–마르크스주의는 그렇게 합병함으로써 1968년 이후 여론시장에서 주도권을 잡았고, 이때 프로이트주의와 마르크스주의의 양 '검찰청'은 함께 뭉쳐서 그 영향력을 몇 배로 늘렸다. 이때부터 모든 이론과 견해는 자본주의의 이데올로기로 폭로될 수 있었을 뿐만 아니라, 구순기(口脣期 정신분석학에서 성욕 발전의 첫단계로서 입에 의해 쾌락을 얻는 유아기)의 징후로, 또는 오이디푸스적 억압의 분출로, 또는 자기 할머니와 함께 자고 싶은 소망의 은폐로 폭로될 수 있었다.

정신담론은 자기 경험의 담론과 타인 혐의의 담론으로 나누어졌다. 전체 사회의 의사소통 문화는 '혐의 두기'라는 곰팡이균으로 서서히 뒤덮였다. 이제 사람들은 타인들이 왜 각자의 정체를 간파하지 못하는지 이유들을 찾아내었다. 즉 타인들은 억압, 정신적 충격, 노이로제, 차단, 강박관념 따위를 가지고 있기 때문이었다. 이리하여 정신분석을 통해서 인간의 의사소통은 위기에 봉착했다. 자신의 정체가 무엇인지 모르며, 자신이 결함을 가지고 있다는 것에 대해서 다른 사람과 얘기하길 좋아할 사람이 세상에 어디 있겠는가? 이런 분석에 대해서 인간은 저항하게 마련이다. 왜냐하면 그런 분석을 마주하는 사람은 상대방이 자신을 진지하게 여기지 않으며 또한 책임감 있는 사람으로 간주하지도 않고 있다는 느낌을 받게 마련이기 때문이다.

그러나 정신분석은 인간의 이런 반응이 생겨나는 이유는 인간이 모든 것을 억압하기 때문이라며 그 반론에 다시금 혐의를 둘 뿐이다. 정신분석학은 시장에서 마르크스주의와는 다른 성공적인 처방전을 가지고 있었다. 즉 정신분석학은 문제점들을 스스로 제조해 유포했으며, 이들의 해결책이 정신분석학이라며 자신을 판매했다. 이 전략이 시장을 한정되지 않는 무궁무진한 것이 되게 했다. 정신분석학이 더 널리 퍼지면 퍼질수록, 그것에 대한 수요는 점점 더 늘어났다. 예컨대 단 음료수를 마실 때 갈증을 점점 더 느끼게 되는 것과 같은 이치다. 자체를 재생산하는 일종의 욕구, 간단히 말하면 마약이다. 정신분석학의 사회적 기능에서 정신분석학자들은 마약을 거래하는 마피아와도 같다. 그들은 수요를 창출해내고, 이것을 다시금 자기들의 수입원으로 삼는다.

시장의 과포화 상태에도 불구하고, 정신분석학은 오랜 파트너인 사회주의가 파산하고 나서도 여전히 살아남았다. 어쩌면 정신분석학은 몇몇 새로운 고객들을 확보함으로써 이득을 보았는지도 모른다. 이렇게 오래 유지되어 온 동맹관계의 기반은 헤겔의 유산이었다(→ 헤겔). 헤겔은 개인의 교양소설의 형식으로 역사를 설명했다. 이 발전 모델(사회주의에서는 사회, 정신분석학에서는 개인)은 두 경우 모두 같은 것이었다. 그래서 마르크스와 프로이트는 합작해서 하나의 벤처회사가 될 수 있었다.

이 합작투자로 한 명의 딸이 생겨났는데, 그 이름은 페미니즘이다. 여기서는 계급 투쟁이 이성(異性)간의 투쟁으로 대체되었다. 그리고 억압이라는 프로이트의 이론조차 성(性) 오용의 은폐이론으로 폭로되었다. 그러나 이런 페미니즘이 생겨나기 위해서는, 그 이론 칵테일에 새로운 성분들이 더 많이 추가되어야 했다.

파시즘과 파시즘 혐의 – 지뢰 매설지대

정확히 말해 파시즘은 무솔리니가 고안한 것이다(→ 역사. 파시즘이라는 단어는 fasces, 즉 로마의 귀족 표시인 속간부월[束簡斧鉞, 막대기 묶음에 도끼를 맨 것]에서 유래). 히틀러는 원래 그 단어 대신에 국가사회주의(나치즘)라는 단어를 사용했는데, 소련인들이 그것이 사회주의라는 단어를 담고 있으므로 자신들의 사회주의와 구별하기 위해서 그것을 파시즘이라는 단어로 교체했고, 이 새 단어가 이후에 서독 좌파들 사이에서도 일반화되었다. 이 관례를 받아들여서 독일 국가사회주의를 파시즘이라 부르기로 한다.

파시즘의 내용은 과연 무엇이었나? 그 요소들을 열거하면 아래와 같다.

- 우선 생물학의 진화이론에서 생겨난 생존 투쟁의 다윈 학설이 역사로 전용된 것, 또 이것이 우수인종 배양이라는 프로그램을 가진 조야한 인종학설로 변화된 것.
- 현대의 모든 불만스러운 상황을 모두 유대인의 책임으로 돌리는 방법인 반유대인주의. 이 방법으로 파시즘은 자본주의의 위기, 사회의 분열(와해), 증가하는 고향 상실감, 개인의 소외를 추방된 유대인의 속죄양 이미지와 대비시켜 자기들만의 완결된 공동체 감정을 얻을 수 있었다.
- 공산주의를 유대인의 세계 반역의 한 부분이라고 설명하는 반볼셰비즘.
- 세계패권의 투쟁에서는 도덕률이 효력을 상실해도 좋다는 민족주의를 우수인종의 제국주의적 요구로 확장한 것.
- 군대, 영웅주의, 신의와 복종의 군대식 덕목, 명예, 행동 그리고 전쟁, 이 모든 것의 찬미를 통한 남성적·귀족적 생활양식의 연출.
- 농업('피와 땅')에 집착하는 보수주의, 즉 독일 민족의 생존을 위해 더 많은 '생활공간'이 필요하다는 믿음.
- 민주주의에 대한 경멸, 서구의 개인주의와 자유주의 문화의 경멸, 그리고 개개인은 공동체에 복종해야 한다는 사고

비록 우리가 유대인 배척주의 따위의 명백한 내용들을 도외시하고 보더라도, 이 모든 요소들은 그 인접한 이론들을 파시즘이라는 혐의를 받아 마땅하게 만든다. 혐의를 받아 마땅한 내용에는 무엇보다도 다음과 같은 것들이 있다.

- 생물학적 모델을 사회로 전용한 것. 이것은 사회 진화 모델인 진화이론에 해당되거나, 또는 시스템 이론 모델들에 대한 모범으로서의 신경(병)학적 모델인 진화이론에 해당된다.
- 천부적 재능의 유전 가능성에 관한 연구, 또는 특정 계층이나 집단에 IQ 소지자들을 배분하거나, 또는 유전병, 또는 모든 유전학에 관한 연구.
- 민족의 개념. 이 개념은 서방국가들에서 민족과 민주주의가 함께 하나의 전체를 이루고 있다는 인식을 봉쇄하고 있다. 물론 민족은 운명공동체가 아니라, 스스로 민주주의 규칙을 제정한 하나의 정치 클럽이다. 이러한 전제로 볼 때, 민족에만 찬성하고 유럽 통합에 반대하는 사람은 파시스트 혐의를 받아야 한다. 왜냐하면 민족은 독일인들에게 나쁜 것으로 이해되고 있기 때문이다.
- 분명히 우수한 지배적인 인종 개념으로만 떠올릴 수 있는 엘리트주의적 사고.

이와 반대로, 독일인들은 우익적 사상을 좌익으로 꼬리표를 고쳐 달면서 둔감증의 영역도 함께 일구어내는 결과를 초래했다. 이 영역을 열거하면 아래와 같다.

- 공동체의 찬미가 개인 자유의 부담과 연관되고 있다.
- 좌익의 반미주의는 과거에 전쟁을 선전하던 우익의 문명비판론에 접목되어 있다. 다시 말해서, 나치는 물질주의적 서구 문명에 저항하는 독일 특유의 '내면성의 문화'를 내세웠다.
- 녹색당의 자연숭배와 '뉴 에이지' 세대의 비합리주의는 옛날 우익의

생활형식의 전통을 계승하고 있다. 이 전통에서는, 회복시켜주는 자연과 병들게 하는 사회가 대립하고 있었다. 나치의 '피와 땅의 신비주의' 아우라(Aura. 미묘한 분위기 – 옮긴이)는 이 비합리주의와 멀리 떨어져 있지 않다.

어쨌든 이 모든 영역은 우리가 조심해서 이동해야 하는 지뢰 매설지대이다. 이것을 훤히 알고 있는 사람은, 물론 다른 것들에 대해서도 파시즘 혐의를 둘 수 있다는 장점을 가진다.

프랑크푸르트 학파 – 비판이론

'프랑크푸르트 학파'라고 하면 프랑크푸르트에 있는 사회연구소 출신의 이론가 그룹을 일컫는데, 이들은 '나치 시대'에는 미국으로 망명했고, 거기에서 두 그룹으로 나누어졌다. 그중 한 그룹은 프랑크푸르트 연구소를 재건하기 위해서 전쟁 후에 다시 고국으로 돌아왔다. 이때 함께 왔던 사람들 중에는 막스 호르크하이머와 테오도르 아도르노가 있었고, 미국에 남아 있던 사람들 중에 가장 영향력이 컸던 사람은 헤르베르트 마르쿠제였다.

이 세 사람은 어느 다른 이론가 그룹보다도—만약 우리가 대사상가 마르크스와 프로이트를 제외하고 본다면—1968년의 학생봉기를 많이 고취한 사람들이었다.

이상한 점은, 아도르노와 마르쿠제는 서로 정반대의 의견을 말했다는 것이다. 아도르노의 테마는 신화와 계몽 사이의 아주 복잡한 맥락관계로 되어 있어서 이해하기가 힘든데, 만약 우리가 마르크스와 동시대에 살았던 한 명의 영국인에게 시선을 돌린다면, 이 맥락관계가 아마도 가장 잘 설명될 수 있을 것이다. 이 사람은 작가 찰스 디킨스다(→ 문학, 『올리버 트위스트』). 1850년의 영국은 개혁정신으로 가득 차 있었다. 개혁가들은 자신들의 프로그램을 자유주의의 대사상가들인 제레미 벤담Jeremy Bentham, 제임스 밀James Mill 그리고 존 스튜어트 밀John Stuart Mill로부터 가져왔다(→ 지식

계급, 천부적 재능 따위). 이들의 제안 중 수많은 것들이 합리적·계획적 관료주의의 구축을, 이를테면 노동수용소의 설치, 교도소 개혁, 국민건강 감독, 범죄와의 전쟁, 학교교육과 전염병 퇴치를 위해 전(全)주민집단에 대한 검진을 낳았다. 계획적 관료주의는 진보를 위해서 인간을 모욕적인 강압에 내맡겼다.

디킨스도 개혁에 찬성했지만, '그러한' 개혁에는 반대했다. 그러면서 그는 자신의 소설에서 노동수용소(『올리버 트위스트Oliver Twist』), 학교(『니콜러스 니클비Nicholas Nickleby』), 감옥(『어린 도릿Little Dorit』) 그리고 관료주의(『황량한 집Bleak House』) 따위를 진짜 지옥으로 묘사했는데, 이 지옥에서는 야수 같은 폭군이 죄없는 아이들과 부인들에게 고통을 주는 일에 행정규칙을 사용한다. 디킨스는 어떠한 양자택일 구상도 없었고, 냉혹하게 이성적이고 또 반인권적인 현대행정의 폭정을 통한 인간의 금치산 선고에 저항해 감성과 인간성의 이름을 내걸었다. 그가 보기에 진보란 인간을 자유롭게 하는 것이 아니라, 더 강력히 노예로 만드는 것이었다.

파시즘에 관한 이론가로서의 아도르노의 위치 또한 바로 여기에 있었다. 원래 파시즘은 비이성적이었다. 그래서 반파시스트들은 계몽의 합리성에 희망을 걸었다. 그러나 군대, 공장, 그리고 현대행정을 통해 인간을 훈련시킬 때 합리성은 극단적인 비이성적 권력과 동맹을 맺고 있었다. 이것은 마치 경찰이 악당들에게 넘어간 것과도 같았다. 계몽은 지극히 몽매한 야만의 공범자가 되었다. 그래서 호르크하이머와 아도르노는 그들의 가장 중요한 책들 중 하나를 『계몽의 변증법Dialektik der Aufklärung』이라고 명명했다. 비이성, 신화적 권력 그리고 가장 현대적인 합리성 사이의 긴밀한 교착은 죽음의 공장이라는 아우슈비츠에서 가장 선명히 표출되었다.

아도르노에 의하면, 이런 교착상태는 우리의 현대문화 전체, 우리의 언어 그리고 우리의 상징체계에 깊이 뿌리를 내리고 있다. 이 상태는 우리가 빠져나올 수 없는 숙명적인 것이었고, 모든 영역의 신비화였고, 앞으로 우리가 규명해야만 하는 총체적 현혹이었다. 아도르노는 독문학자들을 고무시켜 파시즘을 텍스트에서 재발견할 수 있게 했으며, 그래서 이들은 더이상 아무것도 할 필요가 없었다. 그 까닭은 아도르노는 학생들의 직접적인 정치행동을 지지하지 않았기 때문이다. 이런 이유로 그는 운동권의 표적이 되었고, 그 충격으로 인해—많은 사람들이 주장하기를—1969년에 심장마비를 일으켜 사망했다.

마르쿠제는 아도르노와 상반되는 노선을 선택했고, 또 직접 나서서 학생들의 행동을 고무시켰다. 그에게 후기자본주의와 파시즘은 서로 비슷했다. 둘 다 사회적 갈등을 잠재우고 사회를 통합했기 때문이다. 파시즘 국가에서는 이 통합을 담당한 것이 권력과 테러였다면, 후기자본주의 사회에서는 문화산업을 통한 보편적 의식 조종이 그 역할을 담당했다(여기에서 마르쿠제는 아도르노를 잠시 언급한다). 마르쿠제는 이에 대한 의식을 일깨우고자 했다. 후기자본주의 사회에서는 무엇보다도 엄청난 부의 축적이 만인에게 공동의 행복을 가져다주는 자유를 이미 가능케 했다고 역설했다. 이제 질적으로 더 나은 사회를 위해, 마르쿠제는 아직도 보편적 우민화 단계에 접어들지 않은 사람들이 혁명의 주체가 되어야 한다고 생각했다. 이들은 바로 학생들이었는데, 이들은 아직 젊고 또 아직 교육을 덜 받아 완전히 굳어진 상태에 있지 않다. 즉 체제의 약점은 체제로의 통합이 이루어지는 곳, 바로 교육현장에 있는 것이다. 마르쿠제에 의하여 혁명의 촉매(유발) 역할은 노동자들에서 학생들에게로 이동되었다.

학생운동에 대한 영향력의 면에서 볼 때, 아도르노와 마르쿠제는 서로 보완관계에 있었다. 아도르노는 모든 것을 파시즘으로 폭로할 수 있었고, 마르쿠제는 사람들을 곧 파시즘에서 벗어날 수 있게 했다. 최대의 위기가 최대로 신속한 행동을 정당화했다. 아도르노는 독일의 과거로 시선을 돌려 아우슈비츠에 시선을 고정시켰다. 마르쿠제는 부(富)라는 낙관주의로 충만한 미래로 시선을 돌렸다. 귀환자 아도르노는 독일적 멜랑콜리(우울함)를 구현했고, 미국 샌디에이고에서 아도르노가 가르쳤던 마르쿠제는 미국적 낙관주의를 대표했다. 이 낙관주의를 가지고 젊은 세대는 자기들의 부모로부터 도망쳤다.

그러나 다른 한편 한 세대 전체가 아도르노의 언어에 의해 지배되었다. 이 언어는 도처에서 벌어진 전반적인 현혹현상을 주제로 하는 것이었으며, 바로 그렇기 때문에 쉽게 이해할 수 없고 동시에 암시로 가득 차 있었다. 그 언어는 숙명적 불행에 대해 끊임없이 말했다. 그 언어는 미로 같은 문장구조를 통해서 성직자처럼 비밀스런 어떤 것, 제식적(祭式的)이고 마취적인 그 무엇을 획득했다. 그 난해성 때문에 독자는 정통한 자와 문외한으로 갈리었다. 이리하여 문외한들은 모방 전염병에 걸렸는데, 문외한들은 모든 것을 해명할 수 있는 마법열쇠를 갖고자 했기 때문이다.

그래서 여기에서도 언어의 매력은 '잠재적인 것'과 '숨겨진 것', '억압된 것'과 '억제된 것'을 폭로하는 데에 있다. 특히 '비판이론'(프랑크푸르트 학파의 학설)은 마르크스주의와 정신분석학을 융합시켰기 때문이다. 이런 시각으로 모든 것이 불가사의하게 되었다. 당시에 가장 애호하던 단어는 '감춰진'이었다. 모든 것은 이중적 의미를 지녔다. 즉 모든 것은 '잠재적인' 의미와 '명시적인' 의미, 분명한 의미와 숨겨진 의미, 직접적인 의미와 간접적인 의미를 지녔다. 이 이중적 의미는 예술작품에서처럼 전체와의 연관 속에서 해명되었다(그러면 그 이중적 의미가 '전달되었다').

사회가 범죄소설로 변했고, 비판이론의 신봉자는 사회를 의심하는 탐정으로 변신했다. 그리고 우리가 이미 예술작품 속에 들어가 있기 때문에, 여기에서 서로 부합되지 않는 모든 부분들은 이미 전체가 거짓이라는 사실에 대한 징표로 해석될 수 있었다. 아도르노의 핵심문장은 우리가 골똘히 생각해야 하는 다음의 한 문장이다. "거짓 삶 속에는 올바른 삶이 없다."

아도르노의 학생이었던 위르겐 하버마스Jürgen Habermas는 프랑크푸르트 학파의 전통을 독자적으로 계승했다. 그는 이상적인 의사소통의 조건들을 탐구했고, 이 조건들을 민주적 의사소통의 선험적 전제조건으로 고양시켰다(→ 칸트). 이리하여 그는 독일연방의 역사에서 프랑크푸르트 학파의 실질적인 기능에 올바르게 다가갔다. 말하자면 비판적 공중(公衆)을 낳기 위한 산파의 기능을 맡았다. 동시에 아도르노의 마취적인 산문은 전(全)세대의 언어를 망쳐놓았다. 그의 산문은 단지 전문은어로서만 살아남아 있다. 그의 산문은 뇌를 멍하게 만들어, 파시스트의 테러와 인간의식을 잠재우는 자본주의 사이의 구별이 시민적 민주주의와 전체주의의 폭정 간의 구별과 마찬가지로 불분명해졌다. 그는 전세대의 정치적 판단력을 심하게 손상시켰다.

'비판이론'의 상용어는 'mega-out', 즉 '완전히 거덜났다'이다. 이 단어를 들으면 우리는 옛날 68세대를 알아볼 수 있다. 물론 오늘날 이들 중의 다수가 문화산업의 사장자리에 앉아 있다. 그리고 그 산업에 참여하고 싶은 사람은 그들의 프랑크푸르트 사투리를 배워야만 한다.

담론이론 – 문화주의

담론이론은 거의 한 개인의 단독 창조물이다. 그 사람은 바로 프랑스인 미셸 푸코Michel Foucault다. 그의 출발점은 아도르노와 거의 같다. 따라서 그는 찰스 디킨스와도 동일한 계보에 서 있다. 디킨스가 관심을 가졌던 것은 규율 훈련의 과정으로서의 현대화였다. 그래서 푸코는 디킨스도 자세히 서술한 바 있는 전문병원, 정신병원, 감옥 따위의 사회제도(공공기관)의 역사를 연구했다. 그러나 그의 관심은 단지 강제적 기구와 이들의 질서 분석이 아니라, 거기에 해당하는 '담론'들이다. 이 담론들에서는 정신병자, 범죄자, 병자, 병리학적 환자란 무엇인가에 대한 정의가 이루어진다.

다른 말로 하면, 푸코는 훈육(訓育)의 언어를 연구한다. 이 언어는 인간이란 무엇인가라는 고품격 정의를 다룬다. 이것은 관료주의의 언어, 과학의 언어, 의학의 언어, 심리학의 언어이다. 간단히 말해서 힘의 언어다. 이 언어는 기술하는 것이 아니라 규정하는 것이다. 확정하여 정의를 내리는 것이다. 그래서 칸트가 '선험적'이라는 개념으로 의도했던 것처럼, 힘의 언어는 규칙을 정한다. 즉 확고히 한다. 병, 정신이상, 범죄라는 말을 만들어 내는 것이다.

베드로처럼 언어는 개개인을 사회에서 내쫓는 힘을 가지고 있고, 개인을 에워싸고 있는 조건들(권리능력, 책임감, 책임능력, 교양, 교육, 규율 준수, 준법성 따위)을 확정하는 힘을 가지고 있다. 아도르노처럼 푸코에게도 문제가 되는 것은 언어와 힘의 결합이다. (국경을 통해 정해진) 국가 영토처럼, 주권영역으로 알려진 언어의 지배 시스템을 푸코는 '담론'이라 부른다. 그가 담론을 다루는 방식은, 일종의 공중촬영법을 도입한 고고학의 연구방법과도 같다. 담론 자체는 지하의 것이어서, 담론을 확정하기 위해서는 통상적인 잡담의 표피를 제거한 담론을 발굴해야 한다. 그러나 이 담론의 구조를 발견하기 위해서는, 전체 연관에 대한 깊이 있는 이해가 있어야 하며, 이 이해는 대상에 대해 거리를 유지해야만 가능하다.

담론이론은 'in', 즉 '통용되고 있다'. 하지만 그 이유를 이해하기 위해서는 다음에 나오는 소제목의 글을 읽어보아야만 한다. 이 두 가지 소제목은 담론이론의 친척이기 때문이다.

해체주의

해체주의도 한 개인의 창조물이다. 그 사람은 바로 프랑스인 자크 데리다Jacques Derrida이다.

그는 푸코와는 다른 지점에서 출발했지만 그가 내린 결론은 푸코와 아주 비슷하다. 그래서 두 사람의 만남에서 페미니즘과 다문화주의의 기초이론이 생겨날 수 있었다.

데리다의 기본문제는 상당히 난해하고, 그의 언어는 사실상 이해가 불가능하다. 이 때문에 우리는 수수께끼 같지만 웃음을 자아내는 문장으로 시작하고자 한다. 이 문장은 갈레티Galletti 교수로부터 유래되었다고 한다.

"돼지는 그의 이름을 옳게 가지고 있다. 왜냐하면 돼지는 사실 매우 더러운 동물이기 때문이다."

여기서 우리를 멈칫하게 하는 것은 무엇인가? 그것은 '돼지'라는 음(音)이 더러움의 본질을 담고 있다는 가정(假定)이다. 사실상 그 음은 완전히 자의적이며, 거기에서 불결한 것의 본질을 표현하는 것은 아무것도 없다. 그 단어가 정확하게 돼지의 본질을 표시하기 때문에 어느 돼지가 '돼지'가 되는 것이 아니라, 우리가 다만 그 단어를 '두더지'나 '다람쥐'라는 단어와 혼동하지 않고 있기 때문에 그러하다. 다시 말해서, 음 그 자체만 두고 본다면 우리가 조상 대대로 예컨대 '돼지'를 개라고 불렀다 하더라도 이에 대해 아무도 논박할 수 없을 것이다. 만약 그렇게 불렀다면, "닭 쫓던 돼지 지붕 쳐다본다"라는 속담이 생겨났을 것이다.

어느 한 단어의 음의 결과가 완전히 자의적이고, 의미와 아무런 관련이 없다는 사실이 발견된 것은 놀랍게도 그다지 오래 전의 일이 아니다. 이 사실을 최초로 발견한 사람은 언어학의 창시자인 스위스의 언어학자 페르디낭 드 소쉬르Ferdinand de Saussure였다. 사람들은 이때부터 언어에서 기표(記標)와 기의(記意)를 구분했다. 기표는 의미의 담지자인 일련의 음(音)이며, 기의는 의미된 것, 다시 말해서 청자와 화자의 정신 속에 내적으로 모사(模寫)된 것이다.

이 발견이 그렇게 늦어진 것이 데리다가 문제를 제기할 수 있는 빌미가 되었다. 그는 그 발견의 지체를 설명하기 위해서 표음문자(소리글자)의 특성을 지적한다. 그에게서 표음문자는 서양 철학의 전제조건이다. 표음문자에서는, 예를 들어 중국이나 이집트의 상형문자와는 달리, 화자와 발화된 단어 사이에 더이상 고유의 형상기호가 끼어들지 않는다. 그 대신에 표음문자는 점점 음상(音相) 쪽으로만 분명해진다. 이리하여 단어의 의미가 '직접적으로' 존재한다는 청각적인 착각이 생겨난다. 의미하는 것과 의미되는 것 사이의 차이가 은폐된다. 왜냐하면 기호 자체의 물질성이 시야에서 사라지기 때문이다. 사람들은 의미를 직접적으로 파악하고 있다고 착각한다. 그래서 사람들은 기표가 기의와 분리된 특수한 지위를 차지하고 있다는 것을 아주 오랫동안 간과하고 있었다. 어쨌든 사람들은 갈레티 교수처럼 늘 착각을 하고 있었다.

데리다는 바로 이런 '음향 착각'이 서양인의 사고 전체의 특징이라고 믿었다. 그들의 사고에는 로고스(의미)가 직접적으로 존재한다는 환상이 두드러지기 때문에, 데리다는 로고스 중심주의를 말한 것이다. 이런 논리중심주의적 사고는 '현존함'을 핵심내용으로 하기 때문에, "~이다"라는 식의 3인칭 단수 현재형이 진리에 관한 특권적 진술이 된다("우리는 ~였다"라든가, "너는 ~일 것이다" 등은 그렇지 못하다). 그러나 무엇보다도 논리중심주의는 기표를 중요하지 않게 여기고 또 부차적인 지위로 깎아내림으로써 기표의 독립성을 가로챘다.

이런 비대칭성(편향)은 일련의 대립항 개념들로 이어진다. 거기에서는 언제나 한쪽이 다른 한쪽보다 더 높게 평가된다. 정신/물질, 남자/여자, 관념/대상, 형식/내용, 본질/외관, 원본/복사, 적극적/수동적, 줌/받음, 문화/자연 따위가 그러하다. 이런 비대칭적 대립쌍들은 서양 문화의 상징적 질서를 형성하고 또 의미란 무엇인가를 규정한다. 또한 서양인들의 의미 이해는 자신들의 기호체계의 여러 부분들의 억압을 전제로 한다. 하지만 그 부분들도 의미 형성을 위해 동등한 권리로 역할을 수행한다. 바꾸어 말하면, 의미란 폭력적 지배이며, 억압은 이미 기호체계에서 늘 횡행한다.

문학 텍스트에서는 억압된 것의 귀환이 이루어지고 있다. 텍스트 해석은 억압된 것의 해방을 도울 수 있다. 그것은 대립쌍 중 억압되고 매장된 쪽을 도와서 다시 그 권리를 회복시키고 공식적인 의미 표면 위로 끌어낼 수 있기 때문이다. 데리다는 이런 방법을 해체주의라고 부른다. 이것은 일종의 카니발과 같은 의미축제다. 여기서 사람들은 모든 것을 뒤집고, 지배관계를 역전시킨다. 그리고 그 지배를 없앰으로써, 기호와 표시된 것, 육체와 정신, 그리고 여자와 남자가 동등한 권리를 가진다는 인식에 이르고자 한다. 이로써 우리는 푸코의 학설과 비슷한 결론에 도달한다.

데리다와 푸코 둘 다 상징질서의 체계를 미묘하지만 늘 어디에나 존재하는 억압도구로 이해하기 때문에, 그들의 분석은 특히 문화학과 문예학에서 인기를 끌었다. 그들의 영향으로 사회비판은 문화 상징체계에 대한 비판으로 바뀌었다. 대학에서 공부하는 대부분의 여성들은 인문학 분야를 수

강하기 때문에, 바로 여기에서 페미니즘이라는 무기를 제작해냈다. 이 때문에 담론이론과 해체주의는 '유행하고' 있다. 이와 동시에 문예학에서 데리다의 전문은어가 아도르노의 난해한 은어를 대체했다. 두 사람의 '이해할 수 없기' 경쟁에서는 데리다가 확실한 승자다.

페미니즘과 다문화주의

데리다는 유럽 문화를 로고스(논리) 중심적이라고, 즉 합리주의적이라고 말할 뿐만 아니라, 남근(男根)권력적, 즉 남성적이라고 말한다. 기표(기호)/기의(의미)라는 대립개념에서의 비대칭성은 여자/남자라는 비대칭성에서 다시 확인된다. 농부/여성농부, 정치가/여성정치가 따위의 단어에서도 남자는 인간의 기본 모델로, 여자는 이탈로 간주되고 있다(→ 천지창조에 대한 이야기).

서양 문화는 다른 문화를 상징적으로 압류했고, 또 여성문화를 식민지화했다. 이런 관점에서 여성 페미니스트들은 여성문화를 제3세계 문화와 나란히 놓으며, 스스로 문화적 소수라고 양식화(단순화)하여 표현한다. 이 때문에 이들의 반란목표는 상징정치를 통한 담론의 정복에 있다. 이때 이들은 사회에 새로운 페미니즘적 꼬리표를 표준삼으라고 강요한다. 무엇보다도 야비하고 차별적인 표현들은 일종의 의미론적 루르드(성모 마리아 출현의 기적이 일어났다는 성당이 있는 프랑스 서남부의 순례도시-옮긴이)로 치유되어 아름다운 표현으로 변한다. 예를 들면 그들은 "작다"라고 말하는 대신 "수직적으로 도전받는다"라고 말하며, "멍청하다"라고 말하는 대신 "다른 재능이 있다"라고 말한다. 이외에도 성의 동등화가 이루어진다. 'Killer(살해자)' 외에 'Killerin(여성살해자)'라는 표현이 등장한다.

정치적 정도(正道)

사회주의의 붕괴 이후 그 유산을 일종의 문화주의가 물려받았으며, 담론이론, 해체주의 그리고 페미니즘도 그 문화주의의 특징을 엇비슷하게 함게 가지고 있다. 마르크스주의가 상대방의 허위의식을 입증함으로써 상대방을 상대화하곤 했다면, 문화주의 이론들은 이미 자신의 고유한 프로그램이 있다. 이 이론들은 현실의 상징체계를 철저히 위장된 지배도구로 간주하고 있기 때문에, 이들의 목표는 그 담론들을 일종의 도덕적 강제의 형식을 통해 정복하는 데에 있다. 역사철학적 프로그램을 가진 과거의 좌파가 자신과 적들을 구별짓는 판단기준을 상실한 것도 이 새로운 이론들의 전략에 유리하게 작용한다. 구좌파가 "우리는 미래를 대표하며, 진보주의자들이다. 다른 사람들은 과거의 대변자이고, 반동주의자들이다"라고 말했다면, 이 새 문화주의자들은 도덕적 차별화 기준인 "우리 신들은 선인이고, 다른 사람들은 악인이다"를 다시금 채택했다. 이리하여 의미론적 서바이벌 쇼와 캠페인을 통한 여론시장 쟁탈전의 시대가 열리게 되었다. 공개석상에서 한마디라도 잘못하면 당신은 이미 공안위원회에 출두할 때가 된 것이라는 식이었다. 한 담론에 도취된 사람은 자신도 모르는 사이에 어느새 이단자가 되어 재판을 받게 되며, 새로운 '검찰청'을 운용하는 사제로부터 회개하라는 설교를 듣게 된다. 이 사제는 자신이 신봉하는 정치적 신조의 제단을 서바이벌 게임의 희생자가 흘린 피로 붉게 물들이는 제사를 준비하는 것이다.

바꾸어 말하면, 여론시장은 일종의 전쟁터가 되어버렸다. 거기서 사람들은 제대로 자리를 잡을 수도 있고, 잘못 잡을 수도 있다. 그러므로 신중해야 한다. 거기에는 다음과 같은 표제어들이 조명을 받아 환하게 빛나는 경고 표시판에 쓰여 있다. "파시즘 지역. 진입 금지-생명위험", "매키즘(남성우월주의) 지역. 자신의 책임하에 진입. 아들이 아버지를 보증함", "조심! 도로 사정 나쁨. 유럽 중심주의, 로고스 중심주의, 남근주의 지역임", "조심, 엘리트주의 지역임", "생물학주의자 구역. 전복(顚覆) 조심."

과학과 세계상

학문을 분류할 때 우리는 우선 자연과학과 그밖의 학문들로 구분한다. 이 그밖의 학문들은 과거에는 '정신과학'이라고 불렸다. 하지만 이것도 독일에서만 그랬다. 그 이유는 독일인들이 정신과 학문을 신뢰했기 때문이다. 하지만 오늘날 그 신뢰가 오히려 고통스럽게 느껴진다. 그래서 앵글로색슨계의 나라에서는 과학이라는 단어를 전혀 사용하지 않고, 대신에 인간과 문화를 다루는 학문 분야들을 가리켜 '인문학humanities'이라고 부른다. 이것은 독일어의 '인간과학Humanwissenschaften'에 상응한다. 그 중에서 사회에 대한 학문, 즉 사회과학이 옛날의 정신과학인 고전언어학(지금은 오히려 텍스트(과학)이라 부르고 있는 문헌학)으로부터 분리되어 나왔다.

철학 또는 심지어 이데올로기와 비교해봐도 과학은 아주 견고하다. 철학은 늘 사변(思辨)이고, 이데올로기는 정치적 구제종교다. 그래서 철학과 이데올로기는 '정확한 과학'과 구별된다.

과학하면 우리들은 당연히 제일 먼저 자연과학을 떠올린다. 자연과학은 자기 진술(판단)에 대해, 종종 서로 연관관계가 있는 두 개의 통제수단을 가진다. 하나는 실험이고, 또 하나는 대상에 대한 수학적 예측이다.

자연이 순수한 수학의 언어로 표현된다는 것은 세상에서 해명되지 않는 기적에 속한다. 이것이 기적인 이유는 수학이 외부세계를 전혀 고려하지 않고 내적 관계의 논리학에서만 그 규칙을 획득하는 문법을 구사하기 때문이다. 그래서 수학은 자연의 반대, 즉 순수정신이다. 그런데도 자연은 마치 모든 수학법칙을 충분히 익혀, 그 법칙에 따라 움직이고 있는 듯이 보인다.

텍스트(과)학과 사회과학은 수학보다는 정확하지 않다. 그러나 그 둘은 아주 견고한 통제방식을 가지고 있다. 텍스트(과)학에서 정확한 텍스트를 만들어낼 때에는, 이를테면 자료를 샅샅이 수집하고, 전거(典據)를 찾고, 문맥을 성립시키고, 영향을 찾아내고, 각주를 통해 모든 것을 증명하는 것이 흡사 탐정의 작업과도 같다. 자연과학을 특징짓는 표시가 실험이라면, 텍스트(과)학에서는 각주1)가 있다.

1) 각주에 대한 각주

각주의 의미와 목적은 무엇인가? 이에 대해 답을 하려면, 우리는 아마도 어떤 잊혀진 각주를 하나쯤 찾아보아야 할 것이다. 또 이 질문은 대학교에 입학한 신입생들이 모든 학술서적의 긴 텍스트들을 처음 대할 때 필연적으로 느끼게 되는 고통, 마치 짧은 텍스트들의 지하세계에 잠수해야 하는 것과도 같은 고통과 관련이 있다. 각주는 긴 텍스트들이 하수구 시설을 통해서 논지의 증거들을 공급받는 곳임과 동시에 무능한 동료들의 상반되는 견해들을 떨어뜨려 놓을 수 있는 곳이기도 하다. 각주는 언제나 이 두 가지가 동시에 이루어지는 장소이다. 그것은 영양소의 공급원이자 소화기관이며, 연회장이자 화장실, 잔칫상이자 구토하는 그릇이다. 이 점은 현대적인 문화주택에는 전기와 상수도가 공급되어야 하고 하수도 시설이 있어야 하며 쓰레기 수거가 이루어져야 하는 것과 같다. 각주가 있어야만 텍스트는 비로소 학술적이 된다. 역사적 학문들이 충분히 학술적이지 못하다는 데카르트주의자의 비판에 대한 반작용으로써 각주는 성립했다. 그로써 텍스트학의 검증도구로서의 각주는 자연과학 분야의 실험과 동등한 지위를 차지하게 되었다. 각주는 벨Bavle의 『역사와 비판사전*Dictionnaire historique et critique*』(1697)에서 처음 시작되었고, 랑케(독일의 역사학자)에 의해 확고히 자리잡았다. 랑케는 문헌학적 작업에 매료되었던 학자였으며 그 작업의 성과를 각주에 쏟아부었다. 이로써 그는 역사의 출처에 집중하는 역사학의 토대를 놓았고 근대적 의미의 역사학의 창시자가 되었다.

이리하여 각주는 처음에는 일단 텍스트 내용이 옳다는 것을 입증하는 증거가 된다. 각주는 출처, 문헌 그리고 문서들을 인용한다. 각주는 선행하는 텍스트들에 근거하거나 그들을 반박한다. 각주는 재판소의 법정에서 증인이 하는 진술과 동일한 기능을 하며 때로는 대질심문과도 같다. 각주들의 심리가 있고 나서야 텍스트는 판결(결론)을 내릴 수 있다.

그러나 각주를 이해하기 위한 본래의 코드는 명예욕이다. 데이비드 로지David Lodge는 자신의 장편소설 『작은 세계*Small World*』의 줄거리를 기사 로망스 관련 학술대회로 시작한다. 그는 이로써 대학의 교수들을 방랑기사들에 비유한다. 기사들은 명예욕 때문에 무술시합이 열리는 장소들을 전전한다. 교수들도 자신의 실력을 경쟁자들과 비교해보기 위해 학회들을 열심히 찾아다닌다. 진리를 추구하는 마음이 아마도 학문 연구의 가장 중요한 원동력일 테지만, 그러나 그 뒤를 이어 곧 동료 연구자들의 인정을 받고 싶은 마음이 뒤따른다. 각주도 거기에 기여한다. 각주는 학자에게는 기사의 문장(紋章)과도 같다. 그것은 그가 학자임을 증명하며 그에게 신뢰가 가게 하며 무술대회에 참여할 자격을 부여한다. 그것은 그의 무기이기도 하다. 그는 그것으로 자신의 명예를 드높일 뿐만 아니라 경쟁자의 명예를 격하시키기도 한다. 각주는 모든 방면에 활용할 수 있는 다목적 무기인 셈이다. 혹자는 그것을 경쟁자의 등에 꽂는 칼로 사용하며, 혹자는 그것을 경쟁자를 때려눕히는 몽둥이로 사용한다. 혹자는 우아한 결투를 수행하는 펜싱용 검처럼 사용하기도 한다. 따라서 독자에게는 각주가 텍스트 본문보다 더 재미있는 경우도 많다. 이런 경우 각주 부분은 흡사 투계장의 닭들이 휴식시간에 잠시 링을 떠나서 이번에는 길거리로 나와서 서로 치고받으며 싸우는 꼴과 같은 양상을 보여준다. 그러므로 학자는 본문에서 착용했던 예의범절이라는 가면을 각주 부분에서는 잠시 벗고 자신의 진짜 얼굴을 드러내도 괜찮다. 이런 점에서 각주는 본문보다 더 진실하며, 이 진실을 경쟁자에게 보여주어도 되는 곳이다.

이와 유사한 꾀많은 전술이 각주에는 또 존재한다. 그중 하나는 경쟁자의 텍스트를 전혀 인용하지 않는 것이다. 텍스트가 아무리 적절한 것이라 해도 그것을 간단히 무시해버린다. 인용되지 않는 자는 학계에 존재하지 않는 자이다. 왜냐하면 그는 '파급효과 인자(因子)'를 지니지 못하기 때문이다. 이 인자는 필라델피아의 과학정보기관이 특정 저술의 인용 빈도수를 조사해 작성하는 『과학 인용 색인』에 기록된다. 따라서 인용되지 않는 자는 학계의 지도상에 표시되지 않는다. 무시(無視)라는 무기는 다른 학자에게 치명상을 입힐 수 있다. 그러나 이 무기는 오디세우스의 활(오디세우스는 자신의 부인을 괴롭히는 귀족들에게 복수를 하기 위해 그들이 모인 연회장에서 일렬로 늘어선 도끼자루의 고리들을 향해 화살을 쏘아 통과시켰다 - 옮긴이)처럼 베테랑 전사들만이 사용할 수 있다. 보통의 평범한 학자가 인용을 하지 않았다면, 그는 그 인용이 담긴 중요한 책을 읽지 않아서 모르고 있기 때문이라는 혐의를 받게 된다.

이와 반대로 경량급 학자들은 그런 책을 인용함으로써 오히려 자신의 천박한 지식 수준을 노출시킬 위험이 상존한다. 유명한 학자들은 서부영화에 등장하는 사격의 명수에 비유할 수 있다. 모든 학자들이 그 유명한 학자들의 권위에 의지하려고 하기 때문이다. 그 줄대기에 성공한 자는 하루아침에 유명해질 수 있다. 별다른 재능 없이 기생충같이 사는 학자들은 자신의 독창적인 업적보다는 다른 저술가들에 대한 비평으로 명맥을 유지하고자 하기 때문이다. 이 말은 곧 그들이 학계에서 아무런 중요한 기능을 못한다는 뜻은 아니다. 그들은 아프리카의 하이에나처럼 병든 텍스트를 찾아다니며 공격해 숨통을 끊어놓는다. 또는 다큐멘터리 동물영화에 등장하는 독수리처럼 텍스트들의 건강을 책임지는 보건경찰이며, 그 시체를 치우는 청소부다.

학술 논쟁이 공개적으로 될 경우에, 각주는 특정이론의 추종자들이 누구인지를 식별할 수 있게 해준다. 그것은 군대에서 부대를 표시하는 마크가 그 착용자를 아군인지 적군인지 식별할 수 있게 해주는 것과 같다. 따라서 각주를 통해서 학자는 자신이 특정 그룹에 봉사하는 자임을 모든 이들에게 공표할 수 있다. 그는 각주로 특정 그룹의 회원 가입권을 취득하는 것이다. 한 학파의 회원들은 원칙적으로 서로가 서로를 인용한다. 그래서 학자들은 '인용 카르텔'이 존재한다고 우스갯소리를 한다. 이리하여 회원들은 자기들끼리 '파급효과 인자' 수치를 올린다. 동일한 이유에서 자연과학 분야에서는 학자들이 종종 실험보다 저술에 지나치게 신경을 쓰게 된다. 그야말로 제사보다는 젯밥에 관심이 집중되는 것이다. 그들은 글로 쓰여진 실험을 하는 실험실의 책임자에 지나지 않지만, 출판이 그의 파급효과 인자 수치를 높여준다. 물론 모든 텍스트는 또 다른 텍스트들의 각주가 될 수 있다. 하나의 텍스트는 문자가 될 문자이며, 각주가 될 텍스트로서의 운명을 지니고 있다. 역으로 프로이트적으로 말해서, 텍스트가 있었던 곳에서 각주가 생성되어야 한다. 모든 텍스트는 텍스트들의 쓰레기더미 위에서 자라난다. 즉 텍스트가 텍스트의 밑거름이 된다. 모든 새로운 텍스트는 그 선배 텍스트들을 수거해 자신의 각주란에 가둬두고 거기에서 적절한 것을 낚아올린다. 텍스트와 각주는 서로간에 끝없이 오가며 변신을 한다. 텍스트의 바다는 유전자 풀(한 집단의 유전자의 총합)인 셈이며, 여기에서 각주들끼리 행하는 무한한 이합집산이 늘 새로운 텍스트들을 배출한다.

그럼에도 대학 신입생들은 각주들이 꽂혀 있는 학술 텍스트들을 읽을 수 있기 위해서는 어느 정도의 훈련이 필요하다는 것을 깨닫게 될 것이다. 우리가 예컨대 텍스트의 본문에서 프로이센의 역사를 읽게 된다면, 각주에서는 그 본문이 어떻게 성립하게 되었는지 그 생성사에 대한 안내

이에 비해 사회과학은 다시 수학적으로 돌아가는 추세에 있다. 다시 말해서, 사회과학은 통제도구로 통계학, 도표, 서로 다른 요소들간의 상관관계(황새의 출생 감소와 그 개체수의 감소 사이에 수학적으로 증명할 수 있는 일치 따위), 인자(因子) 분석 따위를 가지고 있다. 그러나 사회과학은 텍스트(과)학처럼 해석에 훨씬 더 의존하고 있다.

대학과 학문 분야

학문들은 그 대상과 방법을 통해 고유한 윤곽을 드러낸다. 물리학은 생명이 없는 물질을 탐구하며, 수학적으로 측정할 수 있는 것을 일반법칙에 따라 양적(量的)으로 파악하는 방법에 의존한다. 물리학에서는 유기적 물질(생물학)이나 소재의 변화와 새로운 조합(화학)은 중요하지 않다.

대부분의 학문 분야는 대학에서 전공으로 가르치고 있어, 대학에서 연구를 통해 습득할 수 있다.

그러나 일부의 전공학과들에서는 해당 학문의 통일성이 과학적인 훈련을 통해 얻어지는 것이 아니라, 취업 준비 중에 있는 직업 분야의 실무경험에서 얻어지기도 한다. 예컨대 의학은 생물학과 화학에서 자기 지분을 떼내어 이들을 결합한다. 왜냐하면 인간의 신체가 고유한 과학적 대상이 아니라, 임상경험이 인간의 신체를 고유한 과학적 대상으로 만들기 때문이다. 그리고 법학과 교육학은 과학이 아니라, 전략적인 심사숙고를 전제로 하는 실무인 것이다.

과학이 성공의 대가로 얻은 것은 상당한 명성이다. 이런 이유로 점점 더 많은 전공학과가 과학의 의상을 입었고, 이런 분과들은 실제로 대학에서 인기 있는 실용학과가 되었다. 저널리즘, 연극, 어학 교수법 연구, 연출, 정

글들을 읽게 된다. 이것은 이를테면 우리가 우스갯소리를 들으면서 이것에 대한 설명을 함께 듣는 경우와 동일하다. 또는 노엘 카워드Noel Coward가 말하듯이, 사랑의 행위를 하던 도중에 어떤 손님이 찾아와 초인종을 누르면 일단 문으로 가봐야만 하고 그 다음에야 하던 일을 계속할 수 있는 경우와도 같다. 독서 중에 이루어지는 이 중지에도 우리는 익숙해져야 한다.

치학, 샤머니즘과 마술 사이의 심리학적 학문 분야 등이 여기에 속한다. 그리고 교사 양성은 실제 경험과 학문 사이의 불분명한 교배로 시달리고 있다. 그래서 학문도, 실제 경험도 권리를 보장받지 못하고, 교사는 처음부터 전문적인 가면극에 익숙해진다.

과학의 진보

과학의 성공적인 결과를 통해 과학의 역사상(像)도 획득되었다. 사람들은 이것을 더 많은 진리의 끊임없는 축적이라고 소개했다. 그 논리는 지리상의 발견을 통해 더 많은 대륙을 알게 되는 것과 같은 것이었다.

과학의 역사를 연구하는 토머스 쿤Thomas Kuhn이 등장할 때까지는 그러했다. 그는, 과학은 허튼 소리도 상당히 양산해냈고, 허튼 소리의 반박 역시 과학의 발전에 기여했다고 했다. 또한 과학은 진리의 축적이라고 기술될 수 있었을 뿐 아니라, 허튼 소리의 축적이라고도 기술되어야 했다. 그래서 사람들은 1670년에서 1770년 사이의 100년 동안, 모든 가연성물질은 연소시킬 때 새어나오는 원소 플로지스톤phlogiston을 함유한다고 믿었다. 이 추측은 상당한 결실을 보았고 많은 발견도 가능하게 했지만, 이것은 난센스였다. 하지만 그 원소는 설인(雪人)처럼 우리의 의식 속에 실재한다.

토머스 쿤이 이 문제를 더 깊이 파고들어갔을 때, 그는 과학의 발전이란 여태까지 사람들이 생각했던 것과는 아주 다르게 이루어지고 있다는 사실을 발견했다. 과학의 발전이란 더 많은 진리의 끊임없는 축적으로 이루어지는 것이 아니라, 난폭한 선거전과 정권 교체를 동반하는, 임기가 있는 일련의 정부들로 이루어진다.

쿤은 어떤 과학에서나 하나의 지배적인 학설이 있으며, 이 학설은 서로 보완하는 주도적 개념들과 배후의 가설들에 근거하고 있다는 점을 확인했다. 이런 가정들은 당연하고도 의문의 여지가 없으며, 논증도 필요없는 것으로 간주된다. 그것들은 과학적 합의를 떠받친다. 그러한 주도 개념과 가정들의 네트워크는 하나의 이론보다는 규모가 크고, 세계관보다는 규모가 작다. 쿤은 이것을 모델을 뜻하는 그리스 단어에서 차용해 '패러다임'이라고 부른다. 대부분의 과학자들은 이 지배적 패러다임을 확증하는 데에 몰두한다. 말하자면 그들은 정부를 구성하고 통상적인 과학을 운영한다.

그러나 언제나 소수의 비추종자들이 있다. 그들은 지배적 패러다임으로 설명될 수 없는 문제에 매력을 느낀다. 당연히 그들은 정부로부터 불신임을 당하고 반대의 길로 나아간다. 이때 그들은 더 많은 사실, 더 많은 추종자를 모아 마침내 지배적 패러다임을 총공격하고 심지어 정부도 인수하고 또 과학적 도그마로서 그들의 새로운 학설을 창설하고, 과학의 '새로운 언어'를 널리 보급한다. 쿤은 이러한 과정이 진행될 때 과학혁명이 일어난다고 말한다. 또한 오랜 선거전을 치른 후 반대당이 정부를 전복시켜 결국 정부를 이양받는 민주적 정권 교체의 경우도 있을 것이다. 이런 과정은 기존 정부의 구성원들에게는 상당히 고통스럽다. 그 이유는 그렇게 됨으로써 그들의 과학자로서의 업적은 평가절하되고, 또 폐물로 간주되어 더이상 사용되지 않기 때문이다. 그래서 그들은 마지막 숨이 넘어갈 때까지 옛 패러다임을 방어하는 것이다. 플로지스톤이 자발적으로 소멸되었을 때에야 비로소 사람들은 그것을 포기했다. 기성 과학의 이러한 끈질김은 얼핏 보기에, "기득권자는 각성시키기 힘들다"는 속담에 대한 증명일지도 모른다. 그러나 그 끈질김은 과학의 발전을 위해서는 생산적이다. 왜냐하면 그것은 특히 반대 주장을 하는 사람들이 반론을 제기할 때 물샐 틈 없이 이론을 구성하게 하기 때문이다.

이리하여 새로 성립되는 정부는 새로운 패러다임으로 통치하기 시작한다. 물론 거기에 부합하지 않는 새로운 인식이 또다시 모아진다면 정권 인수과정은 새롭게 시작된다.

토머스 쿤의 연구는 가히 혁명적이다. 그는 직선의 과학인 옛 패러다임을 뛰어넘었기 때문이다. 이로부터 과학상(像)은 완전히 변화되었다. 이후로 사람들은 과학의 집이 일반적인 수도원이 아니라는 것을 알게 되었다. 일반적인 수도원에서는 금욕적인 수도자가 평화스럽게 일치단결하여 자기들의 연구를 수행하며, 또한 공동의 기도문을 중얼거리고 주를 찬양하기 위해 일정한 시간 간격을 두고 모여 회의를 한다. 과학의 집은 오히려 논쟁의 말다툼과 토론의 시끄러움이 메아리치는 의회라고 하는 편이 낫다. 이곳에서는 반대당이 정부 방침에 반박하는 안건들을 가지고 정부를 공격하며, 또 정부 측에서는 현재 통용되고 있는 패러다임을 보호하기 위해 화력으로 무장하여 반대당에게 포격을 가한다. 또 완전히 보증된 학설을 전복시키며, 혼돈과 무질서를 퍼뜨리려고 하는 반대당에 대해서 정부는 그들이 비정상이기 때문에 이 점이 반드시 해명되어야 한다며 반대당을 비난한다.

다시 말하면, 과학은 종종 안전을 제공하는 것이 아니라 불안을 제공한다. 과학은 민주주의처럼 희극의 형식으로 전개된다(→ 문학의 형식언어). 그래서 과학은 토론의 여지가 있고, 빈번하게 논쟁을 벌인다. 논쟁을 위한 장소는 각주(脚註)이다(→ 각주에 대한 각주). 그렇기 때문에 모든 각주가 다 지루한 것은 아니다. 각주는 사람들이 이미 알고 있는 것을 백 배로 정당화시키기 때문이다. 또한 논쟁을 재미있게 마무리하는 각주도 있다.

많은 경우에 혁명은(혁명이 일어날 때는 새로운 패러다임이 정부를 인수한다) 너무나 센세이셔널했고, 새로운 패러다임은 너무나 철저했다. 그래서 인간의 중요한 지식의 구성요소들이 새롭게 구축되었고 기초적 문화지식의 무대로 진입할 수가 있었다.

다음에는 과학적 논쟁의 와중에서 탄생한 몇몇 구상들을 차례차례로 회상해보자.

진 화

찰스 다윈의 진화론은 그의 저서 『종의 기원 Origin of Species』에서 전개되었고 당시의 세계상을 뒤흔들어놓았다는 것을 누구나 알고 있다. 다음의 가정들은 새로웠고 충격적이었다.

- 천지창조 기사가 실려 있는 성서는 말 그대로 성령이 구술한 신의 말씀이 아니라, 별로 신용할 수 없는 전설의 모음이다.

- 무엇보다도 인간은 모든 피조물처럼 신의 손에서 직접 생겨난 것이 아니라 침팬지나 고릴라 따위의 상당히 난처한 조상이 속해 있는 과(科)에서 생겨났다.
- 세상은 6만 년 전에 생성되었다고 사람들은 그때까지 믿고 있었지만, 사실은 수백만 년 전에 생성되었다.

이런 주장은 사람들을 마치 고독한 시간 여행객이 빈 공간을 표류하듯 안주할 시간의 고향을 상실했다는 허탈감에 빠뜨렸다.

다윈에 이르기까지 하나의 패러다임이 다양한 종의 진화 개념에 장애가 되었는데, 이 패러다임에서는 다시금 단일형태론자와 대(大)재난론자가 대립하며 불화하고 있다. 지질학자 찰스 라이엘Charles Lyell의 지도 아래 단일형태론자들은 다음과 같은 사실을 믿었다. 즉 오랜 시기에 걸쳐, 기후·날씨·구조지질학적 지각 변화와 같이 오늘날에도 관찰할 수 있는 힘의 끊임없는 영향하에 지구와 지구 위의 삶은 변화했다. 단일형태론자들은 대재난론자들보다는 더 과학적이라고 간주되었다. 이에 빈해 조르주 퀴비에Georges Cuvier의 영향을 받은 대재난론자들은 선사시대의 발굴물, 퇴적물, 화석, 화산작용 등을 통해 증명된 것처럼 보이는 지구 발전의 단절들에 관심을 집중시켰다. 이들의 주장은 다음과 같은 사실에서 파생되었다. 즉 지구는 일련의 대참사로 고통을 겪었으며, 이 대참사는 되풀이하여 삶을 파괴했고, 그래서 신이 항상 새로운 종을 창조하게끔 유발시켰다. 이 때문에 사람들은 (다소 어거지로) 과학을 성서와 대참사 보고에 일치시킬 수 있었고, 또 다른 종처럼 인간은 약간 영리한 침팬지의 허리 부분에서 생겨난 것이 아니라, 신의 손에서 직접 창조되었다는 생각을 포기해서는 안 된다고 주장했다. 인간이 다른 동물과 애초부터 다르다는 생각의 추종자들과 진화 개념의 옹호자들은 서로 다른 진영에 속했고, 두 개념이 결합되지 않는 한 진화이론은 발전할 수 없었다.

다윈은 이 난관을 극복하는 데 성공했다. 왜냐하면 그는 과학에 대해서 문외한이어서(그는 신학을 공부했고, 아마추어 생물학자였다), 논쟁에 전혀 관심이 없었기 때문이었다. 그 외에도 그는 여러 가지 전문영역에 걸쳐 생각을 했다. 갈라파고스 섬을 항해하기 위해 그는 경제학자 토머스 맬서스의 책을 읽었다. 인구는 항상 저장된 식품보다 더 빨리 늘어나고, 그래서 빈민구제는 단지 한계빈곤만을 밀어낼 뿐, 결코 빈민의 수를 줄일 수 없다는 사실을 맬서스는 다윈에게 확신시켜주었다. 그는 갈라파고스 섬에 도착했을 때 맬서스의 눈으로 여러 가지 종(種)을 보았고 그리고 "유레카!eureka!(그리스어로 '바로 이거다!'라는 뜻)"라고 소리쳤다. 인구의 무한성장을 제한하는 맬서스적 한계점의 압박이 바로 가장 잘 적응한 종만을 선별적으로 생존케 한다는 적자생존의 원리를 발견했던 것이다.

진화론에서 받아들이기 곤란한 것은 원숭이와 인간의 유사성에 대한 주장만은 아니었다. 당시 사람들은 어떤 과정이 계획되지 않고 목표도 없으면서도 완전히 뒤죽박죽이지 않게 진행되고 있다는 사실, 즉 비주체적 과정이 존재할 수도 있다는 사실을 상상조차 하기 힘들었다. 다윈에 이르기까지 유명한 '페일리의 시계' 논쟁이 있었다. 페일리Paley는 신학자였다. 그는 만약 우리가 숲을 산책할 때 갑자기 시계를 찾게 되면 논리상 필연적으로 시계 제조공을 추론해야 한다는 주장을 펼쳤다. 그리고 마침내 뉴턴은 세계가 시계와 같은 메커니즘을 가지고 있다는 사실을 입증했다. 즉 유일신이 있으며, 그가 비록 시계 제조공과 비슷하다고 하더라도, 사람들은 그 신을 구제할 수 있어서 기뻤다.

입안자가 없어도 저절로 잘 굴러가는 과정에 대한 다윈의 생각은 신학자 페일리의 마지막 희망을 무산시켰다. 세계가 의미 있게 계획되었고, 자연이 하나의 목표를 향해 운행된다는 생각은 군더더기처럼 느껴졌다. 인간 역시 더이상 만물의 영장이 아니라 결함이 있는 불완전한 과도기적 존재이자 상황과 우연의 산물이었다. 아직도 출현할 수 있는 초인에 비교해볼 때는 약간 영리한 원숭이에 불과했다.

사실 생명은 입안자 없이 섹스를 통해 재생산된다. 섹스의 두 파트너는 혼돈과 질서다. 이 둘 사이에 최초의 차이가 존재했다. (우연히도) 어디엔가

(예컨대 분자나 세포 속에) 그 주변에서보다 더 많은 질서가 있을 때, 이 질서는 무질서에 대한 선별원칙으로 작용했다. 그래서 창조의 첫째 날에 변종과 선별(도태)이 생겨났다. 진화를 진행시키기 위해서는 선별된 질서를 안정시키는 것이 필요했다. 변종, 선별, 선별된 것의 안정화, 이 세 원칙의 공동작용을 통해 있음직하지 않는 것(이것을 질서라고 하자!)이 신빙성을 얻게 되었다. 다른 말로 하면, 어린 양, 늑대, 영장류, 축구 팬, 과학자 따위의 고등 유기체가 생겨나고, 또 있을 법하게 되었다.

진화의 개념은 현존재를 위한 투쟁이라는 생각이, 가장 유능한 자가 살아남는다는 생각과 더불어 사회 속으로 전용되었고, 이리하여 사람들은 사회를 다시 자연에 맞추라고 권고했다. 사람들은 이것을 사회적 다윈주의라 불렀고, 이것에 완전히 미친 대표자는 나치였다. 진화는 인간과 더불어 인간의 근본적인 방식을 바꾸었다는 사실, 즉 인간은 문화 속에서 고유의 상징적이고 기술적인 환경을 만들어내는 고유의 방식을 창조했다는 사실을 나치는 완전히 무시했다. 또 서로 다른 종들 사이의 경쟁을 동일한 종 내에 적용해서는 안 된다는 사실을 나치는 무시했다. 즉 나치는 인종 개념을 날조해내어 다른 종들을 사이비 종(種)으로 취급함으로써 바로 그러한 짓을 저질렀다.

진화론은 이렇게 인종적으로 악용되어 그 개념은 신뢰를 상당히 잃었다. 오늘날 생물학에서는 다윈의 이론이 요지부동의 지위를 차지하고 있지만 (물론 그것은 계속 손질되고 있다), 다른 분야로 전용될 때에는 사람들은 이렇게 외친다. "조심, 생물학주의!" "조심, 인종차별!" 당연히 이러한 주의경보는 독일인의 한 특징이다. 그러나 이것은 난센스이고 사고를 제한한다.

이리하여 진화 개념은 무엇보다 사회과학과 문화과학 쪽으로 영역을 확장했다. 사람들은 생각(관념)의 진화라는 말을 한다. 생물학에서 말하는 이기적 유전자 개념은 '기억인자'라는 단어를 고안해냈고, 시스템 이론에서는 사회문화적 진화라는 말을 사용한다. 진화의 패러다임은 역사 속의 인간 존재에 대한 관념을 획기적으로 변혁시킨 구상이다. 이 구상은 우리를 목적론적 역사관과 결별하게 했고, 이 때문에 모든 이데올로기들(그 선두주자는 마르크스주의)을 악마의 도구로 간주하게 했다. 그리고 이 구상은 역사는 계획 가능하다는 생각에 대해 모든 사람을 회의하게 했으며, 이 때문에 진보를 주장하는 모든 교조주의자들의 미움을 사고 있다. 또 다윈이론은 발전이 근본적으로 예측 불가능하다고 가정한다. 변종의 원칙은, 마치 유전학적 돌연변이가 유기체를 우연한 것들로 습격하듯이, 당연히 기존질서를 놀라게 만든다. 이런 점 때문에 진화의 구상은 일부 사람들에게서는 성급한 교조적 사상가들에게 제동을 걸기 위한 현실적인 방책으로 찬양받고, 또 다른 사람들에게서는 보수주의자들의 이데올로기를 은폐하는 방편으로 의심받는다.

아인슈타인과 상대성이론

상대성이론을 완전히 이해하는 사람은 드물다. 그러나 이 이론은 명칭에 벌써 결정적 요점이 표현되어 있다. 어떤 식으로든지 모든 것은 상대적이다. 이것만으로도 그 이론은 요즘의 시대풍조를 주도하기에 충분하다. 사람들은 최소한 상대성이론이 옛날의 모든 믿음들을 허물어뜨리고 새로운 세계상을 구축했다는 것 정도는 알고 있다. 이 일로 알베르트 아인슈타인Albert Einstein은 과학의 이상적 아버지상(像)이 되었고, 일종의 신의 대리인이 되었다. 여기에는 분명히 대과학자 아인슈타인이 전지전능한 신의 성화(聖畵)처럼, 백발의 헝클어진 머리와 온화하고 이지적인 용모를 가졌다는 점도 크게 작용했다.

도대체 정확히 무엇이 중요하다는 것인가? 아인슈타인은 특수 상대성이론(1905)과 일반 상대성이론(1914/15)으로 시간에 대한 우리들의 이해를 완전히 바꾸어놓는다. 코페르니쿠스적 전환처럼 공간에 대한 우리들의 생각은 혁명적으로 변했다. 즉 아인슈타인은 시간을 공간과 다시 더 밀접하게 결합시키고, 시간을 4차원으로 설명하면서(1, 2, 3차원은 선, 평면, 입체다), 시간을 우리의 세계상 속에 새롭게 자리잡게 했다.

이 혁명적 생각을 이해하기 위한 열쇠는 바로 관찰자의 위치에 있다. 아인슈타인에 이르기까지 관찰자는 과학에서 제외되었다. 그 이유는 자연과학의 사실(자료)들은 주관의 첨가와 주관적 관점을 통해 날조되었다는 것을 은폐하기 위해서였다. 아인슈타인은 이제 관찰자를 다시 불러들이고, 그가 어떻게 관찰하는지를 관찰한다(아인슈타인은 어느 정도 과학의 칸트라 할 수 있다). 이때 그는 관찰의 결정적 조건으로 빛의 속도를 발견한다. 어떠한 것도 빛의 속도를 능가할 수 없다. 만일 빛의 속도를 능가하는 것이 있다면, 원인들이 우리에게 도달해서 관찰되기도 전에 더 빨리 우리를 추월해버릴 것이기 때문이다. 달리 말하면, 모든 대상의 관찰은 시간을 필요로 하며, 대상이 멀리 떨어져 있으면 있을수록 더 많은 시간이 필요하다. 지구에서 1광년(빛이 초속 30만 킬로미터의 속도로 1년 동안 이동할 수 있는 거리) 떨어져 있는 어느 별을 내가 지금 바라보고 있을 때, 나는 그 별의 1년 전의 모습을 보고 있는 것이다(즉 나는 이 별의 '지금' 있는 모습 그대로 볼 수는 없다). 또는 이렇게 말할 수도 있다. 만약 내가 별을 바라보면, 나는 언제나 과거를 바라보는 것이다. 이것은 동시성의 개념을 붕괴시킨다. 동시성은 아주 드물게 일어난다. 두 쌍둥이별 사이의 딱 중간지점에서 부유(浮遊)하는 어느 별 위에 내가 앉아 있다고 상상해보자. 두 쌍둥이별 위에는 각각 하나씩의 원자폭탄이 나의 빛대포에서 나오는 섬광을 통해 점화되기를 기다리고 있다. 만약 내가 단추를 누르면 나는 10분 만에 두 별 위에서 폭발이 일어나는 것을 볼 수 있을 것이다. 그러고 나서 동시성을 체험하게 되지만, 어쨌든 이 위치에서만 그렇다는 것이다. 만약 내가 나의 빛대포의 타임스위치를 2시간 후로 맞춰놓고, 또 두 쌍둥이별 중 한쪽 별의 방향으로 우주선을 타고 떠난다면, 비록 이 폭발이 '동시에' 발생한다 하더라도 2시간 후에 나는 다른 쪽 폭발보다 한쪽 폭발을 더 빨리 볼 수 있을 것이다. '동시에'라는 표현은 관찰자의 관점에서 보면 상대적이다. 이런 관련성 없이는 그 표현은 어떠한 의미도 갖지 못한다.

앞의 내용에서 나타난 놀라운 결과를 예증하기 위해서, 물리학자 가모브Gamow는 루이스 캐럴의 『이상한 나라의 앨리스』를 모델로 하여 『이상한 나라의 톰킨스 씨Mr. Tomkins in Wonderland』라는 이야기책을 썼다. 알리바이의 확인이 문제가 될 정도로 뒤엉킨 어떤 범죄사건과 관련해서 톰킨스 씨는 어느 과학자로부터 다음과 같은 시나리오에 접한다. 즉 일요일에 어떤 사건이 일어날 텐데, 이 사건이 톰킨스 씨의 아주 멀리 떨어진 곳에 사는 한 친구에게도 마찬가지로 닥칠 것이라는 것을 톰킨스 씨도 이미 알고 있다고 가정하자. 만약 둘 사이에 가장 빠른 연락수단이 우편열차라면, 톰킨스 씨는 그의 친구에게 아무리 빨라도 다음주 수요일 전에는 이 사건에 대해 알려줄 수 없을 것이다. 그러나 거꾸로 그 친구가 이 사건에 대해 미리 알고 있다면, 톰킨스 씨에게 이 사건에 대해 알려줄 수 있으려면 그 친구는 아무리 빨라도 지난주 목요일에 그곳을 출발해서 왔어야 한다. 그러므로 인과성의 측면에서 볼 때, 두 사람은 6시간의 시차의 거리만큼 서로 떨어져 있는 셈이다.

"그러나" 하고 톰킨스 씨는 다음과 같이 이의를 제기한다. "비록 우편열차의 속도가 사람이 이용할 수 있는 가장 빠른 속도라 하더라도……, 이것이 동시성과 무슨 관계가 있습니까? 내 친구와 나는 일요일날 같은 시간에 아침식사를 하고 있을 수도 있을 텐데요. 그렇지 않습니까?" 여기에 대해 과학자는 다음과 같은 대답을 한다. "아닙니다. 그러한 주장은 더이상 어떠한 의미도 가지지 못합니다. 어느 한 관찰자는 당신이 옳았음을 인정할 것이지만, 그러나 다른 열차에 타고서 관찰을 수행하는 다른 관찰자들은 당신이 일요일에 아침식사를 하는 동안, 당신 친구는 금요일 아침식사를 하고 있다고 말하거나 또는 화요일 저녁식사를 하고 있다고 주장할 것입니다. 그러나 사흘 이상 떨어진 거리에 있는 당신과 당신 친구가 식사를 하고 있는 동안에는 결코 누구도 당신과 당신 친구를 동시에 관찰할 수는 없을 것입니다. 왜냐하면 속도의 상한선은 상이한 운동체계들에서 관찰해보아도 똑같이 유지되기 때문입니다."

상대성이론에 대한 강연에 참가한 후 톰킨스 씨는 꿈속에서 어느 나라에 가게 되는데, 이 나라에서는 빛의 속도가 시속 20킬로미터로 낮추어져 있다. 우연히도 자전거를 타고 그에게 달려오는 사람을 그는 목격하게 되는데, 그 사람은 납작하게 보인다. 톰킨스 씨가 자전거를 타고 그를 따라잡으려고 시도할 때, 톰킨스 씨의 모습은 변하지 않으며, 또한 마침내 상대방을 따라잡았을 때 그 사람 역시 아주 정상적으로 보인다. 그 대신에 길거리가 짧아진다. 또 그가 역에 도착했을 때 그의 시계는 늦게 간다. 그가 너무 빨리 달렸기 때문이다. 그러고 나서 그는 역에서 놀랍게도 어느 젊은이가 할머니로부터 "할아버지!"라는 소리를 들으며 공손한 인사를 받는 모습을 목격하며, 톰킨스 씨 자신이 아직도 젊은 이유는 그가 너무 오래 기차를 탔고 이 때문에 고향집에 있는 사람보다 훨씬 더 천천히 늙었기 때문이라는 것을 깨닫는다. 만약 우리가 은하계에서 자전거를 탈 때 지구에서처럼 서풍을 받아 달리는 대신 광선을 타고 광속으로 달린다면, 세계는 지금과는 달리 보일 것이다. 공간과 시간의 분리는 더이상 어떠한 의미도 갖지 않을 것이다.

이후에 아인슈타인의 이론들은 경험적으로 증명되었다. 그는 몇몇 예언을 했는데, 이것들은 그동안 모두 입증되었다. 절대공간과 절대시간을 가지고 있는 뉴턴의 우주에서는 두 개의 차원이 분리되었다. 이 둘은 완전히 상이한 형태의 시간적·공간적 거리를 가졌다. 공간은 동시성이라는 전제하의 거리였고, 시간은 계승(연속)이라는 전제하의 거리였다. 이 때문에 뉴턴과 동시대인인 철학자 존 로크는 다음과 같이 말했다. "그런 두 개의 상이한 생각(관념)의 결합은 생각할 수 있는 어떠한 다양한 생각에서도 두 번 다시 발견되지 않을 것이라고 나는 추측한다······." 이 본질적인 차이는 아인슈타인에게서 다시 융합된다. 시간과 공간은 서로 환산될 수 있다. 뉴턴의 절대시간은 이제 더이상 존재하지 않는다. 절대시간이란 오히려 시간과 공간의 교대적인 도달 가능성의 함수인 것이다.

아인슈타인의 상대성이론은 19세기와 20세기의 전환기에 또 다른 영역에서 시간이 테마로 다루어졌기 때문에 엄청난 반향을 불러일으켰다. 생의 철학의 창시자인 프랑스 철학자 앙리 베르그송은 끊임없는 흐름으로서의 주관적 체험이라는 '내적 시간'을 발견했다. 이 흐름을 베르그송은 '지속(영속)'이라 명명했고, 물리학적인 외부시간과 구분했다.

이러한 생각들을 소설가들이 이어받아 계속 사유했고, 인상·신체의 감각·생각의 파편·이미지·단어 그리고 형상이 없는 감명의 저 끝없는 연속인, 무질서한 연상들의 흐름을 '의식의 흐름' 기법으로 형상화했다. 조이스의 『율리시스』와 버지니아 울프Virginia Woolf의 소설들은 고전적 패러다임들을 내포하고 있다. 니체는 영원의 귀환과 디오니소스적(도취적) 황홀 개념을 가지고 역사의 시간으로부터 하차할 것을 입안했다. 조이스와 프루스트 같은 작가들은 돌발성의 범주에 관심을 갖게 되는데, 거기에서는 사물의 본질은 시간의 저편에서 신의 공현(현현) 또는 갑작스러운 회상으로서 그 정체를 드러낸다(→ 문학). 하이데거와 같은 실존주의자들은 사회의 역사적 시간을 개인의 삶 일반이라는 실존적으로 근거된 시간성과 대치시켰다. 이 시간성의 특징은 피투성(被投性), 죽음 그리고 유한성이다(『존재와 시간』). 그리고 실존주의자들은 그밖의 다른 모든 시간 개념들은 부차적인 것으로 제쳐두었다. 간단히 말해서 시간은 확정적·독립적·객관적인 크기를 더이상 갖지 않게 되었으며, 상대적이 되었다.

프로이트와 심리

마르크스·다윈·아인슈타인, 이 세 사람은 우리들의 세계상을 너무나 변화시켜서, 인간의 자존심은 이후로 계속되는 업신여김을 받아 구겨졌다. 마르크스는 우리들의 문화와 전체 의식은 경제적 조건에 의해 규정된다고 선언했는데, 이것 역시 하나의 상대성이론이다. 의식은 사회적 지위에 따라 상대적으로 결정된다. 다윈에 의하면, 우리가 믿고 있는 것처럼 우리는 신을 닮은 인간이 아니라 침팬지의 사촌이며, 진화의 과정은 어떠한 입안자나 목표도 필요가 없는데도 무질서하게 진행되지는 않는다. 그리고 마지막으로 아인슈타인은 우리가 유일하게 신뢰할 수 있는 토대인 것처럼 보이는 마지막 것, 즉 물리학적으로 측정할 수 있는 외부세계의 객관성을 빼앗아버렸다.

이 모든 것은 인간의 자존심을 바닥으로 끌어내렸고, 그 균형을 맞추기 위해 인간의 혼란을 최대로 끌어올렸다. 그러나 이것은 더욱더 악화될 소지가 있었는데, 지크문트 프로이트가 거기에 결정적으로 기여했다.

우리 개개인이 문화 속에서 자신을 이해하는 방식을 프로이트만큼 그렇게 철저히 변화시킨 사람은 없었다. 그의 영향은 너무나 광범위하게 미쳤고, 또 그의 사상은 우리 문화 전체에 두루 퍼져 있어서, 프로이트 이전에 우리가 우리의 영혼을 어떻게 이해했는지 상상조차 하기 어렵다.

원래는(대략 16세기와 17세기의 셰익스피어, 몽테뉴, 칼뱅 시대에는) 영원히 죽지 않고, 이성적이며, 변하지 않는 인간의 영혼만 있었다. 우리가 오늘날 심리라고 부르는 것, 즉 열정·감정·충동·자극 등은 육체에 포함되었다. 우리가 성격(기질)이라고 부르는 것은 체액에 종속되어 있었다. 검은 담즙, 노란 담즙, 점액과 혈액 그리고 어느 체액(라틴어로 '후모어humour')이 우세한가에 따라 사람들은 우울병자(흥을 못 느끼는 사람), 담즙질의 사람(성급한 사람), 점액질의 사람(느림뱅이), 다혈질의 사람(유쾌한 사람)으로 나뉘었다. 체액이 무질서하게 되면, 이것은 의학에서의 병의 증거였다(→ 역사).

그러고 나서 18세기에는 영원히 죽지 않는 영혼과 죽어야 할 육체 사이에 정신의 영역이라고 부를 수 있는 하나의 완충지대가 설치되었다. 거기에는 특히 옛날에는 위험한 비합리성이라고 간주되었던 것, 즉 정열이 자리를 잡게 되었다. 물론 사람들은 정열의 위험한 요소인 무분별함을 벗겨버리고 사회 친화적인 성질을 입힌 다음에야 그것을 안방에 들여앉혔다. 그뒤 정열은 더이상 정열로 불리지 않게 되었고, 오히려 감정·다정다감·감상·감수성·공감 등으로 불리게 되었다. 감정은 연민이라고 포괄적으로 이해되었기 때문에 도덕적 속성을 유지했다. 개별 인간은 이 고상한 측면을 스스로 즐겨 돌아보았다. 인간은 감정을 고안함으로써 일종의 정신적 내면공간이 열림을 확인하게 되었다. 이 내면공간에서 인간은 정조, 감정,

영혼의 상태, 내적 움직임 및 충격, 격앙, 자발적 반응 따위의 진원지를 알아냈다. 이곳은 안개와 수증기가 모락모락 솟아나는 공간이었고, 일종의 세탁장이었다. 아니, 차라리 이 속은 환하게 빛나는 태양, 부드러운 공기, 향기롭고 달빛에 비친 밤과 더불어 대기의 난기류가 교대로 나타나는 영혼지역이었다. 낭만주의가 영혼의 내부공간을 발견하고 동시에 영혼의 진동에 대한 공진공동(共振空洞)으로서의 자연을 발견한 것도 우연이 아니었다.

합리성을 특징으로 하던 불멸의 인간 영혼은 19세기에 두 곳의 주무기관, 즉 지성과 성격(품성)에게 유산을 물려주고 사라졌다. 지성은 지금은 별로 긍정적이지 않은 냉철함이라는 속성으로 비난받으며, 성격은 유약한 감정에 비하면 '확고부동'하며, 신조와 의무·원칙에 따라서 판단한다는 도덕적 장점으로 자리잡게 되었다. 이러한 정신적 주무기관들은 성(性) 역할의 판에 박힌 생각들로 물들게 되었다. 여성들은 감정의 전문가가 되었고, 여성들 고유의 영역은 영혼의 분위기 있는 양지바른 집안이었다.

이에 비해 남성들에게는, 아주 불쾌하지만 반드시 필요한, 냉철한 이성과 도덕적으로 굳건한 품성이라는 두 개의 덩어리가 있다. 이 구분은 성의 역할 배분과도 상응했다. 직장과 사회생활에서 남자는 냉철한 지성으로 가족의 경제적 관심을 인지하고 또 사회적 존경을 굳건한 품성으로 대변하는 반면, 가족이라는 내부공간에 있는 여자는 이러한 가혹한 제약을 다시 감성적 영혼이라는 용매(溶媒)를 통해 녹여버렸다. 만약 감성이 자발적인 것이어서 그 동요가 통제불가능한 것이라면, 이 통제불가능성은 진정함의 표시일 것이라는 평가를 받았고 품질공인(品質公印)으로 통했다.

그러나 만약 불신의 빌미가 되는 모호한 충동심이 사람들의 눈에 띄었다면, 이 충동은 나쁜 품성의 징후로 해석되고 이 인격체에게 책임을 지웠다. 사람들은 또한 이 인격체가 각자의 집의 주인이라고 생각했고, 또 이에 상응하는 자기 규율을 통해 감정과 영혼을 제어할 수 있다고 믿었다. 악덕, 약점, 망상, 알코올 중독과 같은 중독증세, 강제 따위는 도덕적으로 비난받았다. 누구나 마치 각자의 품성에 상응하는 의지의 집중을 통해 마땅히 해야 하는 일까지도 자발적으로 원할 수 있는 자유를 가지고 있다고 사람들은 생각했다. 그렇게 되지 않으면 사람들은 본인이 원하지 않아서 그런 결과가 나오는 것이라고 생각했다.

이와 같은 견해를 프로이트는 완전히 뒤엎었다. 오늘날에는 누군가가 무엇을 원하지 않을 때에는, 사람들은 곧바로 그가 능력이 없어서 그렇다고 생각한다. 프로이트는 도덕을 없애고 그 자리에 심리학을 앉혔다. 이것은 정신의 집을 더 넓은 아파트로 확장함으로써 이루어졌다. 이는 바로 무의식이다. 이 이후 사람들은 더이상 자기 자신의 집에서 주인이 아니다. 오히려 한 명의 동거인을 가진다. 사람들은 그를 보지는 못하지만 그에 의해서 조종당하고 지도받는다. 물론 사람들은 그 사실을 깨닫지조차 못한다. 프로이트는 이 동거인을 이런 불가시성 때문에 '본능'이라고 불렀다. 이것과 더불어 '신들린 상태'에 대한 옛날의 종교적인 생각이 다시 귀환했고, 굿판도 다시 귀환했다. 물론 결정적 차이는 있다. 굿에서 귀신은 외부에서 왔기 때문에 다시 외부로 내쫓아야 하는 점령군이다. 이에 반해 프로이트(정신분석)에서는 자신이 스스로 참을 수 없는 것이나 허용되지 않는 것을 스스로 격리시켰고(프로이트는 이 행동을 '억압'이라 부른다), 알아볼 수 없게 변형시켰으므로, 자기 자신도 이것을 더이상 알아차리지 못한다.

그러나 이제 '본능'은 익명으로 등장한다. 이것은 가면을 쓰고 있으며, 이 가면 속에서 본능은 자신을 바보로 만들고, 또 자신에게 자신이 하고 싶지 않은 일을 하도록 시킨다. 그래서 본능은 외부의 통제가 느슨하거나 풀리면 필연적으로 모습을 드러낸다. 이를테면 위트나 실언(이른바 프로이트적 실언)에서 드러나고, 또는 사람들이 누구의 이름이 기억나지 않아 틀린 이름을 입 밖으로 내게 될 때도 드러난다. 의식이 잠들게 되면 보초 전원의 임무교대가 이루어져서 본능이 모든 지휘권을 넘겨받는 때도 있다. 그리고 나서 무의식의 축제가 꿈속에서 거행된다. 꿈, 이것은 무의식이 의식에게 전하는 메시지다. 그러나 꿈은 이해할 수 없는 상징언어로 암호화되어 있고, 이 언어에서는 무의식이 미지의 것으로 남아 있어야 할 운명이다.

누가 무의식을 그렇게 되도록 억압했는가? 바로 의식이다. 프로이트는 이것을 '자아'라고도 부른다. 자아는 합리성과 현실주의의 주무기관이다. 거기에 적합하지 않는 것을 자아는 암호화함으로써 격리시키고 내쫓는다. 이를 위해 프로이트는 자아에게 또 다른 조수를 붙여주었다. 바로 '초자아'다. 초자아는 자아의 이상, 즉 소망하는 대로의 자아를 담고 있다. 자아의 이상은 외부로부터 사회적 규범을 위임받아서 내면화된 것이다. 프로이트는 이것을 '내면화'라고 부른다. 초자아는 또한 낯선 것을 내부로 불러들인다. 그러나 동시에 자신의 고유한 것은 무의식과 더불어 격리되고, 낯선 것으로 바뀐다.

이때 격리되는 것은 무엇인가? 충동, 욕망 그리고 사회가 허락하지 않는 욕망이다. 이러한 것들은 어른들에게서는 더이상 인지될 수 없기 때문에, 프로이트는 어린이들에게서 이것들을 관찰한다. 그는 이 관찰을 근거로 무의식의 암호화된 욕망을 방증(傍證)하려고 시도했다. 즉 어린이들은 자신의 배설물을 가지고 즐겁게 논다. 자신의 소망대로 세계에 대한 상상의 나래를 편다. 화가 나 소리지르며, 마음에 들지 않는 것들을 두들겨 부순다. 자신들이 위대한 인물이라고 과대망상하길 좋아한다. 그들은 모든 것, 모든 사물·사람들에게 폭군처럼 행동한다. 모든 책임을 거부하고 기꺼이 아버지를 죽이고 어머니와 동침하고 싶어한다. 특히 이 마지막 욕망이 프로이트를 사로잡았다. 그리스 신화에 나오는 테베의 왕 오이디푸스가 실제로 이런 실험을 했기 때문에, 프로이트는 거기에서 생겨난 영혼의 죄책감을 '오이디푸스 콤플렉스'라고 부른다.

오이디푸스는 가족의 질서가 기반하고 있는 사회적 핵심금기인, 근친상간 금지를 무너뜨린다. 만약 오이디푸스처럼 아들이 어머니와 결혼을 하면, 우리는 더이상 세대를 구분할 수 없다. 또 아버지, 아들, 남편이 누구인지 알지 못한다. 또 가족이라는 기본범주가 붕괴되고, 권위의 전제인 모든 위계질서가 불가능해진다. 이러한 금기가 사회의 기본분자인 가족을 가능하게 하기 때문에, 프로이트는 자신의 심리학을 전체 사회에 대한 이론으로 확장할 수 있었다. 이 사회이론에서 프로이트는 사회, 국가 그리고 종교가 어떻게 근친상간 금지와 가장(家長) 살해에서 생겨나는지를 설명한다.

　무의식이 자신의 어릴 적 암호화된 욕망을 포함하면, 사람들은 이것만으로도 만족할 수 있을 것이다. 이 욕망이 자물쇠를 채우고 아름답게 머릿속에만 머물러 있다면, 사실 프로이트 이후에 이에 대해 더이상 트집잡을 것이 없을 것이다. 그러나 이 욕망은 반드시 그렇게 머물러 있는 것이 아니다. 아니, 결코 그렇지 않다. 욕망은 갑자기 일어나고, 떠돌아다니고, 가면을 쓴 채 손님들 틈에 섞이고, 집주인 행세를 하고, 집주인 목소리를 흉내내어 그가 정말 고통을 받을 정도로까지 그의 체면을 사회적으로 손상시킨다. 그 다음에 프로이트는 노이로제에 대해 말한다. 노이로제에 걸리면 사람들은 하고 싶지 않은 일을 하게 된다. 그러고 나면 다시는 자신을 못 알아본다. 이제는 정신과의사를 찾아야 할 시간이다.

　정신과의사는 무엇이 문제인지 안다. 즉 무의식은 암호화된 언어로 말하며, 그래서 이 언어의 암호를 해독해야 한다. 이 암호화는 기법인데, 이 기법으로 자아는 자신의 일부를 스스로 격리시켰고, 그리고 낯설다고 말한다. 치료법은, 자기에게 낯설고 이상하게 나타나는 것(불안과 강요, 경악과 혐오)이 자신의 일부라는 것을 인정하도록 하기 위해서, 자아를 데리고 오는 데에 있다. 이 치료법은 비밀스럽고 수수께끼 같은 상징을 푸는 것을 본업으로 하기 때문에, 정신분석은 문예학에 커다란 영향을 끼쳤다. 학문 분야에서 언어와 상징을 중요시하는 것 중 프로이트의 이론에서 깊이 영향 받지 않은 것은 거의 없다. 정신분석은 개인이 자기 자신에 대해 성찰하는 형식을 급진적으로 변화시켰다. 프로이트는 이 부분을 먼저 완전히 텅 비게 만들고 나서 자신의 범주들로 채워넣었다. 이 범주들은 녹아서 누수효과를 통하여 민속학과 보편적 일상의식에까지 확산되었다. 그래서 프로이트에 대해 단 한 줄도 읽어보지 않았던 수백만의 사람들이 프로이트의 범주에 정통하게 되었다. 여러 관점에서 볼 때, 프로이트는 18세기에 감정의 발견을 통해 이루어진 문화혁명과 마찬가지로 인간관을 철저히 변화시켰다.

이때 프로이트는 인간의 자기 감정뿐만 아니라 20세기의 의사소통 양식도 엄청나게 변화시켰다. 개개인은 이제 다른 사람의 무의식을 고려해야 한다. 이것은 관찰을 미궁에 빠뜨린다. 이제 모든 것은 의식 또는 무의식일 수 있다. 그리고 이런 이유로 자기 관찰도 역시 어려워졌다. 자기 자신의 모든 것이 의식적일 수도 있고, 무의식적일 수도 있기 때문이다.

이제 누군가를 차별대우하는 두 가지 방법이 있게 되었다. 하나는 도덕이다. "이 사람은 악당이다"라는 말은 도덕적인 표현이지만 자유를 전제로 한다. 즉 그 '악당'이 달리 행동할 수도 있는 능력이 있다는 것이 전제되어야만 나는 그를 도덕적으로 고발할 수 있다. 차별대우의 또 다른 형식은 인식론적인 것이다. "이 사람은 그것을 잘 이해하지 못한다. 그의 인식능력에는 한계가 있다. 그는 노이로제를 앓고 있고, 강박에 시달리고 있으며, 아마도 정신이 나간 것 같고, 하여튼 심하게 방해받고 있다." 의식과 무의식으로의 이런 분열은 다른 사람과의 의사소통에서 다음의 양자택일을 하지 않을 수 없게 한다. 즉 내가 그의 무의식을 망각하고 도덕적으로만 판단하여 그의 행동에 대해 그에게 책임을 지운다. 아니면 그의 무의식을 고려해서, 그의 도덕적 잘못을 용서하고 그는 책임이 없다고 선언한다. 그는 가엾게도 노이로제에 걸려 있는 불쌍한 존재니까.

이러한 방식으로 자아는 스스로 자신의 정신적 부담을 줄일 수 있다. 그러나 도덕적으로 정신적 부담을 줄이는 일은 인지하는 주체의 자존심에 역시 그만큼의 부담을 안겨준다. 간단히 말해, 사람들은 차라리 악당이 되든지 정신착란자가 되든지 양자택일해야 한다. 좀더 부드럽게 표현하면, 이기주의자가 되든지 노이로제 환자가 되어야 한다.

프로이트 이론의 성공은 분명히 이 이론이 자신의 수하물 속에 선물로 담아온 희망과 관계가 있다. 자신의 무의식을 해명할 가능성은 모든 이에게 개인적 행복을 누릴 희망을 열어준다. 자기 자신에게 무의식이 너무나 가까운 곳에서 나타나기 때문에, 자유의 왕국 또한 아주 가까이에서 빛을 발한다. 다른 한편 무의식은 이미 그 정의에 따르면, 내가 그 안을 들여다볼 수 없는 블랙박스다. 이 때문에 어떠한 것도 내가 그 블랙박스 속에서 나의 모든 문제들의 근원을 추측하는 것을 방해하지 않는다.

이때 암호 해독작업은 자기 자신의 인생의 기록 속으로 항상 되돌아간다. 이리하여 우리 모두는 가족사가 된다. 바로 거기에서 진정으로 죄인을 발견하는데 그들은 자신의 부모들이다. 그들은 모든 것을 잘못 만들었다. 그들 덕분에 나는 많은 문제들을 가지고 있다. 왜냐하면 그들이 나의 유아시절을 지배했기 때문이다. 이 일로 인하여 세대간의 대화는 유감스럽게도 법률적 과정으로 변화되었다. 원고는 젊은 세대이고 피고는 부모들이다. 이것은 부모의 역할을 극단적으로 매력 없게 만들었다. 왜냐하면 그들은 계속해서 죄책감에 싸여 있기 때문이다. 누구든지 이미 후세대의 고소를 당하게 될 것을 예견할 수 있다.

더 많은 자유공간이 열려 있고, 더 많은 선택의 가능성이 있는 사회에서는 사람들이 스스로 죄책감을 느끼거나 다른 사람들을 고소할 수 있는 기회가 더 많다. 여기에서 정신분석은 하나의 정신부담의 해소책을 제공한다. 인간은 지속적으로 분뇨를 배설하지만, 이 일을 하는 것은 본래의 자신이 아니라 맹목적인 승객, 즉 무의식이다. 무의식을 날조한 이래로 사람들은 모든 것에 대한 책임을 전가할 수 있는 쌍둥이 동생을 갖게 되었다. 이 쌍둥이는 거울에 비친 상(像)처럼 패러독스(역설, 자가당착)다. 그는 자신의 존재를 드러내지만 여전히 눈에 보이지는 않는다. 그는 낯설고 기묘하다. 그러나 본래 우리 자신이 그렇다. 그는 우리들의 영원한 속죄양이며, 비극적 주인공이다. 우리의 죄가 우리 자신의 것임을 단지 알기 위해서, 우리들은 당분간 이 비극적 주인공에게 우리 죄를 전가시킨다.

프로이트가 만든 '콤플렉스', '억압', '무의식', '투영 또는 전이'(본래의 상태를 다른 상태로 변형하기), '내면화'(내면에 수용하기) 따위의 표현들은 신문기사를 통해 일반인들도 익숙해졌다. 프로이트가 아니라 그의 제자 에릭 에릭슨Erik Erikson이 만들어낸 '동일성 또는 정체성' 따위의 파생 개념도 그런 식으로 이행되어 사람들에게 익숙해졌다. 에릭슨에 따르면, 인간의 정체성은 성공적으로 견뎌낸 일련의 위기를 바탕으로 만들어진다. (일련의 위기에서) 마지막 위기에, 즉 바로 사춘기(어린이에서 어른으로 넘어가는 시기)에 정체성은 스스로에게 의문을 제기한다. 이 때문에 사회는, 에릭슨이 '심리사회적 모라토리움Moratorium(지불유예)'이라고 명명한 것을 젊은 어른들에게 허용하는데, 그것은 서로 다른 삶의 형식, 서로 다른 관계 유형들과 더불어 무계획하게 거듭 실험하는 단계다. 많은 사람들에게 이 단계(대학 연구, 첫경험)는 인생에서 가장 풍부하고 가장 시적인 에피소드이다. 그들은 나중에 이 에피소드를 회고하면서 향수에 젖는다. 그러고 나서 마지막에 (별 일이 없다면) 자기의 정체성을 찾게 된다. 즉 사람들은 사회가 요구하는 것과 자기의 정신을 일치시킨다. 이런 요구는 사람들이 수행하는 역할의 앙상블(조화 있는 전체)로 표현된다. 아버지로서, 남편으로서, 은행장으로서, 축구연맹 의장으로서, 배심원으로서, 당원으로서 주어진 역할을 한다. 그래서 역할은 정체성 개념을 보충하는 개념이다. 안정된 정체성을 가진 사람은 서로 다른 모든 역할 요구들을 통합하고, 일하고 사랑하는 능력을 함께 가진 그런 사람이다. 이때 정체성이란 그가 맡은 모든 역할을 수행하는 스타일이다. 그는 역할이 교체될 때도 변하지 않는다. 역할 교체란 어느 정도의 거리를 전제로 한다. 아버지로서 처신할 때는 협회장처럼 처신하지 않고, 사장으로 처신할 때는 아버지처럼 처신하지 않는다. 대체적인 규칙은 다음과 같다. 정체성이란 역할이 교체될 때 변하지 않고, 역할이란 역할 수행자가 교체될 때 변하지 않는다. 심리학은 정체성을 다루고, 사회학은 역할을 다룬다. 그렇게 함으로써 우리들은 다행히도 둘 사이의 경계에 도달했다.

사 회

과학적으로 볼 때 '사회'는 꽤 나중에 발견되었으며, 그래서 사회학의 고전적 대가들은 19세기 후반과 세기의 전환기에 살았던 학자들이다. 마르크스 외에 영국에서는 허버트 스펜서Herbert Spencer 그리고 페이비언협회의 창시자인 필립 시드니Philip Sidney, 런던 경제학파를 창설한 비어트리스 웨브Beatrice Webb, 프랑스에서는 오귀스트 콩트Auguste Comte, 에밀 뒤르켐Émile Durkheim, 독일에서는 막스 베버Max Weber와 게오르크 지멜Georg Simmel이 바로 그들이다.

정신분석학처럼 사회학도 학생운동과 함께 비로소 일상의식을 특징짓는 하나의 학문이 되었다. 모든 것이 이제 사회적으로 조건지어지는 것처럼 보였다. 그밖의 학문들, 이를테면 역사학, 문예학도 사회화되었다. 다시 말해 사람들은 늘 사회사를 운영했고, 문학을 사회적 유행들로 환원시켜 놓았다. 이때 사회학은 정치학과 강하게 결부되었고, 무엇보다도 반권위주의적 운동, 신마르크스주의, 성 혁명, 원외(院外) 투쟁, 반핵운동, 평화운동, 여성운동 따위를 고무했다. 그 이유는 비슷한 시각 탓이다. 사람들은 사회를 보통 일상의 전제조건으로 체험하기 때문이다. 그러나 사람들이 사회를 (사회학에서 그러하듯이) 전체로서 관찰하면, 거리감을 획득할 수 있고 사회란 아주 다른 것일 수 있다는 것을 생각해낼 수 있다. 그러고 나면 이미 사람들은 대안적 운동에 근접하게 된다. 왜냐하면 이런 운동은 또 다른 사회, 대안사회를 원하는 것이기 때문이다.

이것은 이제 경건한 소망이다. 사회는 너무나 복잡해서 사람들이 사회를 마음대로 변화시킬 수 없다. 사람들이 혁명을 꿈꾸는 이유는 전통사회에서 현대사회로 넘어올 때에 성공한 혁명을 기억하고 있기 때문이며, 그 전통사회처럼 현대사회를 다룰 수 있으리라 믿기 때문이다. 그러나 유감스럽게도 현대사회는 전통사회와 완전히 다르다. 그래서 사람들은 모든 것을 뒤죽박죽 혼동하고, 두 사회의 유형을 뒤바꾸고, 현대사회에 전통사회의 개념들을 적용해 해석하려 애쓰고, 결국 자기 자신을 이해하지 못한다.

이 때문에 모든 것은 전통사회와 현대사회의 차이를 분명하게 하는 데 달려 있다. 유럽의 전통 귀족사회는 신분사회였다. 신분은 계급이 아니라 서로 다른 삶의 형식을 보여주는 것이었다. 최상위 계층은 귀족과 고위성직자로 구성되었고, 중간 계층은 도시 시민, 수공업자, 상인, 학자 그리고 다른 직업활동을 하는 사람 등이며, 최하위 계층은 농민, 노예, 하인이었다.

사회의 조직 원칙은 사람들을 집단으로, 즉 가족·가계·족벌·신분에 따라 구분하는 것이었다. 사람들은 단지 하나의 신분에 속했고, 거기에는 그 개인의 인격 전체가 속하는 것이었다. 사람들은 또한 모든 면에서(정신적·법률적·경제적·사회적) 공작(公爵) 또는 여성농민 또는 가구 제조 기능장이었다. 개인적 정체성은 사회적 정체성과 같았다. 나와 역할 사이에는 어떠한 차이도 없었다. 이 때문에 독창적일 필요가 없었고, 유형화되는 것으로 충분했다.

오늘날은 모든 것이 다르다. 신분은 와해되었다. 그러나 이것만으로 충분하지 않았다. 신분 대신에 사회적 분화라는, 완전히 새로운 원칙이 등장했다. 이것은 사람을 집단으로 구분하던 전통과 무관하며, 가족·족벌·출신·계층 등이 문제되지 않는다. 오히려 사회는 스스로 구분의 원칙을 획득한다. 사회는 무엇으로 구성되는가? 의사소통이다(생각이나 감정 또는 유기체의 신진대사 따위로 구성되는 것이 아니다). 의사소통이란 무엇인가? 그것은 잠깐 스쳐 지나가는 일시적인 사건들이다. 그러면 사회의 구조는 무엇으로 구성되는가? 의사소통 따위의 피상적이고 일시적인 사건들을 결합시킬 수 있는 제도들로 구성된다. 현대사회에서는 이제 사람의 집단이 구별되는 것이 아니라 의사소통의 유형이 구별될 뿐이다.

의사소통의 서로 다른 유형은 사회적 기능들이 오랫동안 압력을 받아 눌린 자국을 남기는 곳에서 선명하게 드러난다. 그러한 기능들은 예컨대 분쟁 조정(법), 집단적 결정 기회들의 보장(정치), 대리학습(교육), 급양(給養)과 물질적 보장(경제), 자연 지배(기술) 그리고 현실 인식(과학) 등이다. 이런 의사소통의 유형은 의사소통을 거부할 가능성을 마치 레이저 광선처럼 단 하나의 대립의 경우로만 국한시킴으로써 서로 차별화(분리)된다. 예컨대 과학 분야에서는 전달내용이 진실되지 않을 경우에는 전달이 거부되어도 좋다. 그렇지만 전달내용이 아름답지 않고, 비도덕적이고, 비교육적이고, 정치적으로 정확하지 않거나 비경제적이라고 해서 과학에서 그것의 전달이 거부되어서는 안 된다. 이 이외의 모든 경우들도, 예컨대 전달내용이 모든 이들이 공감할 수 없는 특징들로 점철되어 있다고 해도, 과학의 경우에는 그 내용을 받아들여야 한다.

이런 식으로 해서 의사소통의 비개연성(非蓋然性)과 수행능력은 엄청나게 확대될 수 있다. 이러한 의사소통 유형들은 법정, 정부와 정당, 학교와 대학교, 공장, (증권) 거래소, 시장 따위에 속하는 기관들과 더불어 부분체계들을 형성한다. 이것들은 더이상 엄격한 위계질서로 되어 있지 않다. 각 부분은 전체에 대하여 똑같이 중요하다. 모든 것들은 분업의 원칙에 따라 기능하고 있다. 역사적으로 보면 이런 부분체계들은 차례차례로 생겨났으며, 이 때문에 전통사회의 계층과 부분적으로 결부되어 있었다.

우선 성직자가 독점하던 종교가 생겨났다. 여기에서는 신분의 구분이 이승과 저승의 구분에 기초를 두고 있었다. 성직자들은 이승과 저승 사이를 중재하기 때문에 특수한 지위를 가졌다. 그 이후 정치는 귀족과 군주들로 분열되었고, 국가로서의 당시 사회와 마주보고 서 있었다. 이 두 특수영역과 신분제 사회는 아직 공존할 수 있었다. 그러나 이미 화폐경제의 팽창, 의무교육으로 얻어지는 교양 그리고 과학의 진보는 낡은 신분제 사회를 파괴했고 강제로 현대를 획득했다. 이 일로 인해 사회와 개인의 관계는 철저하게 변화되었다. 옛날에는 개인의 정체성이 사회의 정체성과 동일한 의미를 지녔다면, 이제는 동등한 권리를 가지는 부분체계들에 개인이 적응하게 됨으로써 그 동일한 의미가 불가능해졌다.

인간은 더이상 이런 부분체계들에 전적으로는 속하지 않고, 관점에 따라서, 그리고 일시적으로만 속한다. 즉 사람은 때로는 학생으로(과학 시스템), 때로는 증권 투자자로(경제 시스템), 때로는 선거 운동원으로(정치 시스템) 역할을 수행하지만, 언제나 일시적이며 그리고 관점에 따라서 그렇게 한다. 사람들은 사회의 어느 곳에서도 완전한 인간으로 존재하지 않으며, 개체일 뿐이며 손쉽게 배제된다. 바로 이 때문에 사람들은 정체성을 필요로 한다(→ 앞에서 논한 '프로이트와 심리' 참조).

전통사회와 현대사회 사이에는 원죄가 있다. 이때부터 완전자로서의 인간은 사회에서 추방되었다. 이제 인간은 경우에 따라서, 말하자면 방문자로서 그때그때 교체되는 기능을 떠맡는다. 완전자로서의 인간은 이제 외부의 황야에서, 즉 내면의 정신 속에서 헤매고, 또 자신의 정체성 복장을 갖추어 입기 위해 사회라는 옷장에서 어느 옷을 골라야 하는지 곰곰 생각한다. 그래서 모든 사람이 자신의 정체성을 가지고 있듯이, 모든 사람은 각각 완전히 개인적인 옷장을 가지고 있다. 더욱이 거기에는 경향, 스타일과 정체성 전문 의상저널의 추천정보들이 있다. 즉 디자이너, 정체성 모델 그리고 유행 창조자들이 있다. 계절마다 대규모의 유행 패션 전문점들은 새로운 정체성 컬렉션을 발표하고, 당연히 이런 상품들은 압력을 행사한다. 그러나 이것들이 존속할 수 있는 것은 대부분의 사람들이 너무 많은 선택의 자유를 가지고 허덕이기 때문이다. 왜냐하면 누구든지 자기가 옳다고 생각하는 바대로 자신의 정체성 의상을 차려입을 수 있기 때문이다.

사회라는 낙원에서 추방당한 후에 인간은 부도덕해지고, 또 죄를 짓더라도 바로 사회를 위태롭게 하지 않는 것이 가능해졌다. 정체성과 사회는 서로 분리되었다. 정체성들은 석방되었다. 그래서 누구든지 아무런 결과도 초래하지 않는 오리지널(개성적인 존재)이 될 수 있다. 역으로 사회는 인간의 눈으로는 투시할 수 없는, 이해할 수 없는 것이 되었다. 사회는 개인과 무관하게 고유의 법칙에 따라 기능을 발휘하는 독립체다. 이러한 복잡성은 현대사회를 이해하는 데 가장 큰 장애물이다. 일상에 대한 직관적인 이해는 잘못된 길로 빠지게 마련이다.

사회란 한 무리의 인간들이라는 말이 있다. 이런 말보다 더 잘못된 생각은 없다. 이것은 마치 한 무더기의 돌과 대들보가 집이며, 한 통의 가득 찬 물과 지방과 유기질 덩어리가 소[牛]라고 말하는 것과 같다. 사회는 개별 인간과 구분된다. 그 점은 집이 벽돌과 구분되는 것과 마찬가지다. 개별 인간에 비추어 사회구조를 추론할 수는 없다. 이런 추론은 하나의 텍스트가 하나의 단어와 동일한 구조를 가지고 있을 것이라는 생각과 마찬가지로 근거가 없다. 사회는 개별 인간과는 전혀 다른 법칙의 지배를 받고 있다.

이 사실은 별로 유쾌하지 못한 결과를 낳는다. 예컨대 단순히 사회적으로 최선의 것을 이루려 하고 또 이 최선의 것을 직접적인 방식으로 실현하려고 하는 태도는 더이상 사회에서 통하지 않는다. 사적(私的)인 영역의 경우, 이런 생각은 그런 대로 의미가 있다. 사적인 영역은 규모가 작고 전체를 파악하기가 비교적 쉽기 때문이다. 그러나 사회 전체에 대한 계획은 지금까지 항상 최선의 의도가 파국적인 결과를 초래했다. 그 주된 이유는 사람들이 사회의 실체에 대해 너무 순진하게 생각했다는 데에 있다. 사람들은 그때마다 대부분 현대사회를 전통사회처럼 생각했고, 그리고 이것은 늘 치명적인 결과를 낳았다.

6. 성(性) 논쟁의 역사

인류의 반이 여자라는 것은 너무나 자명하다. 아니면, 굳이 인류의 반이 남자라고 해야 하나?

언어는 성의 동등권을 표현하기에는 문제가 많다. 우리들은 농민 그리고 여성농민이라고 말하며, 노동자 그리고 여성노동자라고 말한다. 이때 남자는 인간의 기본 모델이고, 여자는 하나의 변형인 것처럼 보인다. 몇몇 언어에서는 인간과 남자에 대해서 동일한 단어를 사용한다. 그래서 마치 남자는 동시에 전체 속(屬)을 가리키는 것 같다. 영어에서 'Man'은 남자와 인간(예컨대 the rights of man : 인권)을 가리키고, 프랑스어의 'homme'도 마찬가지다.

이 모두는 옳지 않다. 문화 자체가 남성 우월적이고 성 차별적인 것처럼 보인다. 한 사회적 문명의 발전기준은 여성들이 사회에서 얼마나 세심하게 배려되는가, 또 여성들이 사회에 끼친 영향이 얼마나 큰가로 정해지는 추세에 있다. 그렇기 때문에 오늘날 교양의 필수적인 요건은 성 논쟁에 정통해야 한다는 것이다. 만약 우리가 평화로운 성격, 잔인함에 대한 혐오, 의사소통 능력 등으로 문화의 수준을 평가한다면, 여성들이 바로 교양 있는 성(性)이다. (그런 것을 약자의 미덕이라고 규정한) 니체에 기대어 그 점에 이의를 제기하는 사람이 있을지라도, 문명은 결국 약자가 만드는 것이다. 약자들은 매너라는 것을 고안해 강자로 하여금 네안데르탈인처럼 행동하지 않게 유도한다.

성 담론

남자와 여자는 동등한 권리를 가지고 있다는 것에 대한 인식은 오늘날 교양인들의 상식에 속한다. 또한 '섹스'와 '젠더'를 구별하는 능력은 계몽의 최소조건에 속한다. 두 개념은 미국 여성운동에서 출발하여 독일에 들어왔다. '섹스'는 생물학적 성이고, '젠더'는 '남성'과 '여성'이라는 생물학적 성 이외에 거기에 부가된 사회적 역할을 의미한다. 이런 세분화가 필요한 이유는 생물학적 성은 이미 결정되어 있는 데 비해, 사회적 역할은 다른 형태로도 가능한 문화적 고안물이기 때문이다.

여자의(그리고 남자의) 이미지는 이미 증명된 바와 같이 역사적으로 변천해왔으며, 또 그 여러 이미지들이 매번 여자의(또는 남자의) 생물학적 특성과 동일시되었던 것도 사실이다. 그래서 18세기 이전에는 여자들이 남자들보다 훨씬 더 성의 유혹에 빠지기 쉬우며 성을 밝힌다고 여겨졌지만(이 시기에는 이브의 원죄관념이 큰 역할을 했다), 오늘날에는 그런 생각이 정반대로 역전되었고, 빅토리아 여왕 시대에는 여자들이 성적으로 거의 무감각하다는 고정 이미지가 형성되어 있었다.

무엇이 본성에 기인하는 것인지, 또 무엇이 역할 모델과 교육을 통해 사회적으로 각인된 것인지, 이것이 비록 오늘날까지도 명확하지 않다 하더라도, 사회가 기존의 질서를 유지하기 위해 원세포(즉 가족) 제도를 통해 성의 구별을 고집하고 있다는 인식은 오늘날 이성적인 사람들의 기본합의에 속한다. 이 때문에 여자의 지위는 가족의 기능에 달려 있다. 그리고 이것은 사회의 유형에 달려 있다. 왜 여성이 충분한 권리를 보장받지 못했는가를 역사적으로 이해하기 위해서는, 문화가 발전하면서 서로 교체되었던 다양한 사회 유형들이 설명되어야 한다.

다양한 사회 유형

바흐오펜Bachofen(→ 세계를 변화시킨 책) 같은 인종(민족)학자들은 모신(母神)숭배와 모계의 혈연관계의 숭상을 보고 한때 여자들이 지배하던 모권사회가 있었다고 추측했다. 오늘날 이 생각은 논쟁의 여지가 많다. 그러나 어쨌든지 간에 아버지가 아들에게 어떤 역할을 해야 하는, 그런 가족체계가 형성된 곳에서는 부권 또한 반드시 보장되어야 했다. 이것은 여자들의 성욕 조절을 전제로 했다. 의심할 여지없이 바로 여기에 여성의 주권이 제한된 이유가 있었다. 여자들은 자신들의 주권을 저당잡힘으로써 남자들을 가족에 붙들어맬 수 있었다. 즉 여자들의 성에 족쇄가 채워짐으로써, 아이들의 혈통을 아버지가 확신할 수 있었다.

원칙적으로 세 가지의 서로 다른 사회조직 유형이 있다(→ 과학, '사회').

1. 종족사회. 이 사회는 단순한 가족의 집합으로 구성된다. 가족의 기본은 한 명의 여자와 세 명의 남자, 즉 여자의 남자형제, 여자의 남편, 여자의 아들로 구성된다. 이로써 세 가지의 기초적인 혈연관계가 표현된다. 이는 곧 혈족관계(형제), 혼인(남편), 혈통(아들)이다. 대부분의 사회에서는 근친상간 금기 때문에 이족(異族)결혼(동족 외 결혼)을 꾀한다. 이때 여자들은 일반적으로 남자의 가족으로 인도된다. 현대에 이르기까지 여자의 신분과 권리는 남자의 사회적 지위에 근거했다. 동족 외의 여자들을 찾아나서는 것은 남자들의 의무였고, 그럼으로써 가족은 혈족, 씨족, 종족으로 확대되었으며 성 차별은 더욱 심화되었다. 모든 사회구조는 성 차별 개념으로 설명되었다. 그리고 이런 도식에 따라 세계질서 또한 신화화되었다. 하늘은 남성적이었고(하늘에 계신 아버지), 땅은 여성적이었다(땅에 계신 어머니. 땅은 수확이 많고, 하늘은 땅 위에 비를 내렸다 따위). 정신은 남성적이며(정신은 자기 마음 내키는 대로 나부꼈다), 바람이고 공기였다. 즉 동적이었다. 그래서 정신은 하늘에 속했다(→ 역사, 보티첼리의 작품「봄」분석). 그러나 물질은 여성적

으로, 물질이란 단어의 라틴어 어원인 'mater'는 '어머니'를 뜻했다. 그리고 물질은 그 속에서 새로운 식물이 성장하는 질그릇이었다(→ 하인리히 폰 클라이스트의 『깨어진 항아리』).

전체적으로 보아, 자연은 여성성과 동일시되었고, 문화는 남성성과 동일시되었다고 할 수 있다. 이리하여 성의 상징질서가 생겨났다. 여자들은 원래부터 존재했고, 남자들은 인공적으로 만들어졌다. 이 때문에 소년들은 소녀들과 함께 유년시절을 보낸 후 특별한 의식을 통해 남자로 개조되었다. 원칙적으로 그들은 시련(통과의례)을 거쳐야 했다. 이런 시련을 민속학자들은 '성년의식'이라고 부른다. 이때 성인 후보자들은 사회에서 고립되었고, 고독한 황야에서 다양한 담력 테스트, 스트레스 테스트 그리고 용감성 테스트에 부닥쳤다. 이 테스트에 통과한 뒤에야 그들은 남자로서 사회의 일원이 되었다. 그러고 나서 그들은 문신·머리 모양·할례 또는 의복 등의 상징적인 기호로 표시된 새로운 신분이 되었다.

이런 사회 유형 속에 있는 남자들은 깨지기 쉬운 정체성을 가졌다. 즉 그들이 사회에서 제시한 역할을 감당할 수 없는 모습으로 드러날 때 그들의 정체성은 깨졌다. 이런 원리가 표현된 것이 명예관념이다. 명예를 잃은 남자는 그 신분에 걸맞는 사회적 인증을 상실했다. 남자가 엄처시하(嚴妻侍下)에 있지 않고, 배신당하지 않고, 여자처럼 행동하지 않는 것은 그들의 명예에 속하는 문제였다.

이런 사회의 신(神)들의 세계는(예컨대 고대 그리스에서처럼) 강인한 족당(族黨)을 형성했고, 사회사는 가족전설로 이루어져 있었다. 이스라엘 민족 전체는 아브라함, 이삭과 이스라엘이라는 별명을 가진 야곱을 시조(始祖)로 하는 단 하나의 가족에서 생겨난 혈연이었다. 혈연관계가 결정적으로 중요했고, 이 때문에 여자들의 절개는 가장 중요한 상징적 자산이었다.

2. 그 다음의 사회 유형은 문자의 발명과 도시의 탄생 이후에 나타났다. 이것은 고급문화였다. 즉 피라미드처럼 최고의 자리에 한 명의 군주를 모시고, 농민, 공무원, 귀족 또는 성직자라는 엄격한 위계질서를 가진 계층으

로 조직된 문화였다. 중세사회와 산업혁명 직전까지의 근대사회가 이 유형에 속한다. 그리고 나서 유럽에서 인류 역사상 최초의 새로운 사회 유형이 생겨났다.

3. 이 유형은 이른바 기능적으로 분화된 사회다. 이 불분명한 개념이 의미하는 것은, 이제 사람들은 더이상 귀족 또는 시민이라는 한 계층에 고정되지 않으며, 또 거기에서 자신들의 정체성을 취하지 않게 되었다는 것이다. 물론 사회는 더이상 계층으로 구성된 것이 아니라, 데코레이션 케이크처럼 동등한 권리를 가진 각 부분들로 구성되었다. 여기서 동등한 권리를 가진 부분들이란 분업(기능의 분화)에서 생성되었는데, 말하자면 사법·행정·교육·경제·경찰·산업 따위다. 또 이 불분명한 개념이 의미하는 것은, 사람들이 자신의 직업과 교육을 통해, 또는 단지 고객으로 우연히 이러한 영역으로 들어왔다가 다시 나갔다는 것이다. 덧붙여 말하면, 이제 개개인은 그 인격 전체가 완전한 개체가 되어서, 사회 도처에 집이 있으면서도 동시에 그 어디에도 집이 없게 되었다.

전통사회에서 현대사회로의 이행

엄격한 위계질서의 신분제 사회에서 현대 산업사회로의 이행은 근대 내내 이루어졌다. 이때 이 고갯길의 협곡은 18세기 후반이었다(프랑스 혁명과 산업혁명).

여기에서 무엇보다 결정적인 것은 상류층의 발전이었다. 16세기와 17세기에 유럽에서는 대부분 왕권의 강화와 더불어 군주의 대궁정이 생기게 되는데, 귀족들은 여기에서 자신들보다 더 신분이 높은 여자들을 만나게 되었다. 귀족들은 이 여자들에 대해 사려깊고, 정중하고, 매너 있게 처신해야 한다. 그렇게 함으로써 새로운 행동문화가 나타나게 되는데, 여기에서는 신분제 사회의 존경표시법과 중세 기사도 정신의 유산인 에로틱한 여성봉사가 새로이 '정중한 행동'으로 합생(合生)한다. 귀족의 명망은 권력을 통해서만 규정되는 것이 아니라 행동양식을 통해, 즉 태도·친절·정중한 말(발림말)·재치·상대방을 즐겁게 해주는 능력 그리고 활기찬 대화로 상대방을 매혹시키는 능력, 간단히 말해서 '매너'라고 부르는 것을 통해서도 규정된다. 이런 양식에 대한 재판관은 여자들이다. 그래서 교양 있는 부인들이 기대하는 태도에 부응함으로써 최초로 획기적인 문명화가 이루어진다.

그러나 동시에 귀족층의 가족구조는 계속해서 전통적인 방식에 머물렀다. 이 계층사회의 가족은 현대의 가족과 철저하게 구별되었으며, 또 부모와 자식들로 구성된, 세대마다 새로이 일가를 이루는 그런 핵가족은 전혀 아니었다. 오히려 가족이라고 하면 다세대 가족인 대가족으로 이해되었다. 결혼하지 않은 여러 명의 숙모와 삼촌과 사촌들 외에, 역시 결혼하지 않은 하인·몸종·하녀·장인(匠人)·도제들도 거기에 속했다. 동시에 이 대가족은 장원(莊園)이든, (집을 포함한) 농장이든, 수공업 공장이든, 아니면 상점이든 간에, 아무튼 기업형 농장이었다.

신교도 나라들에서는 대가족이 종교적이고 도덕적인 질서의 바탕이 되었는데, 거기에서는 가장이 성서 강독과 기독교적 행동을 감시했다. 그러한 가족은 사회에서 높은 지위를 차지하고 있었고, 정서적으로 어떤 특별한 결속도 필요하지 않았다. 이 말은 결속이 있을 수 없었다는 것을 의미하는 것은 아니다. 그러나 부부와 부모와 자식들 사이의 특별한 결합이라는 내밀한 감정이 문화적으로 반영된 결속형식은 아직 없었다.

관능적 사랑은 결혼생활 이외에서도 존재했음이 드러났는데, 이 역시 귀족들의 경우에나 해당한다. 시민계층에게 그것은 가소로운 일이었다. 사람들은 그런 사랑을 감정이라 부르지 않고, 병으로 간주되는 열정의 한 형식, 즉 격정이라 불렀다. 그러는 사이 이들은 정략적으로 결혼하게 되었는데, 이러한 가족에서는 친밀함이란 없었다.

18세기에는 모든 것이 달라지는데, 이때는 현대사회로의 이행과정으로 시민은 문화적 주도권을 놓고 귀족과 경쟁한다. 여기서는 가족제도의 변화가 이데올로기 대립의 중심을 이룬다. 현대사회에서 가족은 더이상 개인의 사회적 신분을 보장하지 못한다. 대신에 가족은 (자식의 양육 외에) 단 하나의 기능을 담당한다. 즉 점점 더 공적(公的) 관계가 지배하게 되는 사회의 빈틈을 가족은 부부와 자식들 간의 친밀함을 통해서 메운다. 이러한 전환은 18세기 후반의 문화혁명기에 '감상주의 운동'으로 완수된다.

소가족제도의 고안

신분제 계층사회와는 달리 유동적인 현대사회에서는 신분은 물려받는 것이 아니라, 각각의 세대에서 개인의 경력을 통해 새롭게 획득된다. 가족 역시 더이상 몇 세대를 포괄하는 것이 아니라, 세대마다 새로이 일가를 이룬다. 그럼으로써 이른바 소가족이 생겨난다. 배우자를 찾고자 할 때도 이제는 가족의 정략보다 사랑이 중요해진다. 그래서 18세기에는 감정이란 것이 고안된다. 당연히 전에도 정열 또는 정서는 있었지만, 사람들은 이것을 정신으로 생각한 것이 아니라 육체로 생각했다. 이것은 의학의 영역에 속했다.

이에 반해 새로 발견된 '감정'(섬세한 감정, 동감, 감수성, 감상)이라는 말은 사회에 대해 우호적인 정신상태로, 정신과 육체 사이에 끼어드는 구상을 떠올리게 하고, 또 정신적인 것의 내부공간을 여는 그런 구상을 떠올리게 한다. 이런 방식으로 우리가 오늘날 심리적이라고 간주하는 영역이 비로소 구축된다. 이데올로기적으로 감정은 '보편적으로 인간적'이고자 하는 기능, 신분의 한계를 극복하려는 기능, 그리고 통일시키는 끈으로서 인간을 묶는 기능을 가지고 있다. 감정은 또한 혁명적이다. 모든 사람이 평등하고, 모든 사람이 평등하다고 느낄 수 있다. 동시에 영국의 리처드슨Richardson은 연애소설을 쓰기 시작함으로써 최초의 심리소설을 고안해낸다(→ 문학). 이런 소설을 읽어보면 성 역할이 어떻게 양식화되고 표현되는지를 알 수 있다.

사랑은 새로운 과제를 떠맡게 되는데, 그것은 결혼생활의 기초를 다지는 일이다. 그래서 남자는 항상 귀족(왕자)으로 표현되고, 여자는 시민으로 표현된다. 귀족으로서 남자는 결혼과 관련없이 매너 있는 말을 할 의무가 있고, 시민계급의 소녀를 유혹하려고 한다. 그러나 이 소녀는 섹스에 관해서 확고한 원칙을 지니고 있고, 또 순결하다. 이런 관계를 위해서 여자의 도덕은 정조 개념으로 국한된다. 이제 순결, 단정한 몸가짐, 순수, 예의바름 같은 개념들은 오로지 성적인 색깔의 조명만을 받는다. 이 때문에 사랑 장면을 연기할 때, 소녀들은 만약 남자가 구혼을 해오면 이 남자를 위해 자기의 감정을 발견해야 한다. 예전 같았으면 소녀들이 관능적 매혹의 감정을 느끼는 것은 음탕한 것이었다. 그때까지는, 그런 느낌은 성 도덕의 저항을 수반했다.

이는 남성과 여성의 서로 다른 역할에 대한 새로운 유형화를 가져왔다. 사람들은 남자들에게 아주 불경스러운 속성이 있다고 믿게 되었으며, 남자들이 결혼생활에서 기대할 수 있는 최상의 것은 그들의 억제할 수 없는 충동을 마음껏 즐긴다는 것이다. 이와 반대로 여자들의 본성은 남자들보다 훨씬 순수한 것으로 여겼다. 사람들은 여자들이 성적 감정에 대해서는 완전히 무감각하다고 믿었다. 여자들이 결혼하는 것은 성적 욕망을 마음껏 즐기기 위해서가 아니라, 결혼의 종교적 토대가 어느 정도 확고해지기 때문이라는 생각이 보편화되었다. 이 때문에 여자들은 남자들의 불순한 속성의 본능을 훈련시키고 고상하게 하는 역할을 부여받았다. 이것은 괴테의 "영원히 여성적인 것이 우리를 이끈다"는 말을 연상시킨다.

이런 남녀 구별법은 역사적으로 새로운 것이다. 전통적인 태도에서는 특히 성서에 나오는 이브 같은 여자들을 유혹녀로 규정하고 남녀 공동책임을 그들에게 전가했다.

이른바 감상주의 시대의 문화혁명은 여자에 대한 고정적 이미지를 생산하며, 이 이미지는 20세기 내내 가족의 세계를 지배한다. 모든 영역에서 즉 대화할 때, 식사할 때, 운동할 때, 옷을 입을 때 '여자들'은 이제 예의범절을 모범적으로 연출해야 한다. 언어적 감수성 또한 아주 세련된다. 언어는 심오하게 표현되어야지, 만약 그렇지 못하고 상스런 의미가 조금이라도 담긴 말을 한다면 듣는 사람이 당장 기절할 정도가 된다.

여자들의 다정다감함은 그들을 이른바 '집안에 있는 천사'로 만든다. 가족이 있는 가정은 냉혹한 세상으로부터의 보호공간이 된다. 이외에도 여자는 새로운 파트너를 갖게 된다. 그들은 아이다. 물론 예전에도 아이들은 있었다. 그러나 이들에게 어떠한 특별한 신분을 인정하지 않았다. 이들은 그때까지도 단순히 작은 어른으로 간주되었다. 성장기의 특수한 고유단계로서의 유년시절은 아직 발견되지 않았다. 물론 사람들은 어린아이는 아직 경험이 없어 미숙하고, 잘 모르고, 자제력이 없다는 것을 알았지만 이러한 것은 단순한 결여로 간주되었다. 어린아이들 고유의 상상력, 물질세계에 혼을 불어넣기, 마법 등이 이들의 체험 속에서는 전적으로 다른 역할을 수행한다는 것을 어른들은 깨닫지 못했다. 그러니까 아이들의 세계와 어른들의 세계 사이에는 어떠한 차이도 없었다. 예를 들면, 아이들과 어른들은 똑같은 역할을 수행했다. 어른들의 외설적인 농담 또는 속된 농담으로부터 어린이들의 천진난만함을 보호하는 것은 불필요한 것으로 간주되었다. 문학에서 어린이들의 체험세계는 고유한 영역으로 인정되지 않았다.

18세기에는 이 모든 것이 변한다. 루소의 강연 이후 어머니들은 아기들에게 모유를 먹이기 시작한다. 어린이에게 적절한 교육학이 전개된다. 유년시절의 체험세계가 문학의 고유영역임이 낭만주의 문학에서 발견된다. 문학과 더불어 동화도 발견된다. 사람들은 근원적인 것의 숭배에 빠진다. 어른들의 회상에서 유년시절은 잃어버렸던 마법의 나라처럼 나타난다. 향수가 생기게 된다.

아이들이 이제 서정시와 문학에 등장하기 시작한다. 고유한 아동문학이 생기고, 그리고 피터 팬에서부터 『양철북』에 나오는 오스카 마체라트에 이르기까지, 더이상 성장해서는 안 되는 문학적 소망이 등장한다. 유년시절과 여성해방의 발견으로 고통, 천진난만, 수동적 태도 등이 평가절상되기에 이른다. 행동하는 사람은 유죄지만, 아이들과 여자들처럼, 행동할 수 없고 단지 느끼기만 하는 사람은 무죄다. 느낌은 그 자체가 수동적 태도의 한 형식이 된다. 민감한 사람들만이 자기들이 받는 인상에 강하게 사로잡힐 수 있고, 느끼는 사람들만이 선할 수 있다. 그리고 여자들과 아이들은 남자들보다 훨씬 더 민감하다는 사실이 모든 평가의 기초가 된다. 아이들과 여자들은 모든 조잡한 것, 외설적인 것, 성적인 것으로부터 보호받아야만 할 정도로 예민하다고 사람들은 믿는다.

여자가 아이와 맺는 관계에서 여자는 어머니상(像)에 근접한다. 어머니로서의 특별한 사명에서는 인간성이 중요하다. 남자가 과학·시장 또는 정치를 구현한다면, 여자는 거기에서 생겨난 견고함·가혹함을 모성적 본능으로 다시 녹인다. 강한 아버지와 부드러운 어머니는 시민사회를 지탱하는 상호 보완적인 두 형상이 된다. 그리고 여자가 어머니로 생각되면 될수록, 여자는 성적 측면에서 더욱더 강하게 멀어진다. 그리고 난 뒤의 여성상은 '성녀'와 '창녀'로 분열되는데, 이 분열은 프로이트의 오이디푸스 콤플렉스 이론에서 다시 등장한다. 즉 어머니가 성녀라면, 어머니의 성 생활에 대한 생각은 저지되고 억압되어야 한다.

18세기 중엽의 독일에서는 성가족이 크리스마스를 진실한 애정의 축제로 계획성 있게 준비하는 데 비해, 프랑스에서는 창녀의 이미지에 점점 더 빠져든다. 뒤마Dumas의 『춘희La Dame aux camélias』는 진실한 마음을 가진 (제후의) 정부(情婦)에 대한 신화의 기초를 세우는데, 이는 오늘날까지 유효하다. 그 정부는 매혹적이지만 생활비를 보조받는 폐결핵 환자이며, 사형 선고를 받았으나 가슴을 찢는 듯한 죽음을 통해 자기의 고통에서 벗어난다. 이에 반해 졸라Zola의 『나나Nana』, 조리스 카를 위스망스Joris Kárl Huysmans의 『마르트Marthe』 그리고 에드몽 공쿠르Edmond Goncourt가 1877년에 출간한 『엘리자 아가씨La fille Eliza』 등은 언제나 비밀로 가득 찬 그 직업을 임상적으로 정확하게 묘사했다. 18세기 중엽까지만 해도 매춘은 일종의 필요악으로 간주되었고, 성 의학자 액턴Acton은 그의 책 『매춘Prostitution』에서 이 (매춘)영업은 근절될 수 없는 것이라고 서술했다.

그러나 세기말경에 사회학자, 공무원, 의학자 그리고 윤리 개혁자들은 매춘부들의 운명에서 아직 도덕적·사회적으로 해결되지 않은 과업을 발견하기 시작했다. 매춘은 사회 전체의 구원에 대한 환상으로 해석되었다. 다시 말해, 어머니의 성을 발견한 아들이 거기에서 느끼는 환멸감을 보상받기 위해서, 상상 속에서 어머니를 돈으로 살 수 있는 여자의 얼굴로 깎아내리고, 그러고 나서 다시 자기 인생의 첫사랑을 회복하기 위해서 그 매춘부를 구해낸다.

여성운동의 요람, 영국

여성운동은 물론 프랑스에서 시작되었다. 그것도 프랑스 혁명 때에 시작되었다. 인권선언 이후 올림프 드 구주Olympe de Gouges에 의한 여성 권리선언이 그 뒤를 이었다. 여성 권리선언에는 선거권과 피선거권 그리고 공직 진출권의 요구가 포함되었다. 이것이 20세기 초 여성참정권 운동에 이르기까지 여성운동의 주된 요구로 계속 남아 있는데, 그것이 잘 실행되지 않았음을 이로써 알 수 있다.

무엇보다 먼저 여성들은 동등한 자격으로 프랑스 혁명에 참여했다. 여성들은 정치 클럽의 구성원이 되었고, 자신들의 클럽을 창설했으며, 몇몇 언론에 여성들의 이상을 위해 선전을 했다. 그러나 국민의회가 여성들에게 남성복장을 하라고 요구하는 것을 여성지도자들이 무시하자, 국민의회는 그들의 집회의 자유를 취소시켰고, 클럽을 폐쇄했다.

이 시대의 영원한 기록으로서 영국 여성의 저술이 남아 있다. 메리 울스턴크래프트Mary Wollstonecraft는 혁명가들에게 그들이 인권선언에서 여성의 권리를 빠뜨렸던 것을 상기시켰고, 이것의 시정책으로 『여성의 권리 옹호*A Vindication of the Rights of Woman*』(1792)를 저술했다. 국회에서 여성들의 관심사를 주장할 수 있는 기회를 달라고 요구했으며, 무엇보다도 여성의 권리를 이성적으로 교육시키라고 요구했다. 그녀는 또한 여성들이 섹스할 때 만족을 느낄 권리가 있다고 주장함으로써 전유럽에 충격을 주었다. 그녀는 여성들이 남성들로부터 섹스 대상, 가정부, 어머니로 그 역할이 축소되는 것을 유감스러워했다. 울스턴크래프트는 그렇게 달변으로 비난을 퍼부어 여성운동의 선구자 중 한 사람이 되었다. 후에 그녀는 자유결혼을 옹호하는 윌리엄 고드윈William Godwin의 동반자가 되었고, 그와 결혼하여 『프랑켄슈타인*Frankenstein*』의 저자 메리 셸리의 어머니가 되었다.

이후 여성운동은 두 세대 동안 잠들었다가, 영국에서 19세기 후반에야 비로소 다시 깨어났다. 1870년대에 여성들의 대학교육과 직업교육에 대한 토론이 시작되었다. 플로렌스 나이팅게일Florence Nightingale의 생애가 이 토론의 동기였다. 1855년의 크림전쟁 때 그녀는 야전병원 단체의 대표자로서 고급장교들의 우둔함을 물리치고 병원행정을 재조직했다. 그리고 교육받은 간호사를 불러들여, 군인들을 의학적으로 안전하게 치료해주었다. 그랬더니 부상당한 군인들의 사망률이 42퍼센트에서 1퍼센트로 떨어졌다. 전쟁과 여성의 결합이 그 성공을 괄목할 만하게 만들었다. 전쟁이 끝난 후 그녀는 군대의 전체 야전병원을 개혁했고 앙리 뒤낭Henri Dunant이 창설한 적십자 재건운동에 참여했다. 그녀가 많은 영향을 끼쳤고, 모범을 보였으며, 그리고 엄청난 인기를 얻었던 덕분에, 공공의 의식 속에서 여성의 재능에 대한 생각이 바뀌었다.

여기에 병행하여 존 스튜어트 밀은 여성 선거권을 위해 전력을 기울이는 운동이자, 또한 나이팅게일의 지지를 얻었던 하나의 운동을 제창했다. 이로 인해 옥스퍼드와 케임브리지 대학교에 '여자대학'이 창설되었다. 이제 여성들은 대학에서 고등교육의 혜택을 누릴 수 있게 되었고, 졸업시험을 치를 수 있었다. 1869년에 출간되어 광범위한 영향을 끼친 저서 『여성의 종속*The Subjection of Women*』에서 밀은 이미 여성의 역할과 현재의 성의 모습이 자연법에 근거한다는 논거를 의심했다. 그는 분석 원칙을 생물학적 '성Sex'에서 사회적 역할의 '성Gender'으로 전환했고, 겉보기에 자연스럽게 보이는 성의 규범은 단순한 관습에 불과하다고 설명했다. 그는 수동적 여자라는 상투어에다가 독립적이고 책임을 지는 여성을 대립시켰다. 물론 이 본질도 성적 자기 결정권을 갖는다. 자아 실현의 의미에서의 피임과 성생활이 거기에 속했다. 이러한 인식은 조지 이거턴George Egaton, 에밀리 페이퍼Emily Pfeiffer, 엘레아노르 마르크스Eleanor Marx, 올리브 슈라이너Olive Schreiner 같은 여성해방 옹호론자들의 호재가 되었다. 이들은 세기말경에 '신여성'이라 불렸던 여성들에 대해 생생하게 서술했다.

이와 동시에 여성운동과 80년대에 존속했던 사회주의 사이의 동맹이 존재했다. 사회주의 사회에서는 여성이 성욕과 결혼의 문제에서 해방되어야 한다는 것이 자명한 것으로 받아들여졌다. 1855년에 출간된 『여자들의 질문*The Women's Question*』이라는 책에서 저자 칼 피어슨Karl Pearson은 페미니즘이라는 주제를 사회주의 체제에 적용했고, 『사회주의와 성*Socialism and Sex*』에서는 여성의 경제적 독립을 주장했다. 이때 이미 그는 1883년에 나온 아우구스트 베벨August Bebel의 『여성과 사회주의*Die Frau und der Sozialismus*』에 고무되어 있었다.

1888년에 해브록 엘리스Havelock Ellis는 그의 책 『여자와 결혼*Women and Marriage*』과 10년 뒤에 출간된 『성 심리학 연구*Studies in the Psychology of Sex*』 라는 책으로 프로이트와 같은 시기에 성과학의 기초를 세웠다.

사회주의와 여성운동 간의 동맹은 1885년에 나온 찰스 브래들로Charles Bradlaugh의 저서 『과격한 정책*The Radical Program*』에서 이상적 형태로 등장하는데, 여기에서 그는 의회에서 노동자 계급의 대표 선출과 여성의 선거권을 동시에 요구했다. 수년간 브래들로의 아군이었던 애니 베전트Annie Besant는 수많은 팜플렛에서 여성의 정치적 동등권을 옹호했다. 그녀가 속했던 단체는 스스로를 '신맬서스주의'라 부르며 현대적 피임을 옹호했다. 이 단체의 주요 구성원은 조지 드라이즈데일George Drysdale이었다. 그는 맬서스의 궁핍화 이론에서(→ 세계를 변화시킨 책) 피임과 가족계획의 포괄적 강령을 이끌어냈다. 그는 피임과 가족계획을 더이상 금욕을 통해 조절하려고 하지 않았다. 그렇게 하여 그가 성욕을 생식과 구별했기 때문에, 그는 자유연애의 신봉자가 되었다. 1878년 브래들로와 베전트에 대한 재판이 시작되었고, 이를 계기로 이들의 생각은 엄청난 대중성을 확보했다. 법정에서 토론된 내용이 값싼 보급판 책자로 나와 수십만 권이 팔렸다. 1879년에는 이 기본사상을 널리 보급하고자 '맬서스주의 연맹'이 창설되었다. 베전트와 브래들로는 그 사상을 공저『무신론의 복음 The Gospel of Atheism』에서 기독교에 대한 직접적 공격에 연결시켰다.

이미 70년대 중반에 엠마 패터슨Emma Patterson은 여성노동자를 위한 노동조합을 창설했다. 그리고 조지 버나드 쇼는 여성해방을 위해 극작가로서의 재능 대부분을 바쳤다. 그는 입센을 위해 홍보전에 나섰다. 입센은 자신의 희곡에서 시민계급의 여성에 대한 금치산 선고를 극화했고, 진보주의와 사회주의에서 전투적 페미니즘을 이끌어냈다. 여기에서 그는 여성에게 인류 진보의 담당자라는, 결정적으로 새로운 역할을 부여했다. 그러고 나서 그는 종래의 다정다감한 여자주인공 이미지를 무대에서 내쫓기 위해 강인한 '신여성'의 성격 유형을 만들어냈다.

세기의 전환기 이후 자신들의 선거권을 쟁취하기 위해 여성운동가들이 갑자기 전투적으로 변했다. 1906년 팽크허스트Pankhurst 부인은 딸 크리스타벨Christabel과 함께 '국가사회정치여성연맹'을 창설하는데, 같은 해에 두 명의 연맹 구성원이 징역형을 선고받았다. 공공집회 방해죄로 부과된 벌금 지불을 거부했기 때문이다. 1907년 '여성 선거권을 위한 남성동맹'이 창설되었고, 잡지 <여성 투표 Votes for Women>가 전투적인 대변지가 되었다. 이때부터 여성참정론자들은 고의적인 규칙 위반과 법률 침해전략을 추구했고, 단식 동맹파업을 벌였으며, 충격적인 폭력행위를 통해 시민적 관습을 깨뜨렸다. 즉 그들은 국립미술관에서 그림들을 갈기갈기 찢었고, 쇼윈도의 유리창을 박살냈고, 클럽 안으로 뚫고 들어갔고, 방범창살에 자기 몸을 쇠사슬로 묶었다. 그리고 여권론자인 에밀리 데이비슨Emily Davison은 1913년 더비 경마에서 달리는 왕의 말 앞에 몸을 던져 결국 밟혀 죽었다.

독 일

독일의 여성운동은 영국의 모범을 따랐다. 1865년 라이프치히에서 '일반독일여성연맹'이 창설되었다. 이 연맹은 지부연맹과 하급연맹을 거느리고 무엇보다 여성교육을 관심사로 삼았으며, 여성의 대학 입학권을 요구했다. 1893년 '개혁'이라는 연맹이 카를스루에에서 최초의 소녀 김나지움을 창설했고, 이때부터 전국적으로 확장된 '여성교육·여성의 대학교육'이라는 연맹은 곳곳에 소녀 김나지움을 세우기 시작했다. 1896년 베를린에서 여섯 명의 소녀가 대학졸업 자격시험인 아비투어에 최초로 합격했다. 1908년 이래 여자들은 프러시아의 대학들에 입학하는 것이 허용되었다. 오늘날 독일에서는 남자보다 더 많은 여자들이 대학에서 공부하고 있다.

1891년 사민당(독일사회민주당)은 여성 투표권의 요구를 당 정책으로 채택했다. 1902년 '여성 투표권을 위한 독일연맹'이 창설되었다. 이 사이 서비스 업종이라는 제3의 영역의 확산으로 여성들은 직업활동에서 더 많은 선택의 기회를 제공받았다. 이 말은 시민계급의 여성들에게도 보편적으로 사회의 문이 열려 있음을 의미했다. 젊은 여자들의 폭넓은 활동의 자유에서 특징적인 것은 유행의상의 변화였다. 여러 사람이 있는 공공장소에서 여성의 신체를 억지로 가렸던 철갑처럼 두꺼운 의상이 대부분 사라졌다. 그 대신 청소년 양식(19세기 말에서 20세기 초에 걸쳐 독일에서 유행한 예술양식으로 궁선[弓線]을 특징으로 함-옮긴이)은 넓고 부드럽게 흐르는 긴 옷을 유행시켰다.

하이킹 단체와 산악 단체에 가입하는 여성의 숫자가 증가했다. 자전거도 여성해방에 기여했다. 자전거는, 말을 타는 귀부인은 불가능했던 활동의 자유를 단숨에 가능하게 했기 때문이다. 이제까지 성에 따라 남녀로 분리되었던 수영장도 이제 남녀 공용 수영장으로 바뀌었다. 거기에서는 점잖은 체하는 일이 예의 바른 것이라고 간주했던 시대보다 사람들의 신체가 더 드러났다. 일간신문들은 여성면을 덧붙였고, 여성에게만 초점을 맞춘 광고가 실린 소녀와 여성 잡지가 생겨났다.

1908년의 국제박람회에서는 여성노동을 주제로 한 전시관이 중심에 자리잡았다. 1891년 영국의 인물백과사전인 『당대의 남자들Men of the Time』은 제목이 '당대의 남녀들Men and Women of the Time'로 바뀌었다. 1895년도 판에 실린 기사 속의 여자들은 대부분 소설가나 연극배우로 이름을 날리고 있던 사람들이지만, 전체의 3분의 1 가량은 '개혁가와 박애주의자'라는 고정칼럼에 등장하고 있다. 이 말이 뜻하는 것은 무엇보다도 사회주의적 환경에서 여성의 활동 가능성이 열려 있었다는 것이다. 베라 자술리치Vera Zasulich, 알렉산드라 콜론타이Aleksandra Kollontay, 안나 쿨리코프Anna Kulickov, 엠마 골드만Emma Goldmann과 마찬가지로 로자 룩셈부르크Rosa Luxemburg도 이런 유형을 구현하고 있었다. 엥겔스, 베벨 또는 버나드 쇼와 같은 사회혁명가들은 자유연애의 성적 유토피아를 옹호했고, 여자들이 자유롭게 결혼 상대자를 선택하는 것을 찬성했다.

가사노동을 줄여주는 기술(공업)은 가정부를 구하기가 어려웠던 미국에서부터 널리 퍼져나갔다. 1880년 이래 가스레인지가 있었고, 제1차 세계대전 전에는 전자레인지가 빠른 속도로 전파되어 확고한 위치를 차지했다. 1903년에 최초의 진공청소기가 등장했고, 1909년에는 전기다리미가 사람들을 경탄시켰다. 사민당은 탁아소와 공동의 점심모임 같은 공공제도에 대해 선전했고, 사회주의적 환경에서 새로운 형식의 생활공동체를 모든 사람들에게 시험적으로 운영했다. 1873년부터 중산층들은 교외에서 테니스를 즐겼는데, 이 스포츠의 매력은 여자들도 참여할 수 있다는 데 있었다. 같은 이유로 등산, 자전거 경주 그리고 스케이트 타기와 같은 운동이 확산되었다.

제1차 세계대전 때 많은 여자들은 군대에 틀어박혀 있는 군인들의 일자리를 대신 차지했다. 이 때문에 제1차 세계대전은 여자들이 정치적 동등권을 쟁취하는 데 무엇보다 많은 기여를 했다. 그래서 거의 모든 서유럽 국가에서 1918~19년의 전쟁 후에 여자들이 선거권과 피선거권을 획득했다. 유일한 예외는 스위스였다. 스위스는 1971년에야 비로소 연방차원에서 여성 선거권이 도입되었다. 아펜첼이너로덴 주의 남자들이 가장 끝까지 반항했지만, 결국 그들도 1990년 말에 백기를 들고 말았다.

1933년 독일에서는 여성운동이 중단되었다. 그 대신 여성들의 출산능력이 국민적 자원이라고 공식적으로 선언되었다. 이 자원은 인종정책적 의도를 가지고 우생학적으로 통제될 수 있었고, 인종의 순수함, 군사력의 증강, 이주정책의 맥락에서 전체주의의 수중에 떨어졌다. 보건정책, '생명 탄생'이라는 생식시설(나치 돌격대가 우수인종의 확보를 위해 운영한 종합적 사회시설. 조산원, 유치원, 고아원 등으로 구성되었으며, 약 11,000명의 아기가 거기에서 출생했다), 연맹정책, 어머니 찬양 등이 이 목표에 기여했다. 그리고 나서 독일 연방공화국 기본법은 마침내 삶의 모든 영역에서 남녀의 동등권을 인정했다. 뒤이어 1958년의 남녀 동등권법에서는 혼인법을 추후에 손질할 필요조차 없도록 완전히 남녀평등을 이룩했다.

페미니즘

미국에서 민권운동이 진행되는 동안 베티 프리던Betty Friedan이 1966년 여성해방주의적 단체인 '전국여성회의National Organization of Women, Now'를 창설했다. 이 단체는 페미니즘 문화혁명 운동의 출발점이 되었다. 여기서의 페미니즘은 여성의 정치적·사회적 동등권만이 아니라, 문화적 상징체계와 여기에서 생겨나는 관념들의 수정을 목표로 삼았다. 이 개념들이 의미하는 것은 사람들의 언어적 범주체계, 사고습관 그리고 잠재의식적 평가 따위의 문화적 인지(認知) 여과망이 가부장적으로 각인되어, '남성적인 것'이 '여성적인 것'의 희생의 대가로 평가절상되었다는 것이다. 다시 말해 그것은 '남성적 정신'과 '여성적 물질'과 같은 대립쌍을 의미했다.

문화적 상징체계의 수정을 요구하는 이론을 입안한 대표적인 인물은 프랑스의 두 사상가, 미셸 푸코와 자크 데리다였다. 푸코는 자신의 여러 저술에서 문화적 질서는 눈에 보이는 억압의 도구라고 규정했으며, 데리다는 하이데거의 뒤를 이어 서양 철학에 대한 근본적인 비판을 하면서 다음의 두 가지 테제를 제시했다. 첫째, 서구인들의 생각을 조직하는 주도적인 개념들은 비대칭적인 대립쌍으로 구성되어 있는데, 여기에서는 언제나 하나가 다른 하나보다 우월하게 평가된다. 예컨대 문화/자연, 정신/육체, 이성/감정, 남자/여자 따위가 그러하다. 둘째, 이런 획일적인 사고는 서양의 알파벳이 표음문자여서 언어와 의미를 합리적인 것으로 간주하는 것과 연관되어 있다(→ 철학/세계관).

여성해방론자들은 자신들의 과업의 상당 부분이 상징체계의 재가공과 수정에 있다고 판단했기 때문에, 특히 대학의 문화학 관련학과들에 널리 포진했다. 이곳에서 그들은 데리다가 발전시킨 해체주의 방법으로 서양 문화의 텍스트들에 들어 있는 억압당한 여성성의 흔적을 재구성하고 있다.

이 방법에서는 잠재된 것과 억압된 것을 찾아내는 것이 중요하므로 이 독법에 따르면 텍스트들은 대개 그것들이 겉으로 표현하고 있는 것의 반대를 뜻한다. 이런 관점에서 보면 여성해방론자의 텍스트 해석방법은 정신분석과 비슷하다.

그밖에도 여성해방론자들은 그들의 정치적 대표자들을 통해 확고한 상징정책과 언어정책을 수행시킨다. 이리하여 그들은 국가의 공식적인 텍스트들에서 불공평한 여성적 문법형식을 교정을 통해 정상화시킨다(서양 언어에는 흔히 여성형 명사어미가 따로 존재한다. 그래서 StudentInnen[남녀 대학생들]처럼 중립적인 신조어가 생겨났다). 이러한 정책은 가끔 우스꽝스러운 부수 효과를 유발하기도 한다.

동시에 그들은 순수하게 여성적으로 규정된 사회 하부구조에서 일종의 반(反)문화를 구축한다. 여기에서는 여성 상점, 여성 네트워크, 여성의 집, 여성문학을 위한 여성 출판사와 여성 서점 등이 큰 역할을 한다. 거기에서는 무엇보다 정치인들의 발언에 압박을 가하는 강력한 이익단체가 생겨났다. 이 단체들은 한편으로 소수집단들에 대한 다수집단의 사회적 관계를 문명화시키는 데 커다란 영향력을 발휘하고 있으며, 다른 한편으로는 도덕적 위협을 행사함으로써, 자유로운 공중(公衆)의 발전을 저해하는 부작용을 낳고 있다. 따라서 이들이 '정치적 공정성'의 개념 아래 파악한 언어규율들에 대해서는 상당히 많은 논란이 있다. 그러나 전체적으로 보면, 문화에 미치는 여성들의 강력한 영향력은 늘 사회의 문명 수준을 눈에 띄게 높여 놓았다는 점에선 의심할 여지가 없다.

제2부
KÖNNEN
능력

교양인들이 의사소통할 때 사용하는 규칙들 ;
절대로 건너뛰어서는 안 되는 장

　이 책의 제1부에서 지식을 소개했다면, 이제 제2부에서는 교양인의 능력을 소개할 차례다. 앞에서 소개한 지식의 적용규칙들이 이제 문제가 되는 것이다. 아주 명확히 백일하에 드러나 있는 지식들과 달리 이 규칙들은 꼭꼭 숨겨져 있다. 이것들이 언급되는 경우는 드물다. 왜냐하면 교양인의 문제에서도 이 교양을 아는 내부인물과 그렇지 못한 외부인물이 존재하기 때문이다. 이 책은 이 규칙들을 구체적으로 언급하는 최초의 책일 것이다.
　이 규칙들을 이해하기 위해서 우선 탐구해야 할 것은 "교양이란 과연 무엇인가?"이다.
　이 문제에 대해서는 여러 가지 답변이 있을 수 있다.
　그 중에 몇 가지 답변을 제시해보도록 한다.
　교양은 자신의 문명화에 대한 아주 폭넓은 지식을 뜻한다고 할 수 있다.
　문화가 사람이라면, 그 이름은 교양이 될 것이다.
　교양은 새로운 인문주의적 교육 개혁안의 이상이었으며, 과거에, 특히 독일의 시민계급이 그것을 대변했다.
　물론 앵글로색슨족의 정치적 인문주의와는 대조적으로 이 교양 개념은 인간의 내면성을 강조함으로써 나치즘에 대해 속수무책이었고, 그 결과, 특히 60년대에 학생운동권에 의해 배척받는 결과를 가져왔다.
　교양은 우리 문화사의 기본적인 특징들, 예컨대 철학과 학문의 기본 구상, 미술, 음악 그리고 문학의 대표작들에 대해서 통달하는 것이다.

교양은 유연하게 훈련된 정신의 상태이며, 모든 것을 한 번 알았다가 다시 잊었을 때부터 생겨나는 것이다. "나는 내가 어저께 무엇을 먹었는지 잊어버리듯이 내가 무엇을 읽었는지를 곧 잊어버린다. 그러나 나는 그것들이 정신과 내 육체를 유지하는 데 기여한다는 것은 알고 있다."(리히텐베르크)

교양은 문화적인 소양이 있는 사람들과의 대화에서 어색하게 남의 눈에 튀지 않을 수 있는 능력이다.

교양은 직업적인 생활을 할 수 있는 전문가의 양성과는 반대로 보편적인 인격 형성을 핵심이념으로 한다.

그리고 여기서 독일 『브로크하우스 백과사전』의 정의를 보면, "교양이란 본능적으로 행동하는 예측 불가능한 존재인 인간이 세계, 특히 문화의 내용들과 접하고 대결함으로써 그 한계를 극복하고 인간됨의 완전한 실현, 즉 '인간성'에 도달하는 모든 정신적인 과정과 성과이다." 그 뒤를 이어 '교양 장애', '교양 격차', '교양 마스터 플랜', '교양 위기', '교양 정책' 그리고 '교양 휴가'라는 표제어 항목들이 설명되고 있다.

1973년에 발행된 라이프치히의 VEB 출판사 백과사전의 동의어 사전은 '교양'이라는 표제어 아래 "문화, 많은 독서량 그리고 매너"라는 개념을 언급하고 있다.

교양은 영어로는 '리버럴 에듀케이션liberal education'이다. "교양이 있다"는 말은 "교육을 잘 받은, 예절 바른, 문화적인"이라는 뜻이다. 프랑스어에서도 교양은 "다방면으로 교육받은 상태culture générale"를 뜻한다. 교양의 빈틈은 곧바로 '무지' 또는 '지적인 공백'을 뜻하게 된다. 라틴어로 교양은 "감성과 정보를 갖춘 오성mentis animique informatio"이다. 그리스어로 교양은 역시 '교양paideia', 러시아어로는 '교양obrasowanije'이다.

따라서 교양은 복합적인 대상이다. 그것은 이념, 과정, 지식과 능력의 총합 그리고 정신적인 상태다.

이제 우리 사회의 현실을 살펴보자. 이때 우선 확인되는 것은 교양이 이념, 과정, 상태일 뿐만 아니라 사회적 게임이라는 점이다. 이 게임의 목적은 간단하다. 그것은 교육받았다는 인상을 풍기기 위한 것이다. 그 반대가 목적이 아닌 것은 분명하다. 그러나 그 게임에는 규칙이 있다. 젖먹던 시절부터 교양 게임의 훈련을 받지 않은 사람들이 나중에 그 규칙을 배우려면 매우 힘들다. 왜 그럴까? 그 규칙을 배우기 위해서 사람들은 이미 그 규칙에 대해서 알고 있어야 하기 때문이다. 다시 말해서, 교양 클럽에 들어가기 위해서는 그 게임에 대해 이미 통달해 있어야 하며, 그 게임 방법은 그 클럽 안에서만 배울 수 있다.

그것은 국외자에게는 불공평하다. 왜 그런가?

교양 게임은 일종의 '가설(假說) 게임'이기 때문이다. 일상의 사교적인 모임에서 사람들은 누구나 상대방에게 자신이 교양이 있다고 꾸며 보인다. 그리고 상대방은 그것이 꾸민 것이라고 가정한다.

그런 가설들은 신용credit의 형식이다. 도덕에서 그런 일은 아주 일반적이다. 사람들은 보편적인 품격을 항상 전제되어 있는 것으로 가정한다. 예컨대 저녁의 한 사교모임에서 다음과 같이 묻는다면 아주 어색할 것이다.

"세브레히트 박사님, 말씀 좀 해보십시오. 당신은 강도짓을 한 적이 없습니까? 정말 없습니까? 강간도 안 해보셨습니까?"

이처럼 교양인 클럽에서는 화제로 올려서는 안 되는 금기가 있다. 다시 말해서 상대방의 교양을 마치 퀴즈대회에서의 태도처럼 물어보아서는 안 된다. 이를테면, "누가 피렌체의 대성당을 건축했습니까? 뭐라구요? 그것도 모릅니까? 그러면서 사법고시를 보시려는 겁니까?"

이런 화제상의 금기는 교양인이 알아야 하는 것과 알아서는 안 되는 것 사이의 경계지대에 애매모호한 늪지대처럼 폭넓은 띠를 형성하고 있다. 이 늪은 시시각각 변하기 때문에 누구든지 이 불확실성의 늪에 봉착해서는 항상 새로운 가설과 화제상의 금기를 탐지해내야 한다. 여기에서 또 하나의 새로운 차원의 문제가 생겨난다.

즉 교양은 사회 속에서의 게임이며, 이 게임은 참가자들의 문화적 지식과 관련한 기대감의 고조, 그리고 또다시 이 기대감에 대한 기대감의 고조로 특징지어진다. 참가자들은 기대감과 또 이 기대감에 대한 기대감을 화제로 떠올려서는 안 된다. 능숙한 참가자라면 이 기대감을 즉시 파악하고 부응하거나, 만약 그렇게 하지 못할 경우에는, 자기가 그렇게 하지 못한다는 것을 다른 사람들이 눈치채지 못하게 한다.

그 결과로 생겨나는 것은, 교양에서는 사랑의 경우와 마찬가지로 기대들이 검토되거나 테스트되어서는 안 되기 때문에 교양이 비현실적으로 된다는 사실이다. 그래서 어떤 질문들은 해서는 안 되는 금기가 있는 것이다. 그러므로 교양 영역에서는 의심스러운 경우에 이렇게 행동해야 한다. 즉 어떤 것들을 반드시 알아야 하지만 이것들에 대해서 질문해서는 안 된다는 것을 전제로 하고 행동해야 한다.

교양인이 파티에서 다음과 같이 질문하는 것이 완전히 금지되지는 않는다. "실례합니다만, 열역학에 관한 두 번째 문장을 설명해주실 수 있습니까? 아까 제가 잘 이해하지 못했습니다."

그러면 참석자 중의 몇몇은 희색이 만면해지며 외칠 것이다. "아, 서노 이해를 못했습니다." 그리고 꽤 많은 사람들이 깔깔대며 웃을 것이고 분위기가 밝아질 것이다. 열역학에 관한 두 번째 문장은 교양에 속하지 않는다.

그러나 당신이 다음과 같은 질문을 했다고 하자.

"반 고흐, 반 고흐, 이 사람이 네덜란드 축구팀의 센터포드 아닙니까? 지난번 월드컵 대회에서 독일 골키퍼의 코뼈를 부러뜨렸던 바로 그 사람이지요?"

만약 당신의 표정이 정말로 진지해서, 그것이 농담이 아니라 진담이었다는 것을 사람들이 눈치채면, 사람들은 당혹감을 감추지 못할 것이고 이제부터는 당신과 사귀는 것을 꺼리게 될 것이다.

이것은 또 다른 차원의 문제를 낳는다.

즉 교양은 사람이 질문해서는 안 되는 것에 대한 지식들로 구성된다.

반 고흐에 대한 당신의 질문이 초래한 당혹감을 사람들의 교만심에서 비롯된 것이라고 오해해서는 안 된다. 그 당혹감은 교양의 '가설' 원칙을 모르고 위반한 사람에 대해 그들이 속수무책이기 때문에 생겨난 것이다. 그들의 몸은 굳어진다. 대화의 강물이 갑자기 속수무책의 장벽에 부딪쳐 꽉 막혀버린다. 그들이 어떠한 답을 하든지 간에 당신은 상심할 것이며, 따돌림을 당할 것이다. 그런 불가능한 답변 중의 몇 가지를 예로 들어보자.

"아닙니다, 선생님. 우리가 이야기하는 반 고흐는 화가였습니다."

이것은 가장 직접적인 대답이며, 상식에 가까운 표현이다. 하지만 이 말은 사실 당신이 무식한 바보이며 이제부터 바보 취급당할 것이라는 것을 알려주는 스컹크 방귀소리다.

또 다른 불가능한 대답을 보자.

"그런 것 같지는 않은데요. 물론 저는 축구에 대해서는 당신처럼 많이 알고 있지는 못합니다."

이 말은 당신의 자기 만족 내지는 자기 도취 경향을 은근히 겨냥하고 비웃는 말이기 때문에, 주위에서 듣고 있는 사람들은 손으로 입을 가리며 킥킥거릴 것이다.

다시 말해서, 이 말은 당신이 축구에 몰두하는 광적인 무뢰한이라는 사실을 빈정대는 것으로, 당신은 대중적인 스포츠는 잘 알지만 서양의 예술에 대해서는 아무것도 모른다는 뜻이 된다.

제3의 대답은 다음과 같은 것이 될 것이다.

"원칙적으로는 당신 말이 맞습니다. 그러나 그는 골키퍼의 코뼈를 부러뜨린 것이 아니라 자신의 귀를 잘랐습니다."

이 말을 듣고 참석한 사람들은 박장대소할 것이며, 당신은 당황하여 쥐구멍이라도 들어가고 싶을 것이다.

그러나 예의범절 때문에 사람들은 위와 같은 답변들을 자제할 것이며 다만 속수무책으로 몸이 뻣뻣하게 굳어지고 녹다운이 될 것이다. 당신이 그로써 차별대우를 당하게 되는 것은 당신이 무지를 드러냈기 때문이라기보다는 당신이 게임 규칙을 어겼기 때문이며, 바로 이로써 교양 규칙의 암묵적인 전제들을 노출시켰기 때문이다. 당신은 사람들이 말하지 않고 어둠 속에 자비롭게 비치시켜 놓아서 뒤덮인 먼지를 털어내고 그것을 눈앞에 드러낸 것이다. 그런데 그것이 왜 그렇게 방해가 될까? 게임 규칙을 설명하고 무엇을 알아야 하는지 말하는 것이 왜 그렇게 곤혹스러울까? 교양 게임의 암묵적인 전제들의 뚜껑을 벗겨내는 것이 그렇게 나쁜 일인가?

답은 아주 간단하다. 사람들이 그 이유를 댈 수 없기 때문이다.

반 고흐가 화가로서 왜 유명한 고전작가의 대열에 끼는지, 또 프리츠 폰 우데Fritz von Uhde의 작품 「감자 까는 여자」가 반 고흐의 「감자 먹는 사람들」 못지않은 강렬한 표현력을 갖고 있음에도 불구하고 극소수의 전문가들에만 알려져 있는 이유에 대해서는 교양인들도 설명하지 못한다. 그러나 사람들이 고흐는 알고 우데는 몰라도 된다는 사실은 상식적인 통념의 한 부분이며, 공동체를 형성하는 기초가 된다.

이제 또 하나의 차원이 열린다.

즉 교양은 신앙의 공동체다.

교양의 신앙고백문은 대충 아래와 같다.

「저는 셰익스피어와 괴테 그리고 클래식 작품들을 믿사오니, 이것들은 하늘과 땅에서 인정을 받았습니다. 저는 빈센트 반 고흐가 신의 부름을 받은 초상화가임을 믿습니다. 이 사람은 브레다 근처의 프로트 준데르트에서 출생했으며 파리와 아를에서 성장했고 고갱과 친하게 지내다가 결별했으며 고통스러운 나머지 광인이 되었습니다. 그는 자살을 시도했고 하늘에 올라 신의 오른쪽에 앉아 계시며 거기로부터 미술 전문가와 어설픈 딜레탕트를 심판하러 오실 것입니다. 저는 문화의 힘을 믿사오며 천재들이 영원히 사는 것과 예술의 거룩한 성전과 교양인들이 교통하는 것과 인문주의의 영속하는 가치들을 믿습니다. 영원의 이름으로 아멘.」

여기에서 중요한 것은 신앙공동체이므로, 역시 권위 있는 정전(正典, Kanon)들이 있게 마련이다. 정전이라는 단어는 본래 그리스어로 '등나무 회초리'라는 뜻이었으며 '규칙'을 의미했다(그 당시에 사람들은 자식을 회초리로 때려가며 주입식으로 교육했다). 그후로 그 단어는 신의 직접적인 계시로

571

여겼던 기록들을 의미했고 이것들이 수집되어 성서가 생겼다. 이와 마찬가지로 교양종교에도 누구나 읽어야 하는 필독 정전들이 있다.

물론 오늘날 정전으로 통하는 것은 교황이나 교회 지도자들에 의해 확정된 것이 아니며 역사가 진행하는 동안 서서히 정착된 것으로 이 과정은 지금도 계속되고 있다. 사람들은 거기에 영향을 미칠 수는 있지만, 그 흐름을 완전히 바꿀 수는 없다. 교양지식은 유구한 역사의 축적 결과이며 세간에 통용되는 상식의 거대한 빙하가 흘러간 뒤에 남은 퇴적물이다. 이 상식과 그 퇴적물인 신앙고백문의 내용을 우리가 의심하지 않을 때만, 정전은 공동체의 형성력을 갖는다.

바로 이 점이 사람들을 교양 클럽의 회원과 비회원으로 나눈다. 그 경계가 분명해야만이 회원의 프로필이 부각될 수 있고, 그래야만 회원들은 자신의 소속감과 이념을 확인할 수 있기 때문이다. 그리고 더 나아가서 비회원들에게는 회원이 되고 싶다는 강한 욕망을 불러일으키기 때문이다.

동시에 교양정전의 자명한 권위는 그 정전의 지위가 그만큼 더 쉽게 흔들릴 수 있다는 것을 의미하기도 하지만 그것은 외견상의 패러독스일 뿐이다. 왜냐하면 정전은 영원히 권위를 유지하는 것이고, 문화는 계속 발전하는 유기체와 같은 것이기 때문이다. 다시 말해서 정전은 그 반대의 프로그램에 의해 정면으로 도전을 받으며, 이 도전이 거셀수록 그만큼 더 자신의 확고부동한 지위를 사회로부터 확인받는 셈이 된다. 이리하여 현대의 철학 또는 문학은 미래의 철학과 문학의 거센 도전을 받고 있다. 교양도 마찬가지다. 교양의 표준들은 매우 자명하며, 이 표준들에 대해 말을 꺼내기만 해도 그것은 어마어마한 파장을 낳는 충격이 된다.

종교에서 신앙에 해당하는 것이 예술에서는 취향이다. 취향은 아무런 이유가 없으며 누구나 가져야 한다. 이 취향에 대해서는 논박할 수가 없다. 또한 누구나 모든 것을 알고 있을 것이라는 기대가 교양에서는 무조건 전제된다.

이것은 무지한 사람들을 소스라치도록 놀라게 만드는 수사학적 테러를 낳는다. 대학을 나온 교양인들의 칵테일 파티에서는 누군가가 다음과 같은 말로 참석자들을 즐겁게 하는 일이 드물지 않다.

"여러분도 잘 알고 있다시피, 구조주의는 신칸트주의가 옷만 갈아입고 나타난 것과 다름없습니다. 물론 당신들은 선험적 주체가 어디에 있느냐고 질문하실 겁니다. 물론 저도 그 주체가, 주체가 아니라는 것은 인정합니다만, 그 주체가 선험적이라는 것은 맞습니다. 그래서 여러분께 질문하겠습니다. 문화사는 궁극적으로는 구조주의의 헤겔주의화가 아닙니까? 비록 그것이 반(反)인문주의적으로 전도(顚倒)되었고, 또 이 전도가 때늦게 왔지만 말입니다."

이에 대해 몇몇 사람들은 깊은 생각에 잠기며 고개를 끄덕일 것이고 몇몇은 자제하면서 "흠흠"하며 콧소리를 내거나 "음매"하고 울기 시작하려다가 생각을 고쳐먹은 암소처럼 뭔가 소리를 낼 것이다. 그 모든 동작들의 의미는 사람들이 이 화두를 듣고 그것을 머릿속으로 굴려보고, 마치 컴퓨터로 계산하듯이 그 문제에 대해서 본격적으로 심사숙고한다는 뜻이며, 그만큼 그 문제가 아주 의미심장하다는 것을 의미한다. 사람들은 그로써 자신들이 그 말의 뜻을 당연히 파악했다는 신호를 서로 보내는 것이다. 하지만 사실은 그 말의 뜻을 어렴풋이나마 이해한 사람이 하나도 없다는 점이 그로써 위장되고 있을 뿐이다. 이제 처음의 발언자는(이 사람 역시 사실은 그 문제에 대해서 모르고 있는 경우가 대부분이다), 옛날에 말을 탄 기사가 살얼음이 얼어 있는 보덴제(독일, 스위스, 오스트리아의 국경에 있는 바다같이 넓은 호수—옮긴이)를 육지인 줄 착각하고 한밤중에 말을 타고 무사히 건너갔다는 전설이 있듯이, 참석자들이 형성한 무지의 심연 위로 안전하게 건너갈 수 있게 되는 것이다.

그러나 청중 중에서 화자에게 대답하고 싶은 마음을 속으로 느꼈다 하더라도 그는 결코 이렇게 말하지는 않을 것이다. "당신은 지금 도대체 무슨 말을 하는 겁니까?" 비록 이 말이 목구멍까지 올라오더라도 그는 자제할 것이다. 그 대신에 그는 다음과 같은 코멘트를 할 것이다.

"칸트주의에서 헤겔주의를 넘어가는 것은 한 발짝 거리밖에 안 되지요." 아니면 이렇게 말할 수도 있을 것이다.

"칸트와 헤겔 사이에는 여러 세계가 놓여 있습니다." 또는 "헤겔 자신이 모습만 다를 뿐 칸트주의자가 아니었던가요?"

이로써 그는 최초 발언자에게 전율을 불러일으키고 다른 참석자들의 경탄을 자아낼 것이다.

교양에 관한 대화는 정보의 교환이 아니다. 이것보다 더 큰 착각은 없다. 교양의 대화는 오히려 축구경기와 같은 것이다. 답변자는 최초 발언자에게 하나의 모델을 다시 패스했다. 축구를 하기 위해서 축구공을 탐구해서, 그것이 가죽공인지 합성수지공인지 알아야 할 필요는 없다. 그 공이 축구장 라인 바깥으로 흘러나가서 사람들이 축구경기의 규칙의 의미에 대해서 논의하게 되면, 입을 함구하기만 하면 된다.

공을 모는 선수를 잘 관찰하는 사람이 그 게임을 잘하는 사람이며, 공을 넘겨받으면 다시 패스해주면 된다. 여기서 대화 모델의 재료들은 대화를 주도하는 사람의 말에서 주워모으면 된다. 그게 어려울 경우에는 그들의 말을 받아주기만 하면 된다. 거의 모든 단어를 말 그대로 따라하며 끝을 올리기만 하면 된다. "때늦었다고요? 변장해서요? 주체가 없지만, 초월적이라고요?" 그 모든 말이 무엇을 의미하는지 무조건 알아야 하는 것은 아니다. 사실은 그 반대다. 아무것도 모를 때에, 그 관심이 정말인 것처럼 작용한다. 물론 완전히 무지해서는 그 교양 게임을 끝까지 잘할 수 없다. 하지만 이 게임은 특유의 기능이 있으며 그 실적들이 계속 누적된다는 특징을 갖고 있다.

교양인의 지식

우리가 장군에 걸려 있는 장기판을 눈앞에 두고 있다고 가정해보자. 한 나라에는 왕 이외에 세 개의 졸(卒)과 하나의 마(馬), 하나의 포(包) 그리고 하나의 차(車)가 있으며, 초나라에는 두 개의 졸, 두 개의 차 그리고 두 개의 마가 남아 있다고 하자. 이것은 교양지식의 표준적인 집합체다.

이 장기의 대국자는 교양인이다. 대부분의 말들을 잃고 있는 이 상황과 마찬가지로 그들은 대부분의 교양지식들을 이미 잊어버렸다. 그러나 그들이 아직 갖고 있는 이 말들은 그들에게 무엇이 없는지를 생각나게 한다. 다시 말해서 그들은 과거에 알고 있던 것을 지금 알고 있다. 그리고 익숙해진 장기놀이에 대한 기억은 장기의 표준 말들이 모두 32개라는 것을 생각나게 한다.

또한 눈앞의 말들은 그들에게 장기의 규칙들도 아직 기억나게 한다. 비록 몇 안 되는 말만 갖고 있지만, 그들은 막판에 가서도 초반에서와 마찬가지로 게임을 잘할 수 있다. 조금 전에 구조주의와 변장한 신칸트주의에 대해 폼잡고 말한 그 사람에 대해서 생각해보자. 그 사람이 지금 장기를 두고 있으며 그의 모든 말들이 지금 장기판 위에 살아 있으며, 상대방은 다 죽고 차 하나만 남았다고 하자. 아직은 장군에 걸려 있지 않다고 하면, 이 상대방은 신칸트주의에 대해서 전혀 아는 것이 없으면서도 그 내화에 살 응하고 있는 상대자와 똑같다. 비록 말들이 부족해서 새로운 대화를 주도할 수는 없고, 상대방 말의 움직임에 응수하는 상황에 처해 있지만, 이 사람은 아까의 칸트 전문가가 그에게 패스하는 정보들을 주워모으며, 이 정보들을 연신 반응을 보여 해박해지면서, 다시 패스한다.

물론 그러기 위해서 약간의 지식이 필요하다. 이것은 장기놀이에서 말이 하나라도 남아 있어야 하는 것과 같다. 그러나 그는 무엇보다도 장기 규칙을 알고 있어야 한다. 상대방이 아직 확보하고 있는 모든 말을 그 자신도 한때는 스스로 운용한 경험이 있어야지, 그렇지 않다면 장기의 규칙을 잘 알 수 없을 것이다.

즉 교양지식은 단지 정보의 총합으로만 이루어진 것이 아니다. 오히려 장기놀이에서와 같이 게임 규칙과 정보의 혼합이다. 다시 말해서 장기판의 모양과 범위와 말들의 숫자와 고유의 길에 대한 이해다. 이를 바탕으로 게임 참가자는 자신이 잃어버린 말이 무엇인지 알아야, 지식의 부족에도 불구하고 함께 게임하는 능력을 보전할 수 있다.

여기서 또 하나의 차원이 생겨난다.

과거의 교양인이 현재에도 교양인이다

따라서 우리는 이 가설 게임을 항상 속임수에 불과한 허풍으로만 간주해서는 안 된다. 물론 이 게임을 그 맥락에서 떼어놓고 보면, 이것과 거의 구분이 안 되지만 말이다. 이 게임은 오히려 포커 게임과 비교하는 것이 더 정확하다. 포커에서는 각자가 모두에게 두 가지 가능성이 있다고 믿는다. 즉 상대방이 아무것도 아닌 패를 들고 있거나, 아니면 로얄 플러쉬(에이스 카드로부터 연속 5장—옮긴이)를 들고 있을 것이라고 믿는다. 그러나 교양 게임에서는 "한번 보여주시죠!"라고 말하는 것이 금지되어 있다.

이 게임의 초보자는 자기가 관찰한 것으로부터 잘못된 결론을 끌어내는 우를 범하지 않기 위해서 그 모든 것을 알고 있어야 한다. 물론 이른바 '교양인'들이 별로 아는 것이 없거나 심지어 아무것도 모른다는 인상을 때때로 받으면서. 그의 이 인상은 그다지 틀린 것이 아니다. 교양인들이 그 점을 인정하지 않으며, 정말로 뭔가를 아는 체하는 것도 사실이다. 그럼에도 이것을 완전한 가식이라고 도외시해버리는 것은 좀 곤란하다. 오히려 그들이 허풍을 칠 때 보여주는 자신감은 그들이 교양의 영토의 규칙을 잘 알고 있다는 징표가 된다.

그는 자신이 많은 것을 모른다는 것을 소크라테스처럼 잘 알고 있다. 그는 그것을 알고 있으며, 다른 사람이 그것을 잔뜩 늘어놓을 때 그것을 다시 알게 될 것이다. 아니면, 장기 두는 사람이 장기판의 마(馬)가 어떤 길로 갈 수 있는지 알고 있듯이 그는 교양정보의 유형을 잘 알고 있다. 그에게 장기의 말들은 단순한 정보의 합산결과가 아니라 장기 규칙의 다발이다. 이 말들의 이름은 인디언의 이름들(예컨대 영화 「늑대와 함께 춤을」에서처럼)과 같은 방식으로 붙일 수도 있다. 그러면 마는 "한 칸 앞으로 가고 다시 사선 방향으로 한 칸 앞으로 나아가는 말"이 될 것이다. 그러나 그것은 너무 장황하기 때문에 사람들은 간단히 '마'라고 하고 그 뜻은 그 긴 이름과 동일한 것이 된다. 바로 이것이 교양적인 대화에서 수많은 약어(略語)들이 쓰이는 이유다. 이는 모든 패거리 집단이 언어를 개발해서 사용하는 인지 시그널이며, 그 코드를 모르는 외부인은 그 뜻을 알 수 없게 됨으로 내부와 외부 사람을 구분하는 목적에 이용된다. 교양언어에서는 이 목적을 위해 인용문(引用文)들이 쓰인다.

과거 독일에는 이 목적을 위해 고전에서 발췌한 가보(家寶) 문구들이 있었다. 가부장적인 순박한 가정에서 잔치가 열리면 집안의 어른은 "집안일은 정숙한 마나님께서 다스리신다"라고 실러의 『종(鐘)의 노래 *Lide von der Glocke*』의 한 구절을 인용하고는 했다. 오늘날 그런 말을 하면, 그 사람은 '맛이 간' 사람이 될 것이다. 이것은 교양정전이 사멸하고 있다는 증거다. 그러나 눈에 띄지 않게 서서히 새로운 인용문구들이 생겨났다. "그릇된 삶 속에는 올바른 삶이 없다." 아도르노의 이 말은 68년 학생운동 세대의 생활감정을 표현했으며, 이 말을 모르는 사람은 저주를 받을지어다. 독일의 나치 시절에 대한 고상한 대화를 할 때, "이 품은 아직 수태할 수 있는데……"라는 브레히트의 말, 그리고 "죽음은 독일산 스승이다"라는 첼란 Celan의 말을 모르면 대화가 안 된다.

물론 과거의 모든 인용문구들이 영원히 바다 속에 수장된 것은 아니다. 예컨대 셰익스피어의 말들은 전혀 손상을 받지 않고 남아 있다. 그리고 서구의 이웃 나라들은 당연히 자기들만의 정전을 보존하고 있다. 특히 영어권에서는 은폐된 인용을 좋아한다. 여기에 자료를 제공하는 사람은 대부분 셰익스피어다. 이해하기 쉽다는 이유에서 사람들은 고전작가의 작품들에서 발췌해서 책 제목을 정하기를 좋아한다. 헉슬리Huxley의 유명한 반(反)유토피아 『멋진 신세계*Brave New World*』는 셰익스피어의 『템페스트*The Tempest*』("오, 기특하고 새로운 세상이여, 이와 같은 사람들을 너는 갖고 있구나")에서 인용한 것이다. 워런Robert Penn Warren의 소설 『왕의 모든 신하들*All the King's men*』은 루이스 캐럴의 『앨리스의 거울 속 여행』("모든 왕의 말들과 모든 왕의 사람들은 험프티 덤프티를 다시 한군데로 모을 수 없었다")에서, 그리고 스페인의 시민전쟁 시기를 다룬 헤밍웨이의 소설 『누구를 위하여 종은 울리나』는 존 던John Donne의 헌시(獻詩) 제목("그런 고로 이 종이 누구를 위해 울리는지 알려는 전령을 절대로 보내지 마라. 바로 너를 위해 울리는 것이니")에서 따온 것이다.

얼굴을 맞대는 대화에서의 인용은 암시를 보내는 눈짓과 같은 기능을 한다. "바로 그렇죠? 목사의 딸들은 서로 통한다니까요." 이때 아무 영문도 모르는 우리에게 그 누가 눈을 찡긋해 보인다면 우리는 어쩔 줄 모르고 당황하게 될 것이다. 과연 그 눈짓의 의미는 무엇일까? 누군가가 무엇을 인용해서 말했는데 우리가 그 뜻을 모른다면 그건 정말 쑥스러운 일일 것이다. 그럴 때는 마치 내막을 알고 있다는 듯이 입가에 웃음을 머금으면 된다. 절대로 안절부절못하거나 좀더 자세한 설명을 부탁하는 것은 금물이다. 대화가 계속 진행되다 보면, 그 문제는 저절로 풀리게 될 것이기 때문이다. 사회학자들은 이런 종류의 기다림의 테크닉에 대해서 하나의 개념을 갖고 있다. 그들은 이것을 '기타 등등의 원칙'이라고 부른다. 이 말의 뜻은 우리가 대화 중에 이해되지 않은 상당 부분을 우선 일단 느긋이 기다리면서 시간이 그것을 해결해줄 것이라 기대하며 관망할 수 있는 능력을 의미한다. 이 원칙은 아주 현실적이다. 교양 분야에서는 이해가 안 되는 모든 부분들에 대해 이 기타 등등의 원칙을 광범위하게 적용하면서 아주 끈기 있게 기다릴 필요가 있다.

모든 사람이 이 끈기를 발휘할 수 있기 때문에, 교양적인 대화는 허풍치기에 아주 적합하다. 여기에서 특히 이익을 보는 사람은 당연히 달변의 사교가이며, 특히 다른 사람들을 속이기 좋아하는 사람들이다. 누구든지 자신의 말을 인용해온 것처럼 치장할 수 있다. 예컨대, "괴테가 이미 말했듯이 '생각이 넓은 사람을 우리는 대접해야 합니다'"라고 누군가가 말할 수 있다. 아무도 그 자리에서 그것이 괴테의 말이 아니라고 증명할 수 없을 것이다. 그리고 결정이 날 수 없는 말싸움을 하자고 도전하는 것은 삭막한 일일 것이다.

교양적인 대화에서 문학이 갖는 기능도 이런 인용의 기능과 아주 비슷하다. 문학에 관해서도 역시 약어로 의사소통하는 것이 가능하다.

문학은 사회적 과정과 개인들의 구체적인 인생살이 사이의 복잡한 관련성을 간단명료하게 표현한 것이 무척 많아서 인용하기에 아주 좋다. 문학의 인물들, 예컨대 햄릿, 돈 후안, 파우스트, 샤일록, 로빈슨 크루소, 돈 키호테, 오이디푸스, 레이디 맥베스, 안나 카레니나, 로미오와 줄리엣, 이상한 나라의 앨리스, 프랑켄슈타인 등은 인간 삶의 전형적인 운명들의 문학적인 구체화이며, 보통은 꿰뚫어보기 힘든 인생살이에 하나의 선명한 얼굴과 주소를 배정해주고 있다. 살아 있는 사람들과 마찬가지로 이 구체화된 등장인물들은 '콤팩트한 정보들'이 되는 것이다. 이리하여 이 문학 속의 등장인물들은 한 사회의 모든 구성원들이 다같이 속해 있는 사교 동아리의 멤버들이 된다. 따라서 문학평론은 구성원들이 서로 잘 아는 살아 있는 사람들과 이 등장인물들에 대한 잡담인 셈이며, 이 잡담의 참여자들은 이 잡담을 통해서 자신의 견해를 다른 사람들과 비교할 수 있게 된다.

그런데 잡담과 문학에 대해서 널리 퍼진 그릇된 편견이 있다. 그 편견은 대개 남성적 색깔을 띠고 있으며, 잡담과 문학은 모두 여자들이 시간을 보내기에 적절한 가벼운 것들이라는 주장으로 수렴된다. 사실 여자들이 남자들보다 문학작품을 더 많이 읽는데, 이것은 여자들이 역사, 인간 그리고 운명에 대해 더 많은 관심을 갖고 있기 때문이다. 그러나 모든 남자들이 잊어서는 안 될 점은 인간은 역사를 통해서만 '시간'을 관찰할 수 있다는 사실이다. 역사만이 모든 진행 프로그램들의 논리를 제공한다. 역사를 통해서만 우리는 비(非)인과적으로 진행되는 과정들, 예컨대 "모든 사람들이 나를 미쳤다고 여긴다"는 주관적 가정과 같이 자동적으로 성취되는 예언을 통찰할 수 있다. 이런 미신적인 생각에 사로잡힌 자는 자신이 옳다고 여긴다. 다만 다른 사람들을 관찰하는 데에서 얻어지는 역사라는 수단을 통해서만 우리는 자신이 갇혀 있는 현실의 진행과정들에 대해 객관적인 거리를 확보할 수 있다.

예컨대 돈 키호테를 모른다면, 우리는 자칫하면 방앗간 풍차의 허상을 향해 돌격한다. 아서 밀러Arthur Miller의 『세일럼의 마녀들The Crucible』을 읽지 않은 사람은 군중심리에 부화뇌동해서 제물로 바칠 희생자를 추격하는 광적인 폭도들의 대열에, 그 책을 읽어본 사람보다는 더 빨리 끼게 될 것이다. 문학작품들의 독서를 통해서만 우리는 자신에 대한 거리를 확보할 수 있다. 그리고 자신의 부친을 조금 전에 양로원에 밀어넣고 돌아온 딸이 연극 『리어 왕』을 관람할 때는 그 감회가 남다를 것이 자명하다.

물론 우리가 인정해야 할 것은 오늘날 대중매체가 그 역할의 상당 부분을 떠맡았다는 사실이다. 대중매체가 역사에 대한 사회의 수요를 충족시키며, 특히 영화와 텔레비전이 그 일을 한다. 그러나 소설만이 보여줄 수 있는 것이 분명히 존재한다. 그것은 등장인물의 내면풍경이다. 오로지 소설을 통해서만 우리는 군중의 제물이 되는 느낌이 어떠한지 체험할 수 있다. 물론 영화에서도 쫓기는 인물의 어려운 상황과 처지를 관람하며 그들의 운명이 자신의 운명인 것처럼 느낄 수 있다. 그러나 그 인물을 바깥에서만 관찰할 뿐이다. 이에 비해 소설에서는 희생과정을 희생자처럼 체험한다. 즉 우리는 세계를 희생자의 눈으로 내다보며, 그의 체험들을 함께 한다.

이 점에서 소설은 참으로 독특한 것이다. 예술의 다른 장르와 현실에서는 불가능한 것을 소설은 모두 가능하게 한다. 소설에서는 독자가 다른 사람의 시각으로 세계를 바라보고 체험하면서 또한 이 체험을 관찰하게 한다.

그런데 이 문학적 교양에는 아주 교묘한 술책이 포함되어 있다. 문학은 약처럼 처방받아 복용할 수는 없다. 그것은 스스로 읽어야만 한다. 이 점에서 문학은 사랑과도 같다. 다시 말해서 문학은 자신을 읽도록 유혹해야 한다. 독서는 그 강제성 때문에, 사랑이 결혼의 의무를 낳는 것과 같다(독일인들은 사랑과 결혼을 별개의 문제로 여기며, 결혼을 회피한다. 결혼은 의무감에서 하는 경우가 많다).

자발성을 강요하기 때문에 문학은 아주 가혹한 것이 된다. 선의만 갖고는 존재할 수 없다. 문학적 감수성의 시험은 자발성과 연계되어 있다. 물론 언제나 문학을 사랑할 수는 없다. 그러나 한 번은 사랑하지 않으면 안 된다. 그래야만 정신이 몽매한 상태에서 벗어날 수 있다. 물론 모든 명작 장편소설을 읽어야 하는 것은 아니다. 그러나 한 권도 안 읽은 사람은 원시인이다.

여기에서 하나의 합리적인 제안을 특히 남성들에게 하고 싶다(여성들은 어차피 책을 읽는다). 과거 시민사회에서는 마음속의 심리적인 망설임의 문턱을 넘어서지 못하는 소년에게 육체적 사랑의 비밀을 가르치기 위해서 그를 사창가로 보내서 화류계의 권위 있는 여성으로 하여금 레슨비를 받고 그를 조심스럽게 교육하도록 했던 것처럼, 그렇게 처음에는 어느 정도 의무감을 갖고 고전적인 장편소설을 읽어야만 한다. 그래야 나중에 스스로 읽고 싶은 충동이 생겨나거나, "다시는 안 읽는다"라는 말을 할 수 있게 된다. 아무튼 그는 장편소설을 알아야만 교양 게임에서 교양인과 비교양인의 경계를 넘어설 수 있다. 예컨대 그가 읽은 소설이 무질의 『특성 없는 남자』라고 하자. 이것은 아주 탁월한 선택이었다. 이 소설은 억지로 읽지 않으면 읽을 수 없는 소설이기 때문이다. 이제 유쾌한 교양 사교모임에서 대화가 우연히 카프카에 이르렀다고 하자. 그는 카프카의 작품은 읽지 않았지만, 그렇다고 이 대화를 포기할 필요는 없다. 예컨대 그는 "카프카? 하지만 그는 로베르트 무질은 아닙니다"라고 말할 수 있을 것이다.

이로써 그는 좌중의 모든 사람들의 주목을 받게 될 것이다. 만일 누군가가 말싸움을 걸어오면서, "어떤 뜻으로 하신 말씀입니까?"라고 묻는다면, 이렇게 대답하면 된다.

"그러니까 무질은 자신의 인생을 어렵게 만든다는 점에서 납득이 갑니다. 물론 카프카도 충격적이지요. 그러나 그것은 충격일 뿐 그 이상도 그 이하도 아니지 않습니까?"

이런 투의 말은 틀릴 수가 없다. 계속 질문이 들어오더라도 그는 『특성 없는 남자』와 관련해서 대답할 수 있을 것이다. 그러다 보면 무질은 그의 강력한 성(城)이 된다. 그는 그곳을 거점삼아서 다른 사람들을 공격할 수 있으며, 혹시 그가 모르는 작가들의 이름이 언급되더라도 이들에 대해 논평을 할 수가 있다. 그리고 무지가 탄로날 위험이 있으면, 그 성으로 피신하면 된다. 그가 장편소설을 몇 편 읽어두었다면 교양 게임은 이제 야구경기와 같은 것이 된다.

무질 전문가인 그 사람이 조이스, 존 도스 파소스John Dos Passos 그리고 플로베르도 읽었다고 가정하자. 그는 타자의 역할을 하면서, 투수가 던질 공을 기다린다. 투수가 카프카라는 이름의 공을 던진다. 그러면 그는 그것을 가능한 한 멀리 쳐내고 그의 '홈베이스 무질'에서부터 달리기 시작해서 1루의 '조이스'로, 그리고 가능하다면 '도스 파소스'와 '플로베르'를 지나서 다시 홈베이스까지 돌아올 시간을 번다. 그래야만 상대방이 '카프카'라는 이름의 공을 다시 되던질 수 없다. 물론 이렇게 '홈인'하기 위해서 그는 공을 정확히 맞혀야 한다. 이런 식의 대화가 몇 번 오가다 보면, 그는 정말 문학에 대해 흥미가 생겨날 수 있다. 그러면 모든 것은 저절로 해결된다. 사창가로 첫발을 내딛는 것이 어려웠지, 그후에는 저절로 모든 것이 해결된다. 이제 사랑이 지휘권을 넘겨받는다.

이 비유는 임의로 꾸며낸 것이 아니다. 문학만큼 사랑에 대해 많이 체험하는 곳은 그 어디에도 없다. 그 이유는 문학이 사랑과 아주 닮았기 때문이다. 문학은 우리로 하여금 함께 체험하도록 유혹하고, 환상에 호소하며, 삶의 진부한 일상에서 탈출하게 한다. 문학은 사랑처럼 친밀한 것이다. 등장인물들은 우리 자신의 모습보다 더 선명하게 우리에게 다가선다. 이 친근함은 여자들이 남자들보다 더 많이 문학작품을 읽는 이유 중의 하나다. 이 점을 모르는 남자들은 문학을 통해서 사랑의 기술을 우선 연수받아야 한다.

예 술

예술에 관한 대화는 교양을 추구하는 사람이 가장 쉽게 배울 수 있는 것이다. 즉 침묵하고 있으면 된다. 침묵의 장소는 미술관이나 박물관이다. 이런 전시관은 과거에 신들을 섬기던 신전이 발전해서 생겨난 것이다. 신들이 있던 자리를 이제는 예술작품이 차지했다. 사람들은 예술품 앞에 경건히 서서 정숙을 유지한다. 정숙은 어떤 대상에 사로잡혔다는 뜻이다. 이것은 원칙적으로 성당에서와 동일한 자세다. 성당에서는 성화(聖畵)들 앞에서 경건해진다. 회화(繪畵)미술이란 형식도 원래는 성당 제단의 종교화에서 시작되었다.

관람하면서 정숙을 유지하는 것은 아주 힘든 일이다. 많은 사람들은 미술관의 문을 들어서는 그 순간부터 녹초가 된다. 몇몇 사람들은 몇 분도 안 되어 커피숍 생각이 간절해진다. 그림들 앞에서는 평소의 일상적인 시각을 포기하고 특별한 행사일, 예컨대 제삿날의 태도를 유지해야 하기 때문이다. 보통 때 우리는 보는 것을 아주 중요한 것과 덜 중요한 것으로 분리해서 본다. 그로써 자신의 주위환경에 우선순위를 두는 셈이다. 예를 들어 여자친구에게 생일날 핸드백을 선물하려 한다고 하자. 그것은 소박해야 하며, 너무 커서도 안 되고 흑적색이면 제일 좋을 것이라는 것을 안다. 그러면 쇼 윈도에 진열된 핸드백들을 살펴볼 때 그 이미지에 맞는 것이 있는지를 찾게 된다. 이 이미지와 비슷하지 않은 것들은 아예 눈에 들어오지도 않으며 지나쳐버리게 된다. 그러다가 그 이미지와 비슷한 핸드백을 발견하게 되면, 눈이 고정된다. 눈에 떠오른 그 핸드백을 자세히 관찰하게 되고, 이제 상점 안으로 들어가든가, 아니면 맘에 안 들어서 계속 다른 핸드백을 찾게 된다.

반면에 박물관에서는 이 방법이 안 통한다. 예술에는 덜 중요한 것이 없다. 모든 것이 똑같은 중요성을 갖는다. 따라서 우선순위가 없다. 모든 것이 대번에 보이게 된다. 동공이 확장되고 미술품의 모습이 눈앞에 아른거린다. 우리는 눈의 초점을 잃지 않으려고 애쓰게 되며, 이리하여 현기증이 나기 시작한다. 어디 앉을 곳이 없나 찾게 되지만 온통 미술품뿐이다. 의자들이 머릿속에서 어른어른할 뿐이다. 렘브란트의 「야경」이 시야에서 가물

거리다가 어슴푸레 사라져간다. 머릿속에는 커피숍의 의자 생각뿐이다. 그러다 넋나간 사람처럼 옆의 친구에게 말하게 된다. "우리 커피나 한 잔 하러 갈까?" 그러면 그 친구는 "벌써? 들어온 지 6분밖에 안 됐잖아"라고 대답한다.

즉 예술을 감상하려면 체력이 좋아야 하고 지구력이 강해야 한다. 아니면 예술 관람이 요구하는 고유의 긴장된 태도를 떨쳐버리고 일상의 시각을 견지하는 방법을 배워야 한다. 이 방법 중에서 가장 쉬운 것은 회화의 상투적인 언어 몇 가지를 미리 배워두는 것이다. 이 언어는 옛 그림들에서는 상징화되어 있다. 이를테면 부엉이는 지혜를, 개는 멜랑콜리를, 지배자의 손에 들린 삼지창은 그가 포세이돈처럼 바다를 지배하고 해전에서 승리한 자임을 의미한다. 르네상스와 바로크 시대의 이런 이른바 이코노그래피(그림 해석방법, 도상학[圖像學])는 고대의 신화, 신플라톤주의 철학 그리고 당연히 성서에서 유래한 것이며, 거기에서 사람들은 흔히 암호로 코드화되어 변모, 변형된다. 이런 것들은 우리가 관람하는 미술을 분해하고 선별할 수 있게 해준다. 그로써 예술의 이해능력을 높여주고 시야에 들어오는 그림에 대한 속수무책의 면벽(面壁) 참선의 느낌을 없애준다.

아니면 우리는 미술관에서 고개를 좌우로 돌리지 않고 곧장 한 화가, 예컨대 보스Hieronymus Bosch, 또는 하나의 그림, 예를 들면 『건초 수레Hay Wain』나 카날레토Canaletto의 풍경화들만을 향해 돌진할 수도 있다.

이런 평상시의 시각 확보는 현대예술(대략 1900년도 이후)의 관람법에 맞는다는 장점이 있다. 현대적인 화랑에서 폐품더미라든가 비계기름을 문질러놓은 낙서 앞에서 넋나간 듯이 경건하게 서 있는 사람은 전통예술 관람의 태도를 현대예술 관람에도 그대로 차용하고 있는 것이다. 그의 의미심장한 표정은 그가 아무것도 이해하지 못하고 있음을 말해준다. 그는 자신이 아무것도 모른다는 사실을 전혀 깨닫지 못하고 있는 것이다(→ 미술).

다시 잡담을 해도 되는 전시장 바깥에서도 예술에 관한 대화는 대부분 비교적 말수가 적게 이루어진다. 이때 우리가 해야 하는 유일한 것은 화가들이 누구였는지를 아는 일이다. 오늘날 현대인들은 상표화된 품목들을 통해 그들을 식별하는 일에 아주 익숙해져 있다. 버버리 상표를 알아보고 샤넬 의류를 알아보듯이, 루벤스Rubens, 반 다이크van Dyck, 와토Watteau, 게인즈버러Gainsborough, 마티스Matisse, 드가Degas, 르누아르Renoir 그리고 마네Manet를 알아본다. 그리고 이들을 바로크, 로코코, 나폴레옹 제정시대 그리고 인상주의 따위의 양식사(樣式史)에 따라 분류할 수 있다.

철학과 이론

철학은 교양 게임에서 배경으로만 등장하며, 우리가 최신의 이론무대라고 부르는 것에 대한 성찰 공간일 뿐이다. 대부분은 철학을 전공한 사람들이 아니고, 데카르트나 플라톤 전공자도 아니다. 이 철학자들에 대해 우리가 아는 것은 지극히 제한되어 있고, 단지 최신의 이론으로 논쟁하며 흥정을 벌이는 시장(市場)에 들러리로 서 있을 뿐이다.

한때는 철학이 모든 대상들, 예컨대 정치·사회·윤리·최선의 삶·자연 등을 다루었다. 지금은 분과학문과 시대정신이 그것들을 하나씩 둘씩 집어갔다. 남아 있는 것이라고는 사유 자체에 대한 질문뿐이다. 전반적으로 철학은 이른바 인식론으로서만 우리의 관심을 끈다. 철학의 핵심문제는 "우리의 인식능력이 어떻게 작동하는가?"이다.

우리가 철학의 역사를 이 관점에 고정시켜 놓고 거슬러올라가 개관하더라도, 칸트까지만 흥미롭고 그 다음 시대는 지루하다. 게다가 철학은 오늘날 이론이라고 부르는 것들로 대체되었다. 이것들은 학문, 이데올로기, 그리고 철학의 애매모호한 잡탕이며 여러 가지 학파의 형태로 도출되고 있다.

이 학파들은 지식인들의 여론시장을 지배하고 있으며, 서로 경쟁하고 있는 갱단들이다. 이들의 지배력은 무기에서 나오며, 무기는 개념들이다. 이 개념들로 그들은 표준, 어휘, 기술(記述), 문제성, 문제 제기, 그리고 관련 분야들에 대해 결정적인 주도권을 행사한다.

이 갱단들에는 이름이 있다. 이미 한물 간 구조주의파, 또는 현재 팽창

중인 급진적인 구성주의파, 이 구성주의파와 손잡은 시스템 이론파, 역전의 베테랑들로 이루어진 신좌파, 또는 다원(多元)문화주의파와 여성해방주의파, 그리고 담론이론파와 일종의 동맹체를 결성한 해체주의파가 있으며, 여기서 담론이론파는 프랑크푸르트파가 해체된 후에 갈 곳을 잃은 몇몇 파를 자기 휘하에 포섭해 거느리고 있다.

가장 효과적이고 가장 단기간에 교양에 이르는 길은, 힘들더라도 그런 파들의 회원이 되는 길을 통해 나 있다. 한동안 이 갱단들을 살펴보고 마음에 가장 와닿는 파를 하나 골라 그 무기창고를 점령하는 것이다. 여기에서 무조건 전제되어야 할 것은 그 개념체계들을 정확히 이해해야 하는 것이다. 하나의 개념체계를 일단 체득했으면, 우리는 이것만으로도 이론의 무대에서 존경받는 인물로 행사할 수 있다. 더이상 아무도 두려워할 필요가 없으며, 머리를 곧추세우고 다닐 수 있다. 의심을 받는 경우에는 그 무기들을 꺼내 보여주면 된다. 사람들의 표정에서 금방 존경심이 역력해질 것이다.

그런 이론은 생각보다 쉽게 배울 수 있다. 이론이 까다로울수록 더욱 쉽다. 모순처럼 들리나 사실은 그렇지 않다. 까다로운 이론은 전통과 완전히 결별한 것이며, 모든 것을 새로이 세워놓았다. 그러니까 전통을 전혀 모르는 사람이 오히려 유리하다. 예비지식이 없어도 전혀 문제될 것이 없다. 그 반대다. 그는 생각을 전환할 필요가 없는 것이다. 정말 좋은 이론은 세계를 완전히 새로 건설한다. 따라서 교양을 쌓고 싶은 사람은 대뜸 이 분야로 뛰어들 것을 필자는 권한다. 이때 필요한 것은 끈기와 초지일관의 정신뿐이다.

가능한 한 최신의 이론일수록 좋다. 왜냐하면 최신의 이론은 대부분 전통의 무거운 짐을 다 던져버렸기 때문이다. 그는 이 이론과 함께 성장할 수 있다. 이 선택에서 한 가지 염두에 두어야 할 것은 이 이론에서 일종의 성적(性的)인 매력, 에로틱한 감정을 느낄 수 있어야 한다. 왜 그런 느낌이 드는지에 대해서는 알 필요가 없다. 그 반대다. 그가 그 이유를 알면, 도리어 그 이론은 더이상 섹시하게 어필하지 않을 것이다. 어쨌든지 간에 그가 살아가면서 부딪치는 해결되지 않는 문제들과 이로 인한 내면의 갈등을 그 이론이 건드리고 있기 때문에 섹시 어필하는 느낌이 생겨나는 것이다. 이론으로부터 불똥이 당신한테 튀면 "붙잡으시오, 그것이 당신의 이론입니다."

그 다음에는 사랑처럼 진행된다. 이론을 가슴에 품게 되고, 애무하고, 관찰하며, 이리저리 굴려보고, 더이상 시야 바깥으로 벗어나지 못하게 한다. 그 다음에는 논쟁이 붙고, 위기·비난 그리고 화해가 뒤따른다. 그리고 마침내 결혼한다.

이론의 결혼 상대자가 되고 나면, 교양의 나라에서 국적을 취득하는 것이다. 다시 한 번 말하지만, 이런 식의 교제방법이 가장 빠른 직선 코스이고 가장 힘든 길이다. 이 길은 전략적으로 가장 현명한 길이며, 사랑하고 투쟁할 능력이 있는 사람들에게 적합한 길이다.

1. 언어의 집

　언어는 인간을 비로소 인간답게 만든다. 고유의 문법체계를 갖는 맹인들의 수화(手話)와 우리가 여기서 다루고자 하는 소리언어도 언어에 속한다. 인간은 언어만으로도 동물과 구분된다. 상징들이 객관적인 의미를 얻게 되는 기호 시스템으로서의 언어는 동물들의 간단한 시그널 교환과는 근본적으로 구분된다. 가령 개가 컹컹 짖음으로써 상대편 개를 경고할 때 상대편 개는 여기에 대해 일정한 반응을 한다. 즉 꼬리를 감추고 도망간다. 그러나 짖은 개는 그런 반응을 하지 않는다. 즉 자신의 짖는 소리에 겁을 먹지 않는다. 짖는 개에게 그 소리는 듣는 상대편 개와는 다른 의미를 갖는다. 개들은 서로 다른 세계에 살고 있다.
　사람들의 세계는 이와 아주 다르다. 음성언어에서는 화자(話者)가 한 말이 화자 자신에게도 마치 제3자가 한 말처럼 귀에 들린다. 화자 자신도 그 말을 청자와 마찬가지로 듣고 있으며, 언어가 객관적인 사건처럼 작용하는 것이다. 언어는 말하는 화자와 동떨어진 대상이다. 두 사람 모두에게 거의 동일하게 이해된 정보 내용에 대해서 화자는 청자(聽者)의 입장에 설 수 있으며 청자가 어떻게 반응할지 예측할 수 있다. 더 나아가서 화자는 자신의 진술을 절제하며 '진지하게 생각해'볼 수 있다. 이리하여, 진술은 얼굴이 붉어지는 것 따위와 같이 화자의 심기의 단순한 표현이 아니라 '의도적인' 것이 된다. 이런 특수한 관계를 통해 언어적 진술은 대화의 당사자들에 의해 동일하게 이해되는 '객관적인' 의미를 획득한다. 바로 이 점이 인간이 동물과 구분되는 점이다. 다시 말해서,

- 언어를 통해 인간은 다른 사람들과 공유하는 의미들의 상징적 세계, 즉 현실과 구분되는 2차적인 세계를 형성하며,
- 2차적인 세계에서는 1차적인 세계에서 불가능한 일, 즉 부인하는 일이 가능해진다. 예컨대 "개가 사람을 물지 않았다"는 문장이 가능해지는데, 이로써 인간은 사이버의, 비현실적인, 가능한, 허구의 그리고 환상적인 세계들을 창조할 수 있고,
- 2차적인 세계를 경유해서만 인간은 타인의 입장에 서서 타인을 이해할 수 있으며,
- 상징의 객관적 의미는 모든 객관성의 기초, 다시 말해 쇠망치에서부터 시작해서 기록문을 거쳐 학문에 이르기까지 모든 것을 인간의 유용한 도구로 만들어주는 기초이며,
- 언어는 인간으로 하여금 자신의 속에 있는 산만한 감정상태를 정리해 함축적으로 표현할 수 있게 하며, 이로써 감정을 인지 가능한 것으로 만들어주고, 비로소 사유와 성찰을 할 수 있게 해준다.
- 더 나아가서 언어를 완전히 구사하지 못하고 옳게 표현하지 못하는 사람은 올바로 사유할 수 없으며,
- 언어의 세계가 완전히 거부된 사람은 사회에 제한적으로만 동참할 수 있고, 모든 상징의 대륙이 그에게 폐쇄되어 있는 셈이며,
- 말을 완전히 할 수 없는 사람은 자신의 내면조차도 어둠의 장막에 감싸여 있다.

지금까지 접근 불가능했던 언어의 세계를 정복함으로써 새로운 세계를 획득하는 것이 어떤 것을 뜻하는지에 대한 재미있는 이야기, 즉 버나드 쇼

Bernard Shaw의 『피그말리온-*Pygmalion*』(자신이 만든 조각품에 반한 그리스의 조각가)이 있다. 외교관들의 무도회에 참석해 공작 부인처럼 행세하고 싶은 꽃가게의 아가씨 엘리자가 음성론학자 히긴스로부터 상류사회의 화려한 영어를 배우게 된다. 러너Lerner와 뢰베Loewe는 이 내용을 소재로 해서 뮤지컬 「마이 페어 레이디*My Fair Lady*」를 제작했고, 이것은 다시 오드리 햅번과 렉스 해리슨이 주연으로 출연하는 영화로 제작되었다.

거기에는 엘리자가 어법을 배우다가 스트레스가 너무 쌓여서 금방이라도 울음이 터져나오려는 장면이 있는데, 이 순간 히긴스는 그녀의 용기를 북돋운다. 독일어로 더빙된 이 장면의 대사를 보면, "나도 알아요. 당신이 무척 힘들다는 걸 잘 알아요. 머리가 지끈지끈하지요. 신경이 다 들떠 살갗 바깥으로 드러날 지경이라는 것도 잘 알아요. 그러나 잘 생각해봐요. 당신이 지금 하는 일은 언어의 고귀한 품격과 위대함을 배우는 일이랍니다. 신이 우리에게 주신 가장 커다란 선물 말입니다. 이것이 없다면 우리는 이웃의 깊은 마음속에 도달할 길이 없을 겁니다. 우리는 한세상에 살 수 없을 것이고, 가련한 자신 속에 갇혀서 고독한 동물들처럼 황량한 사막을 이리저리 헤매게 될 겁니다. 소리의 이 비밀스런 혼합물이 비로소 의미 있는 세계를 창조할 능력을 지니고 있습니다. 바로 이 세계를 당신은 정복해야 합니다."

그런 고로 교양으로 이끄는 황금길은 바로 언어의 길을 통해 나 있다. 언어는 우리에게 우리 집처럼 친숙한 것이다. 우리는 집안의 모든 방을 항상 사용할 필요는 없다. 예컨대 우리는 은어(隱語)의 지하실, 고조되는 감정의 세탁실, 끓어오르는 격정의 보일러실에는 일상적인 언어의 주방, 친근하게 장시간 지속되는 잡담의 침실과 식구가 늘 모이는 거실만큼 자주 들어가지 않는다. 또한 공식적인 표현과 격정의 증축 옥상건물 그리고 외국어가 뒤섞인 고급스런 대화가 이루어지는 살롱에도 우리는 잘 들어가지 않는다. 그러나 언어의 모든 방과 층들에 항상 입장 가능해야 한다. 거기에 들어가서 습관처럼 능숙하게 처신할 수 있어야 한다. 그야말로 몽유병자처럼 확실히 몸을 가눌 수 있어야 한다.

　언어는 사회의 모든 영역들과 관습들을 다양한 어법style을 통해서 그대로 복제해낸다. 사무실에서 하는 말은 집에서 하는 말과 다르며, 장례식 때의 말은 수영장에서의 말과 다르다. 언어에는 등급도 분명히 존재한다. 학술대회에서는 단골술집에서와 다르게 말하며, 문학적인 저녁모임에서는 디스코테크에서와 다르게 말한다. 모든 행사와 사회 영역마다 서로 다른 어법과 어휘가 있다. 적절한 언어를 구사할 수 없는 사람에게는 사회의 일부분이 접근금지되어 있다.

　그러나 언어의 집에 사는 사람은 사회의 모든 영역에 입장할 수 있다. 그는 그 어떤 경험도 하지 못할 것이 없기 때문에 원칙적으로 어떤 사회에도 낄 수 있다. 그 말은 물론 어떤 사회에나 참견한다는 뜻이 아니다. 사람이 동시에 여러 주택에서 살 수 없듯이, 동시에 국무총리·배우 그리고 크레인 운전기사가 될 수는 없다. 그러나 그는 사람들과 언제라도 접촉할 태세를 갖추고 있으며, 거리낌없이 대화할 수 있다. 학술대회에서 직장의 파티에 이르기까지 그 어떤 상황이 오더라도 아무 문제가 없다. 물론 언제나 환경에 맞는 통례적인 말을 흉내내는 것은 아니다. 그것은 40세가 넘은 사람이 청소년들과 이야기할 때 청소년들의 말투를 곧장 흉내내지 않는 것과 마찬가지다. 사람들은 상대방의 어법에 자신을 조절해 맞추어 그들 너머로 말이 흘러가게 하지는 않는다. 자신의 정체성을 잃지 않되, 어법을 바꿈으로써 자신의 배역을 바꾼다. 언어가 제한된 사람은 사회적 불구자다.

　언어는 자아 정체성을 표현한다. 정체성은 역할이 아니라, 역할을 맡은 사람이 연출하는 스타일이다. 스타일은 르네상스 시대에 이탈리아어로 '마니에라maniera'였으며, 매너리즘을 뜻하기도 했다. 매너리즘은 인간이 자신을 표현하는 스타일이다. 스타일과 매너리즘은 인위적인 것을 자연스럽게 보이도록 한다는 공통점이 있다. 언어도 마찬가지다. 언어라는 것은 처음에는 힘들여 배워야 하지만, 일단 배우면 제2의 천성처럼 자연스럽게 나타나도록 해야 한다. 따라서 힘들여 말한다는 인상은 가능한 한 쉽게 말한다는 인상의 뒤로 숨겨져야 한다. 어떤 스타일로도 말할 수 있는 능력은 당연한 것으로 전제된다.

여기서 '언어의 제1계명'이 생겨난다.

우선 대화 상대자와 당신의 언어 수준의 차이를 절대로 직접적으로 화제로 삼지 마라. 예컨대 "저는 유감스럽게도 당신처럼 그렇게 들떠서 수다를 떨지는 못합니다." 또는 "실례합니다만 그 단어를 설명해주시겠습니까? 저는 그다지 유식하지 못합니다"라는 식의 말은 피하라. 또한 상대방이 당신을 굴복시키려고 일부러 거만한 태도를 보인다는 의혹이 생길지라도 상대방에게 결코 그에 대해 비난하지 마라. 그 의혹이 잘못된 것이었다는 것을 깨닫는 순간 당신은 당신의 언어 수준이 거기에 도달하지 못했음을 인정해야 한다. 그리고 그 의혹이 옳았다는 것이 밝혀지면, 당신도 그렇게 행동하라. 물론 상대방은 소기의 목적을 달성한 셈이다. 어찌되었든 그것은 기분 좋은 일은 아니다. 그 이유는 상대방이 자신의 의도가 발각되었다고 느껴서라기보다는 당신의 언어와 문화 수준이 확고하지 못해 당신을 좀더 조심스럽게 대해주어야 한다는 것을 눈치챘기 때문이다. 당신의 언어 수준이 아무리 못 미칠지라도 상대방의 어투를 비꼬고 과장하며 흉내냄으로써 그를 녹다운 시켜야지, 절대로 그 어투를 문제삼아 직접 화제에 올려서는 안 된다.

당신의 언어가 상대방에 비해 모자란다는 느낌이 드는 경우가 자주 있다면, 당신이 보완해야 할 분야들이 존재하는 것이다. 이들 중에서 가장 중요한 것들을 살펴보면 다음과 같다.

외래어

상당수의 사람들은 상대방의 어휘를 이해하지 못할 때 언어의 장벽을 가장 절실히 느낀다. 예컨대 상대방이 외래어를 많이 섞어서 말할 때가 그 경우다. 이 경우 사람들은 상대방을 불신하게 되며 마음을 닫아버린다. "그는 도대체 우리말로는 말할 수 없는가?" 하지만 이 말로 사람들은 자신의 부족한 외국어 실력을 상대방의 책임으로 전가하고 있을 뿐이다. 이것이

'언어의 제2계명'의 무거운 부담을 덜어주지는 못한다.

간혹 몇몇 사람들이 외래어를 지나치게 사용하는 경우가 있지만, 그럼에도 우리는 그 말을 이해할 수 있어야 한다. 그 언어들은 외국인 귀화자와 마찬가지로 우리말에 속하는 것이다. 외래어를 반대하는 자는 외국인에 대해서도 적대적이다.

외래어에 대해 과민반응을 보이는 이유는 미지의 것에 대한 두려움 때문이다. 특히 외국어를 모르는 사람이 외래어 때문에 고통을 받는다. 이때 가장 심각한 문제는 그 두려움을 다른 사람들이 알게 만드는 일이다.

독일에서 가장 빈번히 쓰이는 외래어는 라틴어이며, 그 다음이 프랑스어 그리고 영어 순이다. 따라서 학교에서 이런 언어들을 한두 가지 이상 배운 사람은 외래어의 의미를 대부분 그 언어들에서 추론해낼 수 있다.

예컨대 '암시적 질문, 유도심문Suggestivfrage'이란 단어를 살펴보자.

상당수의 사람들이 이 단어를 알고 있지만, 모든 사람들에게 익숙한 단어는 아니다.

이를테면 우리는 토론을 한창 진행하다가, 옆에서 잠자코 듣고 있던 제3자에게 판정을 내려달라며 질문할 수 있다. 그러면 우리의 대화 상대측은 우리를 이렇게 비난하는 수가 있다. "아니 그렇게 유도심문을 하시다니요"

상대방이 사용한 이 단어의 뜻을 우리가 이해하지 못한다면, 우리는 이렇게 조심스럽게 말한다. "당신 말이 옳은 것 같군요" 그러면서 얼른 머릿속의 사전을 펼쳐본다. 그러면 우리는 영어 단어 suggest가 생각난다. 이 단어는 '가까이 놓다', '제안하다', '암시하다', '추천하다'라는 뜻이며, 그 명사형 suggestion은 '영향', '위협', '제안', '암시'이며, 또 다른 명사형 suggestibility는 '영향력'이다.

프랑스어에서도 'suggestion'은 거의 동일한 뜻이며, 동사형은 'suggérer' 이다. 독일어에도 'suggerieren'이란 동사와 'Suggestion'이란 명사형이 있다. 이 모든 단어들은 라틴어를 조상으로 하고 있다. 즉 라틴어 동사 'suggerere 아래에 넣다, 곁에 끼우다, 뒤따라오게 하다, 기입하다, 권고하다'에서 온

말이다.

최초의 음절은 과거에 전치사로 쓰이던 sub=unter임을 우리는 첫눈에 알 수 있다. 즉 sug-gerere는 전치사와 동사 어간이 합성된 것이다. 이런 합성어는 독일어에서처럼 라틴어에서도 빈번하다.

따라서 suggerere에서 전철(前綴)을 뺀 나머지 동사 어간 gerere는 '운반하다', '수행하다', '마련하다'라는 뜻이 된다.

우리는 이제 어간 형태들을 알아야 한다. 즉 독일어의 일반적인 동사 변화형 trage - trug - getragen(운반하다 - 운반했다 - 운반한)에서와 마찬가지로 라틴어에서 gerere 동사의 변화 형태는 gero(운반한다), gessi(운반했다), gestum(운반된)이다.

따라서 suggerieren은 '가까이 데려다 놓다'이며 suggestiv는 '가까이 데려다 놓는'이 된다. 즉 하나는 현재형에서, 다른 하나는 과거분사형에서 파생한 것이다.

그러므로 Suggestivfrage은 질문자가 답변자의 입 안에 답을 미리 넣어주면서 하는 질문을 뜻한다. 이런 질문은 법정에서 증인의 허심탄회한 증언을 듣고자 할 때에는 원칙적으로 금지되어 있다. 그러나 일상생활에서는 아주 빈번하다. "알베르트야, 너 이제 더이상 과자 먹고 싶지 않지?" 일종의 수사학적 설의법인 것이다.

이처럼 외래어에서 우리가 빈번히 사용하는 몇몇 라틴어의 전치사와 동사의 어간들을 안다면, 상당한 수의 외래어의 뜻을 저절로 알 수 있을 것이다. 본보기로 몇 가지를 시험해보자. 우선 두 가지의 목록을 작성하자. 그 중 하나는 라틴어에서 가장 많이 쓰이는 전치사들의 목록이다.

1) ad = an, zu ～(으)로, ～쪽으로
2) de = von ～(으)로부터 출발해서, ～의
3) cum/com = mit ～을(를) 가지고서, ～과(와) 함께
4) ex = aus, von ～에서 밖으로
5) in = in, hinein ～안에서, ～안으로

6) pro = für   ~을(를) 위해서

7) prae = vor   ~의 앞에서, 앞으로

8) re = zurück   ~(으)로 되돌아가서, 원래의 위치로

이제는 전치사와 가장 많이 결합하는 기초적인 8개의 동사의 목록을 작성하자. 그러면 다음과 같은 동사 어간의 리스트가 생겨난다.

1) capere, capio, cepi, captum(결합형 cipio, cepi, ceptum) = 붙잡다

2) cedere, cedo, cessi, cessum = 가다

3) currere, curro, cucuri, cursum = 달리다

4) dicere, dico, dixi, dictum = 말하다

5) ducere, duco, duxi, ductum = 이끌다

6) iacere, iacio, ieci, iactum/iectum = 내던지다

7) ponere, pono, posui, positum = 놓다(앉히다, 세우다, 눕히다)

8) -spicere, -spicio, -speci, -spectum = 바라보다

이제 우리는 이 두 목록을 십자로 교차시켜 결합하되, 동사들은 기본형과 과거분사형을 함께 좌측에서 우측으로 배열하자.

다음 표에 나오는 외래어들에 그 파생어들까지 추가한다면, 이 8개의 전치사와 8개의 동사의 결합을 통해 약 1백 개의 외래어가 생겨난다. 이렇듯 요령 있게 선별한 정보들을 통해서 우리는 모르는 언어 분야로 신속하게 입장할 수 있게 된다.

언어는 사람들이 생각하는 것보다 훨씬 손쉽게 배울 수 있다. 우리가 일상적인 의사소통을 하는 데 필요한 말은 사실 얼마 안 되는 어휘로 해결할 수 있으며, 이 몇 안 되는 어휘가 큰 일을 해낸다. 예컨대 독일어에서 'stellen세우다'라는 단어 하나가 여러 가지 전철(前綴)과 결합해서 이룩하는 것은 엄청나다. abstellen치우다, anstellen부착하다, bestellen주문하다, entstellen왜곡하다, einstellen중지하다, herstellen제조하다, hinstellen내세우다,

	ad/ac	de	ex	con/cum	in	pro	prae	re
cepere -ceptum 붙잡다	akzeptieren 수용하다		Exzeption 제외, 이의신청 exzeptionell 예외의	Konzept 착상,착안			Präzeptor 교사	Rezept 처방
cedere cessum 가다	akzessorisch 보조적인		Exzeß 과도	Konzession 허가		Prozeß소송 Prozession 행렬	Präzession 세차(歲差)	Rezeß 타협
currere cursum 달리다			Exkursion 소풍 Exkurs 부설(附說)	Konkurs 파산 Konkurrenz 경쟁	Inkursion 침해	Prokurs 대리자		Rekurs 이의 신청
dicere dictum 말하다	Addiktion 참고 발언		Edikt 훈령,공고		Indikation 징후 (dicare) indikativ 지시의		Prädikat 술어 (dicare)	
ducere ductum 이끌다	Adduktor 내전근 (內轉筋)	Deduktion 연역 deduktiv 연역적인	Edukation 교육	Kondukteur 향도자 (嚮導者)	Induktion 귀납 induktiv 귀납적	Produktion 생산 produzieren 생산하다 produktiv 생산적인		Reduktion 환원
iacere -iectum 내던지다	Adjektiv 형용사	Dejektion 배설	Ejakulation 절규, 사출	Konjektion 추측	Injektion 주입	Projekt 계획		Rejektion 기각
ponere positum 놓다	Apposition 첨가	Deposition 예탁, 해임	Exposition 전시, 해설	Komposition 구성	Imposition 부과	Proposition 제안	Präposition 전치사	Reposition 정골(整骨)
-spicere spectum 바라보다	Aspekt 견해	despektierlich 경멸적인			Inspektion 검열	Prospekt 안내도		Respekt 존경

"—" 표시가 앞에 붙은 동사들은 전치사와 결합했을 때만 과거분사형을 갖는다. 기타의 경우에 그것들은 하나의 강모음을 갖는다(예 iactum/ -iectum).

verstellen위장하다, vorstellen앞세우다 따위, 그리고 이들의 파생어인 vorstellig청원서를 제출한, anstellig재치 있는, Bestellung주문 등등 그 가능성은 부지기수다.

또한 그 의미의 대부분은 단어 부류의 결합에 의해 이미 확정되며, 그 변화 가능성도 역시 다소간 일정한 규칙의 틀 내에서 움직인다. "Ich나는 (대명사) muß해야 한다(조동사) das이(관사) blaue파란(형용사) Auto차를(명사) waschen청소(동사)." 독일어 문장에서는 대개 동사가 문장의 두 번째에 위치하고 문장 끝에 en으로 끝나는 단어는 제2술어이기 때문에, 이 원칙에 따라서 볼 때, 위의 문장의 단어들 중에서 명사, 동사 그리고 형용사에 해당하는 단어들에 대해서 우리가 그 뜻을 잘 모를지라도 그들의 품사는 대번에 알 수 있다.

전체적으로 정리하면, 언어는 우리가 생각하는 것 이상으로 훨씬 더 많이 경제성의 원칙에 따라 움직인다. 단어는 사전 두께처럼 그렇게 방대하지 않다. 수많은 단어들은 사실상 하나의 어간을 중심으로 모인 가족들로 구성되어 있다. 사전의 어휘들은 몇몇의 거대한 종씨와 부족들로 이루어져 있을 뿐이다. 겉모습만 보아도 그 친족관계가 얼른 눈에 띈다. 이것들을 새로 결합하기 위해서는 동사 변화, 명사 변화 따위의 비교적 적은 형식들만 있으면 충분하다(어미의 곡용[曲用] 따위. 예를 들면 나는 간다, 갔다, 갔으니까, 가려고 한다).

여기에서 놀라운 점은 때로는 한 가지 목적을 위해 과잉정보들이 전달되는 수도 있다는 것이다. 예컨대, 독일어에서는 명사의 복수형을 표시할 때 관사, 어간의 모음, 어미가 함께 변하는 수가 많다. 독일어에서 das Buch(이 책)의 복수형은 die Bücher(이 책들)이다. 왜 형태소가 이처럼 과잉으로 존재할까? 언어학에서는 이 과잉형태소를 '잉여소Redundanz'라고 한다. 이 단어의 구조 자체를 분석해보면, re-는 전치사에서 파생한 전철(前綴)이며, 그 다음의 d는 두 개의 모음re-undanz 사이에 삽입된 모음충돌 방지용 보조자음이다. 여기서 어간은 라틴어의 'unda', 즉 프랑스어의 'onde = 파동(波動)'

에서 유래한다(독일어에는 'ondulieren[머리를]파마하다'라는 외래어가 있다). 즉 그 단어는 자꾸만 해안이나 뱃전으로 밀려들어와 부서지는 파도라는 뜻이다. 다시 말해 과잉이며 반복이라는 뜻이다. 그래서 사람들은 언어과잉이라고 말한다. 언어는 이해를 돕는 과잉정보를 우리에게 제공한다. 이것은 우리가 의사소통을 보다 손쉽게 하기 위한 것이다.

따라서 언어는 스스로 매우 많은 수고를 하고 있으며, 언어가 남겨둔 나머지 구간은 우리가 스스로 완주해야 한다.

문장구조와 어휘

우리는 이처럼 외래어를 고찰함으로써 언어를 지배하는 하나의 원칙, 다시 말하면 일종의 짝짓기 원칙이 있다는 것을 직관할 수 있게 되었다. 필자가 짝짓기의 이미지를 사용하는 이유는 언어의 생산성을 알기 쉽게 시각적으로 설명할 수 있기 때문이다. 다시 말해, 우리가 단어사전에서 단어들을 선택하는 것이 남성적이라면, 문장구조 내에서 단어들이 부류에 따라 결합하는 것은 여성적이며, 이 두 이성의 만남에서 문장이 생겨난다. 단어들은 문장 내에서 아무런 위치에나 오지 않고 갈 수 있는 곳이 정해져 있다. 즉 통사구조에 따른다.

특히 여성적 통사구조는 아주 민감하다. 어떤 사람이 언어를 제대로 구사하는지, 아니면 못하는지를 우리는 이 정해진 구조 때문에 대번에 알아볼 수 있다. 종종 그런 실수는 지역적인 '하층민 언어'에서 연유한다. 예컨대 루르 지방이나 베를린 사람들은 "나를 네 망치 좀 빌려줘Leih mich mal dein Hammer", "그는 나에게 전혀 쳐다보지 않았다er hat mir gar nicht gesehen"라고 말한다. 여기서 '나를mich'은 '나에게mir'로, '나에게mir'는 '나를mich'이라고 말해야 표준어가 된다. 아무 생각 없이 이런 실수를 하는 사람은, 고상한 대화에 끼기에는 좀 부족하다.

그러나 완전히 틀리지는 않은 문장들 중에도 고급스런 문장과 그렇지 못한 문장 간의 차이는 엄연히 존재한다. 그 차이는 단문과 복문의 차이에서 나타난다. 복문에서의 주문장과 종속문장은 논리적으로 동일한 차원이 아니기 때문이다. 다시 말해 복잡한 문장구조는 말하는 사람이 논리를 가지고 자유자재로 곡예를 하고 있음을 과시한다.

원칙적으로 종속문은 소위 관계대명사나 접속사로 유도된다. 관계대명사는 새로운 종속문이 관련을 맺는 단어를 의미하며("나를 구한 그 남자는der Mann, der mich gerettet hat"에서 두 번째의 der가 관계대명사다), 접속사는 종속문이 주문장에 대한 논리적 관계를 표시해준다. 독일어에서 이런 접속사의 예를 들면, obwohl비록 ~이지만, weil왜냐하면 ~이기 때문에, denn왜 그런고 하니, damit~하기 위해서, so daß~할 만큼, als~보다(~했을 때), nachdem~한 다음에, bevor~하기 전에, wenngleich비록 ~일지라도, während~하는 동안 따위가 있다. 여기에서 알 수 있는 것은 이것들이 원인, 시간, 양보, 목적, 결과를 규정하고 있다는 점이다. 즉 'weil'은 원인을, 'während'는 동시성을, 'obwohl'은 양보를, 'damit'은 목적을 'so daß'는 속발(續發)을 나타낸다. 그 예문을 들어보면 아래와 같다.

―Er betete so intensiv, daß er zur Entspannung rauchen mußte.

그는 기도를 집중적으로 했기 때문에 긴장 해소를 위해 담배를 피워야 했다(속발).

―Obwohl er betete, rauchte er.

그는 기도했지만, 담배를 피웠다(양보).

―Er betete, weil er rauchte.

그는 기도했다. 왜냐하면 담배를 피웠기 때문이다(인과).

―Er betete, damit er rauchen konnte.

그는 담배를 피울 수 있기 위해 기도했다(목적).

―Er betete, während er rauchte.

그는 담배 피우는 동안 기도했다(동시성).

그렇지만 다음의 우스운 이야기는 어떻게 된 것일까? 기독교 교단에서 운영하는 미션 스쿨의 학급 반장이 안셀름 교목에게 물었다. "사람들은 기도하는 동안 담배 피워도 됩니까?" 교목은 화가 나서 대답했다. "도대체 무슨 뚱딴지 같은 소릴 하는 거야?" 학급 친구가 말했다. "너는 질문을 다른 방식으로 해야 돼." 그리고 그 친구가 교목에게 가서 물었다. "담배를 피우는 동안 기도해도 됩니까?" 교목이 환하게 웃으며 대답했다. "물론이지."

종속문을 사용할 때 우리는 종속문을 주문장에 논리적으로 배열해 넣어야 한다. 복잡한 구문을 이용해 말하더라도, 논리의 여러 층위를 동시에 장악하는 데 익숙해 있어야 한다. 그래야만 우리의 언어 수준이 높아진다.

주문장과 종속문장 간의 관계 이외에도 우리는 주문장 내의 성분들의 관계인 '주어-목적어(부사어)-술어' 관계도 알고 있어야 한다. 여기서 '언어의 제3계명'이 생겨난다. 문장의 구성요소들에 대해 미리 파악하고 있어라. 그래야만 그것들을 언제라도 인식할 수 있다. 게다가 그것들의 명칭을 알려면 전체 문장에서의 기능을 알고 있어야 한다. 그래야만 문장의 의미를 그 표현형식과 구분할 수 있다. 그것을 할 수 있는 자는 그 언어를 정복한 것이다. 왜 그런가? 이 질문에 대답하기 위해 우리는 다시 어휘사전에서 어휘를 선정하는 원칙으로 돌아가야 한다.

단어들을 사전에서 선정해 변화시키는 남성적 원칙

실러의 『빌헬름 텔』의 한 문장을 예로 들어보자.
"집안의 도끼는 목수 한 명의 몫을 한다."
나는 이렇게도 말할 수 있을 것이다.
"집안의 드라이버는 전공(電工) 한 명의 몫을 한다."
나는 도끼를 드라이버로, 목수를 전공으로 바꿨을 뿐이다. 이때 의미가 변하지 않아야 한다. 이렇게 단어들을 대체함으로써 우리는 문장의 의미가 여전히 동일하게 머무는지 테스트한다. 또 이와는 반대로, 의미가 동일하다면, 이 의미는 여러 형식들을 등가의 변형들로 입증해주는 버팀벽인 셈이다.

따라서 우리는 이 두 문장 대신에 이렇게 말할 수도 있을 것이다.
"집안의 연장 케이스는 수공업자 한 명의 몫을 한다."

여기서 분명한 것은 수공업자가 목수와 전공처럼 공통의 기초를 이룬다는 점이다. 도끼와 드라이버의 경우도 마찬가지다. 변하지 않는 것은 의미뿐이다. 이 의미는 우리가 단어들을 사전에서 선별할 때 구조적 틀이 되어준다. 이제 문장의 부분들을 알아야 하는 이유가 자명해진다. 이로써 우리는 요소들을 교환할 때 이것들의 자리를 확정해줄 수 있다. 이는 우리가 장기 이식을 할 때 해부학을 알아야 하는 것과 같다. 그래야만 심장을 간으로 대체하지 않을 수 있다. 의미를 언어 형태로부터 걸러낼 수 있는 사람만이 의미에 다른 형태를 부여할 수 있다. 그런데 이것이 왜 그렇게 중요하다는 건가?

그것은 일상의 의사소통이 우리에게 이 능력을 요구하기 때문이다.

이를테면, 교사가 자신의 교실로 막 들어가려는데 교실에서 "으악" 하는 고함소리가 들린다고 하자. 그가 문을 와락 열어젖히자 바보 같은 학생 몇 명이 모여서 이를 허옇게 드러내며 씨익 웃고 있다. 교사가 묻는다. "무슨 일이야?" 이제 이 질문에 대해 서로 다르게 대답하는 두 학생, 에밀과 알베르트가 있다고 가정해보자. 에밀이 말한다. "그러니까 말입니다. 여기 이 알베르트가 저한테 '암퇘지같이 겁많은 놈아' 하는 겁니다. 그래서 제가 '뭐라고 똥구멍같이 더러운 놈아! 한 번만 더 말해봐. 네 주둥이를 묵사발로 만들 거다'라고 말했습니다. 그러자 그는 저한테 '너는 겁이 많아서 아마 있는 힘을 다해 큰 소리도 못 지를 거야. 어디 한번 내기해볼까?'라고 말했습니다. 그래서 저는 '좋아, 진 사람이 이긴 사람 무등 태워주기다'라고 말했습니다. 그러자 그는 여기 있는 카를 하인츠한테 '봐라. 지금 에밀이 꽁지를 슬슬 빼고 있어'라고 말했습니다. 저는 '내가 꽁지를 뺀다고?'라고 말했습니다. '좋아, 그렇다면!' 저는 크게 소리를 질렀습니다."

반면에 알베르트는 다음과 같이 설명한다고 치자. "우리는 에밀이 정말로 있는 힘을 다해 크게 소리를 지를지, 아니면 안 지를지에 대해서 한심한 내기를 하는 중이었습니다."

이 두 학생 중에서 누가 더 똑똑한 학생일까? 그렇다, 바로 알베르트다. 왜 그럴까?

에밀의 경우는 금방 겪은 현장에서 벗어나지 못하고 있다. 체험된 것의 의미가 그에게는 아직도 그가 연극 장면 속에 있기나 한 것처럼 그가 했던 대화와 뒤범벅되어 있다. 그는 그 장면을 일일이 재현할 뿐이다. 반면에 알베르트는 의미에서 장면의 형식을 벗겨내버렸다. '한심한'이라는 단어로 상황을 요약함으로써 선생님에 대한 존경심을 표시하고 장면에 대한 객관적 거리를 유지하며 이로써 다각적인 시각에서 장면을 바라볼 수 있는 새로운 형식을 주조해낸 것이다. 우리 주변에는 에밀과 같이 대화를 진행하는 사람들이 많이 있다. 그들은 그 상황에서 벗어나지 못하고 있는 한, 우물 안 개구리 같은 사람들이다. 그들의 학교 성적표를 볼 필요도 없다. 사람들이 어떻게 말하는지를 보면 그가 교육을 제대로 받았는지를 바로 알 수 있다.

여기서 '언어의 제4계명'이 생겨난다.

당신이 이야기를 하거나 보고를 할 때 내용을 새로 정리하고 화제를 듣는 사람을 위해 잘 조리하는지 한번 되돌아보라. 아직도 당신은 드라마처럼 이야기하는가?("그래서 내 생각은, 그러니까, 내가 생각하기에는⋯⋯"). 드라마 형식으로 사건을 재현하는 것이 의사전달의 효율성을 떨어뜨린다는 점보다 더 중요한 사실은 우리가 그 똑같은 내용을 다른 형식의 언어로 표현할 수도 있다는 점이다.

따라서 언어를 지배하는 지름길은 "집안의 도끼 하나는 목수 한 명의 몫을 한다"는 말의 작용방식에서 보았듯이 두 가지 방식의 복합요소들을 통해 나 있다. 즉 '도끼' '집안의' '몫을 한다' 따위의 여러 가지 문장 요소들 간의 결합관계, 그리고 이것들을 나름대로의 여러 가능성 중에서 선택하기, 예컨대 '드라이버' 또는 '모터 연마기' 따위 대신에 '도끼'를 선택하기가 그것이다.

이 유사한 요소들은 그 뜻을 통해서 뿐만 아니라 문체 층위를 통해서도 빈번히 결정된다. 비록 다음의 문장들이 동일한 의미를 갖고 있지만 작용방식은 서로 매우 다르다.

―그는 그녀의 입술에 키스했다.
―그는 그녀의 주둥이에 키스했다.

단어들에는 서로 다른 품격이 있다. 우리는 이 품격에 유의해서 말하는 연습을 해야 한다.

그런 연습은(종교적이건 정신적이건 간에) 문체 수준에 대한 감각을 키워 준다.

언어에 대해 섬세한 감각을 얻는 또 하나의 방법은 서로 치환 가능한 요소들(도끼/망치)간의 유사성의 원칙을 좀더 공부하는 것이다.

"몇몇 책들은 맛을 보면 되고, 다른 책들은 꿀떡 삼켜야 하고, 극소수의 책들은 꼭꼭 씹어서 소화시켜야 한다."

여기에서 개념 '읽다'가 개념 '먹다'로 대체되고, 이리하여 '맛보다', '꿀떡 삼키다' 그리고 '꼭꼭 씹다' 간의 차이가 대충 들춰보다, 주욱 읽어보다와 정독하다의 차이를 표현하기 위해 이용될 수 있다.

우리는 위에서 단어들 사이에 계보 및 유사성 원칙이 있다고 말했으며 언어의 가족, 부족 그리고 계보에 대해 언급했다. '읽다'의 의미영역과 '먹다'의 의미영역은 눈곱만치도 닮은 점이 없다. 양자의 관계는 서로에게 이를테면 마음이 끌린 데 있다. 다시 말해 단어 '먹다'가 '읽다'의 집안과 혼인한 것이다. 이 혼인을 우리는 메타포Metapher, 즉 은유라고 부른다. 혼인 후에 '읽다'는 갑자기 '먹다'의 사촌과 삼촌까지 친척으로 얻게 되었다. 이 모든 친척들이 모여들어서 은유의 젊은 신혼부부를 도와 새로 살림을 차리게 해준다.

이 신혼부부는 수많은 2세를 낳게 된다. 그들이 낳은 맏아들은 '정신적 식사'라는 이름을 얻게 되며 다른 자녀들도 생겨난다. 즉 읽어서 이해하지 못한 책은 '소화가 안 된' 것이며, 이해하지 못한 채 내용을 그대로 남에게 전하는 것은 '되새김질하는' 것이며, 읽지만 따분한 것은 '맛이 없거나' 아니면 한마디로 말해서 '으웩 토할 것 같다'. 그러나 그렇다고 해서 이런 책을 읽지 않으면 우리의 정신은 '굶어 죽게 된다'. 교양인들에게 가장 중요한 속성은 '교양에 대한 굶주림'과 '지식 갈증'이다. 여기에서 문학은 무궁무진한 '저장품'이며 아무리 포획해도 고갈되지 않는 '바다 속의 보고(寶庫)'다. 이런 신선함에 동참하기 위해서 우리는 물론 '입맛'을 갖고 있어야 한다.

'먹다'와 '읽다'의 결혼은 이처럼 풍성한 결실을 맺어 새로운 가족들이 불어난다. 많은 개념들이 원래는 이렇게 결혼을 통해서 생겨난 메타포였다. 여자는 언제나 친정을 떠나서 남편의 집으로 간다. 즉 시집을 간다. 시집을 갈 수 있는 친정 식구들이 사는 곳은 몸의 근처이며 늘 구체적이고 공간적이다. 이리하여 인간의 몸의 각 부분들은 수많은 새로운 파트너를 발견해 시집을 갔다. 병목, 책상 다리, 경찰의 눈, 가정의 머리, 산의 발치, 시간의 이[齒], 눈에 보이지 않는 시장(市場)의 손, 법의 손길, 나라의 심장 따위가 그로써 생겨난 말들이다.

우리가 앞에서 살펴보았듯이 라틴어에서도 전치사들과 결합한 수많은 동사들이 이처럼 메타포에서 생겨난 것이다. 이때 은유의 원천은 원칙적으로 공간 개념이다. 단어들의 가족 중에서 최초의 의미를 간직한 수장(首長) 격 단어에는 대부분 아직도 이 공간 개념이 남아 있다.

독일어의 'stellen 세우다'(라틴어로는 'ponere')라는 단어는 그 좋은 예다. 머릿속으로 무엇을 상상한다고 말할 때 독일어로 "sich etwas vorstellen"이라고 말하는데 이것을 직역하면 자신의 눈앞에 무엇을 데려다 세운다는 뜻이다. 우리는 정신적인 것을 이렇게 공간의 개념을 빌려 표현하는 것이다. 우리는 어떤 일이 우리에게 '너무 높은' 곳에 있다고 말하며, 반면에 분석할 때에는 '심층까지' 분석한다고 말하거나, 아니면 '피상적으로만' 분석한다고 말한다. 대상을 '겉핥기식으로만' 다루고 넘어갈 수 있고, 생각을 '비울 수' 있으며, 생각의 '방향'이 어느 쪽으로 '흘러갈' 수 있다. 결론을 '도출해내고' 새로운 아이디어에 '도달할 수 있다'. 요컨대 정신의 나라는 우주 공간 전체다.

두 집안이 하나의 메타포를 통해 혼인함으로써 생겨나는 이 무한한 가능성에 대한 감각을 우리는 키워야 한다. 이 가능성의 영역들은 일찍이 수사학에 의해 개발되어왔다. 하지만 언어는 아직도 젊으며, 사방의 공기는 암수 짝짓기가 시작되는 봄처럼 춘정(春情)에 무르익어 있다. 모든 사람이 거기에 참여하기만 하면 되는 흥분된 분위기다. 단어 '언어'와 단어 '돈'이 결혼하는 은유를 예로 들어보자. 여기서 새로운 어휘가 생겨난다. 말을 '아낄' 수 있으며 또는 '낭비할' 수도 있다. "연설은 은이고 침묵은 금이다." 그러나 이 말은 동전 주형처럼 '각인된 말'일 뿐이고, '황금의 목청을' 갖고 있는 사람에게는 해당되지 않는다.

물론 이런 숙어들은 이미 구식이 되었다. 그러나 시인들은 언어의 욕망을 계속 자극한다. 셰익스피어의 『햄릿』에서 보면 궁정의 신하 한 명이 속담을 하고 나서 말문이 막히자, 레이쇼가 말한다. "그는 지갑이 텅 비었구나. 자신의 말을 이미 환호성 속에 다 날려버렸도다."

'인생의 여정', '축구팀의 사령탑', '영혼의 풍경', '오성(悟性)의 빛' 따위의 은유들도 이와 비슷하다. 우리가 이것들을 가지고 유희해보면 언어의 두 차원이 서로를 보완하는 방식이 분명해진다. 한편으로는 서로 다른 문장성분들의 결합관계가 각 요소의 선택을 스스로 제한한다. 이리하여 너무 많은 선택 가능성들에 의해 선택이 오히려 방해받는 일이 생겨나지 않게 한다. 다른 한편으로는 그 결합관계가 각 요소들끼리의 평행하는 유사성의 영역을 각 관계들간의 평행하는 유사성의 영역으로 확장시킨다. 책과 관련된 모든 것이 음식과 유사할 필요는 없다. 음식이 우리와 관련해서만 책과 유사하면 된다. 즉 음식이 우리 몸에 영양을 공급하듯이 책은 우리 정신을 살찌운다는 식의 관련만 있으면 된다.

여기에서 전통적인 철학 문제가 해결된다. 무엇이 우리 정신을 우리 몸과 결합시키는가? 이 문제의 대답은 메타포다. 우리는 이것을 기술하기 위해 이미 메타포, 즉 '결혼'을 사용했다. 이 메타포도 아무런 공기조차 없는 빈 언어 공간에 떠돌지는 않는다(이 말도 이미 메타포다). 몸은 물질이고 정신은 기(氣)이다. 물질Materie은 모친Mater과 유사해서, 우리는 흔히 대지(大地)를 어머니라 부르고 하늘을 아버지라 부르며 이 하늘에 기(氣)가 떠돈다고 말한다. "마치 하늘이 땅과 조용히 입맞춤하듯이"라는 시구도 있다. 이로써 부친/모친, 정신/몸, 하늘/땅 간에 일련의 평행선이 생겨난다. 부모로부터 결혼의 이미지가 정신과 신체 또는 하늘과 땅의 결혼으로 전이된다.

혼인은 그러나 공중에서 맺어지며 땅에서 완성되고 죽음이 갈라놓을 때까지 계속된다. 죽음은 하늘과 땅도 갈라놓으며 몸은 흙으로 되돌아가고 정신은 하늘로 올라간다. 결과적으로 분명해지는 것은 언어의 메타포들이 우리의 세계상(像)의 기초라는 사실이다.

에밀

문장구조 내에서의 문장성분들간의 결합관계, 그리고 사전에 나오는 단어들의 선택이라는 언어의 양 축은 러시아의 언어학자 로만 야콥슨Roman Jakobson이 발견한 것이다. 그는 어린이와 환자들을 통한 여러 가지 언어 실험으로 자신의 테제를 검증했다. 그가 발견한 것은 언어장애가 실제로 위의 테제에 따른 두 가지의 서로 다른 양상을 보인다는 사실이다. 한 그룹의 실험대상자들은 결합능력에 장애가 있었다. 즉 그들의 문장에서는 통사구조가 모두 와해되었다. 문장성분들의 상하 배열이 녹아 없어졌고 결합단어들은 고유한 의미가 없어졌다. 즉 순수한 문법적인 기능들인 "~할 때에, ~하기 전에, ~하는 동안에, 그 사람, 이, 그" 따위는 완전히 사라졌다. 그 결과 비문법적인 전보(電報) 같은 문체가 생겨났다. 남아 있는 것이라고는 일종의 사전(辭典)이었다.

반대로 다른 환자 그룹은 선별 능력이 망가져 있었다. 문법과 문법적 기능 품사들은 보존되어 있었으나 화자(話者)는 자유로이 단어를 마음껏 선택할 수 없었다. 그들은 얼른 머리에 떠오르지 않는 단어들을 그저 '그것'

이라고 불렀다. 여기에서 밝혀진 사실은 그들이 자신들의 현재의 상황에 거리를 유지할 수 없어 고유의 맥락을 형성할 수 없었다는 것이다. 언제나 제3자가 그들에게 콘텍스트context를 부여해주어야만 했다. 예컨대 비가 올 때 그들이 말할 수 있는 것이라고는 고작 "비가 온다"뿐이었다. 그들은 다른 사람들의 문장을 완성하고 질문에 대답할 수 있으며 대화에 응할 수 있었으나 대화를 새로 시작할 수는 없었다. 그들의 말하는 태도는 오직 질문에 대한 반응뿐이었다.

무엇보다도 눈에 띄는 것은 단어를 동의어들로 새로 정의내리는 일이 그들에게는 불가능하다는 점이었다. 예컨대 "오페라 무도회는 춤추는 축제다" 또는 "호랑이는 줄무늬가 있는 맹수다"라는 식의 말을 그들은 할 수 없었다. 그들은 이미 시작된 말을 보충할 수 있을 뿐(즉 단어 결합의 차원에서만 말을 계속 연결할 수 있었고), 한 단어를 다른 단어로 대체할 수는 없었다(즉 호랑이를 맹수로). 또는 동일한 대상에 대해 두 가지의 표현을 할 수 없었다(예컨대 인간/사람). 그들은 나름의 고유한 맥락을 형성할 수 없었기 때문에 거짓말을 할 수도 없었으며(예컨대 비가 오지 않을 때 비가 온다고 말할 수 없었으며), 상상의 세계나 허구의 세계를 창조하는 것은 더욱 불가능했다. 따라서 그들이 언어에 대해 언어로 말한다는 것은 전혀 불가능했다.

언어의 양축을 따라 확인되는 이런 차이점들은 건강한 사람들에게 행한 연상테스트를 통해서 재확인되었다. 한 그룹의 실험대상자들은 '집'이라는 단어를 듣고서 유사성의 축을 따라 메타포를 연상했다. 그들은 동굴, 오두막집, 아파트 등을 썼다. 다른 그룹은 콘텍스트의 맥락을 따라서 정원, 울타리, 거리, 과일나무 등을 생각해냈다. 이로써 건강한 사람들은 환자들과 같은 방식의 단어 선호도를 나타냈다.

우리가 여기에 근거해서 환자들의 결점을 이른바 이들의 '정상적 형식'에서 탐구해본다면, 결합관계가 망가진 사람들의 비문법적 문체는 외국인이 독일어의 통사구조를 정확히 배우지 못한 채 말하는 것과 같다. "내일 기차 빨리 뒤셀도르프", "철갑상어알젓 좋다 러시아". 여기서는 사전이 표절되고 있을 뿐이며 단어들이 문장구조의 규칙을 고려하지 않은 채 나열되고 있을 뿐이다.

반면에 선별능력이 사라진 사람들은 같은 내국인이면서도 언어 발달이 초기 단계에서 머문 사람과 같다. 우리는 그런 사람을 이미 한 명 알고 있다. 즉 앞에서 예로 든 학생 에밀이 바로 그렇다. 그는 자신이 체험한 장면의 최초 상황에서 벗어나지 못해 그것을 요약할 수가 없다. 그는 언어에 포박되어 있다. 그는 언어의 형태를 의미와 구분할 수 없다. 이리하여 그는 결국 형식과 의미를 모두 놓치는 결과를 초래한다. 따라서 그는 언어의 도움을 빌려 세상에 대한 거리를 유지할 수 없다. 우리가 표현을 다른 표현으로 대체함으로써 얻는 거리를 그는 확보할 수 없으며 대체해서도 유지되는 동일한 의미를 그는 견지할 수 없다.

패러독스

우리는 언어의 집에 산다(이 말조차 메타포다!). 이 집에서 우리는 이 방 저 방 옮겨다닐 수 있지만 집 밖으로는 나갈 수 없다. 우리가 언어로 언어에 대해서 말할 때 그 점은 분명해진다.

우리가 사유할 때 사용하는 말은 다시 말을 가리키기 때문에, 말의 형식과 대상 사이의 차이는 사실상 없어진다. 말의 형식 자체가 말의 대상이 된다. 바꾸어 말하면, 말이 스스로에게 "나Ich"라고 말하는 것이다. 예컨대 "본 문장은 과거시제로 쓰여 있었다"라는 문장이 있다고 하자.

이 문장은 '쓰여 있었다'라고 과거시제를 이용하는 한 옳다. 그러나 이 말은 이렇게 말한 순간 과거시제를 아직도 사용하고 있는 중이므로, 이 문장은 틀렸다. 이 문장을 내가 현재형으로 옮겨보겠다.

"본 문장은 과거시제로 되어 있다."

이번에 이 문장은 전혀 옳지 않다. '되어 있다'는 현재형이기 때문이다.

이런 패러독스의 문장들은 형식과 내용 사이의 관계에 대한 감각을 민감하게 해준다. 그 이유는 이 관계를 자기 지시성을 통해서 문제화시키기 때문이다. 그로써 우리는 언어습관을 일상의 타성에서부터 건져줄 수 있다. 문장의 변형 훈련을 통해서 언어습관에 거리를 두는 일이 힘든 사람은 다음에 열거된 자기 완결적 문장들로 훈련해보기를 바란다. 〈사이언티픽 아메리칸Scientific American〉라는 잡지의 편집장 더글러스 호프스태터Douglas Hofstadter에게 독자들이 보낸 것들이다. 긴장을 풀고 명상하듯이 천천히 읽기만 해도 치료 효과를 볼 것이다.

"나는 바로 이 문장의 테마가 아니다."
"이 문장은 여덟 단어로 되어 있는가, 아니면 열네 단어로 되어 있는가?"
"당신이 이 문장을 어디선가 읽게 되면, 곧 이 문장을 기억에서 지워버려라."
"당신은 나를 인용해도 된다."
"이 문장이 당신의 모친을 생각나게 하는가?"
"당신이 금방 눈을 크게 뜨지 않는다면, 이 문장은 영어로 되어 있다."
"이 문장의 독자는 이 문장을 읽는 시간 동안에만 존재한다."

문학과 자기 지시성

반드시 패러독스여야 할 필요는 없는 자기 지시의 문장 형식이 존재한다. 이 경우에는 말의 형식이 말의 내용을 곱절로 강화시킨다. 몇 개의 문장을 예로 들어보자.

"Wild zuckt der Blitz(사납게 번쩍이며 번개가 친다). Im fahlen Lichte steht ein Turm(희미한 빛 속에 탑이 하나 서 있다). Der Donner rollt(천둥이 우르르 울린다). Ein Reiter kämpft mit seinem Roß, springt ab und pocht ans Tor und lärmt(기사(騎士)가 말과 씨름하다 뛰어내려 문을 쾅쾅 치며 시끄럽게 군다)."

첫 문장은 그 구조를 볼 때 번개가 나타나는 인지(認知)영역을 마련한다. 갑자기 번쩍이는 것은 대개 번개이기 때문이다. 따라서 이 문장은 '번개' 이외에도 이것과 유사한 단어들만을 갖는다. 또한 모든 단어들은 '번개'처럼 짧은 단어들만으로 이루어져 있다. 독일어 원문에는 단어들이 모두 한 음절로 되어 있다. 또한 모두 단모음이며, 'Wild사납게'는 'Blitz번개'와 모음이 일치한다. 'zuckt번쩍이다'의 자음 z는 'Blitz번개'의 끝자음과 일치한다. 이런 유사성을 통해서 이 네 단어의 인상은 하나로 융합된다. '번개'가 문장의 제일 뒤에 오는 것은 번개를 일단 감지하기는 했지만 아직 완전히 파악하지 못했기 때문이다. 사람들은 본 것이 번개임을 완전히 깨닫기 전에 일단 번쩍이는 빛을 감지하게 된다. 천둥이 칠 때는 그 반대다. 따라서 어순이 뒤바뀐다. 번개가 치면 사람들은 천둥을 기다리게 되며, 천둥이 뒤따라오면 그 소리가 무엇인지 곧 알게 된다. 그러나 천둥은 그 뒤에도 계속 우르릉거리며 여운을 남긴다. 따라서 천둥의 동사 'rollt우르릉 울린다'는 문장의 뒤에 위치하며 게다가 동사 'rollt우르릉 울린다'의 모음도 주어 'Donner천둥'와 동일한 'o'이다. 그러나 번개가 치고 천둥이 울리기 전에 우리는 번갯불이 비춘 것, 즉 탑을 보았다. 이 문장이 돌연 끝나는 것은 탑의 형상이 금세 사라졌기 때문이다. 여기서도 '탑'이 문장 내에서 마지막에 위치하는 것은 파악이 감지보다 뒤늦게 이루어지기 때문이다. 바꾸어 말하면 이 시의 행들은 번개가 치고 천둥이 치는 것을 자신이 전달할 뿐만 아니라, 번개와 천둥이 어떤 모습으로 우리에게 나타나는지를 아울러 보여준다. 서술형식이 서술내용을 그대로 그려내고 있다.

이것은 문학의 특징이다. 이것은 마이어C. F. Meyer의 담시(譚詩) 「불 속의 발Die Füße im Feuer」의 첫 부분이다. 이로써 마이어는 번개와 천둥이 치는 사건을 전달할 때 그 모습까지 함께 전하는 것에 성공한다. 이런 의미에서 볼 때 여기에서는 언어의 자기 지시성이 역전되어 있다. 말이 형식을 주제로 삼아 설명하는 것이 아니라, 형식이 말의 내용을 사실대로 그려내고 있다.

지금까지 우리가 말한 것은 유사성의 원칙이 메타포의 나라를 이끄는 최고의 법이라는 사실이다. 책과 음식은 우리의 양식이 된다는 공통점이 있다. 하나는 신체를 위한, 다른 하나는 정신을 위한 영양 공급원이다. 즉 말의 형식이 내용과 유사하면, 양자는 서로간에 메타포가 될 수 있다. 체코

구조주의 문예학자들에 의하면, 이 메타포의 구조가 사실상 문학의 본질적 특징이다. 로만 야콥슨은 메타포 차원에서의 단어들의 유사성의 남성적 원칙이 어느 정도 통사구조 차원에서의 비유사성의 여성적 결합 원칙을 다시 한 번 강화시킨다고 말한 바 있다.

로마의 페트로니우스 아르비테르Petronius Arbiter가 『사티리콘Satyricon』이라는 제목의 소설을 최초로 발표한 이후 문학사에서 자주 응용되어 개작된 한 이야기를 예로 들어보자. 이 이야기는 특히 『에페소스의 과부 Widow of Ephesos』란 제목으로 유명해졌다.

한 과부가 죽은 남편의 시신을 가족묘에 안치했다. 그녀는 너무나도 슬픈 나머지 일체의 곡기를 끊고 남편을 따라 죽으려고 했다. 이런 모습을 어느 병사가 목격하게 된다. 이 병사는 십자가에서 처형당한 대여섯 명의 죄인의 시신을 지켜야 하는 임무를 지니고 있으며 이 임무를 소홀히 하면 자기가 사형선고를 받게 되어 있다. 그는 과부를 사랑하게 되며 과부도 그 사랑에 감동을 받아 자신의 죽은 남편을 잊게 되고 그를 사랑하게 된다. 이리하여 그는 그녀의 생명을 구하지만, 자신의 명은 재촉한다. 그가 자리를 비운 사이에 그가 지켜야 하는 죄인의 시신들 중 하나를 당사자의 가족이 훔쳐갔기 때문이다. 병사가 자신의 재판 결과를 초조하게 기다리느니 차라리 자결을 하겠다고 결심하자, 이번에는 은혜를 갚으려는 과부가 그의 생명을 구한다. 그녀는 자신의 죽은 남편의 시신을 그에게 제공한다.

우리가 여기에서 곧 알게 되는 것은 이 이야기가 얼마 안 되는 기본요소들로 구성되어 있다는 사실이다. 이것들은 순서대로 배열되어 있지만 서로 비슷하거나 대조적이다.
- 병사가 과부를 구한다.
- 과부가 병사를 구한다.

- 그녀는 살아 있는 남자를 필요로 한다.
- 그는 죽은 남자를 필요로 한다.
- 그녀는 죽은 남자를 갖고 있다.
- 그는 살아 있는 남자다.
- 그녀는 살기 위해 시신으로부터 벗어나야 한다.
- 그는 살기 위해 시체를 보관해야 한다.

이런 유사성이 메타포처럼 요소들로 하여금 서로를 보완하게 한다. 살아 있는 병사가 과부의 죽은 남편을 대신하며, 남편의 시신이 죄인의 시신을 대신한다. 이 이야기에서 재미있는 것은 병사가 시신을 필요로 하는 순간에 과부가 남편의 시신으로부터 떠날 수 있게 된다는 사실이다. 환언하면 남편의 지나간 죽음이 병사의 미래의 죽음을 대체하고, 과부와 함께 할 병사의 미래가 그 죽은 남편에 대한 상념을 대체한다.

따라서 『에페소스의 과부』 이야기의 줄거리는 자기 지시적이다. 이야기는 메타포의 구조를 제시하기 위해 메타포적인 구조를 이용한다. 이야기가 시각적으로 보여주는 것이 바로 이야기다. 이는 마이어의 담시가 시각적으로 보여주는 것과 같은 내용이다.

문학 텍스트의 자기 지시적 형식을 다시 한 번 보여주기 위해 마지막으로 두 언어 차원을 설명할 때 바로 그 형식을 사용하여 스스로 설명하도록 해보자.

언어의 두 차원이 서로 협력하는 모습은 복장의 질서와 비교할 수 있다.

옷을 입을 때에 우리는 대개 서로 어울리게 옷가지들을 세트로 맞추어 입는다. 물론 주어, 술어, 목적어, 부사어라는 말 대신에 우리는 이 세트를 모자, 셔츠, 재킷, 바지, 양말 그리고 신발이라고 부른다. 이따금 우리는 모자를 생략할 수도 있다. 이것은 문장에서 부사어가 생략될 수 있는 것과 마찬가지다. 그러나 원칙적으로 옷을 구성하는 가장 중요한 요소들은 다 구비해야 한다.

그리고 각 요소들은 여러 가지 중에서 하나로 골라 입을 수 있다. 상체에는 티셔츠를 입거나, 스웨터 밑에 셔츠를 받쳐입거나, 라운드 티를 입거나, 또는 와이셔츠, 넥타이 그리고 재킷을 맞춰 입을 수 있다. 또한 신발을 신을 때도 부츠, 샌들, 발목 부츠, 체조화 또는 털신을 신을 수 있다. 어떤 신을 신든지 우리는 원칙적으로 어떤 옷이라도 거기에 어울리게 맞추어 입을 수 있다. 예컨대 나는 넥타이, 와이셔츠 그리고 양복 상의를 갖추어 입고, 하와이식 반바지를 입고, 높은 원통 모자를 쓰고, 체조화를 신을 수 있다. 이런 모습은 내가 다음과 같은 문장을 말하는 것과 흡사하다.

"그리고 그녀는 새로 용기를 내서 파를 계란 수프에 넣는다."

이 문장은 문법적으로는 맞다. 마찬가지로 내 옷의 통사구조에도 맞다. 문법적으로 틀렸다고 말할 수 있으려면, 바지를 머리에 쓰고, 양말을 손에 끼고, 셔츠를 허리에 감았을 경우다.

하지만 그럼에도 실린더 모자, 양복 상의, 반바지에 체조화를 신은 모습은 왠지 어색하다. 물론 그 이유는 자명하다. 어울리지 않기 때문이다. 문학에서처럼 이 옷에서도 차례대로 입은 옷가지들이 유사성의 남성적 원칙에 따라 서로 결부된다. 문학형식들이 있듯이 옷가지들도 서로 어울리는 한 벌이 있다. 예컨대 원통 모자, 흰 셔츠, 검은 넥타이, 검은 양복 그리고 검은 장갑을 껴야 장례식 조문을 하는 데 어울린다.

우리가 이처럼 옷의 질서와 언어를 비교했듯이 만약 생활 속의 여러 가지 상징질서들을 고찰하여 그것들간에 서로 평행하는 문법들을 발견하여 비교하게 된다면 우리는 그런 비교를 구조주의적 고찰방식이라고 말한다.

구조주의의 창시자는 프랑스의 클로드 레비스트로스Claude Lévi-Strauss이다. 그는 인류학자였으며 나치의 핍박을 피해 미국으로 망명을 갔다가 뉴욕에서 야콥슨을 만났다. 야콥슨은 그에게 언어의 두 차원의 결합방식에 대해서, 그리고 여기에서 생겨나는 언어적 종족, 부족, 씨족, 어족 그리고 결혼들에 대해서 설명했다.

레비 스트로스는 "바로 이거다!"라고 외치고 야콥슨의 원칙을 신화 연구 및 부족사회들끼리의 친족관계에 관한 연구에 응용했으며 이로써―그동안 불가사의하게 여겨졌던—결혼의 규칙, 근친상간 터부의 이유와 캄차카 반도와 스페인 사이에, 그리고 알래스카와 라틴아메리카 남단의 푸에고 섬 사이에 사는 모든 민족들이 동일한 종류의 설화를 가지고 있는 데 대한 이유를 설명할 수 있었다.

즉 모든 민족들은 문화라는 옷의 질서 속에서 생활하며 이것들을 위반하면 어떻게 되는지에 대해 설화는 이야기하고 있는 것이다. 다시 말해 누군가가 그 질서를 위반하면 그는 너무나도 교육받은 것이 없기 때문에 그러는 것이고 그로써 교양이 없는 자로 낙인찍힌다. 그는 마치 바지를 머리에 쓰고 조끼를 발에 감고 알몸을 드러낸 채 사람들 앞에 나서는 자와 같다. 이런 이유에서 신화는 괴물, 거인, 난쟁이, 야만인, 식인족, 사람 몸에 소머리를 한 괴물 미노타우로스, 아마존 사람 따위의 온갖 기괴한 형상으로 가득 채워져 있다. 신화의 문법에서 이들은 교양이 없는 자들이다. 인간을 인간답게 하는 영역에서 그들이 어떤 결함을 갖고 있다는 사실이 그들을 특징짓는다. 그들은 말을 제대로 할 수 없으며 다만 "어버버버······ barbarbarbar(의성어이지만 barbar는 야만인이란 뜻도 있음—옮긴이)"할 뿐이다. 그들은 말[馬] 다리를 가지고 있기 때문에 두 다리로 제대로 서 있을 수 없다. 그래서 그들 중의 몇몇은 언어와 문화의 나라에서 쫓겨나 지하세계에서 살아야 한다.

2. 책과 글의 세계

책 – 글 – 독서

요즘 어린이들은 태어나서 책을 읽기 전에 텔레비전부터 본다. 이는 환영할 만한 일이 못 된다. 그 까닭은 교양교육은 아직도 책에 의존하며 텔레비전 화면도 최소한의 텍스트들, 즉 글에 의존하기 때문이다. 왜 그럴까? 왜 영상은 교양을 전달할 수 없을까? 왜 텔레비전 시청을 통해서는 교육을 받을 수 없는가? 글에는 무슨 특별한 점이 있는가?

텔레비전 방송은 사람들의 대화를 거의 실제처럼(아니면 연출한 상황으로) 재현한다. 그러나 이 경우 대화에는 전달 내용의 의미가 의사소통의 수단, 다시 말해서 몸짓·목소리·신체언어 따위와 서로 불가분하게 결합되어 있다. 따라서 대화의 의미는 듣는 시청자에게 연극을 보듯이 시각, 청각을 통해 직접적으로 전달될 수 있다. 하지만 그 형식은 보고의 형식과는 구분된다. 아주 어리숙하고 순박한 사람 또는 어린이가 방금 체험한 아주 흥미로운 이야기를 전달하려 할 때 우리는 그 점을 잘 인식할 수 있다. 이들은 자신들이 겪은 상황을 일부 인용함으로써 그 상황을 재현해내려 애쓴다 ("그리고 그는 그 다음에 '에이, 너는'—그리고 그 여자는 '아니야, 잘 들어봐'. 그래서 우리는 웃었어!"). 그러나 이 상황의 전모를 전혀 모르는 우리로서는 그들이 무슨 이야기를 하는지 전혀 알 길이 없고, 따라서 뭐가 우스운지도 알 수 없다.

언어를 구체적 상황의 속박으로부터 풀어주는 것은 바로 글이다. 글이 현장의 직접적인 맥락으로부터 언어를 독립시키는 것이다. 이 변형과정을 통해서도 변하지 않고 남는 것이 있는데 이는 우리가 의미라고 부르는 것이다. 구어(口語)를 문어(文語)로 변형시켜야만 의미의 카테고리가 비로소 파악 가능해진다. 그래서 고등종교들(유대교, 기독교, 이슬람교)에서는 의미가 바로 말씀(성서)과 동일해진다.

이와 반대로 구어에서는 원칙적으로 객관성보다는 주관적 감성과 관심이 중요해진다. 글로 된 텍스트에서는 주제들이 구성되어 있어야 하는 반면에, 말로 대화할 때는 극적인 사건 자체에 의해서 저절로 유발되는 역동적인 에너지가 중요하며 이것을 통해 의미가 생겨나고 소멸한다. 오로지 글만이 언어를 확정지을 수 있으며 통제할 수 있으며 문법의 규칙체계를 따른다.

구어와 문어 사이에 존재하는 템포의 차이는 의미를 구조화하는 데 이용된다. 주어-술어-목적어(남자가 문다 개를)라는 연속하는 어순과 여기에 바탕하는 부사어, 삽입구, 종속문 따위와 더불어 사고의 논리적 질서가 문장성분들의 순차적인 배열 순서에 그대로 반영되며 통제 가능해진다. 우리는 그런 질서를 세우는 훈련을 해야 한다. 영상을 통한 동시적 자극을 전후관계로 변형시키는 능력이 절실히 필요한 것이다. 복잡한 문장이 되더라도 템포를 놓치지 말고 추적해야 하며 마침내 문장 뒤에서 술어가 나타나 매듭을 질 수 있도록 해야 한다("너의 삼촌 말야, 너도 알고 있는 매서운 눈매의 삼촌이 어제 5시에 마리아 광장에서 차를 몰고 가고 있을 때, 전철 안에서……" "그래서 뭐가 어떻게 되었다는 거야?"라고 당신은 소리칠 것이다. "기다려보라니까……"라고 말하고 다음과 같이 이어질 것이다. "……만원인 전철 안에서, 출퇴근 시간이니까 당연히 만원일 테지, 물론 주중의 평일에만 그렇지만……"

이제 당신은 초조해져서 더이상 참을 수 없게 되어 소리를 지를 것이다. "무슨 일인데? 어서 말해보게나. 삼촌이 무슨 일을, 전철 안에서 무슨 일을, 제발 부탁이네, 이제 말해보게, 그가 무엇을 했나?" "……50원짜리 동전을 주웠어"). 이 정보가 마침내 나타날 때까지 우리는 단어의 연결들에 대해 끝까지 예의주시해야 한다. 그래야만 말의 마지막에 가서 그 의미를 규명할 수 있기 때문이다. 이때 참아야 하는 긴장이 어떤 종류의 것인지에 대해서는 수많은 우스갯소리들에서 잘 알 수 있다. 이 우스갯소리들에서는 한없이 이어져나가는 단어들에 의해 축적된 의미가 돌연 반전하고 만다.

카르풍켈 씨와 부인이 현대미술 전람회장에 갔다. 피카소의 그림 한 점 앞에서 그들은 발걸음을 멈추었다.

"이건 초상화야"라고 카르풍켈 씨가 주장했다.

"실없는 소리 관둬요. 풍경화예요"라고 부인이 말했다.

"아니야, 잘 보라니까. 초상화야."

"풍경화라니까요!"

그들은 한동안 티격태격 말다툼을 했지만 의견이 통일되지 않아서 팜플렛을 한 권 샀다.

거기에는 "리비에라 강가의 아몬드 나무"라고 쓰여 있었다.

카르풍켈 씨가 의기양양하게 말했다. "잘 봤지? 이건 초상화야."

이런 이야기를 즐길 수 있으려면, 이야기 도중에 생겨나는 긴장감을 결말이 날 때까지 잘 참고 들어야 한다. 거기에 익숙하지 않은 사람은 뇌의 자극에 브레이크가 걸린 것처럼 그런 긴장감이 불편하다. 특히 텔레비전이 일반화되고 난 다음부터 이런 불편감은 더욱 보편화되었다. 요즘 학생들은 좌절감이나 어려움을 잘 참지 못하며 의미 형성과정에 반드시 필요한 서행(템포 늦추기)을 지루해하고 견디지 못한다는 일선 교사들의 지적은 그 좋은 예다. 따라서 학생들은 수업이 배움의 과정이 아니라 오락처럼 되기를 원한다.

독일 각 주의 교육부장관들은 그 요구에 순응했다. 이에 따라 독일의 교육은 집단적으로 무지몽매한 상태에 빠져들었고, 검열기능을 하던 문자수업을 차츰 구두 의사소통을 위한 보조수단으로 격하시켰다. 구두 의사소통이 어차피 최전방에 포진하고 있는 시대에 그들은 문자의 표준을 사실상 포기했다. 이로써 그들은 학교가 했던 역할을 가정에 위임한 셈이다. 읽고 쓰기는 원래부터 이것을 당연한 것으로 여겨 중시하는 교양시민 가정의 자녀들만이 습관적으로 할 뿐이다. 이런 가정에서는 부모들이 자녀의 텔레비전 시청을 감시하고 제한함으로써 자녀가 필요로 하는 환상세계에 대한 욕망을 우선 책으로 충족할 수 있도록 유도한다. 독서 습관이 몸에 배어 자연스럽게 되고 독서가 자녀들의 즐거움이 되었을 때 비로소 부모들은 그들에게 바보상자를 보게 허락해준다. 그렇지 않을 경우에는 독서는 자녀에게 평생 고역이다. 텔레비전만 보면서 성장한 사람은 이 다음에 커서 꼭 필요한 독서 이외에는 하지 않게 되며, 이것조차 억지로 하게 된다.

이런 식으로 학교 정책은 두 가지 부류의 인간을 양성한다. 그 한 부류는 습관적인 독자들이다. 이들은 항상 새로운 정보를 흡수하며 자신의 생각을 글의 체계에 따라서 저절로 능숙하게 구조화한다. 이로써 그들은 문장의 구조, 사유의 논리, 그리고 문장의 각 요소들에 대해 추적하는 폭넓은 시야를 갖춘 인지방식을 획득한다. 그들은 동시에 여러 텍스트 유형들(보고, 전개, 분석, 서술, 에세이 따위)의 구조에 대한 감각을 발전시킨다. 이로써 그들에게는 글쓰기가 더 쉬어지며 말도 문서 텍스트의 모델에 따라 조리 있게 할 수 있다.

다른 한 부류는 부득이한 경우에만 글을 읽을 뿐이며 텔레비전 시청을 아주 좋아한다. 텔레비전 영상은 두뇌의 자극욕구에 따라서 동시적으로 진행된다. 여기에 익숙해진 사람은 수동적으로 받아들이는 외부세계로부터 내면의 깊숙한 곳에서 깨닫는 느낌이나 사상을 방어하기가 힘들어진다. 즉 그는 집중을 할 수 없고 산만해진다. 코미디 프로를 볼 때 저절로 터져나오는 "우와", "짱이다" 따위의 외마디 탄성보다 긴 텍스트는 이들에게 마치 고문처럼 느껴진다.

이 비독서 그룹의 사람은 책을 추측의 산물로만 체험한다. 이 사람은 원칙적으로 책을 즐겨 읽는 독서 그룹의 사람들을 이해할 수 없으며 불신한다. 책의 세계는 독서 그룹의 사람들이 그로 하여금 양심의 가책을 느끼도록 공모해서 꾸며놓은 속임수처럼 느껴진다. 이런 식으로 그는 자신을 정당화하며 책을 차츰 혐오하게 되며 전공서적도 읽기 싫어져 직업생활에서 남에게 뒤처지게 된다. 그는 자기보다 똑똑한 이론으로 무장한 사람을 증오하게 되며 실제 경험이 중요하다고 주장하게 된다. 그는 자신의 주장이 별로 호응을 얻지 못하게 되는 것이 독서를 멀리함으로써 말하는 스타일에도 결함이 생겼기 때문이라는 것을 이해하지 못한다. 주위 사람들이 복잡한 생각을 논리적으로 개진하고 적절히 표현하려 할 때도 그는 그것이 그의 자존심을 건드리는 일이라고 오해하게 된다. 따라서 그는 책을 읽는 사람들과 접촉하기를 꺼리게 되고 이 사회의 새로운 문맹의 그림자 속에 서서히 빠져들게 된다.

여러분 중에 책 읽기를 싫어하는 분이 있다면 한번 진지하게 반성해보아야 할 것이다. 그런 사람에게는 교양이라는 고기 냄비에 열쇠가 채워져 있는 것이며 고소득에 도달하는 길이 막혀 있는 셈이다. 책을 읽는 습관이 들지 않은 사람은 자신이 특히 재미있게 읽을 수 있는 책, 예컨대 에로틱한 소설을 가지고서라도 책 읽는 훈련을 쌓아야 한다. 이 훈련은 일종의 조깅과도 같이 정신을 날렵하고 상쾌하게 유지하기 위한 것이라고 생각해야 한다. 독서는 완전히 몸에 배기까지는 조깅처럼 매일 약간의 시간을 투자해야 하는 그 무엇이다.

책

책은 도서관과 서점에서 발견할 수 있다. 이때 초보자는 책을 두렵게 느낀다. 그 이유는 책이 너무나 많기 때문이다. 한 장소에 모여 있는 책은 위협적인 군대와 같은 모습으로 다가서며 일제히 "나를 읽으시오!"라며 함성을 지르고 있는 듯한 환상에 빠지게 만든다. 책을 잘 안 읽는 사람은 수많은 책 앞에 서면 마치 일제히 치닫는 얼룩말떼 사이에 끼어 있는 술취한 사람처럼 정신이 혼미해지기도 한다. 눈앞의 모든 것이 가물거리고 정신적으로 위축된다. 당신이 모르는 것을 보라고 책들이 눈앞에 자꾸 모습을 들이대는 듯하다. 트럭 몇 대분의 엄청난 정신의 자산이 그의 무식의 규모와 동일하게 느껴진다. 수천 권의 책 중에서 한 권을 골라내어 펼쳐들고 독서를 시작하는 일은 마치 대서양의 물을 골무로 퍼내는 일처럼 가소롭게만 느껴진다. 단 하나의 서가(書架)를 보기만 해도 그는 낙담하고 만다.

의기소침해진 초보자는 이제 환상을 보기 시작한다. 도서관에 딸린 휴게실의 모습이 눈앞에 떠오른다. 그 아련한 모습이 마치 책의 망망대해에 빠져 조난당한 사람이 구조받을 수 있는 유일한 섬이나 되는 것처럼 여겨진다. 책 속에 파묻혀 숨이 막혀 죽기 직전에 그는 도서관을 뛰쳐나온다. 흘깃 뒤를 돌아보면서 그는 도서관 안의 원주민들이 이 거친 날씨를 전혀 눈치채지 못했다는 듯이 태연히 책을 마음대로 주무르고 요리하는 광경을 보면서 새삼 놀라움을 금치 못한다. 누구든지 용기를 내어 도서관에 처음 발을 들여놓은 사람은 이와 비슷한 체험을 할 것이다.

이런 느낌은 당연한 것이겠지만 이와 동시에 첫 단추를 잘못 낀 셈이다. 도서관을 자주 찾는 사람은 이런 느낌을 갖지 않는다. 거대한 양의 책들은 안중에도 없다. 그는 자신이 당장 필요한 책만을 시야에 두며, 그렇지 않더라도 같은 분야의 몇 권만을 더 볼 뿐이다. 애인을 만나러 가는 젊은이한테는 길가의 스쳐지나가는 수많은 사람들의 홍수가 전혀 눈에 들어오지 않는 것과 마찬가지다. 도서관을 제대로 이용하는 사람은 연애 중에 있는 사람과도 같다. 그에게는 책만 있다. 그가 지금 읽고 있는 책만 그에게 존재한다. 그가 책을 찾고 있을 때에도 도서관의 책 전체를 생각하고 있지 않다. 단지 그를 어디에선가 기다리고 있을 한 권의 책만을 생각한다. 물론 그는 체인징 파트너 식의 일부일처제를 옹호하는 경향이 있다. 모든 책은 그 책을 읽는 동안에만 그의 반려자이기 때문이다.

서점이나 도서관에서 왠지 쑥스럽고 소심해지는 사람은 우선 자신이 어떤 주제에 대한 정보를 얻고 싶은지에 대해서 숙고해볼 필요가 있다. 거의 모든 책들이 그다지 중요하지 않기 때문에 모든 책을 무시해버릴 수도 있고 아주 극소수의 책에만 집중할 수도 있다. 그러면 그는 이제 방향감각을 유지할 수 있게 되고 무력감에서 벗어나 목표가 선명해졌다는 느낌을 가다듬으며 도서관 경험이 많은 전문가라는 이미지마저 연출할 수 있게 된다. 머릿속에 특정한 주제를 가지고 있다면, 도서관 사서로 일하는 여직원에게 이렇게 문의할 수도 있다. "파타고니아의 새들에 관한 책들은 어디에 있습니까?" 이제는 그녀가 응수할 차례다. 아니면 막상 무엇을 읽어야 할지 마음속으로 결심이 서지 않았는데 도서관 사서가 성가시게도 "무엇을 찾으시나요?"라고 채근하듯이 묻는다면, 이런 말로 대응하면 된다. "18세기 후반부에 있었던 회중시계의 대중적 확산에 관한 연구서들을 찾습니다." 그러면 그는 아무 일 없었다는 듯이 잠잠해질 것이다. 그리고 다시 조용히 무엇을 읽을지 찾아볼 시간이 생긴다.

책의 내부생활

손에 잡히는 모든 책을 처음부터 끝까지 통독할 필요는 없다. 책도 일단 사귀어봐야 한다. 통속적인 책은 저자의 명성에 의지한다. 그의 다른 책들을 읽었거나 그에 대한 서평을 읽어본 적이 있을 것이다. 서가에서 이제 책을 집어들었으면 띄엄띄엄 읽어보며 책의 표지 안쪽에 쓰여져 있는 글을 훑어본다. 물론 이것은 책을 선전하는 미사여구이며 이 책이 사람을 압도하며 감동시키는 문학작품이라고 칭송한다. 그러나 그럼에도 거기에서 우리는 엄청난 양의 정보를 발견한다. 우선 그 책의 장르가 무엇인지를 알게 되며(스릴러, 멜로물, 가족전설 따위), 출판사가 겨냥하는 독자층이 누구인지를 알게 되고(노부인, 지식인), 작품의 수준도 알게 된다(오락물, 아류 문학, 까다로운 문학). 작가의 사진에 대해서도 감탄하게 된다. 이때 외모가 호감을 준다거나 혐오스럽다거나 하는 인상에만 바탕해서 작품의 질을 판단해서는 안 된다. 글을 쓰는 방식과 외모 사이에는 상관관계가 있을 수 없다.

좋은 작가는 절대로 그의 글처럼 좋은 외모를 가질 수 없다. 대부분의 작가는 글보다 훨씬 못생겨 보인다.

학술서적이나 전문서적은 아주 드문 경우에만 끝까지 읽게 된다. 이런 서적을 테스트하려면 우선 목차를 읽고 그 다음에는 책 뒤의 참고문헌을 읽는다. 중요한 연구서들이 여기에서 빠져 있다면 저자는 최고의 연구수준에 있지 않다. 따라서 우리는 그 책을 부담없이 옆으로 제쳐놓을 수 있다 (책 한 권이 해결된 셈이다). 참고문헌 검토가 긍정적인 결과를 주면, 이번에는 각주들을 뒤지며 냄새를 맡아본다. 각주는 저자가 다른 연구자와 맞붙어 싸운 흔적이기 때문이다. 그러면 우리는 그가 어느 사상 계열의 자식인지 알게 되는 수가 많다. 예컨대 그가 사소한 문제로 여기저기 돌아다니며 싸움을 거는지, 아니면 진짜로 중요한 문제로 고민하고 있는지 알게 된다. 저자가 하찮은 일로 다른 연구자를 공격했다면 이것은 벌써 그가 중요한 문제에 대해서는 아무런 할 말이 없는 사람이라는 증거가 된다.

학문 분야에서는 최고수준 및 2등급 그리고 3등급 수준의 저자들이 있다. 최고수준의 사람들은 자신들이 연구하는 범주를 구획한다. 주제를 확실히 설정하고 문제 제기를 정의(定意)하며 개념어들을 규정한다. 2등급 및 3등급 수준의 저자들은 끝없이 인용할 뿐인 반면에, 이들은 자기 분야의 고전적 존재로서 지위를 확고히 하고 있다. 서점에서도 그들은 책꽂이의 제일 좋은 자리를 널찍하게 차지하며 책꽂이 위에 명패가 붙는다. 사회학자들 중에는 베버Weber, 지멜Simmel, 파슨스Parsons, 루만Luhmann 등이 여기에 속한다. 이들의 고전적 저술들을 소개하는 독립적인 저술도 이들의 대열에 자주 끼는 것은 물론이다.

읽고 싶은 학술서적들을 고를 때 어느 정도 세심한 주의를 기울여서 해당 분야에 대해 정밀한 탐사를 하는 것은 해볼 만한 일이다. 이 일을 하느라고 보낸 시간은 선택만 제대로 한다면 다시 어린이 장난처럼 만회할 수 있다. 왜냐하면 쓸모없거나 읽기 어려운 학술서적들이 존재하기 때문이다. 이유는 간단하다. 수많은 논문들은 독자에게 새로운 정보를 주고 인식을 촉진하기 위해서가 아니라 심사위원회의 교수들에게 감동을 주기 위해서 작성된다. 박사논문이나 교수자격논문들은 학술경력을 위한 이정표일 뿐이다. 이후에도 수많은 논문들이 다만 교수직을 얻기 위해 요구되는 연구실적 목록들을 길게 늘리는 데 기여할 뿐이다.

그런 논문은 새로운 인식의 빈약함을 안개같이 모호한 언어의 장벽이나 번쩍거리는 개념의 포장지로 가리고 있다. 그런 논문은 일견 무해해 보이나 실제로는 위험하다. 이 위험성에 대해서는 아직 연구되어 있지 않다. 그런 논문은 독자의 시간을 빼앗고, 초보자들을 혼란스럽게 만들며, 진리 추구자들을 풀죽게 만들고, 모든 초보자에게 심각한 정신적 타격을 가해서 이제부터는 그 어떤 학술서적도 회피하게 만든다. 진짜로 유능한 학자의 학문은 고무적으로 작용하는 것에 비교해볼 때, 그 범죄성은 더욱 심각하다. 진짜 학문은 세계를 새로운 눈으로 보게 하고 창조적인 섹스처럼 사람의 마음을 끌어들인다.

따라서 초보자는 일등급의 학술서적과 삼등급의 돼지가죽책을 구분할 줄 알아야 한다. 그래야만 귀중한 시간을 대학의 값싼 생산품 때문에 낭비하지 않게 된다. 전공연구를 막 새로 시작한 대학생도 마찬가지다. 그는 우선 전공분야의 비교적 젊은 고전(다른 고전들을 연구한 책이므로 젊다)을 골라서 철저히 연구해야 한다. 그는 그 책의 개념을 빌려서 뭔가를 시작할 수 있을 것이며 그밖의 모든 일이 한결 쉬워질 것이다.

새로운 생산품(신간서적)들이 있는 책들의 나라에 도달하는 통로를 발견하고 싶은 사람이 있다면 그는 아마도 도서관과 비슷하게 질리게 만드는 서점을 찾아가야 할 것이다. 여기에는 도서관만큼 책이 많지는 않다. 괴롭게도 대체로 여직원이 다가와서 도와드릴 것이 없느냐고 물을 것이다. 여직원은 물론 그 사람이 절대로 다음과 같이 말하지 않을 것이라는 사실을 정확히 알면서 말이다. "아, 그래 주시겠습니까? 책들의 세계에 대해 조망할 수 있는 개론서를 찾아주십시오. 제가 과연 무엇을 원하고 무슨 관심을 가지고 있는지에 대해서 깨우쳐주십시오. 나에게 가장 귀중할 수 있는 생각을 담은 책을 건네주십시오"

실제로 이런 부탁을 누가 한 적이 있다. 물론 실제의 서점에서가 아니라 무질의 소설『특성 없는 남자』에서였다. 여기서 슈튬 장군은 국립도서관에 가서 도서관 직원에게 도서관 책 전체의 정수(精髓)를 재현하는 데 가장 적합한 책 한 권을 가져다달라고 부탁한다. 그는 이 직원이 자신의 무리한 요구를 얼토당토않은 것이라 여겨 거부하리라 예상했지만 놀랍게도 이 직원은 사다리를 도서관 벽장에 갖다대더니 급히 기어올라가 정확히 한 권을 뽑아서 장군의 책상 앞에 놓았다. 장군은 이 책을 펼쳐보고 이것이 도서목록을 실은 도서목록책임을 알았다. 이와 유사한 일은 서점의 여직원도 할 수 있을 것이다. 그녀는 한 무더기의 이절판(二截版)의 대형서적들을 질질 끌고와 건네주면서 주문가능한 서적들의 목록이니까 찾아보라고 할 것이다. 그녀는 물론 도서 검색용 컴퓨터 앞으로 우리를 안내할 수도 있다.

어떤 사람은 서점이 일종의 늪지대와도 같은 곳이라 언제 어디에서 수렁에 빠져 망신살을 당할지도 모른다고 우려한다. 그러나 이는 전혀 근거 없는 것이다. 서점에서는 "그냥 구경 좀 해도 되겠습니까?"라고 분명하게 한마디만 하면 된다. 그러면 서점의 모든 여직원들이 기뻐하며 양팔을 활짝 펼치고 수천 권의 신간서적들을 당신의 발 앞에 가져다놓을 것이다. 이제부터 당신은 서점이 문을 닫는 시간까지 느긋하게 머물면서 재미있는 책들을 골라 읽으면 되고 책을 반드시 사야 하는 것은 아니다.

그러나 폐점시간까지 머무르는 것은 바람직하지 않다. 서점주인은 빨리 집에 가고 싶어하며 집에서 자신이 가장 좋아하는 신간을 마저 읽고 싶어한다. 이제 당신은 집에 가고 싶어지지만 왠지 한 권쯤은 사야 할 것 같은 기분에 사로잡힌다. 그렇지만 아직 마음의 결정을 내리지 못했기 때문에, 선뜻 마음이 내키지 않는다. 구핀Alfred H. Mc Guffin의 책이 있느냐고 물어 보라. 이것은 주행 차선을 거짓 차선으로 바꾸는 전략이다.

책과 가장 친근하게 사귈 수 있는 방법 중의 하나는 집처럼 편안하게 머물 수 있는 단골서점을 정해두는 것이다. 고향의 단골술집에서는 단골손님들과 주인이 잘 알기 때문에 말을 걸고 수다를 떨 수 있듯이 단골서점 주인은 당신이 무슨 분야에 관심을 갖고 있는지 잘 알고 있으며 신간들을 소개해준다. 또한 당신에게 조언을 해주며 문학계와 학계의 떠도는 소문들도 이야기해준다. 당신이 신간 코너의 테이블에 앉아서 쌓여 있는 신간을 들추는 동안 당신이 가장 아끼는 직원은 당신에게 이 신간들에 대해 이야기해준다. 이런 식으로 당신은 계속 정보를 접하게 되며 집중적으로 책을 읽는 전문 연구자들보다 더 많은 것을 알게 된다. 반쯤만 교육을 받은 사람은 단골서점이 필요하다. 단골서점을 정할 때 주의해야 할 점은 앉아서 읽을 의자가 있는지 확인해야 한다는 점이다. 그러면 대부분의 책들을 그 자리에서 다 읽을 수 있으며 책을 전부 사지 않아도 되고 진짜로 아끼는 책 몇 권만 집으로 가져갈 수 있다.

문예란과 신문

고급신문들에는 교양란, 이른바 문예란Feuilleton이 있다. 이 단어는 원래 프랑스어로 종이쪽지를 뜻하며 프랑스의 저널리즘에서 독일로 전파되었다. 아베 조프루아Abbé Geoffroy가 1800년경에 〈주르날 데 데바*Le Journal des Débats*〉에 사용하고서부터 유행하기 시작한 이 말은 원래 연극평론만을 위한 난을 뜻했다. 그 이후에는 매체, 미술, 문학, 음악과 학문에 관한 모든 것, 예를 들면 서평, 에세이, 미술전람회 보고, 학술회의 보고, 콘서트 관람평, 연극 초연 관람평, 텔레비전 비평 따위로 채워졌다. 문예란의 논조는 학술적이 아니라 에세이적이어서 독자에게 호감을 준다. 따라서 학계에서 어떤 논문에 대해 '문예란적이다'라는 꼬리표를 붙이면 이것은 비난을 뜻한다.

우리가 책의 세계 그리고 문학과 학문의 세계에 관심을 갖는다면 문예란이 있는 일간지나 주간지를 늘 가까이 해야 한다. 문예란이 가장 좋은 신문으로는 〈프랑크푸르터 알게마이네 차이퉁*Frankfurter Allgemeine Zeitung*〉(FAZ), 〈쥐트도이체 차이퉁*Süddeutsche Zeitung*〉(SZ), 〈노이에 취리허 차이퉁

Neue Zürcher Zeitung〉(NZZ) 등이 있다. 〈벨트*Die Welt*〉는 근래에 토요일마다 아주 좋은 문학부록을 함께 배포하며 〈FAZ〉는 수요일에 특별 학술부록을 추가로 배포한다. 독일에서 가장 널리 읽히고 공정성 높은 문예란이 있는 주간지는 〈차이트*Die Zeit*〉이며 여기에서 우리는 정치적으로 정확한 것으로 정평이 나 있는 심층분석 기사를 읽을 수 있다.

영어 해독능력이 있으며 정보가 많이 담긴 오리지널 서평을 원하는 사람은 〈뉴욕 리뷰 오브 북스*New York Review of Books*〉를 읽으면 된다. 여기에 실리는 서평은 그 형식의 완성도가 매우 높다. 모든 평론가가 자신의 고정 칼럼에서 동일한 주제의 몇 권의 책들을 함께 다룬다. 이들의 비교는 공통의 테마를 저절로 부각시키며, 전문적인 기사 내용과 이에 대한 평론은 놀랄 만큼 서로를 잘 보완한다. 어쨌든 신간과 문학계 및 예술계의 추이에 대해 정규적으로 정보를 입수해두는 것이 현명하다.

하지만 우리는 문예란 기사를 무비판적으로 믿어서는 안 된다. 기고된 글들은 어느 정도 코드화되어 있으며 문화계의 고유한 특성들을 반영한다. 그 코드를 해독하기 위해서는 전제들에 대해 알아야 한다. 이를 위해 도움이 되도록 문예란 기사들의 여러 가지 타입에 대해 약간의 소개를 하겠다.

학술서적 관련 평론은 평론가가 책의 주제에 대해서 저술가보다 더 잘 알고 있을 것이라는 기대를 갖게 한다. 그렇지 않다면 그가 어떻게 저술가에 대해 비평을 할 수 있을까? 그러나 사실은 늘 그렇지만은 않다. 오히려 그런 경우는 드물다. 평론가는 이 사실을 독자에게 알리지 않는다. 그랬다가는 자신의 권위가 심각하게 손상을 입을 것이다. 이런 의심을 애당초 싹부터 자르기 위해 그는 작품에 대해 통렬한 비판부터 한다. 이리하여 그는 수준이 낮은 저술가와 정신적으로 우월한 자신 사이에 커다란 갭을 형성해놓는다. 자신이 현재 다루고 있는 분야에 대해 아는 바가 없으면 없을수록 평론가는 그만큼 더 강도를 높여 비판한다.

따라서 우리가 알아야 하는 것은 수많은 평론가가 사실인즉슨 거인 작가의 목에 무등을 타고 있는 난쟁이에 불과하다는 사실이다. 몸집이 왜소

할수록 그들은 독자에게 정보를 전하기보다는 독자의 정신을 헷갈리도록 하는 것을 목표로 한다. 그는 책의 내용을 언급하는 것이 아니라 자신의 지식을 선행시킨다. 다른 모르는 저술들과 비교를 하며("이 책은 일관성에서 작가 아벨레의 탁월하게 선명한 『어제를 향한 출발』과 비교될 수 없다"), 자신이 전문가라고 위장하기 위해 이해 불가능한 암시를 하는 데로 슬쩍 넘어가며 ("우리의 기억에 아직도 생생한……논쟁을 기억하라"), 난데없이 교조적으로 꼬리표를 붙이며("기껏해야 해체주의자적인 잠꼬대"), 독자의 격을 떨어뜨리고 무식한 사람으로 낙인찍기 위해 엉뚱한 상황을 설정한다("그래서 우리는 차라리 검증된 뷔르템베르크를 지지한다"). 이 모든 말들은 해당 저술을 그가 잘 알고 있다는 인상을 독자에게 심어주기 위한 것이라기보다는 오히려 평론가 자신이 아무것도 모른다는 사실을 감추기 위한 일종의 연막전술이다.

신간 통속물에 대한 비평

비평가는 소설가나 시인과 아주 가까운 친족관계에 있다. 형제자매처럼 워낙 가깝다 보니 그는 작가들에 대해 복잡한 심리를 갖고 있으며 속이 들여다보이는 빤한 질투심에 불타는 수가 아주 많다. 그도 원래 작가가 되고 싶었기 때문이다. 이 형제자매 관계에서 그가 어떤 자리를 차지하느냐에 따라 작가들에 대한 태도는 달라진다. 그는 작가를 경쟁자로 보기도 하고, 잘 돌봐주고 키워주어야 하는 막내 남동생쯤으로 여기기도 한다. 물론 작가가 여자라면, 그는 마치 큰누나처럼 경탄하고 숭배한다. 다른 한편 그가 작가를 경쟁자로 볼 경우에는 그가 도저히 작가가 될 자격이 없다고 철저히 거부한다. 그 다음에는 자신의 부족한 재능 때문에 작가가 되기를 포기하면서 자기 비판을 철저히 했던 스스로의 경험에 비추어서 그 작가를 측정한다. 특히 약간의 재능만을 갖고 있을 뿐이면서도 물불 가리지 않고 작품을 뻔뻔하게 출판하고 게다가 성공까지 하는 햇병아리 작가가 있다면, 그는 이런 모습을 눈뜨고 볼 수 없어서 더욱더 불손하고 뻔뻔하다고 여겨 혹평한다.

그의 과제는 이제부터 이 작가가 돌팔이라는 것을 독자들에게 주목시키는 일이 된다. 비판용 자를 다시 곧추세워 들고 이 찬탈자를 비평가 자신의 본래의 모습, 즉 사기꾼이요 현혹자라고 폭로한다. 반면에 비평가가 작가를 남동생쯤으로 여기면, 그는 작가의 성공을 위해 친아버지처럼 행동한다. 내가 그의 데뷔 소설을 발굴해 대중에게 알리지 않았던가요? 그 이후로 줄곧 내 손을 그의 머리 위에 얹고 있지 않았던가요? 비평가는 이제 축구 코치가 자신이 아끼는 선수를 대하듯이 이 신진작가가 더 좋은 성과를 올리도록 자극하는 비판만을 한다. 따라서 그는 지금까지의 성과에 만족할 수 없으며, 그의 비평은 파괴적인 것이 아니라 용기를 주는 것이며 건설적이 된다.

다른 한편 그가 여류작가를 누이쯤으로 여긴다면 그는 그녀의 성공에 기여할 수 있다는 사실에 긍지를 느낀다. 그는 비평을 통해 이 위대한 여류작가의 관심을 끌기 위해 노력한다. 그래서 그는 이 여류작가를 그 누구보다 더 잘 이해하게 되고 결국 이 작가의 주목을 받게 된다. 이제는 그녀와 경쟁하는 것이 아니라 다른 비평가들과 경쟁하게 된다. 비평문을 작성하면서 그가 고려하는 것은 그녀가 이 비평문을 어떻게 읽고 어떻게 생각해줄까 뿐이다. "마침내 나를 이해하는 한 사람, 다시 말해 다른 사람들은 아무도 깨닫지 못하는 것을 여기 이 사람은 이해하고……"

연극평론

연극평론을 쓰는 본래의 이유는 공연을 보지 못한 사람들에게 연극을 소개하기 위해서다. 그러나 실제로 비평가는 연극 초연을 본 사람들과 동료 비평가들을 위주로 연극평론을 쓰는 경향이 있으며, 연기를 실제로 한 배우들과 연출가들도 염두에 둔다. 왜냐하면 그가 개인적으로 아는 사람들이 바로 이들이기 때문이다. 그가 평론을 쓸 때 이 평론을 읽어줄 사람들도 바로 이들이지, 공연도 작품도 작가도 모르는 잠재적인 관객이 아니다. 그 전문가 집단에게 자신이 별로 아는 것이 없는 단순한 사람으로 비치지 않기 위해 비평가는 자신의 지식을 선행시킨다.

그는 연극을 기술하는 것이 아니라 판결한다. 그는 작가와 작품에 관한 정보를 전하고 거기에서 비평의 척도를 이끌어내는 것이 아니라, 독자가 알지 못하는 다른 공연과 연출들을 끌어온다. 그 이유는 연극이 사실상 인사이더들만의 닫힌 세계이기 때문이다. 연출가들도 연극을 비전문가들도 이해할 수 있도록 연출하는 데 주목적을 두기보다는 다른 동료 연출가들과 자신을 차별화하는 데 신경을 더 많이 쓴다. 이런 경향은 연극비평이 연극을 서로 비교하기 때문에 더욱 심해진다. 이런 이유에서 많은 평론가들은 무명의 창작극보다는 고전적인 작품들의 공연에 대해 많은 글을 쓴다. 그들은 수고를 많이 하려고 하지 않는다. 그리고 창작극에 대해서는 무엇을 어떻게 써야 할지를 모른다. 창작극을 발굴하기 위해서는 작품을 읽어야 하고 작가가 누구인지도 공부해야 한다(독일에서는 알려지지 않았지만 유명한 외국 작가가 그 경우가 될 수 있다).

게다가 연출과 연기 스타일의 묘사를 위한 적절한 용어가 없다. 비유하자면, 시계를 잃어버린 사람이 시계를 잃은 장소에서 찾지 않고 조명이 환한 곳에서 찾아헤매는 경우와 마찬가지다. 그는 시계를 찾아야 한다는 본래의 목적을 망각하고 찾는 일 자체의 재미에 푹 빠진다. 평론가도 이처럼 가장 쉽게 묘사할 수 있는 부분, 이를테면 무대화나 의상 쪽으로 도피한다. 이로써 규칙의 쳇바퀴가 생산된다. 비평가가 이런 엉뚱한 곳에 가치를 많이 두기 때문에 연출가는 연출의 '구상', 예컨대 벙커 속의 햄릿, 백악관의 햄릿, 마피아단의 햄릿 따위에 많은 정력을 소모한다.

그 결과 연극비평은 우리가 순진하게 읽으면 많은 오산을 하게 만드는 텍스트가 된다. 우리는 그 코드를 해석해야 한다. 가장 중요한 정보는 관객이 열광했다고 말하는 부분에 숨겨져 있다. 비평가의 혹평이 관객의 환호와 차이가 날 때는 그 부분을 일부러 찾아 행간을 읽어야 한다. 그는 거짓말을 할 수는 없으므로 그 사실을 종속문 안에 숨긴다. 관객의 반응은 공연 전체의 인상이 어떠했는지에 대한 유일한 증거다. 관객은 환대받거나 감격했으면 왜 그랬는지에 대해 분석하며 관심을 갖게 된다. 작품의 완성도, 구상, 연출의 착상 또는 배우의 연기능력이 거기에서 고려된다. 실제로는 언제나 이 모든 요소가 비중의 차이는 있지만 함께 작용한다. 그러나 비평가는 그 모든 것을 빙빙 돌려 분해해서 연출 부분에만 집중한다.

우리는 이것을 연출의 효과 자체로 보완해야 한다. 환언하면 『햄릿』은 주인공이 밴드 스타킹 집게를 하고 등장하지 않아도, 또는 비디오 카세트가 무대에 제시되지 않은 채 텍스트만 뚜렷이 읽어도 효과가 있는 작품이다. 더 자세히 말하자면 비평가가 구상과 무대화를 강조할수록(칭찬이든 꾸지람이든 간에) 그만큼 더 많은 의심을 품어야 한다. 비평가가 연출가의 상상력 결핍을 나무라면서 관객의 환호를 지나가는 말로만 언급한다면 우리는 극작가가 의도한 대로 작품을 보아도 무방할 것이다.

신문의 정치노선과 정치서적 관련 논평

논평은 우선 평론가의 정치적 성향에 의해 좌우된다. 그 다음으로는 신문사의 정치노선에 종속된다. 이것은 신문사 사장의 위임을 받은 편집장 및 편집 참모들에 의해 감독되고 보호된다. 이 이념 속에는 독일의 대중매체와 여론의 현주소가 반영되어 있다. 신문사들은 여론 카르텔의 독점지대를 형성한다. 이는 정당들이 사회를 점령한 결과다. 이들의 유희 속에 언론기관들이 맞물려들어가 동조한다. 이를 위해서 신문사들은 독자가 수긍할 만한 나름대로의 정치적 프로필을 가꾸어야 한다. 신문사들은 이런 식으로 자기들의 고정독자들을 결속하여 특정한 성격을 지니는 공동체를 형성하며 이들에게 동일한 색깔의 읽을거리와 정보들을 공급한다.

이로써 전형적으로 비판적이고 느슨하며 전문적이며 현대적인 〈슈피겔*Spiegel*〉 독자층, 보수적이며 잘 교육받았으며 고상한 가치를 추구하는 〈FAZ〉 독자층, 환경론자이며 대안운동 세력이며 좌파적이고 반권위적이며 다양한 문화를 중시하며 여성주의적인 〈타츠*taz*〉 독자층, 좌파 자유주의적이며 68학생운동 세대이며, 교육을 중시하고, 도덕적이며, 관료계통이며, 정치적으로 정직한 〈차이트〉 독자층이 형성된다. 여기서 좌파 신문들은 우파보다 더욱 교조적이고 반자유주의적이다. 그 이유는 무엇보다도 좌파가 보수주의자보다 더 강력하게 여론, 이데올로기 그리고 강령들에 대해 정의하고 있기 때문이다. 그들이 권력에 참여하게 된 것도 담론과 문화적 제공권(制空權)의 정복을 통해서 겨우 쟁취한 결과이기 때문에 그들에게는 이미 돈을 갖고 있는 보수주의자들보다 더욱더 확고한 정치노선의 정립이 중요하다. 올바른 노선이 도덕이나 윤리보다 우선하는 것이다. 따라서 좌파들은 여론을 통한 테러에 비중을 두며 희생양 찾기에 더 힘쓰는 경향이 있다. 따라서 좌파 신문들에 실린 기사는 다른 어느 곳보다 더 쉽게 그 코드를 알 수 있다. 역사책, 정치서적에 대한 서평에서도 이 점은 마찬가지다.

하지만 우리가 이 모든 신문들을 읽기는 어려우므로 중간 정도의 객관적인 상(像)을 얻고자 한다면, 탈출구는 두 가지뿐이다. 우리가 두 종의 신문을(즉 좌파 계열의 것 하나와 우파 계열의 것 하나를) 동시에 선택해 읽거나, 아니면 〈뉴욕 리뷰 오브 북스〉를 읽으면 된다.

3. 세계의 여성과 남성을 위한 지역학

　교양이 있는 사람은 여러 사람들의 모임에 기꺼이 참여한다. 이 모임은 오늘날 국제적으로 이루어진다. 그 참여 여부가 사람을 두 부류로 나눈다. 즉 국제적인 모임에도 참여하는 사람과 직장동료들만 만나는 사람으로 나뉜다.
　자신의 생활지평을 확장하고자 하는 사람은 영어 회화능력말고도 국제적인 사교매너를 갖추고 있어야 한다. 다른 사람에게 험악한 인상을 주는 것은 어렵지 않다. 이 인상을 주기 원하는 사람은 자기 주변의 동료들 사이에 통하는 것을 국제적 예절이라고 여기고 행동하면 된다.
　그러나 예컨대 이탈리아인이나 영국인 파트너를 매료시키는 편안한 매너와 매력을 소유하고 싶은 사람은 이 외국인들의 마음을 잘 이해할 수 있어야 한다. 즉 이탈리아인이나 영국인의 눈으로 세상을 내다볼 때 세상이 어떤 모습으로 보이는지를 파악하고 있어야 한다. 영국인은 어떤 사람을 문명인으로 여기고 또 문화인으로 여기는지를 알고 있어야 한다. 이탈리아인은 어떤 자화상, 신화, 선입견과 기대감을 머릿속에 가지고 있는지 알아야 한다. 독일에서는 정상적인 것으로 통하는 것이 외국에서는 어떤 모습으로 비치는지에 대해서 어렴풋이나마 감을 잡고 있어야 한다. 예컨대 미국인들은 독일어의 '당신Sie'이라는 말을 들으면 힘들어한다. 그래서 '너 Du'를 연습해야 한다.

외국인의 눈으로 본 독일

독일에 주재하는 미국인 광고 에이전트들에게 설문조사를 하면, 그들은 독일이 대외적으로 좋은 이미지를 형성하는 데 많은 문제가 있다고 말할 것이다. 이 문제들은 찰리 채플린을 닮은 아돌프가 집권한 이후에 생겨난 것이 아니다. 그전에도 독일인들의 자기 선전은 가련할 정도로 한심했다. 셰익스피어 시대에 독일인들은 배불뚝이 술꾼으로 맥주나 퍼마시고 삭막한 노래나 불러대는 민족이었다. 대략 괴테 시대에 와서 세계는 독일 문학, 독일 대학 그리고 독일의 지식인들을 발견했다. 사랑스런 독일의 이미지가 그제야 역사적으로 최초로 형성되기 시작했다. 지방대학에서 세계를 등진 채 사변에만 매달려 독창적이고 쉽게 이해되지 않는 고집스런 형이상학 시스템을 구상해내는 사변적인 지식인의 모습이 그 중심에 자리잡았다. 그는 기괴하지만 자신의 이익과는 상관없는 진리의 추구자였으며 인간정신의 어두운 부분을 탐구했다. 이 유형의 지식인은 그후에 『파우스트』 인물의 대중적 인기에 힘입어 '미친 과학자'의 상투적 인간상을 낳았다. 셀리의 『프랑켄슈타인』이나 칼라일Carlyle의 『의상철학(衣裳哲學)Sartor Resartus』에 나오는 토이펠스드뢰크 교수가 그 전형적인 모습이다.

이 이미지는 비스마르크에 의해 독일 제국이 건설되고 제1차 세계대전 직전에 빌헬름 2세가 군도를 잘그락거리며 출현함으로써 다시금 급변했다. 이때부터 독일인은 드르렁거리는 콧소리로 발음하는 외알안경 착용자, 위험스런 기계인간이 되었다. 제복을 입고 쇠갈퀴를 내리치며, 꼭지에 뾰족한 쇠붙이를 붙인 가죽 헬멧을 쓰고 있으며, 훈련을 통해 정상적인 인간의 모든 감정을 몰아냈으며, 인간의 언어를 명령어와 기관단총 소리 같은 경례소리로 축소시켜버린 모습이 되었다. 전쟁 중에 대중을 선동하기 위한 연설들은 이 이미지를 더욱 널리 유포시키고 고착시켰으며, 나치들이 권력을 잡았을 때 이들의 한술 더 뜨는 언행은 그 모습을 확증시키는 것처럼 보였다.

이때 나치들은 거기에 악마적인 것, 다시 말해 아주 냉정한 잔혹성과 아주 민감한 음악성이라는 이중적 성격을 특징으로 하는 광기를 톡톡하게 첨가했다. 바그너 음악을 듣는 일과 사람을 쳐죽이는 일을 번갈아 하는 아주 예민한 나치 친위대 대원은 그 전형적 인간상이었으며 미국 전쟁영화의 표준적인 인물이 되었다.

물론 외국인들 중에도 개화된 사람들은 이것이 편견에서 생겨난 스테레오 타입이라는 것을 안다. 그러나 그렇다고 해서 그들이 다른 독일인 이미지를 갖고 있는 경우는 드물다. 독일인 하면 머리에 떠올리는 이미지들 중에서 다음 세 가지는 항상 끼어 있다. 정신착란증의 성향, 촌스러운 모습, 그리고 빌헬름 2세 때 군국주의 형태를 띠게 된 야만적인 로봇의 이미지가 그것이다.

이런 이미지들은 독일 사회사의 특수성을 기억나게 한다. 즉 독일에는 다른 유럽 국가들과 달리 사회의 사교형식과 매너를 각인하고 주도하는 궁정과 대도시의 상류사회가 형성되지 못했다. 다른 모든 나라들에는 이 궁정 및 도시 사회가 서로 혼합된 특징이 있었다. 거기에서 남자와 여자가 동등권을 가지고 서로 만났다. 문명화의 척도는 여자를 대할 때 얼마나 많이, 미리 알아서 세심하게 배려하는가였다.

반면에 독일, 특히 프로이센에는 두 개의 특징적인 환경이 조성되어 있었는데, 여기에는 모두 여자들이 빠져 있었다. 그것은 다름 아닌 군사문화와 대학문화였다. 1871년의 독일 제국 통일 이후에 독일 시민사회의 행동방식에 깊숙이 파고든 두 가지의 기계적 모습, 즉 예비역 장교의 군사적 명령어조와 독일 교수의 허세와 과시적 행동이 바로 그 문화에서 비롯한 것이었다. 이 두 가지는 나중에 반권위주의적 시민운동으로 붕괴되었다.

독일인들의 사회양식이 1968년까지는 남성들의 자기 과시의 형태를 주축으로 이루어졌다면, 여성해방론은 다른 나라에 뒤떨어진 문명을 따라잡으려는 욕구에서 생겨났다. 이 여성해방론 역시 어느 정도 독일인 특유의 철두철미함을 가지고 남자들의 '심장교육'을 추진했고, 사회의 문화를 결정하는 척도는 사회의 유희형식(사교형식)이 남녀간의 의사소통을 얼마만큼이나 즐겁게 해주는가에 달려 있다는 점을 남자들에게 설득하려고 노력했다. 이 점에서는 여자들의 주장이 완전히 옳으며 독일 사회에는 아직도 이 주장을 실현하기 위해 보완해야 할 미진한 구석이 존재한다.

여기에서 독일인이 서구의 이웃 나라 국민들과 사귈 때 가장 중요한 결과가 생겨난다. 다른 사회와 비교해볼 때 독일의 매너라는 것은 아직 미숙한 청소년기의 상태에 머물러 있다. 울퉁불퉁하고 투박하지만 거기에는 때 묻지 않은 진실한 것이 담겨 있다든가, 아니면 신교도적이고 신뢰할 만한 것에 도덕성이 수태되어 있고, 숨기고 싶은 야만성의 성실한 맛이 곁들여 있는 것이라 할지라도, 미숙한 것은 사실이다. 어쨌든 그것은 도시풍이 아니며 우아하지도, 사랑스럽지도 않다.

사회의 유희형식 그리고 위트, 차밍, 리듬감각, 에스프리, 우아 따위의 덕목 및 재치 있는 모든 대화술은 독일에서 이제 막 개발되는 중에 있으며 여성론자들은 문명화의 전선에서 가장 힘든 일을 하고 있다. 그리고 이 일이 완성될 때까지는 독일은 문화교육을 받은 외국인들에게 매력적인 나라로 비칠 만큼 단번에 이미지를 변신하기는 힘들 것이다. 그래서 문화교육을 받은 프랑스인이나 이탈리아인에게 독일인들은 핸드폰을 든 (게르만족 이동기의) 서고트족처럼 느껴지는 일이 발생할 수 있다. 만약 독일 전체가 그렇다는 것을 외국인이 모른다면 그 매너상의 결함은 그 사람 개인의 것이라 오해할 수도 있다.

따라서 **제1계명**이 생겨난다.

외국인과 사귈 때는 당신의 태도에 사랑스러움을 첨가하라. 당신 스스로도 너무 지나치다 싶을 정도까지 그 첨가량을 최대한으로 늘려라. 그래야만 당신의 대화 파트너는 당신의 태도를 정상이라고 생각한다.

독일인들의 고통스런 과거에 대한 이야기가 나올 때는 다음을 유념하라. 당신의 대화 파트너는 자신의 국가와 자신을 하나라고 생각하는 당연한 애국심을 가지고 있다. 그는 독일인들이 광란에 가깝도록 참회하고 있다는 것에 익숙하지 않다. 당신이 그에게 참회의 예를 한 가지라도 제시하면 그는 이상하게 여길 것이다. 만약 당신이 독일인들을 단죄한다면, 그는 마음속으로 그 말에 장단을 맞추고 싶어도 예의상 더이상 동의하지 못해 마음이 불편해진다. 그렇다고 해서 그가 반대로 나치를 칭송하는 말도 할 수 없음은 자명하다. 따라서 상대방이 과거를 들먹일 때 당신은 참회자의 역할을 할 필요도 없으며, 도덕적 영웅역할을 맡을 필요도 없다. 당신의 대화 상대방은 독일의 범죄 경력에 집착하지 않는다. 당신이 참회의 연극을 연출해내면, 그는 기껏해야 독일인들의 불안정한 심리의 스테레오 타입이 아직도 공기 중에서 완전히 제거되지 않았다고 느낄 뿐이다. 상대방이 과거의 주제를 먼저 건드릴 때에만 독일인의 원죄에 관해 말하라.

그리고 죄악에 대해 여러분이 가까이에서 접촉한 것을 바탕으로 마치 정의의 사자인 것처럼 행동하지 마라. 예컨대 당신의 할아버지가 지금 계신 지옥을 방문해서 경험한 듯한 이야기를 늘어놓을 필요는 없다. 당신의 상대방은 피상적으로만 알고 있을 뿐 그런 것은 꿈에도 생각하고 있지 않다. 또 그에게 역사공부를 시키려 들지 마라. 그는 다른 역사공부를 했으며, 그 공부도 마찬가지로 유효하다. 민족주의 개념을 여기저기 곡괭이로 찍지 마라. 당신의 파트너는 민족주의가 민주주의와 나란히 손잡고 역사상에 등장했다고 배웠다. 민족주의는 그 당시 '민중 주권'이라고 불렸다. 독일의 민족주의는 아주 특수한 것이었다. 당신이 이 특수성을 설명하지 않으면, 상대방은 당신의 말을 이해하지 못할 것이다. 독일의 과거 역사는 예외적인 것이었지, 일반적인 것이 아니었음을 항상 유념하라.

이제 각 나라들에 대해 살펴보자. 이때 역사도 항상 일정 부분 소급해서 살펴볼 것이다. 물론 일반화할 때는 조심해야 한다. 이 말 자체도 일반화이며 따라서 항상 진리인 것은 아니다. 각각의 사회에는 고유의 표준들이 있으며 이 표준들에 의해서 서로간에 큰 차이가 난다.

미 국

미국인들의 집단적 경험은 우리 독일인들의 그것과는 아주 좋은 대조를 이룬다. 그들의 역사는 지속적인 성공의 역사다. 그 역사는 미국을 생겨나게 한 자유주의적 가치에 바탕한다. 독일인들처럼 역사의 안개 속에서 이미 완성되어 어른처럼 걸어나온 공동체라는 것이 그들에게는 존재하지 않았다. 그들은 이민(移民)이라는 개인주의적 행동을 통해서 미국인이 되었다. 거의 모든 미국인들의 가족사에는 그런 의지에 바탕한 행동이 시초에 놓여 있다.

따라서 집단의 멘탈리티는 어느 정도 이민상황에 의해 각인되어 있다. 이민자들과 이들의 2세 간에는 자꾸만 단절이 생겨났다. 자녀들은 완벽한 영어를 구사하는 미국인으로 성장했지만, 부모들의 영어는 불완전했다. 예컨대 이들은 고국이 폴란드라면 집에서는 폴란드어로 말하기를 좋아했으며, 본국의 옛사회에서 미국으로 가져온 부친의 권위적인 행동은 미국 사회에서는 불순하고 우습게 여겨졌다. 이것이 부친의 권위를 약화시켰고 모친과 여자들의 권위를 상대적으로 강화시키는 결과를 낳았다. 게다가 자녀의 사회적 통합기관은 학교였다. 학교에서는 여교사(남자교사는 드물었다)가 주도권을 쥐고 있었다. 학교생활은 이 신세대들로 하여금 여자들을 섬기게 만들었고 부친을 평가절하했으며 청소년들로 하여금 동년배의 '동류 그룹 peergroup'의 가치기준을 지향하게 만들었다.

다양한 문화를 지닌 수많은 이민자들의 통합을 촉진시키기 위해 미국인들은 헌법에 대한 충성을 강조하고 장려한다. 성조기를 바라보며 손을 가슴에 대는 경례법, 그리고 기회 있을 때마다 성조기를 혼신을 다해 흔들어대는 애국주의적 의식(儀式)이 발달하게 된 것도 거기에서 비롯한다. 우리는 이것을 호전적 민족주의와 혼동해서는 안 된다. 국기를 외국인에게 보이는 것이 아니라 이민자들과 이들의 후손에게 보이는 것이며, 이로써 이들을 상징을 통해 하나의 민족으로 융합시키려고 한다. 국기에 대한 의례는 미국인들의 자기 정체성에 대한 고백이다. 이 민족은 정치적 의지에 의해 형성되었으므로, 이것이 없으면 존재할 수조차 없을 것이다. 이들의 건국신화에 이미 새출발의 몸짓이 담겨 있다.

최초 이민자였던 청교도들의 정신은 이에 상응한다. 그들은 스펙터클한 생의 전환을 체험함으로써 인생의 새 장을 열었다. 미국 사회에서 그것은 새로운 시작의 드라마로서 신천지에 첫발을 들여놓는 일이었으며 열려진 미래를 향해 경계선을 넘는 감행이었다. 이 모험은 할리우드에서도 항상 새로이 영화화된다. 사람들은 그것을 '아메리칸 드림'이라고 부른다. 미국인들의 탁월한 순발력, 다시 말해 자동차 상표는 물론이고 직장, 집, 정신과 의사 그리고 교회를 언제라도 새것으로 바꾸는 순발력은 그러한 역사에서 비롯한다. 이 유연한 마음가짐은 경력과 공직(公職)을 중시하는 독일인들의 정신자세와 완전히 대조된다. 사람은 자신의 행운을 만드는 대장장이이기 때문에 스스로를 돕지 않으면 다른 사람의 도움을 받을 수 없다. 바로 그 감정이 겉으로 표현된 것이 순발력이다. 따라서 그들은 국가에 많은 것을 기대하지 않으며, 그 결과 독일인으로서는 전혀 이해할 수 없는 세계감정이 생겨난다. 즉 미국인들에게 국가는 당연히 있어야 하는 존재가 아니다.

유럽 각국에는 시민사회 이전에 이미 봉건국가가 존재했으며 시민들은 그 국가를 정복해 자기편으로 만들어야 했다. 반면에 미국의 초창기에는 이민자들의 사회만 존재했고, 이들이 나중에 국가를 건설했으며 무법자에 대항하는 법을 관철시켜야 했다. 서부영화에서 보면 보안관이 콜트 권총을 꺼내들고 마치 구약성서에서 모세처럼 법에 효력을 부여한다.

보안관의 월급은 주민들이 지불한다. 모든 미국인은 이것의 의미를 잘 알고 있다. 그들은 국가의 공무원을 그들을 위해 존재하는 직원으로 여긴다. 따라서 공무원이 제대로 일을 못하면 언제라도 해고해야 한다는 생각을 갖고 있다. 그들은 국가를 불신한다. 국가를 믿기보다는 자기 자신을 믿는다. 이런 태도가 모든 미국인들로 하여금 무기를 소지할 권리까지 주장하게 하는 근거가 된다.

이 모든 태도는 이웃이나 지역의 주민들끼리 자발적으로 뭉치게 하며 지역의 문제를 스스로 해결하게 만든다. 그 태도는 초창기의 개척 시대에 형성되었으며 더욱 강화되고 공고해졌다. 그 모든 것은 미국 사회를 개방적인 사회, 이웃을 돕는 사회가 되게 했다. 이 점은 독일에게는 낯선 것이며 동시에 오해를 일으켜 뿌리뽑기 힘든 선입견으로 독일에 고착되었다. 두 이웃이 서로 사귀게 되는 과정을 우리가 10등급으로 나누어 점수를 매겨본다면, 미국은 2등급이고 독일은 겨우 9등급이다. 즉 독일인들은 9등급 단계에서 만족하며 이 상태로 일생 동안 살아가겠다고 마음을 굳힌다. 따라서 독일인들은 미국인 친구가 이웃을 2등급의 열렬함으로 사귀고 인사하는 것을 보면 싱겁고 피상적인 사람이라고 여긴다.

그러나 두 민족은 서로 다른 문화적 코드를 가지고 살아갈 뿐이다. 미국의 코드는 사람들이 사귈 때 그 초기 단계에 이미 공동의 우물물을 함께 마시기 시작하는 역동적인 사회에 적합하다. 따라서 이들을 피상적이라 비난하는 것은 근거 없는 편견에서 비롯된 것이다. 오히려 미국인들이 우정을 배타적으로 실천하는 것이 아니라 개인을 떠나서 보다 일반화된 미덕으로 고양시키는 한에 있어서 그들이 더 사회적이라고 말할 수 있다. 하여간 미국인들이 사귄 지 얼마 되지 않은 이웃사람에게 자기 집 열쇠를 맡기고 여행을 떠나는 것을 볼 때마다 우리는 몹시 놀란다.

일반적으로 미국 사회는 경직되지 않았고 복잡하지 않으며 새로 온 이웃을 대할 때에도 처음부터 가장 좋은 측면만을 지닌 사람으로 전제하고 행동한다. 이 점은 독일에서는 전혀 상상할 수 없다. 미국인들은 쉽고 빠르게 사귀기 때문에 교제의 제2단계에 들어서면 말을 걸 때 성(예컨대 위더스푼 씨) 대신에 이름(예컨대 허버트)을 부르기 시작한다. 또한 경제성에 대한 그들의 감각으로 볼 때 두 음절은 너무 길어 낭비처럼 느껴지기 때문에 금방 "허브"라고 부르기 시작한다.

덧붙여 말하자면, 미국인들은 원칙적으로 미들네임을 하나 더 갖고 있으나 흔히 생략해서 사용한다(예컨대 Herbert M. Witherspoon). 이 미들네임은 아주 일반적이어서 사람들은 예수 그리스도를 농담삼아 지저스 H. 크라이스트Jesus H. Christ라고 부르기도 한다. 미국의 관청은 유럽인이 미들네임이 없는 것에 대해 당황스러워하기까지 한다. 이 중간 이름은 사람의 그림자와 같은 것으로 통하기 때문에, 이것이 없으면 마치 자기 그림자를 팔아먹은 슐레밀(샤미소A. von Chamisso의 소설 『페터 슐레밀의 놀라운 이야기 Schlemihls wundersame Geschichte』에 나오는 주인공 이름)이라도 되는 것처럼 의심어린 시선으로 쳐다본다. 따라서 미들네임이 없는 사람은 하나 만드는 것이 좋다. 이를테면 알렉산더 J. 호르스트만처럼 말이다. 여기서 J.는 그의 아버지가 샬케 04(독일의 유명한 프로 축구팀 이름—옮긴이)의 열렬한 팬이었기 때문에 유스코비야크Juskowiak(그 팀의 인기선수 이름—옮긴이)에서 따온 약어다.

성공에 대한 태도도 두 나라 사이에는 차이가 있다. 독일인들에게는 성공한 사람이 질시의 대상이 되고 따라서 불이익을 감수해야 하며, 정말로 정당하게 돈을 벌었는지 의심을 받는 반면에, 미국인들에게는 성공한 사람은 모범적인 사람으로 존경받으며 본받을 용기를 주는 사람이다. 미국인들이 성공한 사람을 좋아하는 이유는 성공한 사람이 모든 사람의 희망을 북돋아주기 때문이다.

따라서 미국인들은 원칙적으로 낙천적이다. 그들의 낙천주의는 자기 능력에 대한 신뢰의 신호다. 따라서 그들은 독일인들의 멜랑콜리 성향, 불만, 짜증, 우울 그리고 울고 싶어지는 마음을 이해하지 못한다. 그들은 문제가 있으면 이 문제에 실질적으로 접근하며, 착잡한 상념에 사로잡히지 않는다. 개인의 심리적 문제들에 대해서도 마찬가지다. 그들은 심리적 문제들을 치유 가능한 것으로 여기기 때문에, 미국은 정신과 의사와 심리분석학자들의 천국이다. 이 전문가들도 사람들이 언제라도 새로운 삶을 시작할 수 있다는 희망을 열어둔다.

 독일인들이 또 한 가지 알아야 하는 것은 미국 사회의 대부분은 솔직하게 종교를 고백하는 능동적인 기독교인들로 이루어져 있다는 사실이다. 그러나 이 종교심은 독일처럼 국가가 임명한 목사와 신부들에 의해 조직되는 것이 아니라 다양한 문화로 이루어진 자유로운 교회들에서 표현된다. 침례교, 메노교, 퀘이커교, 모르몬교, 루터교, 장로교, 재림교, 재생기독교, 유니테리언, 셰이커 교도, 애미쉬(암만) 등 수많은 교파들이 미국에는 존재한다. 대부분의 경우에는 칼뱅교에서 유래하고 있기 때문에(→ 역사), 이 칼뱅교가 미국의 공적인 언어생활을 성서 구절로 채색했다. 이것은 공동의 문화유산이지 결코 위선이 아니다.

 교회에서는 종교적인 것뿐만 아니라 사회생활의 큰 부분이 이루어진다. 어느 정도 자유로운 종교시장이 형성되어 많은 가능성들을 제공하고 있기 때문에 교회들은 적절한 홍보를 한다. 미국인은 이사를 가면 다니던 교회도 대부분 옮긴다. 침례교가 메노교보다 더 좋은 수영장을 갖고 있다면 이것은 아이들에게 아주 좋은 일이다. 청교도와 어느 정도의 유능한 사업수완과는 완전히 일치할 수 있으며, 청교도들에게 경제적 성공은 신의 은총으로 통하므로, 종교는 근대화와 배치되지 않는다. 교리를 확립하는 국가교회가 없어 종교와 학문 사이의 갈등도 적은 편이다. 이 모든 특징은 개인주의적 고백문화, 그리고 개인적인 신 체험의 강조와 더불어 종교심을 미국의 현대사회에 깊이 뿌리내리게 하고 있다. 이런 모습은 오늘날의 독일인들에게 너무 현란하게 비칠지도 모르겠다. 하지만 독일인들은 그것을 민주주의적 품성의 원천으로 존중해야 하는데, 미국인들은 그것을 근래에 와서야 우리에게 가르쳤다.

 미국은 바닥까지 민주주의적인 나라여서 거기에는 속물적 교양계층이 없다. 그러므로 미국인들을 만날 때 우리는 교양의 부족함이 탄로날까 봐 걱정할 필요가 없다. 그들은 이 원칙을 스스로가 아주 대범하게 관철시키고 있다. 따라서 미국인은 유럽에 대해서 항상 많이 알고 있지는 않다. 그

세계의 여성과 남성을 위한 지역학　　641

들은 반네-아이켈(노르트라인베스트팔렌North-Rhine-Westphalia주의 지명-옮긴이)을 전혀 모를 수 있으며 노르트라인베스트팔렌도 항상 그들의 마음속에 담겨 있지는 않다. 그들은 라인 강이 흑해로 흘러들어가며 독일의 수도는 으레 거대한 맥주집을 연상할 것이다. 가능한 일이다.

그러나 이 무지(無知)는 부분적으로는 미국의 건국신화에서 비롯된다. 미국인들은 새로 시작함으로써 유럽의 끝없이 복잡한 문제들에 등을 돌리고자 했다. 처녀와 같은 땅에 아담처럼 새로 자리잡은 그들은 유럽의 원죄를 말끔히 씻고 싶어했으며 잊고 싶어했다. 과거의 짐을 벗고 출발하고 싶었던 것이다. 따라서 그들의 무지는 일종의 무죄의 형식이다. 그 반대로 무엇에 대해서 약간 아는 것도 나쁘지 않다. 그것은 유식함을 자랑하는 것으로는 받아들이지 않는다. 왜냐하면 미국에는 이런 자랑이 전혀 존재하지 않기 때문이다. 그 대신에 중요한 것은 일단 말하는 내용이 재미있어야 한다는 것이다. 따라서 대중적 인기를 끌기 위해 노력하는 것은 결코 해가 되지 않는다. 미국에서는 거의 모든 사람이 그래야 한다. 사장이 직원들과 있을 때, 판매원이 고객과 있을 때, 교사가 학생들과 있을 때, 교수가 학생들과 있을 때, 시의원이 자신의 유권자들과 있을 때 그래야 한다. 미국에서는 독일보다 훨씬 많은 직책이 선거로 선출된다.

(특히 남자들끼리 있을 때) 공감대를 형성하는 화제는 스포츠다. 그리고 여기에서 우리는 미국인들의 혼에 접근할 수 있다. 미국의 양대 대중 스포츠는 야구와 미식축구다(럭비는 핸드볼과 비슷하지만 사실은 전투나 다름없다). 그 다음에 농구가 저만치 뒤따른다. 유럽식 축구는 미국에 오랫동안 알려지지 않았지만, 근래에 와서는 해방된 여성들의 독무대로 발전하고 있다. 따라서 미국인들의 사랑을 받고 싶은 사람은 야구와 미식축구의 규칙 그리고 대표적인 축구팀과 선수 이름을 외우고 있어야 한다. 이 두 가지 스포츠는 미국의 초·중·고등학교와 대학교의 사회생활에서 가장 중요한 영역이다. 미식축구에서 쿼터백을 맡은 선수는 소녀들의 우상이며, 소녀들도 치어리더로 게임마다 중요한 역할을 한다. 소녀들이 쳐다보고 있으면, 선수

들은 더 잘 싸운다.

　미국인과 교제할 때 이 모든 것으로부터 **제2계명**이 생겨난다.

　당신이 미국인 친구를 사귀는 특권을 갖게 된 것에 대한 기쁨을 열광적으로 거침없이 표현하라. 이로써 당신이 오랫동안 품었던 소원이 성취되었다는 것을 암시하라. 그가 말을 할 때마다 그의 사고의 독창성과 이것과 관련된 비전의 대담성에 대해 감동해서 마치 전신이 짜릿해지는 듯한 모습을 보여줘라. 그가 말을 할 때마다 감격스러워할 것이며 그의 분석의 깊이를 깨닫고 압도당하라.

　(참고사항 : 당신의 행동이 당신 스스로 느끼기에도 지나치게 과장되어서 상대방이 당신을 미친 사람으로 여기지나 않을까, 또는 그를 바보로 만들려는 저의를 갖고 있다고 오해하지나 않을까 하는 의구심이 생길 정도가 되어야 당신은 비로소 제대로 행동한 것이다. 이런 느낌은 당신이 독일식 표준을 갖고 있기 때문에 생기는 것일 뿐이다. 당신에게 지나치다고 느껴지는 것이 미국인들에게는 정상적인 것이다. 당신이 독일식으로 행동하면, 그는 당신을 차가운 물고기로 간주하거나 또는 자신을 불안하게 하려는 가면 쓴 나치로 여길 것이다.)

　당신이 상대방에게 반감을 유발하지 않았다면, 그는 당신을 '헤르베르트'로 불러도 되겠느냐고 물어볼 것이다. 물론 그것은 칭찬이며, 당신은 좀 더 생각해볼 시간을 달라는 말을 할 필요가 없다. 그리고 그가 자신을 '빌'이라고 불러도 좋다고 말하면 기뻐하라. 당신은 마치 레몬을 씹은 듯한 표정을 지을 필요가 없다. 미국인들은 사람을 부를 때 이름도 함께 부름으로써 친근감을 표현한다. 따라서 초기에는 상대방을 자주 빌이라고 불러라. 그럼으로써 우정이 공고해진다.

　미국인은 독일인에 비해서 기업가 정신이 강하다. 미국인은 미래에 대한 계획을 많이 세운다. 이것은 당신에 대한 상대방의 관심도 결정한다. 대략 5분이면(일부 연구자들은 3분이라고 주장하기도 한다) 그는 공동의 미래를 위한 구상을 전개한다. "저와 식사나 함께 하러 가시죠 아니 그보다는 당신이 주말에 저를 한 번 방문하시는 것이 가장 좋겠습니다. 당신이 몇 달

동안 와이오밍(미국 북서부의 주)을 방문하시는 것은 어떻겠습니까? 당신의 가족도 함께 오실 수 있습니다. 욕실이 여섯 개가 있으며 베른하르디너(개 품종의 이름)를 위한 자리도 있습니다……." 이제 당신이 한 가지 분명히 알고 있어야 할 점은 빌은 당신을 만나기 조금 전에 인사를 했던 숙녀에게도 그와 유사한 제안을 했다는 사실이다. 그것은 연습삼아 던지는 공일 뿐 진짜 초대가 아니다. 예수 그리스도가 말한 씨뿌리는 비유에 해당하는 구상일 뿐이다. 대부분의 씨앗은 돌밭에 떨어진다. 극소수만이 옥토에 떨어져 열매를 맺는다. 그 대화가 끝나자마자 곧장 와이오밍 행 티켓을 예약하는 것은 시기상조다. 그러나 빌은 당신이 그 게임에 참여하면 기분이 좋아진다. 긍정적으로 생각하라! 당신이 친구이며 이 우정으로 천지를 뒤흔들 수도 있다는 인상을 그가 가지게 하라. 좋은 분위기를 만들어라! 유머도 거기에 한몫할 것이다. 그가 약간의 자기 비판을 하며 자기를 상대화한다면, 그의 약간의 무례한 태도도 받아줘라.

그밖에도 우리가 알면 좋은 것은 미국은 부부의 나라라는 사실이다. 미국인들은 독일인들보다 빨리 결혼하며 이혼 후에도 더 빨리 재혼한다. 미혼자는 동성애자로 간주되는 경향이 있다. 초대할 때는 대화할 때와 마찬가지로 배우자를 포함시켜야 한다. 한 가지 특이한 점은 사람들이 처음 만나 소개할 때 대개 남자들만이 악수를 한다는 것이다. 식사를 할 때 미국인이 스테이크 덩어리를 칼과 포크로 먹기 좋게 미리 잘라놓더라도 이상하게 생각할 필요는 없다. 그는 이제 칼이 더이상 필요하지 않기 때문에 식탁에 내려놓는다. 오른손으로는 포크를 잡고 왼손은 테이블 아래의 무릎에 올려놓는다. 왼손은 콜트 권총을 잡는 데 필요하기 때문이다(서부 개척시대에 미국인은 상대방에 대한 경계를 늦추지 않았다).

영 국

영국과 미국은 영어를 사용하는 나라이므로 비슷할 것이라는 생각을 갖고 있다면 그 생각을 잊어라. 여러 면에서 영국은 미국과 정반대다.

우선 영국에서는 모든 것이 역사적으로 규정되어 있어서 비합리적이다. 그것은 이름에서 벌써 드러난다. 우리가 영국England이라고 말하면, 이것은 대브리튼Great Britain을 뜻한다. 브리튼 사람을 마주 대할 때 우리는 이 실수를 하면 안 된다. 스코틀랜드인, 웨일스인도 영국인이라는 말을 들으면 싫어할 것이다. 이것은 우리가 스위스인을 독일인이라고 부르는 것과 마찬가지다. 영국은 스코틀랜드를 한 번도 정복하지 않았으며, 스코틀랜드의 여러 왕들이 영국의 권좌에 오름으로써 두 나라를 통일했다. 스코틀랜드는 고유의 지성과 문학 전통을 갖고 있다. 스코틀랜드에서는 국민경제학(애덤 스미스Adam Smith 등), 그리고 역사소설(월터 스콧Walter Scott)이 창조되었으며, 스코틀랜드 고유의 계몽주의와 낭만주의(국민작가는 로비Robby라고 불리는 로버트 번스Robert Burns이다)도 있다.

대브리튼의 다른 켈트족 계열의 지역도 마찬가지다. 사람의 섬이라는 뜻의 웨일스, 노르디어랜드 그리고 콘월(언어는 코니쉬어Cornish인데 거의 사멸했다)도 고유의 역사와 전통을 가지고 있다.

즉 영국인은 섬의 일부 지역에만 사는 사람들이며 여러 그룹으로 나뉜다. 이들은 우선 각 지방에서 서로 다른 악센트를 갖는 방언을 사용한다. 계층별로도 언어는 편차가 있다. 영국은 미국과는 대조적으로 계급사회다. 이 신분 차이에 대한 기준은 언어와 발음방식이다.

독일에서는 발음이 그런 역할을 하지 않기 때문에, 영국의 언어적 특수성은 아무리 강조해도 지나치지 않다. 독일에도 지역에 따라 방언이 있다. 그러나 영국에서는 방언이 특정의 사회집단에 대한 소속을 표시하는 계층언어처럼 들린다.

상류계층에 속하는 사람은 옥스퍼드 영어나 퀸스 영어를 한다. 그것은 BBC 방송의 뉴스 아나운서가 말할 때 기준으로 삼는 표준에 대략 일치한다.

이 영어를 배울 수 있는 곳은 부모가 고등교육을 받은 경우에는 각 가정이며 그렇지 못한 경우에는 공립학교다. 미국과 달리 영국에서의 공립학교는 사립 기숙학교를 뜻한다. 여기에서는 고전과목들을 배우며 또한 학생이 신사 숙녀처럼 느끼고 행동하도록 교육한다. 영국 사람은 어떻게 말하고 어떻게 표현하고 어떻게 행동하는지에 따라 인격이 판단된다. 그 언행은 하층민의 언행과 분명히 차별화되기 때문에 사회에서 좋은 직업을 갖고 경력을 쌓으며 인정받게 되는 것을 결정한다. 뮤지컬 「마이 페어 레이디」(쇼의 희곡 『피그말리온』을 기초로 한 작품)는 꽃파는 소녀 엘리자가 숙녀로 대접받으려면 하층민의 어투를 벗어버리고 품위 있게 말해야 하는 것을 보여준다.

신분이 돈보다는(물론 돈도 있어야 하지만) 언어와 행동양식에 따라 결정되기 때문에 영국에서는 교육 시스템이 매우 중요했다. 계층 상승의 고전적 코스는 유명한 공립학교(이튼, 해로우, 럭비, 윈체스터, 세인트폴스, 차터하우스 등)와 옥스퍼드나 케임브리지 대학을 통과하는 것이다. 따라서 브리튼의 교육 시스템은 마치 상류층끼리 짜고 꾸며낸 음모 같다는 인상을 준다. 이 기관들에서는 모범적인 행동과 올바른 발음법을 배우며, 이것이 나중에 대기업의 최고경영자, 텔레비전의 사령탑 참모와 웨스트민스터의 권력 라인에 자리를 잡은 핵심인물들의 양식을 특징짓는다.

이 점은 외국인들에게 커다란 기회를 제공한다. 독일의 영어교과서는 그 점을 아직 충분히 인식하지 못했다. 독일의 어린 학생은 애당초 영어를 몰라서 영어 사투리도 없기 때문에 곧장 고급 발음의 영어를 배울 수 있다. 따라서 길만 제대로 들어선다면 그에게 성공의 문은 활짝 열려 있다.

그렇다면 세련된 브리튼 방식의 표준은 무엇일까?

영국에서는 귀족이 시민계층에 흡수되었다. 이것이 이른바 '신사문화 Gentleman culture'를 낳았다. 따라서 행동의 표준은 귀족적이다. 여기에는 자아 절제가 포함된다. 이 절제는 영국인들을 냉정하고 목석같이 보이게 만들었다. 이것은 이른바 '뻣뻣한 윗입술'이라 부르는 태도다. 지나친 감정의 표출은 아주 부적절한 것으로 여겨진다. 유일한 예외는 여자, 예술가 그리고 동성애자다. 이들은 자신이 틀렸다거나, 또는 자기 감정을 잘 다스리고 있지만 단지 연극을 하고 있을 뿐이라는 것을 암시할 수 있으면, 자기 감정을 표출해도 된다(하층민은 여하간에 자신의 감정을 표출해도 된다. 바로 이 점으로 말미암아 그들은 하층민에 속하게 된다. 그러나 다이애나 황태자비는 그 경계를 넘어섰기 때문에 하층민에게 그토록 인기가 있었다).

따라서 대브리튼에서는 행동이 냉정하거나 아니면 연극처럼 된다. 그 어떤 경우에도 분위기에 따라 넋 놓고 흘러가지 않는다. 여기에는 철칙이 있다. 즉 말을 삼가야 한다. 모든 것을 낮춘다. 연극화한다기보다는 탈연극화한다. 낮추는 연극을 하는 것이다. 이것은 자신과 관련된 모든 것에서 절대적인 규정이다. 그러니까 자신의 업적, 고통, 재능, 감정, 훌륭한 행동을 모두 낮추어야 한다. 작게 만들고 전혀 언급할 가치가 없다고 설득한다. 노벨상은 실수로 받게 된 것이라고 말한다. 마라톤에서 승리한 것은 구간 거리를 잘못 측정한 결과이며 귀족으로 상승한 뉴스는 아마도 이름을 혼동했기 때문일 것이라는 식이다. 다른 모든 표현은 오만하게 느껴질 것이다.

건방진 태도, 자신의 훌륭함을 과시하기, 잘난 척하는 행동은 절대 금물이다. 사람들이 겉으로 표현하지는 않지만 속으로 그런 행동을 독일적인 것으로 여겨 싫어한다. 이 선입견은 튜튼족의 오래된 기억에서 비롯한다. 즉 빌헬름 시대에 군도를 잘그락거리던 독일인들에 대한 기억이 오늘날까지 강하게 남아 있다.

또 한 가지 알아야 할 것은 문명인 대접을 받으려면 유머 감각이 있어야 한다는 점이다. 독일에서는 유쾌할 때 서로 팔꿈치로 상대방의 갈비뼈를 툭툭 치면서 무언의 동의를 구해야 하며, 또 농담을 할 때도 마인츠 사육제처럼 나팔을 불어 서로 양해를 구한 뒤에 하지만, 영국인들에게는 유머가 생활화되어 있다. 유머는 자신을 우습게 보이도록 해서 간접적으로 말하고, 자신을 상대화하는 능력이다. 그것은 자신의 중요성을 반대쪽에서 균형잡는 데 필요한 밸런스이며, 중요한 것을 어리석은 것으로부터 분리시키기 위해 빙빙 돌려야 하는 일종의 가소로움의 원심분리기다. 그것은 판단력의 면역체계이며, 풀리지 않는 모순과 패러독스들을 탐지하는 도구다. 그런 의미에서 그것은 민주주의에 속한다. 이것 자체도 "우리는 반대하기로 동의합니다We agree to disagree"(우리는 함께 투쟁하기 위해 하나가 되었습니다)라는 패러독스에 바탕을 두고 있기 때문이다. 공동체의 통일성은 지속적인 투쟁에 기초를 두고 있다. 광신자와 교조주의자는 패러독스를 만나면 대혼란에 빠진다. 따라서 유머는 풀리지 않는 모순을 잘못 틀어 뒤엉키게 하는 대신 견뎌내는 능력이다. 요컨대 유머는 이데올로기를 막는 방파제이며 (다른 모든 사람들에 대한) 최상의 민주주의적 자세의 표현이다.

따라서 유머는 브리튼 사람들의 유별나고 사랑스러우며 탁월한 민족적 기질이나 표현이 결코 아니다. 그것은 민주주의 자체의 형식이다. 대브리튼 사람들은 민주주의를 고안해냈기 때문에 이 유머도 고안해낸 것이며, 우리는 이 유머를 통해서 브리튼 사람들의 심장에 도달할 수 있다. 우리가 유머를 갖고 있다면, 거의 모든 다른 것들은 부차적으로만 중요할 뿐이다.

이런 자기 상대화가 바로 자아비판 능력도 구비하고 있음에 대한 신호가 된다. 이 두 가지를 자의식의 결여로 해석할 필요는 없다. 그 반대로, 이 두 가지는 바로 요지부동함과 원칙적인 자기 합의의 척도가 있다는 것을 증명하며, 줏대 없는 사람을 쉽게 와해시킬 수 있는 힘이 된다.

이런 자기 확신은 어떤 일에도 굴하지 않는 민족적 정체성에 의해 뒷받침된다. 그 감정은 미국의 경우처럼 계속 성공을 거둔 이 나라 역사의 결과다. 우리가 브리튼의 전형적인 것으로 생각하는 가치들, 그들이 수많은 전쟁에서 지켜낸 가치들, 예컨대 자유·민주주의·페어 플레이 그리고 문명과 관련된 일체의 가치들에 대한 그들의 일치된 신념은 그런 자기 확신에서 비롯되었다.

이 확신은 그들로 하여금 약간 콧대를 세우게 하며 브리튼과 무관한 것에 대해서는 무관심하게 만든다. 단 두 가지는 예외다. 문명화 과정에서 그들과 유일하게 경쟁했던 프랑스 그리고 함부르크 시의 귀족가문이 오버바이에른 사람들을 얕잡아보는 시선처럼 그들이 내려다보는 미국이 바로 그 두 가지다. 그들이 볼 때 미국 사람들은 사람의 기분을 전환시켜주는 틀린 악센트로 발음하는 코미디언들이다.

독일인들에 대해서 브리튼 사람들은 케케묵은 선입견을 늘 품고 있다. 그 이유는 대브리튼 사람들이 역사에 대한 기억을 잘 간수하기 때문이다. 그들은 현재의 체험보다는 고유의 전통에 따라 사고하고 행동한다. 대브리튼 사람들의 위대한 신화에는 양차 세계대전도 속한다(유럽에서 영국은 정복된 적이 한 번도 없었던 유일한 나라이며 이 점이 그 나라를 다른 나라들과 구별되게 한다. 그래서 그들은 전쟁을 회상하기 좋아한다). 이 기억에는 야만의 훈족 모습을 한 독일인들에 대한 기억도 속한다(마가릿 대처 여사가 독일인처럼 권위적이었기 때문에 그들은 그녀를 '아틸라 암탉Attila the Hen[아틸라는 게르만족의 대이동을 유발한 훈족의 왕 이름]'이라고 불렀다).

절반은 의식하고 있으며 절반은 자기 비아냥조이면서도 과거의 스테레오 타입을 포기하지 않는 이런 태도는 브리튼 유머의 일부이기 때문에 그것을 너무 진지하게 받아들일 필요는 없다.

이상을 요약해서 **제3계명**으로 공식화하자면, 좋은 매너와 자기 통제를 결합하라는 것이다. 피해야 할 것은 감정의 드러냄, 변덕 그리고 자기 감정을 남에게 강요하는 모든 형식이다. 긍정적인 감정을 표현하고 싶은 사람은 약간의 자기 반어적 태도를 첨가할 것이며, 또는 자신이 고삐를 쥐고 있거나 진지하게 생각하고 있지 않다는 것을 과장된 연극적 제스처로써 암시해야 한다. 특히 가소로운 것은 허풍을 치거나 잘난 척하며 뻣뻣하게 구는 태도다. 아무튼 상대방보다 더 많이 아는 체하는 것은 치명적이다. 자기에 관한 이야기를 할 때는 항상 실제보다 줄여서 말해야 한다. 대중 앞에서 강연을 할 때는 자신의 보잘것없는 이야기 때문에 청중의 시간을 빼앗게 되어 죄송하다는 식의 위트 있는 말로 시작해야 한다. 듣는 사람을 지루하게 하는 것은 거의 범죄행위다.

유머에 대한 감각이 있어야 문명의 최하단계에는 도달했으며 인간사회라는 클럽에 입장해도 된다는 표시가 된다. 독일인은 그 입장권이 취하 직전까지만 유효하다는 것을 감수해야 한다. 왜냐하면 인간은 언제라도 이성을 잃어버릴 수 있는 존재라는 것을 모든 브리튼 사람들은 잊지 않고 있기 때문이다. 우리가 그 혐의를 느긋하게 대응함으로써 없애주고, 그밖의 모든 매너 규칙들을 경쾌하고 매력 있게, 그리고 사랑스런 모습으로 준수한다면 우리는 그들에게 받아들여질 기회를 갖는다.

프랑스

각 지방별로 산산조각난 독일과 비교할 때 프랑스는 이성이 중앙집권적 정치형태를 택한 나라다. 그 형태가 무엇인지 윤곽이라도 알고 싶은 사람은 베르사유 궁전의 정원을 보거나 개선문 쪽으로 합류하는 파리 시내의 거리들을 보면 된다. 합리주의가 여기에서 태양같이 광휘를 사방으로 발산한다. 한 지점에서 나라 전체를 조망하며 동시에 그 반대 방향으로 한 다발의 시선이 모여서 중심부로 합류한다. 프랑스의 중심부는 파리다. 나라마다 수도가 있지만, 파리는 참된 의미에서 이 나라의 수도다. 독일에는 이런 의미의 수도가 한 번도 없었다. 나라가 스스로를 소재로 연출해서 관람하는 연극무대, 이리하여 나라가 자신의 모습을 개관할 수 있는 국립극장과 같은 곳이 바로 파리다. 여기에서 이 나라의 운명을 결정하는 민족적 드라마들이 공연되었다. 그리고 여기에서 나라 전체의 행동 모범이 되는 문화가 개발되었다. 이 행동문화는 대도시적이며 도시풍이며 세속적이며—영국과 비교할 때—현저히 연극적이고 그 형식이 완벽하게 규범화되어 있었다.

이와 동시에 프랑스는 중앙집권적 행정부를 발견한 나라다(→ 역사). 프랑스 혁명은 리슐리외Richelieu가 시작해놓은 것을 완성했을 뿐이다. 이것이 프랑스를 모든 사람이 준수해야 하는 규범들의 나라가 되게 했다.

이 말은 학교제도에 대해서도 유효하다. 프랑스의 학교들은 공부를 무척 많이 시킨다. '대학입학 자격시험'을 위한 '학기말 시험들'은 모두에게 평등하며 같은 날에 실시된다. 이런 제도가 모든 사람이 공유하는 높은 지식의 평준화된 수준을 보장한다. 물론 이 지식에는 고전작가들에 대한 것도 포함된다.

프랑스에는 언어도 표준화되어 있다. 파리가 나라를 통치하듯이, 프랑스 아카데미는 프랑스어를 중앙집권적 문법에 종속시켰고 무엇이 옳은 표현이고 무엇이 틀린 표현인지를 법령을 통해 확정한다. 현재 이 아카데미는 '컴퓨터', '하드웨어' 따위의 영어와 전쟁을 치르고 있다.

프랑스어의 스테레오 타입 같은 상투어들은 비교를 통해 얻어진 결과다. 독일인의 행동양식이 단순한 습관에 따라 생겨난 것이라면 프랑스인들의 행동양식은 현저히 표준화되어 있다. 어린이들에게는 공손의 규율들을 주입식으로 가르치며, 이리하여 일상의 시끄러운 말들 속에 존대말 표현들이 수없이 많다. 그중 몇 가지를 예로 들면 다음과 같다. merci, mon cher(감사합니다. 친애하는 당신), s'il vous plaît, madame(당신의 마음에 드신다면, 마담), bonjour, monsieur(안녕하십니까, 아저씨), excusez mon ami(용서하게나, 친구여), au revoir, mesdames(다시 봅시다, 숙녀분들). 이런 표현들은 말할 때마다 꼭 덧붙여야 한다. 이것들을 잊고 빠뜨리는 사람은 야만인이다.

특히 말을 할 때는 호감을 주는 호칭이 빠지면 안 된다. bonjour(안녕하십니까)만으로는 충분하지 못하다. 아니 호칭을 먼저 말했다면, 그 인사는 구태여 할 필요가 없다. 예컨대 동네 빵집에 들어가면 우리는 이 집의 주인을 비롯해서 거기에 모여 있는 남녀 모든 손님들에게 Messieursdames(신사숙녀 여러분)이라고 인사할 수 있다. 그러면 여기저기서 울려퍼지는 Madame(마담) 또는 Monsieur(아저씨)라는 답례의 인사소리를 듣게 될 것이다.

프랑스인들의 일상생활은 예로부터 이런 식으로 우애의 태양에서 비추는 따뜻한 빛에 항상 감싸여 왔다. 이 태양이 주변을 밝게 해주며 분위기를 고양시키고 사회의 온도를 높여준다. 이 태양은 우리가 늘 호흡하는 공기와 마찬가지로 당연한 것으로 받아들여진다. 이 태양이 눈에 띄게 될 때는 갑자기 먹구름 뒤로 사라질 때뿐이다. 최종적인 교육개혁을 통해서 프랑스어가 잔해만 남게 될 때조차도 이 표현들을 마땅히 배워야 한다.

하지만 이 경우에 독일인이 한 가지 알아야 할 것은 프랑스인들은 언어 속물이라는 점이다. 그들은 프랑스어를 인간의 언어가 발전한 최고의 형태라고 믿으며 인간의 사고를 분명하고도 우아하게 표현할 수 있는 유일한 언어라고 생각한다. 즉 말할 만한 가치가 있는 유일한 언어라는 것이다. 따라서 야만적인 언어만을 더듬거리며 말하는 사람들에 대해서 그들은 동정심과 경멸이 뒤섞인 감정을 갖고 있다. 그들이 보기에 독일어는 음정이 틀린 지방 사투리이며, 구름 낀 감성상태, 정신착란 형태, 그리고 끝없는 심연의 사상을 표현하기에 적당한데, 다행스럽게도 프랑스인들에게는 그것에 이르는 길이 폐쇄되어 있다.

독일인이 그들의 존경심과 호감을 얻으려면 프랑스어의 문법을 정확히 알고 발음을 정확히 할 수 있어야 한다. 무엇보다 중요한 것은 선명하고 또렷한 발음이다. 교정하려다 개악하는 결과를 빚는 온갖 실수, 잘못된 발음은 독일이 프랑스를 재침략하고 있다는 인상을 그들에게 심어주며, 그 민족의 가장 신성한 자산을 세속화하고 박대하며 괴롭히려는 시도로 해석된다. 프랑스어 회화를 잘할 수 없거나 거의 할 수 없는 사람은 여러 상황에 잘 들어맞는 우아한 프랑스어 산문 구절을 외워두었다가 기회가 닿을 때마다 읊조리는 것도 좋은 방법이다. 그 구절이 구체적인 대화의 맥락과 맞지 않아서 상대방을 어리둥절하게 할 수도 있겠지만 그 구절은 적어도 말하는 사람이 이성이 있는 사람이며 교육만 잘 받으면 제법 쓸 만한 사람이 될 수 있다는 것을 상대방에게 깨닫게 해줄 수 있다.

말하는 형식이 얼마나 완성되어야 좋은 태도로 통하게 되는지에 대한 기준은 상대방과 자신이 얼마나 친숙한 관계이며 사회적 지위가 얼마나 동등한가의 여부에 따라 달라진다. 프랑스어에도 독일어처럼 존칭(vous당신)과 친칭(tu너)이 있다. 프랑스어에서는 존칭이 독일어에서보다 더 빈번하게 사용된다. 부부간에도 서로 존대말을 쓰며, 많은 가정에서 자녀가 부모에게 존칭을 쓴다. 이것은 독일과 다른 점이다. 친한 깡패들끼리 통용되는 식의 우정, 어깨를 툭툭 치기, 그리고 친숙한 말투는 부적절하며 환영받지 못한다. 이런 형식의 교제는 프랑스인들에게 그 시작을 맡기는 편이 좋다. 차별화된 교제형식에 대한 그런 엄격함이 존재하기 때문에, 설익은 청소년식 행동은 금방 버릇없는 것으로 느껴진다.

그보다는 약간의 수사학적 장식을 과도하게 사용하는 편이 낫다. 그 표준은 독일보다 단연 높은 수준에 있다. 프랑스에서는 최저수준이라 느껴지는 필수적인 수사학적 표현이 독일인들이 보기에는 지나치게 과장되었다는 느낌을 줄 것이다. 물론 독일에서도 편지들은 아직 다음과 같은 결구로 끝난다. "가장 뜨거운 인사를 거듭 드리오며 소생은 당신 곁에 머물러 있겠습니다. 사랑하는 자애로우신 부인이시여. 당신의 가장 충직한 하인 올림." 하지만 이런 식의 독일어는 좀 지나치게 멋을 부린 느낌을 준다. 그러나 프랑스에서는 그런 문체가 아주 정상이며 거기에서 조금만 모자라도 냉담하게 들릴 것이다.

첨예화된 수사학의 이런 수준이 정치와 사회 분야의 의사소통 방식도 특징짓는다. 이 점에서 프랑스는 영국과 완전히 대조된다. 영국은 겸양이, 프랑스는 과장이 미덕이다. 영국인이나 독일인의 시각으로 볼 때, 프랑스의 과장은 가소롭게 보일지도 모르겠으나 그 시각은 감정 표현을 자제하는 편인 독일과 영국의 문화적 코드로 그 과장을 번역했기 때문에 생긴 오해에서 비롯한다. 즉 독일인들에게는 객관적 신빙성의 코드가, 영국인들에게는 자기 절제의 코드가 있다. 반면에 프랑스인들에게 수사학은 연극성을 허용하는 라이센스이며, 감정의 격앙은 즐거운 연극 공연이다.

최근에 드디어 프랑스인들과 정치적 밀월관계에 들어간 독일인들은 독일 문화의 정체성의 탄생에 대한 기억을 그들과의 관계 속에서 가다듬어야 할 것이다. 이 정체성은 프랑스가 독점한 문화로부터 독일이 해방됨으로써 형성되었다. 독일은 이성 만능의 계몽주의에 대한 대안적 문명으로서의 입지를 확고히 굳혔다. 즉 합리성 대신에 신비주의를, 이성 대신에 감성을, 우아한 매너와 연극성 대신에 진실과 객관적 신빙성을 새로운 문화로 내세웠다. 하지만 이 새로운 문화가 프랑스의 연극성이 문화적 코드라는 것을 망각하게 만들었다. 연극성은 자아와 자아의 역할 사이의 거리를 명확히 구분해준다. 다시 말해 우리가 태도를 연출함으로써 다른 사람들이 우리를 보다 쉽게 이해할 수 있음을 연극성이 보여주며, 이때 연극성은 우리 자신의 민감한 감정 변화를 고려해주며, 상대방을 우리의 원색적인 충동과 관심사항에 무방비상태로 노출되지 않도록 보호해준다. 연극성은 기본적 예의다. '태도maniera'는 원래 '꾸미기', '양식(樣式)'이라는 뜻이었다. 양식 없이는 문명도 없다. 객관적 신빙성의 고향인 독일과 비교해볼 때 프랑스인들은 양식과 양식화를 강조한다. 이것은 사람을 소외시키는 것으로 느껴지지 않는다. 일종의 연극적 규칙이 사회를 지배하지만 이 규칙에 대해 대자본과 결탁했다고 문제 제기를 하는 프랑스인은 아무도 없다(독일에서는 1968년의 학생운동 시기에 그런 문법을 문제삼아 해체하고자 했다). 따라서 사랑스러움, 재치, 매력, 우아, 그리고 여성에 대한 깍듯한 배려에 대한 보편적인 기대 수준은 매우 높다(이들 대부분이 프랑스어 개념인 것도 우연이 아니다).

   프랑스가 처세술의 나라이며 세련된 생활방식의 나라라는 것은 누구나 안다. 거기에는 잘 다듬어진 요리와 레스토랑 문화도 속한다. 프랑스는 또한 가정의 나라이기도 하다. 가정의 결속과 배타성은 독일보다 더 강하다. 따라서 가정의 분위기는 아주 각별하다. 이런 이유에서 프랑스인들은 사람을 집으로 초대하는 경우가 드물다. 숫제 레스토랑으로 초대한다. 한 가정을 방문한다는 것은 커다란 신뢰의 표시이며 거기에 상당한 보답을 해야 한다.

   이 모든 것으로부터는 프랑스인과 교제하기 위한 **제4계명**이 생겨난다.
   즉 품위 있으면서도 지나치리만큼 좋은 발음의 프랑스어를 하도록 노력하라. 인사를 하거나 양해를 구하거나 헤어질 때, 그리고 그밖의 모든 사교적 형식에서 상대방을 우선 칭호("선생님", "마드모아젤" 따위)로 부르는 것을 잊지 마라. 거의 모든 사회생활에서, 예컨대 낯선 사람일지라도 어깨를 서로 건드릴 정도로 근접하게 되는 상황에 이르면 가볍게 예의를 표하는 것을 잊지 마라. 정중함, 사랑스러움, 그리고 이런 태도에 부합하는 수사적 표현에 관한 프랑스인들의 기준은 독일보다 훨씬 높고 엄격하다.

독일에서 지나치게 들릴 것도 프랑스에서는 보통일 뿐이다. 이런 차이는 연극성에 대한 양 국가의 서로 다른 견해에서 연유한다. 독일에서는 연극성이 기만의 형식이지만 프랑스에서는 사회적인 것의 독자성에 대한 수긍이며 듣는 이와 청중에 대한 깍듯한 인사다. 프랑스에서는 연극성이 사회적 역할 게임의 구성요소이며, 양식이 의식적으로 운용된다. 이 게임의 완전한 숙달이 사회를 즐겁게 만든다. 프랑스의 저 유명한 '처세술'도 바로 여기에 기초를 두고 있다. 따라서 좋은 사회인이 되게 하는 모든 미덕들, 예컨대 위트, 순발력, 언어 구사능력, 수사술, 그리고 대화의 모든 기술이 독일보다 훨씬 높게 평가된다.

스페인과 이탈리아

지중해의 이 두 나라는 두 가지의 결정적인 공통점을 가지고 있다. 하나는 종교개혁을 겪은 적이 없는 가톨릭 국가라는 점이며, 다른 하나는 비록 근대 초기에 근대화의 첫출발을 한 선발 그룹에 속하지만 그 경쟁에서 비교적 뒤늦게 목표점에 골인한 국가라는 점이다. 따라서 그들은 어느 정도 전통적인 특징들을 보존하고 있다. 이런 특징은 스페인에서 더 선명하게 보인다.

우리는 스페인의 여러 지역을 엄격히 구분해서 보아야 한다. 피레네 산맥 그리고 바르셀로나가 중심도시인 지중해 북쪽 연안 사이의 산악지역은 카탈로냐로 불린다. 이 지방은 고유의 정체성과 언어를 갖고 있다. 민주주의 제도가 도입되던 초기부터 이 지역에서 강력한 독립운동이 확산되었으며, 이 운동이 카탈로냐 말을 고유의 통용어로 인정받게 만들었다. 카탈로냐는 스페인의 나머지 지역보다 공업이 더 발달했다. 그 때문에 사람들은 유럽 계몽주의의 전통에 대해 더 강한 의무감을 느꼈고 내전이 발발했을 때 공화주의 편을 들었고 스스로를 유럽에 더 가깝다고 느꼈으며 동시에 유럽의 예술 발전에도 크게 기여했다. 특히 바르셀로나는 유럽 청년양식 (동물, 식물 따위를 펜화로 그린 20세기 말의 장식적 예술사조)의 본산이다.

이밖에도 포르투갈 북쪽의 북서부 지역에는 고유의 언어인 갈레고 Gallego를 말하는 갈리치아가 존재한다. 그리고 프랑스와의 접경지대인 북부지역, 즉 비스카야와 구이푸츠코아에는 특이한 고깔모자를 쓰고 테러조직 ETA으로 유명하며 인도게르만어와 계보를 달리하는 언어를 사용하는 바스크족Basken이 있다.

그러나 스페인의 심장국가는 카스티야Kastilien, 즉 카스티야들의 나라다. 여기에서 무슬림인들의 나라 재탈환운동이 시작되었으며 그 문화와 언어가 스페인을 특징지었다. 여기에서 일반적으로 말할 수 있는 것은 스페인에는 강력한 시민계급이 형성된 적이 결코 없었다는 것, 이 계급의 유대인들이 일찍이 추방당했다는 것이다. 스페인의 사교문화는 그 어느 나라보다도 강하게 귀족계급에 의해 각인되었다. 귀족은 자신들이 경제활동, 노동과 일상의 빵을 벌기 위한 고생과는 거리가 있다는 것을 강조함으로써 자기들의 생활양식의 우월성을 과시했다. 과시적인 느긋한 걸음걸이, 축제문화, 사교, 연애 따위의 이미지 연출이 거기에 기여했다. 사람은 지고의 존재이며 자유로우며, 목숨을 부지하기 위한 물질적 조건과 일상의 수고에 행동이 종속될 필요가 없다는 것이 그로써 불문율화되었다.

삶에 대한 그런 태도는 사람들이 명예라고 부르는 것으로 집약되었다. 명예는 남성의 화려함이 귀족적으로 채색된 불문법이다. 거기에는 유쾌한 우월감, 대범함, 우호적인 태도와 남성다움이 속한다. 공처가, 성(性)무능력자이기 때문에 마누라에게 들볶인다는 소문은 명예로운 남성의 치욕이며, 그는 이런 소문을 퍼뜨리는 자에게 도전장 던지기를 전혀 주저하지 않는다.

따라서 우리는 북유럽인들이 아주 매력적으로 느끼는 연극을 스페인에서만이 아니라 이탈리아에서도 거의 매일 구경할 수 있다. 즉 낮잠시간이 끝나고 나서 늦은 오후시간이 되면 모든 도시의 큰 광장에 젊은 남자들은 애인을, 젊은 가족은 자녀들을 데리고 나타나서 어슬렁어슬렁 산보를 하며 자신들을 과시한다. 그들은 이때 일요일의 우아한 나들이옷을 차려입는다. 남자들은 그런 식으로 유쾌하고 근심 걱정 없는 모습으로 그들에 대한 일체의 소문, 예컨대 사업이 망했다거나 불행하다거나 이혼했다거나 하는 소문을 불식시킨다. 그들의 명예가 오점 없이 확고하다는 것을 과시하는 것이다.

따라서 이탈리아와 스페인 같은 지중해의 가톨릭 국가는 소위 '치욕사회'인 셈이며, 이 사회는 북유럽의 프로테스탄트 국가들의 '죄 사회'와 구분된다. 치욕사회에서는 명예의 개념이 아직 생생히 살아 있다. 이 사회는 남녀 역할이 구분된 전통사회를 전제로 한다. 왜냐하면 명예는 남성의 이미지와 연계되어 있기 때문이다. 이미지 정책은 양식에 대한 감수성을 예민하게 키우며, 그 결과 스페인이나 이탈리아 남자들은 결코 반바지 차림으로나 슬리퍼만 신은 채로 거리를 돌아다니지 않으며 항상 우아한 양복을 입는다.

우리가 스페인과 이탈리아를 이해하려면 그들이 이렇듯 귀족적이고 남성적으로 자신을 양식화한다는 것을 이해해야 한다. 특히 남자들이 시간 문제에 대해 대범해서, 이를테면 시간 약속을 할 때 먼 날로 약속시간을 정하거나 일의 완료기간을 길게 잡는 것 따위도 그 양식화 때문이다. 그들은 이로써 자신들이 일이나 사업 때문에 자유로운 시간을 제한받고 싶어 하지 않는다는 것을 표현한다. 그들은 일의 계획의 노예가 되기보다는 주인이 되고 싶어한다. 즉 즉각적으로 계획을 구상하고 새로운 상황에 맞춰 그 계획을 다시 수정하는 행동을 되풀이함으로써 그들은 일의 주인으로 남고자 한다. 오늘 일이 끝나지 않으면, 내일은 아마도 끝날 것이다. 미래는 열려 있다. 미래는 무엇 때문에 존재하는가? 현재를 즐기는 데 방해되는 것을 미래로 연기해놓기 위해서가 아니겠는가? 확실한 것은 현재뿐이다. 미래는 현재의 거추장스런 모든 것을 밀어넣는 헛간이다.

시간에 대한 이런 귀족적 주권이 이탈리아에서는 스페인만큼 일반화되거나 극단화되지는 않았을지도 모른다. 하지만 명예가 남성의 화려함의 형식이라는 점은 이탈리아도 스페인과 마찬가지다.

이 모든 것에서 **제5계명**이 생겨난다.

즉 스페인 그리고 부분적으로는 이탈리아가 시간 문제에 관련해 이처럼 대범한 태도를 가지는 것에 대해 우리는 아직 신용사회가 미성숙했기 때문에 생겨나는 결함이라고 판단하면 안 된다. 이런 판단은 지중해 사람들의 세계관을 우리의 미덕관념의 잣대로 측정하는 셈이다. 약속시간을 지키지 않는 것은 시간을 사용할 줄 모르는 무능함이 아니라 자유의 과시이며, 자신의 삶을 계획해서 모든 자발성을 약탈당하는 것을 거부하는 몸짓이다. 최고의 가치는 일과표와 주별, 월별 계획표를 노예처럼 지키는 것이 아니라 오직 대범하고 품위 있는 양식의 삶에 적합한 주권의 과시다.

따라서 우리는 스페인과 이탈리아 사람들과 사귈 때 인상을 찌푸린다거나 짜증을 내는 행동을 일체 해서는 안 된다. 그것은 다분히 우리가 부자유스럽다는 것에 대한 반증일 뿐이다. 명예는 그 어떤 '태도'와 관련이 있기 때문에, 흥분하면 명망이 높아질 수 없다. 이 점에서 스페인에는 이탈리아보다 더 엄격한 척도가 있다. 이탈리아에서는 화가 나면 화를 내도 된다. 물론, 화를 낼 때 이 화에 멋지고 인상 깊은 연극적인 형식을 부여해서 주변 사람들을 즐겁게 하거나 감동시켜야 한다. 분노를 참아야 할지 아니면 터뜨려야 할지 확실치 않은 찌푸린 감정상태에서 건성으로 중얼거리는 말은 환영받지 못한다.

이탈리아에서는 대략 이탈리아 오페라를 기준으로 하는 품위 있는 또는 감성적인 연극성의 표준이 사람들의 태도를 규율한다. 이탈리아보다 더 귀족주의적인 스페인에서는 잘 다듬어진 품위의 더욱 엄격한 척도가 존재하며, 이 척도는 예컨대 플라멩코의 절제된 힘과 투우사들의 동작에서도 표현된다. 그 어떤 경우에도 사람들의 태도는 형식에 대한 잘 개발된 의식을 통해 조정되며 이 라틴 국가들을 관광객들에게 매력 있는 나라로 만든다. 이 나라 사람들의 진심에 도달하는 지름길은 우리가 그들의 우아함, 품위 그리고 대범함을 인정하고 경탄하는 것이며, 그들의 연출예술에 매료되는 것, 완벽한 형식을 추구하는 그들의 본능과 주체적인 행동거지 앞에 경의를 표하는 것이다.

오스트리아, 스위스 그리고 네덜란드는 특별한 범주에 속한다. 이 나라들은 독일과 그밖의 유럽 국가들 사이의 중간지점에서 타협을 이루어냈다. 따라서 그들은 나름대로 독일의 고민을 함께 가지고 있으며 또한 이것과 경계를 긋는 문제를 가지고 있다. 그들의 행동을 보자면, 성공한 남자들이 공들여 쌓은 명성을 문중의 한 녀석이 여자들을 살해하여 위태롭게 만들기 때문에 자신들은 이 살인자와 친척이 아니라고 힘주어 강조하고 차별화를 추구하는 양상이다.

오스트리아

오스트리아인들은 독일인들과 마찬가지로 자아 정체성의 문제에 심하게 시달리고 있다. 왜냐하면 그들도 사실은 독일인이기 때문이다. 최소한 1870년 이후로 그들은 독일인이었으며, 그 다음에 1918년에는 스스로 독일인이 되고자 했으며, 1938년에는 그들의 동향인인 아돌프 히틀러의 도움으로 그것을 쟁취했다. 그들은 1945년에 이르러서야 자기들이 오스트리아인들이며 독일인들과 아무런 상관이 없다는 것을 발견했다.

물론 이런 식의 의식은 수많은 단절과 모순을 겪는다. 그들의 주장이 정말로 옳다면, 독일 민족의 신성 로마 제국의 수도가 빈이었으며 합스부르크 가(家) 사람들이 이 제국의 황제들이었다는 사실도 아울러 부인해야 할 것이며(현대적인 의미에서 수도라는 개념이 거기에 적용될 수 있는지는 물론 의심스럽지만), 제2차 대전이 끝날 때까지는 오스트리아인들이 전형적인 독일인들 중의 하나라는 것을 의심했던 사람이 아무도 없었다는 것을 설명할 길이 없다. 바로 이런 이유들로 인해서, 오스트리아인들은 여타의 독일인들과 구분되지 않는다. 독일 제국이 오랫동안 정치적으로 분할되어 있었기 때문에, 모든 독일지역 주민들, 예컨대 바이에른인, 프로이센인, 라인 지역인들, 슈바벤인들, 한자 도시인들 등은 모두 독일인이 되었던 것이다.

1945년에 이르러서야 두 나라가 이혼했다. 오스트리아는 나치의 파렴치한 행동에 대해 함께 책임을 지고 속죄하고 싶지 않았다. 그래서 그들은

1938년에 독일인들이 '합병'이라는 이름으로 잔인하게 자기들을 점령하고 겁탈했다고 제스처를 썼다. 이 연극은 역사적으로 볼 때 틀린 것이지만(실제로 그 합병은 오스트리아 국민의 대환영을 받았고, 반유대인적 만행도 확연히 행해졌으며 대중적 지지도 있었다), 전혀 이해되지 않는 것은 아니며 원칙적으로 그들도 난처해하고 있다는 것을 의미한다.

이런 이유에서 오스트리아에서는 독일의 수준에 육박하는 '과거 청산'이 이루어지지 못했다. 또한 독일과 같은 '반권위주의적인 운동'도 일어나지 못했다.

제국주의적 왕궁과 수도 빈을 가지고 있는 오스트리아는 이리하여 독일어권 나라들 중에서 유일하게 귀족주의적으로 채색된 행동을 하는 '좋은 계층'을 형성한 나라다. 오스트리아는 동시에 독일의 나머지 지역과는 반대로 반나폴레옹 독립전쟁 당시에 독일의 민족운동에 동참하지 않았고 따라서 그들의 자아 이해 역시 그다지 반프랑스적이 아니다. 그리고 70년대에 나치즘에 대해 문화혁명으로 대응했던 '반권위주의' 운동에도 동참하지 않았다(예컨대 나치의 기병대 장교출신인 발트하임이 계속 연방 대통령의 직에 머물러 있었다).

그 결과 오스트리아 사람들의 행동방식은 여전히 세련되어 있다. 즉 그들은 독일인들보다 훨씬 다정하며, 특정한 일에 몰입한다든가, 노이로제에 걸린 듯이 집착하지 않는다. 이것은 아픈 역사의 기억을 현재의 필요한 일들에 부합시킨 결과다. 요컨대, 이들은 프로이트 할아버지의 가르침에 따라서 어두움을 힘껏 억제하고 내쫓았으며, 그 결과 아주 고무적인 성공을 거두었다. 물론 그들은 이것을 이룩할 수 있었다. 즉 그들이 몰아낸 것이 무엇인지 알고 싶을 때마다 그들은 북쪽의 국경 너머를 바라보면 되었다. 거기에는 큰형(즉 독일)이 악몽에 시달리다가 광인이 되고 마는 광경이 벌어지고 있었다.

이제 독일인들이 한 가지 피해야 할 점은 오스트리아인들을 완전한 독일인이 되다 만 우스운 전(前)단계 사람처럼 취급하는 행동이다. 그들은 외츠 계곡에서 발견된 기원전의 빙하인간이 아니다. 그들은 오스트리아 사투리를 사용하더라도 아무도 자신들이 희극배우라고 생각하지 않는다. 그런 식의 언동은 경멸로 받아들여진다.

스위스

오스트리아인들과 반대로 스위스인들은 자신들의 특별한 위상을 고수할 만한 충분한 근거를 역사 속에 가지고 있다. 그들은 자신들의 자유를 방어하기 위해 적극적으로 투쟁했고 오랫동안 불굴의 존재임을 입증했으며 민주주의 제도를 갖춘 독자적인 다문화적 공동체를 발전시켰다. 이 독특한 공동체는 고유의 촌놈정신에 특기할 만한 국제적 입김을 불어넣었다. 이 입김은 세 곳에 근원을 두고 있다. 즉 스위스는 3개국 공용어(독일어, 프랑스어, 약간의 라에토로망어가 섞인 이탈리아어)를 인정하고 대도시 손님들을 위한 호텔 영업, 세계은행, 국제연맹, 적십자(스위스의 발명품) 따위의 수많은 국제기관들의 발원지였다.

게다가 현대사에서 스위스는 유럽 민족끼리의 자기 살육과 분열의 소용돌이에서 한 발 물러서 있는 데 성공했다. 스위스는 그로써 독일인들이 끝없이 겪는 정신적인 상처와 몰두, 노이로제를 면제받았다. 물론 나치들이 압수했던 유대인들의 재산을 스위스 은행이 맡아서 현금화해준 일이 최근에 드러나 돈세탁 국가라는 소문이 났기 때문에 스위스도 당분간 자신의 정체감의 위기를 겪고 있다. 하지만 이것은 일시적인 가벼운 발열일 뿐이며, 스위스가 이런 문제에 전혀 익숙하지 못하기 때문에 그 사건이 눈에 띌 뿐이다.

귀족주의적 배경을 갖는 오스트리아와 반대로 스위스는 아주 시민적인 나라다. 스위스의 종교는 여러 가지가 섞여 있지만―최초의 칸톤(州)들인 우리, 슈비츠 그리고 운터발덴은 가톨릭이다―대도시들이 유럽 프로테스탄트교의 급진적 흐름의 보루가 되었기 때문에 스위스의 문화는 대체로 단일한 색채로 채색되어 있다. 취리히는 츠빙글리파의 도시가 되었고, 바젤은 종교개혁의 메카, 그리고 제네바는 칼뱅주의의 중심이 되었다. 이로써 스위스는 프로테스탄티즘, 시민성과 철저한 민주주의적 정치전통을 가지게 되었고, 독일이 처음부터 근대화의 민주주의적 도정을 걸어왔다면 지녔을 모습을 보여주었다. 이것은 모순을 낳았다. 독일과는 반대로 스위스에서는 무엇이 민주주의적이라고 애써 증명할 필요가 없다. 사람들은 자신이 진짜로 민주주의적인 사람이라고 증명할 필요가 없으며 과시할 필요도 없다. 정보보호법은 미약하며, 정부의 활동은 종종 베일에 가려져 투시가 불가능하다. 이것은 특히 연방 민의원들(주정부의 각료)의 이름을 아는 사람이 드물기 때문이기도 하다. 그리고 비밀경찰은 비밀리에 행동을 한다. 이는 (정부의 불가시성만 예외로 하면) 영국과 미국도 다르지 않다. 이것은 역사가 오래되고 지위가 확고한 민주주의의 증세다.

그들의 간단없는 시민적 자기 확실성은 그들이 현대사의 경악스러운 참상을 체험하지 않았기 때문에 생겨난 것이라고 생각하기 쉬운 독일인들에게는 그것이 구 프랑크족의 유물처럼 느껴진다. 하지만 이는 착각일 뿐이다. 이런 인상은 스위스의 사투리나 통례적인 독일어인 슈비처뒤치 Schwyzerdütsch어(語)에 의해 더욱 심해진다. 이 언어는 막힘없이 술술 풀려 나오는, 이해하기 어려운 특별한 언어처럼 들리기도 하고, 어떤 때는 딱딱 끊어지면서 명확히 들리는 악센트를 갖는다.

슈비처뒤치어는 바디시어Badische 또는 엘제시시어Elsässische와 마찬가지로 알레만(구 게르만족) 계열의 사투리다. 언어적으로 볼 때 그것은 저지 독일어Platt보다 고지 독일어Hochdeutsch에 가깝다(→ 역사). 발터 폰 데어 포겔바이데Walther von der Vogelweide의 중세 고지 독일어 문학은 현대 표준 독일어보다 이 슈비처뒤치어로 낭송할 때 더 제 맛이 난다. 슈비처뒤치어는 모음의 변화가 다양하며, 취리히뒤치어는 베른뒤치어와 많은 차이가 있다. 물론 여기에서 우리는 구어에 대해서만 말하고 있다. 표기할 때는 표준 독어나 문어를 사용한다. 그러나 근래에 들어와서 텔레비전 매체에서 슈뷔처뒤치어를 많이 사용하면서부터는 단일화 경향이 확인된다. 공개적인 행사들(강의, 연설, 의회 토론)에서도 표준독어가 슈뷔처뒤치어에 밀려나고 있다. 이런 추세는 스위스가 독일에 대해 점차 더 많은 거리를 취하고 있음을 엿보게 한다.

스위스인들이 자신들의 역사를 배경으로 바라볼 때 독일인들이 반권위적 문화혁명을 통해서 시민적 덕목을 모두 뱃전 너머로 던져버린 것은 도무지 이해가 되지 않는 부분이다. 과거에는 독일에 전형적이던 것이 지금은 스위스에만 발을 붙이고 있는 것이 있다. 이를테면 연대성, 질서의식, 현학성, 과업을 완수할 때의 성실성, 제품을 생산할 때의 정밀성, 그리고 유럽의 평균보다 훨씬 수준 높은 청결과 예의범절 및 표준과 규칙에 대한 확고히 정착된 신념 등이다.

독일과 스위스는 아주 가까운 친척의 나라이지만 역사적 경험은 완전히 다르기 때문에, 양국간의 상호 이해는 언제 폭발할지 모르는 오해의 지뢰밭과도 같다.

스위스인들은 오직 한 가지만 독일에 대해 열등감을 가지고 있다. 그들은 독일인들이 더 좋은 독일어를 말하고 있다고 생각한다. 하지만 그들은 언어적으로 볼 때 실제로 독일인들보다 더 우수하다. 즉 그들은 두 가지의 독일어를 유창하게 구사하며, 게다가 세 가지의 모국어를 확보하고 있다. 그 어디를 보더라도 그들은 더 우수한 독일인이며, 그렇기 때문에 더이상 스스로를 독일인이라 칭하지 않는다.

네덜란드

오스트리아와 스위스가 독일의 젊은 남매라면, 네덜란드는 사촌이다. 고지 독일어 대신에 저지 독일어가 독일의 보편적인 독어가 되었다면 네덜란드는 언어적으로 오늘날 스위스의 역할을 할 것이다. 네덜란드어는 니더라인(프랑크)계의 플라트Platt(발음이 영어와 비슷하다. 예컨대, Was ist das?를 Wat ist dat?로 발음한다)어다.

스위스에 해당하는 여러 가지가 네덜란드에도 해당한다. 우선 급진적 프로테스탄티즘과 민주주의적 시민문화가 무역 중심도시들에서 형성되었기 때문에 독일로부터 분리독립했다(1648년 베스트팔렌 조약). 네덜란드는 17세기에 유럽의 강대국이 되었으며, 오늘날은 문화·출판 그리고 관용의 중심지라고 자부할 만하다. 유럽의 도망자와 망명자들이 네덜란드로 도피했으며 유대인들은 유럽의 그 어디보다 이곳에서 잘살았고, 논란이 되는 중요한 책들 중에서 여기서 출판되지 않은 것은 거의 없었다.

따라서 나치가 점령했을 때 협력했던 일은 그만큼 더 아픈 상처를 그들의 마음속에 남겼다. 수많은 네덜란드인들은 그 일을 회상하면서 자신들이 타락했다는 자괴감을 가지고 있다. 독일인들이 자신들의 좋은 품성을 도둑질해갔다고 그들은 믿는다. 따라서 네덜란드는 독일의 만행을 유럽의 이웃 국가들 중에서도 가장 많이 뼛속 깊이까지 느끼고 있는 나라다.

오스트리아, 스위스 그리고 네덜란드는 자아 정체감의 상당 부분을 독일과 자신들을 차별화함으로써 확보하고 있는 나라들이다. 비록 독일인들이 항상 그것을 고려할 필요는 없다 할지라도, 역사적 전제들에 대한 공부를 통해서 그 점을 이해하고 있어야 한다. 그러면 독일인들은 그런 차별화에 대해 과민반응을 하지 않아도 될 것이다. 오스트리아, 스위스 그리고 네덜란드 사람들과 관계를 맺을 때 독일인이 특히 유의해야 할 점은 그들을 어떻게 대할 것인가가 아니라, 그 나라 사람들이 독일인을 어떻게 대하는가에 관한 것이다. 즉 그 나라 사람들은 독일인이 역사적으로 너무나 가까운 나라의 사람이기에 일부러 독일인에 대해 분명한 거리를 유지하고자 한다. 독일인은 그 점을 이해해야 한다.

여기에서 독일인은 어떻게 행동할지에 대해 갈피를 잡기 어려운 패러독스에 빠지게 된다. 즉 이웃 나라에 부화뇌동해서 독일인마저도 독일인 자신에 대해 거리를 둔다면, 이웃 나라는 독일인을 존중하지 않게 될 것이다. 그렇게 거리를 두면 그들은 독일인과의 차이가 없어질 것이기 때문이다. 따라서 과거를 뉘우치는 독일인의 지나친 참회의 태도에 대해서 그들은 냉담하다. 오스트리아는 독일인들의 참회를 곤혹스러워하며, 스위스인들은 그것을 품위없는 행동으로 여기며, 네덜란드인들은 그것을 자기네들을 화나게 하기 위해서 하는 위선이나 뻔뻔한 행동으로 여긴다. 그 반대로 나치의 목소리로 회귀하는 것 역시 허용되지 않는다. 이웃 나라 사람들은 그 회귀를 목청을 돋우어 비난할 것이다. 물론 그 회귀에 대해서 이웃 나라 사람들은 내심으로 환영할 것이다. 그로써 나치 독일과 자신들을 차별화할 수 있기 때문이다. 독일인들은 이 모순을 풀 수 없다. 사태가 더욱 꼬이지 않도록 그저 모순을 참을 수밖에 없다. 이웃의 환호가 독일을 법치국가, 민주국가로 만드는 것이 아니라 독일인 스스로의 확신이 그것을 만든다. 독일인은 그런 확신을 갖고 있어야만 이웃 나라 사람들의 환호도 받는다.

4. 지능, 재능 그리고 창조성

우리의 정신은 어떻게 기능하는가? 이것에 대해서는 최근의 가장 성공적인 학문 분야에 속하는 신경생물학(뇌 연구), 지능 연구 그리고 인지과학이 서서히 그 실제적인 모습에 근접하는 연구결과를 내놓고 있다.

여기에서 핵심적인 내용은 우리의 뇌가 하나의 완결된 체계라는 사실이다. 개미떼가 개별 개미들의 단순한 총합이 아니며, 하나의 텍스트가 거기에 포함된 단어들의 총합이 아니듯이, 뇌의 특성은 그 구성요소들의 속성들만으로는 설명이 불가능하다.

예컨대 뇌연구가인 민스키Minsky는 그의 저서 『멘토폴리스*Mentopolis*』에서 뇌를 수많은 각종 부서, 라인, 구조 그리고 심급(審級)순서를 갖는 관청에 비유했다. 각 부서 자체는 (우리가 관료주의적 시스템에서 보아서 알 듯이) 전혀 정신을 가지고 있지 않다. 그것들이 협력할 때만 의식이 '출현'한다. '멘토폴리스', 즉 뇌에서 그것은 대략 다음과 같이 작용한다. 어떤 사람이 "푸딩 좀 드시죠"라는 권유의 말을 들었다고 하자. 이 순간 그의 뇌 속에서는 '푸딩 복합체'가 연상된다. 이 연상된 상(像)은 다른 부서들에게 그 말을 통보하는 메신저 역할을 한다. 이 통보는 크기, 형태, 색채를 관장하는 여러 부서들을 잠에서 깨운다. 형식담당 부서는 그 통보를 받고 나서 '경계가 불규칙적인 젤타입'이라는 신호를 회신하며, 크기 부서는 '접시 바닥 정도의 면적'을, 색채 부서는 '초록색'을 회신한다. 이로써 맛있는 그 음식에 대한 표상이 완벽해진다. 이제 "드시죠"라는 권유가 주무 부서 '인식' 산하의 각종 메신저들의 조직을 활성화시킨다. 이 주무 부서는 외부로부터 들어오는 자극들에 대한 인상을 받아들일 뿐만 아니라 뇌의 다른 부서들의 보고도 전달받아 처리한다. 그동안 이미 그 '맛있는 음식' 표상이 생겨나 존재하며, '인식'은 이 표상에 상응하는 대상을 찾는다. 그래서 대상이 발견되면, '인식'은 '상(像)의 윤곽'을 생산한다. 푸딩이 있는 장소가 탐지되어 그 윤곽 속에 기록되며, 그 다음에는 주무 부서 '포착'이 통제권을 이양받는다. 즉 '포착'이 푸딩 부서로부터 전달된 정보와 그 윤곽을 활용해서 필요한 근육들을 움직여 푸딩을 잡게 한다.

이 예는 최상급의 행정기관들의 협력만을 묘사한 것일 뿐이며 (늘 그렇듯이) 모든 하위직 보고자, 현장 담당자 그리고 여비서들은 고려하지 않았다. 이 기능직원들이 없다면 그 인지체제는 작동하지 않을 것이다. 다만 그들은 그 자체로 떼어놓고 보면 전혀 정신을 가지고 있지 못하다. 그들은 단지 유전정보에 따라 프로그래밍된 하위급의 전문인력들일 뿐이며 이들이 모여서 고차적인 행정체계들을 구성한다. 이것들의 협력이 비로소 정신을 낳는다. 모순되게도 바로 이 기능 분화가 정신의 전체성을 가능하게 한다. 또한 최상급 기관들 차원에서도 대화가 이루어져야 그 행정체계는 기능한다. 멘토폴리스 사회에서는 모든 일이 언어, 감성 그리고 의식을 통해 이루어진다. 이 말은 하급 차원들에서는 모든 것이 묵묵히 이루어진다는 것을 뜻하기도 한다.

우리는 아무 생각 없이 걸어다니며, 아무 생각 없이 생각한다. 최상급 부서들은 생각을 언어형식으로 치환함으로써, 원래의 복잡한 생각을 정리하고 단순화시켜 사고한다. 의식이라는 것은 하급 메신저들을 통제 목적으로 언어로 단순화시켜 놓은 것이다. 게다가 감정이라는 것이 있어서, 각 부서들간에 갈등이 생길 때에도 그 행정체계가 계속 작동하도록 조정하는 기능을 한다. 가장 유력한 메신저들은 자신의 경쟁자들을 물리치기 위해 그 감정을 이용한다. 그리고 '자아'라는 것은 모든 것들보다 우위에 놓인 신적(神的)인 통치자가 아니라 멘토폴리스의 조정 부서일 뿐이다. 이 부서는 행정체계 전체가 너무 급속히 구조 변화를 겪지 않도록 통제한다. 만약에 이 조정 부서가 없다면 정신은 온갖 저항과 불쾌한 경험들에 대항해서 자신의 목표를 관철해낼 수가 없을 것이다.

이 모델에 따르면, 뇌는 외부 자극의 직접적 인지와는 극히 부분적으로만 관계한다. 뇌의 활동 대부분은 뇌 자신의 인지를 대상으로 한다. 그런 점에서 볼 때 이 체계는 자신이 생산한 자료, 서류, 과정 그리고 정보 공문들을 처리하는 행정체계와 아주 유사하다. 뇌는 외부 자극들이 주어지면 혼란스러워할 뿐이다. 이 자극들은 체계 내부의 일련의 수속을 거쳐야만 그 정체가 확인 가능한 윤곽을 얻는다. 뇌의 능력의 2퍼센트만이 외부의 직접적 인지에 종사하며, 98퍼센트는 내부의 절차에 관여한다.

지능과 지능지수

뇌 활동의 대부분이 뇌의 자기 관찰에 관여한다는 사실은 머리가 좋은 사람이 뛰어난 기억력을 갖고 있으리라는 유추를 하게 한다. 즉 기억용량이 큰 우수한 뇌가 내부 절차상의 일을 잘 처리할 수 있을 것이다. 실제로 많은 연구자들은 신동들을 대상으로 연구한 결과 이들이 모두 비범한 기억력을 갖고 있음을 확인했다. 이 말은 배우, 수학자, 작곡자 그리고 바이올린의 대가들에게도 마찬가지로 해당됐다.

비범한 재능의 소유자들에 대한 연구는 당연히 학계에서 격론을 불러일으켰다. 그 중 하나는 이탈리아의 의사 겸 범죄학자 체사레 롬브로소(Cesare Lombroso, 1836~1909)의 연구에 의해 촉발되었다. 그는 자신의 저서 『천재와 광기 Genie und Irrsinn』(1864)에서 천재와 광기가 연관성이 있다는 테제를 내세웠다. 여기에 대해서 미국의 냉정한 연구자들이 이의를 제기했다. 이들은 지능을 구성하는 요소들이 무엇인지를 우선 규명하고자 했다. 그래야만 그것들을 측정할 수 있기 때문이었다. 그 결과로 나온 것이 IQ, 이른바 지능지수였다. 이 IQ는 100을 기준으로 하며, 이 점수를 넘는 사람은 자신이 속한 사회 사람들의 평균 지능을 웃도는 것이며, 그 이하는 그 반대다. 그러니까 사회구성원 전체의 지능지수 분포곡선은 정확히 대칭적이다. 따라서 그 곡선은 '종(鐘) 곡선'이라고도 불린다. 헤른슈타인Herrnstein이 머레이 Murray의 재능 유전에 관해 저술한, 아주 논란이 많았던 책의 제목도 『종곡선The Bell Curve』이다.

지능지수를 측정하는 방법은 사람에게 여러 가지 유형의 과제를 내서 풀게 하는 것이다. 이를테면 개념들을 배열하기, 수학적 수열을 완성하기, 도형들을 맞추기, 일련의 단어들을 암기해서 외우기, 신체를 지시하는 대로 회전하기 등이다. 표준적인 테스트는 비네-시몽이 마련한 것이다. 130의 점수를 얻은 사람은 아주 머리가 좋은 사람이며 140이면 천재의 문턱에 서 있다. 이런 열기를 식히고 천재-광기 콤플렉스를 극복하기 위해 오늘날은 천재라는 말 대신에 재능이 뛰어나다는 말을 많이 사용한다.

뛰어난 재능과 광기는 서로 관련이 있을 것이라는 생각은 이미 20년대에 경험적으로 극복되었다. 미국의 재능 연구가 터먼Terman은 IQ가 140이 넘는 우수한 사람들을 대상으로 최초로 장기간 연구했다. 거기에서 밝혀진 것은 대부분의 우수한 사람들은 생활력이 평균 이상이고 심리상태도 안정되어 있으며 신체적으로도 평균 사람들보다 더 건강하다는 사실이다. 이로써 천재 개념은 어느 정도 하향평준화되었고 엘리트의 후광에서 해방되었다.

게다가 IQ라는 것 자체도 논란의 여지가 없지 않다. IQ가 대부분 천부적으로 타고나는 것이라는 사실이 발견되고 나서는 특히 격렬한 논쟁이 붙었다. 그 발견은 모든 유토피아적 교육이론들에게 하나의 적절한 멀미를 씌웠다. 왜냐하면 지능은 사회적 환경의 영향에 종속된다고 가정할 때에만, 교육을 통해서 사람을 고차원의 인식에 이르게 할 수 있기 때문이다. 물론 이런 설명은 모든 지진아들에게는 부담을 덜어주는 위안이다. 즉 이들이 재능경쟁에서 탈락한 이유는 이들의 재능이 부족해서가 아니라 적당한 환경의 좋은 자극이 없기 때문이다.

따라서 60년대 말엽에(그러니까 유럽의 학생운동이 한창이던 때에) 옌센A. R. Jensen과 아이젠크Eysenck가 지능이 개인별로 차이가 나는 이유는 80퍼센트가 유전에 의한 것이라는 지능 연구결과를 발표하자, 언론과 대학에서는 그 주장에 대해 결사적으로 저항했고, 아이젠크는 그 와중에 런던 경제학교에서 강연을 하던 중 테러까지 당했다.

아이젠크는 자신의 주장을 입증하기 위해 시릴 버트Cyril Burt의 연구결과를 전거로 내세웠다. 버트는 지능 연구와 쌍둥이 연구의 개척자였다. 즉 서로 다른 환경에서 자라난 일란성 쌍둥이를 연구한 그는 이들이 서로 다른 환경에도 불구하고 성인이 되었을 때는 IQ가 동일하다는 것을 알아냈다. 이 연구결과에 대해 학계의 불만은 대단히 커서 사람들은 그가 데이터를 변조했다고 주장했고, 이 주장이 근거 없는 것임이 밝혀졌는데도 그에 대한 비판의 고삐를 늦추지 않았다. 앞에서 언급한 책『종 곡선』이 발표되었을 때에도, 이런 모든 일이 똑같이 되풀이되었다. 또 폴커 바이스Volker Weiss가 사람들의 지능에 대한 사회통계학적 연구결과를 발표했다가 독일의 인류학회에서 제명되었을 때도 그런 일이 있었다.

이로써 영국의 사회학자 미카엘 영Michael Young이 2033년의 관점에서 저술한 유토피아적·풍자적 에세이에서 예언했던 상황이 아이러니컬하게도 성취되었다. 독일에서 통합형 고등학교(인문계와 실업계의 교과과정을 병행하는)를 도입하기 위한 논의가 한창이던 때에 쓰여진 이 에세이에는 "재능인들이 다스리는 세상"이 되어가는 과정이 묘사되어 있다. 이 시나리오는 우선 사회학자들이 노동자계급 출신의 재능 있는 학생들을 막고 있던 계급 장벽을 철거하는 일에서부터 시작된다.

그러나 그들은 이 학생들이 자신의 출신성분을 떠나서 엘리트 계층으로 상승하면서 벌어지는 일을 보고 경악스러워한다. 사람의 경력을 오직 교육과 재능에만 기초하게 한다는 원칙이 최종적으로 관철되면서 세상은 바보들의 하류계층과 재능인들의 상류계층으로 이분화된다. 이 과정에서 사회학자들은 페이지를 넘겨서 "가장 유능한 사람에게 길을 열어주자"는 원칙을 공략한다. 재능인들의 상류계층이 이제 자신들의 기득권을 유전의 원칙으로 고수하려고 하자, 바보들의 집단적인 불만은 폭동으로 분출한다. 그래서 21세기 초에 반(反)재능주의적 사회변혁이 일어난다. 그 다음에는 이 책의 출판인이 유감스러워하며 보고하듯이, 작가 자신도 그 와중에 희생제물이 된다.

IQ의 유전 가능성에 대해 저항한 사람들은 미카일 영의 에세이에 나오는 재능 없는 사람들과 똑같이 행동했다. 그들은 그로써 저 유명한 '프로크루스테스Procrustes의 오해'의 희생물이 되었다. 이 이야기는 고대 그리스에서 유래한다. 아테네의 국민이 민주주의를 도입한 지 얼마 안 되어 최고위원회는 학술원 의원인 프로크루스테스에게 아테네인들의 불평등을 심리 및 신체 측정방식으로 경험적으로 정리하라는 연구과제를 맡겼다. 프로크루스테스는 즉시 작업에 착수해서 저 유명한 침대를 제작했다. 그는 이 침대의 길이에 사람들의 키를 똑같이 맞추기 위해 몸을 잡아당겨 늘리거나 잘라서 똑같게 만들어놓은 다음에 학술원에 이렇게 보고했다. 모든 아테네인들의 키는 똑같습니다. 이 결과는 아테네의 최고위원회를 경악케 했다. 프로크루스테스는 민주주의의 본질을 오해했던 것이다. 그가 믿기로는 법 앞의 평등과 동등권은 인간 자체의 동등함에서 유래한다. 그러나 그는 열렬한 민주주의자였기 때문에 그 차이를 모두 제거했다.

그러나 민주주의는 사람들의 동등함을 믿는 것이 아니라 사람들의 불평등을 부정할 뿐이다. 남녀 성별, 출신, 피부색, 종교 그리고 재능의 차이가 존재한다는 것을 민주주의는 부인하지 않는다. 민주주의는 이것들에 차별을 두지 않는다. 이로써 인간의 본성과 사회는 서로를 묶는 고삐에서 풀려난다. 사회는 인간 본성의 연장이 아니며 서로 다른 본성을 선택하여 십분 활용한다. 정치는 모든 천성적인 차이를 무시하고 열어놓기 때문에 우리는 이 차이를 다른 곳에 이용할 수 있다. 그래서 가정은 남녀간의 차이에 바탕을 두고 세워진다. 여자들이 결혼 상대자로 남자들만을 선호하는 것은 차별이 아니다. 그리고 교육제도들은 재능의 차이를 이용한다.

다재다능과 창조성

아주 재능이 뛰어난 사람들에 대한 질투와 시기는 그 근거가 점점 없어졌다. 왜냐하면 재능 및 지능 연구에서 그동안 많은 변화가 있었기 때문이다. 중앙집권적인 IQ는 수많은 지능요소들로 분할되었으며 이것들은 서로 간에 직접적 관련이 없다고 여겨지고 있다. 이 분야의 연구사를 요약한 하워드 가드너Howard Gardner의 책 『마음의 신과학The Mind's New Science』(1985)에 따르면 지능의 종류로는 (타인을 이해하는) 대인(對人) 지능, 균형 있게 행동하는 신체 운동 지능, 언어 지능, 수학 논리 지능, (대상들을 허구공간 속에서 상상하는) 공간 지능, 마지막으로 음악 지능이 있다. 이 여섯 가지 기초 지능의 분리(고립, 구분)는 함정으로 가득 찬 방대한 분량의 테스트와 복잡한 연구의 결과다. 여기에 속하는 것은 교통사고 환자가 뇌를 다쳐 언어 능력은 상당히 파괴되었으나 음악 지능은 온존돼 있는 것을 확인한 연구, 여러 능력들간의 무관성(상호 영향력이 없음)에 대한 실험결과, 여러 가지 독립적인 상징체계(언어, 이미지, 음향 따위)의 인접성, 그리고 이 지능들 중의 하나만이 엄청나게 탁월한 경우들에 대한 연구다.

신동들 중의 한 사람은 본인이 직접경험적 지능 연구의 창시자가 되었다. 그는 찰스 다윈의 사촌 프랜시스 골턴Francis Galton이다. 그는 지문학(指紋學), 다시 말해서 범죄자를 손가락 지문으로 확인하는 방법을 고안해 냈다. 골턴은 태어난 지 두 돌 반이 되었을 때『파리 잡는 거미집Cobwebs to catch flies』을 읽었고, 예닐곱 살 때에는 체계적으로 곤충과 광물을 수집했으며, 여덟 살 때에는 14~15세가 수강하는 수업을 들으러 다녔고, 열다섯 살에는 버밍햄의 종합병원 의대에 합격했다. 이 모든 행동들을 정상인의 지능과 비교해보면 그의 IQ는 거의 200에 달했다.

터먼은 골턴의 전기를 읽고 나서 감동한 나머지 동료 학자 콕스Catherine

Cox에게 역사상 유명한 남녀의 IQ를 입수 가능한 자료들에 근거해서 측정해보도록 고무했다. 콕스는 복잡한 코드를 사용해서 3백 명의 위인들을 골랐고 이들을 3명의 심리학자에게 각자 나름대로 테스트 해보도록 했다. 이리하여 역사상의 천재들 3백 명에 대한 세계 랭킹 리스트가 생겨났다. 처음 열 명에 대한 랭킹 리스트는 아래와 같다.

1. 밀John Stuart Mill
2. 괴테Goethe
3. 라이프니츠Leibniz
4. 그로티우스Grotius
5. 매콜리Macaulay
6. 벤담Bentham
7. 파스칼Pascal
8. 셸링Schelling
9. 할러Haller
10. 콜리지Coleridge

정상을 달리는 밀(1806~73)의 유년시절에 대해 우리는 자서전을 토대로 아주 정확히 알 수 있다. 그는 세 살 때 이솝 우화를 그리스 원서로 읽었고 그 다음에는 크세노폰의 『아나바시스Anabasis』(소아시아 원정기―옮긴이), 헤로도토스Herodotos, 디오게네스 라에르티오스(Diogenes Laertios. 그리스의 철학사가―옮긴이), 루키아노스(Lucianos. 그리스의 풍자작가이며 소피스트, B.C. 120~180년경―옮긴이) 그리고 이소크라테스(Isocrates. 그리스의 연설가, B.C. 436~338―옮긴이)의 저술들을 읽었다. 일곱 살에 플라톤의 초기 대화들을 읽었고 부친의 감독하에 수학 연구를 시작했다. 그는 기분 전환을 위해 플루타르크를 번역했고 흄의 영국사를 읽었으며, 여덟 살 때는 어린 동생들에게 라틴어를 가르쳤다. 이런 식으로 베르길리우스(로마의 서사시인, B.C. 70~19―옮긴이), 리비우스(Livius. 로마의 작가, B.C. 284~204―옮긴이), 오비디우스(Ovidius. 고대 로마의 서정시인, B.C. 43~A.D. 17 – 옮긴이), 테렌티우스(Terentius. 로마의 희극작가, B.C. 186/185~159 – 옮긴이), 키케로(로마의 정치가 겸 작가, B.C. 106~43 – 옮긴이), 호라티우스(로마의 문학자, B.C. 65~68 – 옮긴이), 살루스티우스(Sallustius. 로마의 역사가, B.C. 86~34 – 옮긴이) 그리고 아티쿠스(Atticus. 로마의 문학자 겸 역사학자, B.C. 110~32 – 옮긴이)의 책들을 읽었으며, 다른 한편으로는 그리스 고전작가 아리스토파네스Aristophanes, 투키디데스Thucydides, 데모스테네스Demosthenes, 아이스키네스Aeschines, 리시아스Lysias, 테오크리트Theokrit, 아나크레온Anacreon, 디오니스Dionys, 폴리비오스Polybios 그리고 아리스토텔레스에 대한 연구를 진척시켰다.

그러나 그의 주관심 분야는 역사였다. 그래서 그는 '즐거움을 유용하게' 만들자는 취지에서 네덜란드의 역사와 로마의 헌법사를 집필했다. 셰익스피어, 밀턴, 골드스미스Goldsmith 그리고 그레이Gray를 제외한다면 그의 독서대상은 문학작품이 아니었다. 동시대인 중에는 스콧만이 언급되고 있다. 그의 증언에 따르면 밀의 유년시절의 가장 큰 즐거움은 실험적 학문이었다. 그는 12세에 논리와 철학 연구를 시작했고, 13세에는 정치・경제학의 복잡한 과정을 이수했다. 그의 부친은 경제학자 애덤 스미스와 데이비드 리카르도와 교분이 있었지만 아들에게 그들의 저서를 읽히는 것을 보류시켰다. 그는 매일같이 아들과 산보를 하면서 뭔가를 하나씩 가르쳤고 아들은 배운 내용을 분명하게 글로 요약해 제출해야 했다. 그후에야 비로소 그는 리카르도와 스미스의 저술을 직접 읽어도 되었으며 리카르도의 관점에서 소위 피상적인 스미스의 글을 논박해도 되었다. 그는 14세에 몽펠리에로 여행을 떠나 거기서 화학, 동물학, 수학, 논리학 그리고 수학을 연구했다. 여행에서 돌아온 그는 벤담Jeremy Bentham의 추종자가 되었고 그의 부친과 함께 급진적인 잡지 〈웨스트민스터 리뷰*Westminster Review*〉를 창간했다. 이 잡지의 영향력 덕분에 그는 영국의 지성계를 대표하는 인물 중 한 사람이 되었다. 그는 여성운동의 초기 저술들 중 하나인 『여성의 종속』(1869)을 저술하여 그의 탁월한 지성을 입증했다.

대부분의 연구자들은 지성이 전부가 아니라는 데 동의한다. 거기에 추가되어야 하는 것은 창조성이다.

창조성

창조성과 지성을 구분하기 위해 우리는 수렴적 사고와 분산적 사고로 구분한다. 수렴적 사고는 이미 알려진 지식 데이터들을 결합하는 능력과 관련되고, 분산적 사고는 이미 알려진 정보들과 무관한 새로운 정보들과 관련된다. 수렴적 사고는 IQ 테스트로 검사할 수 있고, 분산적 사고는 창조성의 토대다. 수렴적 사고는 올바른 답을 요구하며, 분산적 사고는 독창성과 유연성을 포괄하는 여러 가지 가능한 답들을 요구한다. 하지만 독창성만으로는 충분하지 못하다. 분산적 사고에는 비판능력이 부가되어야 한다. 이 능력이 있어야 우리는 아주 어리석은 착상들을 걸러낼 수 있다. 물론 어떤 착상이 실제로 이용 가능한지 여부는 대부분 첫눈에 알아볼 수 있다.

착상들이 어떻게 개발될 수 있는지에 대해서는 케스틀러 Arthur Koestler 가 그의 저서 『통찰과 전망 Insight and Outlook』, 『창조행위 The Act of Creation』 에서 설명하고 있다. 그 이론은 그가 제시한 예로 가장 잘 설명된다. 시라쿠사(시칠리아 섬의 도시)의 독재자가 황금왕관을 선사받았다. 모든 독재자들과 마찬가지로 의심이 많았던 그는 그것이 은과 합금된 것일 수도 있다고 걱정했다. 그것을 확인하기 위해 그는 유명한 아르키메데스 Archimedes 에게 그것이 진짜 순금제인지 조사하라고 명령했다. 물론 아르키메데스는 금과 은의 질량을 알고 있었다. 그러나 그가 왕관의 부피를 알지 못하는 한 그 지식은 쓸모가 없었다. 불규칙한 모습의 왕관의 부피를 어떻게 측정할 수 있단 말인가? 불가능한 일이었다. 하지만 독재자의 명령을 이행하지 않는다면 목숨이 위태로웠다. 왕관을 녹여서 눈금 도가니에 넣어 부피를 재어볼 수만 있다면! 그는 머릿속으로 그 부피를 재는 상상만 할 뿐이었다. 과연 눈금 도가니에서 그 용융액이 어느 정도의 수준까지 올라올 것인가? 그는 욕조에 들어갈 때도 얼빠진 사람처럼 계속 그 생각에만 사로잡혀 있었다. 그는 이때 욕조의 물이 몸을 담그는 만큼만 계속적으로 올라오는 것을 목격했다. 그는 "유레카!"라고 외치며 물 밖으로 뛰쳐나왔다. 해결방안을 발견한 것이다. 이제 왕관을 녹일 필요가 없었다. 밀려나간 물의 부피가 다름 아니라 물에 담근 대상의 부피인 것이다.

아르키메데스의 머릿속에는 지금까지 분리되어 있던 두 가지의 콘텍스트가 하나의 공동요소 때문에 단락(短絡)되었다. 아르키메데스는 그전에도 그가 욕조에 몸을 담그면 물이 위로 올라온다는 것을 알고 있었다. 그러나 그 지식은 금, 은의 질량, 그리고 유사한 문제들과 아무런 상관이 없는 것이었다. 그러나 언짢은 명령에 바탕해서 갑자기 두 사고영역이 번개처럼 결합되었다. 그래서 한 영역이 다른 영역에게 해결의 실마리를 제공했다. 케스틀러는 이것을 '양(兩)사회적 행위'라고 명명했다. 이것은 종종 정신의 '갑작스런 번개'로서 체험되며 순식간에 이치를 터득하게 한다. 과학사 속의 수많은 발명이 그렇게 이루어졌으며, 대담한 메타포와 위트들도 정신의 이런 양사회적 능력 덕택에 생겨났다.

양사회적 정신의 번개가 번득이기 위한 가장 좋은 기후는 아이디어의 흐름이 제대로 이루어질 때 형성되는 듯이 보인다. 이 능력이 창조성의 가장 중요한 인자가 된다. 자신의 부글부글 끓고 있는 무의식의 혼돈으로부터 엑기스를 짜내는 재능도 필요하다. 예술가의 창조성에 관한 연구를 크게 발전시킨 심리학자 에른스트 크리스Ernst Kris는 이런 맥락에서 '자아에 봉사하는 후퇴'라는 말을 사용한다. 이것은 분산적 사고와 비판 사이의 협력 개념에 어울린다. 무의식은 투박한 착상들을 내놓으며 자아는 이것들을 선별한다. 자아에 봉사하는 퇴행은, 사람들이 두뇌 활성화Brainstorming에 매료되기 시작하면서, 사회적 테크닉으로 격상되었다. 다른 전략은 그 반대방향으로 나아간다. 이 사고방식에서는 뇌가 부조리로 급변할 때까지 철저히 사고하며, 사고의 출발점을 바꾸며, 특히 유사한 대상과 구조들을 찾는다. 그러나 자아는 가장 일탈한 아이디어를 가지고 끝까지 사유할 수 있기 위해서 역설적으로 그 문제에 완전히 몰입해 사로잡혀 있어야 한다. 그 문제를 대충 다루어서는 안 되며 혼연일체가 되어 있어야 한다. 그래야만 가장 황당한 아이디어까지도 이 문제와 결합시킬 수 있다. 이로써 우리는 창조성의 또 하나의 요소를 얻게 되었다. 즉 가까이 있는 것을 볼 뿐만 아니라 서로 멀리 떨어져 있는 것까지도 연관시키는 능력이 그것이다.

창조적인 사람들은 평범한 사람이 보기에 완전히 모순되는 것들도 서로 연결시킬 수 있기 때문에 반대의견이나 판결에 부딪치더라도 전혀 동요하지 않는다. 그들은 자신이 원래 갖고 있던 견해의 반대의견에 대해서도 철저히 생각하며 수긍할 만한 것은 수용한다. 그들은 종종 반대방향으로 사유하며 최종적인 판단은 열어둔다. 양가성(兩價性), 모순, 그리고 복잡한 것에도 주눅들지 않으며 오히려 고무된다. 그들은 너무 복잡할 때는 심리적 공황상태로 빠져드는 광신자들과는 반대다. 광신자들은 그럴 경우 쉽사리 폭력을 휘두르는 단순함을 보이며, 리히텐베르크Lichtenberg가 말했듯이, 그들은 모든 일을 할 수 있는 사람이지만 오로지 그 모든 일을 할 수 있을 뿐이고 그 이외의 새로운 일은 아무것도 할 수 없다.

창조성, 유머 그리고 유추와 메타포로 기우는 경향은 서로 비슷한 구조들을 가지고 있다. 그것들은 모두 동일한 양사회적 사고에 뿌리를 박고 있다. 보노Edward de Bono가 '양면적 사고'라고 부른 것('수직적 사고'와 반대되는)으로 기우는 경향이 거기에 도움이 된다. 즉 착상들에 대한 우연한 감각, 주어진 차원들을 뛰어넘는 능력, 비개연적 해결의 선호, 그리고 새로운 문제를 발견하는 능력이 거기에 속한다.

메타포가 양사회적 정신 번개의 결과인 한에서 메타포도 창조성 자체의 특징이 된다. 창조적 작품을 영어로는 '브레인 아이Brainchild'라고 부른다. 이것은 창조성의 개념이 성적(性的)으로 규정되었음을 말해준다. 창조의 행위를 통해서 아이를 창조한 것이다. 신학자들은 이 행위를 신의 세계 창조와 관련시켰다. 예술가는 신에게서 창조성을 물려받았다. 신이 세상을 창조하듯 예술가는 자신의 예술세계를 창조한다. 그들은 그들의 작품의 부친이자 작가다. 그러나 자기 자신을 창조하는 사람은 교양을 갖춘 사람이다.

5. 사람이 알아서는 안 되는 것

사람이 알아서는 안 되는 것이 무엇인지 아는 것도 교양에 속한다. 이 주제는 지금까지의 연구에서 거의 주목을 받지 못했다. 대부분의 사람들은 지식이 많을수록 그만큼 더 좋을 것이라는 생각을 갖고 있으며, 이에 따라 하나의 선입견, 즉 지식은 나쁜 것이 아니라는 선입견을 가지고 있다. 그러나 선악과를 따먹은 원죄 사건은 그렇지 않다는 것을 우리에게 훈계하고 있다. 지식이 아주 고통스런 것이 될 수 있으며 참된 교양과 합치하지 않을 수도 있다. 예컨대 한 나라의 모든 대도시의 유흥가들을 속속들이 아는 것이 깊은 교양의 증거가 될 수 없다. 또한 병사들이 읽는 '졸병 잡지'나 '멜로 소설'에 푹 빠져서 쌓은 지식도 교양인으로 행세하기 위한 노력에 오히려 해가 될 수 있다.

따라서 교양의 나라에 발을 들여놓은 지 얼마 되지 않은 사람은 이 교양의 나라의 윤리를 잘 알고 있어야 하며, 어떤 지식의 지방에는 숫제 발을 들여놓지 않는 편이 좋을지 숙지해야 하며, 이미 잘 알고 있는 경우라면 조심스럽게 그 지식을 감출 줄 알아야 한다. 여기에서 가장 중요한 영역들을 소개하고자 한다.

1. 특히 여성들에게 극도로 위험한 영역으로는 유럽의 황실들이 손꼽힌다. 여기에는 역사와 현재 사이의 모순이 극명하게 드러나 있다. 18세기에 있었던 오스트리아의 합스부르크, 프랑스의 부르봉 그리고 바이에른의 비텔스바흐 왕실 사이의 정략적 결혼에 관한 지식은 교양으로 환영받는다. 그러나 윈저 왕가의 현재의 가족 문제에 대한 상세한 정보나 모나코 왕가의 결혼 문제로 사람을 대접하려는 자는 기껏해야 자신의 좋은 평판에 오점을 남길 뿐이다. 그런 지식을 말하는 것은 가능한 한 자제해야 한다. 그런 지식을 말해야 하는 경우에도 그것을 우연히 알게 된 것처럼 지나가는 말로 해야 한다. 그리고 관심이 없기에 잘 기억나지 않는 것처럼 거기에 아무런 의미도 부여하지 않는 우스갯소리로 말해야 한다. 여기에서 자신이 기억력이 없다는 것을 강조하는 것도 좋은 방법이다.

그러면 어째서 이 황실들에 대해서는 몰라야 하는가? 과거 역사의 황실 상황과는 반대로 현재의 황실 결혼에 관한 지식은 '상류사회'의 삶에 기생하는 시끄러운 소문에 불과하다. 이 소문은 유명인사들의 사생활에 관한 정보를 공개하는 것을 전문으로 하는 무지개 언론을 통해 유포된다. 많은 여성 독자들은 이 언론을 통해서 귀족과 부자들의 삶에 참견함으로써 자신들의 감정을 고급의상으로 감싸 숨기고, 대형 사이즈의 감정들을 체험하고픈 욕망을 대신 충족할 수 있게 된다. 이런 심리는 문고판 크기의 연애소설에 대한 관심에도 작용한다. 진짜로 중요한 문제들에 대해서는 이것들을 감지할 감성기관이 없으므로 박약한 지능으로 먹고 살아야 하는 사람의 감정이 그 관심을 통해 드러난다.

교양 있는 사람으로 인정받고 싶은 사람은 그런 사건들에 대한 감성적 관심을 피해야 한다. 가장 좋은 방법은 그런 것들에 대해 아예 모르는 것이다.

2. 이보다 더 위험해서 마치 지뢰밭과 같이 여겨야 할 지식 구역은 텔레비전 프로그램들이다. 수많은 사람들이 방송 프로그램들을 본다고 여겨지

기 때문에 일상의 대화에서 중요한 역할을 한다. 하지만 텔레비전 프로그램 및 방송의 각종 유형에 대한 지식은 누구든지 잘 알고 있기 때문에 어떤 사람이 특정한 프로에 대해서 유달리 말을 많이 한다면 그 사람의 지식 수준과 관심 분야에 대해서, 그리고 그가 무슨 일로 시간을 보내는지에 대해서 누구든지 잘 알 수 있게 된다. 예를 들어 어떤 사람이 오후시간의 상스런 토크쇼에 대해 전문가로서 두각을 나타낸다면, 그는 작가 아니면 실업자다. 그는 프롤레타리아 취향을 갖고 있으며 사람들과 별로 접촉하지 않으면서 오후에 벌써 손에 맥주를 들고 텔레비전 앞에 앉아 있을 뿐 셰익스피어의 『햄릿』을 원서로 읽지 않는 사람이다.

그러니까 그런 토크쇼의 관례, 인물, 각본 그리고 역사를 알고 있는 사람은 주의해야 한다. 그 사실을 비밀에 부치거나 아니면 매체이론 연구의 결과처럼 사람들에게 내비쳐야 한다. 텔레비전 연속극, 일명 '비누 오페라 Soap-Opera'(비누회사가 스폰서가 돼주어 그런 이름이 붙었음. 연속극—옮긴이)들에 대해서도, 혹시 달라스처럼 문화 프로그램으로 격상된 것이라면 몰라도 마찬가지다. 프로그램이 이런 고급 수준이 되려면, 프로그램의 고정 팬들이 풍자적 시각을 견지해야 한다. 즉 이들이 텔레비전 앞에 모여 앉아 매회 방송이 끝날 때마다 새로운 에피소드에 대해서 즐기며 토론하는 것이어야 한다.

게임쇼, 대참사 뉴스 따위의 모든 논픽션(Reality) 텔레비전 프로그램들 그리고 엿보기 증세에 걸린 시청자를 위한 최루성의 멜로 연출극들, 예컨대 집을 나간 자식들의 귀가, 이산가족의 재회, 기부금을 위한 구걸, 화해쇼 그리고 결혼식은 특별히 박약한 지능의 표현일 뿐이다. 이 카테고리에 속하는 것에는 요들송 따위의 목가적 민속음악, 유행가와 통속극 축제, 바보짓거리와 개그 그리고 매일같이 국민을 바보로 만들기 위해 노력하는 끝없는 프로그램들이 있다. 이것들에 대해서는 아무것도 모르는 것을 원칙으로 삼아야 한다. 가장 좋은 방법은 이것들을 전혀 안 보는 것이다. 보고 싶어서 견딜 수 없는 사람은 사람들과의 대화에서 이것들에 대해 전혀 아는 것이 없다는 듯이 위장해야 한다. 그것은 항상 쉬운 일은 아니다. 텔레비전에서 목사와 어린이 강간범 간에 이루어진 토론 프로그램 내용을 동료들이 점심 휴식시간에 다시 요약하며 즐겁게 이야기할 때도, 그 이야기에 끼어들지 않기 위해 각오를 단단히 하고 있어야 한다.

물론 텔레비전 프로그램에 대한 금기사항들도 등급이 있다. 교양의 최고단계는 숫제 텔레비전을 소유하지 않는 것이다. 이런 수준에 이른 사람은 자신의 명망에 대해 걱정할 필요가 없다. 사람들과의 대화 중에 지난밤의 마지막 프로에 대해 말이 나오고 이제 이 사람이 말할 차례가 되면 이렇게 중얼거리면 된다. "저는 텔레비전이 없습니다." 텔레비전에 미친 보통 사람들을 은근히 비꼰다는 인상을 주지 않기 위해서 그는 그 말을 들릴락말락한 낮은 목소리로 말해야 한다. 그러면 주위 사람들은 궁금해져서 되물을 것이다. "뭐라고요? 텔레비전이 없다고요? 전혀 텔레비전을 안 보십니까?" 교양속물이라는 혐의를 싹부터 잘라버리기 위해서 그는 이제 미안하다는 듯 미소를 지으면 된다. 그러면 그는 이제 다른 사람들의 수줍은 존경심을 한 몸에 받게 된다. 아니면 질시를 받을 수도 있다. "뭐야? 저자는 자기가 뭐 특별한 존재라고 믿나 보지!"

그러나 보아도 되는 방송 프로그램들, 예컨대 정치적인 프로, 토론, 특집 보도 따위가 있다. 텔레비전 방송 중에서 통속적이지 않은 것들이 여기에서 방영된다. 이것들은 보았다고 고백해도 된다. 나머지 것들은 모두 보지 않는 편이 낫다.

세인이 모두 인정하는 권위 있는 지식인은 자기가 본 텔레비전 프로그램 모두를 고백해도 된다. 그에게는 그것이 저속과 몰취미의 나라로 탐구 여행을 떠나는 것으로 인정되기 때문이다. 명망 있는 교양인이 정보의 쓰레기더미나 몰취미한 노골적 감정 드러내기 프로그램을 본다고 고백하면, 그것은 지성의 역동성에 대한 과시가 된다. 그는 현재 세계의 진흙탕도 다스리고 있고 쓰레기더미에서 아직 의미를 발견할 수 있다. 이리하여 교양인은 새디즘-매저키즘적 프로그램과 단테의 『신곡』을 매개한다.

3. 잡지들도 상황은 이와 유사하다. 무지개 언론은 물론 금기다. 여성이 여성잡지들을 읽는 경우는 미용실에서 실수로 손에 잡게 될 때뿐이다. 거기에 수집된 정보들은 순전히 기술적인 것들이거나(요리, 인테리어, 의상과 여자의 몸), 아니면 통속적인 것들뿐이다. 그러나 요리, 가구, 의상 그리고 다이어트 프로그램에 대한 이른바 기술적인 정보들, 그리고 소비 목적의 모든 광활한 영역은 실제로는 교양수준에 대한 간접적 표현을 담은 상징적 표지들일 뿐이다. 모든 소비자는 취미의 지도에 자신의 위치를 설정해 놓고 있다. 그리고 특정한 타입, 취미 모음, 어울리는 세트들이 있어, 이것들로 교양에 접근하거나 아니면 일치될 수 없게 되거나 한다.

그래서 예컨대 식사를 할 때 교양을 증명하려면 세계시민적 태도를 부각시켜야 한다. 중국 음식에는 개고기를 넣는다는 믿을 만한 소문이 있기 때문에 중국 음식을 절대로 먹지 않는다는 사람은 외국인에 대한 소시민적 두려움을 드러낼 뿐이다. 이 점은 외국어에 대한 증오에서도 마찬가지일 것이다. 반면에 프랑스 요리에 대해 두루두루 잘 알고 있는 사람은 프랑스인들의 생활방식과 언어에도 입문한 사람이라는 것을 알게 해준다. 물론 이 점을 스스로 과시해서는 안 되며 이 능력을 자랑하기 위해 아전인수격으로 대화를 거기로 끌고 가서도 안 된다. 단지 스쳐지나가듯 말해야 하며 자기를 낮추는 말투로 해야 한다. 그래야만 위압감을 주려 한다는 인상을 피할 수 있다.

가구 인테리어에 대한 토론에서도 이 원칙은 마찬가지로 지켜져야 한다. 역사적 양식들에 대한 지식은 해로울 것이 없다. 비더마이어 양식을 제정시대 양식과 구분하며, 청소년 양식을 기능주의 양식과 구분할 수 있어야 한다. 어쨌든 50년대의 걸상을 고대 그리스 양식이라고 말하거나, 백화점 화가의 접시 모티프를 배타적으로 선호하거나, 꾸르륵거리며 우는 산양을 좋아한다면(이것은 사냥을 좋아하는 야만적인 사람들에 대한 풍자이다—옮긴이) 주변 사람들이 이상히 여길 것이 분명하다. 이런 몰취미의 영역들에 대한 지식은 좋을 게 하나도 없다.

4. 부분적으로는 여성들이 관심을 갖지만 대체로 남녀 구분 없이 가질 수 있는 쓸모없는 관심 분야들에 대해 지금까지 이야기했다면 이제는 남성들이 특히 피해야 할 관심 분야에 대해 이야기하고자 한다. 남성들의 세계는 여성들의 세계와는 대부분 다른 구조를 가지고 있다. 한편으로는 교양과 양립할 수 없는 지식 그리고 통속성에 대한 전문적 이해가 존재한다. 이런 지식은 (남성들에게서 흔히 볼 수 있듯이) 당사자를 거의 매니아가 되게 만든다. 그 대표적인 것이 스포츠다.

다른 한편 남성들한테는 교양과 무관한 지식들만 문제되는 것이 아니라 묘사방식도 문제가 된다. 즉 남성들에게 몸에 밴 나쁜 습관들 중 하나가 호언장담이다. 남성들은 잘난 척하기 좋아하며 허세를 부린다. 자신들이 잘났다고 으스댄다(유전자 구조 때문인지 아니면 사회적 영향 때문인지는 몰라도). 남성들은 여자, 재물, 명성, 그리고 그밖의 모든 것들을 쟁취하기 위해 서로 경쟁하기 때문에 그렇게 규정되었다. 그래서 그들은 경쟁과 내기를 좋아하고 스포츠를 좋아한다.

모르는 것이 약이라는 말도 있듯이 남성들은 특히 축구에 대해서는 모르는 편이 좋다. 물론 지식인은 예외다. 샬케 04팀이 1969년에 보루시아 도르트문트 팀과 어떻게 시합했으며, 누가 골을 넣었고, 누가 교체되었는지를 줄줄 말할 수 있는 사람은 축구 전문가는 될지언정 교양인 축에는 끼지 못한다. 그가 괴테의 말년 작품들을 형태학까지 포함해 잘 알고 있을 리는 만무하기 때문이다. 물론 1968년 이후의 축구 지식은 지식인들 사이에 매력적인 것이 되었다. 그러나 이 축구 지식은 그가 좌파 지식인이라는 것, 최소한 사회학자로서 노동자 대중과 접촉하고 있다는 것을 전제로 할 때만 양념으로 인정받을 뿐이다. 정치적으로 자유스럽거나 심지어 보수적이면서 보루시아 팀의 열렬한 팬이라면, 그 사람은 자신을 저급한 인성을 가진 사람으로 드러낼 뿐이다.

교양과 절대로 양립 불가능한 것은 모든 종류의 허풍이다. 교양을 자랑하는 허풍도 허풍은 허풍이다. 교양은 과시되지 않으며 칭송을 받으려 기를 쓰지 않는다. 상대방의 지적 부족함을 드러내기 위해 소크라테스 식으로 질문하는 것은 절대로 안 된다(소크라테스는 상대방의 피상적인 현실 인식을 폭로하기 위해, 상대방의 말에 존재하는 모순을 드러내는 문답식의 대화법을 사용했다－옮긴이). 속물성을 드러내는 그런 행동은 자신의 교양이 거짓임을 드러낸다. 교양은 문화인다운 행동을 포함한다. 교양의 본래 목적은 인간의 삶을 풍성하게 하는 자연스런 대화다.

교양을 내세우는 속물적 행동은 일체 허용되지 않기 때문에, 교양인으로 인정받기 위해 조바심하는 행동 역시 부적절하다. 교양은 열등감을 배척한다. 불손한 교양은 이미 신용을 잃은 것이다. "당신은 대학을 나오셨기 때문에 더 많이 안다고 생각하시나 보지요?"라는 식의 공격적 말투는 말하는 스스로에게 치명적으로 작용하며 스스로가 흔들리고 있음을 드러낼 뿐이다. 누가 당신을 이런 식으로 대할 때는 그저 태연자약하게 있으면 된다. 그러면 주변의 모든 사람들이 당신 편이 되어줄 것이며 그 공격자는 천천히 피를 흘리며 사라질 것이다.

그러나 교양적인 지식의 외부에 있는 주제들에 대해 자세히 강연하는 것은 그야말로 신성모독죄에 해당한다. 특히 보다 고무적인 주제들이 적합한 상황에서는 그러하다. 그러나 이때에도 수많은 남성들이 쉽게 유혹에 빠져드는 특정한 구역들이 있다.

우선 기술 전반의 놀라운 발전 그리고 특히 자동차에 관한 이야기가 그것이다. 전람회에서 여자에게 삼사십 분씩 자동차 구조에 관한 전문적 지식을 동원해서 포르셰가 페라리보다 더 좋은 차라는 것을 열을 올려가며 증명하는 사람이 있다면 그는 여자에게 그다지 교양 있는 사람으로 비쳐지지 않을 것이다. 물론 제네럴 모터스의 사장이라면 자기 회사의 명차를 정확히 논리적으로, 그리고 미사여구로 묘사할 수 있을 것이다. 양수기, 제트기, 우주 정거장, 원자로, 변전소, 화력발전소, 그밖의 모든 공학제품들에 관한 이야기도 마찬가지다.

그러니까 지식이 모자랄 때뿐만 아니라 어떤 지식을 늘어놓음으로써 도리어 자신의 정체를 금세 드러내는 경우가 있다. 물론 표준적 지식, 허용된 지식 그리고 금지된 지식 사이의 경계는 유동적이다. 오늘 금지된 것이 내일은 허용될 수 있다. 대부분 대중문화의 통속적 영역도 시간이 흐르고 나면 교양영역으로 상승한다. 새로운 형식뿐만 아니라 새로운 매체도 마찬가지다.

장편소설도 18세기 영국에서 처음 고안될 때는 통속적인 형식으로 여겨져 신사들은 그것을 읽지 않았고 여자들만 읽었다. 따라서 항상 가명으로 작품을 출판하는 작가들이 있었다. 그러나 19세기에 벌써 장편소설은 대중의 인정을 받는 예술형식으로 승격했다. 지난 40년간 영화도 비슷한 길을 걸어왔다. 1960년까지만 해도 영화는 아직 미국의 문화산업의 산물이었으며, 영화에 종사하는 것은 지성인의 품위를 떨어뜨리는 일이었다. 오늘날은 새로운 영화들이 권위 있는 신문의 문예란에서 논평되며 문학 교수들이 갑자기 영화학을 가르친다. 물론 이들의 모습은 마치 다른 사람들에게 달리기를 가르치는 다리불구자와도 같다. 영화는 교양의 자리를 획득했으며, 교양인이 영화 전문가가 되어도 될 때가 되었다. 이것에 대한 징후는 영화관이 궁전처럼 화려해지고 영화 관람을 마치 연극 관람처럼 기획하는 데서도 나타난다.

사람이 숨겨야 하는 지식의 양은 개인의 교양에 따라 달라지는 것이 원칙이다. 대략의 규칙을 말하자면 교양의 나라에 처음 발을 들여놓은 사람은 금지된 모든 지식을 숨겨야 한다. 왜냐하면 그는 이 나라의 풍속을 정확히 모르기 때문이다. 그는 허용된 지식과 불허된 지식 사이의 미묘한 차이들을 정확히 평가할 수 없기 때문에 안전 위주로 나가야 한다. 교양의 달인은 가장 통속적이고 저속한 지식영역들을 개관해도 된다. 이것은 그의 명성을 더욱 높일 것이다. 왜냐하면 그가 고차원의 맥락에서 사람들의 진흙탕 훑기식 취미에 관여하는 것이며, 뜻밖의 의미 불꽃을 번득일 수 있으리라고 사람들이 생각하기 때문이다.

반면에 이른바 제2차 문화의 영역은 중립적이다. 그 개념은 영국의 스노

C. P. Snow가 40년 전에 촉발시킨 교육정책 관련 논쟁에서 비롯된 것이다. 스노는 물리학자이자 소설가였다. 영국에서 통합형 고등학교의 도입에 관한 논쟁이 진행되고 있을 때 그는 '두 문화'란 제목의 강연으로 유명해졌다. 두 문화 개념으로 그는 1차 문화로 고전적 교육을 받은 사람들의 문학적·인문학적 문화와 2차 문화로 이공계의 문화를 이해했다. 이 연설에서 그는 영국은 신사문화와 아마추어 문화의 전통 때문에 항상 문학적·인문학적 교양을 자연과학에 비해 우대하고 있으며 이로써 영국을 미국과 일본 따위의 기술 열광국들에 뒤처지게 만들었다고 비판했다. 그리하여 그는 초·중·고등학교와 대학교에서 이학 및 공학 지식을 강조하는 교과과정과 수업 개념을 마련해야 한다고 촉구했다.

이 연설은 양 교양영역간의 관계에 대해 폭넓은 토론을 불러일으켰다. 두 문화론은 독일에서도 일반화되었다. 그럼에도 스노의 호소는 거의 영향을 미치지 못했다. 즉 자연과학적 지식은 초등학교에서 교육되고 있으며 자연의 이해에 기여하지만 문화의 이해에는 거의 도움을 주지 못한다. 따라서 렘브란트가 누구인지 모르는 사람은 여전히 비교양인 취급을 받는다. 하지만 열역학 제2차 주문장(일정 부피의 고립계에서의 변화는 언제나 엔트로피가 증대하는 방향으로 변화가 진행한다—옮긴이) 내에서 무엇이 문제되며 전자기장과 중력 사이의 약하고 강한 상호 작용의 관계가 어떠한지, 그리고 쿼크(핵물리학에서 특정한 속성들을 나타내는 가설적 미립자—옮긴이)가 무엇인지 모르더라도(물론 이 단어는 조이스의 소설 『피네건의 경야[經夜]*Finnegans Wake*』에서 생겨난 개념이다), 사람들은 아무도 그것을 교양 없음의 표현이라고 생각하지 않는다. 유감스러워하는 사람이 많지 몰라도 자연과학 지식은 숨길 필요는 없어도 교양에 속하지는 않는다.

대학과 직업시장에서 관찰되는 것은 제1차 문화는 여성들이 지배하며, 제2차 문화는 남성들이 지배한다는 사실이다(우리가 경제학과 응용학문들을 아직 여기에 포함시킨다면). 이것은 사회적 신분상승에서 어떤 비대칭성을 유발시킨다. 동일한 환경에서 태어난 이웃의 두 어린이, 예컨대 여자아이자비네와 남자아이 토르스텐이 있다고 가정해보자. 대학입학 자격시험을 볼 무렵 서로 사랑에 빠진 두 사람은 대학을 졸업하고 결혼하기로 계획한다. 토르스텐은 기계공학을 공부해서 공학사가 되고, 자비네는 심리학, 독어독문학 그리고 예술사를 공부한다. 토르스텐은 아헨 대학교에서, 자비네는 함부르크, 파리 그리고 피렌체 대학교에서 공부한다.

졸업시험을 본 다음에 두 사람은 다시 만난다. 토르스텐은 우수한 엔지니어가 되어 곧 훌륭한 직장을 얻었고, 자비네는 학업을 통해서 완전히 다른 사람이 되었다. 토르스텐은 기계를 설계했고, 자비네는 의사소통의 전제들과 문화의 상징체계 자체들을 통찰함으로써 사람이 변했다. 토르스텐은 행동, 세계관, 습관 따위가 별로 발전하지 못했지만 그의 지위로 돈은 제대로 벌 수 있었다. 이 능력은 자비네가 보기에는 그 가치가 의심스럽다. 그녀가 의사소통을 하기 위해 요구하는 수준이 상승했다. 그녀는 그동안 프랑스어와 이탈리아어를 말할 수 있게 되었다. 책도 많이 읽었으며 파리와 피렌체의 지식인과 예술가들도 많이 사귀게 되었으며 최근의 문학이론을 공부했다.

그들이 다시 만날 때 그녀의 눈에는 토르스텐이 네안데르탈인처럼 보인다. 그녀는 이제 그와 결혼하면 행복할 수 없다는 것을 깨닫게 되며, 이 깨달음이 너무 늦지 않아서 다행스럽기조차 하다. 그러나 그녀가 결혼 상대를 구할 때 토르스텐이나 아니면 이런 부류의 사람에게 집착한다면(토르스텐은 어쨌든 돈을 잘 번다), 그녀는 여성해방론자가 될 것이다. 즉 남자는 야만적이라고 확신하게 될 것이다. 그러면 토르스텐도 불행해진다. 그는 이제 단 하나의 기회만을 갖게 된다. 즉 이 책을 읽어야 한다.

환언하면 교양은 사회적 신분상승이 이루어질 때 남녀를 서로 다른 강도로 채색해 물들이는 영역이다. 그리하여 교양은 남녀 간의 수많은 갈등들에 숨겨진 원인들 중의 하나가 된다.

6. 성찰적 지식

교양인이 되려면 자신의 지식을 정리할 수 있어야 한다. 그렇지만 여기에서 지식과 무지 사이의 엄격한 대립이 문제되는 것은 아니다. 오히려 여러 단계의 점이지대(서로 다른 지리적 특성(特相)을 가진 두 지역 사이에서 중간적인 현상을 나타내는 지대-옮긴이)가 존재한다. 이 점이지대가 취할 수 있는 하나의 형태는 '문제'다. 사회학 이론에서 중요한 역할을 하는 것이 무엇인지 전부는 알 수 없을지라도 거기에는 아직도 해결되지 않은 커다란 문제가 있다는 것을 알 수 있다.

사회를 인문주의의 관점에서 사고해야 하는지, 아니면 인간의 척도로 측정할 수 없는 구조로, 예컨대 개미의 집단이 개별적 개미와 무관한 것처럼 파악해야 하는지의 문제가 자기장처럼 펼쳐져 있다. 즉 그 문제가 수많은 세부적인 것들을 구성하며, 질서를 창조하고 조망하게 하며 동시에 서로 구획된 지식영역들을 접근 가능하게 해준다. 예컨대 신경생물학은 다음과 같은 문제를 제기한다. 우리가 신경체계나 뇌를 사회의 모델에 따라 접근해야 하는가(민스키의 『멘토폴리스』참조), 아니면 그것은 틀린 유추인가?

학문, 이론 또는 패러다임들은 풀리지 않은 문제들을 설명하기 위해 조직되어 있다. 그런 문제들을 한번 두루 살펴보는 것은 나쁘지 않다. 그러기 위해서 기초학문을 연구해야 할 필요는 없다. 민중과의 연대성, 논리의 철저성, 그리고 체계적 개념은 여기에서 아주 부적절하며 연구대상을 이해하지 못할 때 아예 이 대상을 이해하지 않겠다는 태도를 뒷받침할 뿐이다. 특정의 학문 분야에서 주류를 이루고 있는 대표적인 사고양식에 대해서 우리는 직관을 통해 감(感)만 잡으면 충분하다. 우리의 마음을 즉각적으로 사로잡아 특정의 학문 영역에 대한 통찰을 하게 해주는 것은 허심탄회한 문제 제기와 토론이라는 것을 우리는 거기에서 금방 깨달을 것이다.

우리가 또 깨닫는 것은 학문이 최고수준에서의 사고(思考) 경쟁이며 투사처럼 바짝 긴장한 채 몰입하게 되는 일종의 게임이라는 사실이다. 모든 학문은 계속적으로 재능 있는 저술가들을 배출했으며 이들은 독자로 하여금 따라갈 수 없는 창조성의 소유자라는 인상을 주었다. 누구든지 로렌츠 Konrad Lorenz의 '행태 연구', 윌슨Edward O. Wilson의 '개미들과 사회생물학', 푀르스터Heinz von Foerster의 '자기(自己) 조직', 가드너Howard Gardner의 '지성', 굴드Jay Gould와 도킨스R. Dawkins의 '진화', 호프스태터Douglas Hofstadter의 '자기 지시 문제', 워츨라위크Paul Watzlawick의 '모순적 의사소통'을 아는 사람은 인간이 어떻게 창조의 무대 뒤를 엿볼 수 있는지에 대한 인상을 얻게 된다. 이에 고무된 사람은 엄청난 규모로 비축된 낙관론을 얻게 되며 이 힘으로 이제 자신의 멜랑콜리한 단계를 넘어서는 데 큰 도움을 받는다. 그리고 그는 우리의 정신이 어느 방향으로 전개되어야 하는지 예감하게 된다. 즉 자연과학과 인문사회과학 사이의 괴리가 끝나는 듯이 느껴진다. 왜냐하면 지금까지는 오로지 인문사회과학 분야에서만 쓰이던 성찰과 자기 관련성의 개념이 점차로 자연과학의 문제들도 결정하고 있기 때문이다.

제5장에서 우리는 물리학자이자 소설가인 스노에 대해 언급했다. 그는 1950년대에 두 문화 개념을 정립하는 유명한 강연을 했다. 여기에서 두 문화란 문학 및 인문학적 교양문화와 기술 및 과학적 직업문화를 말한다. 당

시에 스노는 그 분리를 비난했다. 하지만 오늘날의 학문 경향은 그 양자가 서로 접근하고 있음을 보여준다. 주체는 자기 완결성에 대한 독점권을 상실하고 있으며, 점차로 확인되는 것은 유기체면 유기체, 기업이면 기업, 신경 시스템이면 신경 시스템, 사회면 사회, 개미집단이면 개미집단, 모두 각각 자체를 관찰하고, 스스로 조직하며, 스스로 설명하고 있다는 사실이다. 따라서 교양도 이런 방향으로 흘러가지 않을 수 없는 듯이 보인다. 즉 교양은 제2차 문화 쪽으로도 문호를 개방할 것이다. 이러기 위해서 교양 자체를 스스로 관찰해야 한다.

교양의 포기할 수 없는 전제들 중의 하나는 현대사회에 대한 심도 있는 인식이다. 그 가장 좋은 방법은 현대사회를 산업혁명 이전의 유럽 사회와 비교하는 것이다. 양 사회의 현격한 차이가 그 인식을 쉽게 한다. 따라서 역사지식은 최소한 18세기 이전으로 거슬러올라가야 한다. 프랑스나 영국 역사의 고찰은 독일 역사만 연구하는 것보다 더욱 폭넓은 시야를 갖게 한다. 1688년 이후의 영국 역사를 연구한다면 우리는 현대사회를 가장 잘 이해할 수 있다.

교양은 인간이 자신을 이해하는 형식으로서 항상 이해되어왔다. 따라서 인간이 자신을 서술하고 자신의 행동 근거를 대는 범주들을 살펴보는 것을 포기할 수 없다. 이 범주들에는 자아(自我)정체감, 역할, 심리, 감성, 고뇌, 감정, 의식, 무의식적 모티프, 억압, 보상, 표준, 이상(理想), 주체, 병리학, 신경학, 개성, 독창성 따위가 있으며, 이 모든 것은 주도(主導)개념들이기 때문에 이것들에 대한 이해가 없으면 우리는 자아성찰의 첨단화된 형식들에 접근할 통로를 확보할 수 없다.

개성은 시간 속에서만 전개되는 일종의 생애소설이다. 따라서 자아이해는 자아가 소속된 이 생애소설의 스토리 구조, 줄거리의 유형과 진행 프로그램에 대한 지식이다. 이런 것들은 우리가 문학작품이나 영화 또는 연극 무대에서 볼 수 있는 것과 유사하며, 변화·변형·창안·치유·위기·충격·'심리적 상처' 따위의 전형적 형식을 취한다. 우리는 이런 형식들을 만나면 즉각 그 도식들을 인식할 수 있어야 한다. 그렇지 않으면 우리는 그것들에 휩쓸리게 된다.

한 사람이 다른 사람들과 만나고 사회와 만나는 것은 의사소통하는 것을 뜻한다. 따라서 사람과 사회의 법칙들에 대한 통찰을 지니고 있어야 한다. 즉 모든 의사소통에는 언제나 내용측면과 관계측면이 있다는 것을 알아야 하며(예컨대 "자발적으로 행동하라!"는 명령에서 이 요청의 내용은 요청의 형식에 포함된 상하 질서관계에 모순된다. 다시 말해 자발적인 행동을 명령할 수는 없다), 또 우리가 의사소통할 때 알아야 하는 것으로는 갈등들은 아주 신속하게 다람쥐 쳇바퀴 돌리듯 순환논리에 빠지며 모순을 가지게 된다는 점, 듣는 상대방은 화자의 말뜻을 전혀 다른 것으로 오해할 소지가 항상 있다는 점, 혼란에 빠질 수 있다는 점, 의사소통에 관한 의사소통은 문제를 풀 수도 있지만 영원한 미제로 만들 수도 있다는 점, 그리고 누구와 갈등관계에 있을 때 이 사람과 자신은 전혀 다르구나 하고 생각하게 되지만 바로 그 순간에 자신과 그 사람이 가장 유사할 수도 있다는 점 따위가 있다.

의사소통은 그렇게 형태가 다양하며 극적이기 때문에, 우리가 그 규칙들을 어느 정도 숙지하고 거리를 유지하며 능숙하게 다룰 줄 아는 것이 교양에 속한다. 그래야만 우리는 우리를 운명으로부터 보호할 수 있으며, 항상 의사소통의 희생물이 되는 것을 예방할 수 있다. 이를 위해서 문학, 의 연극 그리고 영화가 도움이 된다. 즉 이것들은 항상 우리에게 오해, 의사전달의 갈등 그리고 파국에 대한 본보기들을 제시해준다.

이를 통해 우리가 배워야 할 것은 의사소통 및 사회적 과정이 저주스런 패러독스들의 추격을 받는다는 사실이다. 예컨대 마르크시즘의 경우에서 명백히 볼 수 있는 바와 같이 예언은 그 실현을 스스로 가로막는다(대중의 빈민화는 발생하지 않았다. 왜냐하면 마르크시즘의 예언이 자신의 적들로 하여금 그 예언의 실현을 막도록 자극했기 때문이다). 예언은 스스로의 힘으로 성취될 수도 있다. 이를테면 "나는 흰 가운을 입은 남자들의 추격을 받는다"라고 철석같이 믿는 사람은 곧 정신병원에 감금되어 남자 간호사들의 추격을 받게 될 것이다. 이런 과정은 신탁이 효력을 발생하는 과정과 대동소이하다. 오이디푸스의 부친도 아들이 자신을 타살하고 자기 아내와 결혼하게 될 것이라는 신탁을 듣고 나서 그 말을 믿었기 때문에, 그 일이 발생할 수 있도록 하는 본의 아니게 모든 일을 저지르고 만다. 문학작품에서만 우리는 체험과 동시에 객관적으로 관찰할 수 있다. 거기에서만 우리는 양가성, 모순과 금기를 위반했을 때 생겨나는 결과들을 배울 수 있고, 우리 내부의 관점을 외부의 관점과 결합할 수 있다.

　모든 교양인이 당연히 알아야 하는 인식 중에 빼놓을 수 없는 것은 한 인간의 실상이 사실은 환경, 출신, 나이, 계층 그리고 문화에 따라 늘 다르게 보이는 사회적 구조물이라는 점이다. 이 점에 대한 인식만이 그로 하여금 다른 종류의 신념, 세계관을 이해하고 인정하고 또 제3의 관점으로 상대화할 수 있게 한다. 그래야만 그는 타인의 시각으로 볼 때는 자신이 항상 옳은 것은 아니며 괴상하고 전혀 있을 법하지 않은 존재로 비칠 수도 있다는 것을 깨달을 수 있다.

　직접적으로 사용하는 몸을 제외한다면 의사소통의 가장 중요한 수단은 언어다. 언어의 형태, 규칙과 다양한 표현 가능성을 알고 가능한 한 십분 활용하는 것은 문화실천의 전반적인 기초가 된다. 이 실천을 통해서만 우리는 이웃, 그리고 이들이 공유하는 풍성한 문화에 접근할 수 있다. 우리는 언어로 현실을 구성하며 언어를 통해서 다른 사람과 공유하는, 의미의 제2차 세계를 창조한다. 언어를 통해서 우리는 다른 사람을 매료시키고 그들의 마음을 열 수가 있다. 언어를 대체하는 모든 침묵과 신체언어는 사실상 언어의 대리형식일 뿐이며, 언어가 없다면 존재할 수 없을 것이다. 개는 언어로 표현하는 것보다 더 충직한 눈빛으로 우리를 바라볼 수 있고 우리는 그것을 알 수 있는데 그 이유는 우리가 언어로 말할 수 있기 때문이다.

　언어는 다양한 양식과 어휘를 갖고 있어서 그 어떤 환경과 사회 영역에도 잘 부합할 수 있기 때문에 우리가 언어를 얼마만큼 잘 지배하고 있느냐의 여부가 사회에서 얼마나 자유롭게 활동할 수 있는가를 결정한다. 자기가 마땅히 말해야 할 바를 모르는 사람은 사회적으로 장애인처럼 느낀다. 그에게는 특정한 부분들이 이른바 '가지 못하는 지역'으로 남는다. 우리 모두가 언어의 공동소유자이고 언어는 국민 전체의 소유다. 따라서 누구든지 그 풍요를 자신의 것으로 해야 하고 언어와 친해져야 한다. 그러면 그는 보다 자유롭게 활동할 수 있으며 그의 세계는 더욱 커지며 여러 경계선, 환경들 사이의 경계선과 경험 및 사람들 사이의 경계선을 넘어설 수 있다. 반면에 언어를 비방하고 진정한 경험과 표현될 수 없는 내면성을 언어보다 중시하는 사람은 자기가 지배하지 못하는 부분들을 비웃는 사람이란 혐의를 받게 된다. 게다가 그는 이미 오래 전에 탄로난 독일의 전통적인 병리현상의 희생제물이 된다.

이 모든 것에서 교양은 의사소통으로 정립되어야 한다. 교양은 의사소통을 어렵게 해서는 안 되며, 풍성하게 해야 한다. 따라서 교양은 억압적 표준, 불쾌한 과제, 경쟁의 형식, 심지어 자신을 거룩하게 만들려는 교만이 되어서는 안 된다. 교양은 '교양'으로 독립해서는 안 되며 테마가 되어서도 안 된다. 교양은 인간의 상호 이해를 즐겁게 해주는 의사소통의 양식이다. 요컨대 교양은 정신의 몸, 그리고 문화가 함께 하나의 인격체가 되는 형식이며, 다른 사람들의 거울 속에 자기를 비추어보는 형식이다.

연 대 표

1. 그리스 · 로마 시대

(기원전)

500년 페르시아를 방어한 아테네의 상승.
  490년 마라톤 전쟁 승리, 480년 살라미스 해전 승리.
  477년 페르시아 전쟁 종결. 아테네가 아테네 해양동맹의 종주국이 됨.
  아테네의 민주주의 확립.
  443~429년 아테네와 페리클레스의 번영기.
  431~404년 아테네와 스파르타 간의 펠로폰네소스 전쟁. 소크라테스의
  활약, 399년 사형선고.

400년 387년 플라톤 아카데미 창립.
  테베의 상승.
  349년 이후 마케도니아의 필리포스 왕을 물리친 데모스테네스의 등장.
  아리스토텔레스가 필리포스 왕의 아들 알렉산드로스의 교사가 됨.
  마케도니아의 필리포스 왕이 그리스 폴리스들을 정복함.
  334~323년 알렉산드로스가 동방을 정복함.

300년 헬레니즘 시대.
  로마의 확장. 카르타고와의 갈등.
  264~241년 제1차 포에니 전쟁.
  218~201년 한니발과의 제2차 포에니 전쟁.

로마가 승리하여 서부 지중해를 지배.

200년 그리스와 마케도니아 전쟁.
동부 지중해 지역의 정복.
149~146년 제3차 포에니 전쟁.
그리스 문화의 수용. 로마인(그라크인들)의 등장.
122년 내전 발생.
113~101년 킴브리족과 튜튼족의 전쟁.

100년 사회적 동요 마리우스(국민당)와 술라(원로원당) 간의 내전, 술라의 승리와 독재.
70~44년 폼페이우스와 카이사르의 통치.
카이사르를 통한 갈리아의 정복. 폼페이우스와의 내전. 카이사르의 승리, 44년 피살.
카이사르의 시해자 브루투스와 카시우스에 대한 안토니우스와 옥타비아누스의 복수전쟁.
옥타비아누스와 안토니우스 간의 내분으로 인한 전쟁.
23년 아우구스트 옥타비아누스가 종신통치자가 됨.
로마 제정시대 시작, 공화국 종식.

(서기)

0년 기원전 7년경 그리스도 탄생.
아우구스투스 치하에서 로마 문화의 번성. 호라티우스, 베르길리우스, 마이케나스, 오비디우스
티베리우스 황제. 그리스도의 십자가 처형.
황제 클라우디우스, 칼리굴라 그리고 네로
로마의 화재와 1차 기독교 박해.
티투스가 예루살렘을 파괴. 유대인 축출.

연대표 695

폼페이의 멸망. 독일 국경에 방어용 누벽 건설.

100년　양자(養子)황제 트라야누스와 하드리아누스를 통한 왕국의 정착.
　　　　문화 중흥기 타키투스, 플리니우스, 플루타르코스 정복을 통한 제국의 확장.
　　　　현자 마르쿠스 아우렐리우스의 등극. 그의 사망 후 제국 위기.

200년　제국의 군사화를 통한 위기 해결. 군대가 황제를 결정함.
　　　　정치의 초석을 놓기 위해서 제신숭배를 부활시킴. 그 결과로 기독교인 박해.
　　　　디오클레티아누스가 동방처럼 독재를 함. 제국의 새로운 행정.
　　　　하위 황제들에게 제국을 분할함.

300년　콘스탄티누스 황제가 경쟁자 막센티우스를 물리치고 기독교를 국교로 도입.
　　　　325년 니케아 공의회, 종교 교리 확정.
　　　　비잔티움으로 수도 이전. 교황권의 상승.

2. 민족 대이동 그리고 중세

400년　게르만족의 상습적 침공. 서고트족과 반달족이 로마를 점령.
　　　　451년 카탈라우니아 전투(트로예스 근방).
　　　　훈족의 귀국. 앵글로색슨족의 영국 침공.
　　　　서로마 제국의 마지막 황제 로물루스 아우구스툴루스 그의 후계자는 오도아케르가 되며, 그 다음 후계자는 동고트족의 왕 테오도리쿠스 대제가 됨.

500년   클로비스가 511년에 프랑크 왕국을 통일. 기독교로 개종.
        부르군트 왕국의 정복과 알라만족과의 전투에서 승리.
        529년 베네딕투스가 베네딕투스 수도원 설립. 중세의 수도원들의 모범.
        교황 그레고리우스 1세가 교황청을 확고히 함. 게르만족, 즉 앵글로색
        슨족, 알라만족, 그리고 바이에른족에 대한 기독교 선교 시작.

600년   메로빙거 여왕의 프랑크 왕국 통치권이 궁정의 집사, 우두머리 그리고
        종자들에게 넘어감.
        마호메트가 예언자로 등장. 이슬람의 창설 및 남부 지중해 분지의 정복.
        지중해 문화가 이슬람권과 기독교권으로 양분.
        피핀이 궁정집사(궁재[宮宰])로 프랑크 왕국 전지역 통치.

700년   아랍인들이 스페인을 정복. 피핀 대제의 아들, 카를 마르텔이 아랍인을
        방어.
        봉건주의의 발전, 교황 스테파누스 2세가 피핀 3세(마르텔의 아들)를 도
        유(塗油)해 왕으로 등극시키고 그 대가로 교회국가를 획득. 카롤링거 왕
        조 768년부터 샤를마뉴 대제의 통치. 이탈리아, 북스페인 그리고 작센
        지방을 정복.

800년   샤를마뉴 대제가 로마에서 황제로 등극. 로마 제국의 개혁이 서유럽 국
        가들의 기초가 됨(북스페인에서 시작해 스페인을 재점령. 노르망디에
        서 시작해 영국을 정복).
        경건왕 루트비히의 통치, 그리고 왕국이 분열되어 프랑스와 독일이 됨.
        왕권의 약화로 독일에서는 세습공작령이 생겨남.

900년   910년 작센 공작 하인리히 1세가 독일 왕으로 선출됨, 독일 제국이라는
        명칭이 생겨남.
        그의 아들 오토 대제가 헝가리를 이기고 962년 로마에서 황제로 등극.

이후로 독일민족의 신성 로마 제국이 생기고 독일 왕들이 황제가 됨.

1000년 최초의 범유럽적 문화양식인 로마네스크 예술이 시작됨.
왕국이 프랑크 공작들(잘리어족)의 차지가 됨.
콘라트 2세, 하인리히 3세, 하인리히 4세 그리고 하인리히 5세.
교황 그레고리우스 7세와 하인리히 4세 간에 주교 임명권 쟁탈전이 벌어짐.
1077년 하인리히의 카노사의 굴욕. 그레고리우스, 교회에 대한 황제의 절대권 추구.
1066년 노르만족의 영국 정복.
1096년 십자군운동의 시작 : 1차 십자군.
1099년 예루살렘 정복.

1100년 동부 식민화의 시작.
왕관이 슈바벤 공국의 호엔슈타우펜 가의 차지가 됨.
벨프 가와 호엔슈타우펜 간의 갈등.
십자군운동의 지속. 1152~90년 프리드리히 바르바로사,
사자왕 하인리히와의 전쟁.

3. 중세의 전성기 그리고 근대 초기

1200년 프랑스에서 알비파(派) 전쟁(반교황 반란전쟁).
영국의 「마그나 카르타」 헌장 반포.
중기 중세문학과 미네징거. 프리드리히 2세가 독일 왕 겸 시칠리아의 왕으로 통치, 제국의 제후들에게 영지의 주권을 인정해줌.
독일 기사단을 통해 프로이센을 정복. 프리드리히 2세 사망.
이후 독일 대공위(大空位)시대가 시작됨.

　　　　　1273년에 루돌프가 왕으로 즉위함으로써 합스부르크 왕조가 시작.
　　　　　연맹국의 성립.
　　　　　1291년 스위스 뤼틀리 맹세.

1300년　1309~77년 교황들이 아비뇽에 주재하기 시작함. 교권 분열.
　　　　　독일에서는 바이에른인 루트비히가 통치함. 1346년부터는 카를 4세가
　　　　　등극함으로써 룩셈부르크 왕조가 수도 프라하에 주재하면서 통치함.
　　　　　카를 4세의 금인칙서에 의거해 7선제후가 황제를 선출.
　　　　　1347년부터 페스트 창궐, 물가앙등으로 근대화가 급속히 추진됨.
　　　　　뤼벡 시의 주도하에 한자 도시들이 번영함.
　　　　　1340년부터 영국과 프랑스 간의 100년전쟁이 시작됨.
　　　　　랭커스터 가문의 헨리 4세가 합법적인 리처드 2세를 축출함 : 셰익스
　　　　　피어의 역사 희곡들이 이를 소재로 함.

1400년　1400년부터 피렌체의 메디치 가 등장. 이 도시가 르네상스의 요람이 됨.
　　　　　예술의 발달.
　　　　　1429년 오를레앙의 잔 다르크 등장. 뵈멘의 후스전쟁.
　　　　　1438년부터 합스부르크 가 출신만 황제가 됨.
　　　　　1453년 터키인들이 콘스탄티노플 점령. 동로마 - 그리스 제국의 패망.
　　　　　1453년 100년전쟁 종결.
　　　　　1455~85년 영국 랭커스터와 요크 가문 간의 장미전쟁, 튜더 가문의 창
　　　　　시자인 헨리 7세에 의해 종식.
　　　　　카스티야와 아라곤 왕조의 통합. 종교재판의 재도입.
　　　　　1492년 마지막 아랍족 축출, 유대인 축출 그리고 아메리카의 발견.
　　　　　1493~1519년 오스트리아의 막시밀리안 황제. 그의 아들 펠리페(미남
　　　　　왕)가 부르군트를 유산으로 물려받고 스페인의 상속녀와 혼인.

1500년　1517년 마르틴 루터의 종교개혁 시작. 농민전쟁, 종교개혁의 급진화와

확산.

1519년 카를 5세가 스페인, 아메리카, 네덜란드, 나폴리 그리고 독일 제국의 통치권을 통일. 독일 제후들과 대결.

1541년 제네바에서 칼뱅의 종교개혁.

1545~63년 트리엔트 공의회. 이때부터 가톨릭 혁신과 반종교 개혁의 시작.

아우크스부르크의 평화협정, 카를 5세의 퇴위. 스페인(식민지 전역 포함), 네덜란드 그리고 나폴리가 펠리페 2세의 차지가 됨.

1534년부터 영국 교회가 로마로부터 독립, 헨리 8세가 수도원을 압류.

1558~1603년 엘리자베스 여왕.

1588년 스페인 아르마다 함대의 격파.

문예(특히 희곡) 부흥기: 셰익스피어가 1590~1611년까지 활동.

1562~15년 프랑스의 위그노 전쟁. 스페인에 대한 네덜란드의 해방전쟁.

1600년 1618~48년 독일 30년전쟁. 하인리히 4세가 프랑스를 평정. 영국의 제임스 1세 치하에서 성서 번역. 찰스 1세와 의회 간의 헌법 갈등, 1642년부터 내전. 1649년 찰스 1세의 참수. 크롬웰에 의한 영국 공화국.

1648년 베스트팔렌 조약. 브란덴부르크의 대선제후. 레오폴트 왕이 터키를 이김으로써 오스트리아가 강대국으로 부상.

1624년부터 리슐리외를 통한 프랑스 행정력의 중앙집권화, 그후에는 마자랭, 그리고 1661년부터는 루이 14세를 통해 중앙집권화가 가속화됨. 스페인의 쇠퇴, 네덜란드가 영국에 버금가는 해양 강대국으로 부상. 영국에서 군주정 복구(1660). 1688년 명예혁명 : 의회가 의회의 권한, 종교 관용 그리고 의사 표현의 자유를 관철함. 언론 자유를 통한 현대적인 공중(公衆)이 생겨남. 양당제도의 발전 : 휘그당과 토리당. 학문의 개화, 뉴턴의 세계상. 근대화의 시작. 루이 14세 궁정문화의 확산.

4. 근 대

1700년 1700~21년 스웨덴과 러시아 간의 북구전쟁.
표트르 대제에 의한 러시아의 현대화. 러시아가 승리한 후에 열강으로서 유럽 무대에 진출.
프리드리히 빌헬름 1세가 프로이센을 군사대국으로 만듦, 1713~40년.
1740년부터 프리드리히 대제. 오스트리아에서는 마리아 테레지아.
1756~63년 슐레지엔 지방을 얻기 위한 프로이센과 오스트리아의 7년 전쟁.
아메리카와 인도를 소유하기 위한 영국과 프랑스의 7년전쟁.
1776년 미국의 독립선언. 1783년 영국과의 전쟁 후 독립 쟁취.
영국의 산업혁명. 감상주의와 낭만주의의 시민적 문화혁명.
독일 고전주의 문화 개화.
1789년 프랑스 혁명. 현대사회와 시민사회의 시작. 세기말까지 헌법의 계속적인 개정과 계속적인 혁명전쟁.

1800년 1799년부터 나폴레옹 1세가 집정, 1804년부터는 황제로서 통치. 나폴레옹의 침입으로 독일의 질서 재편.
1806년 신성 로마 제국의 종말, 제후국가를 약 37개로 축소재편하여 라인동맹으로 만듦. 프로이센의 붕괴 이후에 슈타인, 하르덴베르크 그리고 훔볼트를 통한 개혁.
1812년 나폴레옹의 모스크바 원정. 1813년부터 독일 해방전쟁. 민족주의 운동. 나폴레옹의 패전. 빈 회의, 워털루 전쟁 이후 합법성의 원칙에 따른 유럽 재편.
1815년 결과 : 복고 독일의 3월 전기 그리고 비더마이어 시대.
1832년 영국의 의회 개혁. 영국의 공업 우위.
1848년 거의 모든 유럽에서 혁명 발생. 파울 교회의 독일의회 민족통일 시도 실패.

1859/60년 이탈리아 통일.

1862~65년 아메리카 남부 주들의 분리. 미국 내전. 북부 주들의 승리. 노예 해방.

1870~71년 프로이센 비스마르크의 지휘하에 프랑스에 대해 승리를 거둔 독일의 통일. 독일 제국의 건립.

제국주의의 정점: 유럽 열강들의 아프리카 분할.

1900년 제1차 세계대전 1914~18년. 러시아 혁명 1917년. 동맹국가의 패전 후에 오스트리아-헝가리 제국의 분할. 바이마르 공화국. 1922년 이탈리아의 무솔리니 집권. 1929 세계경제 위기.

히틀러 나치당의 상승. 1933년 히틀러의 권력 인수.

1939~45년 제2차 세계대전, 유대인 말살과 인종 학살.

1945년 독일의 무조건 항복. 일본에 원자탄 투하. 1947/48년 이후 초강대국 미국과 소련의 냉전시기, 세계 양분(독일, 한국, 나중에는 베트남).

1949년 독일연방공화국 건국. 유럽 식민제국의 종식.

1989년 냉전 종식, 소련의 해체, 세계와 독일 분단의 종식.

1999년 유고슬라비아에 대한 나토의 전쟁.

세계를 변화시킨 책

아우구스티누스(Augustinus, 353~430) : 『신국*De Civitate Dei*』, 1467년 인쇄

로마 제국의 멸망에 대해 북아프리카(당시 로마 제국의 식민지였음-옮긴이) 히포Hippo 주교의 저술. 그는 로마 제국이 사라진 자리에 기독교 교회의 신국이 들어서야 한다는 테제를 내세웠다. 아우구스티누스는 역사의 진행을 두 공동체 간의 투쟁, 즉 신의 사랑을 품은 하늘의 군대와 인간에 의해 결정되는 지상의 군대의 투쟁으로 기술하고 있다. 양자는 사회의 실제적인 제도들 속에 결합되어 있다. 하지만 역사는 인간을 은총으로 구제하겠다는 신의 의지의 실현과정으로 해석될 수 있다. 이리하여 아우구스티누스는 역사에 의미와 목표를 부여하는 역사철학의 창시자가 되었다.

플라비우스 페트루스 유스티니아누스 1세Flavius Petrus Justinianus I(482~565, 동로마의 황제) : 『법학제요(提要)*Institutiones*』, 1468년 인쇄

로마 법령들의 총서이자 교본이며 유럽의 모든 법학 발전에 영향을 미쳤다.

클라우디오스 프톨레마이오스Claudios Ptolemaeos(161년 이후 사망) : 『우주지(宇宙誌)Cosmographia』, 1477년 인쇄

지구 중심적인 우주론의 개요이며 2세기부터 17세기까지의 세계상을 결정지었다. 아시아에 대한 그의 잘못된 측정은 콜럼버스가 인도로 가는 항로를 찾아 출발하게 된 원인이 되었다(→ 역사, 중세의 세계상).

유클리드Euclid(기원전 300년경) : 『기하학 원리Elementa Geometrica』, 1483년 인쇄

세계에서 가장 오래된 수학 교본. 오늘날에도 사용 가능.

토마스 아퀴나스Thomas v. Aquinas(1255~1274) : 『신학대전Summatheologiae』, 1485

아리스토텔레스 철학과 기독교 신학의 융합. 중세의 가장 중요한 철학서. 핸드북용으로 저술되었다.

갈레노스Galenos(129~199) : 『오페라Opera』, 1490년 인쇄

근대에도 사용되었던 의학 기초서. 핵심은 체액의 혼합에 따른 체질론이며 문학과 성격극에도 영향을 미쳤다.

가이우스 세쿤두스 플리니우스Gaius Secundus Plinius(23~79) : 『자연의 연구 Historia naturalis』, 베네치아, 1496

그리스·로마 고대의 모든 지식 관련 백과사전. 여기에는 400여 그리스·로마 문헌이 인용되어 있다. 물리학에서 시작해서 농업을 거쳐 문학에 이르기까지, 또 지리학에서 의학을 거쳐 철학에 이르기까지, 모든 것들이 망라되어 있다. 이 책은 중세의 표준적인 참고서가 되었다.

헤로도토스Herodotos(기원전 485~425) : 『역사Historiae』, 1502년 인쇄

역사의 아버지. 이 책은 페르시아의 그리스 침공사건(기원전 490~479)을 기술하고 있다.

토머스 모어Thomas More(1478~1535) : 『유토피아Utopia』, 라이덴, 1516
공산주의적 이상국가에 대한 허구소설. 여기에는 모어의 인문주의적 교양이 넘이 실현되어 있다. 후대의 모든 유토피아론의 모델.

마르틴 루터Martin Luther(1483~1546) : 『신약Das neue Testament』, 독일어 1522, 『신약과 구약Das Neue und das Alte Testament』, 1534
독일 문학의 가장 중요한 책. 이 책이 유포됨으로써 독일인들의 공통언어로서 표준독일어가 발전할 수 있는 기초가 마련되었으며, 독일 문화 공간이 동일한 표준언어로 단일화되었다. 루터의 성서는 설교의 수사학을 각인했고 독일어의 문체감각을 단일화했으며 언어의 모든 숨구멍과 틈새들에 스며 있는 표현법, 이미지 그리고 숙어들의 공동자산을 독일인들에게 공급했다. 이런 관점에서 볼 때 루터가 강한 이미지와 조형성들을 담고 있는 독일어를 제공한 것은 독일인들에게 하나의 행운이었다. 다른 사람들의 차후의 성서 번역들은 이에 비해 상대적으로 밋밋한 느낌을 준다.

발다사르 카스틸리오네Baldassare Castiglione(1478~1529) : 『궁정인Il cortegiano』, 1528
이상적 궁전 신하를 위한 표준적 예법서. 궁정에서의 매너와 귀족적 사교형식을 제시하고 있다. (→ 역사)

니콜로 마키아벨리Niccoló Machiavelli(1496~1527) : 『군주론Il Principe』, 1532
국가이성론의 기초서. 정치가 더이상 도덕적 관점이 아니라 학문적·기술적 관점에서 고찰된다. 군주의 카리스마는 '덕목'이며 이는 정력적인 역동성으로 칭송되는데, 이 덕목이 완벽해지기 위해서는 사자와 여우의 속성, 즉 용맹과 노회함이 함께 갖추어져야 한다.

장 칼뱅Jean Calvin(1509~1564) : 『그리스도교 강요(綱要)Institutio christianae religionis』, 바젤, 1536

종교개혁의 가장 중요한 교훈서. 신의 절대적 통치에 관한 아우구스티누스의 사상(기독교의 신관과 플라톤의 이상주의 철학을 통합하고, 인간 구원에서 신의 예정설을 주장함—옮긴이)이 중심을 이루고 있다. 이리하여, 세상의 권력자가 신의 의지를 위반하면 기독교인은 거기에 저항할 수 있는 권리가 생겨난다. 세상의 권력자는 신의 도구에 불과하기 때문이다. 이와 동시에 칼뱅은 예정론을 설명하며 노동 속의 삶의 의무목록을 제시한다. 칼뱅의 가르침은 네덜란드, 영국, 스코틀랜드 그리고 아메리카에 영향을 미쳤으며, 칼뱅주의는 민주주의적 자유운동의 발전에 결정적인 힘이 되었다.

니콜라우스 코페르니쿠스Nicolaus Copernicus(1473~1543) : 『천구(天球)의 회전에 관하여De revolutionibus orbium coelestium』, 1543
지구 중심적 세계상에 치명타를 가했으며, 관측되는 천체 현상을 지구의 태양 공전과 자전으로 설명했다. 이 저서는 1616년에 교회의 금서목록에 올랐다.

『성공회 기도서The Book of Common Prayer』, 1549
성직자와 평신도가 함께 이용한 최초의 민중언어 기도서. 이 책은 영국 성공회의 예배형식을 확정했다. 이로써 그 어법이 영어 속에 깊이 스며들었다. 성서 다음으로 중요한 책.

『금서목록Index Librorum Prohibitorum』, 1559
교황이 신앙이나 풍속을 해친다고 판단한 책들의 목록. 이 목록에 오른 책은 이단서적, 신교의 성서, 예배형식과 도그마에 관해 교회가 허용하지 않은 저술, 이른바 비도덕적 서적과 음란서적 그리고 사상적으로 허용되지 않은 모든 출간물. 마지막 목록은 1948~1962년에 간행되었으며 6,000항목에 이른다. 1966년까지 여전히 유효했다.

조르조 바사리Giorgio Vasari(1511~1574) : 『이탈리아의 훌륭한 건축가, 화가, 조각가의 생애…Le Vite de' più eccellenti pittori, et scultori italiani Architettori…』,

1568(증보판)

우리 지식을 위한 소중한 보고(寶庫)로, 르네상스 시대를 생생하게 기록했으며 수많은 에피소드들이 담겨 있다. '르네상스Renaissance'라는 개념을 사용한 최초의 책.

안드레아 팔라디오Andrea Palladio(1508~1580) : 『건축 4서/ quattro Libri dell'architettura』, 1570

무엇보다도 로마의 건축술에 의존한 건축서로, 영국과 미국(백악관)의 농촌 저택 건축술에 영향을 미쳤으며, '팔라디오 양식'을 유행시켰다.

미셸 드 몽테뉴Michel de Montaigne(1533~1592) : 『수상록Essais』, 1580

몽테뉴는 이 책으로 오직 주관적인 사상과 경험만을 표현하는 개인적 에세이 형식을 창조했다. 문학에 강한 영향력을 미친 회의주의의 기념비.

『성서The Holy Bible』 또는 『권위본The authorized Version』 또는 『제임스 왕 성서King James Bible』, 1611

영어 성서로 제임스 1세가 소집한 성직자들의 회의 결과물. "하나의 위원회가 내놓은 유일한 문학적 걸작. 시드니 또는 에드먼드 스펜서의 작품을 읽었거나 또는 글로브 극장에서 셰익스피어의 연극 공연을 본 사람들의 백배 이상이 성서를 신의 말씀으로 주의깊게 읽었거나 설교를 들었다. 그들은 이 책을 거의 삼백 년 동안 집에서 끊임없이 읽고 연구했으며, 이리하여 이 책이 민족의 성격, 상상력 그리고 지성인에게 미친 영향은 우리 연대의 그 어떤 다른 문학운동보다 컸다."(트레벨리언G. Otto Trevelyan, 영국의 역사가, 1838~1928)

프랜시스 베이컨Francis Bacon(1561~1626) : 『대혁신Instauratio Magna』, 1620

자연과학을 경험을 토대로, 방법론적으로 새로이 정립하기 위한 포괄적 계획서다. 모든 학문 분과를 분류하고 있으며, 새로운 과학적 방법의 프로그램과 아리스토텔레스 논리학의 수정(修正), 연구의 자극제가 되는 가설 세우기의 예시 그리고 학문 조직의 광범위한 요건들을 담고 있다. 베이컨은 모든 사변적 전통과 결별했으며 오직 실험만을 지향해야 한다고 주장했다. 후대의 학문에 대한 베이컨의 영향은 아무리 강조해도 지나치지 않다! 프랑스 백과전서는 그에게 헌정되었으며, 프랑스 혁명의 국민의회는 그의 저서를 국비(國費)로 재간행했다.

갈릴레오 갈릴레이Galileo Galilei(1564~1642) : 『2개의 주된 우주체계-프톨레마이오스와 코페르니쿠스-에 관한 대화Dialogo sopra I due massimi sistemi del mondo, tolemaico e copernicano』, 피렌체, 1632

급진론자, 보수주의자 그리고 불가지론자 간의 대화형식을 통해 새로운 천문학적 발견들을 열거하고 코페르니쿠스의 세계관을 간결하고 아름다운 것으로 칭송하며 옛 시스템을 옹호하는 무지한 자들의 폐쇄성을 풍자한다. 이 책 때문에 갈릴레이는 로마의 종교재판에 소환되었으며 그가 이 책에서 주장한 모든 것을 철회하도록 강요받았다. 이 책은 1828년까지 금서목록에 들어 있었으며 1992년에서야 교황은 갈릴레이의 유죄판결을 부당한 것이라 선언했다.

르네 데카르트René Descartes(1596~1650) : 『방법서설Discours de la méthode』, 1637(→ 철학)

학문들을 최초의 원칙들로 환원시킴으로써 그 기초를 놓았다. 1. 의식의 자기 확인(Corgito ergo sum)에서 출발. 2. 진리가 인간의 유한한 의식으로부터 무한한 의식으로까지 전진한다고 봄. 3. 사물세계를 공간의 차원들로 환원시켜서 크기(면적·부피)와 운동이 되게 함. 현대철학은 이 책에 기초를 두고 있다.

토머스 홉스Thomas Hobbes(1588~1679) : 『리바이어선Leviathan』, 1651(→ 철학)

절대주의 국가를 사회계약의 관점에서 서술한 정치학적 저술. 개별자들이 타인으로부터 자기 자신을 보호하기 위해 모든 권력을 국가에게 양도해 독점케 한다는 내용이 주제이며, 양심과 도덕은 개인의 사적인 문제로 격하되어 있다. 홉스는 자신이 겪은 내전의 경험에 바탕해서 이 책을 저술했는데, 그 내전에서는 모든 사람들이 각자 옳다고 믿는 도덕을 내세우면서 상대방을 범죄자로 낙인찍고 전쟁을 살육전이 되게 했다. 이 책은 오늘날까지 시사하는 바가 많다.

블레즈 파스칼Blaise Pascal(1623~1662) : 『팡세 Pensées』, 1670

파스칼은 인간 본성의 타락과 인간의 구원 필요성을 강조한 얀센주의 Jansenismus(예수회파의 교리에 반대하고 아우구스티누스의 예정론을 주장한 교회 내부의 개혁운동. 신부 얀센Jansen의 이름에 따름—옮긴이)의 추종자였다(얀센은 1654년에 자메이카 섬의 포르 루아얄Port Royal에서 수도회 신부가 되었다—옮긴이). 이런 입장에서 출발한 그는 기독교에 대한 합리적 회의주의를 이성에 대한 회의주의로 발전시켰으며, 이리하여 인간 영혼의 끝없는 심연을 통찰하는 데 이르렀다. "마음은 비논리라는 고유의 논리를 가진다."

베네딕트 데 스피노자Benedict de Spinoza(1632~1677) : 『신학정치론 Tractatus Theologico-Politicus』, 1670

정의, 관용 그리고 연설 및 사상의 자유를 보장하는 국가를 이룩하기 위한 변론. 인간의 자연권을 기술하며 종교와 철학의 분리를 주장. 스피노자는 네덜란드에 거주하는 스페인의 유대인 후손이었지만 서구의 민주주의 사상에 접근하는 이 학설 때문에 암스테르담의 유대인 교회에서 배척되었다.

존 버니언John Bunyan(1628~1688) : 『천로역정 The Pilgrim's Progress』, 1678

가장 널리 알려진 퓨리터니즘의 책. 유혹과 타락으로 가득 찬 인생길을 걸어가는 기독교인이 순례자로서 겪는 역경이 알레고리화되어 강력하고 사실적인 언어로 표현된 이 작품은 구체적인 인물의 성격 유형들을 시각화해 보여주며 그 저변에 흐르는 사회적 급진주의 때문에 대중적 인기를 끌었다. 147개국 언어로 번역되었고, 퓨리턴의 심성을 잘 보여주는 기념비적인 책이다.

아이작 뉴턴 Isaac Newton(1643~1727) : 『자연철학의 수학적 원리 Philosophiae Naturalis Principia Mathematica』, 1687

역학(力學) 이론서인 이 책은 태양계의 모든 현상들이 역학 및 중력의 법칙에 의해 유도되고 입증되며 예견될 수 있다는 것을 증명한다. 이 『원리』는 자연과학사에서 가장 중요한 저작으로 통한다. 이 책은 기존의 모든 지식들을 통합해서 하나의 새로운, 합리적인 종합을 이루어냄으로써 인류에게 새로운 세계상을 제공한다. 이제 신의 통치가 인과성과 기계학의 법칙들로 대체되었다.

존 로크John Locke(1632~1704) : 『통치론 2편Two Treatises on Government』, 1690(→ 철학)

이 책은 자유주의의 마그나 카르타다. 로크는 권력 분립을 주장하며 그 근거를 정부의 통치행위에 대해 국민이 동의하지 않을 수 없는 현실적인 필연성에서 찾는다. 따라서 정부는 권력을 절대적으로 휘둘러서는 안 되며 항상 국민의 견제를 받아야 한다. 민주주의와 의회주의의 발전에 가장 커다란 영향을 미친 책.

잠바티스타 비코Giambattista Vico(1668~1744) : 『새로운 과학Scienza nouva』, 1725

역사는 인간정신에서 유래한다는 사상에서 출발하는 현대 역사학의 기본서. 비코는 우리와 무관한 자연과학의 세계보다는 우리 자신의 행동동기들을 더 잘 이해해야 하며, 역사가 과학으로서 연구되어야 한다고 역설한다. 그는 개인과 사회의 사이클 간에는 유사성이 있다는 견해를 피력했다. 예컨대 문화는 청년기, 성숙기 그리고 노년기와 같은 진화적 단계를 거친다. 그는 여기에서 언어, 신화 그리고 문화의 중요성을 발견했으며, 이 발견은 헤겔과 헤르더에게 영향을 미쳤고 슈펭글러의 선구자 역할을 했다.

알브레히트 폰 할러Albrecht von Haller(1708~1777) : 『스위스 시론(詩論) Versuch Schweizerischer Gedichte』, 1732

이 시집에는 알프스 세계의 위대함이 새롭게 조명되어 있다. 당시까지만 해도 사람들은 산을 두려워하고 꺼려했다. 이 책은 사람들에게 새로운 체험 공간의 문을 활짝 열어놓았으며 관광산업의 발전에도 기여했다.

카를 폰 린네Carl von Linné(1707~1778) : 『자연의 체계Systema Naturae』, 1735

식물과 동물을 속(屬)과 종(種)으로 체계적으로 분류함으로써 현대 식물학과 동물학의 발전에 기초가 된 책. 린네는 여기서 속명(屬名) 다음에 종명(種名)을 붙여서 두 단어로 된 2개의 학명을 만듦으로써 이명명법(二命名法)을 확립했다. 첫 번째 명칭은 모든 종들을 포괄하는 속을 의미하며, 두 번째 명칭은 개개의 종을 의미한다. 따라서 사자와 호랑이는 둘 다 고양이속에 속하므로 각각 felis leo(고양이 사자)와 felis tigris(고양이 호랑이)로 불린다.

디드로Diderot와 달랑베르d'Alembert의 『백과전서L' Encyclopédie』, 17권, 1751~1765

유럽 계몽주의의 정점을 이루며 프랑스 혁명 이전의 구질서의 권위를 무너뜨리는 데 결정적인 추진력이 됨.(→ 자세한 설명은 '역사' 참조).

프랑수아 마리 아루에 드 볼테르François Marie Arouet de Voltaire(1694~1778) : 『보편사와 각 민족의 풍습과 정신에 관한 에세이Essay über die Universalgeschichte und die Sitten und den Geist der Völker』, 1756

이 저술에서 볼테르는 세계사를 계몽주의로 향한 여정으로 묘사함으로써 문화사와 역사철학을 창시한다. 그에 따르면 각 민족은 세계 전체의 발전과정에 나름대로 각자의 방식으로 기여할 수 있다.

장-자크 루소Jean-Jacques Rousseau(1712~1778) : 『사회계약론Du Contrat social ou principes du droit politique』, 1762

자연으로의 회귀와 인간간의 자연적 평등을 열렬히 옹호하는 책이며, 사회가 세워놓은 자의적인 장벽들이 인간간의 감정적 교류를 막는 것을 비판한다. 평등의 수사학 때문에 이 책은 프랑스 혁명에서 급진주의자들의 성서가 되었다.

요한 요아힘 빙켈만Johann Joachim Winckelmann(1717~1772) : 『고대 예술사 Geschichte der Kunst des Altertums』, 1764

저자는 이 책으로 그리스 예술의 "고귀한 단순성과 조용한 위대함"에 대한 유럽의 견해를 각인했으며, 이 견해는 니체가 "디오니소스적인 것"을 발견하고 나서야 비로소 그 확고한 지위가 흔들렸다.

요한 고트프리트 폰 헤르더Johann Gottfried von Herder(1744~1803) : 『언어의 기원에 관한 소론Abhandlung über den Ursprung der Sprache』, 1772

헤르더는 이 책에서 진보사상을 언어에 적용함으로써 언어와 문화 간의 비교로서의 언어학이 전개될 수 있는 기초를 놓았다. 그는 이런 언어학이 인간 오성(悟性)의 기능방식에 대해 해명해줄 수 있으리라고 기대했다. 그의 이런 견해는 유럽의 중부와 동부의 민족들이 고유의 민족적 정체성을 언어에서 추구하는 계기를 마련해주었으며 문헌학을 발달시켰다. 물론 이 방법이 언어 쇼비니즘을 유발하기도 했다.

애덤 스미스Adam Smith(1723~1790) : 『국부론The Wealth of Nations』, 1776

국민경제학의 고전들 중에서 가장 중요한 최초의 고전. 스미스는 노동 분화의 원천인 경쟁이 생산력 제고와 경제 발전의 동인이 된다고 보았다. 그에 의하면, 이 발전은 국가가 개입해서 개별 그룹들을 보호하거나 지원하면 방해를 받으며, 반면에 모든 경제력이 자유로이 전개되면, 눈에 보이지 않는 손이 개인의 이기적인 관심들을 서로 협력케 함으로써 결과적으로 모든 사람들이 행복해진다. 자유주의의 경전이 된 이 책은 사회주의자들의 눈으로 보기에는 거짓말투성이의 책이며 이데올로기적 신비화의 본보기였다.

이마누엘 칸트Immanuel Kant(1724~1804) : 『순수이성 비판Kritik der reinen Vernunft』, 1781(→ 철학)

칸트는 이 책에서 경험의 대상으로서의 외부세계 그리고 종합을 이룰 수 있는 오성의 선험적 능력이 함께 협력함으로써 획득되는 인식을 다음과 같이 설명했다. 즉 감각적 · 경험적 세계가 오성의 종합을 유발하기는 하지만, 이 오성은 경험에 선행하며 경험이 어떤 양상으로 나타나야 하는지를 미리 규정한다. 영국의 경험론을 뒤집는 이 '코페르니쿠스적 전환'으로 칸트는 철학사에 하나의 획을 그었으며, 그 이전의 철학을 '전비판적vorkritisch', 그 이후의 철학을 '후비판적nachkritisch'으로 불리게 했다.

에드먼드 버크Edmund Burke(1729~1797) : 『프랑스 혁명론Reflections on the Revolution in France』, 1790

파리의 신사에게 보내는 편지 형식으로 된 이 책에서 버크는 유기적으로 성장한 생태 시스템으로서의 사회가 폭력적인 혁명의 개입을 통해 혼돈과 폭정의 상태로 추락할 수 있다는 생각을 전개한다. 그는 목적이 수단을 거룩하게 만든다는 생각을 경고한다. 그가 보기에 헌법은 더이상 자연권적으로 정당화된 사회계약이 아니라 죽은 자, 살아 있는 자 그리고 후손들 간에 맺어진 시대초월적 세대 계약이며, 이 계약은 추상적 · 인위적 헌법 제정을 통해서 파괴되어서는 안 되는 전통의 기초가 된다.

토머스 페인Thomas Paine(1737~1809) : 『인간의 권리Rights of Man』, 1791

버크의 글을 논박하면서 혁명을 옹호하는 이 책은 인권의 중요성을 쉬운 문체로 역설한다. 페인은 군주정과 귀족정치의 폐지, 국가의 교육 시스템의 완비, 누진세 적용을 통한 부의 재분배를 요구한다.

이 책에 대한 반응은 매우 컸으며 그 결과로 영국 전역에 급진적 단체들이 조직되었다.

메리 울스턴크래프트Mary Wollstonecraft(1759~1797) : 『여성의 권리 옹호A Vindication of the Rights of Woman』, 1792

철학자 고드윈의 아내이자 『프랑켄슈타인』의 저자인 메리 셸리의 모친인 여성작가 메리는 남녀의 동등한 교육 기회를 남녀의 동반관계를 위한 전제로 주장했으며, 그 때까지 성은 남성들에 의해 성적 대상, 가정부 그리고 자녀 양육

모로 축소되었다고 자세하게 비판했다. 그녀는 이 책으로 여성운동의 선구자들 중의 한 명이 되었다.

토머스 맬서스Thomas Malthus(1766~1834) :『인구론An Essay on the Principle of Population』, 1798

이 글은 고드윈의 낙관론에 대한 답변서로 구상되었다. 맬서스는 주민의 상황이 좋아질 때마다 인구의 증가가 초래되며, 이 증가가 그 개선된 상황을 다시 악화시킬 것이라고 주장했다. 즉 인구는 식량 보유량보다 더 빨리 증가하므로 가난의 경계를 멀리 밀어낼 수는 있지만 완전히 제거할 수는 결코 없을 것이라는 것이다. 이 책은 개혁가들을 속수무책이 되게 했으며, 막을 수 없이 증가하는 가난한 사람들을 고발하고 산아제한 단체들을 설립시켰다. 게다가 이 책은 다윈에게 영향을 미쳐 식량 보유량의 한계에서 인구의 압력 때문에 초래되는 자연도태를 학설로 주장하게 했다.

게오르크 빌헬름 프리드리히 헤겔Georg Wilhelm Friedrich Hegel(1770~1831) :『정신현상학Phänomenologie des Geistes』, 1807

세계사를 진보적 '정신'이 자아를 인식해가는 변증법적 과정으로 파악한 책. 정신이 이 과정에서 거치는 단계들은 의식이 현실에 대해 가지는 관계를 통해 결정된다. 주관적 정신(심리학), 객관적 정신(윤리, 정치), 절대적 정신(예술, 종교, 철학, 논리학)이 그것이다. 정·반·합이라는 변증법적 상승으로 역사가 완성되어간다는 역사철학적 구상은 19세기와 20세기에 좌파와 우파 간의 이념 대결의 출발점이 되었다(헤겔 좌파 대 헤겔 우파).

월터 스콧Walter Scott(1771~1832) :『웨이벌리Waverley』, 1814

수많은 웨이벌리 소설 시리즈를 낳은 이 작품은 역사소설의 모범으로 작용했다. 스콧은 이 소설에서 가상의 주인공을 작가 자신의 관점에서 서술된 역사 시나리오 속에 배치시켜 역사상의 실물과 대면하게 했다(이 첫작품의 소재는 1740년경 스코틀랜드 고지대의 본니 왕자 찰리의 야코비너 봉기다). 이 도식은 그후 제임스 쿠퍼James Cooper의 『모히칸족The Last of the Mohicans』, 빅토르 위고의 『노트르담의 꼽추Der Glöckner von Notre Dame』, 알렉상드르 뒤마Alexandre Dumas의 『삼총사』 그리고 톨스토이의 『전쟁과 평화에 적용되었다.

프란츠 보프Franz Bopp(1791~1867) : 『희랍어, 라틴어, 페르시아어 그리고 게르만어와의 비교를 통해 본 산스크리트어의 동사 변화 체계에 대하여Über das Conjugationssystem der Sanskritsprache im Vergleich mit jenen der griechischen, lateinischen, persischen und germanischen Sprache』, 1816
저자는 '인도게르만어족'의 연구를 통해 언어간의 친족적인 시스템을 발견하고, 이로써 비교언어학의 기초를 놓는다.

야코프 그림Jacob Grimm(1785~1863) : 『독일어 문법Deutsche Grammatik』, 1819~1837
야코프 그림은 보프의 발견에 기반해서 게르만어와 그 친족언어들 간의 차이들을 설명하며, 독일어 강변화동사의 모음 변화를 발견하며 소리 변이의 '그림 법칙Grimm's law'을 공식화한다. 이 소리 변이는 표준독일어와 그밖의 게르만 언어들 간의 주요 차이점이 된다(Water-Wasser).

레오폴트 폰 랑케Leopold von Ranke(1795~1886) : 『근세 역사가들에 대한 비판Zur Kritik neuerer Geschichtsschreiber』, 1824
라이프치히, 베를린, 라이머, 1824.(원래는 『1494년부터 1514년까지의 라틴족과 게르만족의 역사Geschichte der romanischen und germanischen Völker von 1494 bis 1514』에 삽입되었던 글임).
비판적 역사 기술의 표준을 정립하고 설명한 책. 역사를 기술할 때 다른 해설보다는 원래의 출처에만 기초를 두고 써야 하며 이 출처를 정확히 검토하여야 한다고 주장했다. 랑케는 역사가가 교사나 교육자로 등장하는 것을 거부하며 "역사적 사건이 원래 어떤 모습이었는가"만을 보여주고자 했다. 이로써 그는 학문으로서의 역사 기술을 정립했다.

오귀스트 콩트Auguste Comte(1798~1857) :『실증철학 강의Cours de philosophie positive』 6권, 1835~1842

헤겔의 관점으로 재단한 진보주의 학문론. 이에 따르면 인간의 정신은 세 단계를 거친다. 모든 것의 배후에 하나의 신이 존재한다고 보는 신학적 단계, 모든 것을 몇몇의 이념으로 환원시키는 형이상학적 단계, 목적과 근원에 대해 질문하는 대신 원인, 법칙 그리고 관계에 대해 질문하는 '실증주의적' 학문적 단계가 그것이다. 학문들은 위계질서 속에 존재하며, 그 정상의 자리에 사회학이 존재하는데, 콩트는 그 3단계론으로 이 주장을 뒷받침한다. 또한 3단계론의 각 단계들에는 거기에 상응하는 고유의 사회형태가 존재하며, '실증주의' 단계에는 공업사회가 존재한다고 주장한다. 이 이론은 '실증주의'(인식을 학문적으로 증명 가능한 사실들에만 국한하기) 개념을 유행시켰으며, 19세기와 20세기의 중요한 학문 방법론 중의 하나를 형성했다. 1960년대까지만 해도 신마르크스주의적 프랑크푸르트 학파와 비판적 합리론의 '실증주의적' 대변자들(알베르트Albert, 포퍼Popper) 간에 사회학의 올바른 연구방법에 대해 '실증주의 논쟁'이 불붙었다.

카를 폰 클라우제비츠Karl von Clausewitz(1780~1831) :『전쟁론 Vom Kriege』, 1832~1834

저자는 전쟁을 정치에 종속시키며("전쟁은 다른 수단으로 이루어지는 정치의 연속이다"라고 이 책의 한 구절은 말하고 있다), 전쟁의 가장 중요한 요소로서 도덕과 훈육의 중요성을 강조하고, 전략을 공격과 방어 간의 끝없는 교대로 정의하며, 상설적인 전투계획들을 통한 일체의 확정된 사항들을 비판한다. 클라우제비츠는 거의 모든 나폴레옹 전투에 참가했으며, 프로이센의 군대 개혁에 참여했고, 베를린 전쟁아카데미의 학장이 되었다.

로울랜드 힐Rowland Hill(1795~1879) :『우편제도 개혁 ; 그 중요성과 실용성 Post Office Reform ; Its Importance and Practicability』, 1837

5개 원칙의 도입을 통한 우편제도 합리화 제안. 우표의 도입, 편지봉투의 도입, 우편료의 선불제, 종량 요금제, 등거리구역 우편물들의 우편료 통일. 이 제안은 왕실의 검토회의를 거쳐서 받아들여졌고, 최초의 우표(Penny Black)가 빅토리아 여왕의 초상화로 디자인되었으며, 우편제도가 힐의 제안에 따라 대폭적으로 개편되었다. 그 결과, 예기치 못한 일이 벌어졌다. 우표는 서민들도 구입할 만한 가격이어서, 미국 이주민들이 고국으로 편지를 쓸 수 있게 되었고, 이리하여 이들을 따라나서는 추가 이주자의 행렬이 거대한 파도와 같이 높이 일었다.

프리드리히 리스트Friedrich List(1789~1846) : 『정치경제학의 국민적 체계Das nationale System der politischen okonomie』, 1841

애덤 스미스와 반대로 리스트는 국민복지의 주요원천이 국제무역과 국제적 노동분업이 아니라 자국의 민족적 자원의 발전에 있다고 보았다. 이로써 그는 독일동맹 내의 관세단일화 협정을 통한 독일 통일의 선봉장이 되었으며, 그의 책은 이른바 '보호주의자들', 즉 보호관세 옹호자들의 성서가 되었다.

해리엇 비처 스토Harriet Beecher Stowe(1811~1896) : 『톰 아저씨의 오두막 Uncle Tom's Cabin』, 1852

이 책의 주인공은 백인 주인과 그의 딸 에바를 충심으로 섬기는 덕망 있는 미국의 흑인 노예 노인이다. 그는 백인 감독관에게 죽도록 매를 맞으며 수없이 어려운 고난을 묵묵히 견뎌낸다. 이 책의 가장 기억에 남는 슬픈 장면은 어린 에바가 죽는 장면과 한 여자 노예가 아기를 품에 안고 얼음 덩어리들이 떠다니는 오하이오 강을 횡단하는 장면이다. 이 소설은 도주한 노예 수배법을 비판하기 위해 쓰여졌으며, 그 멜로드라마적 요소 때문에 미국의 독자들에게 전무후무한 영향을 미쳤고, 링컨은 이 여류작가를 초대해 "에바는 우리가 내전에서의 승리를 감사해야 할 꼬마 아가씨"라고 말했다.

요셉-아서 고비노Joseph-Arthur Gobineau(1816~1882) : 『인종의 불평등에 관한 에세이Essai sur l'inégalité des races humaines』, 1853~1855

저자는 프랑스 혁명에 반대하는 이 책에서 프랑스 귀족이 통치권을 가져야 한다고 주장하며, 그 근거를 게르만-프랑크 계열의 귀족이 이들에 의해 점령당한 갈리아인들(로마인들이 고대 프랑스족을 일컫던 말)보다 우수하다는 데서 이 끌어온다. 프랑스 혁명에서 귀족들이 점령당해 몰락한 이유는 그들이 조상들에게서 물려받은 게르만-프랑크인들의 피를 '인종혼혈'로 더럽혔기 때문이라고 주장한다. 그는 이 책에서 북유럽 인종들을 지칭하는 '아리안족Arier'이라는 단어를 고안해냈으며, 이로써 나치의 독일 인종주의와 게르만 광기를 위한 표어를 제공했다. 물론 그 자신은 독일인들을 게르만족으로 간주하지 않고 단지 게르만족의 피가 조금 섞인 비순수 켈트족과 슬라브족의 혼혈족으로 여겼다.

찰스 다윈Charles Darwin(1809~1882) : 『자연선택에 의한 종의 기원에 관하여On the Origin of Species by Means of Natural Selection』, 1859(→ 철학/과학)

동물(인간 포함) 중에서 자연환경에 가장 잘 적응하는 종(種)이 생존함으로써 동물의 종류가 진화한다는 이론서. 이로써 수백 년 동안 믿어온 믿음, 즉 모든 종(인간 포함)이 신의 손에서 직접 생겨났으며 세계의 나이는 약 6,000년일 것이라는 생각이 쓰레기통 속에 던져졌다. 모든 목표 지향적인 발전의 배후에는 신의 섭리가 틀림없이 있다는 생각, 인간은 침팬지의 후손이 아니라 신의 모습을 따라 창조되었다는 생각도 아울러 쓰레기통에 던져졌다. 다윈의 이 책은 인류 역사상 그 어떤 책들보다도 기존의 세계상을 동요시켰으며 인간의 자기애(自己愛)를 상심케 만들었다. 그 책은 그후에 지식인들의 논쟁을 주도했으며 인간 사유의 그 어떤 영역도 건드리지 않은 것이 없다. 계획되지 않았지만, 그렇다고 해서 완전히 자의적이지도 않은 자기 조정의 과정으로서의 진화 개념은 오늘날까지도 매우 시사적이다.

존 스튜어트 밀John Stuart Mill(1806~1873) : 『자유론On Liberty』, 1859

제레미 벤담의 주도하에 결성된 '공리주의자' 그룹의 대표자인 밀의 가장 유명한 저술이다. 공리주의자들은 '최대다수의 최대행복'을 윤리학과 정치학의 목표로 만들었으며 이 원칙은 19세기의 개혁들을 추진하는 가장 중요한 동력이 되었다. 이 저술에서 밀은 최대다수의 최대행복은 개인의 자유와 직접적으로 관련되어 있다고 주장한다. 이로써 그는 모든 세대에게 자유로운 의견 표명, 새로운 이념에 대한 개방성 그리고 학문의 진보에 대해 긍정적인 생각을 갖게 해주었다.

요한 야코프 바흐오펜 Johann Jacob Bachofen(1815~1887) :『모성의 권리*Das Mutterrecht*』, 1861

초기 그리스 사회에 대한 연구를 통해 저자는 사회질서가 진화한다는 결론을 유도해낸다. 오늘날의 부계사회는 과거의 모계사회를 물려받은 것이며, 이 모계사회는 또다시 그 전단계인 양성사회를 이어받은 것이라는 것이다. 바흐오펜이 이 주장에서 기초로 삼는 것은 (특히 중동지방에 많은) 어머니신들(다산과 풍요의 상징)에 대한 숭상과 모계적 친족 형성 시스템이다. 비록 그의 결론들은 오늘날 많이 극복되었지만 인류학의 시야를 결정적으로 확대한 공로가 있다.

월터 배젓 Walter Bagehot(1826~1877) :『영국의 헌법*The English Constitution*』, 1867

영국에는 성문헌법이 없었기 때문에, 이 책은 사람들이 어려운 헌법문제로 토론할 때 인용할 수 있는 대체서적이 되었다.

카를 마르크스 Karl Marx(1818~1883) :『자본*Das Kapital*』, 1867

마르크스는 시민경제학 이론에 대한 비판에서 출발하여, 자본의 운동과정을 지배계급과 피지배계급 간의 사회내부적 관계로 설명한다. 그는 더 나아가서, 상품의 사용가치와 교환가치 간의 변증법에 대한 분석을 시도하며, 사회실상에 대한 통찰이 화폐 때문에 은폐되는 문제, 그리고 이로 인한 인간의 소외와 물화(物化) 현상 그리고 이 모든 현상이 마치 상황의 불가피함 때문에 생겨나는 자연현상처럼 여겨지게 되는 문제들을 차례로 기술한다. 그는 노동자의 착취를 서술할 때는 '잉여가치' 개념을 중심에 놓는다. 여기에서도 그는 다시 시장의 '객관적 법칙'을 지배관계의 위장이라고 폭로한다. 이 저작은 사회주의의 성서가 되었으며 "과학적인 근거를 가지는 학설"에 대한 주장 근거가 되었다. 이 학설에서는 과거의 단순한 신념이 과학적 객관성을 통해 대체되었다. 이 저작은 사람들에게 직접적으로 영향을 미쳤다기보다는 사회주의의 아버지들인 레닌, 카우츠키, 플레하노프, 루카치 등의 해석을 통해 간접적으로 더 많은 영향을 미쳤다.

하인리히 슐리만Heinrich Schliemann(1822~1890) : 『고대 트로이Trojanische Alterthümer』, 1874

트로이 발굴 보고서. 슐리만이 발견한 것은 사실 트로이 이전의 옛 도시였다. 그의 동료이자 제자인 되르펠트Dörpfeld가 호메로스의 트로이를 세상에 구경시켰다(그러나 슐리만은 정확한 장소를 발견했다).

체자레 롬브로소Cesare Lombroso(1836~1909) : 『범죄인론L'uomo delinquente』, 1876

그는 범죄성을 신체적 '퇴화현상'으로 귀결시킴으로써 병리(病理)와 범죄 간의 관계에 대한 시야를 열어놓았으며, 귀책능력 개념을 형성시켰고, 범죄자의 유죄판결에 영향을 미쳤으며, 우연한 범죄와 습관적 범죄를 구분할 수 있게 했다.

프리드리히 니체Friedrich Nietzsche(1844~1900) : 『차라투스트라는 이렇게 말했다Also sprach Zarathustra』, 1883~1885

페르시아 철학자 차라투스트라가 신의 자리에 들어서서 피안보다 '여기', 그리고 '현재'를 찬양하는 '초인'에 관해 선포하는 철학적 이야기이자 '산문시(散文詩)'. 그는 영웅주의와 권력을 미화하며 기독교 덕목을 약자의 환상으로 폭로한다. 이 책이 나치에 미친 영향에 대해서는 논란이 많다.

프레더릭 잭슨 터너Frederick Jackson Turner(1861~1932) : 『미국 역사에서 프론티어의 중요성The Significance of the Frontier in American History』, 1894

저자는 미국의 특성을 영국과의 독립전쟁에서 찾으려는 시도를 거부하며, 대신에 그것을 미국 서부의 열려진 국경으로 설명한다. 열려진 국경은 미국이 지속적으로 새 사회를 건설하도록 강요했고, 이리하여 개척자, 농부, 선교사, 장사꾼들은 끝없는 신생의 영웅이 되어 문명의 법과 제도들을 늘 새로이 창조해야 했다고 주장하는 이 책은 아메리카의 수사학(뉴 프론티어), 미국인의 자아 이해, 할리우드의 신화 그리고 서부영화에서 법을 구현하는 영웅적인 보안관의 도식을 각인하는 데 그 어떤 책들보다 많은 기여를 했다.

테오도르 헤르츨Theodor Herzl(1860~1904) : 『유대인 국가Der Judenstaat』, 1896

반동적 반유대주의가 상류계층과 소시민적 대중 간의 이데올로기적 연결고리로 최초로 표면화되었던 프랑스의 드레퓌스 사건은 헤르츨로 하여금 유대인들이 이제는 팔레스타인에 자신의 나라를 건설하지 않을 수 없다는 확신을 가지게 만들었다. 이 책의 출판은 1897년 바젤에서 제1차 시오니스트 회의를 여는 계기를 마련해주었고, 이 회의에서 시오니즘 조직이 창설되었다. 카임 바이츠만Chaim Weizmann과 나훔 소콜로프Nahum Sokolow의 영향력을 통해서 영국의 총리 밸푸어Balfour 경은 1917년에 유대인 국가의 건설에 원칙적인 동의를 하였고, 1948년에 비로소 그 약속이 실현되었다.

지그문트 프로이트Sigmund Freud(1856~1939) : 『꿈의 해석Die Traumdeutung』, 1899

이 책은 심리 분석 이론과 그 적용 실제의 기본적 특징들, 예컨대 꿈의 성적(性的) 특성, 오이디푸스 콤플렉스, 리비도(성욕), 소원충족 이론, 상징적 암호화, 억압이론, 자아와 무의식으로 분열된 심리, 노이로제 따위의 이론과 실제 증상들, 의식화의 방법 따위를 제시한다. 프로이트는 심리 분석에서 심리에 대한 서구의 상식을 완전히 뒤집어야 한다고 주장한다.

블라디미르 일리치 레닌Vladimir Ilich Lenin(1870~1924) : 『무엇을 할 것인가?What is to be done?』, 1902

레닌은 마르크스주의를 보완할 수 있는 직업혁명가들의 중앙집권적 정당의 필요성을 역설한다. 이 정당이 노조의 '미지근한' 투쟁을 대신해서 혁명적 집권

전략을 추진해야 혁명이 성공한다는 것이다. 이 개념이 몰고온 파장은 엄청난 결과를 낳았다.

프레더릭 윈즐로 테일러Frederick Winslow Taylor(1856~1915) : 『과학적 경영의 원리The Principles of Scientific Management』, 1911
노동작업의 표준화, 협업 그리고 성과급을 통한 생산과정의 합리화를 주장한 책이다. 이 주장은 사회주의자들의 격렬한 비판을 받았지만, 이 시스템은 소련에서 10월혁명 후에 즉각적으로 도입되었다.

알베르트 아인슈타인Albert Einstein(1879~1955) : 『일반 상대성이론의 기초 Grundlagen der allgemeinen Relativitätstheorie』, 1914/15
관찰을 통해 인식된 것은 모두 관찰자의 위치에 종속되며, 따라서 절대적인 공간은 없으며 절대적인 시간도 없다는 것을 증명한 책이다. 만약 우주선이 광속(光速)에 가까운 속도로 100광년 떨어진 별 아크투루스Arcturus로 여행한다면, 승무원들에게는 10년이 지나갔을 뿐이며, 우주선이 200년 후에 지구에 귀환한다면, 그 10년은 20년으로 늘어날 것이다. 이로써 웰스H. G. Wells의 타임머신 개념이 실현되었다. 지구에 머물러 있던 사람들이 보기에 우주여행에서 돌아온 사람들은 과거에서 온 사람들처럼 여겨질 것이며, 우주선 승무원들은 자신들이 미래의 세계에 도착한 듯한 느낌을 가지게 될 것이다.

오스발트 슈펭글러Oswald Spengler(1880~1936) : 『서양의 몰락Der Untergang des Abendlandes』, 1918~1922
모든 문화는 살아 있는 유기체와 마찬가지로 유년기, 개화기, 성년기 그리고 몰락의 시기를 거친다는 역사철학적 구상. 슈펭글러는 이집트, 바빌론, 인도, 그리스-로마, 아랍, 멕시코 그리고 서양의 문화를 구분했으며, 이 과정에서 민주주의로부터 전체주의적 상황으로 변화할 것이라고 예견했다. 1차 세계대전 후의 암울한 사회 분위기 속에서 이 책은 엄청난 반향을 일으켰다.

아돌프 히틀러Adolf Hitler(1889~1945) : 『나의 투쟁Mein Kampf』, 1925~1926
반유대주의, 인종주의, 군사주의, 쇼비니즘, 생활공간론, 역사 해석 과 정치적 프로그램으로 뒤범벅되어 읽을 수 없는 혼합물. 그 명백한 멍청함 때문에 아무도 진지하게 받아들이지 않았다. 『나의 투쟁』은 그 무효성 때문에 효과를 본 유일한 책이다.

더 읽으면 좋은 책

다음의 도서목록은 관례와는 달리 필자가 이 책을 집필하기 위해서 참조한 책들의 목록이 아니다. 그렇다면 그 길이는 훨씬 길어질 것이다. 이 도서목록의 책들은 오히려 읽기 좋은 개관서들이며, 한 분야를 가능한 한 구체적으로 설명하고, 낯선 세계를 접근하기 쉽게 하며, 또는 어떤 방식으로든 좋은 자극제가 되어주는 책들이다.

이 책들이 항상 전공서적일 필요는 없다. 철학 항목에서는 예컨대 소설을 한 권 소개했다. 대신에 문학 항목에서는 단지 두 작품만을 언급했다. 문학은 우리가 직접 읽으면서 즐겨야 하는 것이기 때문이다. 그리고 음악에서는 단 하나의 책만을 소개했는데, 그 이유는 이 책이 독자에게 자신의 길을 스스로 찾아갈 수 있는 능력을 제공하기 때문이다.

이 목록의 끝에서 본인은 교양을 주제로 한 이 책의 그 어떤 항목에도 어울리지 않을 서너 권의 책을 소개했는데, 그 이유는 이 책들이 우리의 세계 구조, 우리의 의사소통 방식 그리고 이때 우리가 의식하지 못하는 규칙들을 준수하고 있다는 것을 보여줌으로써 우리 자신을 더욱 잘 이해하도록 도와주기 때문이다.

소개된 책들에 대해서는 간략한 서평이 뒤따를 것이다. 이런 식으로 통틀어 정확히 50권의 책이 소개된다. 우리가 이 책을 모두 읽으면 잠시 쉬어 가도 될 것이다. 그러나 반드시 다 읽어야 하는 것은 아니다.

세계사

에른스트 곰브리치Ernst H. Gombrich, 『젊은 독자들을 위한 세계 소사Eine kurze Weltgeschichte für junge Leser』, 쾰른, 1998

이 책은 1935년에 빈에서 출간되었던 것을 저자가 개정한 신판이다. 제목이 말하고 있듯이, 이 책은 문체와 설명 수준이 평이해서 세계사에 관심이 있는 청소년들이 이해하기 쉽다. 여러 언어로 번역되었으며 영국에서 특히 좋은 호응을 얻어서 저자는 이해하기 쉬운 예술사 책도 저술해달라는 청탁을 받았다.

오토 치어러Otto Zierer, 『37권으로 된 세기(世紀)들의 상(像)Bild der Jahrhunderte in 37Bänden』, 귀터슬로, 1961

연작소설 형식의 세계사이다. 저자는 역사적 인물들이 등장하는 장면들을 소설처럼 묘사해서 독자들로 하여금 그 증인이 되게 한다. 이 과정에서 각 장면들의 배열은 진짜 역사적 사건들이 무리 없이 거기에 어울리도록 이루어진다. 그 사건들은 정확히 서술되며 입증된다. 치어러는 가끔 격앙된 어조로 또는 억지로라도 웃게 글을 쓰기 때문에, 역사적 인물들이 스스로 '역사'를 만들고 있음을 마치 알고 있다는 듯한 인상을 준다. 37권으로 이루어진 이 소설을 읽고 유익한 점이 아주 많았다고 말하는 어린 학생들이 많다.

윌/에어리얼 듀랜트Will and Ariel Durant, 『인류 문화사Kulturgeschichte der Menschheit』, 뮌헨, 1978, 18권

초기의 고대문화부터 19세기까지를 다룬 이 문화사 책은 읽기 쉽고 유머가 넘치며 중요한 인물들을 생동감 있게 묘사하기 때문에 오래 기억에 남는다. 18권으로 되어 있지만 처음부터 끝까지 읽을 필요는 없다. 아무것이나 하나 꺼내

서 필요한 곳을 즐기면서 유익하게 읽을 수 있다. 그것은 좋은 교양 체험이다. 물론 듀랜트는 근대 부분에 와서 독일보다는 영국과 프랑스에 주안점을 두고 있다. 이 문화사는 원래 영국 독자들을 대상으로 집필되었다(『문명 이야기*The Story of Civilization*』).

고대 : 그리스와 로마

키토H. D. F. Kitto, 『그리스인들*Die Griechen*』, 함부르크/프랑크푸르트, 1960
　브리스톨 대학교 고전어문학과 교수를 역임한 키토는 그리스인들과 그들 문화의 믿기 어려운 모습을 소개함으로써 독자들을 놀라게 만든다. 여기에서 그가 분명히 보여주는 것은 그리스인들을 그리스인답게 만든 것은 그들의 '생활 방식' 때문이었다는 점이다. 즉 그리스인들은 정치적이며 다른 사람들과 대화하면서 살았다.

테오도르 몸젠Theodor Mommsen, 『로마사*Römische Geschichte*』, 쾰른/빈, 1954
　몸젠은 자유주의적 성향의 정치인이자 학자로, 독일의 1848년 혁명 이후 민주주의적 통일방안의 모색에 참여했다. 이 정치적 관심이 그의 『로마사』를 아주 생동감 넘치는 역사서가 되게 했다. 특히 카이사르의 위대함에 마음이 끌린 그는 카이사르를 크롬웰에 비유했다. 카이사르는 통치자로 태어났지만 마음속으로는 공화주의자였다는 것이다. 버나드 쇼의 『시저와 클레오파트라*Caesar and Cleopatra*』에 등장하는 카이사르의 초상도 그가 이 책을 읽고 받은 영감을 표현한 것이다.

베르톨트 브레히트Bertolt Brecht, 『율리우스 카이사르의 사업*Die Geschäfte des Herrn Julius Caesar*』, 프랑크푸르트, 1965
　몸젠이 카이사르를 영웅화한다면, 브레히트는 그 정반대를 원한다. 브레히트는 제2의 브루투스가 되어 카이사르의 전설을 붕괴시킨다. 그는 카이사르가 물불 가리지 않는 부정행위를 통해 권좌에 오른 것을 증명한다. 카이사르가 권력모험을 하면서 겪는 거듭된 반전은 이 작품을 아주 흥미진진하게 만든다.

로버트 그레이브스Robert Graves, 『나, 클라우디우스, 황제 그리고 신*Ich, Claudius, Kaiser und Gott*』, 라이프치히, 1934

클라우디우스 황제의 허구적 자서전. 황제는 수다를 떨 듯이 자신의 선왕들인 아우구스투스, 티베리우스 그리고 칼리굴라 황제 간에 벌어진 스캔들, 음모 그리고 반역사건들에 대해 이야기한다. 이리하여 궁정에서의 치욕스런 상황들에 대한 아주 올바른 역사상이 생겨난다. 이 책은 세계적인 베스트셀러가 되었고, 데렉 야코비Derek Jacobi가 영화화했으며, 저자가 『클라우디우스, 신 그리고 그의 부인 메살리나*Claudius, der Gott, und seine Frau Messalina*』로 개작했다.

게르만족의 대이동 그리고 중세

펠릭스 단Felix Dahn, 『로마를 위한 투쟁*Ein Kampf um Rom*』, 라이프치히, 1876

이 역사소설은 민족주의 사상에 바탕해서 게르만족을 영웅화하는 독일 시민계급의 잊혀진 고전이다. 소설은 동고트왕 테오도리쿠스 대제의 후예들이 동로마의 황제 유스티아누스에 대해 방어전쟁을 수행하지만 실패하고 만다는 내용이다. 이 과정에서 정직한 게르만족의 영웅정신이 라틴민족의 세련된 간계보다 열세에 놓인다는 것이 밝혀진다.

단은 쇼펜하우어와 다윈의 영향으로 역사 비관주의에 사로잡혀 있었으며 동고트인들의 몰락을 신들의 음산한 황혼빛에 담는다. 이 책은 게르만족의 대이동 이야기가 과거 독일의 민족주의적 시민계급의 교육소재로서 어떤 역할을 했는지를 잘 보여준다.

앙리 피렌Henri Pirenne, 『게르만족의 대이동부터 종교개혁까지의 역사 Geschichte Europas von der Völkerwanderung bis zur Reformation』, 프랑크푸르트, 1961

벨기에의 역사학자 피렌은 이 책을 1차 세계대전 중에 독일의 포로수용소에서 집필했다. 그는 아무런 참고자료 없이 기억력에 의존해서 이 책을 썼다. 따라서 이 책은 역사서라기보다는 좋은 소설의 형상으로 탄생했다. 이슬람의 확장에 의해 중세의 문화적 단위가 파괴되기 시작했으며 이리하여 중세가 종말을 고했다는 인식은 그의 사후에 나온 책 『샤를마뉴와 마호메트 Mahomet et Charlemagne』에서도 나름대로 입증된다.

아르노 보르스트Arno Borst, 『중세의 생활형식 Lebensformen des Mittelalters』, 프랑크푸르트, 1979

저자가 사용하는 '생활형식' 개념은 중세의 서술을 위한 중세적 카테고리이다. 이리하여 그는 이 개념을 고유하게 사용한다. 중세는 사회적 위상이 사람을 결정지었기 때문에 사람을 유형화하는 경향이 있었다. 농부, 시민, 귀족, 영주, 사제, 신부, 교양지식인 따위가 그 유형이었다. 이로써 우리는 이 책의 목차의 절반 이상을 나열한 셈이다. 덧붙여 말하면, 보르스트는 중세인의 감성과 체험 방식을 생생하게 우리에게 전달하는 글쓰기 방법을 알고 있었다.

요한 호이징가Johan Huizinga, 『중세의 가을 Der Herbst des Mittelalters』, 스투트가르트, 1969

역사서의 고전. 저자는 14세기와 15세기의 문화를 취급하며 이 문화를 해석할 때 통설과 달리 르네상스의 개척시기가 아니라 몰락하는 한 시대의 마지막 개화기로 간주한다. 그 중심에는 기사도와 여성 존중의 이념, 종교 그리고 상징적 사고방식이 자리잡는다. 중세와 근대의 차이를 규정한 훌륭한 저술 중 하나다.

헤리베르트 일리히Heribert Illig, 『고안된 중세Das erfundene Mittelalter』, 뒤셀도르프, 1996

이 책은 충격 요법을 수단으로 하는 역사학의 기초입문서다. 저자의 견해에 의하면, 서기 614년 9월부터 911년 8월까지의 시간은 존재하지 않았다. 거의 300년의 기간이 역사에서 지워진 것이다. 이 테제는 얼핏 보기에 황당하지만, 이 시기에 대한 자료가 거의 남아 있지 않으며 이 어두운 시대에서 빛나는 것은 카를 대제뿐이라는 것을 저자는 증명할 수 있다.

저자의 주장에 따르면, 카를 대제는 꾸며진 가상의 인물이며, 이 인물을 창조한 자들은 오토 3세와 프리드리히 바르바로사를 섬기던 자들로, 기존의 전설들을 활용해서 전설상의 인물 카를을 유럽 최초의 황제로 조작했으며 풍부한 문헌으로 일대기를 만들어주었다. 무슨 목적으로 이런 일이 벌어졌는가? 사람들은 자기들이 고안한 이 황제로부터 고유의 황제권을 유도해내려 했으며 교황에 대한 황제의 주권을 입증하고자 했다. 그렇다면 아헨에 있는 카를 예배당은? 하인리히 4세가 건립한 것이다. 이 테제는 중세 역사가들의 열렬한 환호를 받지는 못했다. 그러나 그 테제에서 옳은 것은 중세의 권력자들인 왕·황제·교황·수도원장·제후 그리고 도시들은 자료 위조의 세계선수권자들이었다는 사실이다. 이들은 이 위조작업을 종종 옳다는 신념을 가지고 했으며, 자기들의 '명백한 권리'에 대해 정당성을 부여했다. 이른바 '경건한 속임수'였다. 교황들도 교회국가를 요구할 때 자신이 만든 위조서류를 근거로 내세웠다.

역사 연구에는 자료와 문헌을 비판적으로 감수하는 일도 포함되기 때문에 일리히의 책은 역사가들이 나름대로 이야기를 구성하는 방식을 알게 해주는 좋은 입문서가 된다. 그의 테제가 옳다면, 학생들은 그 300년의 역사를 힘들게 파헤치는 일을 생략해도 될 것이다.

자크 르 고프Jacques le Goff, 『또 하나의 중세를 위해Für ein anderes Mittelalter』, 프랑크푸르트, 1984

중세에 대한 최고 전문가 중 한 사람인 저자가 이 책을 통해서 주장하는 것은 중세와 근대 간의 전통적 구분점인 1500년 전후를 지워버리고 중세를 산업혁명기까지 계속되게 하자는 것이다. 이 제안의 장점은 하나의 학설을 주장할 때 항상 한 시대의 본질적인 특징들에 기초함으로써 그 시대를 잘 부각할 수 있다는 것이다. 르 고프는 대중에게 중세에 대한 관심을 일깨운 역사가들 중의 하나다.

르네상스, 종교개혁 그리고 근세

야코프 부르크하르트Jacob Burckhardt, 『이탈리아의 르네상스 문명Die Kultur der Renaissance in Italien』, 쾰른, 1959

르네상스 시대에 대해 우리가 알고 있는 지식은 대부분 이 책에서 유래한다. 부르크하르트는 르네상스를 거대한 깨어남, 현대인의 신생, 개인의 요람 그리고 이성의 여명(黎明)으로 묘사한다.

페터 부르케Peter Burke, 『르네상스Die Renaissance』, 베를린, 1987

100면을 간신히 넘는 이 에세이는 부르크하르트와 반대되는 르네상스 상(像)을 제시하며, 르네상스와 중세 간의 연속성을 강조하고 르네상스의 특별한 업적을 고대예술과 문학의 재발견으로 제한한다.

노르베르트 엘리아스Norbert Elias, 『문명화 과정Über den Prozess der Zivilisation』, 2권, 베른/뮌헨, 1969

저자는 유럽 상류층의 식사예절 및 성적(性的) 태도의 연구를 통해 유럽의 궁정에서 태어난 매너 문화가 어떻게 유지되었는지를 보여준다. 보다 커다란 자기 절제, 예의범절, 사려깊은 태도, 음모, 사랑스러움, 예측하기, 그리고 연출된 행동 및 내면과 외적인 행동의 분리가 그 특징이었다. 이 책의 내용은 아주 재미있으면서도 문명사의 고전으로 통한다.

막스 베버Max Weber, 『프로테스탄티즘의 윤리와 자본주의의 정신Dieprotestantische Ethik und der Geist des Kapitalismus』(J. 빙켈만이 간행), 함부르크/ 뮌헨, 1965

독일 사회학의 창시자 베버가 여기에서 개발한 유명한 테제는 칼뱅주의가 현대 자본주의의 성립을 위해 결정적인 역할을 했다는 것이다.

존스J. R. Jones, 『국민과 법정Country and Court』, 영국, 1658~1714, 런던, 1978

이 책은 영국에서 시민의 자유와 의회주의로 방향 전환이 이루어진 중요한 시기를 다루면서 헌법의 발전을 고찰한다.

알프레드 코브던Alfred Cobdan, 『현대 프랑스의 역사A History of Modern France』, 2권, 1700~1945, 하몬스워드, 1961

나폴레옹 시대를 정점으로 하는 프랑스 혁명의 위대한 드라마를 일목요연하게 다룬 프랑스 역사서.

골로 만Golo Mann, 『19세기와 20세기의 독일 역사Deutsche Geschichte des 19. und 20. Jahrhunderts』, 프랑크푸르트, 1958

재능 있는 소설가의 장편소설.

배링톤 무어 2세Barrington Moore jr, 『독재와 민주주의의 사회적 기원Social Origins of Dictatorship and Democracy』, 하몬스워드, 1969

현대화의 세 가지 길이 우리에게 소개된다. 유럽 국가들과 일본 역사의 예로 기술된 자유주의-의회주의, 권위주의 그리고 사회주의의 길이 그것이다.

폴 케네디Paul Kennedy, 『대영 제국의 부흥과 몰락, 1500년부터 2000년까지의 경제적 교체 및 군사적 갈등The Rise and Fall of the Great Empires, Economic Change and Military Conflict from 1500 to 2000』, 런던, 1988

저자는 근대의 역사에서는 언제나 유럽 국가들 중의 하나가 등장해서 세계와 유럽을 하나의 제국으로 통일하려 시도했으며 그때마다 그 나라들이 의존했던 자원들이 과도하게 팽창하면서 몰락하는 일이 반복되었다고 주장한다. 16세기의 스페인, 18세기와 19세기의 프랑스, 19세기의 영국, 20세기의 독일과 러시아가 그러했다는 것이다.

헬무트 플레스너Helmuth Plessner, 『지각한 국민Die verspätete Nation』, 프랑크푸르트, 1974

이 책은 유럽의 각 국가들에서 귀족적·시민적 매너 문화가 형성되어 사회적 삶에 문명화된 형식을 부여했을 바로 그 시점에 독일은 발을 잘못 디뎌 자기 파괴의 심연으로 빠져들었으며 바로 그 때문에 독일인들의 사회적 병리(病理)를 초래했다고 독자들을 납득시키고 있다. 유럽의 문명화된 형식이 독일인들에게는 철학으로 대체되었으며 이리하여 독일은 사상적으로 전염되기 쉽게 되었고 세계관이 동요를 일으키고 철학이 와해된 후에 완전히 퇴보하게 되었다는 것이다.

알란 불록Alan Bullock, 『히틀러와 스탈린Hitler und Stalin』, 베를린, 1997

이 책은 세계사의 가장 끔찍스런 두 독재자의 경력을 병행적인 현상으로 판단하며 서로간에 영향을 주고받았다고 기술하고 있다. 저자는 이것을 밝히기 위해 20세기 전반기의 모든 역사도 기술해야 했기 때문에, 이 책을 읽는 독자는 이 두 인물의 괴물 같은 숙명이 압도적으로 느껴져 이 책을 비극작품처럼 인식한다.

프랑수아 퓌레François Furet, 『환상의 끝Das Ende der Illusion』, 뮌헨, 1996

프랑스 혁명에 관한 저술로 유명한 역사학자 퓌레는 여기에서 공산주의의 역사를 기술하며 이때 공산주의가 교류한 파시즘 및 서구 민주주의와의 관계에 주목한다. 그는 이때 (자기 자신을 포함해) 서구 지식인들이 공산주의에 대해 품었던 환상들도 서술한다. 이와 동시에 그는 양대 전체주의(파시즘과 공산주의)가, 공히 아버지는 1차 세계대전이며 어머니는 시민계급의 자기 증오임을 증명한다.

한나 아렌트Hannah Arendt, 『전체주의 정권의 요소와 기원Elemente und Ursprünge totaler Herrschaft』, 프랑크푸르트/베를린/빈, 1975

저자는 히틀러와 스탈린의 독재를 분석해서 이것들이 유사한 통치형태였으며 반유대주의와 제국주의의 후속결과였다는 결론을 도출한다. 이 테제는 좌파적 파시즘 이론가들의 격렬한 비판을 받았다.

라울 힐베르크Raul Hilberg, 『유럽 유대인 말살. 홀로코스트의 모든 역사Die Vernichtung der europäischen Juden. Die gesamte Geschichte des Holocaust』, 3권, 프랑크푸르트, 1985

유대인 말살 계획과 실제에 대한 가장 포괄적인 저술.

문학

노드롭 프라이Northrop Frye, 『비평의 해부Analyse der Literaturkritik』, 스투트가르트, 1964

저자는 문학작품들의 거대한 덩어리를 어느 정도 질서 있게 정리하려고 시도해, 그것들을 형식, 모형, 문체 그리고 줄거리 유형에 따라 분류할 수 있게 한다. 거기에서 생겨난 일종의 지도책은 문학의 혼돈을 어느 정도 확실히 개관할 수 있게 해준다.

스티븐 그린블래트Stephen Greenblatt, 『셰익스피어적인 교섭Shakespearean Negotiations』, 옥스퍼드, 1988

문화의 구조 변화를 통해서(예컨대 종교개혁을 통해서) 특정 문화 관습이 주인 없이 표류하게 되는 양상(그래서 이를테면 신교도들이 귀신 쫓는 의식을 폐지한다), 그리고 그 뒤를 이어 연극예술이 이 자유로워진 상징적 관습을 대신 떠맡아서 무대에 올려 카타르시스 기능을 하게 되는 양상을 저자는 몇 편의 매력적인 에세이들에서 보여준다. 이로써 저자는 문학이 실제 사회적 관습들의 미학적 해독과정에서 생겨나는 것임을 증명한다. 우리가 문학의 사회적 역할 그리고 사회의 그밖의 영역들과 문학의 상징적 치환을 이보다 더 잘 설명할 수는 없을 것이다.

예 술

베르너 부슈Werner Busch(편), 『방송 강의(講義) 예술. 기능이 변화하는 예술의 역사Funkkolleg Kunst. Eine Geschicht der Kunst im Wandel ihrer Funktionen』, 뮌헨, 1987

이 책은 여러 명의 저자가 예술을 그 사용방식과 목적과 관련시켜서 고찰한 예술론집이다. 이로써 종전에는 예술가의 주관으로 환원시켰던 많은 것들이 객관화되었다.

에른스트 곰브리치Ernst H. Gombrich, 『예술의 역사Geschichte der Kunst』, 스투트가르트, 1996

이것은 일반인이나 대학생이 예술의 역사에 대한 조망을 할 수 있는 고전적 연구서이다. 이 책은 원래 영어로 집필되었으며(『예술 이야기The Story of Art』) 18개 국어로 번역되었고, 또 이만큼의 재판을 찍은 인기서적이다.

하인리히 뵐플린Heinrich Wölfflin, 『미술사의 기본 개념Kunstgeschichtliche Grundbegriffe』, 뮌헨, 1915

저자는 이 고전적 연구서에서 미술을 판단하는 기준으로 다섯 개의 대립적 양식쌍(樣式雙)을 개발한다. 선형(線形) 대 회화성(繪畫性), 개방형식 대 폐쇄형식, 평면성 대 입체성, 명확성 대 불명확성 그리고 단일성 대 다양성이 그것이다. 그는 이것을 무기로 삼아서 보티첼리, 뒤러, 홀바인, 브뢰헬, 렘브란트, 벨라스케스, 티치아노, 베르메르 등의 150작품을 탐구한다.

구스타프 르네 호케Gustav René Hocke, 『매너리즘, 미로의 세계Manierismus Die Welt als Labyrinth』, 함부르크, 1957

저자에 의하면 매너리즘 양식은 고전적 형식인 밸런스에 대한 반발로 항상 새로이 생겨나는 추진력의 불변의 상수이며, '세계에 대한 문제적 관계'를 표현하기 위해 변형, 왜곡, 초현실주의 그리고 추상의 형식을 취한다. 저자는 이런 식으로 현대예술을 매너리즘의 역사적 변형들과 비교하며, 거기에서 현대예술과 전통예술 간의 관련성을 도출해낸다.

수잔 가블릭Susan Gablik, 『마그리트Magritte』, 뮌헨/빈/취리히, 1971

초현실주의 화가 르네 마그리트René Magritte는 그림과 그 모사대상 간의 관계를 가지고 아주 흥미로운 유희를 했기 때문에, 저자는 그 작품을 토대로 해서 현대예술의 새로운 문제들을 독자에게 제시한다.

음악

카를 팔렌Karl Pahlen, 『서양 음악의 위대한 시대Die großen Epochen der abendländischen Musik』, 뮌헨, 1991

좋은 해설, 풍부한 자료, 정밀함, 생생하게 묘사된 에피소드들 그리고 극적으로 강조된 예술가의 생애가 담긴 위대한 음악사책이다.

철학과 이데올로기

리처드 타나스Richard Tarnas, 『이념과 고뇌. 서구 사상의 길Idee und Leiden-schaft. Die Wege des westlichen Denkens』, 뮌헨, 1997

철학교수 타나스는 플라톤부터 현대까지의 철학사를 되도록 이해하기 쉽게 묘사하려고 시도한다. 저자는 미국인이지만 독일 이상주의 철학에 매료되어 있다.

카를 뢰비트Karl Löwith, 『헤겔에서 니체로. 19세기 사상에서의 혁명적 단절Von Hegel zu Nietzsche. Der revolutionäre Bruch im Denken des 19. Jahrhunderts』, 취리히, 1941

이 연구서는 19세기 철학을 문제적인 것으로 기술한다. 즉 현실(역사)을 합리적인 것(정신)과 연결시킨 헤겔부터 살펴보기 시작해서 그 후계자들(키에르케고르, 마르크스, 쇼펜하우어, 슈티르너 그리고 니체)이 그 연결을 어떻게 파괴시키며, 이 파편들에서 어떻게 20세기의 이데올로기들이 탄생하는지를 기술하고 있다.

쿠르트 렌크Kurt Lenk, 『이데올로기Ideologie』, 노이비트, 1967

이 책의 제목에 대한 독본(안내서가 달린 논문집) 그 자체이며, 사회적으로 미리 프로그래밍된 의식의 현상에 대한 역사적 고찰이 담긴 탁월한 입문서다.

볼프강 슈테그뮐러Wolfgang Stegmüller, 『현대철학의 주류Hauptströmungen der Gegenwartsphilosophie』, 2권, 스투트가르트, 1979

이 책은 이미 철학의 기본문제들에 대한 상식이 있는 독자들에게 어울리는 고급수준의 20세기 철학서이다. 여기에서 다루는 대상은 무엇보다도 영미 철학 그리고 논리와 언어를 대상으로 하는 과학론이다.

과 학

토마스 쿤Thomas Kuhn, 『과학혁명의 구조Die Struktur wissenschaftlicher Revolutionen』, 프랑크푸르트, 1976

이 책에서 저자는 과학사를 혁명시키며 과학에 대한 우리의 통념을 뒤엎는다. 그는 과학의 발전이 진리의 계속적인 축적의 결과가 아니라, 기존의 반대학설이 우위를 점하면서 그동안 공식적이던 학설체계를 전복시키는 일련의 과학혁명들을 통해 이루어짐을 보인다. 이에 따라 과학은 항상 두 개의 상반된 연구

전략, 즉 기존의 학설체계를 확증하기 위한 전략 그리고 이 체계의 기초를 파헤치고 전복시키기 위한 전략을 추구한다.

알렉산드르 크와레Alexandre Koyré, 『폐쇄된 세계에서 열린 우주로Von der geschlossenen Welt zum unendlichen Universum』, 프랑크푸르트, 1969
저자는 중세의 세계상이 근대적인 세계상으로 구조 변경을 하는 과정과 그 과정에서 극복해야 했던 장애들에 관한 흥미진진한 드라마를 묘사한다.

더글러스 호프스태터Douglas Hofstadter, 『괴델, 에셔, 바흐. 끝없이 제본된 책 Gödel, Escher, Bach. Ein endlos geflochtenes Band』, 스투트가르트, 1985
이 책은 천재적 기인의 산물이다. 저자는 그 공로로 퓰리처상을 수상했다. 이 책은 수학, 정보학, 유전학, 시스템 이론, 신경학Neurologie, 음악, 회화(繪畵), 뇌 연구, 인공지능 그리고 이와 유사한 인접 대상들을 다루고 있다. 이 책의 구조는 독자가 작가의 순수한 미학적 매력에 감응해서 이미 무엇을 말하고 있는지 예감할 수 있기 때문에 자세한 부분들까지 읽지 않아도 이해가 된다. 독자들은 이 책을 통해서 첨단 학문들에서 진행되는 일들이 얼마나 흥미진진하며 환상적이며 인간이 얼마나 영리한 동물인지 알 수 있다. 현대의 세계에 관심 있는 사람은 무조건 읽어볼 만한 책이다.

에드윈 애벗Edwin Abbott, 『평면의 나라Flächenland』, 스투트가르트, 1982
이 책은 2차원의 세계를 무대로 하는 소설이다. 등장인물은 기하학적 도형들이다. 그들의 사회는 위계질서적으로 배열되어 있다. 병사와 노동자들은 이등변 예각 삼각형이며, 중간계급은 이등변 삼각형, 고위계급은 사각형부터 다각형까지 여러 가지 서열로 분류된다. 이제 흥미로운 것은 도형들이 그 평면세계에서 상대방을 인지하는 양상 그리고 그들이 갑자기 원추나 구 따위의 입체와 관계를 맺어야 할 때 발생하는 일이다. 이 소설은 실제의 세계와 우리가 세계를 인지하는 방식 간에 존재하는 차이에 대해 저절로 통찰할 수 있게 한다.

키스 뵈케Kees Boeke, 『40회 점프하는 우주 The Universe in 40 Jumps』, 뉴욕, 1957

40가지의 서술 차원은 우주와 과학의 각종 차원들에 대한 감각을 독자에게 매개해준다. 어린이들도 영어를 읽을 줄 안다면 읽을 만한 책이다.

일반적인 지평 확장

워츨라위크 · 베아핀 · 잭슨, P. Watzlawick, J. H. Beavin, D. D. Jackson, 『인간의 의사소통, 형식, 장애, 패러독스 Menschliche Kommunikation, Formen, Störungen, Paradoxien』, 베른/스투트가르트/빈, 1972

이 책을 읽는 사람은 의사소통의 자기 모순성에 대해 조금은 알게 된다. 지금까지 내부에서 보았던 것을 갑자기 외부에서 새로운 시각으로 볼 수 있게 된다. 인간간의 갈등이 언제 해결 불가능하게 되는지, 그리고 그 이유를 알게 된다. 의사소통에서 생기는 갈등이 상대방의 잘못보다는 소통 자체의 불투명성 때문에 생기는 일이 훨씬 더 많다는 것도 알게 된다. 이 책을 읽은 사람은 더 현명해지고 우리가 오류라고 부르는 현상을 더 잘 이해하게 된다.

페터 베르거 · 토마스 루크만 Peter Berger, Thomas Luckmann, 『현실의 사회적 구조 Die gesellschaftliche Konstruktion der Wirklichkeit』, 스투트가르트, 1971

사회학자들인 저자들은 평범한 아저씨와 아주머니들이 매일같이 자신들의 현실을 어떻게 구성하며, 이들의 몸, 이웃과의 의사소통, 습관, 언어, 제도 그리고 사회적 역할이 어떤 기능을 하는지를 보여준다. 즉 보통 사람들이 현실을 어떻게 확보하고 상징적인 상부구조를 형성하며 이것을 생동감 있고 사실적으로 만들어 자신의 것으로 소유하는지를 보여준다. 이 책을 읽은 독자는 우리의 현실이 그 얼마나 많은 전제를 가지고 있으며 불확실한 것인지를 이해하게 되며, 또 그 현실이 붕괴되어 우리가 그것을 이해할 수 없게 되거나 또는 무의미하게 여기게 되면 무슨 일이 발생하는지를 이해할 수 있게 된다.

에릭 에릭슨Erik H. Erikson, 『정체감과 생의 사이클*Identität und Lebenszyklus*』, 프랑크푸르트, 1966

이 고전적 책이 서술하는 내용은 성장하는 젊은이가 어떤 단계를 거치는지, 어떤 단계에서 어떤 특성과 문제가 생기는지, 그가 독자성과 자립심 그리고 고유의 가치의 감정을 느끼기 위해 필요한 기반은 무엇인지에 관한 것이다. 이런 요소들은 그로 하여금 사랑하고 노동할 능력을 만들어주며 주위 사람들로부터 인정받는다고 느끼는 곳에 가서 자신의 사회적 입지를 발견하고, 자신의 재능과 취향에 맞는 일을 할 수 있게 하는 중요한 것들이다. 독자는 그 모든 것이 위기에 처할 때 무슨 일이 발생하는지도 알게 된다. 부모들에게도 권할 만한 책이다.

헬무트 플레스너Helmuth Plessner, 『공동체의 한계*Grenzen der Gemeinschaft*』, 본, 1924

이 책은 정치에서 전체주의적 공동체, 합의의 유토피아가 치명적인 것이며, 권위와 도덕적 자기 정당성의 이상은 사회의 독소가 될 뿐이라는 것을 열렬히 주장한다. 전체주의적 경향에 저항하기 위해서 거리 유지, 간접성, 외교술, 배역에 따른 연극성 그리고 건강한 박자감각이 필요다하는 것이다. 이리하여 플레스너는 독일의 직접성 광기, 명확성 신봉, 도덕적 엄격주의 그리고 당혹성의 연극에 반대하며 이 주장을 입증하기 위해 그런 요소들이 문명화된 대중과 양립될 수 없다는 것을 보인다.

이 책은 나치가 집권하기 오래 전에 쓰여졌지만, 이로써 아직도 독일인들이 나치와 완전히 결별하지 못한 일면이 있음도 보여준다. 독일인들의 고통스런 고백록이다.

리하르트 제네트Richard Sennett, 『친밀함의 폭정. 공공생활의 몰락과 종말*Die Tyrannei der Intimität. Verfall und Ende des öffentlichen Lubens*』, 프랑크푸르트, 1983

제네트는 플레스너의 주장을 수용하여 발전시킨다. 그에 의하면, 공공성과

이에 마땅한 연극적 거리 유지가 대중매체들에 의해 위협당하고 있다. 그 이유는 대중매체들이 정치가들에게 사이비 친밀함과 거짓 정직성을 요구하고 있기 때문이라는 것이다. 이 책은 18세기 말부터 현재까지 독일의 매너 문화의 발전에 관한 매력적인 역사서임과 동시에 우리의 자기 묘사 형식에 관한 통찰을 주는 광맥이다.

니클라스 루만Niklas Luhmann, 『사회 시스템, 보편이론의 윤곽Soziale Systeme, Grundriß einer allgemeinen Theorie』, 프랑크푸르트, 1984
현재의 가장 흥미로운 사회학자들의 이론에 의하면, 현대사회는 전통사회처럼 사람들의 그룹(계급, 계층, 신분)으로 구성된 것이 아니라 의사소통의 유형들(경제, 정치, 법, 교육, 예술 따위)로 구성되어 있다. 이로써 개인은 자신의 사회적 위치를 상실하고 비가시적인 자아로 분해되어 사회의 외부에서 단지 심리적으로만 존재할 뿐이며 그의 수많은 사회적 역할들만 남는다. 이 책은 어렵지만, 완전히 새로운 이론을 제시하기 때문에 예비지식이 없는 사람도 읽을 수 있다.

문화사 연표

(기원전)

1250	이스라엘 민족 모세의 지도로 이집트 탈출
1200	트로이 전쟁
1000~950	다윗과 솔로몬 왕, 성전 건립
776	1차 올림픽 대회
570~496	피타고라스
508	아테네의 민주 개혁
499~477	페르시아 전쟁, 아테네의 발흥
472	아테네의 그리스 비극
522~446	핀다로스, 그리스 서정시인
443~429	페리클레스 치하의 아테네 전성기
431	에우리피데스『메데이아』
422	소포클레스『안티고네』
431~404	아테네와 스파르타 간의 펠로폰네소스 전쟁
399	소크라테스의 죽음
387	플라톤 아테네에 아카데미 창립, 아리스토텔레스 그곳에서 공부함
342	아리스토텔레스 알렉산드로스 대왕을 교육함
334~323	알렉산드로스 대왕 동방 정복, 헬레니즘 시대 시작
306	에피쿠로스 아테네에 견유학파 창시
308	제논 스토아학파 창시
300~100	히브리어 성서의 그리스어 번역(『70인역(譯)』)
146	로마의 그리스 정복

58~48	카이사르 갈리아 정복
45/44	키케로 철학적 저술 집필
44	율리우스 카이사르 피살
31	옥타비아누스(아우구스투스) 안토니우스와 클레오파트라 제압, 제국의 시작

(서기)

B.C. 70~A.D. 17	베르길리우스, 호라티우스, 리비우스
B.C. 7~A.D. 30	나사렛 예수의 활동
35	다마스쿠스로 가는 도중에 바울로 개종
64	네로의 폭정으로 베드로와 바울로 로마에서 순교
64~80	마르코, 마태오 그리고 루가 복음 성립
70	예루살렘 성전 파괴
90~100	요한 복음
140	프톨레마이오스 지구 중심적 세계관 확립
250~260	데시우스와 발레리아누스의 기독교 박해
265년경	플로티노스가 플라톤주의와 기독교를 종합해 신플라톤주의를 만들고자 시도
303	디오클레티아누스 치하의 기독교 박해
312	콘스탄티누스 기독교로 개종
325	니케아 공의회에서 기독교 교리 확정
330	콘스탄티노플로 개명된 비잔티움으로 제국 수도 이전
370	훈족의 침입과 게르만족의 대이동
410	서고트인들에 의한 로마의 파괴
413~426	아우구스티누스 『신국(神國)』
475	로마 최후의 황제 로물루스 로마 제국의 종말 선언
496	클로비스 치하의 프랑스 가톨릭으로 개종
529	베네딕투스가 몬테카시노에 최초의 베네딕투스 수도원 창립

622	이슬람이 팽창하기 시작
732	프랑크의 궁정집사 카를 마르텔이 푸아디에에서 이슬람 군대 격퇴
800	카를 대제 황제로 즉위
1054	동방교회와 서방교회의 완전한 분리
1096	1차 십자군운동
1150	아리스토텔레스의 저술들 재발견
1170	파리 대학 창립
1170	엘레오노라 폰 아퀴타니아의 궁정이 트루바두르 연애시의 중심과 궁정생활의 모델이 됨
1194	샤르트르 성당 건립 시작
1210	볼프람 폰 에센바흐 『파르치발』, 고트프리트 폰 슈트라스부르크 『트리스탄과 이졸데』
1215	「마그나 카르타」
1266~73	토마스 아퀴나스 『신학대전』, 스콜라학파의 정점
1310~14	단테 『신곡』
1347~50	페스트
1353	조반니 보카치오 『데카메론』
1429	잔 다르크의 등장
1434	피렌체에 메디치 가문 등장
1452	레오나르도 다 빈치 탄생
1453	터키인들 콘스탄티노플 점령
1455	구텐베르크 성서 초판 간행
1492	콜럼버스 아메리카를 발견, 유대인들 스페인에서 축출
1498	레오나르도 다 빈치 「최후의 만찬」
1504	미켈란젤로 「다비드」
1506	로마의 성 베드로 성당 건립 시작
1508~12	미켈란젤로의 시스티나 예배당
1473~1543	니콜라우스 코페르니쿠스

1513	니콜로 마키아벨리 『군주론』
1513	알브레흐트 뒤러 「기사와 죽음과 악마」
1516	토머스 모어 『유토피아』
1517	루터의 95개 테제, 종교개혁 시작
1534	루터 성서 번역 시작
1542	종교재판의 쇄신
1545~63	트리엔트 공의회, 반종교개혁 시작
1590~1611	윌리엄 셰익스피어 희곡들 창작
1605	미겔 데 세르반테스 『돈 키호테』
1611	성서의 영어 번역
1616	교황 코페르니쿠스 학설을 이단으로 결정
1618~48	30년전쟁
1633	갈릴레오 갈릴레이 종교재판 받음
1636	매사추세츠 주의 케임브리지에 하버드 대학 설립
1637	르네 데카르트 『방법 서설』
1642~48	영국 내전
1649	찰스 1세 참수
1651	토머스 홉스 『리바이어선』
1660	영국 학술원 창립
1669	몰리에르 『타르튀프』
1670	블레즈 파스칼 『팡세』
1677	스피노자 『윤리학』
1678	존 버니언 『천로역정』
1687	아이작 뉴턴 『자연철학의 수학적 원리』
1688	영국의 명예혁명
1690	존 로크 『통치이론』
1714	고트프리트 빌헬름 라이프니츠 『단자론』
1719	다니엘 디포 『로빈슨 크루소』

1723	요한 제바스티안 바흐 「요한 수난곡」
1726	조너선 스위프트 『걸리버 여행기』
1734	볼테르 『철학 서간』
1740	새뮤얼 리처드슨 『파멜라』
1742	게오르크 프리드리히 헨델 「메시아」
1751	디드로와 달랑베르 『백과전서』 편찬 시작
1756	볼테르 『보편사와 각 국민의 풍습과 정신에 관한 에세이』
1760	로렌스 스턴 『트리스트럼 섄디』
1762	장-자크 루소 『사회계약론』
1764	요한 빙켈만 『고대 예술사』
1769/70/71	나폴레옹, 루트비히 판 베토벤, 게오르크 프리드리히 헤겔, 횔덜린, 워즈워스 출생
1774	괴테 『젊은 베르테르의 슬픔』
1776	미국 독립선언, 애덤 스미스 『국부론』
1781	이마누엘 칸트 『순수이성 비판』
1787	모차르트 「돈 조반니」
1789	프랑스 혁명, 인권 및 시민권 선언
1790	에드먼드 버크 『프랑스 혁명론』
1792	메리 울스턴크래프트 『여성의 권리 옹호』
1798	토머스 맬서스 『인구론』
1799	나폴레옹 제1집정관
1807	헤겔 『정신현상학』
1808	괴테 『파우스트 1부』
1813	제인 오스틴 『오만과 편견』
1814	월터 스콧 『웨이벌리』
1815	워털루 전쟁, 빈 회의
1819	쇼펜하우어 『의지와 표상으로서의 세계』
1830	스탕달 『적과 흑』, 오귀스트 콩트 『실증 정신론』

1833	『파우스트 2부』, 괴테의 죽음
1848	파울 교회의 혁명, 「공산당 선언」
1857	플로베르 『보바리 부인』
1859	찰스 다윈 『종의 기원』, 존 스튜어트 밀 『자유론』
1860	야코프 부르크하르트 『이탈리아의 르네상스 문명』
1861	요한 야코프 바흐오펜 『모성의 권리』
1867	카를 마르크스 『자본론』
1869	레프 톨스토이 『전쟁과 평화』
1880	표도르 도스토예프스키 『카라마조프의 형제』
1883/85	프리드리히 니체 『차라투스트라는 이렇게 말했다』
1900	지그문트 프로이트 『꿈의 해석』, 막스 플랑크 양자역학 확립
1905	알베르트 아인슈타인 특수 상대성이론. 막스 베버 『프로테스티즘의 윤리와 자본주의 정신』
1907	파블로 피카소 「아비뇽의 처녀들」
1913	마르셀 프루스트 『잃어버린 시간을 찾아서』
1914~18	제1차 세계대전
1915	페르디낭 드 소쉬르 『일반 언어학 강의』
1914/15	아인슈타인 일반 상대성이론
1917	러시아 혁명
1918	오스발트 슈펭글러 『서양의 몰락』
1921	루트비히 비트겐슈타인 『논리철학 논고』
1922	T. S. 엘리엇 『황무지』, 제임스 조이스 『율리시스』
1924	토마스 만 『마의 산』
1927	마르틴 하이데거 『존재와 시간』
1933	히틀러 집권
1936	존 메이너드 케인스 『고용·이자 및 화폐에 관한 일반이론』
1939	최초 핵분열 실험
1939~45	제2차 세계대전, 홀로코스트

1948	노르베르트 비너 『인공지능론』
1949	조지 오웰 『1984년』, 시몬 드 보부아르 『제2의 성』
1952	사무엘 베케트 『고도를 기다리며』
1953	윗슨과 크릭 DNA의 구조를 발견
1958	클로드 레비스트로스 『구조인류학』
1961	미셸 푸코 『광기의 역사』
1962	토머스 쿤 『과학혁명의 구조』
1963	마틴 루터 킹의 시민운동
1968~70	대학생 소요
1980	컴퓨터의 대중화
1985	페레스트로이카 시작
1989/90	동구권 공산주의 와해, 독일 통일 그리고 냉전 종식

■옮기고 나서

살아 있는 교양을 위하여

"이제 고속도로는 완공되었다. 이제부터는 거기서 달릴 자동차가 필요한 때다." 최근에 인터넷 고속 통신망이 확충되면서 우리는 이런 말을 자주 듣게 된다. 유료 인터넷 사이트에 들어가봐도 별 신통한 내용이 없다. 그야말로 양파 껍질벗기기 식이다.

이 책은 이런 상황에서 우리의 지적(知的) 갈증을 일시에 해갈시켜주기에 충분한 책이다. 『교양. 사람이 알아야 할 모든 것 Bildung. Alles, was man wissen muss』이라는 제목이 말해주듯, 저자는 우리 눈앞에 서구 지식인들이 그들의 긴 역사를 통해 축적해놓은 온갖 지식과 지혜를 제시하고 있다. 그들이 귀중하게 여기는 문화란 무엇이며, 그들이 세계를 바라보는 시각은 어떤 것인지, 그들이 교육의 성과로 높이 평가하는 교양은 무엇인지, 그 모든 것이 이 책에 담겨 있다.

유럽의 역사·문학·예술·철학을 현대의 인지과학에 이르기까지 일필휘지로 서술해 나가는 저자의 필력은 놀랍기만 하다. 한 편의 대하소설을 읽는 듯한 느낌이 들며, 유럽인들의 고급 문화를 그 줄거리뿐만 아니라 뿌리까지 송두리째 캐내어 두 손으로 만지는 듯한 느낌마저 든다. 거기서는 모든 지식 내용들이 제 자리를 찾아가 있다.

철학자 비트겐슈타인이 말했듯이, 인식은 언제나 재인식이다. 만약 어떤 대상에 대한 인식틀이 없다면, 이 틀을 통해서만 가능한 그 대상의 인식은 우리의 수중에서 빠져나가고 만다. 쉽게 말해서, 우리는 우리가 전혀 모르는 분야의 대상에 대해서는 심도깊은 인식을 할 수 없다. 그러므로 만약 우리가 유럽인들의 인식틀을 알지 못한다면, 우리는 유럽인들이 자신을 어떻게 이해하며 무엇을 소중히 여기는지도 알 수 없을 것이다. 저자는 그 인식틀을 우리에게 제공한다.

그 인식틀은 철학자 디오게네스의 '냉소적 이성'과 유사하다. 디오게네스가 알렉산드로스에게 자신의 햇볕을 가리는 그늘을 지게 하지 말라고 감히 말했듯이, 슈바니츠는 이 이성으로 유럽의 교양문화라면 그것이 무엇이든지 가리지 않고 종횡무진으로 누비며 날카롭게 비판하고 해부한다. 그는 이 비판적 시각을 유럽 각국의 문화와 역사 연구를 통해 획득한 듯하다. 이 책이 '지역학' 부분에서 미국, 영국, 프랑스, 에스파냐, 이탈리아, 오스트리아, 스위스 그리고 네덜란드의 서로 다른 국민성에 대해 명쾌하게 설명하고 있는 데서도 그 점은 확인된다.

물론 우리의 시각에서 바라볼 때, 그의 비판시각에도 문제가 전혀 없는 것은 아니다. 예컨대 동양에 대해 언급할 때 그는 동양의 국가들이 아직도 전제주의적(專制主義的) 문화를 가지고 있다는 식으로 말한다. 이것은 유럽인들 특유의 편견으로서, 그 역시 아직 극복해야 할 부분이다.

본인의 견해로는, 이런 결론은 그가 무엇보다도 철저히 민주주의적으로 사고하려 한 데서 필연적으로 생겨나는 결과이다. 독일적 교양문화를 영국·미국의 민주주의적 세계관으로 확장해야 한다고 믿고 있는 그는 동양에도 아직 극복되어야 할 전근대적인 국가들이 있다고 추정하는 것이다.

어쨌든 우리는 이 책을 다 읽고 나면 이제부터 유럽의 문화를 더욱 잘 이해할 수 있게 될 것이다. 예컨대 어느 유럽 예술영화에서 아름다운 발레리나들이 그들의 궁정에서 고전음악에 맞추어 환상적인 춤을 추는 장면이 있다고 가정하자. 그러면 우리는 이제 그 궁정의 건축양식이 무엇이며, 거기에 걸린 그림은 무엇을 의미하는지, 또 그 음악은 어떤 원리에 바탕해 작곡된 곡인지 이해할 수 있게 될 것이다. 이런 내용을 알고 관람하는 사람과 그렇지 못한 사람간에 그 영화에 대한 이해도는 천양지차일 것이다.

만약에 어떤 영화제작자가 그 문화에 대한 심도깊은 이해없이 그런 장면을 짜깁기 식으로만 제작한다면 그것은 관객들의 조롱거리가 될 것이다. 그가 자금동원 능력이 충분해서 모든 장면을 유럽에서 현지 로케이션으로 촬영하든지, 아니면 사정이 여의치 못해서 영화필름 자료실을 뒤져서 유럽 궁정 내부를 촬영한 다큐멘터리 배경필름을 구해다가 자신의 개인 스튜디오에서 어떤 발레리나를 고용해 발레를 추게 해서 그 배경필름에 기계작업으로 합성하든지 간에, 그 영화가 성공하기 위해서는 정통 교양지식이 전제되어 있어야 한다.

우리가 서양을 이해하고자 할 때, 백화점에 즐비하게 진열되어 있는 '유럽 명품'들이 그 전부라고 생각해서는 안 된다. 그것은 유럽의 전체 문화의 극히 일부인 상업적인 문화에 불과하다. 우리는 그 문화를 뿌리부터 알아야 한다. 거기서 우리가 받아들일 것은 받아들이고, 비판해야 할 것은 비판해야 한다. 그래야만 우리도 좀더 우리의 자아 이해를 심화시키고 우리의 문화를 격상시키고 세계화시킬 수 있을 것이다.

이 책의 내용과 서술방식에 대해 간략히 소개하자면, 우선 '유럽의 역사' 편에서는 헬레니즘과 헤브라이즘에서 시작해서 파시즘과 마르크시즘에 이르기까지 유럽의 전체 역사가 마치 한 편의 파노라마처럼 전개된다. 우리는 잠시도 거기서 눈을 뗄 수가 없으며, 오늘날 유럽인의 고민과 희망이 무엇인지를 생생하게 느끼게 된다. 작가는 무슨 내용을 서술할 때, 죽어 있는 추상적인 개념이 아니라 우리에게 친숙한 비유로 눈앞에 보듯이 명쾌하게 설명하는 재주를 가지고 있다.

저자는 '유럽 문학'에 대해 소개할 때도 그는 그것을 학교에서 배우는 식의 단편적 지식으로 소개하지 않는다. 예컨대, 셰익스피어의 『맥베스』를 소개할 때는 주인공이 당하는 가혹한 운명이 오늘날에도 평범한 부부간의 문제에서 언제라도 발생할 수 있는 것으로 보여준다. 이리하여 교양지식은 우리의 실제 생활에 도움을 주는 것이 된다.

'미술의 역사' 편에서는 우리가 직접 유럽의 미술관에 들어와 있다는 착각을 갖게 되는데, 이것 역시 이 부분의 독특한 서술방식 때문이다. 미술전문가가 등장해서 우리를 전시실의 각 방으로 이끌고 돌아다니며 작품을 설명한다. 그러다 보면 우리는 어느새 유럽의 미술을 바로크 시대부터 현대까지 깊이 있게 배우게 된다. 서술 방식이 대상에 맞추어져 변화하고 있는 것이다. 이런 독자 위주의 설명 방식은 이 책 전체의 서술 원리가 되어 있다.

그가 '연극'을 소개할 때는 부조리극, 서사극, 대화극 등 유럽 현대 희곡의 중요한 형식을 창조한 작가들을 모두 정신병원에 입원하게 하고 이들로 하여금 서로 논쟁하며 서로의 정체를 차츰 밝혀나가게 함으로써, 이들의 서로 다른 희곡 이론이 무엇인지를 독자로 하여금 저절로 깨닫게 한다.

독자 중심의 이런 서술 방식은 이 책의 2부 「능력」 편에서 절정에 다다른다. 여기서는 교양인으로서 행동하는 방법이 직접 소개된다. 기존에 교양과 관련해서 나온 핸드북들에서는 찾아볼 수 없는 독창적인 내용이 거기에 담겨 있다. '지식을 실천에 옮길 능력이 없다면, 그 지식은 죽은 지식'이라고 말하는 그는 유럽에서 사람들이 지성인으로 인정받기 위해 갖추어야 할 매너의 '비밀'을 '누설'한다.

이처럼 광범위한 지식 내용을 담고 있는 이 책은 고등학생들의 대입 면접시험 준비용으로나 대학생·일반인들의 교양지식용으로도 적절하며, 세계를 무대로 하는 직장인들의 비즈니스 지침서로도 훌륭하다. 이 책은 오랜 기간 동안 독일의 권위있는 〈슈피겔*Der Spiegel*〉지 선정 베스트셀러 비소설 부문에서 1·2위를 다투고 있을 정도로 많은 이에게 주목받고 있다.

끝으로 이 책의 번역을 위해 함께 수고한 조우호(2. 유럽의 문학), 김길웅(3. 미술의 역사, 4. 음악의 역사), 윤순식(5. 위대한 철학자, 사상, 이론 그리고 과학적 세계상, 6. 성[性] 논쟁의 역사)에게 감사드리며, 수백 명의 인물을 일일이 교정·편집해주신 들녘 출판사 식구에게도 감사드린다.

2001년 10월
옮긴이들을 대표하여 인 성 기 씀

윤순식
서울대학교 독어독문학과, 동대학원 졸업(문학박사), 독일 마르부르크 대학 수학. 공군사관학교 교수 역임. 현재 서울대 강사. 역서로는 『역사의 비밀3(한스크리스티안 후프)』 등, 논문으로는 「토마스 만의 소설 『魔의 山』에 나타난 反語性 考察」, 「마의 산의 아이러니」 등이 있다.

조우호
서울대학교 독어독문학과 및 동대학원 졸업. 독일 예나 대학교에서 독문학 박사. 현재 서울대, 홍익대, 숭실대 강사. 논문으로는 「Entsagung und Ironie in Goethes Roman 'Wilhelm Meisters Wanderjahre oder die Entsagenden'」, 「Kulturholismus in Weimar und Jena um 1800 und die kulturpolitische Position der literarischen Moderne um 1900」 「괴테의 정치관」, 「빌란트 소설에 나타난 문화지형도」 등 다수가 있으며, 역서로는 (독역)『Gespraech im Atelier』(김원우『소인국』)『빌헬름 마이스터의 편력시대』(괴테, 공역) 등이 있다.

김길웅
서울대 독문과와 동 대학원 졸업. 문학박사. 학위논문으로는 「브레히트 시의 변증법적 구조와 기능」이 있고, 최근 논문으로 「이상과 현실, 그리고 우울 : 18세기 말과 19세기 초 독일 시민계층의 내면의식과 그 예술적 표현」, 「Aesthetische Moderne und Lyrik」, 「모더니즘 시와 회화의 구조적 상동성 : 벤의 절대시론과 칸딘스키의 추상화론 비교」가 있다.

찾아보기(인명)

ㄱ

가드너, 하워드 672, 689
가르시아 로르카, 페데리코 278
가리발디, 주세페 242
가마, 바스코 다 171
가모브, 조지 529
가블릭, 수잔 735
가이세리크 106
가이우스→그라쿠스 89
갈레노스 704
갈레티 513~4
갈릴레이, 갈릴레오 175, 708, 744
거슈윈, 조지 470
게이, 존 323, 451
게인즈버러, 토머스 585
고드윈, 윌리엄 714
고르바초프, 미하일 205, 289
고비노, 아서 719
고야, 프란시스코 드 411, 416
고트헬프, 예레미아스 360
고흐, 빈센트 반 414~5, 417, 569~71
골드만, 엠마 561
골드스미스, 올리버 674
골딩, 윌리엄 아서 322
골턴, 프랜시스 672
곰브리치, 에른스트 725, 734
공쿠르, 에드몽 555
괴링, 헤르만 269
괴벨스, 요세프 파울 268~9

괴테, 요한 볼프강 폰 23, 35, 41, 44, 75, 126, 129, 138, 177, 215, 225, 300, 302, 306~7, 327~8, 330~1, 335~7, 341, 356, 358, 422, 553, 571, 578, 633, 673, 683, 745~6
구이도, 아레초 445
구주, 올림프 드 556
구텐베르크, 요하네스 46, 157, 743
구핀, 알프레드 624
굴드, 제이 689
굿맨, 베니 470
그나이제나우, A.W.A. 234
그레고리오 1세 444
그레고리우스 7세 698
그레이, 토머스 674
그레이브스, 로버트 727
그로티우스, 위고 673
그뢰너, 빌헬름 267
그리그, 에드바르드 462
그리멜스하우젠, 한스 318
그린블래트, 스티븐 733
그림, 야코프 715
글린카, 미하일 463
기베르티, 로렌초 400, 403

ㄴ

나이팅게일, 플로렌스 557
나폴레옹 1세(나폴레옹, 보나파르트) 241, 701

나폴레옹 2세 241
나폴레옹 3세 241, 245~6
네로 85, 91~3, 102, 270, 695, 742
네케르, 자크 220
넬슨, 호레이쇼 235
노스트라다무스 176
노이만, 요한 발타자어 405
뉴턴, 아이작 195, 362, 452, 478, 526, 531, 700, 709, 744
니체, 프리드리히 24, 74, 340, 350, 356, 392, 493~495, 532, 547, 712, 720, 736, 746
니코마코스 440
니콜라이 1세 225

ㄷ

다이애나 647
단, 펠릭스 106, 727
달랑베르 198~9, 711, 745
대처, 마거릿 649
더글러스, 커크 89
던, 존 578
데리다, 자크 513~6, 562~3
데물랭, 카밀 220, 223
데카르트, 르네 24, 79, 473~5, 480, 492, 585, 708, 744
도나텔로 400
도니체티, 가에타노 464
도스 파소스, 존 582
도스토예프스키, 표도르 263, 341~2, 348~50, 360, 746
되니츠, 카를 280
되르펠트, 빌헬름 720
뒤낭, 장 앙리 242, 557
뒤러, 알브레흐트 153, 167, 176, 400, 734, 744
뒤렌마트, 프리드리히 364

뒤르켐, 에밀 541
뒤마, 알렉상드르 182, 555, 715
뒤샹, 마르셀 424~5, 436
듀랜트, 에어리얼 726
듀랜트, 윌 725
드골, 샤를 279
드라이즈데일, 조지 558
드레이크, 프랜시스 174
드레퓌스, 알프레드 250, 352, 721
드로스테-휠스호프, 아네테 폰 360
디드로, 드니 198~9, 711, 745
디스텔, 헤르베르트 435
디오게네스 84~5, 141, 750
디오게네스 라에르티오스 673
디오클레티아누스 93, 696, 743
디킨스, 찰스 341~2, 344~5, 508~9, 512

ㄹ

라 로슈푸코, 프랑수아 184
라 퐁텐, 장 184
라벨 463
라살, 페르디난트 247
라신, 장-바티스트 184
라이엘, 찰스 525
라이프니츠, 고트프리트 빌헬름 폰 24, 138, 196, 480~2, 673, 744
라이히 504
라파엘로 140~1, 143~4
라파예트, 마리, 조제프 217, 221~3
라파예트, 마리마들렌 184
랑벤, 율리우스 407
랑케, 레오폴트 폰 715
러너, 알렌 590
레닌(블라디미르 일리치 울리야노프) 202, 204~5, 255~7, 263~4, 720, 721
레벤후크, 안톤 반 203

레비스트로스, 클로드 614, 748
레싱, 고트홀트 에프라임 121, 312, 329~30
레오 10세 153
레오나르도 다 빈치 137, 141, 153, 400, 402~3, 423, 482, 743
레온, 돈나 142
레자, 야스미나 428
레티쿠스, 게오르크 요아힘 174~5
레피두스 90
렌츠, 야콥 미가엘 라인홀트 331
렌크, 쿠르트 736
렘브란트, 반 레인 405~8, 410, 583, 686, 734
로네, 카미유 조르당 220
로드, 윌리엄 187
로렌츠, 콘라트 689
로르칭, 알베르트 203
로물루스 아우구스툴루스 696, 742
로베스피에르, 막시밀리안 드 220, 227~9, 233, 359
로시니, 조아키노 안토니오 464
로욜라, 이냐시오 폰 168
로지, 데이비드 519
로크, 존 24, 193~4, 199, 324, 362, 477~80, 483, 501, 531, 710, 744
로트만, 베른하르트 159
로페 데 베가(정식 이름은 로페 펠릭스 드 베가 카르피오) 147
롬브로소, 체사레 668, 720
뢰베, 프레데릭 590
뢰비트, 카를 736
룀, 에른스트 272
루덴도르프, 에리히 257
루만, 니클라스 362, 622, 740
루베, 마리누스 반 데르 270

루벤스, 피터 폴 405~6, 408, 410, 585
루소, 장-자크 105, 215, 228, 331, 342, 482~3, 487, 489, 554, 711, 745
루스벨트, 프랭클린 284
루이 11세 148
루이 13세 182
루이 14세 149, 166, 182, 183, 185, 192, 196, 316, 700
루이 16세 219, 223, 226, 235, 239, 420
루이 18세 235
루이 필리프 341
루카치, 게오르크 720
루크레치아 보르자 134
루크만, 토마스 738
루터, 마르틴 46, 95, 114, 117, 122, 147, 154~9, 162, 164~5, 167, 175, 206, 699, 705, 744
루키아노스 673
루트비히 2세 465
루트비히, 보나파르트 108, 697
룩셈부르크, 로자 112, 116, 561, 699
뤼트초브, 아돌프 235
류리크 201~2
르 고프, 자크 729~30
르 노트르, 앙드레 405
르누아르, 오귀스트 414, 585
르보프, G. J. 255~6
리비우스 133, 673, 742
리슐리외(본명 아르망 장 뒤 플레시) 149, 182, 187, 650
리스트, 프란츠 461, 463, 465
리스트, 프리드리히 717
리시아스 674
리처드슨, 사무엘 325~7, 336, 340, 346, 360, 552
리카르도, 데이비드 675

리프크네히트, 카를 247
리히텐베르크, 게오르크 크리스토프 567, 677
린네, 카를 폰 711
링컨, 에이브러햄 242, 718

ㅁ

마그리트, 르네 426, 735
마네, 에두아르 414~5, 585
마라, 장 폴 221, 223~5, 227, 411
마르가리타 434
마르쿠스 아우렐리우스 93, 143, 696
마르쿠제, 헤르베르트 504, 508, 510
마르크스, 엘레아노르 532, 540, 558
마르크스, 카를 24, 213, 233, 240, 241, 256, 263, 275, 302, 377, 490~1, 473~4, 499, 505, 508, 719, 736, 747
마리 앙투아네트 219, 227
마리아 95, 101, 119, 137, 138, 140~1, 146~7, 157~8
마리아 안나 433
마리아 테레지아 210, 701
마리우스, 가이우스 89, 695
마오 쩌둥 284
마이스너, 오토 268
마이어, 콘라트 페르디난트 360, 610, 612
마자랭 182, 700
마젤란, 페르디난드 172
마키아벨리, 니콜로 152, 179, 209, 312, 314, 705, 745
마테이스, 얀 159
마티스, 앙리 585
마호메트 103, 108, 169, 697, 728
막시밀리안 1세 146~7, 152, 155~6, 699
만, 골로 332, 731
만, 토마스 142, 340, 342, 350~1, 469, 746

만, 하인리히 350
말러, 구스타프 466~7
말로, 크리스토퍼 330, 335~6
말버러, 존 450
매리엇, 프레더릭 321
매콜리, 토머스 배빙턴 673
맬러리, 토머스 124
맬서스, 토머스 526, 558, 714, 745
머레이 669
메노 시몬스 160
메디치, 로렌초 드 138
메라미드 436
메르카토르, 게르하르트 172
메리 스튜어트 151, 332
메살리나, 발레리아 92, 727
메테르니히, K. W. 236, 283
멘델스존 바르톨디, 펠릭스 462~3
멜란히톤, 필리프 155, 175
모네, 클로드 오스카 414
모르겐슈테른, 크리스티안 426
모세 65~8, 79, 419, 638, 741
모어, 토머스 705, 744
모차르트, 레오폴트 456
모차르트, 볼프강 아마데우스 311, 455~60, 462~3, 745
모차르트, 콘스탄체 456~7
모파상, 기 드 360
몬테베르디, 클라우디오 448
몰리나, 티르소 데→티르소 데 몰리나 310
몰리에르, 장-바티스트 55, 184, 316, 317, 345
몸젠, 테오도르 726
몽테뉴, 미셸 드 533, 707
몽테스키외, 샤를 194, 479
무라드 168

무소르크스키, 모데스트 463
무솔리니, 베니토 87, 264~5, 278, 365~6, 506, 702
무어, 배링턴 731
무질, 로베르트 237, 356~7, 360, 581~2, 624
뮐러, 헤르만 266
미라보, 그라프 220
미첼, 마거릿 242
미켈란젤로, 부오나로티 43, 84, 137~41, 153, 403, 743
민스키, 마빈 666, 688
밀, 제임스 508
밀, 존 스튜어트 501, 508, 557, 719
밀러, 아서 580
밀른, 앨런 알렉산더 359
밀턴, 존 674

ㅂ

바그너, 리하르트 464
바그너, 지크프리트 465
바그너, 코지마 465
바리(본명 마리 잔) 409
바사리, 조르조 131, 141, 402, 707
바실리 3세 201
바울로 102, 154, 167, 742
바움가르텐, 로타르 436
바이런, 조지 고든 337~8, 358, 459
바이스, 폴커 670
바이츠만, 카임 721
바이츠제커, 카를 프리드리히 폰 283
바흐, 요한 제바스티안 167, 451~4, 462, 745
바흐오펜, 요한 야코프 548, 719, 746
반 다이크, 앤소니 585
발데크 237, 458

발라, 로렌초 95
발자크, 오노레 드 341, 360
발터 폰 데어 포겔바이데 116, 662
발트제뮐러, 마르틴 172
발트하임 660
배젓, 월터 719
밸푸어, 월터 721
버니언, 존 709, 744
버크, 에드먼드 212, 713, 745
버트, 시릴 670
번스, 로버트(로비) 645
벌링턴 450
베네딕투스 121, 696, 742
베데킨트, 프랑크 360
베드로 94, 97, 99, 102, 513, 742
베르, 게오르크 405
베르거, 페터 738
베르그송, 앙리 루이 371, 375, 493, 532
베르길리우스 305~7, 673, 695, 742
베르니니, 조바니 로렌초 405
베르디, 주제페 331, 464
베르메르, 얀 408~9, 734
베르크, 알반 360, 469
베르킨게토릭스 90
베를리오즈, 엑토르 461
베버, 막스 165, 541, 622, 731, 746
베버, 카를 마리아 폰 464
베베른, 안톤 469
베벨, 아우구스트 247, 558, 561
베스파시아누스, 티투스 플라비우스 93
베스파시아누스, 티투스(플라비우스의 아들) 93
베스푸치, 아메리고 172
베아핀, J. H. 738
베이컨, 프랜시스 194, 199, 707~8
베전트, 애니 558~9

베케트, 사무엘 23, 296, 357, 364~73, 376~8, 380, 385~92, 394, 747
베테, 한스 284
베토벤, 루트비히 판 455~6, 458~61, 745
베트만 홀베크, 테오발트 폰 252
벤담, 제레미 508, 673~4, 719
벨, 피에르 519
벨라스케스, 디에고 148, 432~5, 734
보노, 에드워드 드 377
보논치니, 조반니 450~1
보니파키우스(본명 윈프리트) 107
보로미니, 프란체스코 405
보르도니, 파우스티나 451
보르스트, 아르노 728
보른, 막스 284
보방, 세바스티앙 182
보스, 히에로니무스 584
보에몽 120
보에티우스 441
보이티야 → 요한 바오로 2세 417
보일, 로버트 194
보카치오, 조반니 132~3, 308, 329, 743
보티첼리, 산드로 43, 133
보프, 프란츠 715
볼테르(본명 프랑수아 마리 아루에) 106, 196, 198~9, 207, 209, 479, 482, 711, 745
볼티모어, 조지 187
볼프람 폰 에셴바흐 117, 124, 743
뵈케, 키스 738
뵈켈손, 얀 159
뵐플린, 하인리히 734
부르케, 페터 730
부르크하르트, 야코프 730, 746
부르하베, 헤르만 203
부셰, 프랑수아 409~10
부슈, 베르너 734

부프, 샤를로테 327
부하린, 니콜라이 263
불록, 알란 732
붓다 492
뷔르거, 고트프리트 아우구스트 331
뷔르템베르크, 구스타프 33, 115, 180, 237, 627
뷔히너, 게오르크 228, 359
브라만테, 도나토 403
브라운슈바이크, 헤르초크 폰 209, 224~5, 237
브람스, 요하네스 460, 462
브래들로, 찰스 558~9
브레히트, 베르톨트 23, 318, 323, 360, 364, 451, 577, 726
브론테, 샬럿 327, 346
브론테, 에밀리 346
브루넬레스키, 필리포 142, 400
브루노, 조르다노 175
브루투스, 마르쿠스 유니우스 90, 306, 695, 727
브뤼겔, 페터 734
브뤼닝, 하인리히 267
블라드미르 201, 255
블리츠슈타인, 마르크 469
비네, 알프레드 670
비발디, 안토니오 449
비셀, 루돌프 266
비스마르크, 오토 폰 230, 240, 243~50, 287, 633
비코, 잠바티스타 710
비크, 클라라→ 슈만, 클라라 461
비트겐슈타인, 루트비히 486, 746
비트루비우스 402~3
빅토리아 344, 547, 717
빅토리오 에마누엘레 2세 242, 264

빌헬름 1세 243, 248
빌헬름 2세 248, 258
빙켈만, 요한 요하힘 712, 731, 745

[ㅅ]

사르트르, 장폴 372
사블레 184
사티, 에릭 467~8
살루스티우스 133, 674
살리에리, 안토니오 457~8
상드, 조르주 463
새커리, 윌리엄 메이크피스 346
생 쥐스트 227
생피에르, 자크 앙리 베르나르댕 드 321
샤른호르스트, G. J. D. von 234
샤를 10세 341
샤미소, A. 640
샤이데만, 필립 258
세네카, 루시우스 안네우스 92, 133
세르반테스, 미겔 데 308, 744
세바스티아노, 델 피옴보 418~9
세비녜, 마리 마르퀴스 드 184
세잔, 폴 414~5
셀림 169
셰리든, 리처드 212
셰이퍼, 피터 457
셰익스피어, 윌리엄 39~40, 52, 74, 90, 126, 129, 142, 150, 175, 178~9, 184~5, 296, 308, 311~5, 329~31, 335, 382, 440, 464, 471, 533, 571, 577, 605, 633, 674, 680, 700, 707, 733, 744, 750
셸리, 메리 75, 358, 557, 633, 714
셸링, 프리드리히 빌헬름 폰 382, 673
소비에스키, 얀 →요한 3세 200
소쉬르, 페르디낭 드 514, 746
소콜로프, 나훔 721

소크라테스 73, 77~81, 83, 133, 141, 337, 472, 576, 673, 684, 694, 741
소토 172
소포클레스 55, 75, 742
소피아 202, 206
쇤베르크, 아르놀트 24, 468~9
쇼, 조지 버나드 23, 97, 333, 364, 559, 561, 589, 646, 726
쇼스타코비치, 드미트리 469
쇼팽, 프레데리크 프랑수아 463
쇼펜하우어, 아르투어 24, 465, 492~3, 727, 736, 745
술라, 펠릭스 89, 659
쉴레이만 169
슈나벨, 요한 고트프리트 321
슈라이너, 올리브 558
슈만, 로베르트 461
슈만, 클라라 462
슈미트, 카를 272
슈베르트, 프란츠 459~60
슈타우펜베르크 280
슈타인 234, 701
슈테그뮐러, 볼프강 736
슈토름, 테오도르 360
슈토이벤, 프리드리히 빌헬름 폰 217
슈트라서, 그레고르 268
슈트라스만, 프리츠 283
슈트라우스, 리하르트 461
슈티르너, 막스 736
슈펭글러, 오스발트 710, 722, 746
슐라이허, 쿠르트 폰 267~9, 272
슐레겔, 아우구스트 빌헬름 폰 382
슐뤼터, 안드레아스 405
슐리만, 하인리히 720
스노, C. P. 685~6, 689~90
스메타나, 베드르지히 460

스미스, 애덤 384, 501, 645, 674, 712, 717, 745
스위프트, 조너선 194, 313, 322~4, 745
스콧, 월터 340~1, 645, 674, 715, 745
스퀴데리, 마들렌 드 184
스키피오 88
스탈린, 요제프 204~5, 228, 233, 256, 257, 263~4, 275~277, 279~80, 284, 367, 390~1, 732~3
스탕달, 앙리 342, 343, 360, 745
스턴, 로렌스 340, 361, 745
스텐, 얀 408
스토, 해리엇 비처 717
스토커, 브램(아브라함) 359
스트라빈스키, 이고르 469, 470
스트래퍼드, 토머스 웬트워스 187
스트린드베리, 요한 아우구스트 364, 381, 386
스티븐슨, 로버트 루이스 359
스파르타쿠스 89
스펜서, 에드먼드 708
스펜서, 허버트 540
스피노자, 베네딕트 709, 744
슬로터다이크, 페터 85
시드니, 필립 541
시에예스, 아베 220
실라르드, 레오 284
실러, 프리드리히 폰 35, 41~2, 161, 225, 330~3, 359, 459, 577, 600
실베스테르 1세 95

ㅇ

아가톤 79
아그리파 폰 네테스하임, 하인리히 코르넬리우스 176~7, 335
아그리피나 92
아나크레온 76, 674
아낙시만드로스 73
아데나워, 콘라트 286
아도르노, 테오도르 41, 61, 345, 468~469, 504, 508~513, 516, 577
아런트, 한나 497, 733
아루에, 프랑수아(볼테르) 198, 711
아르키메데스 675~6
아리스토크세노스 440
아리스토텔레스 42~3, 75, 77, 83~4, 125, 133, 141, 184, 373, 440, 448, 472, 674, 694, 704, 708, 741, 743
아리스토파네스 75, 79, 81, 674
아리우스 94
아서 123~4
아우구스투스 옥타비아누스 91, 695
아우구스트 2세 200~1, 203~4, 402
아우구스티누스 121, 144, 154, 157, 703, 706, 709, 743
아이스키네스 674
아이스킬로스 75
아이젠크, 한스 670
아이헨도르프, 요제프 폰 438
아인슈타인, 알베르트 283~4, 478, 528~9, 531~2, 722, 746
아카데모스 81
아타나시오스 94
아티쿠스 674
아틸라 107, 149
안나 206
안드리오스 428~9
안토니우스, 마르쿠스 90~1, 695, 742
알렉산드로스 71, 77, 83~5, 88, 243, 451, 458, 694, 741
알바, 페르난도 170
알바라도, 페드로 드 173

알키비아데스 79, 141
앙리 4세 149
애벗, 에드윈 737
액턴, 윌리엄 555
앤 192
앤 불린 149~50
앵그르, 장 도미니크 411
야코비, 데레크 727
야콥슨, 로만 606, 611, 613
에라스무스 폰 로테르담 158
에릭슨, 에릭 539~40, 739
에마누엘, 카를 필리프 452
에베르, 자크 르네 228
에베르트, 프리드리히 258
에우리피데스 43, 75, 741
에코, 움베르토 75
에크, 요하네스 155
에피쿠로스 85, 741
엔리케 171
엘리스, 존 해브록 304, 558
엘리아스, 노르베르트 730
엘리엇, T. S. 375, 746
엘리자베스 1세 147~50, 185~6
엘링턴 470
엘베티우스 198
엥겔스, 프리드리히 240, 256
영, 미카엘 670
예루살렘, 카를 빌헬름 327
예수 그리스도 640, 644
예카테리나 1세 206
예카테리나 2세 206~7
옌센, A. R. 670
옐리자베타 206
옐리자베트 크리스틴 209
오닐, 유진 61, 375
오르한 168

오비디우스 133, 673, 695
오빌리에 168
오사네-나사우, 마우리츠 170
오스만 1세 168
오스틴, 제인 304, 327, 341, 745
오시안 328, 331
오토 1세 111
오토 3세 729
오툉 222
오펜하이머, 로버트 283~4
옥타비아 91
옥타비아누스 → 아우구스투스 90~1, 695, 727, 742
올덴버그, 클레이즈 436
올바크, 바롱 드 198
올비, 에드워드 386
와일드, 오스카 425
와토, 앙투안 409, 585
와트, 제임스 212
요한 3세(얀 소비에스키) 200
요한 96~7, 121, 336
요한 바오로 2세 417
우데, 프리츠 폰 571
울스턴크래프트, 메리 556, 714, 745
울프, 버지니아 494, 532
워런, 로버트 펜 577
워싱턴, 조지 217
워즈워스, 윌리엄 746
워츨라위크, 폴 365, 394, 689, 738
월폴, 호러스 323, 340
웨브, 베아트리체 541
웰링턴 235
웰스, 허버트 조지 359, 722
위고, 빅토르 360, 715
위그너, 유진 284
위스망스, 조리스 카를 555

윌리엄 3세 170
윌슨, 에드워드 257, 689
윌슨, 우드로 257
유다, 이스카리옷 66, 97, 99, 306
유스티노프, 피터 93
유스티니아누스 1세(플라비우스 페트루스 유스티아누스) 703
유클리드 440, 704
율리우스 2세 140
이거턴, 조지 557
이반 1세 201
이반 3세 201
이반 4세 202
이비코스 76
이사벨 1세 146, 171
이소크라테스 673
이솝 673
이오네스코, 외젠 23, 364~73, 375~87, 389, 391~5
일리히, 헤리베르트 729
입센, 헨리크 364, 373~4, 378, 559

ㅈ

자술리치, 베라 561
작스, 한스 445
잔 다르크 127, 148, 332~3, 699, 743
잔트, 카를 루트비히 238
장 파울 461
잭슨, D. D. 721, 738
제네트, 리하르트 740
제임스 1세 186~7, 707
제임스 2세 189, 191
제퍼슨, 토머스 217~8
조르조네 141
조이스, 제임스 45, 62, 303, 335, 353~7, 494, 532, 582, 686, 746

조지 1세 450
조콘다 137
조콘다, 프란체스코 137
조프루아, 아베 625
존스 731
졸라, 에밀 360, 555
주네, 장 372
지노비예프, 그레고리 263~4, 276
지로두, 장 55
지멜, 게오르크 541, 622

ㅊ

차이코프스키, 표트르 464
찰스 1세 187~9, 191, 226, 473, 700, 744
찰스 2세 189~90
채플린, 찰스 633
처칠, 윈스턴 레너드 스펜서 274, 279
체임버스, 이프레임 198~9
체임벌린, 아서 274
첼란, 파울 577
초서, 제프리 120
츠빙글리, 울리히 162, 661
치어러, 오토 725
칭키즈 칸 201

ㅋ

카날레토(본명 조반니 안토니오) 584
카르노, 라자르 니콜라스 227
카를 12세 203~4
카를 4세 112, 699
카를 5세 140, 147, 149, 152, 156, 169, 245, 699~700
카를 9세 176
카를 대제 86, 104, 110, 113, 286, 729, 743
카를 마르텔 108, 100, 697, 743
카를슈타트, 안드레아스 155, 157

카리에르, 으젠느 227
카메네프, 레오 263~4, 276
카보우르, 카밀로 벤소 디 241
카스틸리오네, 발다사르 135, 705
카스틸리오네, 콩트 발다사르 135, 705
카시우스 롱기누스 90, 306
카예탄, 토머스 155
카우츠키, 카를 720
카워드, 노엘 519
카이사르, 가이우스 율리우스 89~91, 98, 156, 191, 229, 306, 402, 451, 695, 726~7, 742
카이스, 페터 카를 크리스토프 209
카지미르, 마리아 200
카테, 한스 헤르만 209
카툴루스 133
카틸리나, 루치우스 89
카프카, 프란츠 53, 357, 581~2
칸딘스키, 바실리 463
칸트, 이마누엘 24, 479, 484~9, 492~3, 496, 499, 511~2, 529, 573~5, 585, 713, 745
칼데론 데 라 바르카 147
칼라일, 토머스 633
칼리굴라, 가이우스 92, 695, 727
칼뱅, 장 47, 144, 160, 162~5, 168, 170, 178, 186, 191, 289, 405, 533, 699, 706
캐럴, 루이스 358, 530, 577
캐롤라인 451
캐벗, 세바스찬 172
캐서린, 하워드 149
케네디, 존 288
케네디, 폴 731
케렌스키, A. F. 256
케스트너, 요한 크리스티안 327
케스틀러, 아서 675~6

케인스, 존 메이너드 337, 746
켈러, 고트프리트 303, 360
코로나도, 프란시스코 드 173
코르네유, 피에르 184
코르데, 샬럿 227
코르테스 146, 172
코마르 436
코브던, 알프레드 731
코체부, 아우구스트 폰 238
코페르니쿠스, 니콜라우스 174~6, 179, 484, 486~7, 528, 706, 708, 713, 743
콕스, 캐서린 672~3
콘스탄틴 1세 696
콜럼버스, 크리스토퍼 143, 146, 148, 171~2, 704, 743
콜론타이, 알렉산드라 561
콜리지, 사무엘 테일러 673
콩트, 오귀스트 541, 716, 745
쿠초니, 프란체스카 450
쿠투조프, 미하일 235
쿠퍼, 제임스 페니모어 715
쿤, 토머스 522~3, 704, 736, 747
쿨리코프, 안나 561
퀴비에, 조르주 525
큐브릭, 스탠리 441
크라수스, 마르쿠스 89~90
크레티앵 드 트루아 124
크롬웰, 올리버 39, 188~9, 700, 726
크리스, 에른스트 676
크리스토 436
크리스티나 207
크리스티안 9세 244, 350
크산티페 78
크와레, 알렉산드르 737
클라우디우스, 티베리우스 92, 695, 727
클라우제비츠, 카를 폰 716

763

클라이스트, 하인리히 폰 55, 333~4, 549
클레멘스 7세 417~9
클레오파트라 90~1, 726, 742
클로비스 1세 108, 696, 742
클린턴, 빌 218, 502
클링거, 프리드리이 폰 331
키로프, 세르게이 미로노비치 276
키릴루스 103
키에르케고르, 쇠렌 457, 494, 736
키케로, 마르쿠스 툴리우스 43, 88~9, 674, 742
키토, H. D. F. 726
키플링, 러저드 359
킹, 마틴 루터 747

ㅌ

타르나스, 리하르트 735
타키투스 43, 105, 696
탈레랑, 샤를 모리스 드 222~3
탈레스 73
터너, 윌리엄 412
터너, 프레더릭 잭슨 721
터먼 669, 672
테렌티우스 133, 674
테스피스 74
테오도라 206
테오도시우스 106
테오크리트 674
테일러, 프레더릭 윈즐로 722
테첼, 요하네스 154
텔러, 에드워드 283~4
텔만, 에른스트 267
토마스 아퀴나스 84, 126, 704, 743
톨스토이, 레프 342, 347~8, 360, 715, 746
투키디데스 133, 674
트라야누스 93, 696

트레벨리언, 오토 707
트로츠키, 레온 102, 228, 256, 263~4, 272
트루먼, 해리 284
티르소 데 몰리나 310
티베리우스 그라쿠스 89, 91, 695
티치아노, 베첼리오 140, 143, 153, 404, 734
티크, 루트비히 382
티투스 93, 695
틴들, 윌리엄 47

ㅍ

파가니니, 니콜로 475
파라켈수스 335
파렐 163
파머스턴, 헬리 존 243
파비우스 88, 366
파스칼, 블레즈 177, 673, 709, 744
파슨스, 톨콧 622
파우사니아스 79
파우스트, 요한 69, 177
파이드로스 79
파펜, 프란츠 폰 268~9
팔라디오, 안드레아 142, 403, 707
팔레스트리나, 조반니 다 448
팔렌, 카를 735
패터슨, 엠마 559
팽크허스트, 에멀린 559
펄스, 루돌프 284
페로탱 447
페르디난도 2세 146
페르디난트 168, 169, 252
페르미, 엔리코 283~4
페리클레스 71~2, 77, 694
페스탈로치, 요한 하인리히 484
페이디아스 43, 74

페이터, 월터 137, 423
페이퍼, 에밀리 557
페인, 토머스 713
페일리, 윌리엄 526
페트라르카, 프란체스코 132, 307~8
페트로니우스 아르비테르 611
펠리페 1세 148, 699
펠리페 2세 185, 700
펠리페 4세 433
포르티나리, 베아트리체 306
포먼, 밀로스 457
포툠킨, G. A. 33, 207
포파이아 사비나 92
포퍼, 카를 716
폭스, 찰스 212
폰 노이만, 요한 284
폰테코르보, 브루노 284
폴라이우올로, 안토니오 델 402
폴리비오스 674
폼페이우스, 마그누스 89~90, 695
퐁파두르, 잔 앙트와네트 199, 409
푀르스터, 하인츠 폰 689
푀펠만, 마테우스 405
표트르 1세 201~9, 235, 277, 348, 464, 700
푸거, 야코프 152
푸셰, 조제프 227
푸슈킨, 알렉산드르 457
푸치니, 자코모 464
푸코, 미셸 345, 433~6, 512~3, 515, 562, 747
퓌레, 프랑수아 732
프라고나르, 장 오노레 409
프라이, 노드럽 733
프락시텔레스 74
프란츠 1세 232
프란츠 요제프 1세 232, 357

프란츠 페르디난트 168, 252
프랑코, 프란시스코 89, 278
프랑크, 제임스 284
프레슬리, 엘비스 471
프로이트, 지크문트 55, 66, 137, 226, 334, 353, 361, 435, 467, 481, 504~5, 508, 532~3, 535~9, 543, 555, 558, 660, 721, 746
프로코피예프, 세르게이 469
프롬, 에리히 504
프루스트, 마르셀 351, 353, 355~7, 360, 532, 746
프리던, 베티 562, 763
프리드리히 1세(일명 바르바로사) 698, 729
프리드리히 2세 209, 698
프리드리히 3세(독일 황제) 248
프리드리히 3세(신성로마-독일 황제) 112
프리드리히 3세(현명왕, 작센의 선제후) 208
프리드리히 7세 244
프리드리히 빌헬름 1세 208, 701
프리드리히 빌헬름 243
프리드리히 빌헬름 3세 234, 239
프리드리히 빌헬름 4세 239~41
프리드리히, 카스파어 다피트 413, 424
프리슈, 막스 360
프리크, 빌헬름 269
프린치프, 가브릴로 168
프톨레마이오스, 클라우디오스 174~6, 179, 742
플라비우스, 베스파시안 703
플라우투스 55, 133
플라톤 43, 77, 79~84, 133, 135~6, 141, 306, 337, 472, 496, 585, 673, 694, 706, 735, 741
플램스티드, 존 194

플레스너, 헬무트 732, 739~40
플레하노프, G. W. 255, 720
플로베르, 귀스타브 342, 345~7, 360, 582, 746
플로티노스 81, 742
플루타르코스 696
플리니우스, 가이우스 세쿤두스 696, 704
피란델로, 루이지 364
피렌, 앙리 728
피사로, 프란시스카 146, 172
피셔 폰 에를라흐 405
피어슨, 칼 558
피에르 348
피우스 12세 130
피카소, 파블로 279, 415, 617, 746
피타고라스 24, 141, 440~1, 447, 471, 741
피트, 윌리엄 210~1
피핀 3세 697
피히테, 요한 고틀리프 382
핀다로스 76, 741
핀터, 해럴드 386
필딩, 헨리 310

ㅎ

하드리아누스 93, 696
하르덴베르크 234, 701
하만, 요한 게오르크 331
하버마스, 위르겐 511
하우프트만, 게르하르트 321, 360
하이네, 하인리히 464
하이데거, 마르틴 24, 41, 492, 469, 497, 532, 562, 746
하이드리히, 라인하르트 283
하이든, 프란츠 요제프 455~6
한, 오토 283
한니발 88, 204, 366, 694

할러, 알브레히트 폰 673, 710
해리슨, 렉스 590
해밀턴, 알렉산더 217
해서웨이, 앤 311
핼리, 에드워드 195
헉슬리, 올더스 577
헐스, 톰 457
헤겔, 게오르크 빌헬름 프리드리히 24, 55, 70, 232~3, 301~2, 382, 455, 487~94, 497, 505, 574, 710, 714, 716, 736, 745
헤라클레이토스 141
헤로데 96
헤로도토스 673, 704
헤르더, 요한 고트프리트 484, 710, 712
헤르만(본명 아르미니우스) 105
헤르츨, 테오도르 721
헤른슈타인, 리하르트 669
헤밍웨이, 어니스트 278, 578
헤세, 헤르만 303
헨델, 게오르크 프리드리히 24, 450~1, 745
헨리 8세 149~50, 205, 218, 700
헵번, 오드리 590
행기스트와 호사 107
호라티우스 133, 410, 695, 742
호르크하이머, 막스 504, 508~9
호메로스 46, 62, 76, 93, 335, 337, 354, 720
호이징가, 요한 728
호케, 구스타프 르네 735
호킨스 174
호프스태터, 더글러스 453, 609, 689, 737
호흐, 피테르 데 408
홀바인, 한스 734
홉스, 토머스 24, 194, 320, 324, 473, 475~80, 482, 492~3, 708~9, 744

후겐베르크, 알프레드 269
후텐, 울리히 폰 155
후하나 147
훅, 로버트 194
훔볼트, 빌헬름 폰 234, 300, 701
흄, 데이비드 673
흐루시초프, 니키타 288
히믈러, 하인리히 272~3
히틀러, 아돌프 93, 114, 130, 204, 230, 235, 238, 248, 252, 254, 260~2, 265~74, 276~84, 288, 465, 493, 495, 497, 506, 659, 702, 723, 732~3,
힌덴부르크, 파울 폰 265, 267~9
힐, 로랜드 717
힐러, 수잔 435
힐베르크, 라울 733